KB040743

에콰도르에 위치한 침보라소 화산은 1802년 훔볼트가 그 산을 등정할 때만 해도 세상에서 가장 높은 산으로 알려져 있었다. 시몬 볼리바르는 이 산에서 영감을 받아 남아메리카의 스페인 식민지 해방에 대한 시를 썼다.

침보라소의 기슭에서 식물을 채집하고 있는 훔볼트와 봉플랑

보고타로 가는 길에 터바코Turbaco (오늘날의 콜롬비아) 원주민과 이야기를 나누고 있는 훔볼트

키토 주변 카얌베 화산과 훔볼트 일행

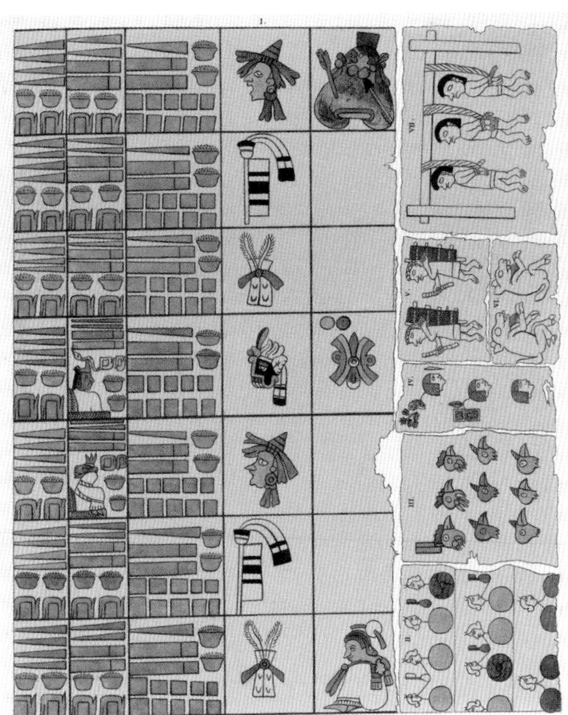

훔볼트가 멕시코에서 구입한
고대 아즈테크 문서의 일부

정글의 숙소에 있는 훔볼트와 봉플랑. 이 그림은 그들이 이곳을 탐험한 후 50여 년이 지난 1856년에 완성되었다. 훔볼트는 그림 속의 도구들이 실제 그대로 묘사되지 않았다는 이유로 이 그림을 싫어했다.

『식물지리학에 관한 고찰』에 포함된 훔볼트의 자연그림

『코스모스』 1권을 출간하기
2년 전인 1843년의 훔볼트

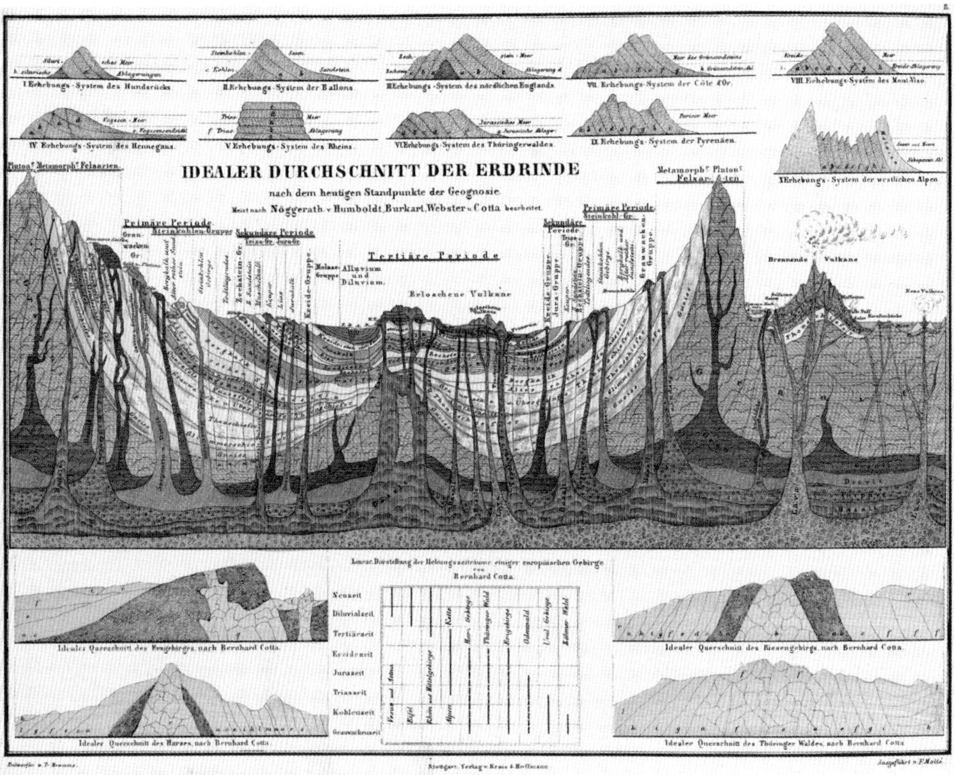

훔볼트의 『코스모스』에 수록된 지도. 지구의 나이에 따른 화석의 층위와 화산이 지하에서 연결되어 있음을 나타내고 있다.

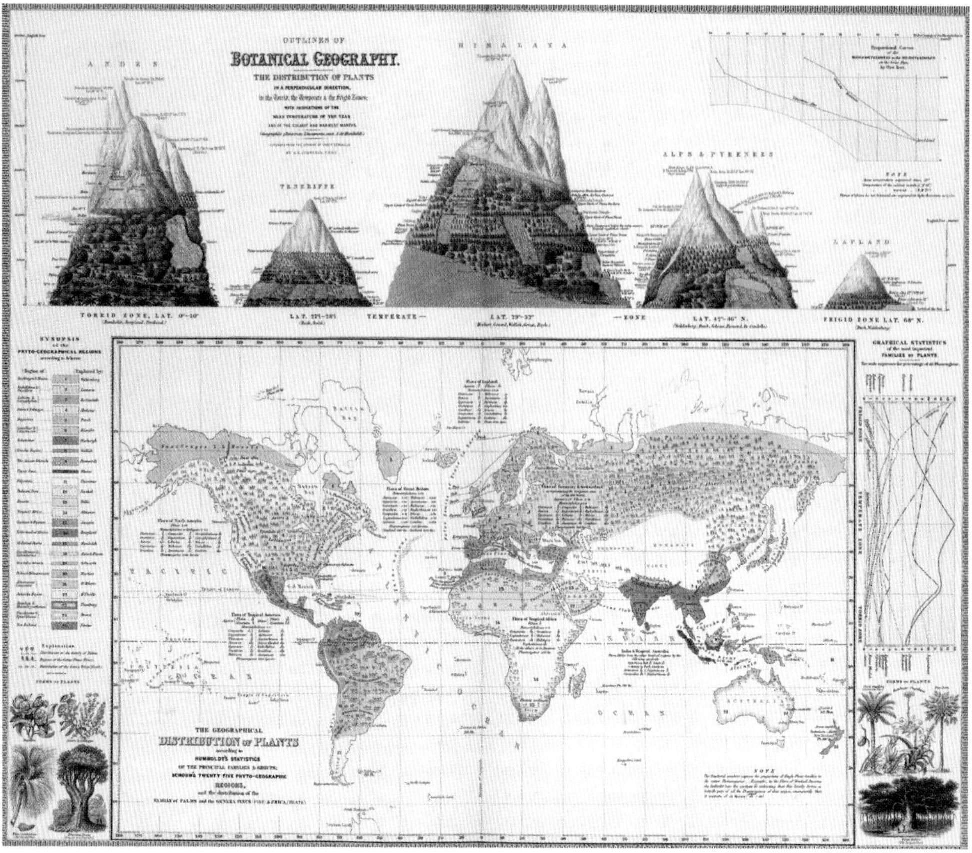

『코스모스』에 수록된 지도를 펼친 모습. 전 지구적인 식생대와 식물 분포를 보여주고 있다.

남아메리카에서 훔볼트의 발자취를 따라 여행했던 미국의 화가 프레데릭 에드윈 처치의 「안데스의 심장」. 처치는 과학적 디테일과 예술적 감각을 결합시킨 것으로 유명하다. 1.5×3제곱미터 크기의 이 그림의 전시는 센세이션을 불러 일으켰다. 처치는 훔볼트의 사망 사실을 모른 채 이 그림을 베를린의 훔볼트에게 보내려 준비하고 있었다.

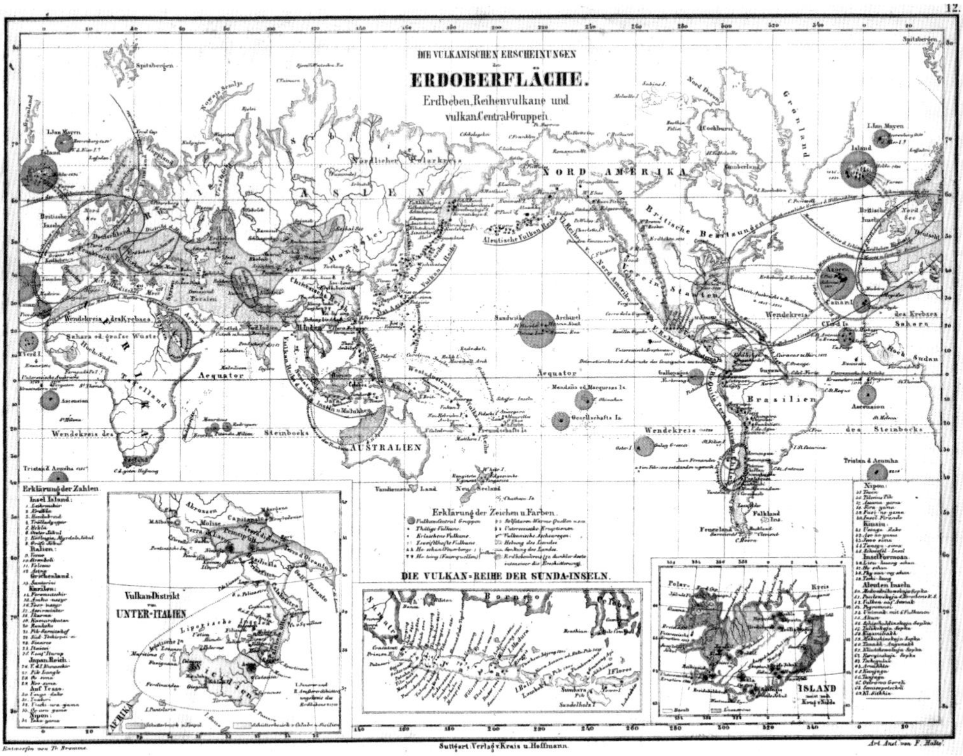

『코스모스』에 수록된 전 세계의 화산 활동을 표현한 지도. 빨간색 점들과 녹색/노랑의 원이 화산 활동 지역을 알려준다.

베를린 집의 서재를 정확하게 묘사한 것으로 훔볼트가 인정한 그림.

The New-York Times.

VOL. XVIII....NO. 5610. NEW-YORK, WEDNESDAY, SEPTEMBER 15, 1869. PRICE FOUR CENTS.

HUMBOLDT.

The One Hundredth Birthday of the Philosopher.

Celebration Generally Throughout the Country.

Unveiling of the Bust at the Central Park.

ORATION BY DR. FRANCIS LIEBER.

Processions, Banquet and Speeches in this City.

EXTENSIVE OBSERVANCES IN BOSTON.

Eulogistic Address by Professor Agassiz.

홈볼트

철학자의 탄생 100주년을 기념하는 전국 각지의 축하 행사
센트럴파크에서 흉상 제막
프랜시스 리버 박사의 연설
뉴욕 시의 행렬, 연회, 연설
보스턴의 행사
아가시즈 교수의 헌사

어떤 나라도 그의 명성에 이의를 제기할 수 없는 위대한 과학자의 탄생 100주년 행사가 어제 뉴욕 시에서 열렸다. 아침에는 대규모 인파가 행진했고, 이어 오후에는 센트럴파크에서 기념식과 함께 홈볼트의 동상이 제막되었으며, 저녁에는 횃불을 든 행진과 함께 곳곳에서 연회가 벌어졌다.

알렉산더 폰 훔볼트의 탄생 100주년 기념식이 9월 14일 보스턴에서 성대하게 거행되었다. … 아가시즈 교수는 연설을 통해 이 위대한 천재 과학자에게 최고의 찬사를 바쳤다. … 클래플린 주지사, 헨리 W. 롱펠로우, 제임스 러셀 로웰, 올리버 웰델 홈즈, 섬너 상원의원을 포함한 많은 유명 인사가 참석하였다.

알렉산더 폰 훔볼트 탄생 100주년 기념 행사를 보도한 1869년 9월 15일 「뉴욕타임즈」. 1면 전체와 8면에 걸쳐 뉴욕, 보스턴, 뉴저지, 독일에서 거행된 행사를 상세히 보도하고 있다.

자연의 발명

THE INVENTION OF NATURE

The Invention of Nature

자연의 발명

잊혀진 영웅 알렉산더 폰 훔볼트

안드레아 울프 지음 | 양병찬 옮김

생각의힘

눈을 꼭 감고 귀를 쫑긋 세워 보라.
가장 부드러운 소리에서부터 가장 원시적인 소음에 이르기까지,
가장 단순한 음에서부터 천상의 하모니에 이르기까지,
가장 상냥하고 달콤한 음성에서부터 가장 난폭하고 격정적인 울부짖음에
이르기까지 다양한 소리가 들려올 것이다.
소리는 자연의 언어다.
자연은 다양한 소리를 통해 자신의 존재being와
힘power과 삶life과 관계relatedness를 드러낸다.
'보이는 세계'에 눈을 감고 '들리는 세계'에 귀를 기울이면,
자연의 무한한 생명력을 포착하게 될 것이다.

— 요한 볼프강 폰 괴테

차례

4부 / 영향
아이디어 전파

5부 / 신세계
아이디어의 진화

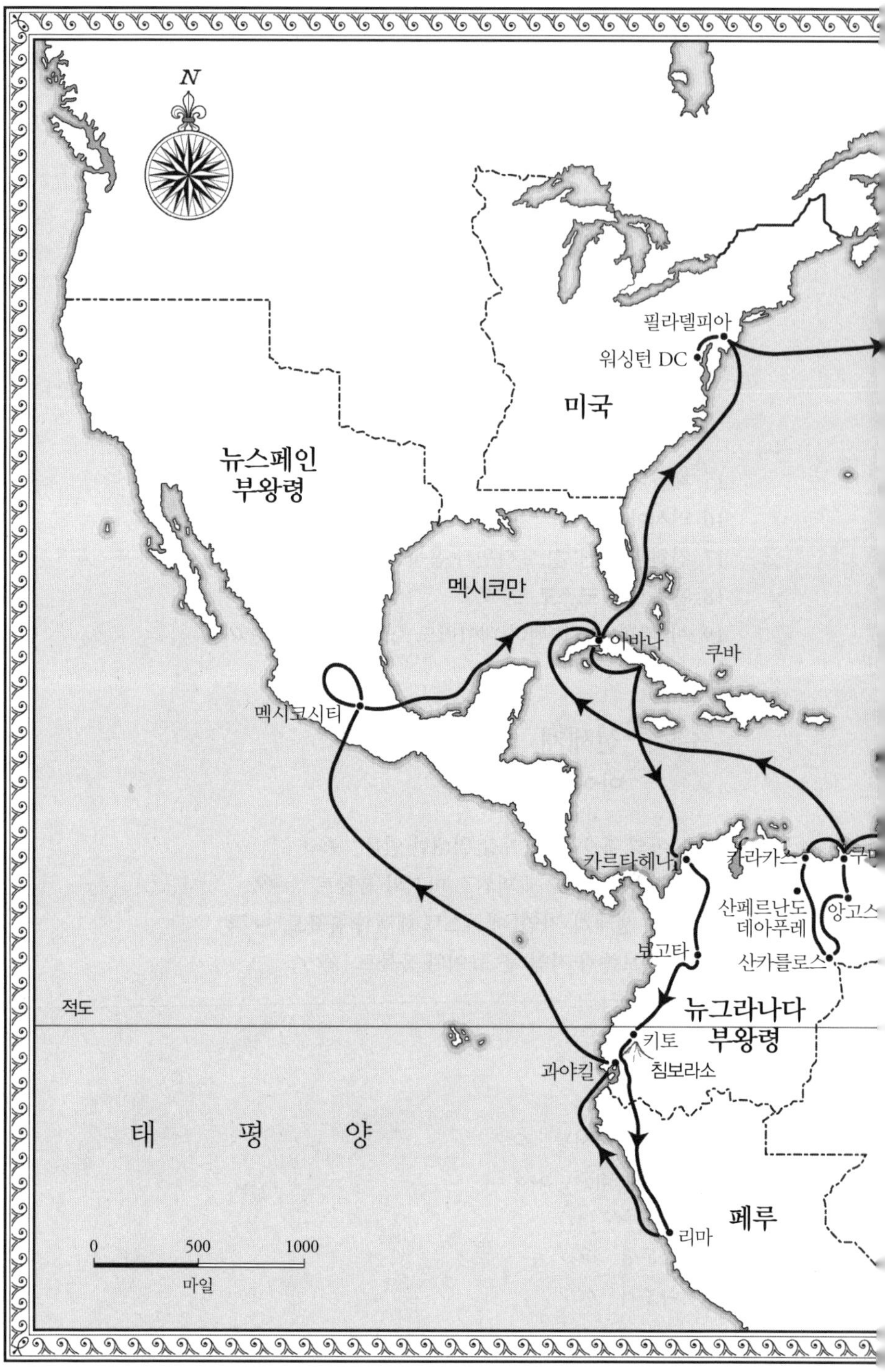
N
필라델피아
워싱턴 DC
미국
뉴스페인
부왕령
멕시코만
아바나
쿠바
멕시코시티
카르타헤나
카라카스
산페르난도
데아푸레
보고타
산카를로스
뉴그라나다
부왕령
적도
키토
침보라소
과야킬
태 평 양
페루
리마
0 500 1000
마일

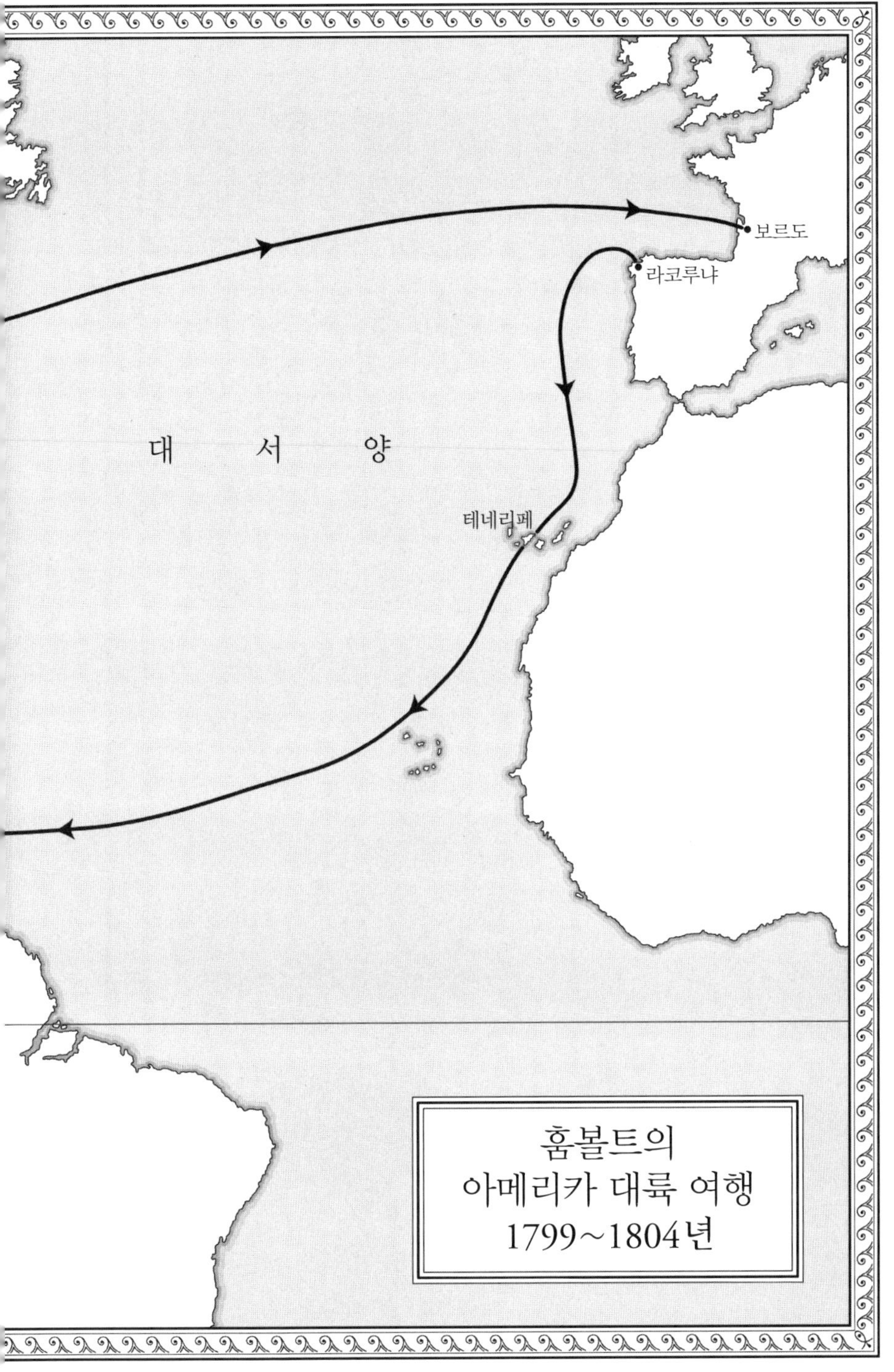
보르도
라코루냐
대 서 양
테네리페
훔볼트의
아메리카 대륙 여행
1799~1804년

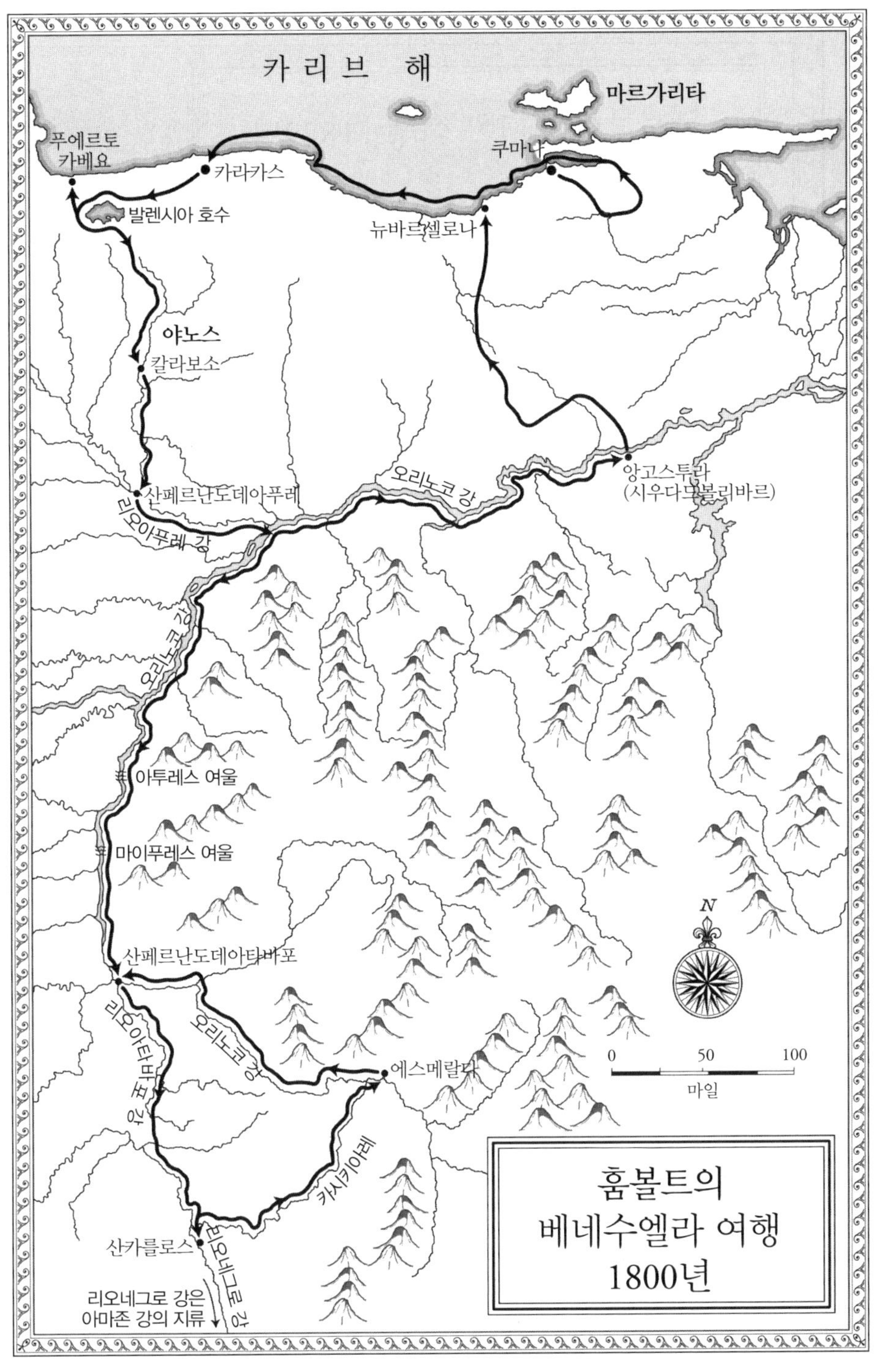

카리브 해
마르가리타
푸에르토 카베요
카라카스
쿠마나
발렌시아 호수
뉴바르셀로나
야노스
칼라보소
오리노코 강
앙고스투라 (시우다드볼리바르)
산페르난도데아푸레
리오아푸레 강
오리노코 강
아투레스 여울
마이푸레스 여울
산페르난도데아타바포
리오아타바포 강
오리노코 강
에스메랄다
N
0 50 100
마일
카시키아레
산카를로스
리오네그로 강
리오네그로 강은 아마존 강의 지류
훔볼트의 베네수엘라 여행 1800년

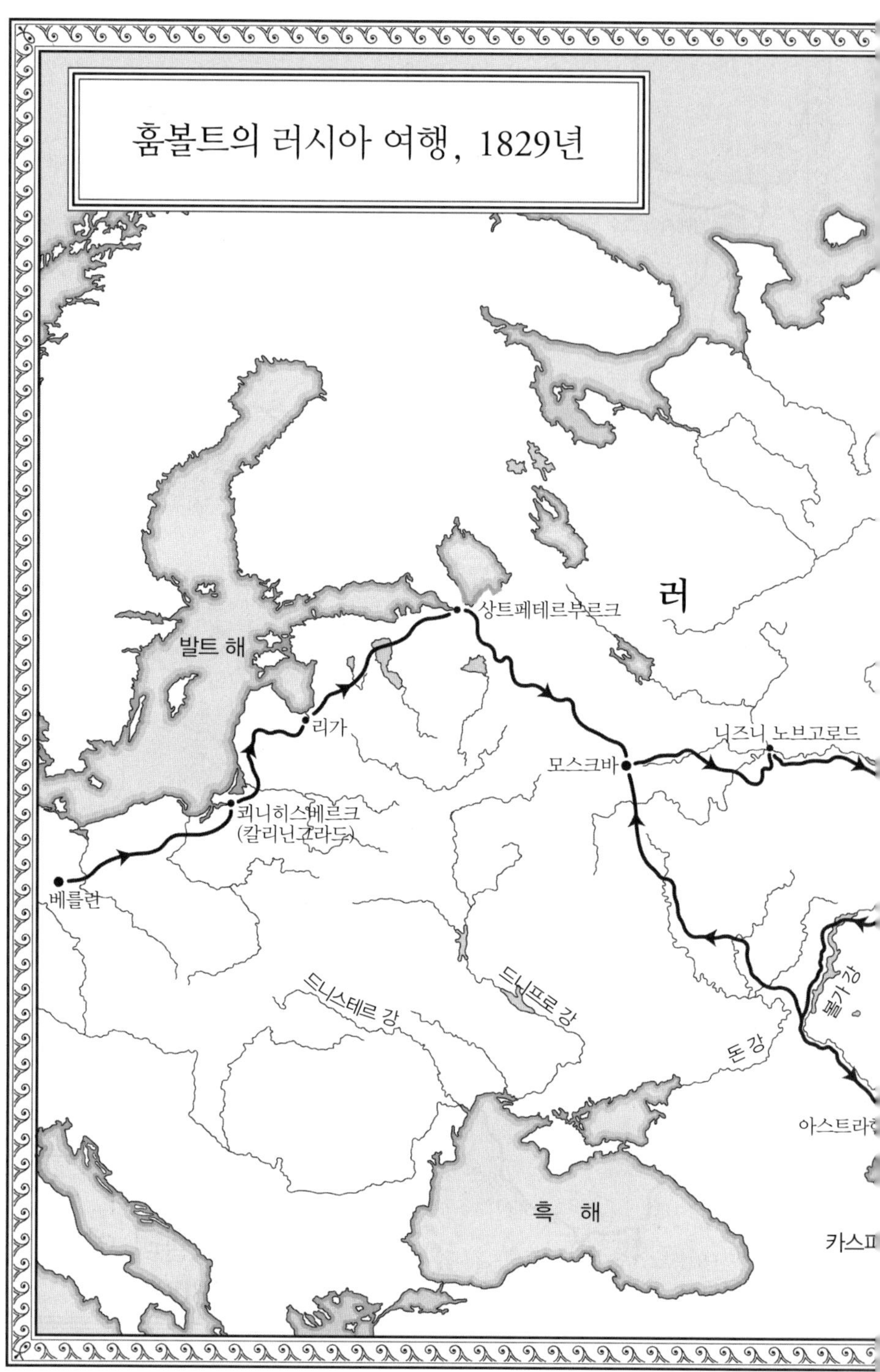

훔볼트의 러시아 여행, 1829년
러
발트 해
상트페테르부르크
리가
니즈니 노브고로드
모스크바
쾨니히스베르크
(칼리닌그라드)
베를린
볼가 강
드니스테르 강
드니프로 강
돈 강
아스트라한
흑 해
카스피

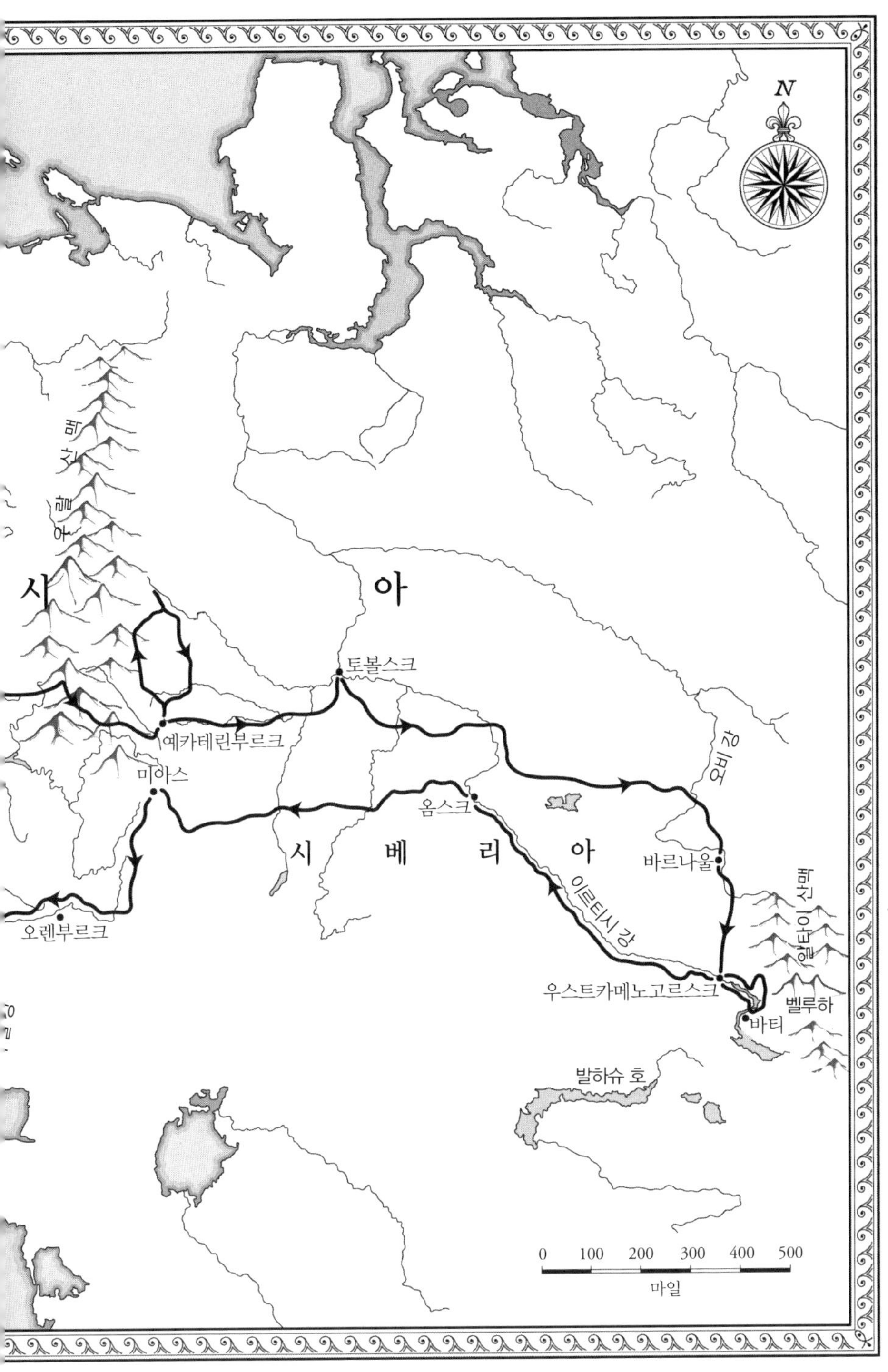

N
시
아
토볼스크
예카테린부르크
미아스
오비 강
옴스크
시 베 리 아
바르나울
이르티시 강
알타이 산맥
오렌부르크
우스트카메노고르스크
벨루하
바티
발하슈 호
0 100 200 300 400 500
마일

저자의 노트

알렉산더 폰 훔볼트의 저작들은 여러 언어로 출판되었다. 훔볼트의 저작을 인용할 때, 나는 기본적으로 독일어판과 같은 시기에 출간된 영문판을 비교했다. 더 최근의 영문판이 있을 경우에는 과거의 영문판과 차이가 있는지를 검토하여, 번역이 더 적절해 보이는 것을 활용했다. 때때로 어떤 번역도 훔볼트의 원래 문체를 잘 옮기지 못했다고 판단될 경우에는, 내가 직접 새로이 번역을 시도했다. 책에 나오는 인물들이 훔볼트의 저작을 인용할 경우에는 그들이 읽은 판본을 활용했다. 예를 들어, 찰스 다윈은 1814년과 1829년 사이에 영국에서 출판된 『신변기*Personal Narrative*』(Helen Maria Williams 옮김)를 읽은 반면, 존 뮤어는 1896년 판본(E.C. Otte & H.G. Bohn 옮김)을 읽었다.

일러두기

1. 알렉산더 폰 훔볼트의 이름을 맥락에 따라 '훔볼트' 또는 '알렉산더'로 표기하였다.
2. 문헌의 출처는 '저자 연도, 페이지'(예: Kutzinski 2012, 143)로 표기하였다.
3. 단행본은 『 』로, 시, 논문, 신문, 잡지 등은 「 」로 표기하였다.

프롤로그

그들은 너비 5센티미터의 높고 좁은 산등성이 위에 넙죽 엎드려, 손바닥과 무릎을 질질 끌며 엉금엉금 기어갔다. 그 통로(그걸 통로라고 부를 수 있다면)는 모래와 자갈로 뒤덮여 있어, 손바닥이나 무릎이 바닥에 닿을 때마다 절로 움찔하곤 했다. 왼쪽 아래의 가파른 절벽은 반질반질한 얼음으로 뒤덮여 있었는데, 두꺼운 구름 사이로 태양이 비집고 나올 때마다 반사광을 내뿜는 통에 도저히 눈을 뜰 수가 없었다. 오른쪽 아래도 사정이 별반 나을 것은 없었다. 높이 300미터의 어두컴컴한 수직벽에는 온통 칼날 모양의 바위가 돌출되어 있어, 힐끗 내려다보기만 해도 소름이 오싹 돋았다.

알렉산더 폰 훔볼트와 세 명의 동행자들은 일렬종대로 늘어서서 조금씩 전진했다. 적절한 등산 장비도 등산복도 없었으므로, 한마디로 위험천만한 등반이었다. 찬바람은 손발의 감각을 빼앗고, 발등을 뒤덮었던 눈은 체온에 녹아 얇은 신발 속으로 스며들고, 내뿜는 입김은 얼음 알갱이로 돌변하여 머리칼과 수염에 대롱대롱 매달렸다. 해발 5,000미터의 고지대에서 희박한 공기를 들이마시기 위해 사투를 벌여야 했다. 삐죽 튀어나온 바위가 가끔씩 신발 바닥을 파고들더니, 기어이 발에서는 피가 줄줄 흐르기 시작했다.

1802년 6월 23일, 그들은 해발 약 6,400미터의 침보라소 산을 오르고 있었다.[1] 침보라소 산은 안데스산맥에 있는 돔dome 모양의 아름다운 휴화산으로, 오늘날 에콰도르의 수도인 키토에서 남쪽으로 약 160킬로미터 떨어진 곳에 있었다. 당시 침보라소는 세계 최고봉으로 알려져 있었다. 그러니 겁먹은 포터들이 설선snow line(만년설의 최저 경계선—옮긴이)에서 운반을 포기한 것도 전혀 이상한 일이 아니었다. 화산의 꼭대기는 두꺼운 안개로 가려져 있었지만, 훔볼트는 전혀 동요하지 않았다.

훔볼트는 지난 3년 동안 남아메리카를 여행하며, 유럽인들이 거의 가본 적 없었던 곳까지 깊숙이 들어갔다. 과학적 발견에 매혹된 서른두 살의 겁 없는 청년은 유럽에서 최고의 장비들을 잔뜩 들여왔다. 하지만 막상 침보라소에 오르기 전에는 대부분의 장비들을 제쳐 두고, 기압계, 온도계, 육분의sextant(각도와 거리를 정확하게 측정하는 광학기계—옮긴이), 인공수평기artificial horizon(동요하는 물체 위에서 수평면을 얻는 장치—옮긴이), 그리고 시안계cyanometer(하늘의 푸른 정도를 측정하는 계기—옮긴이)만을 챙겼다. 침보라소를 오르던 훔볼트는 얼얼한 손가락으로 각종 계기들을 꺼내 (위험하기 이를 데 없는) 좁은 바위 위에 올려놓은 다음, 고도, 중력, 습도를 수시로 측정했다. 그뿐만 아니라, 등반 도중에 마주치는 생물종種들을 하나도 빼놓지 않고 노트에 꼼꼼하게 적었다. 여기에는 나비가, 저기에는 작은 꽃들이 무수히 널려 있었다.

해발 5,500미터 지점에서 반들반들한 바위에 달라붙어 있는 지의류lichen가 약간 발견되었다. 하지만 그게 마지막이었고, 그 이후에는 생물의 흔적이 모두 사라졌다.[2] 그도 그럴 것이, 그 정도의 높이에서는 식물이나 곤충이 살 수 없기 때문이었다. 얼마 전까지 멀찌감치서 그들을 따라왔던 콘도르도 더 이상 눈에 띄지 않았다. 안개가 시야를 가려 사방이 텅빈 공간처럼 보이자, 훔볼트는 마치 커다란 고무풍선 속에 갇혀 이승을 완전히 벗어난 듯한 착각에 빠졌다.[3] 그러다가 안개가 갑자기 걷히자, 침보라소의 정상이 푸른 하늘을 배경으로 멋진 자태를 드러냈다.[4] 처음에는 넋을 잃고 눈 덮인 정상의 장관을 감상했지만, 이내 너비 20미터 깊이 180미터의 거대한 크레바스crevasse가 앞을 가로막고 있음을 깨달았다. 크레바스를 건너지 않고서는 정상에 도달할 방법이 없

침보라소 산을 올라가는 훔볼트와 일행들

었다. 고도계를 들여다보니 해발 6,000미터! 이제 정상까지 남은 거리는 불과 400미터였다.[5]

침보라소에서 해발 6,000미터 지점에 올라 그렇게 희박한 공기를 들이마셔 본 사람은 훔볼트 일행이 처음이었다. 세상의 꼭대기에 서서 발아래에 있는 산들을 내려다보며, 훔볼트는 세상을 다르게 바라보기 시작했다. 그는 지구를 하나의 거대한 생물체로, 그 속에 존재하는 만물은 서로 연결되어 있다고 생각했다. 그것은 세상을 바라보는 새롭고 대담한 시각이었으며, 오늘날까지도 자연계를 이해하는 방법에 영향을 미치고 있다.

동시대인들이 '나폴레옹 다음으로 세상에서 가장 유명한 사나이'로 여겼던 훔볼트는 당대 최고의 매력과 영감을 지닌 사람 중 한 명이었다.[6] 1769년 프로이센의 부유한 귀족 가문에서 태어난 그는 세상의 원리를 깨치기 위해 특권 생활을 스스로 포기했다. 청년 시절 남아메리카로 5년간 탐험을 떠나 여러 번 죽을 고비를 넘긴 끝에, 기어이 새로운 세계관을 품고 귀환했다. 남아메리카 여행은 그의 인생과 생각을 형성하고, 그를 세계적인 명사名士로 만들었다. 그는 파리나 베를린과 같은 도시에서 살았지만, 오리노코 강의 먼 지류나 (러시아의 몽골리아 접경 지대에 있는) 카자흐 스텝과 같은 오지에서도 아무런 불편 없이 지냈다. 오랜 생애(1769~1859년) 중 상당한 기간을 과학계의 허브hub로 활동하는 데 할애하며 무려 약 5만 통의 편지를 보내고 그 두 배가 넘는 편지를 받았다. "지식은 공유하고, 교환하고, 만인이 사용할 수 있어야 한다"는 것이 그의 확고한 믿음이었다.

그는 양면성을 지닌 인간이기도 했다. 식민주의를 맹렬히 비판하고 남아메리카의 혁명을 지지했지만, 두 프로이센 왕들의 신하였다. 미국이 내세우는 자유와 평등 개념에 감탄하면서도, 노예제에 대한 비판을 멈추지 않았다. 자신을 '반半 미국인'[7]이라고 불렀지만, 이와 동시에 미국을 단조롭기 짝이 없는 나라로 취급했다. 자신감에 넘치면서도 항상 타인에게 인정받기를 원했다. 폭넓은 지식 때문에 존경받았지만, 날카로운 말솜씨 때문에 두려움의 대상이 되기도 했다. 자신의 저서가 십여 개 언어로 출판되고 사람들은 베스트셀러를 먼저 사려고 서적상을 매수買收할 정도였지만, 정작 자기 자신은 큰 돈을 벌지 못하고 가난하게 죽었다. 허영을 부릴 수도 있었지만, 마지막 남은 돈을 가난한 젊은 과학자에게 주려고 했다.

홈볼트의 일생은 여행과 연구로 점철되었다. 늘 뭔가 새로운 것을 경험하고 싶어 했고, '한꺼번에 세 가지 경험하기'를 이상으로 여겼다.[8] 지식과 과학적 사고로 명성이 자자했지만, 늘 지식에만 목말라 하는 서생書生은 아니었다. 연구나 저술에 만족하지 못할 때는 격렬한 운동에 몰두하거나 자신의 몸을 한계까지 밀어붙였다. 베네수엘라 열대우림지역에서 신비로운 세계를 감상하기 위해 깊숙한 곳으로 위험을 무릅쓰고 들어가는가 하면, 안데스산맥에서 활화산 내부의 불꽃을 관찰하기 위해 고지대의 좁은 레지ledge(암벽의 일부가 선반처럼 튀어나온 것—옮긴이)를 따라 기어들어가기도 했다. 예순 살이 되어서도 러시아 오지로 들어가 1만 6,000킬로미터 이상을 강행군하여 젊은 동행자들을 무색케 했다.

그는 자연의 측정, 관찰에 매혹됨과 동시에 경이감에 이끌렸다. 물론 자연은 측정되고 분석되어야 하지만, 자연계에 대한 반응 중 대부분은 감각과 정서에 기반을 두어야 한다고 믿었다. 다른 과학자들이 보편법칙을 찾고 있을 때, 훔볼트는 '자연은 감정을 통해 경험되어야 한다'고 주장하며 자연에 대한 사랑을 불러일으키고 싶어 했다.[9]

훔볼트는 어느 누구와도 달랐는데, 그 이유는 (나뭇잎의 형태, 토양의 빛깔, 온도 측정치, 바위의 층상구조와 같은) 가장 세세한 부분들까지도 여러 해 동안 기억할 수 있었기 때문이다. 이처럼 비상한 기억력 덕분에, 그는 오랫동안 세계 각지를 돌아다니며 관찰한 것들을 서로 비교할 수 있었다. 후에 한 동료가 회상한 바에 의하면, 훔볼트는 세계에서 일어나는 모든 현상들을 (마치 사슬에 꿴 것처럼) 한꺼번에 처리할 수 있었다고 한다. 즉, 다른 사람들은 오래 전에 저장된 기억들을 뒤지느라 갈팡질팡하지만, 훔볼트는 모든 지식과 관찰에 대한 기억을 순식간에 불러내 일관공정으로 처리할 수 있었다는 것이다. 미국의 작가이자 시인 랄프 왈도 에머슨Ralph Waldo Emerson은 이런 훔볼트를 가리키며, "그의 눈에는 천연 망원경과 현미경이 모두 장착된 것 같다"며 혀를 내둘렀다.[10]

침보라소를 오르며 기진맥진한 상태에서도, 훔볼트는 자연을 바라보는 관점을 스스로 터득했다. 세심한 관찰을 통해 그는 식생대vegetation zone가 차곡차곡 층상구조를 이루고 있음을 알아차렸다. 즉, 계곡에서는 야자나무와 촉촉한 대나무들이 숲을 형성하고 있었는데, 숲속으로 들어가보니 울긋불긋한 난초들이 나무에 착생着生하고 있었다. 좀 더 위로 올라가니, 유럽의 숲과 비슷하게 침엽수, 참나무, 오리나무, 관목성 매자나무가 보였다. 그 다음으로는 고산식물과 지의류가 나타났는데, 전자는 스위스의 산지에서 채집했던 식물과 비슷하고 후자는 북극권과 라플란드(스칸디나비아 반도와 핀란드의 북부, 러시아 콜라반도를 포함한 유럽 최북단 지역—옮긴이)에서 채집한 표본을 연상케 했다. 그런 식물들을 전에 본 적이 있는 사람은 아무도 없었다. 그러나 훔볼트는 식물을 좁은 분류범주classification category로 간주하는 대신, 위치와 기후에 따른 유형type으로 파악하려 했다. 즉, 자연을 전 지구적 힘global force의 관점에서 바라보

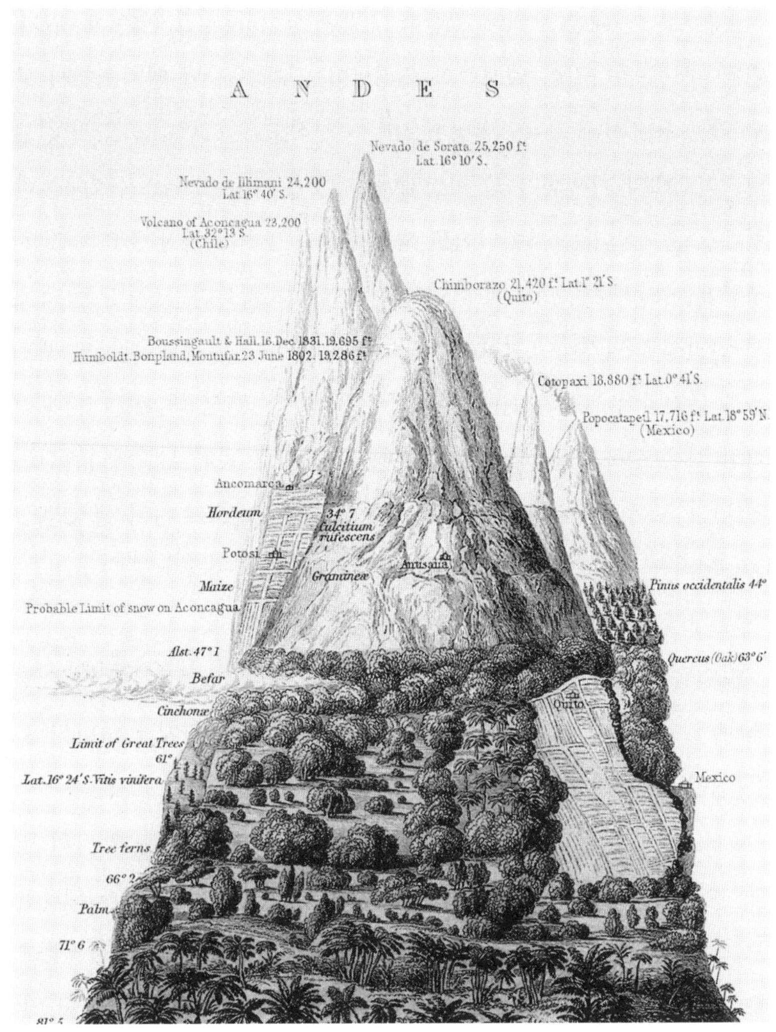

안데스산맥의 식물 분포

고, 여러 대륙들이 서로 대응하는 기후대climate zone를 가지고 있다고 생각했다. 그 개념은 당시로서는 매우 혁신적이었고, 오늘날에도 여전히 우리의 생태계 이해의 기반을 형성하고 있다.

훔볼트는 시대를 초월해도 한참 초월한 사상가로, 그가 쓴 책, 일기, 편지에서는 하나같이 예지력이 드러났다. 그는 오늘날 일기도에서 볼 수 있는 등온선isotherm을 발명했으며, 자기적도magnetic equator도 발견했다. '식생대와 기후대가 지구 전체에 (뱀이 기어가는 것처럼) 구불구불한 형태로 분포한다'는 아이디어도 생각해냈다. 그러나 가장 중요한 것은, 자연계를 바라보는 방법에 혁명을 가져왔다는 것이다. 그는 모든 곳에서 연결성을 발견하여, "거대한 인과관계의 사슬 속에서, 각각의 팩트들을 분리하여 생각해서는 안 된다"[11]는 결론에 도달했다. 또한 "아무리 가장 작은 생물체일지라도, 모든 생물체들을 그 자체로만 바라봐서는 안 된다"고 생각했다. 그는 이 같은 통찰력을 기반으로 하여 생명망web of life이라는 개념을 고안해냈는데, 이것은 오늘날 우리가 알고 있는 자연의 개념과 동일하다.

자연을 (복잡하게 연결된) 하나의 망web으로 인식하면, 그 취약성도 명확하게 드러난다. 모든 것들이 잘 들어맞고 있는 상황에서 하나의 실을 잡아당긴다면, 전체 태피스트리tapestry(여러 가지 색실로 그림을 짜넣은 직물—옮긴이)가 흐트러질 수 있기 때문이다. 1800년 베네수엘라의 발렌시아 호수에서 식민지 플랜테이션으로 인해 환경이 황폐화되었음을 보고, 훔볼트는 인간이 초래한 기후 변화가 얼마나 위험한지를 처음으로 지적했다. 벌목으로 인해 토양이 황폐화되고, 관목이 사라지고, 발렌시아 호수의 수위가 낮아지자, 폭우가 내릴 때 산의 경사면에서 토양이 유실되었다.[12] 훔볼트는 숲이 수분 보유와 냉각효과를 통해 대기를 풍요롭게 만들 수 있다고 설명한 최초의 과학자였다. 또한 숲은 수분 보유뿐만 아니라 토양침식 방지에도 중요하다고 지적했다.[13] 그러면서 "인간이 기후를 함부로 변화시키고 있으니, 미래의 세대에게 예측 불가

능한 영향을 미칠 것"이라고 경고했다.[14]

『자연의 발명』은 홈볼트라는 비범한 인물과 우리를 이어주는 '보이지 않는 끈invisible thread'을 추적한다. 훔볼트는 동시대의 위대한 사상가, 예술가, 과학자들에게 많은 영향을 미쳤다. 토머스 제퍼슨Thomas Jefferson은 그를 '당대 최고의 걸출한 인물 중 하나'라고 불렀다.[15] 찰스 다윈Charles Darwin은 "훔볼트의 『신변기』를 읽는 것만큼 내 열의를 자극하는 것은 없다"고 한 것도 모자라, "훔볼트가 없었다면 비글호를 타지도 않았을 것이고, 『종의 기원』을 생각하지도 못했을 것"[16]이라고 말했다. 윌리엄 워즈워스William Wordsworth와 새뮤얼 테일러 콜리지Samuel Taylor Coleridge는 훔볼트가 제시한 자연의 개념을 자신들의 시詩에 도입했다. 미국에서 가장 존경받는 자연주의 작가인 헨리 데이비드 소로Henry David Thoreau는 훔볼트의 책에서 자신의 딜레마—시인인 동시에 자연주의자가 되는 방법—에 대한 해답을 찾았다. 훔볼트가 없었다면 소로의 『월든』은 매우 다른 책이 되었을 것이다. 남아메리카를 스페인의 식민 지배에서 해방시킨 혁명가 시몬 볼리바르Simón Bolívar는 훔볼트를 '신세계의 발견자'[17]라고 불렀고, 독일의 가장 위대한 시인 요한 볼프강 폰 괴테Johann Wolfgang von Goethe는 "훔볼트와 함께 하루를 보내며 깨달은 것이, 나 혼자 몇 년 동안 깨달은 것보다 훨씬 더 많다"고 말했다.[18]

알렉산더 폰 훔볼트가 세상을 떠난 지 10년 후인 1869년 9월 14일, 전 세계에서는 그의 탄생 100주년을 기념했다. 아메리카 대륙 각지는 물론 유럽, 아프리카, 호주에서도 파티가 열렸다. 멜버른과 애덜레이드의 주민들은 한자리에 모여 훔볼트를 기리는 강연을 들었고, 부에노스아이레스나 멕시코시티의 주민들도 마찬가지였다.[19] 모스크바에서는 훔볼트를 '과학계의 셰익스피어'라고 부르며 성대한 축제를 거행했고,[20]

이집트 알렉산드리아에서는 불꽃놀이를 곁들여 야외파티를 열었다.[21] 가장 커다란 기념식이 진행된 나라는 미국으로, 샌프란시스코에서 필라델피아에 이르기까지, 시카고에서 찰스톤에 이르기까지 시가행진, 호화로운 디너파티, 콘서트 등이 줄을 이었다.[22] 클리블랜드에서는 약 8,000명의 주민들이 거리를 가득 메웠고, 시러큐스에서는 1만 5,000명의 주민들이 모여 2킬로미터에 가까운 행진을 벌였다.[23] 율리시스 그랜트Ulysses Grant 대통령은 피츠버그에서 열린 훔볼트 기념식에 참석했는데, 1만 명의 구경꾼들이 몰려들어 도시를 마비시켰다.[24]

뉴욕 시 당국은 자갈 깔린 거리 양쪽에 깃발을 줄줄이 세웠다. 시 청사에는 배너가 걸리고, 모든 건물들은 훔볼트의 얼굴이 그려진 대형 포스터로 뒤덮였다. 심지어 허드슨 강을 항해하는 선박들도 울긋불긋한 깃발들로 화려하게 장식했다. 아침에는 수천 명의 시민들이 열 개의 밴드 뒤를 졸졸 따라다녔는데, 그들은 바우어리Bowery에서 출발하여 브로드웨이를 거쳐 센트럴파크까지 걸으며 훔볼트에게 경의를 표시했다. 오후로 접어들자 대형 흉상 제막식이 열리는 센트럴파크에 2만 5,000명의 관람객이 운집하여, 동상을 구경하며 연설을 들었다. 「뉴욕타임스」(1면 전체. 컬러 이미지 viii쪽 참조—옮긴이)에는 "어떤 나라도 그의 명성에 이의를 제기할 수 없다"는 기사가 실렸다.[25] 저녁이 되어 어둠이 깔리자, 1만 5,000명의 시민들이 일제히 손전등을 들고 거리에 늘어섰고, 그들의 머리 위에서는 중국인들이 걸어 놓은 형형색색의 등불들이 빛났다. 한 연설가는 이렇게 말했다. "안데스산맥 위에서 하늘 높이 치솟아 오르던 훔볼트의 정신을 상상해 보세요."[26]

전 세계의 연설가들은 훔볼트가 자연의 모든 측면들 사이에서 '내적 연관성inner correlation'을 발견했음을 강조했다.[27] 에머슨은 보스턴의 고

위층들 앞에서 행한 연설에서, "훔볼트는 전 세계적으로 몇 안 되는 경이로운 존재 중 하나"라고 말했다.[28] 런던의 「데일리뉴스」는 "훔볼트의 명성은 우주와 밀접하게 관련되어 있다"[29]고 보도했다. 독일에서는 쾰른, 함부르크, 드레스덴, 프랑크푸르트를 비롯하여 많은 도시에서 축제가 열렸지만,[30] 최대의 기념식이 열린 곳은 뭐니뭐니해도 그의 고향 베를린이었다. 베를린에서는 비가 억수로 내렸음에도 불구하고 8만 명의 시민들이 모였다. 독일 정부는 모든 정부기관과 관공서들의 업무를 하루 동안 중단했다. 폭우가 계속되고 돌풍까지 불어 날씨가 추웠음에도 불구하고, 연설과 노래는 몇 시간 동안 멈출 줄 몰랐다.[31]

오늘날 훔볼트의 아이디어는 (적어도 영어권의 경우) 학계 밖에서 거의 잊혔지만, 여전히 우리의 사고를 형성하고 있다. 그의 책은 도서관에서 먼지를 뒤집어쓰고 있지만, 그의 이름은 (칠레와 페루의 해안을 따라 흐르는) 훔볼트 해류에서부터 수십 개의 기념물, 남아메리카의 공원과 산(멕시코의 시에라 훔볼트, 베네수엘라의 피코 훔볼트 등)에 이르기까지 도처에 남아 있다. 아르헨티나의 한 마을, 브라질의 한 강, 에콰도르의 한 간헐온천, 콜롬비아의 한 만灣의 이름은 모두 훔볼트의 이름을 따서 지어졌다.[32]

그린란드에는 훔볼트의 이름을 딴 훔볼트 곶Kab Humboldt과 훔볼트 빙하가 있고, 중국 북부, 남아프리카, 뉴질랜드, 남극에는 산맥들이 있다. 타스매니아와 뉴질랜드에는 강과 폭포가 있고, 독일에는 공원이 있으며, 프랑스 파리에는 훔볼트 거리Rue Alexandre de Humboldt가 있다. 이번에는 미국으로 넘어가보자. 북아메리카에만 4개 카운티와 13개 타운이 있고, 그 밖에 산, 만, 호수, 강이 있다. 캘리포니아에는 훔볼트 레드우드 주립공원이 있고, 시카고와 버팔로에는 훔볼트 공원이 있다. 1860년대에 제헌회의Constitutional Convention가 주州의 이름을 논의할 때, 네바다

주는 거의 훔볼트 주라고 불릴 뻔했다.[33] 약 300개 식물과 100여 개 동물의 이름은 훔볼트의 이름을 따서 지어졌는데, 그중에는 캘리포니아 훔볼트 백합Lilium humboldtii, 남아메리카 훔볼트 펭귄Spheniscus humboldti, 훔볼트 오징어Dosidicus gigas가 있다. 참고로 훔볼트 오징어는 훔볼트 해류에 살며, 매우 사나운 포식자로 알려져 있다. 수많은 광물들(Humboldtit, Humboldtin 등)이 훔볼트의 이름을 갖고 있으며, 달에는 훔볼트의 바다Mare Humboldtianum가 있다.[34]

생태학자, 환경학자, 자연작가들은 자신도 모르는 사이에 훔볼트의 비전에 의존한다. 레이첼 카슨Rachel Carson의 『침묵의 봄』은 훔볼트의 상호관련성interconnectedness 개념에 기초하고 있으며, 제임스 러브록James Lovelock의 유명한 '가이아 이론Gaia theory'은 지구를 생명체로 간주한다는 점에서 훔볼트의 이론과 유사한 점이 많다. 훔볼트는 러브록보다 150여 년 먼저, 지구를 '내재적 힘에 의해 활동하고 움직이는 자연적 집합체natural whole'라고 기술했다.[35] 훔볼트는 이 개념이 담긴 저서의 제목을 '게아Gäa'로 붙이려다가, 나중에 『코스모스*Kosmos*』로 바꿨다.[36]

우리의 지식과 생각은 과거의 거인들에 의해 형성된다. 니콜라우스 코페르니쿠스는 우리가 우주 공간에서 어디쯤에 있는지 알려주고, 아이작 뉴턴은 자연의 법칙을 설명해줬다. 토머스 제퍼슨은 우리에게 자유와 민주주의의 개념을 가르쳐주고, 찰스 다윈은 모든 종種들이 공통 조상에게서 갈라져나왔음을 증명했다. 이러한 아이디어들은 우리와 세계와의 관계를 규정했다. 마지막으로, 훔볼트는 우리에게 자연 자체의 개념을 제공했다. 그런데 아이러니하게도 훔볼트의 견해들은 오늘날 너무나 자명한 것으로 간주되기에 이르러, 우리는 그것을 제공한 사람이 누구인지를 까맣게 잊었다. 하지만 단언컨대 자연에 관한 훔볼트의 개념은 (마치 로프처럼) 우리와 그를 연결하고 있으며, 많은 사람들이 자신도 모르는 사이에 훔볼트에게서 깊은 영감을 받고 있다.

『자연의 발명』에는 세계 도처에서 훔볼트의 흔적을 찾으려는 나의 시도가 고스란히 담겨 있다. 나는 전 세계를 여행하며 캘리포니아, 베를린, 케임브리지에 있는 기록보관소를 방문했다. 그리고 수천 통의 편지들을 읽으며 훔볼트의 발자취를 더듬었다. 독일 예나에서는 해부학 실험실의 흔적을 발견했는데, 그곳은 훔볼트가 여러 주 동안 동물을 해부했던 곳이다. 그리고 에콰도르 안티사나의 고도 3,600미터 지점에서 다 허물어져가는 오두막집 하나를 발견했다. 그곳은 1802년 그가 하룻밤을 지낸 곳으로, 땅에서는 야생마들이 에워싸고 있고 공중에서는 네 마리의 콘도르가 공중을 맴돌고 있었다.

나는 에콰도르의 키토에서 훔볼트의 스페인 여권을 손에 쥐고 만지작거렸다. 그것은 그에게 남아메리카를 여행할 수 있는 권리를 부여한 문서였다. 나는 베를린에서 그의 노트를 고이 간직한 박스를 열며, 마침내 그의 정신이 어떻게 작동했는지를 이해했다. 그의 노트는 수천 장의 메모, 스케치, 그리고 숫자들이 아름답게 어우러진 콜라주였다. 나는 집으로 돌아오는 길에 런던의 대영도서관에 들러, 여러 주 동안 훔볼트가 발간한 책들을 읽었다. 그중에는 너무 거대하고 무거워, 서가에서 책상 위로 운반하기 힘든 것도 있었다. 케임브리지에서는 다윈이 소장했던 훔볼트의 저서들을 발견했다. 그것들은 다윈이 비글호의 해먹 옆 선반에 보관했던 것인데, 다윈이 연필로 끄적거린 흔적이 가득했다. 다윈이 탐독했던 훔볼트의 저서를 읽는 내 기분이 어땠을까? 그건 다윈과 훔볼트의 대화를 대놓고 엿듣는 거나 마찬가지였다.

나는 베네수엘라 열대우림 속에 누워 밤을 지새며 이상한 소리를 들었다. 짖는원숭이howler monkey가 크게 울부짖는 소리였다. 공공도서관에서 문서를 찾으려고 뉴욕을 방문했을 때는 허리케인 샌디의 습격을 받아, 전기가 끊긴 맨해튼에 갇혀 오도 가도 못했다. 이탈리아 토리노 외각의 피오베시라는 작은 마을에서는, 10세기의 탑이 보존된 영주 저택에 들러 감탄을 금치 못했다. 그곳은 1860년대 초 조지 퍼킨스 마시George Perkins Marsh가 『인간과 자연』의 일부를 집필했던 장소였다. 훔볼트에게 영감을 받은 『인간과 자연』은 장차 아메리카에서 벌어지게 될 자연 보존 운동의 신호탄이었다.

나는 소로의 월든 호수Walden Pond에 들러, 갓 내린 눈 속에 파묻힌 호숫가를 거닐었다. 요세미티에서 하이킹을 할 때는, '우주로 확실히 들어가려면 자연림을 통과하라'는 존 뮤어John Muir의 아이디어가 떠올랐다.[37] 가장 흥미로웠던 순간은 마지막으로 침보라소 산을 오를 때였다. 침보라소 등반은 훔볼트의 비전을 형성한 초석이었다. 황량한 산비탈을 오를 때, 공기가 너무 희박하여 황소걸음을 걸을 수밖에 없었다. 납덩이처럼 무거운 다리를 들어올릴 때마다, 몸과 다리가 분리되는 듯한 느낌이 들었다. 한 걸음 한 걸음 내딛을 때마다 훔볼트에 대한 동경심은 더욱 깊어졌다. 그는 다친 다리를 끌고 침보라소를 올랐으며, 신발도 내 등산화만큼 편안하거나 튼튼하지 않았으리라. 게다가 각종 기기를 들고 오르다 수시로 멈춰 서서 고도, 중력, 습도 등을 측정했다.

나는 훔볼트의 발자취를 직접 더듬고 그의 노트와 일지와 편지를 샅샅이 읽어가며 이 책을 썼다. 그러므로 『자연의 발명』은 훔볼트를 재발견함과 동시에, 자연과 과학의 판테온pantheon에서 그에게 제자리를 찾아주기 위해 쓴 책이라고 보면 된다. 이 책을 다 읽고 나면 우리가 자연계를 오늘날처럼 생각하게 된 이유가 뭔지를 이해하게 될 것이다.

The
Invention
of
Nature

1부

/

출발

떠오르는 아이디어들

1
어머니의 그늘

알렉산더 폰 훔볼트는 1769년 9월 14일 프로이센의 부유한 귀족 가문에서 태어났다. 그의 가족은 겨울에는 베를린에서 지내고, 여름에는 베를린에서 북서쪽으로 16킬로미터 떨어진 테겔Tegel의 작은 성城에서 지냈다. 아버지 알렉산더 게오르크 폰 훔볼트는 군인이자 프로이센 왕실의 시종侍從인 동시에, 미래의 왕 프리드리히 빌헬름 2세의 절친한 친구이기도 했다. 어머니 마리 엘리자베트는 부유한 제조업자의 딸로, 친정아버지에게서 많은 돈과 땅을 물려받았다.[1] 훔볼트 가문의 위세는 대단했다. 그들은 베를린에서 큰 존경을 받았고, 심지어 미래의 왕은 알렉산더의 대부代父였다.[2] 그러나 특권층의 가정교육을 받았음에도 불구하고, 알렉산더와 형 빌헬름의 어린 시절은 불행했다.[3] 알렉산더가 아홉 살 때 자애로운 아버지가 갑자기 세상을 떠나자, 어머니는 아들들에게 큰 애정을 보이지 않았다. 아버지는 멋지고 다정했지만, 어머니는 격식

테겔 성과 주변의 사유지

을 차리는 냉정한 성격인 데다 정서적인 면을 전혀 찾아볼 수 없었다.[4] 그녀는 따뜻한 모정 대신 프로이센 최고의 교육을 제공하는 데 치중했다. 어머니는 계몽주의 사상가들을 여럿 불러 사교육을 시켰고, 가정교사들은 알렉산더와 빌헬름에게 진리·자유·지식에 대한 사랑을 주입했다.

두 형제와 가정교사의 관계는 특이했다. 두 사람은 가끔 가정교사에게서 가부장적인 아버지의 모습을 발견하곤 했다. 특히 오랫동안 교육을 담당했던 고틀로브 쿤트의 경우, 자신에게 복종할 것을 요구하면서 불쾌감과 실망을 수시로 드러내곤 했다. 두 사람이 수학 계산을 하거나 라틴어를 번역하거나 프랑스어 어휘를 익히는 동안, 쿤트는 그들의 등 뒤에서 잠자코 맴돌다가 간간이 어깨너머로 잘못을 지적했다. 쿤트는 두 사람의 실력 향상에 만족한 적이 별로 없었다. 제자의 실수를 발견할 때마다, '저 녀석이 선생을 해코지하거나 공격하려고 저러는군'이라는 반응을 보였다.[5] 두 사람의 입장에서 볼 때, 이 같은 반응은 지팡이로 엉덩이를 마구 두들겨패는 것보다 훨씬 더 고통스러웠다. 나중에 빌헬름은 당시의 심정을 이렇게 회상했다. "우리는 항상 쿤트의 마음에 들려고 필사적으로 노력했지만, 그를 행복하게 만들려면 어떻게 해야 하는지 몰라 늘 걱정이었다."[6]

특히 알렉산더의 경우에는 마음고생이 더 심했다. 왜냐하면 두 살이 어린데도, 조숙한 형과 똑같은 수준의 교육을 받아야 했기 때문이었다. 그 결과 알렉산더는 자신의 재능이 형보다 떨어진다고 믿게 되었다. 빌헬름이 라틴어와 그리스어에 능숙한 솜씨를 보일 때, 알렉산더는 '나는 능력이 부족해서 진도가 느린가보다'라고 생각했다. 고민을 거듭하던 알렉산더는 후에 친구에게 이렇게 털어놨다. "가정교사들은 내 지능이 정상이 아닐지 모른다고 의심했어."[7]

빌헬름은 그리스 신화와 로마 역사에 몰두했지만,[8] 알렉산더는 따분한 느낌이 들어 책을 펼쳐볼 생각도 하지 않았다. 그래서 틈만 나면 공부방을 슬그머니 빠져나와 주변의 전원을 배회했다. 그러면서 식물, 동물, 바위를 수집하거나 그림을 그렸다. 호주머니에 곤충과 식물을 가득 채운 채 집에 돌아오는 경우가 잦아지자, 가족들은 그에게 '꼬마 약제상'[9]이라는 별명을 부르기만 할 뿐 그의 관심사가 뭔지를 진지하게 생각하지는 않았다. 하루는 훔볼트 가문의 행사에 참여한 프로이센의 프리드리히 대왕이 이렇게 물었다. "너와 이름이 똑같은 알렉산더 대왕처럼, 너도 세상을 정복할 계획이 있느냐?" 그러자 어린 훔볼트의 대답이 걸작이었다. "네, 폐하. 그렇지만 저는 칼 대신 머리로 하겠습니다."[10]

친한 친구들의 말에 의하면, 훔볼트는 소년기에 사랑하는 사람들에게 둘러싸여 살았지만, 그중에서 그를 이해해준 사람은 단 한 명도 없었다고 한다. 선생님들은 늘 요구 사항이 많았고, 어머니는 아들들과 일정한 거리를 유지하며 살았다. 쿤트에 의하면, 마리 엘리자베트 폰 훔볼트의 가장 큰 관심사는 빌헬름과 알렉산더를 지적·도덕적으로 완벽하도록 교육시키는 것이었고, 그들의 정서적 행복에는 아무런 관심이 없었다고 한다.[11] 훔볼트는 이렇게 말했다. "나는 1,000가지 금지사항에 질려 가식의 벽wall of pretence 뒤에 숨었다. 왜냐하면 엄한 어머니가 내 일거수일투족을 감시하는 것을 도저히 견딜 수 없었기 때문이다."[12] 흥미나 기쁨과 같은 감정을 표현하는 행동도 훔볼트 가문에서 용납되지 않았다.

알렉산더와 빌헬름은 성격과 태도가 극과 극이었다. 알렉산더는 모험심이 많고 야외 활동을 좋아했지만, 빌헬름은 신중하고 학구적이었다. 알렉산더는 기분이 갈팡질팡했지만, 빌헬름은 자제력이 강했다.[13] 그러다 보니 두 형제는 제각기 자신만의 세계로 들어섰다. 빌헬름은 독서 삼매경에 빠져들고, 알렉산더는 테겔의 숲속을 홀로 거닐었다. 테겔의 숲에는 북아메리카에서 수입된 나무들이 울창하게 우거져 있었는데, 울긋불긋한 사탕단풍과 위풍당당한 떡갈나무 사이를 걷노라면 마음이 차분하고 편안해졌다.[14] 알렉산더는 이 숲에서 산책이나 삼림욕을 하는 데 머무르지 않고, 외국산 나무들 속에 파묻혀 차츰 다른 세계를 동경하기 시작했다.[15]

훔볼트는 잘생긴 청년으로 성장하여, 헝클어진 머리, 표정이 풍부한 입술, 보조개가 패인 턱 등 꽃미남 청년의 모습을 두루 갖추었다. 키는 약 173센티미터[16]로 그리 크지 않았지만, 자신만만한 자세로 허리를 곧

게 펴고 다닌 탓에 실제보다 훨씬 더 커 보였다. 체격이 호리호리하고 몸이 날렵하며, 발놀림도 빠르고 민첩했다. 손이 작고 섬세해서, 친구들에게 '여자 손 같다'는 소리를 들었다.[17] 탐구심이 많아 눈망울을 항상 반짝거리며 경계심을 잃지 않았다. 그러나 종종 고열과 신경쇠약증neurasthenia에 시달렸는데, 그는 그게 다 건강염려증hypochondria 때문일 거라고 믿었다.[18]

알렉산더는 자신의 약점을 감추기 위해 재치를 연마하고 야망을 키웠다. 뛰어난 재치와 원대한 야망은 그의 방패막이인 셈이었다. 소년 시절에는 날카로운 멘트를 곧잘 날려 주위 사람들의 간담을 서늘케 했다. 그래서 친구들은 그를 '작은 악마'라고 불렀는데, 이 호칭은 알렉산더의 영원한 별명으로 굳어졌다.[19] 심지어 가장 절친한 친구들조차도 그에게 악의적인 구석이 있음을 인정했다.[20] 그러나 빌헬름만큼은 알렉산더의 악의를 인정하지 않고, 아마도 '약간의 자만심'과 '돋보이고자 하는 욕망'이 섞여 있을 거라고 말했다.[21] 알렉산더는 어려서부터 자만심과 고독, '칭찬받고 싶은 욕망'과 '독립하고 싶은 욕망' 사이에서 갈팡질팡하는 것 같았다.[22] 자신의 지적 능력을 믿으면서도 때로는 의심했기에, 인정받고 싶은 마음과 우월감 사이에서 시소를 탔다.

나폴레옹 보나파르트와 같은 해에 태어난 훔볼트는 점점 더 글로벌해지고 왕래하기 쉬워지는 세상에서 성장했다. 때마침 그가 태어나기 몇 달 전에 여러 나라의 과학자들이 사상 최초로 공동 연구에 참여했다. 수십 개 나라에서 모인 천문학자들이 금성의 움직임에 대한 관찰 결과를 조율하고 공유한 것이다. 경도longitude를 계산하는 문제가 마침내 해결되었고, 18세기 세계지도의 여백이 신속히 채워지고 있었다. 세상은 변하고 있었다. 훔볼트가 일곱 살이 되기 직전 미국의 혁명가들이 독립을 선포했고, 1789년 스무 번째 생일을 맞기 직전 프랑스도 그 뒤를 이어 혁명을 일으켰다.

독일은 아직 신성로마제국의 우산 아래 있었지만, 프랑스의 사상가 볼테르가 언젠가 말한 대로 신성로마제국은 신성하지도 않고 로마도 아니며 제국도 아니었다. 아직 단일 국가가 아닌 독일은 여러 개의 주州로 구성되어 있었는데, 그중 일부는 작은 공국principality이었고, 다른 주들은 크고 강력한 왕가들의 지배를 받고 있었다. 예컨대 프로이센은 호엔촐레른 왕가, 오스트리아는 합스부르크 왕가의 지배하에 있었는데, 이들 왕가는 지배권 및 영토 쟁탈전을 계속 벌이고 있었다. 프로이센은 18세기 중반에 프리드리히 대왕이 지배하는 동안 오스트리아의 가장 강력한 라이벌로 등장했다.

훔볼트가 태어났을 당시, 프로이센은 거대한 상비군과 효율적인 행정으로 유명했다. 프리드리히 대왕은 전제군주로 군림했음에도 불구하고, (초등교육이나 약간의 농지개혁 같은) 일부 개혁 정책을 도입했다. 종교적 관용을 베풀기 위한 단계적 조치들도 취해졌다. 프리드리히 대왕은 무용武勇뿐 아니라 음악, 철학, 학문을 좋아한 것으로도 유명했다. 프랑스와 영국의 동시대인들은 종종 독일을 거칠고 낙후된 지역이라고 무시했지만, 독일에는 유럽 어느 나라보다도 대학교와 도서관이 많았다. 출판물과 정기간행물이 증가하자 국민들의 문자 해독 능력이 급상승했다.[23]

영국은 경제적으로 앞서 나가고 있었다. 돌려짓기crop rotation나 관개시설 개선과 같은 농업 혁신은 수확량을 증가시켰다. 영국 사람들은 운하 열기canal fever에 사로잡혀, 섬을 현대적인 수송시스템으로 단장했다. 산업혁명 이후 역직기power loom 등의 기계가 발명되면서, 공업 중심지가 된 도시들이 우후죽순처럼 늘어났다. 그러자 영국의 농부들은 자급 농업에서 벗어나, 새로운 도심지의 거주민과 노동자들에게 식량을 공급했다.

인간은 와트의 증기기관과 같은 신기술로 자연을 통제하기 시작했다. 그리고 유럽과 북아메리카에서 천연두 백신을 최초로 접종하자 의학으로도 자연을 통제할 수 있게 되었다. 18세기 중반 벤자민 프랭클린 Benjamin Franklin이 피뢰침을 발명하면서, 인간은 '신의 분노의 표현'으로 간주되던 번개까지도 잠재우기 시작했다. 이처럼 가공할 만한 힘을 갖게 되면서 인간은 자연에 대한 공포감을 상실했다.

지난 두 세기 동안 서구사회를 지배해 온 것은 '자연은 복잡한 장치 apparatus처럼 기능한다'는 아이디어였다. 한 과학자는 그런 장치를 '거대하고 복잡한 우주의 기계'라고 불렀다.[24] 인간이 궁극적으로 복잡한 시계와 로봇을 만들 수 있다면, 신이 만들 수 있는 위대한 물건이란 도대체 뭘까? 프랑스의 철학자 르네 데카르트René Descartes와 그의 추종자들은 "신이 기계적 세상에 맨 처음 시동을 걸었다"고 했다. 그러나 아이작 뉴턴Isaac Newton은 우주를 '좀 더 신성한 시계장치'로 간주하고, "시계장치를 만든 신이 계속 개입한다"고 주장했다.

망원경이나 현미경과 같은 발명품들로 인해 세상이 새로워졌고, 그와 더불어 '자연의 법칙은 발견될 수 있다'는 믿음이 등장했다. 17세기 말 독일에서는 철학자 고트프리트 빌헬름 폰 라이프니츠Gottfried Willhelm von Leibniz가 수학에 근거하여 우주과학의 아이디어를 제시했고, 케임브리지에서는 뉴턴이 수학을 자연에 적용함으로써 우주의 메커니즘을 밝혀냈다. 결과적으로, '인간이 자연법칙을 이해할 수 있는 한, 세상은 안심하고 예측할 수 있다'고 여겨지기 시작했다.

서구세계에서는 수학, 객관적 관찰, 실험이 이성의 앞길을 환하게 비추었다. 과학자들은 자칭 서신공화국republic of letters[25]의 시민이 되었는데, 여기서 서신공화국이란 17~18세기 유럽과 미국에서 원거리 서신 교환을 통해 지식과 감성의 공감대를 형성해 온 문화적 공동체를 지칭하는 표현으로, 국경과 종교와 언어를 초월하는 지적 공동체를 말한다. 과학자들의 편지가 유럽과 대서양 사이를 지그재그로 왕래하면서, 과학적 발견과 새로운 아이디어가 전파되었다. 서신공화국은 국경 없는 국가이며, 군주가 아닌 이성에 의해 지배된다. 훔볼트가 성장한 시기는 이처럼 새로운 계몽주의 시대로서, 서구사회는 확신confidence과 개선improvement이라는 궤적을 따라 성큼성큼 발걸음을 내디뎠다. 세기가 바뀌며 진보를 거듭할 때마다, 모든 세대는 다음 세대를 선망의 대상으로 여겼다. 자연이 파괴될까 봐 두려워한 사람은 한 명도 없었다.

여느 청년들과 마찬가지로, 알렉산더와 빌헬름은 베를린의 지식인 모임에 들어갔다. 그러고는 교육, 관용, 독립적 추론의 중요성에 대해 논의했다. 테겔에서는 학습이라는 것이 외로운 활동으로 여겨졌었다. 그러나 두 형제가 독서클럽을 박차고 나와 베를린의 철학살롱에 들어가자, 외로웠던 활동이 사회적 활동으로 바뀌었다.[26] 여름이 되면 어머니가 종종 테겔로 거처를 옮겨 혼자 휴식을 취했는데, 그때 두 형제는 가정교사들과 함께 베를린의 저택에 머물며 자유를 누릴 수 있었다. 그러나 이 같은 자유는 오래 지속되지 않았다. 어머니는 두 형제가 관직을 얻기를 바랐고, 어머니에게 경제적으로 종속되어 있는 한, 두 사람은 어머니의 뜻에 따를 수밖에 없었다.[27]

어머니는 열여덟 살짜리 알렉산더를 프랑크푸르트안데어오데르Frankfurt an der Oder(오데르 강가의 프랑크푸르트)로 보냈다.[28] 베를린에서 서쪽으로 약 110킬로미터 떨어진 이곳에는 학생이 겨우 200명밖에 안 되는 주립 대학교가 있었다. 그녀는 학문적 장점보다는 테겔과 가깝다는 이유에서 이곳을 선택한 것 같았다. 한 학기 동안 행정학과 정치경제학 공부를 마치자, 알렉산더는 빌헬름이 공부하고 있는 괴팅겐 대학교로 보내졌다. 괴팅겐 대학교는 독일에서 제일가는 대학교 중 하나였는데, 빌헬름은 이곳에서 법학을 공부하고, 알렉산더는 과학, 수학, 언어학을 공부했다.[29] 두 형제는 같은 마을에 기거했지만, 시간을 함께 보낼 여유가 거의 없었다. "우리 둘은 성격이 판이하게 다르다"라고 빌헬름은 말했다.[30] 빌헬름은 열심히 공부했지만, 알렉산더는 열대지방과 모험을 동경하며 독일을 떠나고 싶어했다. 알렉산더는 어렸을 때 「제임스 쿡 선장」과 「루이 앙투안 드 부갱빌Louis Antoine de Bougainville」이라는 잡지를 읽으며 먼 곳을 상상하곤 했다.[31]• 베를린의 식물원에서 열대야자를 봤을 때, 그의 머릿속에는 온통 '실제로 열대지방에 가서 야자나무를 구경하고 싶다'는 생각뿐이었다.[32]

자기보다 나이가 많은 게오르크 포르스터Georg Forster라는 친구와 함께 4개월 동안 유럽 여행을 떠났을 때, 젊은 훔볼트의 방랑벽은 더욱 심해졌다. 포르스터는 독일의 박물학자로, 쿡 선장의 2차 세계 여행에 동행한 경력이 있었다. 훔볼트와 포르스터는 괴팅겐에서 자주 만나 탐험에 대해 이야기를 나눴다. 포르스터가 남태평양의 섬들을 신나게 설명하자, 훔볼트는 여행을 떠나고 싶은 마음이 더욱 간절해졌다.[33]

1790년 봄, 훔볼트는 포르스터와 함께 영국, 네덜란드, 프랑스에 갔는데, 여행의 하이라이트는 단연코 런던이었다. 런던의 모든 것들이 훔

• 제임스 쿡과 부갱빌은 모두 배를 타고 지구를 일주한 사람들이다.

런던과 템스 강의 풍경

볼트로 하여금 먼 나라들을 생각하게 했다. 템스 강을 가득 메운 선박들을 바라보는 순간, 세계 구석구석에서 실려온 화물들이 눈에 들어왔다. 매년 1만 5,000척의 선박들이 항구에 정박하는데, 그 선박들은 동인도제도산 향료, 서인도 제도산 설탕, 중국산 차, 프랑스산 와인, 러시아산 목재를 잔뜩 싣고 있었다.[34] 돛대로 뒤덮인 템스 강은 검은 숲을 연상시켰다.[35] 대형 무역선들 사이에서는 수백 척의 바지선, 나룻배, 소형 보트들이 우글거렸다. 선박이 미어터지도록 가득 찬 템스 강은 대영제국의 힘을 보여주는 거대한 풍경화였다.

훔볼트는 런던에서 식물학자, 탐험가, 예술가, 사상가들과 어울렸다.[36] 그중에는 윌리엄 블라이William Bligh, 조지프 뱅크스Joseph Banks, 윌리엄 호지스William Hodges도 있었다. 블라이는 악명 높은 바운티Bounty 호의 반란에서 추방된 선장이었다. 뱅크스는 쿡 선장의 1차 세계 여행에 동행한 식물학자로, 그 이후에는 영국 최고의 과학포럼인 왕립학회를 이끌었다. 호지스는 쿡 선장의 2차 세계 여행에 참가한 화가였는데, 그가 가져온 그림과 스케치는 묘한 매력을 풍겨 훔볼트의 마음을 사로잡았다. 훔볼트가 어디를 가든 신세계가 마술을 부렸다. 이른 아침 숙소에서 일어나자마자 침실 벽에 걸린 장식품이 눈길을 끌었는데, 그것은 동인도 회사의 선박이 아로새겨진 판화였다. 훔볼트는 자신의 꿈을 떠올리며 종종 눈물을 흘리기도 했다.[37] 그는 일기에 이렇게 적었다. "내 마음속에는 어떤 욕구가 숨어 있어, 종종 뭔가를 사무치도록 열망하게 된다."[38]

슬픔을 도저히 참을 수 없을 때, 훔볼트는 런던의 이곳저곳을 혼자 정처 없이 걷곤 했다. 한번은 런던 북쪽의 햄스테드 교외를 걷던 중, 나무에 걸린 선원 모집 공고가 눈에 들어왔다.[39] 순간적으로 '내가 바라던 게 바로 이거다'라는 생각이 들었지만, 어머니의 엄한 얼굴이 떠올랐다. 훔볼트는 알 수 없는 곳으로 빨려 들어가는 느낌—독일 사람들은 그런 느낌을 페른베Fernweh(먼 곳을 향한 그리움)라고 표현했다—이 들었지만, 곧 고개를 가로저었다. 그는 너무나 착한 아들이어서, 어머니를 차마 거역할 수가 없었다.[40]

서서히 미쳐간다는 느낌이 들자, 훔볼트는 마음을 가다듬기 위해 고향의 친구들에게 편지를 쓰기 시작했다.[41] 런던을 떠나기 하루 전날, 한 친구에게 쓴 편지의 내용은 이러했다. "불행한 환경이 나로 하여금 '가질 수 없는 것'을 원하게 만들고, '하기 싫은 행동'을 하게 만든다."[42] 그러나 훔볼트는 어머니의 기대를 감히 거역할 수 없었다. 프로이센의 엘리트 집단에서 양육받은 자신에게 요구되는 행동과 태도를 받아들여야 했다.

귀국하여 집에 돌아오자, 훔볼트의 고통은 폭발적인 에너지로 변해 갔다. 그의 표현을 빌리면, 만 마리 돼지에게 쫓기는 것처럼, 끊임없는 강박적 충동에 이끌렸다. 그는 이리저리 닥치는 대로 달리는가 하면, 이 주제에서 저 주제로 옮겨가면서 생각을 계속했다. '나는 지적 능력이 없고, 형보다 뒤떨어진다'는 느낌을 버리고, 자신과 친구와 가족들에게 자신의 똑똑함을 증명하려고 노력했다.[43] 포르스터는 '슬프게도, 훔볼트의 뇌가 혹사되고 있구나'라고 확신했는데,[44] 그건 그만의 생각이 아니었다. 빌헬름의 약혼녀 카롤리네 폰 다흐뢰덴Caroline von Dachröden은 알렉산더와 최근에 상견례를 했음에도 불구하고 그의 상황을 대번에 알아봤다.[45] 그녀는 알렉산더를 긍정적으로 평가하면서도, 그가 서서히 무너져가고 있음을 우려했다. 알렉산더를 아는 사람들은 그의 불안정한 심리 상태를 거론하며, "말을 얼마나 빨리하는지, 경주마의 속도를 능가할 정도야"라고 수근거렸다.[46]

1790년 늦여름, 훔볼트는 함부르크 경영학 아카데미에서 재무관리와 경제학을 공부하기 시작했다. 그는 숫자와 회계 장부로 점철된 공부를 극도로 혐오했다.[47] 훔볼트는 남는 시간에 과학 논문과 여행 서적을 뒤지고 덴마크 어와 스웨덴 어도 공부했는데, 뭘 공부하든 경영학 공부보다 훨씬 더 재미있었다.[48] 틈만 나면 함부르크의 엘베강으로 걸어 내려가 대형 상선들을 구경했는데, 그 배들에는 미국에서 들여온 담배, 쌀, 염료가 가득 실려 있었다. 그는 친구에게 이렇게 말했다. "항구에서 배를 구경하면 마음이 편안해져. 왜냐하면 그것들은 내가 품고 있는 희망과 꿈을 상징하기 때문이야."[49] 그는 어머니에게서 빨리 독립하고 싶은 마음이 간절했다.[50]

함부르크에서 공부를 마쳤을 때, 훔볼트의 나이는 스물한 살이었다. 1791년 6월 어머니의 기대에 다시 한 번 부응하기 위해, 프라이베르크(드레스덴 근처의 작은 마을)에 있는 일류 광산 아카데미에 등록했다. 그건 프로이센 광산국에서 경력을 쌓기 위한 타협책으로, 한편으로 어머니를 달래면서 다른 한편으로는 과학과 지질학에 대한 호기심을 마음껏 충족시킬 수 있는 기회였다. 그 아카데미는 최근 설립된 광산학 교육기관으로, 최신 지질학 이론을 광산 실무에 응용할 수 있도록 도와주는 곳이었다. 그곳은 떠오르는 과학계의 본산이기도 해서, 유럽 각지에서 뛰어난 학생들과 교수들이 몰려들었다.[51]

홈볼트는 그야말로 물 만난 고기였다. 다른 사람들은 3년 걸릴 과정을 8개월도 채 되지 않는 기간에 수료했다.[52] 매일 아침 해가 뜨기 전에 일어나 프라이베르크 주변의 광산 중 한 곳으로 달려갔다. 그러고는 다섯 시간 동안 갱도 깊숙이 들어가 광산의 구조, 작업 방법, 암석 등을 유심히 살펴봤다. 광산에서 채취한 샘플을 집으로 가져와 잘 보관하고, 궁금할 때마다 수시로 들여다봤다. 훔볼트는 몸이 유연하고 강단이 있어서, 좁은 터널을 통과하거나 낮은 동굴을 내려가는 데 일가견이 있었다. 작업에 너무 열중한 나머지 낮은 기온과 높은 습도를 느끼지도 못할 정도였다. 정오가 되면 캄캄한 갱도 속에서 기어 나와 먼지를 툭툭 턴 다음 아카데미로 달려가 광물학 및 지질학에 관한 세미나와 강의에 참석했다. 저녁 때는(때로는 늦은 밤까지) 책상에 앉아 촛불을 밝혀놓고 독서와 공부에 열중했다. 자유 시간에는 빛이 식물에 미치는 영향을 연구하며 수천 개의 식물 샘플을 수집했다. 수집한 샘플에 대한 측정, 관찰, 분류는 기본이었다. 영락없는 계몽주의 시대 소년의 모습이었다.[53]

프라이베르크에 머무른 지 불과 몇 주 되지 않았을 때, 홈볼트는 서쪽으로 160킬로미터 떨어진 에르푸르트로 달려가 형과 카롤리네의 결혼식에 참석했다.[54] 훔볼트는 사교 모임이나 가정 행사마저 공부의 기회로 활용했다. 형의 결혼식에 그저 참석만 하고 오는 대신, 그 참에 튀링겐 지역 전체를 순회하는 1,000킬로미터 여정의 지질학 탐사 여행을 다녀왔다. 시동생의 광분하는 모습을 본 카롤리네는 그의 연구 열정에 감탄하면서도 가끔씩 (마치 누나가 남동생을 골리듯) 조롱하기도 했다. 그녀는 훔볼트에게 "당신은 성격이 별나긴 하지만, 존경받아야 마땅한 사람이에요"라고 말하면서도, 그의 고독한 심리 상태를 은근히 걱정했다.[55]

프라이베르크에서 훔볼트의 진정한 친구라고는 동료 학생 한 명밖에 없었다. 그 학생은 훔볼트에게 방을 빌려준 사람의 아들이었다. 두 사람은 밤낮을 함께 지내며 공부와 토론을 함께했다.[56] 훔볼트는 친구와 깊은 우정을 나누게 되었음을 기뻐하면서도,[57] 자신의 어리석음을 질책하기도 했다.[58] 왜냐하면 공부를 끝내고 프라이베르크를 떠난 후에는 외톨이가 되어 큰 외로움을 느낄 게 뻔했기 때문이다.

프라이베르크 광산 아카데미에서 연마한 실력은 훔볼트의 큰 자산이 되었다. 아카데미를 이수한 다음 겨우 스물두 살의 나이에 광산의 책임자로 임명되어, 수많은 연장자들을 감독하게 되었다. 성층권에 오른 듯한 느낌에 당황하면서도, 친구와 가족들에게 장문의 편지를 보내 자신의 지위를 과시할 정도로 자부심도 강했다.[59] 가장 중요한 사실은, 광산 감독자의 자격으로 토양, 갱도, 광물 평가를 위해 수천 킬로미터를 여행할 수 있다는 것이었다. 브란덴부르크에는 석탄, 슐레지엔에는 철, 피히텔 산맥Fichtel Mountains에는 금, 폴란드에는 소금 광산이 있었다.

훔볼트는 여러 곳을 여행하는 동안 많은 사람들을 만났지만, 좀처럼 마음을 열지는 않았다.[60] 업무도 만족스럽고 친구들에게 편지 쓸 정도의 여유는 있었지만, 외로움은 여전했다. 하루 종일 광산에서 근무하거나 덜컹거리는 마차를 타고 먼 거리를 이동하다 보면 밤늦게 잠자리에 들기 일쑤였다. 지난 몇 년 동안 사귄 친구들을 곰곰이 생각해 보니, 손가락으로 꼽을 정도였다.[61] "제기랄, 늘 외롭구나."[62] 출장길에 지저분한 여관이나 여인숙에서 밥을 먹을 때면, 너무 피곤해서 글씨를 쓰거나 대화를 나눌 수가 없었다.[63] 그러나 어떤 날 밤에는 너무 외로운 나머지 어떤 방식으로든 대화를 나눔으로써 피로감을 이겨내야만 했다. 그럴 때면 펜을 들어 긴 편지를 썼는데, 그 내용은 광산학에 대한 상세한 설명, 과학적 관찰, 감정적 폭발, 사랑과 우정에 대한 맹세 등이었다.

친구들에게 편지를 쓰려면 지난 2년간의 기억을 더듬어야 했다.[64] 프라이베르크의 친구에게 쓴 장문의 편지에서, "자네와 함께 인생에서 가장 달콤한 시간을 보냈어"라고 고백했다.[65] 외로움에 겨워 밤늦게 편지를 쓰다 보니, 솟아오르는 격한 감정을 주체할 수 없었다. 한 장 한 장 넘어가면서 마음을 쏟아내더니, 결국에는 어리석은 편지를 썼노라고 변명했다.[66] 다음 날 광산이나 출장지에서 업무에 집중하다 보면 모든 것을 까맣게 잊어, 몇 주 또는 몇 달 동안 편지를 쓰지 않기도 했다. 아주 잘 아는 극소수의 지인들에게 쓰는 편지도 마찬가지였다.

그러는 동안 지위도 올라가고 관심의 범위도 무척 넓어졌다. 이제는 광부들의 작업 조건에도 관심을 갖게 되었는데, 그들은 매일 아침 맹수의 아가리와 식도를 거쳐 창자 속으로 기어들어가는 사람들 같았다. 그는 광부들의 안전을 위해 램프와 호흡용 마스크를 개발했다. 그가 개발한 램프와 마스크는 산소가 희박한 깊은 갱도 속에서도 잘 작동하도록 설계되었다.[67] 광부들의 지식이 부족하다는 데 놀라, 교재를 만들고 광부학교를 설립했다.[68] 역사 문서들은 간혹 풍부한 광맥을 언급하거나 과거의 발견들을 기록하고 있어 폐광이나 저효율 광산을 활용하는 데 유용하다는 것을 깨닫고, 몇 주 동안 16세기 문헌들을 해독하는 데 전념했다.[69] 걸핏하면 기분이 들뜬 상태에서 연구와 여행에 몰두하는 그를 보고, 일부 동료들은 "다리가 여덟 개, 팔이 네 개 달린 괴물인 게 틀림없다"고 수군거렸다.[70]

하지만 간혹 고열과 신경쇠약증이 재발하기도 했고, 고강도의 연구와 여행을 계속하다 보면 몸이 견뎌내지 못하는 경우도 있었다.[71] 그건 추운 광산 속에서 시간을 많이 보내고 사무실에서 늦도록 연구에 몰두하기 때문일 거라고 스스로 진단을 내렸다. 질병과 빽빽한 작업 일정에도 불구하고, 훔볼트는 어찌어찌하여 생애 최초의 저서를 두 권 출판할 수 있었다. 하나는 라인 강변에서 발견되는 현무암에 대한 전문 지식이 담긴 논문이었다.[72] 또 하나는 프라이베르크의 지하식물군subterranean flora에 관한 것으로, 광산 속의 축축한 기둥 위에서 복잡한 형태로 자라나는 이상한 곰팡이와 스펀지 비슷한 식물들을 다룬 책이었다.[73] 주변에서 측정하고 관찰할 수 있는 것에 집중하지 않으면 못 배기는 성격의 결과들이었다.

오늘날에는 '자연과학'이라고 불리는 자연철학은 형이상학, 논리학, 도덕철학과 함께 철학의 하위 분야로 존재하다가, 18세기에 자체적인 접근 방법과 방법론을 사용하는 독립적인 분야로 진화했다. 자연철학의 등장에 이어, 식물학, 동물학, 지질학, 화학 등의 독특한 하위 분야들도 등장했다. 훔볼트는 여러 하위 분야들을 동시에 다뤘지만, 각 하위 분야의 독립성은 여전히 유지되었다. 이처럼 각 하위 분야의 전문성이 증가하자, 극도로 세부적인 사항에 집중하는 터널시야tunnel vision가 성행하고 포괄적 시야global vision는 무시될 수밖에 없었다. 포괄적 시야는 후에 훔볼트의 전매특허가 되었다.

이 시기에 훔볼트는 소위 동물전기학animal electricity에 사로잡혔다. 동물전기학은 갈바니즘Galvanism이라고도 하는데, 이것은 이탈리아의 과학자 루이지 갈바니Luigi Galvani의 이름에서 유래한다. 갈바니는 동물의 근육과 신경에 다양한 금속들을 부착하여 경련을 일으키는 데 성공하

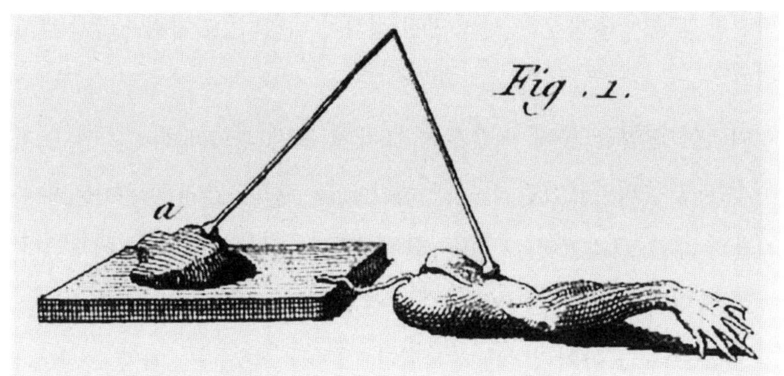

훔볼트가 개구리 다리를 이용하여 수행한 동물전기 실험 중 하나

고는, 동물의 신경에 전기가 포함되어 있을 거라고 생각했다. 훔볼트는 이 같은 아이디어에 매혹되어 자그마치 4,000가지 실험을 했는데, 구체적인 방법은 개구리, 도마뱀, 쥐의 몸을 자르고 찌르고 감전시키는 것이었다. 하지만 그는 동물 실험에 만족하지 않고, 자신의 몸을 생체실험 도구로 사용하기 시작했다.[74] 그리하여 프로이센 일대를 업무차 여행하는 동안 실험 도구를 지니고 다니다, 저녁에 공적인 업무가 끝나고 나면 여관이나 여인숙의 침실에 전기 실험 장치를 설치했다. 금속 막대, 겸자foceps, 유리판, (온갖 화학 물질이 담긴) 유리병을 테이블 위에 올려놓고, 물론 종이와 펜도 준비해놓았다. 그러고는 자신의 팔과 상체를 메스로 절개한 후 개방된 상처에 화학 물질과 산酸을 조심스럽게 문지르거나, 피부 표면이나 혀 밑에 금속, 전깃줄, 전극을 부착했다. 그러고 나서 피부나 신체의 일부가 씰룩거리거나 경련을 일으키거나 작열감이나 통증을 느끼는지를 꼼꼼히 관찰했다. 이 과정에서 생긴 상처 중 상당수는 감염되었고, 때로는 피부에 온통 피멍이 들곤 했다. 그는 자신의 몸을 '구타당한 부랑아의 몸처럼 보인다'고 인정했지만,[75] "무지

막지한 통증에도 불구하고 늘 멋진 결과가 나왔다"고 자랑스럽게 보고했다.[76]

이러한 실험을 통해, 훔볼트는 18세기 후반 과학계에서 가장 뜨거운 논쟁을 불러일으켰던 이슈 중 하나에 몰두했다. 그것은 유기물과 무기물의 개념, 그리고 힘force이나 활동원칙active principle의 존재 여부였다. 뉴턴은 일찍이 '물질은 본질적으로 불활성inert이며, 신이 다른 속성들을 추가했다'는 아이디어를 제시했다. 그동안 식물군flora과 동물상fauna을 분류하느라 바빴던 과학자들은 혼돈chaos에 질서를 부여하는 데만 관심을 기울였지, '생물(식물과 동물)은 무생물과 다른 법칙에 의해 지배될지도 모른다'는 아이디어에는 무관심했다.

18세기 후반, 일부 과학자들은 이 같은 기계적 모형을 의심하며, '그런 모형으로는 유기물의 존재를 설명할 수 없다'고 지적하기 시작했다. 그리고 훔볼트가 동물전기 실험을 시작할 때쯤, '물질이 불활성이라는 주장은 틀렸으며, 활성을 유도하는 힘이 분명히 존재할 것'이라고 믿는 과학자들이 점점 더 늘어나고 있었다. 유럽의 모든 과학자들은 '동물은 본질적으로 기계'라는 데카르트의 아이디어를 폐기하기 시작했다. 스코틀랜드의 의사 존 헌터John Hunter와 프랑스의 의사들, 그리고 특히 종전에 괴팅겐에서 훔볼트를 가르쳤던 요한 프리드리히 블루멘바흐Johann Friedrich Blumenbach 교수는 모두 새로운 생명이론을 만들고 있었다. 훔볼트가 괴팅겐에서 공부하고 있을 때, 블루멘바흐는 자신의 저서 『형성충동에 관하여』의 개정판을 발간했다.[77] 그는 이 책에서, '식물이나 동물과 같은 생명체 속에는 다양한 힘들이 존재한다'는 개념을 제시했다. 가장 중요한 것은 그가 '형성충동Bildunstrieb(formative drive)'이라고 부르는 개념인데, 그것은 '신체 구조를 형성하는 힘'을 말한다. 블루멘바흐는 곰팡이에서 시작하여 인간에 이르기까지 모든 생명체들은 이 같은 형성충동을 갖고 있으며, 그것은 생명이 탄생하는 데 필수적인 요소라고 했다.

이처럼 훔볼트가 실험을 통해 해결하고자 한 것은 다름이 아니라 바로 생명과정process of life에 뒤얽힌 고르디우스 매듭Gordian knot을 푸는 것이었다.[78]

2

상상력과 자연

요한 볼프강 폰 괴테와 훔볼트

1794년 훔볼트는 형 빌헬름을 방문하기 위해 잠시 실험과 광산 시찰을 중단했다. 빌헬름은 아내 카롤리네와 두 자녀를 데리고 베를린에서 남서쪽으로 240킬로미터 떨어진 예나Jena에 살고 있었다.[1] 예나는 작센-바이마르 공국Duchy of Saxe-Weimar의 작은 마을로, 인구는 겨우 4,000명에 불과했다. 작센-바이마르 공국은 계몽군주 카를 아우구스트Karl August가 지배하는 조그만 주州로서 학문과 문학의 중심지였고, 그 후 몇 년 이내에 독일 이상주의와 낭만주의의 발상지가 된다. 예나 대학교는 독일어권 지역에서 가장 크고 유명한 대학교였고, 자유로운 분위기 때문에 억압적이던 독일 다른 지역의 진보적 사상가들을 매혹시켰다.[2] 시인이자 극작가 프리드리히 실러Friedrich Schiller는 예나 대학교만큼 자유와 진리를 꽃피운 곳은 없었노라고 말했다.[3]

예나에서 24킬로미터 떨어진 곳에는 바이마르Weimar가 있었다. 바이마르는 작센-바이마르 공국의 수도이자, 독일 최고의 시인 요한 볼프강 폰 괴테의 고향이었다. 하지만 바이마르에 있는 집들을 다 합해도 1,000채를 넘지 않을 정도로 작은 곳이어서, '모든 주민들이 서로를 속속들이 안다'는 우스갯소리도 있었다.[4] 바이마르에서는 소 떼가 걸핏하면 자갈길을 휩쓸고 지나가고 편지가 하도 불규칙적으로 배달되다 보니, 괴테가 (예나 대학교에서 일하던) 친구 실러에게 편지를 보내려면 우편마차를 기다리느니 청과물시장 배달부에게 맡기는 게 더 빨랐다.

예나와 바이마르를 방문한 한 여행객은 마을 사람들의 협동심을 '돋보기에 모이는 햇빛과 같다'고 표현했다.[5] 빌헬름과 카롤리네는 1794년 봄 예나로 이사와, 괴테와 실러 주변에 모여든 단짝 친구들과 합세했다. 그들은 실러의 집 맞은편에 있는 시장광장에 살았는데, 거리가 워낙 가깝다 보니 창밖으로 손을 흔들어 만나자는 이야기를 할 수 있을 정도였다.[6] 동생 알렉산더가 도착하자,[7] 빌헬름은 바이마르에 긴급 공지를 띄워 괴테를 예나로 초청했다.[8] 괴테는 (늘 그렇듯) 기쁜 마음으로 한걸음에 달려와 자신의 전용 게스트룸에 머물렀다. 그의 게스트룸이 있는 공작의 성도 엎어지면 코 닿을 곳에 있었다. 시장광장에서 북쪽으로 겨우 두 블록 떨어진 곳에 있었으니까.

훔볼트가 예나에 머무는 동안, 그들은 매일 모임을 가졌다. 다들 활기에 가득 찬 참가자들은 종종 크게 웃기도 하며 밤늦도록 시끄럽게 토론했다.[9] 젊은 나이에도 불구하고 훔볼트가 종종 토론을 주도하곤 했다. 식물학, 화학, 갈바니즘은 물론 동물학과 화산학까지 청산유수 같은 훔볼트의 이야기에 괴테는 두 손을 들며 이렇게 외쳤다. "저 친구는 우리를 자연과학의 세계로 이끄는군. 도저히 당해낼 수가 없어."[10] "8일 동안 책을 읽는 것보다, 그에게 한 시간 동안 강의를 듣는 게 더 나을 것 같아."[11]

1794년 겨울, 추위로 꽁꽁 얼어붙은 라인 강은 유럽 정벌에 나선 나폴레옹 군대의 직통로가 되었다.[12] 작센-바이마르 공국도 눈 속에 푹 파묻혔다. 그러나 매일 아침 해 뜨기 전, 훔볼트와 괴테를 비롯한 몇몇 친구들은 어둠과 눈을 헤치고 예나의 시장광장을 터덜터덜 걸었다. 그들은 두꺼운 모직코트로 몸을 감싼 채 견고한 14세기 스타일의 공회당을 지나 예나 대학교의 해부학 강의실을 향했다.[13] 둥근 돌로 만들어진 (오래된 성곽의 일부이기도 한) 중세 석탑 속의 텅 빈 강당은 완전히 냉랭했지만 좋은 점도 있었다. 기온이 매우 낮아 해부된 시체가 오랫동안 신선한 상태를 유지할 수 있기 때문이었다. 추위라면 질색이어서 평소에 탁탁 소리 나는 난롯불을 찾던 괴테였지만,[14] 그때만큼은 무척 행복해 보였다. 훔볼트의 존재만으로도 흥분되는 듯 말을 좀처럼 멈추지 않았다.[15]

사십 대 중반의 괴테는 이미 독일에서 가장 유명한 문학가였다. 정확히 20년 전, 『젊은 베르테르의 슬픔』이라는 소설로 단번에 세계적 명성을 얻었다. 사모하는 여인에게 버림받은 남성이 스스로 목숨을 끊는다는 내용으로, 당시의 시대적 감성을 압축적으로 제시한 소설이었다. 출판 즉시 남녀노소를 불문하고 만인의 책이 되었으며, 많은 이들은 베르테르와 자신을 동일시했다. 『젊은 베르테르의 슬픔』은 거의 모든 유럽어로 출판되었고, 너무 인기가 좋다 보니 수많은 남성들이 베르테르 유니폼—노란색 조끼와 반바지, 푸른색 연미복, 갈색 부츠, 둥근 중절모—을 착용했다. 베르테르 유니폼을 챙겨 입은 청년들 중에는 작센-바이마르의 카를 아우구스트 공작도 있었다.[16] '베르테르 열병'이 유행했고,[17] 중국인들은 유럽시장을 겨냥하여 베르테르 도자기를 생산할 정도였다.

훔볼트와 처음 만났을 때, 괴테는 더 이상 질풍노도 시대Strum und

Drang의 눈부신 청년 시인이 아니었다. 때는 바야흐로 개성을 중시하는 전기 낭만주의 시대로, '드라마틱한 사랑'에서부터 '깊은 우울함'에 이르기까지 모든 범위의 감정을 찬미했다. 그래서 열정적이고 감성적이고 낭만적인 시와 소설 들이 범람했다.

1775년 열여덟 살이던 카를 아우구스트의 초청을 받아 바이마르를 방문했을 때, 괴테는 꽤 오랜 기간 동안 연애, 음주, 장난에 몰두했다. 괴테와 카를 아우구스트는 바이마르 거리를 활보하다가 유령을 믿는 사람들을 놀리기 위해 가끔 흰 종이를 뒤집어쓰고 귀신놀이를 하거나, 상점에서 드럼통을 훔쳐 언덕 아래로 굴리고 깜짝 놀라 쳐다보는 시골 소녀들에게 추파를 던지기도 했다. 모두 '천재'와 '자유'의 이름 아래 벌인 치기 어린 행동이었다. 물론 카를 아우구스트라는 젊은 지배자가 함께하였으므로, 감히 불평할 사람은 아무도 없었다.[18]

괴테의 그런 철없는 시절은 곧 막을 내리고, 과장된 사랑놀이, 눈물, (유리 깨기나 나체 수영 같은) 민폐도 옛 이야기가 되는 듯했다. 하지만 훔볼트가 예나에 처음 발을 들여놓기 6년 전인 1788년, 괴테는 일자무식의 크리스티아네 불피우스Christiane Vulpius와 연애를 시작하여 바이마르 사회를 다시 한 번 놀라게 했다. 바이마르에서 재봉사로 일하던 크리스티아네는 2년 남짓 지나 아들 아우구스트를 낳았다. 그러고는 관습이나 주변의 악담 따위를 무시하고, 아들을 데리고 괴테와 함께 살았다.[19]

훔볼트와 만날 무렵, 괴테는 마음이 차분해지면서 체중이 불어나고 있었다. 턱이 두 겹이 되고 배가 남산만 해지자, 한 지인은 그의 배를 가리키며 '임신 말기'라고 놀려댔다.[20] 아름다웠던 눈망울은 기름진 뺨 속에 파묻혀,[21] 더 이상 '멋진 아폴로'라고 불리지 않았다.[22] 하지만 괴테는 여전히 작센-바이마르 공작의 절친한 친구이자 조언자였고, 게다가

1787년의 요한 볼프강 폰 괴테

공작에게 작위까지 받았다(요한 볼프강 폰 괴테의 이름에 '폰'이 붙은 건 그래서였다). 그는 궁정극장의 감독이었고, 공국의 광산과 공장 등을 관리하며 상당한 급여를 받았다. 훔볼트처럼 지질학과 광산학을 좋아하다 보니, 어쩌다 특별한 행사가 있을 때는 어린 아들에게 광부의 유니폼을 입히기도 했다.[23]

괴테는 독일 지식인 그룹의 '제우스'가 되어 다른 시인과 작가 들을 굽어보는 위치에 있었는데, 종종 '쌀쌀맞고 무뚝뚝한 신'처럼 행동하기도 했다.[24] 어떤 사람들은 그런 그를 '울적해 보인다'고 묘사하고, 어떤 사람은 '거만하고, 자부심 강하고, 혹독해 보인다'고 평가했다. 괴테는 흥미 없는 주제가 나오면 대충 듣는 시늉만 하다가, 노골적으로 무관심한 표정을 보이거나 불쑥 다른 주제를 제시하면서 대화를 끝내곤 했다.[25]

바이마르에 있는 괴테의 저택

특히 젊은 시인이나 사상가에게는 너무 무례하게 대한 나머지 그들이 문밖으로 뛰쳐나가는 경우도 종종 있었다. 그러나 괴테를 숭배하는 사람들에게는 전혀 문제 될 게 없었다. 바이마르를 방문했던 한 영국인은 이렇게 말했다. "과거에는 호머, 세르반테스, 셰익스피어의 시만 성스러운 대접을 받았지만, 이제 괴테의 시에서도 성스러운 불꽃이 활활 타오르고 있다."[26]

나중에 "그때 나만큼 고립된 사람은 없었다"[27]라고 회고했던 걸로 봐서, 괴테는 그 당시 행복하지 않았던 것 같다. 그는 사람들보다는 자연, 즉 '위대한 어머니the great Mother'에게 더 이끌렸다.[28] 바이마르 번화가에 있는 괴테의 저택을 보면 그의 취향과 지위가 어땠는지를 잘 알 수 있었다. 집 안에는 고상한 가구, 미술품, 조각상이 즐비하지만, 암석이나 화석과 같은 수집품과 식물 표본도 가득했다. 서재에서는 정원을 내려다보며 책을 읽을 수 있었는데, 그 정원은 뜻밖에도 과학 연구를 위해 설계된 공간이었다. 정원 한구석에 자리 잡은 작은 건물에는 지질학 수집품들이 수두룩했다.[29]

하지만 괴테가 가장 좋아하는 공간은 따로 있었다. 그곳은 저택에서 10분 거리에 있는 가든하우스Gartenhaus라는 아담한 단독 주택이었다. 앞뜰에서는 (바이마르 성곽을 휘돌아 지나가는) 일름Ilm 강이 내려다보이고, 담벼락과 창문에는 포도나무와 허니서클honeysuckle 덩굴이 기어올랐다. 괴테는 1776년 가든하우스에 처음 입주하여 주변에 채소밭, 목초지, 기다란 오솔길을 조성한 다음, 목초지에는 과일나무를 심고 오솔길에는 자기가 좋아하는 접시꽃을 심었다. 처음에는 가든하우스가 생활의 중심 거점이었지만, 번화가의 저택으로 거처를 옮긴 뒤에는 상황이 달라졌다. 괴테는 대부분의 시간을 저택에서 보내다가, 저택에 방문객들이 쇄도하여 혼란스럽거나 번거로울 때만 잠시 가든하우스로 피신해 휴식을 취했다. 막간을 이용해 글을 쓰거나 정원을 가꾸거나 가장 친한 친구들을 영접하기도 했다.

괴테는 자신의 정원을 손수 가꾸는 것은 물론, 공작이 사는 성의 정원에도 관심이 많았다. 그래서 공작에게 "딱딱한 바로크식 정원보다는 자연스러운(즉, 나무들이 불규칙하게 배열된) 영국식 풍경정원landscape garden이 좋다"고 강력히 건의했고, 자신의 주장이 관철되자 무척 흐뭇해 했다. 그러나 기쁨도 잠시, 괴테는 곧 세상에 염증을 느끼기 시작했다.[30] 프랑스에서 자코뱅당의 공포정치Reign of Terror가 고개를 들면서, 1789년 그를 고무시켰던 프랑스혁명의 이상주의가 피비린내 나는 현실로 바뀌었기 때문이다. 수만 명이 '혁명의 적'으로 몰려 한꺼번에 처형되자,

괴테는 그 야만성에 치를 떨었다. 뒤이어 나폴레옹전쟁으로 인해 유럽 전역에 폭력이 확산되자, 환멸을 느낀 괴테는 최악의 우울증에 빠져들었다.[31] 군인들이 유럽을 가로질러 행군하자, 그는 독일이 직면한 위협을 걱정하며 이렇게 말했다. "나는 은둔자처럼 살고 있으며, 나를 유지시키는 것은 오로지 과학 연구뿐이다."[32] "나에게 있어서 과학은 '난파 사고에서 만난 널빤지'와 같다."[33]

오늘날 괴테는 문학 작품으로 유명하지만, 그 당시에는 열정적인 과학자로서 식물학은 물론 지구의 형성물에 매혹되어 1만 8,000가지에 달하는 암석 표본을 수집했다.[34] 유럽이 전쟁으로 치닫던 시절, 그는 조용히 비교해부학과 광학optics에 열중했다. 훔볼트가 처음 방문한 해에, 괴테는 예나 대학교에 식물원을 설립했다. 그러고는 「식물의 변형 Metamorphosis of Plants」[35]이라는 논문을 발표하여, "식물세계의 밑바닥에는 원형적 형태archetypal form가 깔려 있다"고 주장했다. 다시 말해서, 각각의 식물들은 그러한 원형urform의 변형variation이며, 모든 변형 뒤에는 통일성unity이 존재한다는 것이다. 괴테에 의하면, 원형의 대표적인 예는 잎leaf이며, 이로부터 꽃잎petal과 꽃받침calyx을 비롯한 모든 것들이 발달했다고 한다.

'식물의 근원이 잎'[36]이라는 아이디어는 흥미로웠지만, 괴테에게는 이론을 같이 발전시킬 과학적 스파링 파트너가 없다는 게 문제였다. 그러나 훔볼트를 만나면서 상황은 완전히 달라졌다. 훔볼트는 오랜만에 괴테의 뇌에 스파크를 일으켰다.[37] 훔볼트와 함께 있는 동안, 괴테의 정신은 전방위로 작동했다. 괴테는 훔볼트와 토론하기 위해, 오랫동안 묵혀 뒀던 노트, 책, 그림을 죄다 꺼냈다. 두 사람이 식물학과 동물학 이론에 대해 토론하는 동안, 테이블 위에는 종이가 수북이 쌓였다. 그들은 종이에 휘갈겨 쓰거나 스케치를 하며 읽고 또 읽었다. 괴테는 동식물의 분류 따위에는 관심이 없고, 동물과 식물을 형성하는 힘force에만 관심이 있노라고 말했다. 그는 힘을 내력internal force과 외력external force으로 구별했는데, 여기서 내력은 생물의 일반적인 형태를 제공하는 힘으로, 앞에서 말한 원형urform을 의미한다. 그리고 외력은 생물 자체를 형성하는 힘으로, 곧 환경environment을 의미한다. 예컨대 바다표범의 경우를 생각해 보면, 몸은 서식지인 바다(외력, 환경)에 적응했지만, 골격은 육지의 포유동물들과 같은 일반적 패턴(내력, 원형)을 나타낸다. 프랑스의 박물학자 장-바티스트 라마르크Jean-Baptiste Lamarck나 그 이후의 찰스 다윈과 마찬가지로, 괴테는 동물과 식물이 환경에 적응한다는 사실을 인식했다. 그에 의하면, 원형은 상이한 변형단계stage of metamorphosis에 있는 생물 모두에게서 발견되며, 심지어 동물과 인간 사이에서도 발견된다고 했다.[38]

괴테가 자신의 과학적 아이디어를 숨가쁘게 열정적으로 토해내는 동안, 훔볼트는 그의 비교해부학 이론을 논문으로 출판하라고 권했다.[39] 그러자 괴테는 매일 아침 일찍 일어나 조수에게 구술을 해가며 초스피드로 논문을 작성하기 시작했다.[40] 하지만 아침 10시가 되면 훔볼트가 도착하여 토론을 시작해야 하므로, 시간 여유가 별로 없었다. 생각다 못한 괴테는 밤늦도록 작업을 계속하기로 마음먹고, 침대에서 몸을 베개로 받치고 담요로 감싼 다음 작업을 계속했다. 그렇게 열심히 일하는 것은 몇 년 만에 처음이었다.

괴테가 산책을 할 때 양쪽 팔을 좌우로 사정없이 휘젓기 시작한 것은 이때쯤이었다. 이웃 사람들은 그를 놀란 눈으로 흘깃 쳐다봤는데, 괴테의 설명이 걸작이었다. 그는 한 친구에게 자못 진지한 표정으로 이렇게 말했다. "사람이 급할 때 팔을 과장되게 휘젓는 것은 네발 동물의 잔재라네. 그건 동물과 인간이 공통 조상을 가졌다는 증거라고 할 수 있지. 그러니 나는 지극히 정상적으로 걷고 있는 게 분명해."[41] 그는 바이마르 사회가 자신의 특이한 행동을 '교양 없는 행동'으로 여기든 말든 개의치 않았다.

그 후로 몇 년 동안, 훔볼트는 예나와 바이마르를 가능한 한 규칙적으로 방문하려고 노력했다.[42] 훔볼트와 괴테는 오랫동안 함께 걷고 식사도 함께했다. 두 사람은 예나의 새로운 식물원에서 실험도 하고 관찰도 했다. 활력이 넘치는 괴테는 여러 주제들 사이를 쉽게 넘나들 수 있었다. 그래서 아침에 일찍 일어나 시를 고치고, 잠시 후 훔볼트가 방문하면 관찰일지를 꺼내 개구리 해부 결과를 논의했다.[43] 괴테는 한 친구에게 이렇게 토로했다. "훔볼트는 늘 새로운 아이디어로 나를 아찔하게 만드네. 머리 회전이 너무 빨라, 어떤 때는 무슨 말인지 알아듣기도 힘들어. 나는 지금껏 그처럼 다재다능한 사람을 만나본 적이 없다네."[44]

예나를 처음 방문한 지 3년 후, 훔볼트는 3개월간 머물 요량으로 예나의 형 집을 찾았다. 괴테는 이번에도 훔볼트와 함께 지냈는데, 전과 다른 점이 하나 있었다. 그것은 수시로 예나와 바이마르를 왔다 갔다 하지 않고, 아예 예나의 고성古城에 숙소를 잡고 훔볼트 곁에 몇 주일 동안 머물렀다는 것이다.[45] 훔볼트는 동물전기에 대한 저서[46]를 마무리하기 위해, 일련의 동물전기 실험을 수행할 생각이었다.[47] 그래서 거의 매일 형의 집을 나서, 종종 괴테와 함께 가까운 거리에 있는 예나 대학교를 향했다. 그리고 예닐곱 시간 동안 해부학 강의실에 머물며 실험과 강의를 병행했다.[48]

어느 따뜻한 봄날 맹렬한 뇌우thunderstorm가 예나 지역 일대를 강타하자, 훔볼트는 잽싸게 밖으로 뛰어나가 실험기구를 설치했는데, 그 이유는 대기 중의 전기를 측정하기 위해서였다. 비가 사정없이 내리고 천둥이 들판을 뒤흔들자, 마을 전체에 번쩍이는 번갯불이 난무했다. 훔볼트는 물 만난 고기였다. 근처에서 농사꾼 부부가 벼락에 맞아 죽었다는 소리를 듣고, 그리로 즉시 달려가 시신을 인수했다. 시신을 해부학 강의실로 가져와 테이블 위에 올려놓고 전신을 샅샅이 분석했다. 남편의 다리는 산탄총알에 맞아 관통된 것처럼 보였다.[49] 훔볼트는 관통된 부위를 흥미롭게 관찰했지만, 최악의 손상을 입은 곳은 성기였다. 처음에는 음모pubic hair에 불이 붙어 화상을 입었으려니 하고 생각했지만, 부부의 겨드랑이가 멀쩡한 걸 보고 생각을 바꿨다. 시커멓게 불탄 살덩어리와 진동하는 썩는 냄새로 구역질이 났지만, 훔볼트는 섬뜩한 사후부검 과정을 즐기며, "나는 실험 없이 존재할 수 없는 사람"[50]이라며 중얼거렸다.

훔볼트가 가장 좋아하는 실험은 괴테와 함께 우연히 발견한 실험이었다.[51] 어느 날 아침 훔볼트는 개구리 다리를 유리판 위에 올려놓고, 신경과 근육을 여러 가지 금속에 차례로 연결했다. 은, 금, 철, 아연 등을 계속 연결해도 다리가 가볍게 씰룩거릴 뿐이어서, 뭔가를 잔뜩 기대하던 훔볼트는 맥이 탁 풀렸다. 잠시 후 다리에 연결된 금속을 체크하기 위해 고개를 숙이는 순간, 다리는 맹렬한 경련을 일으키며 솟구치더니 강의실 바닥으로 떨어졌다. 괴테가 화들짝 놀라 망연자실한 표정으로 서 있는 동안, 훔볼트는 정신을 가다듬고 원인을 분석하기 시작했다. 가볍게 씰룩이던 개구리 다리가 갑자기 맹렬하게 반응한 이유는 뭘까? 그건 바로 그의 입김에 포함된 수분 때문이었다. 날숨에 포함된 미세한 물방울이 금속에 닿아 전류를 생성했고, 그 전류가 개구리 다리를 움직이게 한 것이다. '내 입김이 마치 생명을 불어넣은 것처럼 개구리 다리를 움직였구나'라고 훔볼트는 생각했다.[52] 그것은 새로운 생명과학의 등장을 묘사하는 완벽한 메타포였다.

두 사람은 훔볼트의 옛 스승 블루멘바흐 교수의 이론에 대해 토론했다. 토론의 주제는 생명을 형성하는 힘, 즉 형성충동과 생명력vital force이었다. 괴테는 형성충동과 생명력이라는 개념에 매혹되어, 두 가지 개념을 자신의 '원형urform'에 적용했다. 그리하여 '형성충동은 원형 속에서 특정 부분의 발달을 촉진한다'고 생각했다. 그의 생각을 자세히 설명하면 이렇다. 예컨대 뱀은 매우 긴 목을 갖고 있는데, 그 이유는 '팔과 다리가 없어서, 물질이나 힘이 소모되지 않기 때문'이다.[53] 이와 대조적으로 도마뱀은 뱀보다 짧은 목을 갖고 있는데, 그 이유는 '다리를 보유하고 있어서 물질이나 힘이 소모되기 때문'이다. 그리고 개구리의 목은 도마뱀보다 더욱 짧은데, 그 이유는 '도마뱀보다 더 긴 다리를 갖고 있어서, 물질이나 힘이 더 많이 소모되기 때문'이다.

괴테는 한 걸음 더 나아가, 생물의 유기적 시스템에 대한 자신의 신념을 훔볼트에게 설명했다. 그는 '동물은 기계'라는 데카르트의 이론을 부정하고, '생물은 여러 부분들로 구성되어 있으며, 이 부분들은 통합된 전체unified whole로서만 기능을 발휘한다'는 의견을 개진했다. 간단히 말해서, 기계는 분해한 다음 다시 조립할 수 있지만, 생물은 그럴 수 없다는 것이다. 왜냐하면 생물을 이루는 부분들은 각각 독자적으로 기능을 수행할 수 없으며, 상호작용을 통해서만 기능을 수행하기 때문이다. 따라서 그는 '기계적 시스템mechanical system에서는 부분이 전체를 형성하는 데 반해, 유기적 시스템organic system에서는 전체가 부분을 형성한다'는 결론을 내렸다.[54]

훔볼트는 괴테의 개념을 확장했다. 훔볼트의 동물전기 이론은 결국

틀린 것으로 판명되었지만, 그가 자연을 새롭게 이해하는 데 기초를 제공했다.• 블루멘바흐를 비롯한 과학자들은 힘에 관한 아이디어를 생물에 적용했는데, 훔볼트는 그것을 훨씬 더 광범위한 수준, 즉 자연에 적용했다. 그래서 자연세계를 하나의 '통합된 전체'로 해석하고, 상호작용력interactive force이 여기에 생기를 불어넣는다고 간주했다. 이 새로운 사고방식은 그의 접근방법을 바꿨다. 만약 모든 것들이 연결되어 있다면, 개체의 차이점과 유사점을 검토할 때 전체를 고려하는 것이 중요하기 때문이다. 훔볼트가 자연을 이해할 때 사용하는 1차 수단은 비교comparison였지, 추상적인 수학이나 숫자는 아니었다.

괴테는 훔볼트의 엄청난 지적 수준에 감탄을 연발했지만, 그저 감탄만 하고 있었던 건 아니었다.[55] 훔볼트가 예나에 머물렀던 기간은 괴테의 생산성이 가장 높았던 기간과 일치했다. 괴테는 이 시기에 훔볼트와 함께 해부학 강의실에만 틀어박혀 있었던 게 아니라, 서사시 『헤르만과 도로테아』를 쓰고 광학이론과 색체이론colour theory도 연구했다. 곤충을 연구하고, 벌레와 달팽이를 해부했으며, 지질학 연구도 계속했다.[56] 그야말로 불철주야로 연구와 작품 활동에만 전념했던 것이다. 괴테가 늘 말했던 것처럼, 괴테, 알렉산더, 빌헬름, 실러로 구성된 '예나의 작은 아카데미'[57] 역시 무척 바빴다. 빌헬름은 아이스킬로스Aeschylus의 그리스 비극 중 하나를 번역하느라 괴테와 간혹 토론을 하곤 했다.[58] 알렉산더와 함께 광학기기를 설치해 놓고,[59] 빛을 분석하고 형광체의 발광을 조

• 동물의 신경이 전기를 가지고 있지 않다는 것을 보여줌으로써 훔볼트와 갈바니가 틀렸음을 입증한 것은 이탈리아의 물리학자 알레산드로 볼타Allessandro Volta였다. 훔볼트의 실험에서 동물들이 경련을 일으켰던 이유는 사실 금속과의 접촉 때문이었다. 볼타는 금속과 접촉하면 전기가 발생할 수 있다는 이 아이디어를 통해 1800년에 최초의 배터리를 발명했다.

사하기도 했다.[60] 네 사람은 오후나 저녁에 가끔 빌헬름 부부의 집에서 만났지만, 시장광장에 있는 실러의 집에서 모이는 경우가 더 많았다.[61] 괴테가 실러의 시를 낭송하는 동안, 다른 사람들은 밤늦도록 자신의 연구 결과를 발표했다. 연구와 작품 활동을 병행하다 나가떨어진 괴테는 '바이마르에 가서 며칠 동안 평화롭게 쉬며 재충전을 해야겠다'고 너스레를 떨곤 했다.[62]

괴테는 실러에게 이렇게 말했다. "알렉산더의 지적 욕구는 전염성이 지나치게 강해. 그 덕분에 내 과학적 본능이 겨울잠에서 깨어났지 뭐야."[63] 그러나 실러는 괴테가 시와 미학에서 너무 멀어질까 봐 걱정하며, 만약 그렇게 된다면 그건 전적으로 훔볼트의 잘못이라고 생각했다.[64] 또한 그는 훔볼트가 너무 많은 주제에 동시다발적으로 덤벼들므로, 결국에는 아무런 성과도 거두지 못할 게 뻔하다고 믿었다. 훔볼트는 오직 측정에만 관심이 있으므로, 아무리 지식이 풍부해 봤자 의미가 부족할 수밖에 없다는 것이 실러의 생각이었다.[65] 속마음을 털어놓는 친구와도 시시비비를 분명히 가리는 성격이라, 실러는 훔볼트에 대한 부정적 평가를 끝내 고수했다. "그래, 훔볼트가 측정에 열정적으로 매달리는 건 사실이야. 그러나 측정이란 자연을 폭넓게 이해하는 데 필요한 요소 중 하나일 뿐이야."

예나에 한 달간 머물다 바이마르로 돌아간 직후 새로 떠오른 아이디어에 대한 감感이 떨어지자, 괴테는 즉시 훔볼트를 불렀다.[66] 훔볼트는 닷새 후 바이마르에 도착하여 일주일간 머물렀다. 괴테는 첫날 저녁에 훔볼트와 독대하고, 다음 날에는 성에서 카를 아우구스트와 점심 식사를 한 후 자신의 저택에서 성대한 저녁 파티를 열었다. 바이마르의 문화적 수준을 과시하기 위해, 러시아에서 방금 도착한 지질학 표본과 공작이 소장한 풍경화 여러 점을 훔볼트에게 보여줬다. 또한 훔볼트와 함께 거의 매일 공작의 성에 초청되어 식사를 하고, 답례로 방문객들 앞에서 간단한 과학실험을 몇 가지 선보였다. 훔볼트는 마지못해 실험을 하면서도, 공작의 성에 머무는 것은 완전히 시간 낭비라고 생각했다.

다음 달 훔볼트가 예나를 완전히 떠날 때까지, 괴테는 바이마르의 저택과 예나의 전용 게스트룸 사이를 시계추처럼 왕복했다.[67] 두 사람은 자연과학사 책을 함께 읽고, 밖으로 나가 오랫동안 산책을 하며 대화를 나눴다. 저녁에는 같이 식사를 한 후 최근에 발간된 철학서적을 읽었다. 때때로 성곽 밖으로 나가, 실러가 얼마 전 구입한 가든하우스에 들르기도 했다.[68] 실러의 정원에는 정자가 설치되어 있고, 그 뒤로는 작은 강이 굽이쳐 흘렀다. 정자 한가운데는 둥근 석재 테이블이 자리 잡고 있는데, 그 위에는 음식과 와인은 물론 책과 종이도 놓여 있었다.[69] 때마침 날씨가 환상적이어서, 초여름의 은은한 저녁을 즐길 수 있었다. 밤이 되면 콸콸 흐르는 강물 소리 사이로 나이팅게일의 아름다운 노랫소리가 들렸다.[70] "우리는 정자에 앉아 예술, 자연, 인간의 마음에 대해 토론을 벌였다"라고 괴테는 일기에 썼다.[71]

그들은 유럽 전역의 과학자와 사상가들의 아이디어를 논했는데, 내용인즉 '자연을 어떻게 이해할 것인가?'라는 문제였다. 넓게 말해서, 당시 유럽에서는 합리주의rationalism와 경험주의empiricism라는 두 학파가 주도권 쟁탈전을 벌이고 있었다. 합리주의자들은 "모든 지식은 이성reason과 합리적 사고rational thought에서 나온다"고 믿는 경향이 있는 데 반해, 경험주의자들은 "인간은 경험을 통해서만 세상을 알 수 있다"고 주장했다. 경험주의자들은 "인간의 마음속에 존재하는 것은 모두 감각에서 유래한다"고 고집했다. 심지어 어떤 경험주의자들은 "갓 태어난 인간

예나에 있는 실러의 정원에서 함께 시간을 보내는 실러, 빌헬름 & 알렉산더 폰 훔볼트, 괴테

의 마음에는 (마치 백지와 같이) 선입견preconceived idea이 전혀 없으며, 평생 동안 감각경험을 통해 습득한 지식만으로 채워진다"고 말했다. 과학의 입장에서 본다면, 경험주의자들은 관찰과 실험을 통해 가설을 검증해야 하며, 합리주의자들은 논리와 이성에 근거하여 이론을 수립할 수 있다는 이야기가 된다.

훔볼트가 괴테를 처음 만나기 몇 년 전, 독일의 철학자 이마누엘 칸트Immanuel Kant는 철학혁명을 선포했다. 그것은 약 250년 전 코페르니쿠스가 선포했던 지동설만큼이나 대담했다. 칸트는 합리주의와 경험주의 사이에서 중간 입장을 취했다. 그는 유명한 『순수이성비판』에서 "우리가 이해하는 자연법칙은 우리의 마음이 그것을 해석하기 때문에 존재한다"고 말했다. 코페르니쿠스가 "태양은 지구 주위를 회전할 수 없다"고 결론 내렸던 것처럼, 칸트는 "우리는 '자연을 이해하는 방식'에 대한 이해를 완전히 바꿔야 한다"고 말했다.[72]

외부 세계와 내부 세계를 나누는 이원론dualism은 수천 년 동안 철학자들의 뇌리를 사로잡아 왔다. 이원론은 다음과 같은 질문을 던졌다. "내가 바라보는 정원의 나무는 나무의 '형상'인가 아니면 '실체'인가? 자연을 이해하고자 노력하는 (훔볼트와 같은) 과학자들에게 있어서, 이것은 매우 중요한 질문이었다. 인간은 두 세상에 동시에 속하는 시민인데, 한 세상은 사물자체Ding an sich로 이루어진 외부 세계이고, 또 한 세상은 '지각된 사물'로 이루어진 내부 세계다. 칸트에 의하면, 외부 세계는 정말로 아는 것이 불가능한 반면 내부 세계는 늘 주관적이라고 한다.

칸트가 공론화한 것은 소위 선험적 수준transcendental level이라는 개념인데, 이것은 '우리가 사물을 경험할 때, 그 사물은 우리에게 보이는 그대로의 것thing-as-it-appears-to-us이 된다'는 뜻이다. 이성은 물론 우리의 감각도 색안경과 같으며, 우리는 그것을 통해 세상을 인식한다. 우리는 '우리가 순수이성을 바탕으로 하여 자연을 이해하고 자연에 질서를 부여한다'고 믿을지 모르지만, 칸트는 '우리의 마음이 색안경을 통해 자연의 질서를 형성한다'고 믿었다. 다시 말해서, 질서란 우리가 자연에 부여하는 것이지, 자연이 우리에게 부여하는 것이 아니라는 것이다. 이로써 자아self는 창의적 자아creative ego가 되었는데, 창의적 자아는 사물자체에 대한 진정한 지식을 알 수 없지만 자연의 입법자lawgiver와 거의 같다고 할 수 있다. 결과적으로, 철학계의 주안점은 자아 쪽으로 기울고 있었다.

홈볼트의 관심을 사로잡은 것이 또 하나 있었다. 그것은 칸트가 쾨니히스베르크—오늘날에는 러시아의 칼리닌그라드이지만, 당시에는 프로이센의 영토였다—의 대학교에 개설한 명강의 시리즈 중 하나인 자연지리학Physische Geographie이었다. 40년간 48번의 자연지리학 강의를 통해 칸트는 "지식이란 팩트들이 모여 형성된 체계적 구성물systematic construct이며, 개별 팩트들이 의미를 가지려면 커다란 틀에 꼭 들어맞아야 한다"고 주장했다. 그는 집짓기를 예로 들어, "벽돌을 하나씩 하나씩 차곡차곡 쌓기 전에, 빌딩 전체의 구조와 모양에 대한 아이디어를 갖고 있어야 한다"고 설명했다.[73] 이 개념은 나중에 훔볼트의 사고를 구성하는 핵심 요소가 되었다.

칸트의 아이디어들은 예나에서도 선풍적인 인기를 끌었다. 모두가 칸트에 대해 한마디씩 하는 가운데, 한 영국인 방문객은 "예나야말로 새로운 철학이 자리 잡을 수 있는 최적의 장소"라고 맞장구를 쳤다.[74] 괴테는 칸트를 칭찬하며 그의 저서를 모두 독파했다. 빌헬름도 칸트에 흠뻑 빠지자, 알렉산더는 '형이 『순수이성비판』을 탐독하다가 죽을지도 모른다'고 걱정했다.[75] 예나 대학교에 재직 중이던 칸트의 제자 중 하나는 어깨에 잔뜩 힘을 주며 실러에게 이렇게 말했다. "칸트는 다음 세기 안에 예수 그리스도만큼 유명하게 될 겁니다."[76]

예나의 지식인 서클에서 가장 큰 관심을 끈 주제는 '내부 세계와 외부 세계 간의 관계'였다. 그들은 궁극적으로 "지식은 어떻게 습득할 수 있는 걸까?"라는 의문에 도달했다. 계몽주의 시대 동안, 내부 세계와 외부 세계는 완전히 분리된 두 개의 실체로 간주되었다. 그러나 후에 영국의 낭만주의자 콜리지와 미국의 선험론자(초월론자) 에머슨은 "오래 전 사라진 황금시대Golden Age에, 인간과 자연은 일심동체였다"라고 선언했다. 낭만주의자들과 선험론자들은 '상실된 통합'을 회복하기 위해 노력하며, 그 유일한 방법은 예술, 시, 정서라고 주장했다. '내부를 향할 때만 자연을 이해할 수 있다'는 것이 낭만주의자들의 생각이었다.

훔볼트는 칸트의 이론에 심취하여, 그의 흉상을 서재에 모셔놓고 그를 위대한 철학자라 불렀다.[77] 그로부터 반세기 후에도, 훔볼트는 여전히 "외부 세계는 우리가 마음속으로 인식하는 동안에만 존재한다"고 말했다.[78] 다시 말해서, "외부 세계가 마음속에 형성되고, 그것이 자연에 대한 이해를 형성한다"는 것이다. 그는 "외부 세계, 아이디어, 느낌은 서로에게 녹아든다"[79]는 명언을 남겼다.

괴테도 '자아와 자연', '주관과 객관'이라는 아이디어와 씨름했다. 예컨대 그는 색깔이 인식되는 과정을 설명하기 위해 색체이론을 개발했다. 그의 색체이론에서는 눈eye의 역할이 핵심으로 부상했는데, 그 이유는 외부 세계를 내부로 도입하는 것이 바로 눈이기 때문이다. 그리하여 괴테는 "객관적 진실objective truth은 주관적 경험subjective experience(예: 눈을 통한 인식)을 관찰자의 추론 능력과 결합함으로써만 얻을 수 있다"고 주장했다.

이처럼 주관성을 점점 더 강조하게 되자, 훔볼트의 생각은 근본적으로 바뀌기 시작했다. 예나에 머무르는 동안, 그는 '순수한 실증연구'에서 '자연의 해석'으로 전향했다. '자연의 해석'이란 '정확한 과학 데이터'를 '시각에 대한 정서적 반응'과 결합하는 것을 의미한다. 훔볼트는 오랫동안 (계몽주의적 방법을 열렬히 받아들여) '엄밀한 관찰'과 '엄밀한 측정'의 중요성을 신봉해 왔지만, 이제는 개인의 감각과 주관성도 중시하기 시작했다. 불과 몇 년 전만 해도, '강렬한 판타지가 나를 헷갈리게 한다'[80]고 인정했었지만, 이제는 '자연세계를 이해하려면 합리적 사고뿐만 아니라 상상력도 필요하다'고 믿게 되었다. 훔볼트는 괴테에게 보낸 편지에서 "자연은 느낌을 통해 경험되어야 합니다"[81]라고 주장하며, "식물, 동물, 암석을 분류함으로써 세상을 묘사하려는 사람들은 자연에 가까이 접근할 수 없습니다"라고 분명히 했다.

두 사람이 에라스무스 다윈의 유명한 시 「식물들의 사랑」을 읽은 것도 그즈음이었다. 찰스 다윈의 할아버지인 에라스무스 다윈은 의사이자 발명가이자 과학자로, 칼 폰 린네Carl von Linné가 창안한 「식물의 성 분류 체계sexual classification system of plants」를 시로 각색했는데, 이 시에는 '러브스틱 제비꽃' '질투심 많은 앵초' '부끄럼 타는 장미꽃' 등 재미있는 표현들이 득실거린다. 그 밖에도 '뿔 달린 달팽이' '펄럭이는 잎' '은색 달빛' '이끼로 수놓은 침대 위의 섹스'[82]와 같은 표현들이 들어 있어, 「식물들의 사랑」은 영국에서 가장 인기 있는 시가 되었다.[83]

그로부터 40년 후, 훔볼트는 찰스 다윈에게 쓴 편지에서 "할아버지의 시는 매우 훌륭했네. 자연과 상상력을 결합한다는 것은 매우 강력하고 생산적인 작업이야"라고 말했다.[84] 하지만 괴테는 에라스무스 다윈의 시에 그다지 큰 감명을 받지 않았다. 그는 실러에게 '아이디어가 참신하기는 하지만 지나치게 현학적이고 장황하다'고 지적하며, "그 시에서는 시적 정서가 눈곱만큼도 보이지 않아"라고 덧붙였다.[85]

괴테는 과학에 매혹되었음에도 불구하고 (실러가 우려했던 것과 달리) 예술에서 멀어지지는 않았다. 시와 과학은 너무나 오랫동안 '철천지 원수' 또는 상극相剋으로 간주되어 왔지만,[86] 괴테는 예술과 과학이 결합할 수 있을 거라 믿고 예술 활동에 과학을 불어넣기 시작했다. 괴테의 가장 유명한 희곡 『파우스트』에서, 한시도 가만히 있지 못하는 학자 하인리히 파우스트는 무한한 지식을 얻기 위해 악마 메피스토펠레스와 거래를 한다. 괴테는 심혈을 기울여 1808년과 1832년에 각각 『파우스트 I』과 『파우스트 II』를 발표했는데, 『파우스트』를 집필하던 시기는 훔볼트의 방문 기간과 겹치는 때도 있었다.[87] 파우스트는 (훔볼트와 마찬가지로) 지칠 줄 모르는 지식욕과 조바심 때문에 열병을 앓던 인물이었다.[88] 『파우스트』 집필에 몰두하던 괴테는 훔볼트를 가리켜 "고도의 전문적인 작업들을 그처럼 동시다발적으로 수행하는 사람을 본 적이 없다"[89]고 말한 적이 있는데, 그건 바로 파우스트를 두고 하는 말이나 마찬가지였다. 파우스트와 훔볼트는 모두 '맹렬한 활동과 탐구가 이해를 가져다준다'고 믿었고, 자연계에서 힘을 발견했으며, 자연의 통일성을 믿었다. 훔볼트와 마찬가지로, 파우스트는 '자연의 숨겨진 힘'[90]을 모두 발견하려고 노력했다. 파우스트는 1장에서 "나는 가장 깊은 곳에 있는 힘을 찾아낼 것이다. 그것은 세상을 묶어주며, 나아갈 방향을 제시해준다"[91]고 선언하는데, 그것은 마치 훔볼트가 말하는 것 같았다. 많은 사람들이 '파우스트 속에는 훔볼트가 있고, 훔볼트 속에는 파우스트가 있다'는 말에 공감할 것이다. 그래서 그런지 1808년 『파우스트 I』이 출간되었을 때, 많은 사람들이 파우스트와 훔볼트의 유사성을 지적했다.•

괴테가 예술과 과학을 융합시킨 사례가 몇 가지 더 있다. 예컨대 「식물의 변형」에서, 괴테는 식물의 원형을 다룬 초기 논문을 시로 각색했다.[92] 그리고 결혼과 사랑에 대한 소설 『친화력*Elective Affinities*』의 제목에는 친화성affinity이라는 과학 용어가 포함되어 있다. 친화성은 '특정 화학원소

• 반면 훔볼트와 메피스토펠레스를 연관지은 사람들도 있었다. 예컨대 괴테의 조카딸은 "내가 훔볼트를 보고 느끼는 감정은, 그레첸이 메피스토펠레스를 보고 느끼는 감정과 똑같아요"라고 말했다. 그런데 그건 칭찬이 아니었다. 왜냐하면 그레첸(파우스트의 연인)은 메피스토펠레스가 악마라는 것을 깨닫고 파우스트를 떠나 신에게 귀의하기 때문이다.

가 결합하는 경향'[93]을 의미하는데, 화학자들 사이에서뿐만 아니라 물질의 생명력을 논의하는 과학자 집단에서도 중요한 개념이었다. 예컨대 (훔볼트가 높이 평가했던) 프랑스의 과학자 피에르 시몽 라플라스Pierre Simon Laplace는 "모든 화학결합은 인력attractive force의 결과이며, 이것은 곧 우주의 열쇠"라고 말했다. 괴테는 『친화력』에서 이러한 화학결합의 속성을 이용하여 네 명의 등장인물 간의 관계와 감정 변화를 표현했다. 이것은 화학을 문학으로 번역한 수작秀作이며, 이 소설을 통해 자연과 과학과 상상력은 더욱 가까이 접근하게 되었다.

파우스트가 말한 것처럼, 자연을 관찰·실험·측정하는 것만으로 지식을 끄집어낼 수는 없는 법이다.

우리는 헛되이 자연의 베일을 잡아챈다
백주 대낮에 신비로움을 간직한 그녀에게
드라이버나 지렛대를 아무리 들이대도
그녀의 속내를 드러나게 할 수는 없다.[94]

'괴테가 희곡, 소설, 시에서 묘사한 자연의 모습은 일류 과학자들이 논문을 통해 발표한 자연법칙만큼 진실하다'고 훔볼트는 믿었다. 그는 "자연, 예술, 사실, 상상력을 결합하라"[95]던 괴테의 권고를 잊지 않았다. 괴테의 권고에는 주관성을 강조하던 철학적 사조가 반영되어 있는데, 훔볼트가 라이프니츠, 데카르트, 뉴턴의 기계적 자연관mechanistic view of nature을 낭만파의 시와 연결할 수 있었던 것도, 바로 주관성을 강조했기 때문이었다. 예컨대 뉴턴은 『광학*Opticks*』에서 "빗방울을 통한 빛의 산란이 무지개를 생성한다"고 설명했는데, 키츠와 같은 시인들은 "뉴턴이 무지개를 프리즘으로 환원시킴으로써, 무지개에 관한 시들을 모조리 파괴했다"[96]고 선언했었다. 양극단 사이에서 가교 역할을 훌륭히 수행한 인물은 훔볼트였다.

훔볼트는 훗날 이렇게 회고했다. "괴테와 함께 예나에서 보낸 시간은 나에게 강력한 영향을 미쳤다."[97] "괴테와 함께한 생활은 내게 새로운 장기organ를 이식했고, 나는 이 장기를 통해 자연계를 바라보고 이해했다. 나중에 남아메리카를 바라본 것도 바로 새로운 장기를 통해서였다."[98]

3
드디어 출발

예나 생활을 청산한 이후 광대한 프로이센 영토를 여행하며 광산을 시찰하고 과학자 친구들을 만나게 되자, 먼 나라를 동경하는 마음이 다시 고개를 들었다. 하지만 훔볼트는 간절한 열망을 멈추지 않으면서도, 어머니가 자신의 모험적인 꿈을 단 한 번도 용납한 적이 없음을 잘 알고 있었다. 어머니는 아들이 프로이센의 공직사회에서 승승장구하기를 바랐고, 아들은 어머니의 기대에 얽매여 산다는 느낌을 지울 수 없었다.[1] 하지만 어머니가 1년 이상 암과 투병하다 1796년 세상을 떠나자 모든 것이 바뀌었다.

사실 당연한 일이지만, 빌헬름과 알렉산더 모두 어머니의 죽음을 별로 비통해 하지 않았다. 어머니는 두 아들의 행동을 늘 못마땅해 했었다. 그들의 학업 성적과 업무 능력이 아무리 탁월해도 어머니는 결코 만족하지 못했다.[2] 빌헬름은 어머니가 병석에 누워 있는 동안 예나와 테겔과 베를린 사이를 부지런히 오갔지만,[3] 예나에서 지적 자극intellectual stimulation의 시간을 가질 마음의 여유가 없었다. 어머니의 어두운 존재감이 가슴을 옥죄는 바람에, 뭔가를 읽거나 생각하거나 연구할 수가 없었기 때문이다. 한번은 실러에게 쓴 편지에서, "몸이 마비된 것 같은 느낌이 듭니다"라고 털어놨다.[4] 어머니를 병문안하고 있을 때 알렉산더가 방문하면, 빌헬름은 얼른 동생에게 책임을 떠넘기고 자리를 떴다. 15개월 동안 병간호를 한 후에는 부담감을 더 이상 감당할 수가 없어서 예나로 돌아와 버렸다. 그로부터 2주 후 어머니가 세상을 떠났고, 두 사람 모두 임종을 하지 못했다. 게다가 두 형제 모두 중요한 사정을 내세워 어머니의 장례식에 불참했다. 특히 알렉산더에게는 동물전기학 실험과 새로 개발한 광산램프의 성능이 더 중요했다.[5]

몇 년 동안 '자신의 운명을 스스로 결정할 기회'[6]를 기다려왔던 훔볼트는 스물일곱 살의 나이에 마침내 해방감을 만끽했다. 프라이베르크의 친구와 만나 이렇게 고백했다. "어머니의 죽음은 내게 큰 영향을 미치지 못했어. 왜냐하면 우리는 서로 남남이나 마찬가지였기 때문이야."[7] "나는 몇 년 동안 본가에서 지내는 시간을 줄이려 노력했고, 테겔을 떠날 때마다 마음이 홀가분했어."[8] 한 친구는 훔볼트에게 보낸 편지에서 이렇게 말했다. "가족 중에서 어머니가 돌아가신 걸 제일 반기는 사람은 바로 자네겠군."[9]

알렉산더는 한 달도 못 되어 광산에 사직서를 제출했고, 빌헬름은 하던 일을 좀 더 계속하다가, 몇 달 후 드레스덴을 거쳐 파리로 이사했다. 그러고는 카롤리네와 함께 새 집을 작가, 예술가, 시인을 위한 살롱으로 개조했다.[10] 어머니가 세상을 떠난 후 두 형제는 벼락부자가 되었다. 알렉산더는 거의 10만 탈러thaler를 상속받자,[11] "코, 입, 귀를 금으로 도

금할 수 있겠네"[12]라고 자랑했다. 돈이 많으니 원하는 곳이라면 어디든지 갈 수 있었다. 그는 그동안 비교적 단출하게 살아왔는데, 그 이유는 사치품, 멋진 옷, 고급 가구 등에 관심이 없었기 때문이다. 그러나 탐험만큼은 전혀 달랐다. 어머니가 세상을 떠난 지 4주 후, 원대한 여행 계획을 세웠다.[13] 그는 상속받은 재산의 상당 부분을 탐험에 지출할 의향이 있었다. 너무 흥분한 나머지 목적지를 정하지 못하고 수많은 장소들을 닥치는 대로 언급하자, 주위 사람들은 진의를 파악하지 못했다. 그도 그럴 것이, 처음에는 라플란드와 그리스, 그 다음에는 헝가리나 시베리아, 나중에는 서인도제도나 필리핀까지 마구잡이로 들이댔기 때문이다.

그러나 아직은 준비 단계이므로, 정확한 목적지는 그다지 중요하지 않았다. 그래서 그는 꼼꼼히 준비하기로 작정했다. 먼저 필요한 도구를 구입하여 테스트하고, 유럽 전역을 돌아다니며 지질학, 식물학, 동물학, 천문학 등을 배워야 했다. 이미 출판한 저서가 몇 권 있는 데다 대인관계가 좋다 보니 배울 기회는 많았다. 심지어 자신의 이름을 딴 식물도 하나 있었는데, 그는 한 친구에게 보낸 편지에서 이렇게 말했다. "훔볼드티아 라우리폴리아Humboldtia laurifolia는 멋진 인도산 나무야. 어때, 굉장하지?"[14]

그 후 몇 개월 동안 프라이베르크의 지질학자들과 면담을 하고,[15] 드레스덴에서 육분의sextant를 사용하는 방법을 배웠다.[16] 알프스를 오르며(나중에 비교해 볼 요량으로) 산맥을 시찰했고,[17] 예나에 들러 전기 실험을 했다. 빈에 있는 왕궁정원Burggarten의 온실을 방문하여 열대식물을 관찰하고,[18] 젊은 책임자 요제프 판 데르 쇼트Joseph van der Schot를 만나 '함께 탐험을 떠나 멋진 시간을 보내자'고 권유하기도 했다.[19] 모차르트의 출생지인 잘츠부르크에서 겨울을 보내며, 인근에 있는 오스트리아 알프

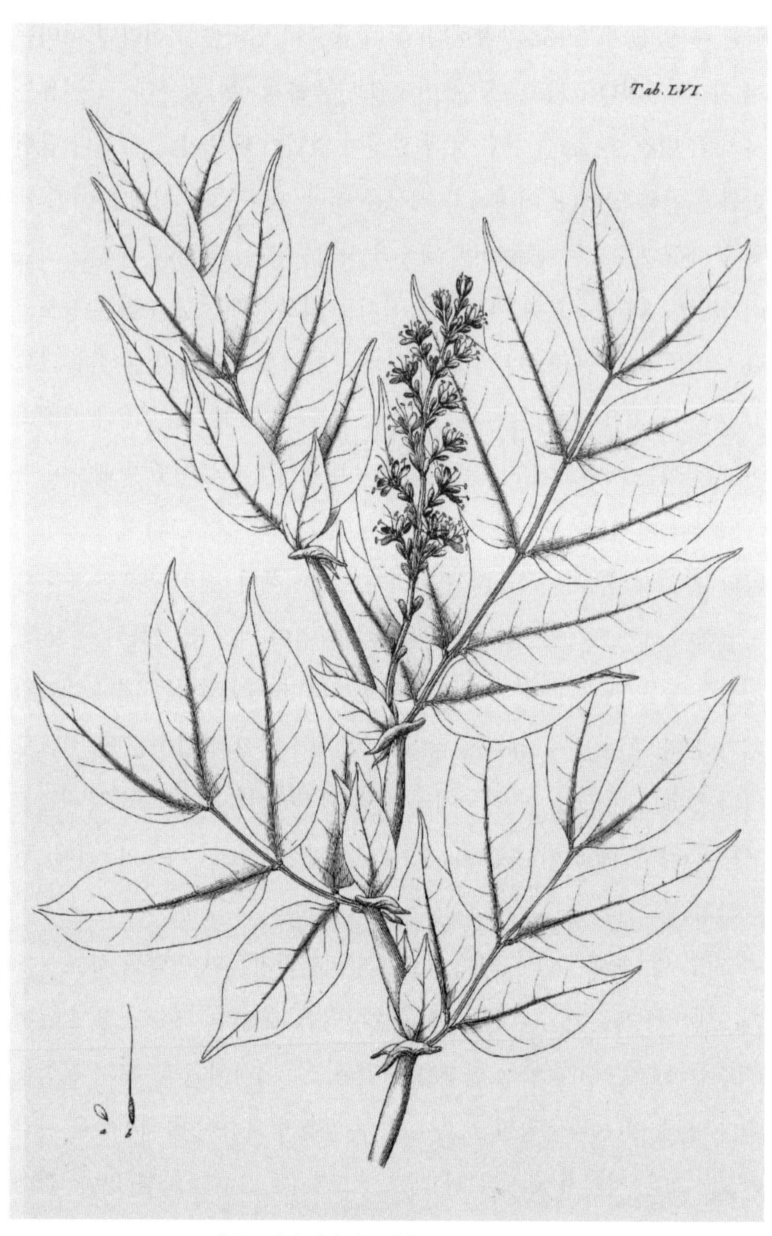

홈볼드티아 라우리폴리아Humboldtia laurifolia

스의 고도를 측정하고 기상관측기meteorological instrument를 테스트했다.[20] 폭풍이 불 때는 대기 중의 전기를 측정하기 위해 측정기기를 들고 얼음 빗속을 헤맸다. 여행자들의 여행일지를 구해 읽고 또 읽었으며 식물학 서적들을 여러 권 탐독했다.

한 장소에서 다른 장소로 옮길 때마다, 훔볼트가 친구들에게 보내는 편지에서는 숨가쁜 에너지가 뿜어져 나왔다. "나는 격렬하고 씩씩하게 행동하지. 내가 이곳저곳을 여행하며 여러 사람을 만나는 이유는 간단해. 어느 누구도 내게 모든 걸 가르쳐주지 않으며, 한 장소에서 모든 걸 배울 수 없기 때문이야."[21]

약 1년 동안 정신없이 준비한 후 훔볼트는 현실을 깨달았다. 배낭 속에는 각종 장비가 빠짐없이 들어 있고 머리에는 최신 과학 지식이 가득하지만, 유럽의 정치 상황이 어려워 꿈을 실현할 수가 없었던 것이다. 상당수의 유럽 국가들은 프랑스혁명의 물결에 휩쓸렸다. 1793년 1월 루이 16세가 처형되자, 유럽 국가들은 단결하여 프랑스혁명 세력에게 대항했다. 혁명이 일어난 후 몇 년 동안, 프랑스는 이 나라 저 나라를 상대로 연달아 전쟁을 선포했는데, 그중에는 오스트리아, 프로이센, 스페인, 포르투갈, 영국이 포함되어 있었다. 그 결과 양측 모두에 득과 실이 발생하자 휴전조약이 체결되었다 파기되곤 했다. 그러나 1798년 나폴레옹은 벨기에, 프로이센의 라인 지방, 오스트리아령 네덜란드, 그리고 이탈리아의 상당 부분을 점령했다. 그러므로 방향을 어디로 잡든, 일단 여행을 떠나면 전쟁과 적군에게 발목을 잡힐 수밖에 없었다. 심지어 (에트나 화산과 베수비오 화산 때문에 지질학적 가치가 높은) 이탈리아도 나폴레옹 때문에 고립되었다.[22]

훔볼트는 항해가 가능하거나, 최소한 식민지로 가는 통로를 제공할 수 있는 나라를 찾아야 했다. 그래서 영국, 프랑스, 그리고 덴마크에 도움을 요청했다. 서인도제도로 항해하는 것도 생각해 봤지만, 해전海戰의 위험 때문에 포기했다. 그래서 영국의 브리스톨 백작이 '이집트 여행에 동행하라'고 권유하자 덥석 받아들였다.[23] '브리스톨은 괴팍한 늙은 귀족'이라는 소문이 파다했지만, 어쩔 도리가 없었다. 그러나 브리스톨이 스파이 혐의로 프랑스에 체포되면서, 찜찜하던 계획마저 허무하게 무산되고 말았다.[24]

어머니가 세상을 떠난 지 1년 반 후인 1798년 4월 말, 훔볼트는 빌헬름과 카롤리네가 살고 있는 파리를 방문했다. 형을 1년 이상 못 만난 데다, 해외여행의 딜레마를 해결하는 가장 현실적인 방법은 승승장구하던 프랑스에 관심을 갖는 것이었기 때문이다.[25] 그는 프랑스에서 빌헬름 부부와 시간을 함께 보내는 한편, 편지도 쓰고 과학자들도 만나고 책과 과학기기들도 구입했다.[26] 그러는 사이에 과학자들의 주소가 노트를 빼곡히 채우자, 노트 한구석에 '나는 과학의 한복판에 살고 있다'[27]고 적었다. 파리에 머무는 동안 어린 시절의 영웅인 루이 앙투안 드 부갱빌을 만났다. 그로 말하자면 1768년 타히티에 발을 디딘 최초의 유럽인으로, 일흔 살의 고령에도 불구하고 지구를 가로질러 남극까지 항해하는 탐험 계획을 세우고 있었다. 부갱빌은 젊은 프로이센 과학자 훔볼트에게 깊은 인상을 받아, 자신이 주도하는 탐험에 끼워주겠다고 말했다.[28]

프랑스의 젊은 과학자 에메 봉플랑Aimé Bonpland을 처음 만난 것도 파리에서였다. 어떤 가정집 현관에서 우연히 마주쳤는데, 알고 보니 훔볼트와 같은 집에 머물고 있었다. 낡은 식물채집 상자를 어깨에 둘러메고 있는 걸로 보아, 식물에 관심이 있는 게 분명했다. 프랑스 최고의 박물학자들에게 배운 재능 있는 식물학자였지만, 비교해부학에도 능숙하고 프랑스 해군에서 외과의사로도 활동하고 있었다. 대서양 해안의 항구도시 라로셸에서 어부의 아들로 태어난 데다 스물다섯 살의 혈기왕성한 청년인 만큼, 봉플랑의 혈관에는 모험과 항해를 즐기는 피가 흐르고 있었다.[29] 숙소의 복도에서 정기적으로 마주치다 통성명을 하고 깊은 대화를 나누다 보니, 피차 식물학과 해외여행에 관심과 조예가 깊다는 것을 알게 되었다.

홈볼트는 자신과 마찬가지로 세상 구경을 갈망하는 봉플랑을 완벽한 동반자로 낙점했다. 봉플랑은 식물학과 열대지방에 열정을 품고 있는 것은 물론, 온화하고 매력적인 성격의 소유자였다. 체격이 당당하고 힘이 넘쳐, 건강하고 믿음직스러울 것으로 보였다. 두 사람에게는 정반대인 면도 있어서, 훔볼트는 앞뒤 안 가리고 행동하는 편이었지만, 봉플랑은 차분하고 유순했다. 이런 면에서 본다면 두 사람은 그야말로 환상의 콤비였다.

모든 준비가 착착 진행되는 동안, 훔볼트는 불현듯 고인이 된 어머니에게 죄책감을 느끼기 시작했다. 실러가 괴테에게 전한 말에 의하면, '알렉산더는 어머니의 그림자에서 완전히 벗어날 수 없다'는 소문이 돌았다고 한다.[30] 어쩌면 알렉산더의 마음 한구석에는 늘 어머니의 망령이 자리 잡고 있었는지도 모른다. 실러가 훔볼트의 지인에게 들은 바에 따르면, 훔볼트가 파리에서 어머니와 관련된 교령회交靈會(산 사람들이 죽은 이의 혼령과 교류를 시도하는 모임—옮긴이)에 참석하기도 했다고 한다. 훔볼트는 얼마 전 한 친구에게 "유령을 몹시 무서워한다"[31]고 실토한 적이 있는데, 증세가 훨씬 더 악화되어 있었다. 아무리 영민하고 합리적인 과학자라 해도, 훔볼트는 '어머니의 영혼이 자신의 일거수일투족을 감시한다'는 생각을 떨쳐버릴 수 없었던 것이다. 하지만 이제는 어머니의 망령에서 벗어나야 할 때였다.

그런데 부갱빌 탐험의 지휘권이 니콜라스 보댕Nicolas Baudin이라는 젊은 선장에게 넘어갔다는 게 문제였다.[32] 훔볼트는 '보댕의 항해에 합류해도 좋다'는 허락을 받았지만, 정부의 지원이 불충분해서 탐험 계획이 완전히 무산되었다. 그래도 훔볼트는 포기하지 않고, 나폴레옹 군대를 수행하는 200명의 학자 집단에 끼어들 궁리를 했다. 하지만 나폴레옹 군대는 1798년 5월 툴롱Toulon을 떠나 이집트를 침공했으니, 이집트까지 가는 게 문제였다.[33] "무슨 수로 이집트에 간단 말인가! 일찍이 이보다 더 큰 어려움을 겪은 사람은 없었을 텐데…"[34]라고 훔볼트는 중얼거렸다.

선박을 수소문하던 훔볼트는 파리 주재 스웨덴 영사와 접촉하여, '마르세유에서 북아프리카 해안의 알제Algiers(알제리의 수도)까지 보내주겠다'는 약속을 받아냈다.[35] 알제에 도착하면 육로를 통해 이집트로 갈 수 있었지만, 훔볼트는 만일의 사태에 모두 대비해야 했다. 혹시나 도중에 영국의 전함과 마주칠 것을 대비하여, 런던의 조지프 뱅크스에게 봉플랑의 여권을 하나 구해달라고 부탁했다.[36] 훔볼트 자신은 파리 주재 프로이센 대사에게 여권을 발급받았다.[37] 여권에는 이름 및 나이와 함께, 정확하지는 않지만 자세한 인상착의(회색 눈, 큰 입, 큰 코, 잘생긴 턱)가 기재되어 있었는데, 훔볼트는 한 귀퉁이의 여백에 장난으로 '큰 입, 살찐 코, 그러나 잘생긴 턱'이라고 끄적였다.

10월 말, 훔볼트와 봉플랑은 마르세유로 달려가 즉시 떠날 준비를 했다.[38] 그러나 아무 일도 일어나지 않았다. 그들은 두 달 동안 하루도 빠짐없이 비탈길을 통해 노트르담 성당까지 올라가, 마르세유 항구를 유심히 관찰했다. 수평선에 흰 돛이 가물거릴 때마다 희망이 부풀어올랐다. 그러나 두 달 동안 애타게 기다리던 소형 구축함이 폭풍에 심하게 손상되었다는 소식을 듣고, 깊은 허탈감에 빠졌다. 훔볼트는 홧김에 '우리들만의 배를 한 척 전세내자'고 호기를 부렸지만, 다시 한 번 허탈감에 빠졌다. '최근 해전이 벌어지고 있어, 억만금을 줘도 배를 구할 수 없다'는 사실을 깨달았기 때문이다. 훔볼트는 베를린의 옛 친구에게 보낸 편지에 이렇게 썼다. "이 세상 어디를 가도 희망이 없다."[39] 주머니에는 돈이 두둑하고 머리에는 최신 과학 지식이 가득한데 여행을 할 수 없다니, 정말 환장할 노릇이었다. 훔볼트는 분노에 사로잡혀 이렇게 외쳤다. "이 모든 것은 전쟁과 정치 때문이다. 전쟁과 정치가 모든 것을 중단시키는 바람에 사방이 완전히 막혀버렸다."[40]

어머니가 세상을 떠난 지 정확히 2년 후인 1798년 말, 훔볼트는 프랑스에서 출발하는 것을 포기하고 새로운 기회를 찾아 마드리드로 갔다. 스페인은 외국인들이 자국 영토에 발을 들여놓는 것을 꺼리기로 유명하지만, 훔볼트는 인물이 출중한 데다 스페인 왕궁에 아는 사람들이 많아 뜻밖에도 여행을 승인받았다.[41] 1799년 5월 초, 카를로스 4세는 항해 비용을 본인이 부담한다는 조건하에, 남아메리카 식민지와 필리핀에 대한 여권을 발급했다. 그에 대한 답례로, 훔볼트는 왕궁의 내부와 정원에 식민지에서 채취한 동식물들을 보내주기로 약속했다. 외국인이 스페인의 식민지를 그렇게 자유로이 탐험하도록 허락받은 적은 없었기에, 스페인 국민들조차도 왕의 결정에 깜짝 놀랐다.

훔볼트는 시간을 더 이상 낭비할 생각이 추호도 없었다. 훔볼트와 봉플랑은 닷새 후 여권을 발급받아, 스페인 북서부 끝에 있는 라코루냐 La Coruña 항구로 갔다. 그곳에는 피사로Pizarro라는 코르베트함(소형 호위함)이 그들을 기다리고 있었다. 1799년 6월 초, 그들은 '근처에서 영국 전함이 목격되었다'는 경고에도 불구하고 항해 준비를 마쳤다. 대포든 적군이든 그 순간을 망칠 수 있는 건 아무것도 없었다. 훔볼트는 "너무 흥분돼서 머리가 아찔하다"고 일기에 적었다.[42]

훔볼트는 망원경과 현미경에서부터 시작하여 커다란 추시계와 나침반에 이르기까지, 최신 기기 일체를 모두 구입했다.[43] 기기는 모두 42개로, 내부에 벨벳 안감이 부착된 보호용 박스에 넣어 개별 포장했다. 그 밖에 씨앗과 토양을 보관할 수 있는 유리병, 종이, 저울, 각종 도구들도 빠뜨리지 않았다. 훔볼트는 "엄청난 일을 앞두고 벅찬 마음을 이루 형언할 수 없다"고 일기에 썼다.[44]

출발하기 전날 밤 친구들에게 쓴 편지에서, 훔볼트는 자신의 의도를 설명했다. 이전의 탐험가들처럼, 그도 식물, 씨앗, 암석, 동물을 수집할 예정이었다. 또한 산의 고도를 측정하고, 위도와 경도를 결정하며, 물과 공기의 온도를 측정할 예정이었다. 그러나 여행의 핵심 목표는 '자연의 모든 힘들이 어떻게 엮여 있는가',[45] 다시 말해서 '유기자연organic nature과 무기자연inorganic nature이 어떻게 상호작용 하는가'를 알아내는 것이었다. 훔볼트는 스페인에서 보낸 마지막 편지에서 이렇게 말했다. "인간은 '선한 것'과 '위대한 것'을 얻기 위해 노력하고, 나머지는 운명에 맡겨야 한다."[46]

열대지방을 향해 다가갈수록, 훔볼트의 기대감은 점점 더 고조되었다. 그는 물고기, 해파리, 해초, 새를 잡아 자세히 분석했다. 각종 기기를 테스트하고, 기온과 태양의 고도를 측정했다. 어느 날 밤에는 물이 인광phosphorescene으로 불타는 것처럼 보였다. 그가 일기에 쓴 내용을 보면, 바다 전체가 유기물 입자로 가득 찬 식용액edible liquid 같았다고 한다.[47] 바다에서 2주 동안 생활한 후, 카나리아 제도에서 가장 큰 테네리페

Tenerife 섬에 잠깐 멈춰섰다.[48] 테네리페 섬의 첫 풍경은 솔직히 별로였다. 왜냐하면 섬 전체가 안개로 둘러싸여 있었기 때문이다. 그러나 두꺼운 안개가 걷히고 나자 상황은 완전히 달라졌다. 피코델테이데Pico del Teide 화산의 정상이 햇빛을 받아 하얗게 반짝이는 게 아닌가! 훔볼트는 부리나케 뱃머리로 달려가, 고개를 들어 웅장한 피코델테이데 화산을 눈이 빠져라 쳐다봤다. 그것은 잠시 후 그가 오르게 될 산으로, 유럽 밖에서 오르는 봉우리로는 첫 번째였다. 피사로가 테네리페 섬에서 머물 시간은 고작 이틀뿐이었으므로 시간이 별로 많지 않았다.

다음 날 아침 훔볼트와 봉플랑은 텐트나 두꺼운 옷도 없이 조그만 전등 몇 개만 챙겨, 현지 가이드들과 함께 화산을 향해 출발했다.[49] 계곡은 더웠지만, 위로 올라갈수록 기온이 급강하했다. 해발 3,600미터 정상에

테네리페 섬과 피코델테이데 화산

오르니, 바람이 너무 강해 서 있기가 어려울 정도였다. 얼굴은 꽁꽁 얼어붙었지만, 발바닥은 뜨거운 땅이 뿜어내는 열기 때문에 후끈거렸다.[50] 고통스러웠지만 훔볼트는 개의치 않았다. 정상의 공기에는 시야를 탁 트이게 만드는 마법이 있어, 앞으로 다가올 일들을 예감케 했다.[51] 야릇한 흥분에 휩싸인 훔볼트는 그 자리를 떠날 수 없었지만, 어느덧 피사로로 돌아가야 할 시간이었다.

훔볼트 일행이 피사로로 돌아오자, 선원들은 닻을 올린 후 항해를 계속했다. 훔볼트는 모든 게 행복했지만, 아쉬운 점이 하나 있었다. 그것은 밤중에 램프나 촛불을 함부로 밝혀서는 안 된다는 거였는데, 어쩔 도리가 없었다.[52] 왜냐하면, 만에 하나라도 잘못될 경우 인근의 적에게 노출될 수도 있었기 때문이다. 밤잠이 별로 없는 훔볼트에게 '한밤중에 독서, 해부, 실험을 하지 말고 잠자코 있으라'고 요구하는 건 고문이나 마찬가지였다. 남쪽으로 내려갈수록 낮이 짧아져, 이윽고 오후 여섯 시가 되면 일과가 끝났다. 할 수 없이 밤하늘을 관찰하기로 마음을 정했는데, 훔볼트는 (적도를 지나가는 탐험자와 선원들이 으레 그렇듯) 새로운 별들을 발견하고 깜짝 놀랐다. 그 별자리들은 남쪽 하늘만을 수놓는 것이어서, 자신이 얼마나 먼 거리를 여행했는지 짐작할 수 있었다. 남십자성을 처음 봤을 때, 훔볼트는 어린 시절의 꿈이 드디어 실현되었음을 깨달았다.[53]

스페인의 라코루냐를 출발한 지 41일 후인 1799년 7월 16일, 뉴안달루시아Nueva Andalucía(오늘날 베네수엘라의 일부)가 수평선에 모습을 드러냈다. 맨 처음 눈에 들어온 것은 풍성한 그린벨트로, 해안을 따라 끝없이 펼쳐진 야자나무와 바나나 숲으로 이루어져 있었다. 그린벨트 위로 높은 산맥이 모습을 드러냈고, 뾰족한 봉우리들이 여러 겹의 구름 위로 고개를 살짝 내밀었다. 1.5킬로미터 안쪽에는 카카오 나무로 둘러싸인 도시 쿠마나Cumaná가 있었다.[54] 쿠마나는 1523년 스페인에 의해 건설된 도시로, 훔볼트가 발을 들여놓기 2년 전인 1797년 지진으로 거의 파괴되었다. 훔볼트는 앞으로 5개월 동안 이곳에 머물 예정이었다. 하늘은 시리도록 푸르고 공기는 맑고 깨끗했으며, 열기는 강렬하고 햇빛은 휘황찬란했다. 보트에서 내리자마자 온도계를 백사장에 꽂아보고, 노트를 펼쳐 '섭씨 37.7도'라고 휘갈겨 썼다.[55]

쿠마나는 뉴안달루시아의 주도州都였고, 뉴안달루시아는 베네수엘라 도독령Captaincy General of Venezuela의 속주province였으며, 베네수엘라 도독령은 캘리포니아에서부터 칠레 남단에까지 이르는 스페인 식민제국Spain colonial empire의 일부였다. 모든 스페인 식민지를 관할하는 곳은 스페인 왕실과 마드리드에 있는 인도제도위원회Council of the Indies였고, 총독과 총사령관들이 스페인에 매일 직접 보고하는 절대지배체제로 통치되었다.[56] 명시적인 허가 없이 식민지들끼리 무역을 하는 것은 금지되었고, 식민지들 간의 의사소통도 철저히 통제되었다. 허가를 받아 서적을 출판하거나 신문을 발행할 수 있었지만, 현지인의 출판 및 제조 행위는 금지되었고 오직 스페인 사람들만 상점 및 광산을 소유할 수 있었다.

18세기의 마지막 25년 동안 영국의 북아메리카 식민지 전체와 프랑스에 혁명이 번져나가자, 스페인 제국은 식민지들에 대한 단속을 강화했다. 우선 식민지인들에게 과도한 세금을 부과하고, 정부의 역할에서 완전히 배제했다. 비非스페인 선박은 모두 적으로 간주했고, 식민지에 들어가려면 누구든 보증서가 있어야 하는데, 설사 스페인 사람이라도 왕에게 발급받은 보증서 없이는 식민지에 발을 들여놓을 수 없었다. 그 결과 식민지인들의 불만이 치솟고 있었다. 이처럼 식민지와 스페인 간의 긴장이 고조되자, 훔볼트는 신중하게 처신하려고 애썼다. 아무리 스페인 왕에게 받은 여권을 소지하고 있더라도, 현지 관리들이 그의 생명을 얼마든지 위협할 수 있었기 때문이다.[57] 만약 현지 관리들의 마음을 어떻게든 사로잡는 데 성공하지 못한다면, 훔볼트는 신세계에 머무는 동안 수도 없는 불편을 감수해야 했다.

그러나 쿠마나의 현지 관리들에게 여권을 보여주기 전에, 훔볼트는 일단 열대지방의 풍경을 만끽하고 싶었다. 모든 것은 새롭고 장엄했다. 새, 야자나무, 파도… 어느 것 하나 자연의 웅장함을 선포하지 않는 것이 없었다.[58] 그것은 새로운 삶의 시작이었다. 앞으로 아메리카에 5년간 머무르는 동안, 훔볼트는 '호기심 많고 재능 있는 청년'에서 '당대의 가장 비범한 과학자'로 변신하게 된다. 차가운 머리와 뜨거운 가슴으로 자연을 바라보게 될 곳은 바로 여기였다.

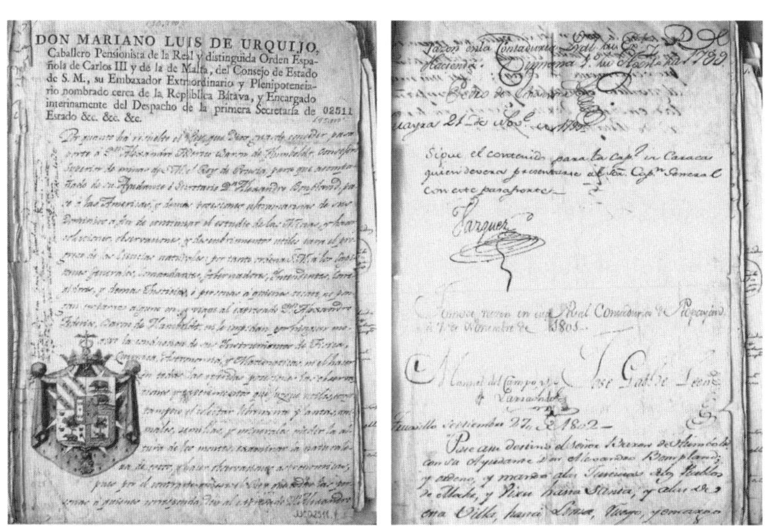

DON MARIANO LUIS DE URQUIJO, Caballero Pensionista de la Real y distinguida Orden Española de Carlos III y de la de Malta, del Consejo de Estado de S. M., su Embaxador Extraordinario y Plenipotenciario nombrado cerca de la República Bátava, y Encargado interinamente del Despacho de la primera Secretaría de Estado &c. &c. &c. 02511

훔볼트의 스페인 여권 중 두 페이지. 여러 식민지 관리들의 서명이 기재되어 있다.

The
Invention
of
Nature

2부 / 도착

아이디어 수집

4
남아메리카

쿠마나에서 첫 주를 보내는 동안, 어딜 가든 뭔가 새로운 것이 훔볼트와 봉플랑의 눈길을 사로잡았다. 훔볼트의 표현을 빌리자면, 경치가 그들에게 마법을 거는 것 같았다.[1] 야자나무는 붉은 꽃으로 화려하게 장식했고, 새와 물고기들은 변화무쌍한 빛깔을 다퉜으며, 심지어 가재들조차 선명한 하늘색과 노란색을 뽐냈다. 해변에는 핑크빛 플라밍고들이 한 다리로 서 있고, 넓적한 야자나무 잎은 백사장을 그늘과 햇빛의 모자이크로 만들었다.[2] 훔볼트는 빌헬름에게 쓴 편지에서, "나비, 원숭이, 그리고 수많은 식물들이 널려 있어서, 우린 바보처럼 넋을 놓고 이리저리 뛰어다녔어"라고 말했다.[3] 여간해서는 냉정함을 잃지 않던 봉플랑조차 "경이로움이 곧 멈추지 않는다면 미칠 것 같아요"라고 말할 정도였다.[4]

늘 체계적 접근 방법을 자랑했던 훔볼트였지만, 쿠마나의 풍경을 합리적 방법으로 연구하기는 어렵게 느껴졌다.[5] 트렁크가 금세 들어차는 바람에 당황하는 적이 한두 번이 아니었으며, 어떨 때는 표본이 너무 많아 숙소로 운반할 수가 없었다.[6] 다른 박물학자들과 달리, 훔볼트는 분류학적 갭taxonomic gap을 채우는 데는 별로 관심이 없었다. 그는 자연사natural history의 소재를 챙기기보다, 자연의 모습에 관한 아이디어를 수집하는 데 치중했다. "내 마음을 사로잡는 것은 자질구레한 세부사항이 아니라, 전체적인 느낌"이라고 훔볼트는 탐험일지에 썼다.[7]

뭔가를 하나씩 들여다볼 때마다, 훔볼트는 종전에 유럽에서 관찰하거나 배웠던 것과 비교했다. 식물이든 암석이든 곤충이든, 그의 마음속에서는 고향에서 봤던 장면들이 떠올랐다. 쿠마나 주변의 평원에서 자라는 나무들은 가지를 위로 뻗어 파라솔 비슷한 캐노피canopy를 형성하고 있었는데, 훔볼트는 그걸 보고 이탈리아의 소나무를 연상했다.[8] 선인장 군락지를 멀리서 바라보면 넘실거리는 바다처럼 보였는데, 그건 유럽의 습지를 뒤덮은 잔디와 비슷한 느낌이었다.[9] 영국의 더비셔Derbyshire를 생각나게 하는 계곡도 있고,[10] 독일의 프랑켄Franken 동굴과 비슷한 동굴도 있고, 동유럽의 카르파티아 산맥과 비슷한 산맥도 있었다.[11] 무엇을 바라보든 '유럽과 남아메리카는 왠지 연결된 것 같다'는 아이디어가 떠올랐는데, 이런 아이디어는 두고두고 자연계에 대한 생각을 형성하는 밑거름이 되었다.

훔볼트는 일찍이 남아메리카에서만큼 행복하거나 건강했던 적이 없었다.[12] 열기는 그에게 딱 맞았고, 유럽에서 종종 겪었던 고열과 신경쇠약이 말끔히 사라졌다. 그래서인지 체중이 약간 불었다. 그의 하루 일과를 살펴보면, 낮에는 채집활동을 하고, 저녁에는 노트에 기록하고, 밤에는 천문을 관찰했다. 물론 그의 곁에는 봉플랑이 늘 그림자처럼 붙어

남아메리카에서의 훔볼트

있었다. 어느 날 밤에는 몇 시간 동안 경외감에 사로잡힌 듯 가만히 앉아, 수천 개의 유성들이 일제히 흰색 꼬리를 끌며 하늘을 가로지르는 장면을 지켜봤다.[13] 훔볼트는 흥분에 가득 찬 편지를 고향으로 보내, 남아메리카에서 펼쳐진 경이로운 장면들을 파리, 베를린, 로마의 우아한 살롱가에 중계방송했다. 그중에는 거대한 거미가 벌새를 잡아먹는 장면을 설명한 편지도 있었고,[14] 길이가 10미터에 달하는 뱀을 묘사한 편지도 있었다. 한편 각종 실험기구와 관측기기를 이용하여 쿠마나 사람들을 까무러치게 했다.[15] 까마득하게 멀리 있는 달을 망원경을 이용해 가깝게 끌어당기는가 하면, 맨눈으로 볼 수 없는 머릿니를 현미경을 이용해 괴물로 둔갑시키기도 했다.

남아메리카에는 훔볼트의 즐거움을 반감시키는 요소도 있었다. 그것은 쿠마나 중앙광장의 숙소 건너편에 자리 잡은 노예시장이었다. 스페인은 16세기 초 남아메리카 식민지에 노예를 수입하여 계속 거래하고 있었다. 매일 아침 아프리카 출신의 젊은 남성과 여성들이 매물로 나왔는데, 코코넛 오일을 전신에 발라 검은 피부를 반짝이게 한 다음 구매자들 앞에서 일렬로 행진했다. 구매자들은 그들의 입을 강제로 벌려 (마치 말에게 그러는 것처럼) 치아 상태를 확인했다.[16] 그 광경을 본 훔볼트는 평생 동안 노예제 폐지론자가 되었다.

남아메리카에 도착한 지 4개월 남짓 지난 1799년 11월 4일, 훔볼트는 자신의 생명과 여행 계획을 위협할 수도 있는 위험을 처음으로 느꼈다. 그날은 덥고 습한 날씨였는데, 정오에 먹구름이 몰려오더니 오후 4시쯤 마을 전체가 천둥소리에 흔들렸다. 봉플랑이 한 식물을 살펴보려고 테이블을 향해 몸을 숙이는 순간, 갑자기 땅이 진동하는 바람에 마룻바닥에 그대로 엎어질 뻔했다. 봉플랑은 위기를 모면하려고 뒤뚱거리다, 해먹에 누워 있던 훔볼트와 정면으로 충돌했다. 여러 집들이 허물어지자 사람들이 비명을 지르며 거리로 쏟아져나왔지만, 훔볼트는 침착하게 해먹에서 기어 내려와 관측기기부터 챙겼다.[17] 설사 지구가 흔들리더라도 그의 관찰을 막을 수는 없었다. 그는 진동시간을 측정하고, 지진파가 북쪽에서 남쪽으로 퍼져가는 과정을 유심히 관찰한 다음 전기를 측정했다. 겉으로는 침착해 보였지만, 그도 내심 위기감을 느꼈다. 발밑의 땅덩어리가 움직이면서, 인생에 대한 환상이 송두리째 깨졌다. 그는 갑자기 꿈에서 깨어나 고통을 느꼈다. 이 순간이 오기 전까지 그는 자연의 안정성을 확고하게 믿었지만, 이제 자연에게 속아 살아왔음을 뼈저리게 깨달았다. "우리는 오랫동안 자신 있게 발을 디뎌 왔다. 그러나 이제 처음으로 땅을 불신하게 되었다"라고 그는 탐험일지에 썼다.[18]

하지만 아무리 그렇더라도 여행을 중단할 마음은 추호도 없었다. 지난 몇 년 동안 세상 구경 기회를 기다려왔고, 이제 그로 인해 인생이 위험해질 수도 있다는 것을 알게 되었지만, 오히려 더 많은 것을 보고 싶었다. 신용전표에서 현금이 인출되기를 2주 동안 애타게 기다리다, 결국에는 현금으로 지불하고 카라카스Caracas로 가기 위해 쿠마나를 떠났다.[19] 11월 중순, 훔볼트와 봉플랑은 인디오 하인 호세 델 라 크루스[20]와 함께 작은 무역선 한 척을 전세내어 서쪽으로 항해했다.[21] 그들은 많은 기구와 트렁크를 배에 실었는데, 트렁크는 이미 4,000개 이상의 식물 표본, 곤충, 노트, 측정용 테이블로 가득 차 있었다.[22]

해발 900미터에 위치한 카라카스에는 4만 명의 주민들이 살고 있었다. 카라카스는 1567년 스페인에 의해 건설되어, 이제는 베네수엘라 도독령의 수도로 지정되었다. 그곳에 사는 백인의 95퍼센트는 남아메리카에서 태어난 스페인 자손으로, 크리오요criollo 또는 이스파노아메리칸Hispano-American이라고도 했다.[23] 크리오요는 그곳 인구의 다수를 차지하고 있음에도 불구하고, 수십 년 동안 고위 관리직과 군직에서 배제되었다. 스페인 왕실은 본국인들을 파견해 식민지를 통제했는데, 그중 상당수는 크리오요보다 교육 수준이 낮았다. 크리오요 출신의 돈 많은 플랜테이션 소유자들은 먼 모국에서 파견된 상인들이 자신을 지배하는 데 분통을 터뜨렸다. 일부 크리오요들은 스페인 당국이 자신들을 '비천한 노예'로 취급한다고 불평했다.[24]

카라카스는 해안 근처의 높은 산맥에 둘러싸인 계곡 속에 아늑히 자리 잡고 있었다. 훔볼트는 짧은 여행의 거점으로 사용할 숙소를 하나 정하고, 봉플랑과 함께 이중돔double dome 모양의 실라Silla 산을 측량하기 시작했다.[25] 실라 산은 너무 가까워 숙소에서 맨눈으로 볼 수 있을 정도였지만, 놀랍게도 카라카스에서 만난 사람 중에서 그곳에 올라가 봤다는 사람은 한 명도 없었다. 하루는 산기슭에 다가갔다가, 희미하게 아른거리는 암벽에서 맑디맑은 물이 쏟아져 내리는 것을 발견했다. 한 무리의 소녀들이 물을 긷는 모습을 보고, 불현듯 『젊은 베르테르의 슬픔』의 한 장면이 떠올랐다. 그날 저녁, 훔볼트는 탐험일지에 "베르테르의 기억, 괴테, 그리고 공주들"이라고 적었다.[26] 한번은 어떤 나무를 보고, 또 한번은 어떤 산을 보고 갑자기 친숙한 느낌이 들었다. 남쪽 하늘의 별들이나 지평선을 배경으로 죽 늘어서 있는 선인장들을 힐끗 바라보기만 해도, 얼마나 먼 이국 땅에 와 있는지 실감할 수 있었다. 그러나 소방울이 짤랑거리거나 황소가 우렁차게 울어 젖히기만 해도 테겔의 목장으로 돌아간 듯한 기분이 들기에 충분했다.[27]

훔볼트는 탐험일지에 이렇게 썼다. "자연은 어디서나 우리의 영혼에 익숙한 음성으로 말을 건다. 자연의 음성은 하늘 높은 곳에서 내려와, 우리를 순식간에 하나의 반구hemisphere에서 다른 반구로 이동시킨다."[28] 반복적으로 그은 연필선들이 모여 스케치가 완성되듯, 과학적 관찰과 정서적 느낌에 근거한 훔볼트의 자연관이 서서히 윤곽을 드러내기 시작했다. '인간은 기억과 정서적 반응을 통해 자연을 경험하고 이해한다'는 것이 훔볼트의 생각이었다. 그는 상상력을 "기적적인 치유 능력을 가진 향유"[29]라고 불렀다.

이쯤 되면, 신비로운 카시키아레 강Casiquiare River에 대한 이야기를 꺼낼 때가 됐다. 훔볼트가 남아메리카에 도착하기 50여 년 전, 제수이트 교단의 한 사제는 "카시키아레가 남아메리카의 두 거대 하계great river system, 즉 오리노코와 아마존을 연결한다"고 말했다. 오리노코 강은 오늘날 베네수엘라와 브라질의 경계에서 발원하여 베네수엘라 북동부 해

(맨 오른쪽 나무 사이에 앉아) 실라 산을 스케치하는 훔볼트

안의 삼각주에 이르기까지 커다란 원호를 그린 후, 대서양으로 흘러들어간다. 그런데 대서양 해안을 따라 남쪽으로 약 1,600킬로미터를 더 내려가면, 웅장한 아마존 하구가 나타난다. 아마존은 태평양 해안에서 160킬로미터 남짓 떨어진 페루의 안데스산맥에서 발원하여 남아메리카 전체를 서에서 동으로 가로지르다시피 한 후 브라질의 대서양 해안에 도달한다.

당시 원주민들 사이에서는 '카라카스에서 남쪽으로 1,600킬로미터 떨어진 열대우림 속 깊은 곳에서, 카시키아레가 오리노코와 아마존의 지류들을 연결한다더라'는 소문이 파다했다. 아무도 그 소문을 증명할 수는 없었고, 오리노코나 아마존과 같이 거대한 강들이 연결될 거라고 믿는 사람들은 거의 없었다. 당시에 알려져 있던 과학 지식들에 의하면, 오리노코 분지와 아마존 분지는 분수령에 의해 분리되어야 했다. 왜냐하면 두 강을 연결하는 천연 수로가 있다는 아이디어는 실증적 증거에 위배되었기 때문이다. 지리학자들은 지구상 어디에서도 그런 일이 발생한 사례를 발견한 적이 없었다. 실제로 당시의 최신 지도를 들여다보면, 카시키아레가 존재한다고 지목되는 지역은 (분수령으로 의심되는) 산악지대로 표시되어 있었다.

카시키아레를 탐험하려면 준비할 게 많았다. 좁은 카누를 사용할 예정이었므로 거기에 알맞은 소형 기구들을 선택해야 했다. 아무리 깊은 정글에서도 가이드와 식량이 필요했으므로, 대가를 치르려면 돈과 물건을 준비해야 했다.[30] 그러나 훔볼트는 출발하기 전에 유럽과 북아메리카에 편지를 썼는데, 내용인즉 자신이 카시키아레를 탐험하러 떠난다는 소식을 신문에 실어달라는 거였다.[31] 그는 홍보의 중요성을 이해하고 있었다. 예컨대 스페인의 라코루냐를 출발하기 직전에 무려 43통의 편지를 썼는데, 그 이유는 간단했다. 항해하는 도중에 불의의 사고로 죽더라도 최소한 잊히지는 말아야 하기 때문이었다.[32]

1800년 2월 7일 훔볼트, 봉플랑, 호세는 대부분의 짐과 수집품 들을 남겨둔 채, 네 마리의 노새를 끌고 카라카스를 떠났다.[33] 오리노코에 가려면, 자그마치 프랑스 크기만 한 야노스Llanos 평원을 거의 일직선으로 관통하여 남쪽으로 내려가야 했다. 정확한 목적지는 오리노코의 지류 중 하나인 리오아푸레Rio Apure로, 카라카스에서 남쪽으로 약 320킬로미터 떨어진 곳에 있었다. 그곳에 가면 카푸친 선교지Capuchin mission 중 하나인 산페르난도데아푸레San Fernando de Apure에서 탐험에 필요한 보트와 식량을 구할 수 있었다. 그러나 제일 먼저 할 일은, 서쪽으로 160킬로미터를 우회하여 수풀이 우거진 아라과 계곡Aragua Valley을 감상하는 것이었다. 그곳은 남아메리카 식민지에서 가장 부유한 농업지대 중 하나였다.

우기가 끝났으므로 날씨는 푹푹 쪘고, 가는 길은 매우 단조로웠다. 일주일 동안 구비구비 산을 넘고 계곡을 건너, 세 사람은 마침내 '미소 짓는 아라과 계곡'[34]의 품에 안겼다. 계곡 서쪽으로는 옥수수, 사탕수수, 인디고 농장이 끝없이 펼쳐져 있었고, 그 사이사이에는 작은 숲, 소규모 마을, 농가, 정원이 자리 잡고 있었다. 농장을 잇는 오솔길에는 꽃나무들이 즐비하고, 농가 옆에서는 커다란 세이바ceiba 나무들이 그늘을 드리우고 있었다. 세이바는 짙은 노란색 꽃으로 뒤덮여 있고, 가지를 뻗어 코랄트리coral tree의 화려한 오렌지빛 꽃과 얼기설기 얽혀 있었다.[35]

계곡의 한가운데에는 산으로 둘러싸인 발렌시아 호수Lake Valencia가 있었다. 호수 이곳저곳에는 10여 개의 바위섬들이 솟아 있는데, 그중에는 제법 커서 염소를 기르고 농사를 짓는 곳도 있었다. 해질녘에는 수천 마리의 왜가리, 플라밍고, 야생 오리들이 하늘을 수놓으며 날아와 바위섬에 둥지를 틀었다. 그것은 언뜻 보기에 목가적인 풍경처럼 보였지만, 현지인들에게 알아본 바에 의하면 꼭 그렇다고만 볼 수는 없었다. 호수의 수면이 급속도로 낮아지고 있어서, 20년 전에는 물속에 잠겨 있었던 부분이 농지가 되었고, 저지대였던 부분은 메마른 언덕으로 변했다고 하니 말이다.[36] 발렌시아 호수의 생태계에는 특이한 점이 있었다. 그것은 '작은 개울들을 통해 유입되는 물만 있고 바다로 흘러나가는 물이 없으므로, 수면은 오직 증발에 의해서만 조절된다'는 것이었다. 그래서 현지인들은 '지하에 생긴 균열을 통해 물이 계속 빠져나간다'고 믿고 있었다. 그러지 않고서야 수면이 그렇게 빨리 낮아질 리가 없었기 때문이다.[37]

그러나 훔볼트는 뭔가 다른 요인이 존재할 거라 생각하고, 측정과 검사와 추리를 반복했다. 먼저, 섬의 고지대에 올라가 모래 입자의 크기를 측정해 보았다. 그리고 입자가 작은 것으로 보아 그곳이 한때 물에 잠겼던 곳임을 확인했다.[38] 다음으로, (프랑스 남부에서부터 서인도제도에 이르기까지) 전 세계 강과 호수의 연평균 증발량을 비교해 보았다.[39] 그 결과, 발렌시아 호수의 수면이 급격히 감소한 이유를 알아냈다. 첫째로

아라과 계곡의 발렌시아 호수

개울물의 유입이 줄어들었고,[40] 둘째로 호수 주변의 숲에서 자라던 나무들이 감소했기 때문이었다.[41] 즉, 계곡에 농지가 늘어나면서 농장주들이 농지에 물을 대기 위해 (호수로 흘러들어가는) 개울물을 퍼나르거나 물길을 아예 바꿔버렸던 것이다. 또한 농지를 조성하기 위해 나무를 베어냄과 동시에 이끼, 관목, 나무뿌리까지 제거하는 바람에, 토양이 비바람에 노출되고 수분을 유지할 수 없게 되었다.[42] 훔볼트는 쿠마나에 머물 때부터, 현지인들에게 '오래된 산림을 벌채하자 땅이 건조해졌다'는 말을 여러 차례 들은 바 있었다.[43] 그리고 카라카스에서 아라과 계곡으로 오는 길에 토양이 건조한 것을 보고, 훔볼트는 혀를 끌끌 차며 "식민지를 처음 개척한 사람들이 숲을 무분별하게 파괴한 게로군"하고 한탄했었다.[44] 토양이 유실되고 농지의 소출이 줄어들자, 농장주들은 서쪽으로 이동하며 숲을 계속 파괴했다. 훔볼트는 탐험일지에 "숲이 심하게 훼손되었다"고 휘갈겨 썼다.[45]

불과 몇 십 년 전, 아라과 계곡과 발렌시아 호수 주변의 산과 언덕에는 수풀이 우거져 있었다. 그러나 아름드리 나무들이 사라지자, 큰 비가 내릴 때마다 토양이 유실되었다. 또한 나무가 사라지자 햇빛이 토양을 곧바로 내리쬐어 수분을 증발시켰다.[46] 이 모든 것은 '밀접하게 연관'되어 있었던 것이다.[47]

훔볼트가 '인간이 초래한 기후 변화human-induced climate change'라는 아이디어를 떠올린 곳은 바로 발렌시아 호수였다.[48] 이 관찰 결과를 발표했을 때, 그는 자신의 생각을 추호도 의심하지 않았다.

> 아메리카 전역에서 유럽의 농장주들이 그러했듯이, 숲을 마구잡이로 파괴하면 산속의 샘물이 줄어들거나 완전히 말라버린다. 숲이 있으면 빗물을 흡수했다가 조금씩 내려보내므로, 강물이 조금씩 불어나 평화롭게 흐른다. 그러나 숲이 파괴되고 산기슭의 관목숲, 초지, 이끼까지 사라지면 사정이 달라진다. 빗물이 푸석푸석한 토양을 거침없이 훑고 계곡을 거쳐 강으로 흘러들어간다. 강바닥은 일년 내내 메말랐다가, 폭우가 내릴 때마다 급류로 돌변하여 범람한다. 강물이 갑작스레 범람하면 홍수가 일어나, 마을이 황폐화된다.[49]

몇 년 전 광산 감독관으로 근무할 때, 훔볼트는 바이로이트Bayreuth 부근의 피히텔 산맥에서 목재와 연료 채취 때문에 삼림이 과도하게 훼손된 것을 목격한 바 있었다. 그는 서신과 보고서를 통해, '광산과 철공소에서 목재 사용을 줄이는 방안을 강구해야 한다'고 여러 차례 건의했다.[50] 물론 이런 우려를 제기한 사람들이 종전에도 있었지만, 그들의 주요 관심사는 '환경보호'보다는 '자원의 효과적인 배분'이었다. 그도 그럴 것이, 숲에서 나오는 연료와 목재는 물건을 만들고 집을 짓는 데 필요한 자원일 뿐만 아니라, (스페인의 국력과 해군력을 증강하는 데 필요한) 배를 만드는 데도 요긴한 자원이었기 때문이다.

17~18세기에는 목재가 기름이나 마찬가지였으므로, 목재가 떨어지면 연료, 생산, 수송에 문제가 생겼다. 마치 오늘날 석유 생산량이 부족할 때 소동이 벌어지는 것처럼 말이다. 1664년 영국의 정원사이자 작가인 존 에블린John Evelyn은 삼림 관리에 관한 베스트셀러(『실비아, 목재에 관한 담론*Sylvia, a Discourse of Forest Trees*』)를 썼는데, 그는 이 책에서 목재 부족을 국가적 위기로 규정하며 다음과 같이 말했다. "목재가 없는 것보다 차라리 금이 없는 게 낫다. 왜냐하면, 목재가 없으면 철도 유리도 없고 (겨울밤에 집을 따뜻하게 데워줄) 장작불도 없기 때문이다. 그뿐만 아니라 영국의 해안을 수호할 해군도 없다."[51]

5년 후인 1669년, 프랑스의 재무장관 장-바티스트 콜베르Jean-Baptiste Colbert는 마을 사람들의 숲 사용을 불법으로 규정하고, 미래에 해군이 사용할 수 있도록 나무를 심었다. 그는 이처럼 가혹한 조치를 내리며, "나무가 부족하게 되면 프랑스는 멸망할 것이다"라고 선언했다.[52] 북아메리카 식민지의 광대한 땅에서도 외로운 목소리를 내는 사람들이 몇 명 있었다. 1749년 미국의 농부이자 식물수집가인 존 바트람John Bartram은 '조만간 목재가 바닥날 것'[53]이라고 개탄했다. 그의 친구 벤자민 프랭클린도 나무 부족을 걱정하며 맞장구를 치고, 그 해결책으로 연료절약형 난로를 발명했다.[54]

발렌시아 호수에서 수면이 급강하하는 원인을 알아낸 후, 훔볼트는 범위를 확대하여 삼림 벌채가 전 세계에 미치는 악영향을 이해하기 시작했다. 그리고 발렌시아 호수의 사례를 토대로 하여, 그 시대의 농업 기술이 충격적인 결과를 초래할 수 있음을 경고했다. "전 세계에서 인류가 자행하고 있는 행동이 미래의 세대에게 영향을 미칠 수 있다"[55]고 그는 경고했다. 그는 발렌시아 호수에서 목격한 재앙을 이탈리아의 롬바르디아에서 시작하여 페루 남부에 이르기까지 세계 여러 곳에서 줄줄이 목격했다.[56] 심지어 몇 십 년 후 러시아에서도 그런 재앙을 목격했다. 그는 인류가 기후를 변화시키는 과정을 설명함으로써, 자신도 모르는 사이에 환경운동의 창시자가 되었다.

훔볼트는 숲이 생태계와 기후에 미치는 영향을 최초로 설명한 사람이었다.[57] 나무는 수분을 저장하고, 대기에 수분을 풍부하게 공급하고, 토양을 보호하며, 냉각효과cooling effect도 발휘한다.• 또한 그는 나무가 산소를 방출함으로써 기후에 영향을 미친다고도 말했다.[58] "인류가 세상에 미치는 악영향은 이루 헤아릴 수 없이 많다. 인류가 세상을 그렇게 무자비하게 파괴하도록 방치한다면, 지구는 파멸하게 될 것"이라고 그는 주장했다.[59]

훔볼트는 인류가 자연의 균형을 깨뜨리는 사례를 수도 없이 보게 된다. 불과 몇 주 후 오리노코의 열대우림 속 깊은 곳에서, 선교 활동을 하는 스페인 수도사들이 동물성 기름으로 허물어져가는 교회를 환히 비추는 광경을 목격했다. 그 기름은 거북이 알에서 채취한 것인데, 그

• 훔볼트는 나중에 숲은 시원한 그늘, 증발, 복사radiation의 세 가지 방식으로 온도를 낮춘다고 간명하게 정리했다.

로 인해 거북이가 알에서 깨어나지 못해 개체 수가 크게 감소하고 있었다. 원주민들에 의하면, 거북이들이 매년 오리노코 강변에 몰려와 알을 낳는데, 선교사들이 거북이 알을 너무 많이 가로채는 바람에 거북이가 멸종할 지경이었다고 한다.[60] 얼마 전 베네수엘라 해안에서는, 외지인들이 진주를 너무 많이 채취하는 바람에 굴이 완전히 고갈되었다는 말을 들었다.[61] 그건 일종의 생태학적 연쇄 반응이었다. 훔볼트는 후에 이렇게 말했다. "모든 것은 상호작용이며, 그 결과는 쌍방에게 모두 귀속된다."[62]

훔볼트는 수천 년 동안 인간의 사고를 지배해 왔던 인간 중심 관점human-centered perspective에서 벗어나 자연으로 돌아가고 있었다. 고대 그리스의 철학자 아리스토텔레스는 '자연은 특별히 인간을 위해 모든 것들을 만들었다'[63]고 썼으며, 그로부터 2,000여 년 후인 1749년 식물학자 린네는 '모든 것은 인간을 위해 만들어졌다'[64]고 주장함으로써 케케묵은 사고방식이 답습되고 있음을 드러냈다. '신은 인간에게 자연에 대한 지배권을 제공했다'는 믿음이 오랫동안 유지되었다. 구약성서는 인간에게 "생육하고 번성하여 땅에 충만하고, 땅을 정복하라. 바다의 물고기와 하늘의 새와 땅에 움직이는 모든 생물을 다스리라"[65]고 말하지 않았는가? 17세기에 영국의 철학자 프랜시스 베이컨Francis Bacon은 "세상은 인간을 위해 만들어졌다"[66]고 선언했고, 데카르트는 "동물은 사실상 자율적으로 행동하는 복잡한 생물체이지만, 이성이 없으므로 인간보다 열등하다"고 주장했다. 데카르트의 말은 다음과 같이 계속되었다. "고로 인간은 자연의 주인이자 소유자다."[67]

18세기에 들어와 서양의 사고를 지배한 아이디어는 '자연의 완성'이었다. 인간은 경작을 통해 불완전한 자연을 완성시킬 수 있다고 믿어졌으며, 완성은 절대선絶對善으로 간주되었다. 서양의 개간된 들판, 벌목된 숲, 정돈된 마을은 '야만적인 황무지'를 '즐겁고 생산적인 풍경'으로 만든 결과였다. 이와 대조적으로 신세계의 자연림은 '으르렁거리는 황무지'[68]이므로, 정복의 대상이었다. 혼돈은 정리되어야 했고, 악은 선으로 바꿔야 했다. 1748년 프랑스의 사상가 몽테스키외는 이렇게 말했다. "인류는 손과 도구를 이용하여 지구를 '살기에 적합한 곳'으로 만들었다."[69] 그 당시에 이상적인 자연으로 여겨졌던 것은 과일이 주렁주렁 열린 과수원, 깔끔히 정돈된 정원, 소 떼가 풀을 뜯는 목장이었다.[70] 그것은 서양을 오랫동안 지배한 모델이었다. 몽테스키외의 말이 나온 지 약 1세기 후인 1833년, 프랑스의 역사가 알렉스 드 토크빌Alexis de Tocqueville이 미국을 방문하는 동안 이렇게 생각했으니 말이다. "인간은 도끼를 휘둘러 아메리카의 황무지를 아름답고 감동적인 풍경으로 변모시켰다."[71]

북아메리카의 사상가들 중 일부는 심지어 '최초의 정착민들이 북아메리카에 도착한 이후 기후가 향상되었다'고 주장했다. 그들에 의하면, 처녀림에서 나무 한 그루가 잘라져 나갈 때마다 공기는 더 맑고 온화해졌다고 한다. 그들은 증거가 빈약함에도 불구하고 이론의 전파를 중단하지 않았는데, 그 대표적인 인물은 노스캐롤라이나의 의사이자 정치가인 휴 윌리엄슨Hugh Williamson이었다. 그는 1770년에 발표한 논문에서, "거대한 삼림을 제거함으로써 기후가 향상되었다"[72]는 찬사를 늘어놓았다. 어떤 사상가들은 '삼림을 벌채하면 바람이 많이 불고, 이를 통해 대륙 전체에 맑은 공기가 전달된다'고 믿었다. 훔볼트가 발렌시아 호수를 방문하기 6년 전, 한 미국인은 "내륙의 나무들을 베는 것이 해안의 습지들을 제거하는 유용한 방법"[73]이라고 제안했다. 무분별한 삼림 벌채에 대해 우려를 제기한 사람들은 극소수였고, 그나마 개인적인 편지와 대화에 국한되었을 뿐이다. 대부분의 사상가들은 '자연림을 정복하면 미래 이익의 토대가 마련된다'[74]는 주장에 동의했다.

이러한 견해를 전파하는 데 가장 크게 기여한 인물은 아마도 프랑스의 박물학자 뷔퐁Georges-Louis Leclerc, Comte de Buffon일 것이다. 18세기 중반, 뷔퐁은 자연림을 '쓰러져가는 나무, 썩어가는 나뭇잎, 기생식물, 정체된 웅덩이, 독충毒蟲들로 가득 찬 끔찍한 곳'[75]으로 묘사했다. 그에 의하면 자연림이란 '기형적인 숲'에 불과했다. 뷔퐁은 프랑스혁명 1년 전에 사망했지만, 신세계에 관한 그의 견해는 여전히 여론을 지배하고 있었다. "아름다움은 유용성utility과 동일시된다. 자연림을 1제곱미터씩 개간할 때마다, '문명인'이 '미개한 자연'을 정복하게 된다. 자연림은 추하며, 개간된 숲이 아름답다"[76]고 뷔퐁은 말했다.

그러나 훔볼트는 "인류는 '자연력force of nature들이 어떻게 작동하는지'와 '여러 가닥의 실들이 어떻게 연결되어 있는지'를 이해해야 한다"고 경고했다. 훔볼트는 후에 이렇게 말했다. "인간이 자신의 이익을 위해 자연을 제멋대로 바꾸는 것은 불가능하다."[77] "(고작해야) 자연의 법칙을 이해한 다음, 자연의 힘을 무단으로 도용하여 이익을 취할 뿐이다. 인류는 환경을 잠시 이용할 수 있는 능력을 갖고 있지만, 결국에는 돌이킬 수 없는 재앙을 맞게 될 것이다."[78]

5
야노스와 오리노코

발렌시아 호수와 주변의 계곡을 3주간 집중적으로 관찰한 후, 훔볼트는 탐사를 마무리하고 짐을 꾸렸다. 다음 순서는 오리노코를 향해 남쪽으로 내려가는 것이었는데, 그러기 위해서는 먼저 야노스를 횡단해야 했다. 카라카스를 떠난 지 정확히 한 달 만인 1800년 3월 10일, 훔볼트 일행은 야노스 평원 초입에 들어섰다.[1] 수풀이 무성하지만, 땅이 온통 먼지로 뒤덮여 있어 음산하기 이를 데 없었다.

평원은 끝없이 펼쳐져 있고, 아득히 멀리 보이는 지평선은 뜨거운 열기 속에서 춤추고 있었다. 말라빠진 풀과 야자나무 외에는 눈에 띄는 것이 별로 없었다. 태양이 사정없이 내리쬐어 땅바닥을 거북이 등껍질처럼 균열시켰다. 온도계를 꺼내 땅속 깊숙이 꽂아보니 무려 섭씨 50도였다. 인구밀도가 높은 아라과 계곡을 떠나온 훔볼트는 갑자기 '광대한 고독의 땅' 한복판에 내던져진 듯한 느낌이 들었다.[2] 며칠간 공기가 잠잠하자, 그는 탐험일지에 이렇게 적었다. "모든 것이 꿈쩍도 하지 않는다."[3] 하늘에는 구름이 한 점도 없어, 작열하는 태양열을 조금이라도 차단할 요량으로 넓적한 나뭇잎을 모자 위에 올려놓았다. 추운 날씨를 대비하여 코트와 흰색 넥타이를 챙겨왔지만, 죄다 팽개치고 헐렁한 바지, 조끼, 그리고 간단한 린넨셔츠를 입었다. 그것은 가장 편안한 유럽식 복장(가볍고 세탁하기 쉬운 옷)이었음에도 불구하고 야노스의 폭염을 도저히 감당할 수 없었다.

그들은 야노스에서 모래바람과 여러 차례 마주쳤고, 종종 신기루에 사로잡혀 (마치 잔인한 마법에라도 걸린 것처럼) 차갑고 청량한 샘물을 꿈꾸기도 했다. 모든 걸 태워버릴 듯한 태양을 피하기 위해 이따금씩 야간에 이동했고, 종종 심한 갈증과 굶주림에 시달리기도 했다. 하루는 작은 오두막집 몇 채가 있는 외딴 농장을 지나치게 되었다.[4] 먼지를 흠뻑 뒤집어쓴 데다 일광 화상까지 입은 지라, 훔볼트 일행은 당장이라도 농가에 뛰어들어 목욕을 할 기세였다. 하지만 어디선가 농장 감독이 불쑥 나타나, 주인이 출타 중이니 근처의 웅덩이로 가보라며 손가락질을 했다. 웅덩이에 당도해 보니, 수질이 진흙탕이라 좀 꺼림칙했지만 온도는 공기보다 약간 차가웠다. 훔볼트와 봉플랑은 감지덕지하며 옷을 훌러덩 벗어던지고 웅덩이에 뛰어들었지만, 그다음이 문제였다. 건너편에 조용히 엎드려 있던 악어 한 마리가 눈을 번쩍 뜨더니, 꼬리를 좌우로 흔들며 웅덩이로 입수하는 것이 아닌가! 그로부터 2초 후 두 사람은 웅덩이 밖으로 후다닥 튀어나와 옷을 주워들고 줄행랑을 쳤다.

야노스는 사람이 살기에 적당한 환경이 아니었지만, 훔볼트는 광대한 풍경에 마음이 사로잡혔다. 그의 마음은 늘 무한함을 갈구했는데, 야노스의 어마어마한 크기와 평탄함에는 뭔가 그의 마음을 채워주는

야노스에서 포즈를 취한 훔볼트 일행

면이 있었던 것이다.[5] 야노스 평원을 가로질러 어느덧 중간 지점에 도달하니, 칼라보소Calabozo라는 소규모 교역지가 나타났다. 칼라보소의 주민들에게 '인근의 얕은 웅덩이에 전기뱀장어가 득실거린다'는 말을 듣고 훔볼트는 흥분을 감출 수 없었다. 독일에서 동물전기 실험을 하던 시절, 훔볼트는 '전기뱀장어 한 마리만 연구해 봤으면 소원이 없겠다'는 마음이 늘 간절했다. 왜냐하면 누군가에게 '150센티미터에 달하는 전기뱀장어가 600볼트 이상의 전기 쇼크를 줄 수 있다'는 소문을 들은 적이 있었기 때문이다.

문제는 전기뱀장어를 어떻게 잡을 것인가였다. 전기뱀장어는 웅덩이 바닥의 진흙 속에 살고 있었으므로, 그물로 잡기가 쉽지 않았다. 또한 전기뱀장어는 너무 높은 전압을 생성하므로, 섣불리 손으로 만졌다가는 즉사할 수도 있었다. 현지인들은 꾀를 냈다. 그들은 야노스 평원에 서식하는 야생마 30마리를 끌어모아, 웅덩이 속으로 몰아넣었다. 그러자 말발굽이 진흙을 휘젓는 동안, 전기뱀장어는 꿈틀거리며 수면으로 부상하여 강력한 전기쇼크를 일으켰다. 훔볼트는 섬뜩한 광경을 보고 몸을 움츠렸다가, 이내 정신을 가다듬고 유심히 관찰하기 시작했다. 말들은 고통스러워 비명을 지르고, 뱀장어는 그들의 배 밑에서 요동쳤다. 말과 뱀장어의 움직임이 뒤엉키며 수면이 들끓자 말이 한두 마리씩 쓰러지기 시작했고, 쓰러진 말들은 다른 말들에게 짓밟혀 익사하기도 했다.

시간이 흐를수록 전기쇼크의 강도가 줄어들자, 기운이 빠진 뱀장어

말과 전기뱀장어의 전쟁

들은 진흙 속으로 퇴각했다. 훔볼트는 이때다 싶어, 마른 나무막대로 진흙을 휘저어 뱀장어를 건어올렸다. 그러고는 봉플랑과 함께 맹렬한 쇼크를 견뎌내며 그중 몇 마리를 해부했다. 뒤이어 네 시간 동안 위험한 실험을 계속했는데, 그중에는 두 손으로 뱀장어를 만지는 실험도 있었고, 한 손으로 뱀장어를 만지며 다른 손으로 금속조각을 만지는 실험도 있었으며, 훔볼트가 한 손으로 뱀장어를 만지며 다른 손으로 봉플랑의 손을 잡는 실험도 있었다(이때 봉플랑은 기겁을 했다). 전극을 설치한 다음 축축한 막대로 뱀장어를 찔러보기도 했다. 다양한 환경(건조한 땅, 습한 땅)에서 다양한 재료(수분을 머금은 점토, 야자나무에서 추출한 섬유)를 이용하여 실험을 반복했다. 실험이 얼마나 고됐던지, 그날 밤 실험이 끝나고 난 뒤 훔볼트와 봉플랑은 온몸이 후들거리는 상태에서 연신 구역질을 해댔다.[6]

뱀장어를 관찰하고 실험해 본 후, 훔볼트는 전기와 자기magnetism를 전반적으로 생각하게 되었다. 뱀장어와 말이 만나는 소름끼치는 장면을 떠올리며, 훔볼트는 다양한 힘들(번개를 만드는 힘, 금속과 금속을 연결하는 힘, 나침반의 바늘을 움직이는 힘)을 생각했다. 또한 훔볼트는 세부적인 관찰 내용에서부터 시작하여 점점 더 커다란 맥락으로 확장해 나갔다. 그리하여 "모든 힘은 하나의 원천에서 나와, 모두를 아우르는 영원한 힘 속으로 녹아든다"는 결론에 도달했다.[7]

1800년 3월 말, 카라카스를 떠난 지 거의 두 달 만에 훔볼트와 봉플랑은 리오아푸레 강가에 있는 산페르난도데아푸레의 카푸친 선교지에 도착했다. 그들은 여기서 리오아푸레 강을 따라 동쪽으로 노를 저어, 열대우림을 통과하여 로어오리노코Lower Orinoco에 도착할 예정이었다. 직선거리로는 160킬로미터 정도지만, 굽이치는 강줄기를 따라가면 두 배가 넘었다. 일단 리오아푸레와 로어오리노코의 합류 지점에 도착한 후에는, 오리노코를 따라 남쪽으로 내려가 거대한 아투레스Atures와 마이푸레스Maipures 여울을 건너, 백인들이 거의 들어가보지 못한 곳으로 깊이 들어갈 계획이었다. 최종 목표는 거대한 아마존과 오리노코를 잇는 전설의 강, 카시키아레를 찾아내는 것이었다.[8]

3월 30일, 산페르난도데아푸레에서 구한 보트를 리오아푸레 강에 띄웠다. 카푸친의 수도사들에게서 바나나, 카사바 뿌리, 닭, 카카오, 그리고 타마린드 나무 열매를 구입하여 배에 가득 실었지만, 4주가 지나면 바닥날 것 같았다. 타마린드 나무 열매는 콩깍지처럼 생겼는데, 수도승들의 말에 의하면 강물을 청량한 레모네이드로 만들어준다고 했다. 식량이 다 떨어지면 물고기, 거북이 알, 새 등을 사냥하거나, 원주민들에게 술을 주고 교환해야 했다.[9]

대부분의 유럽인 탐험자들과 달리, 훔볼트와 봉플랑은 대규모 수행원을 동반하지 않았다. 일행이라고 해 봐야 노 젓는 현지인 네 명, 조종사 한 명, 쿠마나 출신의 하인 호세, 그리고 총독의 처남[10]이 전부였다. 훔볼트는 외로움을 타기는커녕, 연구를 방해하는 사람들이 없어서 너무 좋았다.[11] 자연은 그를 지나칠 정도로 자극했다. 게다가 그의 곁에는 동료 과학자이자 친구인 봉플랑이 늘 버티고 있었다. 지난 몇 달 동안 두 사람은 믿을 만한 여행 동반자가 되어 있었다. 파리에서 봉플랑을 처음 만났을 때 느꼈던 직감은 정확했다. 봉플랑은 현장감이 뛰어난 식물학자로, 역경을 두려워하지 않았고 가장 어려운 상황에서도 침착했다. 또한 어떤 일이 일어나든 그의 얼굴은 쾌활한 표정을 유지했다.[12]

리오아푸레 강줄기를 따라 한참 나아가자, 어느덧 오리노코의 신세계가 펼쳐졌다. 전망은 완벽했다. 수백 마리의 악어들이 강변에 엎드려 햇볕을 쪼이고 있었는데, 대부분 길이가 4~5미터는 족히 되어 보였다. 꼼짝달싹하지 않는 악어들은 영락없이 통나무처럼 보여, 별안간 물 속으로 미끄러져 들어가지 않는 한 정체를 알아차리기 어려웠다.[13] 크고 삐죽삐죽한 꼬리를 보니, 어릴 적 동화책에서 읽었던 용이 떠올랐다. 커다란 보아뱀이 보트 곁을 스쳐갔지만, 훔볼트 일행은 겁 없이 매일 순서를 바꿔가며 멱을 감았다.[14] 한 사람이 몸을 씻는 동안 다른 사람이 악어나 뱀을 감시하는 식이었다. 간혹 카피바라capybara 떼와도 마주쳤다. 카피바라는 세계에서 덩치가 가장 큰 설치류로, 큰 무리를 지어 살며 마치 개처럼 헤엄을 쳤다. 약 50킬로그램의 몸무게에 크고 뭉툭한 코를 갖고 있어, 기니어피그를 연상시켰다. 테이퍼tapir는 카피바라보다 덩치가 더 크지만 수줍음을 많이 타는 동물로, 강변의 덤불 속에서 두

오리노코 강을 떠다니는 보트

꺼운 주둥이를 벌리고 나뭇잎을 찾아 헤매다 포식자인 재규어와 정면으로 맞닥뜨리곤 했다. 밤에는 강돌고래river dolphin의 코 고는 소리가 배경에 깔린 곤충 우는 소리와 멋진 앙상블을 이루었다. 드문드문 지나치는 섬들은 수천 마리 플라밍고, 흰색 왜가리, (커다란 주걱 모양의 부리를 가진) 핑크빛 저어새의 보금자리였다.

낮에는 여행을 하고 밤에는 강둑의 모래밭에서 야영을 했다.[15] 한가운데에 각종 기기와 수집품들을 배치하고 해먹을 설치한 후, 그 주변에 빙 둘러 모닥불을 피워 방어선을 구축했다. 가능하면 해먹을 나무나 노oar에 단단히 붙들어 매어 고정시켰다. 습한 열대우림에서 모닥불을 피우기에 적당한 마른 장작을 찾기는 쉽지 않았지만, 재규어나 그 밖의 동물들을 방어하려면 모닥불이 꼭 필요했다.

열대우림을 여행할 때면 언제 어디서 위험이 닥칠지 모른다. 어느 날 밤 노 젓는 인디오 중 한 명이 잠에서 깨어나, 베고 자던 동물가죽 밑에 뱀 한 마리가 똬리를 틀고 있는 것을 발견하고는 소스라치게 놀랐다.[16] 또 한번은 봉플랑이 갑자기 비명을 지르는 바람에 일행 모두가 잠에서 깨어났다. 해먹에서 깜빡 잠들었는데, 날카로운 발톱이 달린 털북숭이 다리가 머리 위에 쿵 하고 떨어졌기 때문이다. 봉플랑은 그게 재규어일 거라 지레짐작하고, 공포감으로 온몸이 빳빳이 굳은 채 움직이지도 못했다. 잠시 후 마음을 가다듬고 짐승이 뛰어간 쪽을 자세히 살펴보니, 실은 인근의 원주민 정착지에서 기르는 고양이였다.[17] 그로부터 이틀 후, 훔볼트는 자신이 걸어가던 방향의 무성한 나뭇잎 뒤에 숨어 있는 재규어를 발견했다. 그 순간 겁에 질린 상태에서도 훔볼트는 언젠가 가이드에게 들었던 주의사항을 떠올렸다. 그러고는 뛰거나 손을 움직이지 않고, 서서히 뒷걸음질쳐 위기를 간신히 모면했다.[18]

위험한 것은 동물뿐만이 아니었다. 훔볼트는 언젠가 부주의로 쿠라레curare를 건드려 거의 죽었다 살아났다. 그것은 근육의 신경세포를 마비시키는 치명적인 독초로, 원주민 부족에게서 얻어 용기에 보관하고 있었는데, 일부가 흘러나와 옷에 묻었던 것이다. 그 부족은 쿠라레를 블로우건blowgun의 화살독으로 사용했고, 훔볼트는 쿠라레의 효능에 감탄했다. 그는 쿠라레의 채취 방법을 기술한 최초의 유럽인이었지만, 하마터면 그 대가를 톡톡히 치를 뻔했다. 쿠라레가 조금만 더 새어 나왔더라도, 횡격막과 근육이 마비되어 고통스럽게 질식사했을 것이기 때문이다.[19]

이러한 위험에도 불구하고, 훔볼트는 정글의 매력에 흠뻑 빠졌다. 밤이 되면 원숭이들의 합창을 즐겨들으며, 성부聲部를 종種별로 나눴다. 그 중에는 고막이 터질 듯 우렁찬 소리를 내는 원숭이가 있는가 하면, 플루트처럼 부드러운 소리를 내는 원숭이도 있었고, 코를 킁킁거리며 투덜거리는 듯한 소리를 내는 원숭이도 있었다.[20] 우렁찬 소리를 내는 원숭이는 짖는원숭이howler monkey로, 정글 이곳저곳을 빠르게 누비는 습성이 있었다. "오리노코의 열대우림은 생명으로 가득 차 있었다. 많은 음성들이 내게 '자연은 숨을 쉰다'고 선언했다."[21] "이곳에서는 인간이 자연을 파괴하지 않았으므로, 발렌시아 호수 주변의 농업지역과는 달리 태곳적 세상이었다."[22]

훔볼트는 유럽의 자연사박물관에서 표본으로만 봤던 동물들을 실제로 연구할 수 있었다.[23] 그는 새와 원숭이를 잡아 나중에 유럽에 가져갈 요량으로 커다랗고 헐렁한 갈대바구니 속에 보관하거나 기다란 로프로 묶어 놓았다. 훔볼트가 가장 좋아하는 동물은 티티원숭이titi monkey였다.[24] 티티원숭이는 긴 꼬리와 부드러운 회색털을 가진 꼬마 원숭이로, 하얀 얼굴이 마치 하트 모양의 마스크를 뒤집어쓴 것처럼 보였다. 동작이 아름답고 우아한 데다 나뭇가지 사이를 잘 이동하여, 독일인들에게서 '점프하는 원숭이Springaffe'라는 이름을 얻었다. 티티원숭이를 산 채로 잡기란 극히 어려웠고, 잡을 수 있는 거의 유일한 방법은 어미를 블로우건과 독침으로 죽이는 것이었다.[25] 새끼는 어미가 나무에서 추락하더라도 어미에게 찰싹 달라붙는 습성이 있는데, 그 틈을 타서 재빨리 달려들어 새끼를 어미에게서 떼어놓으면 되었다. 훔볼트 일행이 잡은 티티원숭이 새끼는 너무 영리해, 훔볼트의 과학책에 나오는 메뚜기와 말벌 그림을 보면 움켜잡으려 했다. 흥미롭게도 그 원숭이는 (곤충과 같은) 자기가 제일 좋아하는 먹이가 나오는 그림을 구별할 수 있는 것 같았다. 왜냐하면 인간이나 포유동물의 뼈대가 나오는 그림은 본체만체했기 때문이다.

동물과 식물을 관찰하기에 열대우림보다 더 좋은 곳은 없었다. 훔볼트는 "지구에서 가장 웅장한 생명망web of life 안으로 들어왔다"고 말했는데, 여기서 생명망이란 '활동적이고 유기적인 힘의 네트워크network of active, organic powers'[26]를 의미한다. 그는 생명망에 이끌려 네트워크를 구성하는 가닥들을 모두 뒤쫓았다. 훔볼트는 고향에 쓴 편지에서, "(말을 삼킬 수 있는) 보아뱀에서부터 (섬세한 꽃 위에서 균형을 잡을 수 있는) 벌새에 이르기까지 모든 것들이 자연의 강인함과 우아함을 증명한다"[27]고 자랑스럽게 말했다. 그러고는 다음과 같은 말로 편지를 맺었다. "열대우림은 생명이 고동치는 세상이며, 이곳에서 인간은 아무것도 아니다."[28]

어느 날 밤 훔볼트는 동물들의 비명으로 가득 찬 관현악 연주에 놀라 잠에서 깨어났다.[29] 인디오 가이드는 훔볼트에게 "동물들이 시끄러운 건 단지 달을 숭배하고 있기 때문입니다"라고 설명했다. 그러나 훔볼트는 소리의 연쇄 반응 과정을 곰곰이 생각하더니 "동물들 간에 불협화음cacophony이 발생하는 것은 동물전쟁이 확장·증폭되고 있기 때문"[30]이라며 이의를 제기했다. 즉, 야간에 사냥을 시작한 재규어가 테이퍼를 추격하자, 테이퍼가 빽빽한 관목 숲을 헤치며 요란스럽게 도망쳤고, 그 바람에 나무 꼭대기에서 잠자고 있던 원숭이가 기겁을 했다는 것이다. 그래서 원숭이가 비명을 지르기 시작했고, 그 소리에 놀란 새가 깨어나 하늘로 날아오르자, 결국 온 세상이 시끌벅적 난장판이 되었다는 것이다. "모든 덤불 속, 갈라진 나무껍질 속, 그리고 토양 속에 있는 생명체들이 동요했다. 이처럼 총체적인 소동의 빌미를 제공한 것은, 열대우림 깊은 곳에서 발생한 모종의 다툼일 것"[31]이라고 훔볼트는 덧붙였다.

여행이 계속되는 동안, 훔볼트는 이 같은 동물전쟁을 여러 번 목격했다. 카피바라는 악어의 치명적인 턱을 피해 물 밖으로 튀어나왔지만, 결국 정글 언저리에서 기다리고 있던 재규어와 맞닥뜨리게 되었다. 바다를 항해할 때 목격한 날치의 경우도 마찬가지였다. 돌고래의 날카로운 이빨을 피해 바다 위로 뛰어올랐지만, 공중을 날던 알바트로스에게 잡히고 말았다.[32] "인간이 없으면 동물이 어느 정도 번식할 수 있다. 그러나 동물이 발전하려면, 그들 스스로 상호압력mutual pressure을 통해 경쟁해야 한다"라고 훔볼트는 말했다.[33]

훔볼트는 자연을 '냉혹하고 피비린내 나는 먹이사슬'로 묘사했는데, 이것은 자연을 '기름을 잘 친 기계well-oiled machine'로 간주하는 통념과 크게 달랐다. '기름을 잘 친 기계'에서, 모든 동물과 식물들은 '절묘하게 할당받은 영역'을 갖고 있다. 예컨대 린네는 '작은 새를 잡아먹는 매' '거미를 잡아먹는 작은 새' '잠자리를 잡아먹는 거미' '말벌을 잡아먹는 잠자리' '진딧물을 잡아먹는 말벌'을 언급하며 먹이사슬이라는 아이디어를 받아들였다. 그러나 그는 이 먹이사슬을 '조화로운 균형'으로 간주했다.[34] 즉, 각각의 동물과 식물은 신에게 부여받은 목적God-given purpose을 갖고 있으며, 조화로운 균형을 영원히 안정적으로 유지하기 위해 적절한 규모로 재생산된다는 것이다.

그러나 훔볼트가 본 것은 에덴동산이 아니었다. 그는 "황금시기는 끝났다"[35]고 선언하며, "동물들은 서로 두려워하고, 생존을 위해 싸운다"고 말했다. 동물들만이 아니었다. 그는 "정글에서 덩굴식물이 거대한 나무를 맹렬하게 옭죄는 것을 생각해 보라"고 지적하면서, "식물의 생존과 성장을 제한하는 것은 '인간의 파괴적 손'이 아니라 '식물 간의(빛과 영양분을 둘러싼) 경쟁'"[36]이라고 말했다.

훔볼트와 봉플랑이 오리노코를 계속 여행하는 동안, 인디오 승무원들은 숨막히는 더위 속에서 종종 12시간 이상 쉬지 않고 노를 젓곤 했다. 물살은 매우 빠르고 강폭은 거의 4킬로미터였다.[37] 리오아푸레를 3주 동안 항해하여 오리노코에 들어선 지 10일 후, 카라카스에서 남쪽으로 800킬로미터 이상 내려오자 아투레스와 마이푸레스 여울에 접근하며 강폭이 좁아졌다.[38] 이곳에서 오리노코는 산맥을 하나 통과했는데, 통로는 너비가 약 140미터이고, 울창한 숲으로 뒤덮인 화강암 덩어리에 둘러싸여 있었다. 여울이 수 킬로미터에 걸쳐 수백 개의 바위계단을 내려가는 동안, 강물은 빙그르르 돌고 포효하며 자욱한 안개를 연신 뿜어냈다. 바위와 섬들은 마치 예쁜 옷을 입은 것처럼 무성한 열대식물로 뒤덮여 있었다. 훔볼트는 이 장면을 '자연의 장관'[39]이라고 극찬하면서도, 한편으로는 위험하다는 생각을 떨칠 수 없었다.

하루는 갑자기 돌풍이 불어 보트가 거의 뒤집힐 뻔했다.[40] 카누 한쪽 끝이 가라앉기 시작하자 훔볼트는 탐험일지를 겨우 붙들었지만, 책과 식물 표본들이 강물 속으로 곤두박질치는 것을 막을 수 없었다. 그는 조만간 죽을 게 분명하다고 생각했다. 강에는 악어와 뱀이 득실거리는 것을 잘 알고 있었기에 모두 패닉에 빠졌지만, 봉플랑만큼은 예외였다. 그는 침착성을 유지하며 뭔가 골똘히 생각하더니, 잠시 후 조롱박으로 물을 퍼내기 시작했다. 그러면서 훔볼트에게 이렇게 말했다. "걱정 말아요. 우리는 안전할 테니."[41] 훔볼트는 탐험일지에 이렇게 적었다. "봉플랑은 대단하다. 그는 어려운 상황에서도 언제나 침착하다."[42] 결국 훔볼트는 겨우 책 한 권을 잃었을 뿐이고, 물에 젖은 식물 표본과 전문 잡지들은 나중에 말릴 수 있었다. 그러나 백인의 이상한 행동을 지켜본 선장은 어안이 벙벙해졌다. 자신의 목숨보다 책과 수집품을 더 소중하게 여기다니, 도저히 이해할 수가 없었던 것이다.

훔볼트에게 가장 큰 골칫거리는 모기였다. 신기한 세상에 아무리 매혹되었지만, 모기의 가차 없는 공격에 시달리며 평정심을 유지한다는 건 도저히 불가능했다. 탐험가들은 별짓을 다해봤지만, 소매 긴 옷이나 담배연기에서부터 팔 휘젓기나 야자나무 이파리에 이르기까지 신통치 않기는 마찬가지였다. 훔볼트와 봉플랑은 모기에게 뜯길 때마다 피부가 부풀어오르고 가려워 견딜 수 없었다. 무슨 말을 하려고 입을 벌릴 때마다 모기가 입과 콧구멍으로 돌진하는 통에 기침과 재채기가 먼저 튀어나왔다. 식물을 해부하거나 하늘을 관찰하는 것도 고역이었다.[43] 그럴 때마다 모기를 쫓으려 손을 휘젓다가 잎이나 육분의를 떨구기 일쑤여서, 훔볼트는 '손이 하나 더 있으면 얼마나 좋을까'라고 푸념할 정도였다.[44]

늘상 모기에게 공격당하다 보니, 채집한 식물을 개방된 공간에서 건조시킬 수가 없었다. 그래서 봉플랑은 궁리 끝에 오르니토hornito(창이 없는 작은 방으로, 원주민들이 오븐으로 사용함)[45]를 이용하기로 했다. 그는 낮은 포복 자세로 오르니토의 입구를 통과한 다음, 젖은 나뭇가지와 잎에 불을 붙여 연기를 자욱하게 피웠다. 그러고는 좁은 입구를 닫고 식물을 쫙 펼쳐놨다. 그건 모기를 쫓는 데는 최고였지만 봉플랑에게는 끔찍한 고통이었다. 숨막히는 열과 매캐한 연기 때문에 거의 질식할 지경이었기 때문이다. 그래도 모기에게 산 채로 뜯기는 것보다는 백 번 나았다. 훔볼트는 딱하다는 표정으로 봉플랑을 바라보며, "우리는 결코 유람선 여행을 즐기는 게 아닐세"라고 말했다.[46]

깊숙한 열대우림과 (오늘날로 말하면 베네수엘라-콜롬비아 접경 지대의) 오리노코 강을 따라 여행하는 동안, 사람 구경은 거의 할 수 없었다. 한 선교지를 지날 때 파테르 베르난도 세아Father Bernando Zea라는 선교사[47]가 너무 반가워하기에, 가이드로 합류해 달라고 요청했더니 흔쾌히 수락했다. 훔볼트는 팀메이트를 여럿 더 영입했는데, 그중에는 길 잃은 마스티프mastiff 한 마리, 원숭이 여덟 마리, 앵무새 일곱 마리, 큰부리새toucan 한 마리, 보라색 깃털을 가진 마코앵무새macaw 한 마리, 그 밖의 새 여러 마리가 포함되어 있었다. 훔볼트는 그들을 통틀어 '여행하는 동물가족'[48]이라고 불렀는데, 보트가 불안정한 데다 너무 작아 공간이 턱없이 부족했다. 그래서 나뭇가지들을 엮어 널찍한 네모판을 만든 다음, 그 위에 각종 장비와 트렁크와 동물들을 함께 올려놓고 낮은 초가지붕을 얹었다. (보트 가장자리로 삐져나갈 정도로) 넓은 판이 새로 설치되었지만, 공간이 비좁기는 마찬가지였다. 훔볼트와 봉플랑은 갑판 위에 반듯이 누운 채 판 위로 다리를 뻗고, 며칠 동안 꼼짝도 하지 않았다. 그들의 다리는 독충, 빗물, 작열하는 태양에 무방비로 노출되었다. 한시도 가만히 있지 못하는 훔볼트에게, 그런 식으로 하루를 보낸다는 것은 육체적·정신적으로 엄청난 고통이었다. 밀실공포증claustrophobia에 시달리던 훔볼트는 탐험일지에 "난 생매장 된 거나 마찬가지"라고 썼다.

앞으로 나아갈수록 숲과 강의 간격이 좁아져, 밤에 야영할 공간을 찾기가 어려워졌다.[49] 게다가 식량이 거의 바닥나자, 그들은 악취가 진동하는 강물을 린넨 천으로 걸러 마셨다. 물고기나 거북이 알을 먹고 때때로 과일도 먹었다. 심지어 개미를 불에 그을린 후 으깨어 카사바 가루에 비벼 먹었는데, 파테르 세아는 이것을 가리켜 탁월한 개미파이ant pâté라고 불렀다. 식량을 더 이상 찾을 수 없게 되자, 그들은 카카오 분말을 조금씩 입에 털어넣으며 허기를 간신히 달랬다.[50] 3주간 오리노코 남쪽으로 내려간 후, 다시 2주간 리오아타바포Rio Atabapo와 리오네그로를 따라 남쪽으로 내려갔다. 탐험로의 최남단에 도달하여 식량이 완전히 바닥나자, 열대우림을 뒤져 거대한 견과류를 발견했다. 견과류의 두꺼운 껍질을 깨자 영양가 높은 씨앗이 나와 그들의 주린 배를 불렸다. 훔볼트는 나중에 이 아름다운 브라질 너트Brazil nut를 유럽에 소개했다.[51]

식량은 귀했지만 꽃은 지천으로 널려 있어, 어딜 가든 새로운 꽃이 나타났다. 그러나 훔볼트는 식물을 채집할 때마다 늘 절망스러웠다. 임상forest floor(산림의 아래 쪽에서 살고 있는 관목·초본·이끼 등을 통틀어 일컫는 말 —옮긴이)에서 채집할 수 있는 들꽃보다, 높은 캐노피에서 나부끼는 꽃들이 훨씬 더 아름다웠기 때문이다. 하지만 캐노피는 너무 멀어 다가갈 수가 없었다.[52] 게다가 그들이 채집한 식물들은 종종 눈앞에서 부서지곤 해서, 봉플랑이 오르니토에서 공들여 건조시킨 표본 중 대부분을 잃고 말았다. 새로운 새와 동물들의 소리를 들었지만, 볼 수도 없고 잡을 수도 없으니 적절히 기술할 도리가 없었다. 훔볼트는 안타까운 마음을 탐험일지에 이렇게 적었다. "카누가 지나갈 때 원숭이가 입을 벌리지

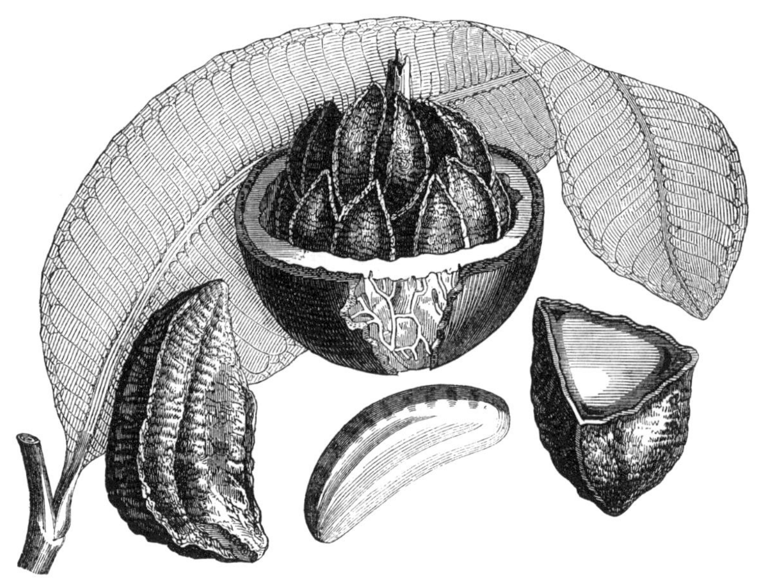

브라질 너트(학명: Bertolletia excelsa)

않아, 이빨이 몇 개인지 셀 수가 없었다. 유럽의 과학자들이 그 자리에 있었다면 크게 실망했을 것이다."[53]

홈볼트는 식물이든 동물이든 바위든 물이든 모든 것에 관심이 있었다. 그는 와인 감별사처럼 다양한 강물들을 맛봤다. 오리노코 강물은 어딜 가나 맛이 똑같았는데 구역질이 나서 삼킬 수가 없었고, 리오아푸레 강물은 지점에 따라 맛이 달랐으며, 리오아타바포 강물은 냄새가 좋고 맛도 좋았다.[54] 그는 별을 관찰하고 풍경을 묘사했으며, 만나는 원주민들마다 호기심을 느껴 좀 더 많은 것을 알고 싶었다. 원주민들의 자연 숭배 사상에 매혹되었고, 그들을 탁월한 지리학자라고 생각했다.[55] 왜냐하면 아무리 울창한 밀림 속에서도 길을 찾을 수 있었기 때문이다. 그들은 훔볼트가 지금껏 만난 사람들 중에서 가장 뛰어난 자연관찰자여서, 열대우림 속의 식물과 동물들을 모두 속속들이 알고 있었다. 심지어 껍질 맛만 보고서도 나무를 정확히 감별할 수 있었다. 훔볼트도 맛 감별에 나름 일가견이 있어서 도전해 봤지만 참담하게 실패했다. 열다섯 가지 나무를 무작위로 골라 껍질 맛을 봤는데, 맛이 모두 똑같아 도저히 구별할 수가 없었다.

대부분의 유럽인들과 달리, 훔볼트는 원주민들을 야만인으로 간주하지 않았다. 나아가 그들의 문화, 신념, 언어에 매료되었다.[56] 그는 식민주의자들과 선교사들이 원주민들을 어떻게 대우하는지를 보고, 문명인들의 야만성[57]을 깨달았다. 나중에 유럽에 돌아갔을 때, 그는 남아메리카 원주민들을 완전히 다른 각도에서 바라보게 되었다.

하지만 훔볼트가 좌절했던 경우도 딱 한 번 있었는데, 그 이유는 인디오들이 그의 질문에 대답하지 못했기 때문이다. 그의 질문은 종종 다단계 통역을 통해 이루어졌다. 하나의 언어를 상대방이 알아들을 때까지 다른 언어로 통역하고, 그 언어를 또 다른 언어로 통역하고, 그 언어를 또 다른 언어로 통역하는 식으로 말이다. 그러면 질문의 알맹이는 통역 과정에서 종종 사라지고, 인디오는 그냥 웃으면서 고개를 끄덕이곤 했다. 훔볼트는 인디오들이 이방인의 질문 공세에 녹초가 되었음을 인정하면서도 이렇게 생각했다. "이건 무심함의 극치로, 내가 원하던 게 아니다."[58] "아마도 이곳 원주민 사회에서는 유럽인들을 '늘 바쁘며, 악마에게 쫓기고 있는 무리'로 여기는가 보다."[59]

비가 억수로 내리던 어느 날 밤, 훔볼트는 (정글의 야자나무에 단단히 고정된) 해먹에 누워 허공을 응시하고 있었다. 높은 곳에서는 칡과 각종 덩굴식물들이 격자 모양으로 뒤엉켜 아치형 지붕을 만들었고, 격자에는 헬리코니아heliconia를 비롯한 기기묘묘한 꽃들이 주렁주렁 매달려 멋진 장면을 연출했다. 일행이 피워놓은 모닥불이 20미터에 달하는 야자나무 줄기와 천연 지붕을 환하게 밝혔다. 모닥불이 일렁일 때마다 꽃들도 덩달아 춤을 췄고, 흰 연기가 맴돌며 하늘로 올라가 나뭇잎 뒤로 사라졌다. "넋을 뺄 정도로 아름답군"이라고 훔볼트는 중얼거렸다.[60]

훔볼트는 석양에 빛나는 오리노코의 여울을 바라보며, "엷은 안개로 이루어진 물줄기가 침대(하상river bed을 의미함—옮긴이) 위에 드리워져 있다"고 묘사했다.[61] 그의 주특기는 측정과 기록이었지만, '총천연색으로 반짝이던 뱃머리가 홀연히 사라졌다 다시 나타나기를 반복한다'든지, '울긋불긋한 고리가 달을 여러 겹으로 둘러싸고 있다'와 같은 묘사도 즐겼다. 그는 강물을 '완벽한 거울'이라고 부르며, 그 이유를 '낮에는 강기슭의 꽃들을, 밤에는 남쪽 하늘의 별자리를 거울처럼 비춰주기 때문'이라고 설명했다. 자연을 훔볼트처럼 감각적으로 묘사하는 과학자들은 일찍이 없었다. 그는 "영혼에게 말하는 것은 측정을 벗어난다"[62]라고 말했는데, 이것은 자연을 기계적 시스템이 아니라 (경이로움으로 가득 찬) 황홀한 신세계로 봤기 때문이다. 훔볼트가 남아메리카에 도취한 것은, 괴테에게 선사받은 시선으로 남아메리카를 바라봤기 때문이다.

리오아타바포를 거쳐 리오네그로까지 내려오던 도중에 선교사들에게 들은 소식은 탐험의 흥미를 반감시켰다. 듣자 하니, 카시키아레가 아마존과 오리노코를 연결한다는 것은 그 지역에서 이미 수십 년 전부터 알려져 있었다는 것이다. 그러므로 훔불트가 할 일이라고는 카시키아레의 경로를 지도에 적절히 표시하는 것밖에 없었다. 1800년 5월 11일, 훔볼트 일행은 마침내 카시키아레의 입구를 발견했다. 그런데 문제는 악천후였다. 습도가 거의 포화상태이다 보니, 태양도 별도 바라볼 수 없었다. 태양과 별이 없다면 카시키아레의 지리적 위치를 결정할 수가 없으므로, 홈볼트의 지도는 정확성을 상실할 수밖에 없었다. 곧 맑게 갤 거라는 인디오 가이드의 말만 믿고, 훔볼트 일행은 북동쪽으로 항해를 계속했다. 밤마다 강둑에 내려 해먹에서 잠을 청했지만, 숙면을 취하는 것이 거의 불가능했다. 한번은 해먹의 로프를 따라 기어오른 개미떼에게 쫓겨났고, 다른 날은 모기떼에게 시달렸다.[63]

노를 저어갈수록 숲은 더욱 우거졌다. 강둑은 나뭇잎과 칡으로 뒤덮여 녹색 벽이 되었고, 훔볼트의 표현을 빌리자면 마치 '살아 있는 울타리'[64] 같았다. 야영할 곳을 더 이상 찾을 수 없었고, 심지어 강가에는 카누에서 내려 발 디딜 공간조차 없었다. 다행히 날씨만큼은 좋아지고 있었으므로, 지도 작성에 필요한 관찰을 할 수는 있었다. 리오네그로를 거쳐 카시키아레 입구에 들어선 지 열흘 만에, 훔볼트 일행은 오리노코에 다시 도착했다. 리오네그로는 아마존의 지류이므로, '오리노코와 아마존이라는 두 개의 거대한 수역이 연결되어 있다'는 소문은 사실로 판명되었다. 선교사들의 말이 빈말이 아니었던 것이다. 이제 오리노코 강 유역에서 아마존 강으로 가려면, 대서양 해안을 따라 죽을 둥 살 둥 남쪽으로 내려갈 필요가 없게 되었다.

훔볼트가 카시키아레를 최초로 발견한 것은 아니지만, 그의 탐험을 통해 카시키아레가 오리노코와 리오네그로 사이에 있는 천연 수로인 것으로 확인되었다.[65] 따라서 그는 아마존과 오리노코의 복잡한 지류계 tributary system를 지도상에 상세히 표시함으로써, 기존의 지도들을 크게 향상시켰다. 훔볼트는 기존의 지도가 마치 마드리드에서 대충 만든 '상상 속의 지도'인 것 같다고 말했다.[66]

1800년 6월 13일, 훔볼트 일행은 오리노코 강의 하류를 따라 3주 이상 북쪽과 동쪽으로 항해하여, 앙고스투라Angostura(오늘날의 시우다드볼리바르Ciudad Bolivar)에 도착했다. 앙고스투라는 오리노코 강 유역의 북적거리는 작은 마을로, 쿠마나에서 남쪽으로 400킬로미터 떨어진 곳에 있었다. 75일간 우여곡절 끝에 장장 2,200킬로미터를 항해한 훔볼트와 봉플랑에게, 6,000명의 인구를 거느린 앙고스투라는 대도시처럼 느껴졌다. 아무리 누추한 집도 대궐처럼 보였고, 아무리 사소한 편리함도 사치처럼 느껴졌다.[67] 그들은 옷을 세탁하고 수집품을 정리한 다음, 야노스를 다시 횡단할 준비를 했다.

훔볼트와 봉플랑은 모기, 재규어, 굶주림 등의 위험을 견뎌냈지만, 최악의 고비를 넘겼다고 생각한 순간 갑자기 고열로 쓰러졌다. 훔볼트는 금세 회복했으나, 봉플랑은 생사의 기로를 넘나들었다.[68] 2주 후 열이 서서히 가라앉자, 이번에는 이질dysentery이 찾아왔다. 우기가 한창인데, 그런 몸으로 광활한 야노스 평원을 건너기에는 위험 부담이 너무 컸다.

그들은 봉플랑이 기력을 회복할 때까지 한 달 동안 앙고스투라에서 휴식을 취했다. 이제 해안으로 가서 배를 타고 쿠바로 간 다음, 거기서 멕시코의 아카풀코Acapulco로 갈 생각이었다. 그들은 트렁크와 (원숭이와 앵무새가 들어 있는) 우리를 노새의 등 위에 실었다.[69] 새로운 수집품 때문에 짐의 무게가 무거워지니, 진척이 너무 느려 따분할 정도였다.[70] 1800년 7월 말, 그들은 열대우림을 벗어나 야노스의 탁 트인 공간으로 접어들었다. 몇 주 동안 울창한 밀림 속을 여행할 때는 밤하늘의 별을 바라보기가 (마치 우물 밑에서 올려다보는 것처럼) 어색했지만, 이제는 무슨 계시를 보는 것처럼 신비롭게 느껴졌다. 훔볼트는 해방감을 느낀 나머지, 드넓은 평원 위를 이리저리 맘껏 질주하고 싶은 충동이 일었다. 주변에 있는 것들을 모두 바라보니, 감각이 완전히 새로워진 것 같았다. 훔볼

트는 사색에 잠긴 채 혼잣말로, "내 마음속에 공간의 무한성이 반영되는구나"라고 중얼거렸다.[71]

4개월 만에 다시 찾은 야노스는 우기로 인해 크게 달라져 있었다. 황량하고 음산했던 초원이 부분적으로 물의 나라로 변했다. 새로 채워진 강과 거대한 호수가 초록빛 융단 같은 잔디로 둘러싸였다.[72] 그러나 물은 결코 시원하지 않았다. 뜨거운 공기가 물로 바뀐 것이므로, 물은 4개월 전보다 훨씬 더 뜨거웠다.[73] 잔디와 꽃이 달콤한 향기를 광대한 평원에 퍼뜨렸고, 재규어는 키 큰 풀밭에 숨었으며, 수천 마리의 새들이 이른 아침부터 울어댔다. 평탄한 야노스를 간혹 어지러뜨리는 것은 마우리티아 야자나무Mauritia palm밖에 없었다. 키 크고 날씬한 마우리티아는 손바닥 모양의 잎을 커다란 부채처럼 내밀고 있었다. 반짝이는 불그스름한 열매는 훔볼트로 하여금 전나무 열매를 떠올리게 했는데, 원숭이들의 마음을 끄는 매력을 지닌 것 같았다. 원숭이들은 우리의 작대기 사이로 손을 뻗어 야자나무 열매를 움켜쥐곤 했다. 훔볼트는 열대우림에서도 야자나무를 본 적이 있지만, 야노스에서 자라는 야자나무는 독특한 기능을 갖고 있었다.

훔볼트는 나중에 탐험일지에 다음과 같이 썼다. "우리는 야자나무를 관찰하면서 깜짝 놀랐다. 하나의 식물이 존재함으로써, 얼마나 많은 동물과 식물들이 연결될 수 있는지."[74] 마우리티아의 열매는 새들을 끌어들였고, 잎은 바람을 막아줬고, (멀리서 날아와 주변에 쌓인) 토양은 수분을 잔뜩 머금고 있어서 곤충과 벌레들의 안식처가 되었다. 훔볼트는 야자나무를 바라보기만 해도 신선한 느낌이 절로 들었다.[75] 나무 하나가 사막 전체에 생명을 퍼뜨린다는 것은 그야말로 신선한 충격이었다.[76] 훔볼트는 핵심종keystone species이라는 개념이 생기기 약 200년 전에 그

마우리티아 야자나무 (학명: Mauritia flexuosa)

아이디어를 떠올렸다. 키스톤keystone이란 아치arch의 맨 꼭대기에 넣는 쐐기돌을 말하는데, 이 돌을 제거하면 아치는 파괴된다. 핵심종이 생태계에서 수행하는 기능은 키스톤이 아치에서 수행하는 기능과 똑같다고 보면 된다. 훔볼트에게 있어서 마우리티아 야자나무는 생명나무tree of life[77]였으며, '살아 있는 유기체living organism로서의 자연'을 상징하는 완벽한 심볼이었다.

6
안데스를 넘어서

열대우림과 야노스 평원을 힘들게 여행한 지 6개월 후인 1800년 8월 말, 훔볼트와 봉플랑은 쿠마나로 돌아왔다. 그들은 기진맥진해 있었지만, 원기를 회복하자마자 수집품을 분류하고 다시 떠날 준비를 했다. 그리하여 11월 말에 배를 타고 북쪽으로 떠나 12월 중순 쿠바에 도착했다. 1801년 초 멕시코 여행을 계획하던 중, 어느 날 아침 아바나에서 신문기사 하나를 읽고 계획을 수정했다. 기사의 내용인즉, '탐험가 니콜라스 보댕 선장이 결국 세계 일주 여행을 떠나게 되었다'는 것이었다. 훔볼트는 3년 전 파리에서 보댕의 탐험에 끼어들려고 안간힘을 썼던 적이 있었다. 1798년을 돌이켜보면, 훔볼트는 유럽을 떠나는 경로를 찾으려고 노력했는데, 그때만 해도 프랑스 정부가 항해 비용을 대주려고 하지 않았다. 그러나 이제는 상황이 달라졌다. 보댕 선장이 제오그라프Géographe와 나투랄리스트Naturaliste라는 이름의 배 두 척을 이끌고

남아메리카로 간 후, 거기서 남태평양을 건너 호주로 가게 되었다니 말이다.[1]

홈볼트가 보기에 가장 분명한 경로는 리마에서 잠깐 멈추는 것이었는데, 모든 게 계획대로 된다면 제오그라프와 나투랄리스트는 1801년 말쯤 그곳에 도착할 것 같았다. 일정이 빡빡했지만, 홈볼트는 보댕과 페루에서 합류한 다음 그와 함께 멕시코 대신 호주로 가기로 결심했다. 물론 보댕에게 언제 어디서 만나자는 말을 전달할 방법이 없었고, 그가 리마를 경유할 것인지 여부도 몰랐으며, 배에 과학자 두 명을 더 태울 공간이 있는지도 분명치 않았다. 그러나 앞길에 장애물이 많을수록 탐험에 더욱 박차를 가하는 것이 홈볼트의 기질이었다.[2]

수집품을 잃거나 지구 반대편으로 싣고 가는 우를 범하지 않기 위해, 홈볼트와 봉플랑은 1년 반 동안 수집한 표본들을 모두 분류하고 포장하여 유럽으로 보냈다. 홈볼트는 베를린에 보낸 편지에서, "나와 봉플랑이 살아서 지구 반대편에 도착할지 매우 불확실하며, 아마 거의 불가능할 것 같다"[3]고 했다. 그러니 수집품을 모두 유럽으로 보낸다는 건 말이 되는 소리였다. 이제 그들의 수중에 남은 것은 단 하나, 압착된 식물표본으로 가득 찬 작은 식물표본집herbarium이었는데, 그것만큼은 꼭 몸에 지니고 있어야 했다. 그래야만 앞으로 새로운 종을 발견할 때 대조할 수가 있었기 때문이다. 큰 식물표본집은 아바나에 보관해 놓고, 나중에 돌아와 찾기로 했다.

유럽 국가들은 아직 전쟁 중이었으므로, 바다를 항해하는 것은 여전히 위험했다. 홈볼트는 혹시나 우편물 운반선이 적국의 배를 만나 소중한 표본들을 압수당할까 봐 걱정이었다. 그래서 봉플랑은 위험을 분산하기 위해 수집품들을 둘로 나눠 각각 다른 경로로 발송하자고 제안했다. 훔볼트는 봉플랑의 의견을 받아들여, 한 덩어리는 프랑스로 발송하고, 다른 한 덩어리는 영국을 경유해 독일로 보내며 '만약 적군에게 압수당할 위기에 처하면, 런던의 조지프 뱅크스에게 보내달라'는 메시지를 동봉했다.[4] 뱅크스는 30년 전 제임스 쿡의 인데버 호 항해Endeavour voyage에서 돌아온 후 광범위한 국제 식물채집 네트워크를 구성했기 때문에, 전 세계의 선장들이 그의 이름을 알고 있었다. 뱅크스는 '세계 과학계는 전쟁과 국익을 초월한다'는 신념하에, 나폴레옹전쟁 중에도 (여권을 제공하는 등의 방법으로) 프랑스의 과학자들을 도우려고 노력했다. "두 나라의 과학자들은 양국 정치인들이 전쟁을 벌이더라도 평화를 유지할 것이다."[5] 그러므로 "내 표본들을 뱅크스에게 보내면 안전할 것"[6]이라고 훔볼트는 말했다.•

훔볼트는 고향으로 편지를 보내, 친구와 가족들에게 "과거 어느 때보다도 행복하고 건강하다"[7]고 전했다. 그는 재규어나 보아뱀과 같은 위험에서부터 열대 풍경이나 특이한 꽃과 같은 즐거움에 이르기까지 탐험 내용을 상세히 설명했다. 그는 절친한 친구 중 한 명의 부인을 골리고 싶어, 편지의 마지막을 이런 글로 장식했다. "요즘 생활이 너무 단조롭지 않나요? 남아메리카로 오세요."[8]

편지와 수집품을 모두 발송하고 나서, 훔볼트와 봉플랑은 1801년 3월 중순 쿠바를 떠나, 2주 후인 3월 30일 뉴그라나다Nueva Granada(오늘날의 콜롬비아)의 북부 해안에 있는 카르타헤나Cartagena에 도착했다. 그러나 훔

• 1800년 11월 이미 쿠마나에서 훔볼트는 몇 가지 천문 관측 내용과 함께, 왕립식물원에 쓸 씨앗 두 꾸러미를 뱅크스에게 보낸 바 있었다. 그 이후에도 뱅크스는 훔볼트를 지속적으로 도와줬다. 뱅크스는 이후에 프랑스 선박을 나포한 영국인 선장으로부터 안데스의 돌 표본으로 가득 찬 훔볼트의 상자 하나를 되찾기도 했다.

볼트는 다시 한 번 우회로를 선택했다. 12월 말에 보댕의 탐험대에 합류하는 것도 어려운데, 쉬운 해로sea route를 마다하고 굳이 육로overland를 선택한 것이다. 더군다나 육로 중에는 안데스산맥을 횡단·등반·탐사하는 코스가 포함되어 있었다. 안데스산맥은 총 길이가 7,200킬로미터에 달하는 세계 최장最長의 산맥으로, 남아메리카 서쪽을 북(베네수엘라와 콜롬비아)에서 남(티에라델푸에고)으로 종단했다. 훔볼트는 키토(오늘날 에콰도르의 수도)의 남쪽에 있는 눈 덮인 아름다운 화산, 침보라소를 등반하고 싶었다. 해발 약 6,400미터의 침보라소는 당시까지만 해도 세계 최고봉으로 믿어지던 산이었다.

이제 카르타헤나에서 리마까지 약 4,000킬로미터를 여행하는 동안, 상상할 수 있는 가장 혹독한 환경을 통해 자신을 신체적 한계에 몰아붙이게 될 것이었다. "어느 과학자도 가본 적이 없는 지역을 통과한다는 유혹은 달콤하다. 젊고 활발한 사람이라면, 여행에 수반되는 불확실성이나 위험에 그리 신경을 쓰지 않는다"라고 훔볼트는 말했다.[9] 리마에서 보댕을 만나려면, 아홉 달도 채 남지 않았다. 그들은 먼저 카르타헤나에서 리오마그달레나Río Magdalena를 거쳐 보고타Bogotá(오늘날 콜롬비아의 수도)로 가야 했다. 보고타에 도착한 후에는 안데스를 행군하여 키토로 간 다음, 남쪽으로 쭉 내려가 리마에 도착해야 했다. "그러나 이 모든 어려움은 에너지로 극복할 수 있다"[10]고 훔볼트는 말했다.

훔볼트는 남쪽으로 가는 길에, 보고타에 살고 있는 스페인의 유명한 식물학자 호세 셀레스티노 무티스José Celestino Mutis도 만나보고 싶었다.[11] 예순아홉 살의 무티스는 40년 전 스페인에서 건너와, 그 지역을 수도 없이 탐험했다. 남아메리카의 식물군에 대해 무티스만큼 많이 아는 식물학자는 없었으므로, 훔볼트는 보고타에서 그를 만나 자신의 수집품을 그의 오랜 수집품들과 비교해 보고 싶었다. 무티스는 까다롭고 신중한 사람임을 익히 들어서 알고 있었지만, 훔볼트는 그를 설득할 수 있기를 바랐다. 카르타헤나에 도착하여 무티스에게 '칭찬과 아첨이 가득한 편지'를 보내며, 훔볼트는 "무티스여, 곧 만날 수 있기를!"[12]이라고 중얼거렸다. 편지의 내용은 이러했다. "저는 지금 리마로 가는 길입니다. 카르타헤나에서 배를 타고 리마로 곧장 갈 수도 있지만, 저는 안데스를 넘는 고난의 길을 택했습니다. 왜 그런지 아십니까? 그 이유는 단 하나, 중간에 보고타에 들러 당신을 만나기 위해서입니다."

4월 6일, 그들은 카르타헤나를 떠나 동쪽으로 약 100킬로미터 떨어진 리오마그달레나를 향했다. 반딧불이—훔볼트는 반딧불이를 '어둠 속의 이정표'[13]라고 불렀다—에 의존하여 울창한 숲을 통과하며, 온몸을 코트로 휘감은 채 딱딱한 땅 위에서 며칠 밤을 보냈다. 그로부터 2주 후, 그들은 리오마그달레나에 카누를 띄우고 남쪽의 보고타를 향해 노를 저었다. 거의 두 달 동안 강한 물살을 거슬러 상류로 노를 저었는데, 강 양쪽에는 숲이 울창하게 우거져 있었다. 때는 마침 우기여서, 또다시 악어, 모기, 살인적인 습도와 사투를 벌여야 했다.[14] 6월 15일, 그들은 혼다Honda라는 마을의 나루터에 도착했다. 혼다는 약 4,000명의 주민들이 사는 조그만 마을로, 보고타에서 북서쪽으로 약 150킬로미터 떨어진 곳에 있었다.[15] 혼다의 계곡에서 거칠고 가파른 길을 따라 한참 오르면 해발고도 2,800미터의 고원plateau이 나오는데, 보고타는 바로 그곳에 자리 잡고 있었다.[16] 봉플랑은 희박한 공기 때문에 구역질과 고열에 시달렸다. 모두들 기진맥진했지만, 1801년 7월 8일 마침내 보고타에 도착하자 개선장군처럼 의기양양했다.[17]

그들은 무티스와 전문가들의 영접을 받으며, 이곳저곳에서 열리는 잔치와 축제에 불려 다녔다. 지난 수십 년 동안 보고타에서 그런 축제를 구경한 사람은 아무도 없었다. 훔볼트는 엄격한 공식행사를 좋아하는 스타일이 아니었지만, 무티스는 "자네들의 승리를 축하하는 마을 지도자들의 입장을 생각해서, 이 모든 것을 견뎌내야 한다네"라고 설명했다. 모든 행사가 끝나자, 무티스는 자신의 캐비닛을 열어 훔볼트를 기쁘게 했다. 그는 또한 식물학 드로잉 스튜디오botanical drawing studio를 운영하고 있었는데, 그곳에서는 서른두 명의 미술가들이 6,000점의 토종 식물 그림을 그렸고, 미술가들 중에는 인디오도 포함되어 있었다.[18] 더욱이 무티스는 식물학 서적도 많이 소장하고 있었는데, 훔볼트가 나중에 형에게 말한 바에 의하면 그의 장서를 능가할 사람은 런던의 조지프 뱅크스밖에 없었다.[19] 훔볼트에게 있어서 무티스가 보유한 장서의 가치는 엄청났다. 왜냐하면 그가 유럽을 떠나온 지 2년 동안, 방대한 서적들을 참고하여 자신의 관찰을 비교·검토하고 상호 참조cross-referencing한 건 그게 처음이었기 때문이다. 사실 훔볼트의 방문은 두 사람 모두에게 이득이었다. 무티스는 유럽의 과학자가 자신을 만나보기 위해 위험한 우회로를 선택했다는 데 큰 자부심을 느꼈고, 훔볼트는 필요한 식물학 정보를 잔뜩 입수할 수 있었다.

그런데 보고타를 떠날 준비를 하는 동안 봉플랑의 열병이 도지고 말았다.[20] 그가 회복하느라 몇 주가 더 걸려, 안데스를 거쳐 리마로 갈 시간이 더욱 촉박하게 되었다. 보고타에 입성한 지 정확히 두 달 만인 9월 8일, 그들은 무티스와 작별 인사를 했다. 무티스가 식량을 얼마나 많이 제공했던지, 세 마리의 노새가 운반하기에 벅찰 정도였다.[21] 그래서 나머지 짐을 여덟 마리의 노새와 황소에게 나눠 실었지만, 가장 중요한 장비들만은 다섯 명의 짐꾼, 카르게로carguero(사람을 업고 안데스를 오르내렸던 인디오들—옮긴이), 그리고 호세에게 맡겼다.[22] 호세는 그들이 쿠마나에 도착한 후 2년 동안 하루도 빠짐없이 동행해 왔던 하인이었다.[23] 기상 조건이 최악이었음에도 불구하고, 훔볼트 일행은 안데스를 향해 떠날 준비를 완료했다.

그들은 보고타에서 킨디오 패스Quindío Pass를 따라 첫 번째 산맥을 넘었다.[24] 킨디오 패스는 해발 3,600미터의 코스로, 안데스 전체에서 가장 위험하고 어려운 것으로 알려져 있었다. 그들은 뇌우, 비, 눈과 싸우며, 폭이 겨우 20센티미터밖에 안 되는 진흙길을 따라 걸었다. 훔볼트는 당시의 상황을 탐험일지에 이렇게 적었다. "우리는 수집품, 원고, 장비를 모두 운명에 맡겨야 했다. 안데스의 산길들은 죄다 그 지경이었다."[25] 노새가 용케 균형을 유지하며 걷는 게 흥미로웠지만, 그건 걷는 게 아니

짐을 잔뜩 실은 노새를 끌고 안데스산맥을 넘는 훔볼트 일행

라 '조금씩 망가뜨리기'였다. 노새의 등에 매달린 유리병이 바위에 부딪쳐 박살나, 리오마그달레나에서 잡아 고이 모셔둔 물고기와 파충류를 잃었다. 며칠 후 신발이 (진흙 속에서 자라는) 죽순에 찔려 너덜너덜해지자, 벗어던지고 맨발로 걸어야 했다.[26]

산맥과 계곡을 계속 넘어야 했으므로 키토로 가는 남행길은 형편없이 지체되었다. 고지대와 저지대를 수시로 오르내리는 것은 기본이고, 엄청나게 뜨거운 열대숲으로 들어가기 전에 강한 눈보라를 만나기도 했다. 때로는 어두운 협곡 깊숙이 내려가 칠흑 같은 어둠 속을 더듬으며 나아가야 했고, 어떤 때는 햇빛이 환하게 쏟아지는 목초지를 횡단하기도 했다. 어떤 날 아침에는 눈 덮인 최고봉이 푸른 하늘을 배경으로 모습을 드러내더니, 어떤 날 아침에는 짙은 구름 속에 파묻혀 아무것도 보이지 않았다.[27] 머리 위 높은 곳에서는 거대한 안데스콘도르Andean condor 한 마리가 3미터나 되는 날개를 펼치고 유유히 활강을 했다. 목과 날개 끝에 달린 흰 깃털을 제외하면, 모두 흑색이어서 장엄한 느낌이 들었다.[28] 목의 흰 깃털은 목걸이를 연상시켰고, 날개 끝의 흰 깃털은 정오의 태양을 거울처럼 반사했다. 어느 날 밤에는 보고타와 키토의 중간쯤 되는 곳에서 파스토Pasto 화산의 불꽃이 나타나, 어둠 속에서 혀를 날름거렸다.[29]

훔볼트는 지금처럼 고향을 멀리 떠났다는 느낌을 받은 적이 없었다. 만약 지금 죽는다면, 친구와 가족들이 몇 달 또는 몇 년 후에나 자신의 시신을 찾을 것 같았다. 그들은 무엇을 하고 있을지 궁금했다. 빌헬름은 아직도 파리에 있을까, 아니면 카롤리네와 함께 프로이센으로 돌아갔을까? 지금쯤 자녀들은 몇 명이나 낳았을까? 2년 반 전 스페인을 떠난 후 형에게서는 편지 한 통, 한 친구에게서는 두 통이 왔는데, 그나마

1년이 넘은 편지들었다. 보고타와 키토 사이의 어딘가에서, 훔볼트는 외로움에 사무쳐 잠을 이루지 못하고 빌헬름에게 장문의 편지를 썼다. 남아메리카에 도착한 이후의 모험이 자세히 적힌 편지는 "형, 나는 유럽에 편지를 쓰는 게 전혀 지루하지 않아"[30]라는 말로 시작되었다. 편지가 형에게 도착할 가능성이 없음을 알고 있었지만, 그건 중요하지 않았다. 그날 밤 안데스산맥 오지의 마을에서 편지를 쓰며, 훔볼트는 형과 지금껏 나눴던 대화 중 가장 깊은 대화를 나눌 수 있었다.

훔볼트는 다음 날 아침 일찍 일어나 여행을 계속했다. 수백 미터 낭떠러지 위의 좁은 통로를 아슬아슬하게 걸을 때면, 귀중한 장비와 수집품들이 노새와 함께 심연 속으로 굴러떨어질 것 같았다.[31] 그럴 때 가장 긴장하는 사람은 기압계barometer를 담당하는 호세였다. 기압계는 훔볼트가 고도를 측정할 때 사용하는, 가장 중요한 탐험 장비였기 때문이다. 훔볼트는 기압계를 상자 속에 잘 보관했지만, 수은이 들어 있는 유리관이 자칫하면 깨질 수 있어 늘 조심해야 했다. 기압계의 원가는 12탈러thaler였는데, 훔볼트는 나중에 계산해 보더니 "가격이 무려 800탈러로 치솟았네"라고 너스레를 떨었다. 왜냐하면 남아메리카를 5년간(1799~1804년) 여행하면서 기압계 담당자에게 지불한 임금이 총 800탈러였기 때문이다.[32]

여러 개의 기압계 중에서 성한 것은 두 개뿐이었는데, 그중 하나는 몇 주 전 카르타헤나에서 리오마그달레나로 이동하다가 바위에 부딪쳐 박살이 났다. 이제 남은 것은 단 하나, 이역만리 남아메리카에서 유럽산 기압계를 구하는 건 불가능했다. 그때 훔볼트는 크게 실망하여 땅바닥에 대자로 누워, 하늘을 바라보며 이렇게 한탄했다. "기압계 없이 무슨 수로 산의 고도를 측정하고 비교한단 말인가, 기압계가 멀쩡한 여행자들은 복이 있나니!"[33]

1802년 1월 초, 무려 아홉 달 만에 카르타헤나에서 2,000킬로 떨어진 키토에 도착했을 때 청천벽력 같은 소식을 들었다.[34] 보댕 선장은 남아메리카에 들른 다음 남태평양을 건너 호주로 가는 게 아니라, 남아프리카의 희망봉을 지나 인도양을 건넌다는 이야기였다. 누구라도 크게 실망했겠지만, 훔볼트는 그렇지 않았다. 그는 오히려 "최소한 리마로 허겁지겁 달려갈 일은 없어졌다. 이렇게 된 김에 그동안 보고 싶었던 화산들을 마음껏 탐사하자"고 마음을 먹었다.

훔볼트가 화산에 남다른 관심을 가진 데는 특별한 이유가 두 가지 있었다. 첫째는 '여러 화산들이 각각 독립적인지, 아니면 땅 속에서 서로 연결되어 있는지' 궁금했기 때문이다. 만약 장거리에 있는 화산들이 연결되어 군집을 형성하고 있다면, 지구의 중심을 통해 연결된 화산들이 있을 수도 있다는 게 그의 생각이었다. 둘째는 화산을 연구함으로써 지구가 탄생한 과정을 알 수 있을 거라고 생각했기 때문이다.

18세기 후반에 과학자들은 '지구의 나이가 구약성서에 나온 것보다 많다'고 제안하기 시작했지만, 지구의 탄생 과정에 대해서는 의견이 분분했다. 소위 수성론자Neptunist들은 물이 주력main force이라고 믿고, 퇴적작용sedimentation을 통해 바위가 탄생한 다음, 원시 대양primordial ocean에서 산맥과 광물과 지질학적 형성물geological formation이 서서히 생겨났다고 주장했다. 이에 반해 화성론자Vulcanist들은 만물이 화산 분출과 같은 대격변catastrophic event을 통해 탄생했다고 주장했다. 균형추는 수성론과 화성론 사이에서 오락가락했다. 그런데 유럽의 과학자들에게는 공통적인 아킬레스건이 하나 있었다. 바로 '그들의 지식이 거의 전적으로 두 활화산(이탈리아의 에트나 화산과 베수비오 화산)에 국한되어 있다'는 것이었다. 이제 훔볼트에게는 앞서간 과학자들보다 더 많은 화산을 탐사할 기회가 주어졌다. 그는 화산을 '지구의 탄생을 이해하는 열쇠'로 여기며 떨 듯이 기뻐했다. 후에 괴테는 훔볼트에게 여자친구를 소개하는 편지에서 이런 농담을 건넸다. "자네는 만물이 화산에 의해 창조되었다고 믿는 과학자이니, 자네에게 화산 같은 여성을 한 명 보내겠네. 그녀는 뭐든 하나도 남김없이 그을리고 태워버린다네."[35]

보댕의 탐험에 합류하는 계획이 무산되자, 훔볼트는 키토를 새로운 베이스캠프로 삼았다. 그리고 사정거리에 있는 화산이라면 위험을 무릅쓰고 어디든지 찾아가 체계적으로 탐사했다. 너무 바쁘게 움직이다 보니, 키토의 상류사회 모임에서 실망스러운 행동을 한 게 한두 번이

훔볼트가 여러 달 동안 베이스캠프로 삼았던 키토의 풍경

아니었다. 총독의 딸로서 뛰어난 미모를 자랑하던 로사 몬투파르Rosa Montúfar는 훔볼트를 이렇게 평했다. "그는 준수한 외모 덕분에 많은 미혼 여성들의 관심을 끌었지만, 디너파티나 사교 모임에 필요 이상으로 오래 머무는 법이 없다. 그는 매력적인 여성들과 실내에서 담소를 나누는 것보다 야외 활동을 더 좋아하는 것 같다."[36]

아이러니는 로사 대신 그녀의 멋진 오빠 카를로스 몬투파르가 훔볼트와 친해졌다는 것인데, 이는 훔볼트의 인생에서 종종 벌어지는 일이었다. 그는 언젠가 "결혼하면 버림받은 남자가 된다"[37]고 말한 적이 있었다. 그래서 그런지, 그는 결혼하지도 않았을 뿐더러 여성과 친밀한 관계를 맺은 적은 단 한 번도 없었다. 그는 여자 대신 남자친구들과 정기적으로 뜨거운 만남을 가졌고, 편지를 보내 '불멸의 사랑'과 '열렬한 사랑'을 고백했다.[38] 그 당시에는 남성들이 플라토닉한 우정을 나누며 열렬한 감정을 고백하는 경우가 흔치 않았지만, 훔볼트의 감정 표현은 매우 강렬했다. 그는 한 친구에게 쓴 편지에서 "나는 너와 쇠사슬로 묶였어"[39]라고 말했으며, 어떤 친구와 헤어졌을 때는 몇 시간 동안 울기도 했다.[40]

남아메리카에 오기 몇 년 전, 특별한 우정을 맺은 적이 두 번 있었다. 훔볼트의 전 인생을 통틀어 보면, 그는 늘 적극적으로 사랑을 선포하고 실천하는 모습을 보였지만, 그때는 이례적으로 순종적인 모습을 보였다. 그는 한 친구에게 보낸 편지에서, "내 계획은 네게 종속되어 있어. 네가 명령하면, 나는 어린아이처럼 투덜거리지 않고 순종할 거야"라고 말했다.[41] 이와 대조적으로 훔볼트와 봉플랑의 관계는 매우 어려웠다. 훔볼트는 스페인을 떠나기 바로 전날 한 친구에게 보낸 편지에서, "봉플랑은 좋은 사람이지만, 지난 6개월 동안 내게 몹시 냉정하게 대했어.

그건 내가 그와 단지 과학적 관계를 맺었을 뿐이라는 걸 의미하지"[42]라고 말했다. 훔볼트가 봉플랑을 단지 과학 동료로 여겼다는 것으로 미루어 볼 때, 그가 여러 친구들에게 각각 다른 감정을 느꼈었음을 알 수 있다.

동시대인들은 훔볼트를 일컬어 "여성에 대한 진실한 사랑이 부족하다"[43]고 했고, 나중에 한 신문은 잠자리 상대sleeping partner에 관한 기사를 실으며 그가 동성애자였을 수도 있음을 암시했다.[44] 카롤리네는 "남성을 통하지 않고서는 훔볼트에게 큰 영향을 미칠 수 없다"[45]고 말한 적이 있다. 반면 훔볼트가 세상을 떠난 지 25년 후, 독일의 시인 테오도르 폰타네Theodor Fontane는 "방금 훔볼트의 전기를 읽어봤지만, 성적 이상性的 異常에 관한 언급은 전혀 찾아볼 수 없었다."[46]고 말했다.

카를로스 몬투파르는 훔볼트보다 열 살 어린 스물두 살이었고, 검은 곱슬머리에 검은 눈을 갖고 있었으며, 키가 크고 자존심이 강했다. 그는 훔볼트 곁에 몇 년 동안 머물렀는데, 과학자는 아니었지만 이해력이 뛰어났다. 봉플랑은 새로운 인물이 끼어든 데 개의치 않았지만, 다른 사람들은 두 사람의 우정을 질시어린 눈으로 바라봤다. 몇 달 전 훔볼트 일행이 키토로 가는 길에 마주친 남아메리카의 식물학자이자 천문학자 호세 데 칼다스José de Caldas는 훔볼트에게 탐험대에 합류하고 싶다고 말했다가 퇴짜를 맞은 적이 있었다. 화가 난 칼다스는 보고타에 있는 무티스에게 편지를 써서, "몬투파르는 훔볼트의 아도니스가 되었답니다"[47]라고 고자질했다.

훔볼트는 몬투파르와의 관계를 명쾌하게 설명한 적이 없지만, 두 사람은 아마도 플라토닉한 관계를 유지했던 것 같다. 왜냐하면 그는 성적 욕구를 느끼지 않는다고 공공연히 말했기 때문이다.[48] 그는 광야를 달리거나 격렬한 신체 활동에 몰두했으며, "격렬한 운동을 하면 힘이 넘치고, 자연이 원시적 충동을 가라앉힌다"고 입버릇처럼 말했다.[49] 호사가들은 훔볼트와 호세 간의 '특별한 관계'를 의심하기도 했지만, 그건 어림 반 푼어치도 없는 소리였다. 훔볼트는 때로 봉플랑이나 몬투파르와 함께, 때로는 단독으로 수십 개의 화산을 올랐지만, 호세를 떼놓은 적은 단 한 번도 없었다. 그러나 거기에는 그럴 만한 이유가 있었다. 왜냐하면 호세는 훔볼트의 심복으로, 귀중한 기압계를 챙기는 사람이었기 때문이다.[50]

키토를 베이스캠프로 삼은 지 5개월 동안, 훔볼트는 키토에서 사정거리에 있는 화산들을 모두 섭렵하며 고도를 측정했다. 그중 하나는 키토의 서쪽에 있는 피친차Pichincha 화산이었는데, 그곳에서 하마터면 큰 사고를 당할 뻔했다.[51] 호세가 갑자기 발을 헛디뎌 스노브리지snow bridge(크레바스 위의 눈이 얼어, 다리처럼 얹혀 있는 상태—옮긴이) 속으로 떨어진 것이다. 다행히 훔볼트가 재빨리 손을 뻗어 호세와 기압계를 꺼내는데 성공했다. 그 후 훔볼트는 피친차의 정상에 올라, 발코니처럼 생긴 좁은 레지ledge 위에 배를 깔고 엎드려 깊은 분화구 속을 관찰했다. 2~3분마다 강력한 진동이 레지를 흔들었지만, 그는 동요하지 않고 가장자리로 기어가 피친차의 깊은 분화구 속을 엿봤다. 그 속에서 푸르스름한 불꽃들이 깜빡거리며 유황 증기가 뿜어져나와 거의 숨이 막힐 지경이었다. "어떠한 상상력도 그처럼 불길하고, 애절하고, 치명적인 장면을 떠올릴 수는 없으리라"라고 훔볼트는 말했다.[52]

훔볼트는 코토팍시Cotopaxi 화산에도 올라가봤다.[53] 코토팍시는 해발 5,800미터로 에콰도르에서 두 번째로 높았으며, 완벽한 원뿔형 화산이었다. 그러나 눈과 급경사 때문에 4,400미터 이상 올라갈 수가 없었다.

정상을 정복하는 데는 실패했지만, 눈 덮인 코토팍시가 푸른 창공을 배경으로 서 있는 모습은 사상 최고의 장관 중 하나였다. 훔볼트는 탐험 일지에서 코토팍시의 모습을 이렇게 묘사했다. "형태가 너무나 완벽하고 표면이 매우 매끄러워 보인다. 마치 목재선반공wood turner이 선반 위에 원뿔 모양을 빚어놓은 것 같구나!"[54]

한번은 안티사나Antisana 화산(해발고도 5,700미터) 아래의 계곡을 꿈틀거리며 지나가는 고대 용암류stream of lava를 따라 걸었다. 위로 올라갈수록 나무와 덤불이 작아졌고, 마지막에 수목한계선tree line을 통과하자 소위 파라모páramo가 시작되었다. 파라모에서 촘촘하게 자라는 연한 갈색의 스티파stipa 잔디는 언뜻 보기에 황무지처럼 척박한 인상을 줬다. 그러나 자세히 관찰해 보니 전혀 그렇지 않았다. 각양각색의 작은 꽃들이 풀밭을 빽빽이 채우고 있는 가운데, 작은 루핀lupin과 용담gentian이 마치 이끼처럼 부드러운 쿠션을 형성하고 있었다. 어디를 바라보든 자주색과 푸른색 꽃들이 풀잎 사이사이로 고개를 내밀고 있었다.

안티사나는 몹시 추운데다 바람이 많이 불어, 봉플랑은 몸을 숙이고 꽃을 채집하다가 종종 꽃을 발등에 떨어뜨리곤 했다. 돌풍이 불어 무수한 세빙ice needle(공기 중의 수증기가 미세한 얼음 결정이 되어 공기 중에 떠다니는 것을 말함—옮긴이)[55]들이 얼굴을 향해 날아들기도 했다. 마지막으로 안티사나 정상에 오르기 전, 그들은 해발 4,000미터의 낮은 초가집에서 하룻밤을 지내야 했다. 그 집은 키토의 한 지주가 개인적으로 소유하고 있었는데, 훔볼트에게 '세상에서 가장 높은 별장'[56]이라는 별명을 얻었다. 초가집은 고원의 아늑한 곳에 자리 잡고 있었고 안티사나의 최고봉이 바로 뒤에서 솟아오르는 형국이어서, 최고의 입지 조건을 자랑하는 산장이었다. 그러나 고산병과 추위에 시달린 데다 식량과 양초가 다 떨어져, 훔볼트 일행은 사상 최악의 밤을 보내야 했다.

그날 밤 몬투파르가 끙끙 앓는 바람에, 그와 침대를 같이 쓰던 훔볼트는 크게 걱정했다.[57] 훔볼트는 물을 가져다주고 찜질을 해주느라 밤새 한숨도 자지 못했다. 아침이 되자 몬투파르는 기력을 회복하여, 훔볼트와 봉플랑을 따라 정상에 오를 수 있었다. 그들은 거의 해발 5,500미터까지 올라갔는데, 훔볼트는 탐험일지에 "프랑스의 두 과학자들보다 훨씬 더 높은 곳에 올랐다"고 썼다. 프랑스 두 과학자들이란 샤를르-마리 드 라 콩다민Charles-Marie de la Condamine과 피에르 부게르Pierre Bouguer를 말하는데, 그들은 1730년대에 안데스산맥의 안티사나 근처에서 지구의 모양을 측정했는데, 해발 4,500미터 지점까지 오르는 데 그쳤었다.[58]

산은 단지 몸을 힘들게 하거나 새로운 지식을 제공한 것만은 아니었다. 산에는 뭔가 초월적인 것이 있어서, 정상이나 높은 능선에 오를 때마다 풍경의 감동을 받음으로써 상상력이 한층 더 고양되었다. "순수이성은 가끔 깊은 상처를 남기며, 상상력은 그것을 치유한다"라고 훔볼트는 말했다.[59] 산은 그에게 마법을 걸었던 게 아닐까?

7
침보라소

키토에 도착한 지 다섯 달 후인 1802년 6월 9일, 훔볼트는 마침내 키토를 떠났다. 보댕은 오지 않았지만, 훔볼트는 여전히 리마에 가보고 싶은 생각이 굴뚝같았다. 그리고 리마에 가면 멕시코로 가는 경로도 알아보고 싶었다. 멕시코는 오래 전부터 꼭 탐험하고 싶은 곳이었기 때문이다.[1] 하지만 리마와 멕시코에 가기 전에 먼저 들러야 할 곳이 한군데 있었으니, 그곳은 바로 침보라소Chimborazo였다. 침보라소는 위풍당당한 휴화산으로, 훔볼트의 표현을 빌리면 마치 괴물 조각상monstrous colossus[2] 같았다. 키토에서 남쪽으로 약 160킬로미터 떨어진 곳에 있고, 해발고도는 약 6,400미터였다.

훔볼트, 봉플랑, 몬투파르, 호세는 침보라소를 향하는 동안 우거진 열대 식생대를 지나쳤다.[3] 그들은 계곡에서 독말풀datura과 푸크시아fuchsia를 보고 감탄을 연발했다. 독말풀은 트럼펫 모양의 커다란 오렌지빛 꽃을 피우고 있었고, 선홍색 푸크시아는 실물이라고 믿기 어려울 정도로 조각 같은 꽃잎을 갖고 있었다. 위로 점차 올라갈수록 풍성한 꽃밭은 넓은 잔디로 바뀌어, 작은 비쿠냐vicuña(안데스산맥에 서식하는 라마llama 비슷한 동물—옮긴이) 떼가 이리저리 뛰놀며 풀을 뜯었다. 잠시 후 장엄한 돔처럼 높은 고원 위에 홀로 버티고 선 침보라소가 지평선에 나타났다. 그로부터 며칠은 침보라소를 향해 다가가는 동안 하늘에 구름 한 점도 없어, 선명한 하늘을 배경으로 봉우리가 깨끗한 윤곽을 한껏 과시했다. 일행이 잠시 멈출 때마다, 훔볼트는 상기된 표정으로 망원경을 꺼내 사방을 둘러봤다. 경사면에는 눈이 담요처럼 두껍게 쌓였지만, 침보라소 주변의 풍경은 황량하고 적막해 보였다. 시야에 들어오는 땅바닥은 수천 개의 바위와 암석들로 온통 뒤덮여 있어, 완전히 딴 세상 같았다. 훔볼트는 지금껏 수많은 화산들을 오른 베테랑 등반가였지만, 침보라소는 결코 만만한 상대가 아니었다. 그러나 훔볼트는 절대로 포기하지 않는 특이한 체질의 사나이였다. 어려운 상대 앞에서도 결코 주눅들지 않고, 뭔가 신비로운 힘에 이끌려 빨려들어가는 경향이 있었다.[4]

그들은 6월 22일 화산 기슭에 도착하여 작은 마을에서 짧은 밤을 보내고, 다음 날 아침 일찍 일어나 포터들과 함께 등반을 계속했다.[5] 노새를 타고 풀이 무성한 평원과 경사면을 지나 해발 4,100미터 지점에 도착하자, 경사가 심해져 노새를 남겨두고 걷기 시작했다. 날씨가 나빠져 밤에 눈이 오고 기온이 뚝 떨어졌으며, 지금껏 선명한 하늘을 배경으로 우아한 자태를 뽐내던 침보라소 정상은 안개에 휩싸였다. 어쩌다 한 번 안개가 걷힐 때마다, 봉우리가 아주 잠깐 감질나게 모습을 드러냈다.

해발 4,700미터 지점에서 포터들이 운반을 거부하고 철수했다. 훔볼트, 봉플랑, 몬투파르, 호세는 포터들이 나르던 장비를 나눠 들고 등반

눈 덮인 침보라소

을 계속했다. 침보라소 정상은 안개에 완전히 휩싸였고, 잠시 후 그들은 높은 능선에서 네 발로 기기 시작했다. 그럴 수밖에 없는 것이, 능선의 폭이 5센티미터에 불과한 데다 좌우로 가파른 낭떠러지가 펼쳐져 있었기 때문이다.[6]• 훔볼트는 이를 악물고 정면을 응시했다. 추위로 인해 손발이 꽁꽁 얼고, 지난번 등반에서 다친 발은 감염된 상태였다. 쿠치야에서 내딛는 걸음걸음이 천근만근처럼 느껴졌다. 고산증으로 인한 구역질과 어지럼증, 안구 충혈, 잇몸 출혈 때문에 그들은 지속적인 현기증을 경험했다. 훔볼트는 후에 이렇게 실토했다. "우리가 처한 상황을 고려할 때, 현기증은 매우 위험했다. 쿠치야 위를 기어가다 실신한다는 것은 곧 죽음을 의미했기 때문이다."[7] 키토에서 피친차 화산을 등반할 때도, 훔볼트는 고산증이 너무 심해 실신한 적이 있었다.

금속이 칼바람에 냉각되어, 반쯤 언 손으로 나사와 레버를 만진다는 건 거의 불가능했다. 이러한 어려움에도 불구하고 아직도 에너지가 남았는지, 훔볼트는 100미터 올라갈 때마다 각종 측정기기를 만졌다. 그는 온도계를 땅에 꽂고, 기압계를 읽고, 공기 샘플을 포집하여 화학 조성을 분석했다. 상이한 고도에서 습도를 측정하고 물의 비등점을 측정했으며, 바위를 가파른 경사면 아래로 걷어찬 후 얼마나 멀리 굴러가는지 눈대중으로 확인했다.[8]

한 시간 동안 가파른 길을 곡예하듯 오르고 나니 경사가 다소 완만해졌다. 하지만 이번에는 날카로운 바위들이 신발 밑창을 뚫고 들어와 발바닥에서 피가 나기 시작했다. 잠시 후 안개가 갑자기 걷히며, 300미터

• 스페인 사람들은 이 능선을 쿠치야cuchilla, 즉 칼날이라고 불렀는데, 매우 적절한 표현이었다.

쯤 위에서 침보라소의 하얀 봉우리가 햇빛을 받아 반짝였다. 고생 끝에 낙인가 싶었는데 웬걸, 좁은 능선이 끝나고 눈앞에는 거대한 크레바스가 입을 떡 벌리고 있는 게 아닌가! 크레바스를 우회하려면 두꺼운 만년설로 뒤덮인 곳을 횡단해야 했지만, 시간이 오후 한 시라는 게 문제였다. 뜨거운 태양이 얼음을 녹이는 바람에 푸석푸석한 눈이 드러나 걸을 수가 없었기 때문이다. 몬투파르가 낑낑거리며 발을 디뎌보려다가, 온몸이 눈 속 깊숙이 빠져 옴짝달싹할 수 없게 되었다.

일행들이 망연자실하고 있는 동안, 고도계를 꺼내 고도를 다시 측정해 보니 5,917미터![9] 정상에 도달하지는 못했지만, 세상의 꼭대기에 서 있는 것만은 분명하다고 훔볼트는 자위했다. 지금껏 어느 누구도, 심지어 유럽에서 처음으로 열기구를 타던 사람들까지도 그렇게 높은 곳에 올라가본 적은 없었으니 말이다. 지금까지 올라온 길과 먼 산들을 바라보며, 지난 몇 년 동안 수집한 정보들을 하나둘씩 떠올렸다. 빌헬름은 오랫동안 '동생 알렉산더가 여러 아이디어들을 연결하고 사물들을 잇는 끈을 파악하는 능력을 갖고 있다'[10]고 믿어 왔는데, 그의 판단은 정확했다. 훔볼트는 그날 하루 종일 침보라소를 등반하며 눈앞에 보이는 정보들을 모두 흡수함과 동시에, 과거에 알프스산맥, 피레네산맥, 테네리페 등에서 보고 경험하고 수집했던 정보들(식물, 바위, 각종 측정치)을 떠올렸다. 그동안 관찰했던 현상들 사이에 어떤 연관성이 있음을 깨닫고, "자연은 복잡하게 연결된 생명망이며, 세상을 움직이는 전 지구적 힘 global force"이라는 생각을 다시금 떠올렸다. 한 동료는 후에 다음과 같이 술회했다. "훔볼트는 만물이 천 개의 끈으로 이어져 있음을 처음으로 이해한 사람이다.[11] 이는 자연에 대한 새로운 아이디어로, 사람들이 자연을 이해하는 방식을 바꾸게 될 것이다."

훔볼트는 '지구 반대편에 있는 곳들의 기후와 식생이 서로 비슷하다'는 점에 큰 인상을 받았다.[12] 예컨대 안데스산맥에서 자라는 이끼는 수천 킬로미터 떨어진 독일 북부의 숲에서 자라는 이끼를 떠올리게 했다. 카라카스 근처의 산맥에서 봤던 진달래 비슷한 식물은 스위스 알프스에서 자라는 만병초alpine rose와 유사했다.[13] 나중에 멕시코에서는 소나무, 사이프러스cypress, 참나무를 발견했는데, 그것들은 캐나다에서 자라는 식물들과 비슷했다. 스위스의 산맥과 라플란드에서 발견되는 고산식물들은 안데스산맥에서도 볼 수 있었다.[14] 이처럼 지구상의 모든 것들은 서로 연결되어 있었다.[15]

훔볼트에게 있어서, 키토를 떠나 침보라소에 오르는 여행길은 '적도에서 극지pole를 향해 떠나는 식물학 여행'과 다름없었다. 왜냐하면 산을 올라감에 따라 다양한 식물군이 차곡차곡 순서대로 펼쳐졌기 때문이다.[16] 식물군은 계곡의 열대식물에서 시작하여 설선snow line 근처에서 마주친 지의류로 이어졌다. 훔볼트는 만년에 종종 "자연을 좀 더 높은 곳에서 내려다봄으로써 다양한 관계들을 파악할 수 있었다"[17]고 말했는데, 여기서 '좀 더 높은 곳'이란 바로 침보라소를 지칭하는 말이었다. 그는 침보라소의 5,917미터 지점에서 아래를 한 번 흘깃 내려다보고, 눈앞에 펼쳐진 자연의 모습을 전체적으로 이해했던 것이다.[18]

침보라소에서 돌아왔을 때, 훔볼트는 자연에 대한 새로운 비전을 형성할 준비가 되어 있었다. 안데스산맥의 기슭에서, 그는 자연을 한 장의 자연그림Naturgemälde으로 스케치하기 시작했다.[19]• 나중에 그가 설명한 바에 의하면, 자연그림이란 '자연을 한 페이지에 그려낸 소우주

• Naturgemälde는 '자연그림painting of nature'으로 번역되지만, '통일성' 또는 '전체성'을 의미하기도 한다.

microcosm'를 의미했다.[20] 종전의 과학자들이 자연계를 엄격한 위계질서에 따라 세세한 분류단위taxonomic unit로 구분한 다음 장황한 분류표를 온갖 범주들로 가득 채웠던 것과는 달리, 훔볼트는 자연을 한 장의 그림으로 나타내려고 노력했다.

후에 훔볼트는 자연을 '죽은 집합체dead aggregate'가 아니라 '살아 있는 전체living whole'[21]라고 불렀다. 지구상에 하나의 생명체가 태어날 때, 그것은 수많은 돌, 식물, 동물, 인간 위에 무작위로 뿌려진다. 훔볼트에게 가장 큰 인상을 준 것은 '생명체가 지구의 모든 곳에 보편적으로 풍부하게 분포되어 있다'[22]는 사실이었다. 심지어 공기 중에도 생명의 알맹이(예: 꽃가루, 곤충의 알, 식물의 씨앗)가 포함되어 있다. "생명은 어디에나 존재하며, 유기적인 힘organic power은 늘 작동한다"라고 그는 말했다.[23] 그는 개별적인 팩트를 새로 발견하는 것보다, 그것들을 연결하는 데 관심이 더 많았다. 왜냐하면 중요한 건 개별 현상이 아니라 전체와의 관련성이기 때문이었다.[24]

자연그림은 침보라소의 단면도cross-section로서, 자연을 하나의 네트워크로 묘사함으로써 만물의 연결관계를 한눈에 보여줬다. 훔볼트는 모든 식물들을 침보라소에서 발견한 위치에 정확히 배치했다. 즉, 식물들은 지하에 서식하는 버섯에서부터 설선 바로 밑에 서식하는 지의류에 이르기까지 고도에 따라 배치되었다. 또한 산기슭에는 야자나무로 구성된 열대림이 배치되었지만, 위로 올라갈수록 좀 더 온화한 기후를 선호하는 참나무와 양치식물 유사관목fern-like shrub이 배치되었다.

훔볼트는 남아메리카 대륙에서 자연그림을 처음으로 스케치하여, 나중에 90×60제곱센티미터 규격의 그림으로 정식 출판했다.[25] 자연그림의 한복판에는 침보라소 산을 그리고, 좌우 여백에 여러 칼럼을 마련하

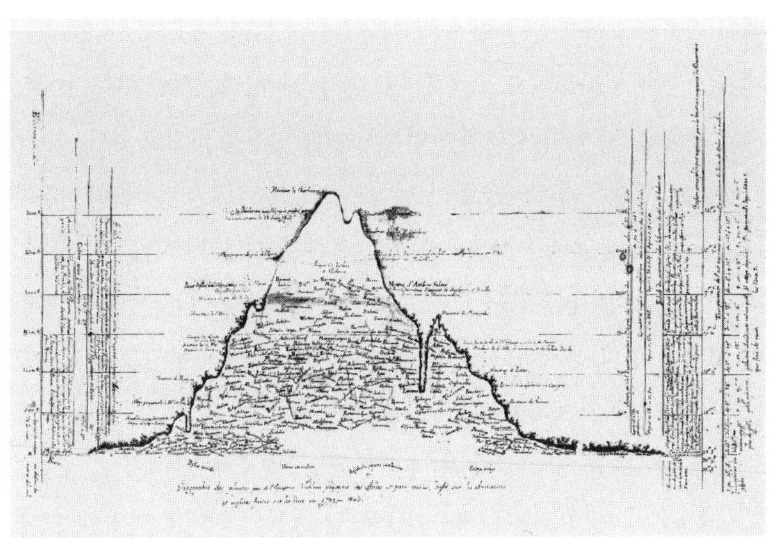

홈볼트의 첫 번째 자연그림

여 세부적인 내용과 정보들을 기재했다. 산의 특정 고도에 손가락을 댄 후 연결된 선을 따라 좌우여백으로 가면, 각 고도별로 어떤 동물과 식물들이 서식하며 기온, 습도, 기압 등은 어느 정도인지 알 수 있다. 자연그림은 남아메리카에만 국한된 것이 아니었다. 홈볼트는 침보라소의 상이한 식생대가 고도, 기온 등의 변화와 어떻게 관련되어 있는지를 보여준 다음, 이 모든 정보들을 다른 나라의 중요한 산들과도 연결시켰다.

자연을 전 지구적 관점에서 바라보며 모든 대륙들이 각각 상응하는 기후대를 가지고 있음을 보여준 사례는 자연그림이 처음이었다. 과학 정보를 그처럼 단순하면서도 다양하고 풍부하게 표현한다는 것은 전례 없는 일이었다. 홈볼트 이전에 어느 누구도 그런 데이터를 시각적으로 제시한 사람은 없었다. 그는 다양성 속에서 통일성을 찾아냈다.[26] 그리하여 식물을 분류학적 범주 속에 매몰시키지 않고, 기후와 지역이라는 렌즈를 통해 바라보려고 노력했다. 그것은 매우 혁신적인 아이디어로, 오늘날까지도 우리가 생태계를 이해하는 데 영향을 미치고 있다

훔볼트 일행은 침보라소에서 남쪽으로 1,600킬로미터 내려가 리마에 도착했다. 훔볼트는 식물과 동물은 물론이고 잉카 건축물에 이르기까지 모든 것에 관심이 있었다. 그는 남아메리카의 이곳저곳을 여행하며 고대 문명의 성과에도 큰 인상을 받았다. 고대의 문서를 읽어보고 잉카 기념물을 스케치하거나 원주민의 어휘를 수집하기도 했다. 원주민들의 언어는 (심지어 미래, 영원, 존재와 같은 추상적 개념에 해당하는 단어도 있을 정도로)[27] 수준이 높아, 마음만 먹으면 그들의 언어로 번역할 수 없는 유럽 서적은 단 한 권도 없을 듯싶었다.[28] 침보라소 바로 남쪽에 살던 원주민 부족은 화산 폭발에 관한 고대 문서들[29]을 보유하고 있었다. 훔볼트는 그들을 방문했다가 운좋게도 스페인어로 번역된 문서가 있기에 자기 노트에 얼른 옮겨 적었다.

훔볼트는 로하Loja(오늘날의 에콰도르)에서 기나나무cinchona 숲을 탐사하여, 인류가 환경을 황폐화시켰음을 다시 한번 깨달았다. 기나나무의 껍질에 함유된 퀴닌quinine은 말라리아 치료제로 사용되었지만, 껍질을 벗긴 나무는 빼빼 말라죽었다. 스페인 사람들이 야생 기나나무 숲을 모조리 파괴하는 바람에, 크고 두꺼운 나무들은 찾아보기 힘들었다.[30]

훔볼트의 탐구심은 고갈될 줄 몰랐다. 그는 암석층, 기후 패턴, 허물어진 잉카 사원을 샅샅이 연구했고, 지자기학geomagnetism에도 흠뻑 빠졌다. 산맥을 넘어 계곡으로 내려갈 때, 그는 측정기기와 관측기기를 챙겼다. 그의 호기심은 자연을 (힘의 네트워크와 상호관계라는 관점에서) 전지구적으로 이해하고자 하는 충동에서 유래했다. 마치 여러 대륙에 공

통적으로 존재하는 식생대와 지진의 발생 패턴에 관심을 가졌던 것처럼 말이다. 17세기 이후 과학자들은 지구 자체가 거대한 자석임을 알고 있었다. 또한 그들은 나침반의 바늘이 진북true north을 가리키지 않는다는 사실도 알고 있었다. 왜냐하면 자기적 북극magnetic North Pole은 지리적 북극geographic North Pole과 다르기 때문이었다. 그런데 문제는 자북magnetic north과 자남magnetic south이 움직이기 때문에 항해하기가 매우 어렵다는 거였다. 과학자들은 자기장의 강도가 지역에 따라 무작위적으로 변하는지, 아니면 체계적으로 변하는지 몰라 고민이었다.

안데스산맥을 따라 보고타에서 키토로 가는 동안, 훔볼트는 적도에 접근함에 따라 지구의 자기장이 어떻게 감소하는지 측정해 봤다. 그 결과 놀랍게도, 키토 근처의 적도를 지나친 후에도 페루의 카하마르카 고원Cajamarca Plateau에 접근할 때까지 자기장의 강도가 계속 감소하는 것으로 나타났다. 카하마르카 고원은 남위 7도가 넘고 적도에서 800킬로미터 남쪽에 있었는데, 이 지점에 와서야 나침반의 바늘이 지면과 수평을 이루는 것으로 나타났다. 훔볼트가 자기적도magnetic equator를 발견한 것이었다.[31]

그들은 1802년 10월 말 리마에 도착했는데, 키토를 떠난 지는 4개월 반 후였고, 유럽을 떠난 지는 3년도 훨씬 넘은 후였다. 그들은 거기서 배를 타고 북쪽의 과야킬Guayaquil(오늘날 에콰도르의 서해안에 있는 항구 도시)로 갔는데, 훔볼트는 그곳에서 멕시코의 아카풀코로 여행할 생각이었다. 리마에서 과야킬로 항해하는 동안, 훔볼트는 남아메리카의 서해안을 끼고 도는 해류를 분석했다. 그 해류는 칠레 남부에서 페루 북부로 흐르는데, 차갑고 영양분이 풍부해 수많은 해양 생물들을 먹여살림으로써 세계에서 가장 생산성이 높은 해양 생태계를 형성했다. 그로부터 몇 년 후 이 해류에는 훔볼트 해류Humboldt Current라는 이름이 붙었다.[32] 훔볼트는 자기 이름을 딴 해류가 생겼다고 어깨를 으쓱하면서도, 한편으로는 "해안의 어부들이 수세기 동안 해류의 존재를 알고 있었으며, 내가 한 일이라고는 해류를 처음으로 분석하여 수온이 낮다는 사실을 알아냈을 뿐"이라며 머쓱해 했다.

훔볼트는 자연이 통합된 전체unified whole임을 이해하는 데 필요한 데이터를 수집했다. '자연은 생명망이므로, 특정 과학자(식물학자, 동물학자, 또는 지질학자)의 입장에서 자연을 바라보면 안 된다'는 것이 그의 생각이었다. 그는 '모든 곳'에서 '모든 것'에 관한 정보를 필요로 했다. 왜냐하면 가장 이질적인 곳에서 관찰된 것들을 서로 비교해야 원하는 결과를 얻을 수 있기 때문이었다.[33] 훔볼트는 수많은 결과를 수집하여 수많은 질문을 던졌는데, 어떤 사람들은 그를 보고 '뻔한 것을 묻는 어리석은 사람'이라며 수군거렸다.[34] 그의 호주머니는 마치 어린아이들의 그것처럼 식물, 돌멩이, 종이조각으로 가득 차 있었다.[35] 하지만 아무리 작고 무의미해 보이는 것도 그에게는 연구의 대상이었다. 왜냐하면 모든 것들은 자연의 거대한 태피스트리에서 각자 나름의 위치를 차지하고 있다는 것이 그의 신념이었기 때문이다.

과야킬 항구에 도착한 1803년 1월 4일, 북동쪽으로 320킬로미터 떨어진 곳에 있는 코토팍시 화산이 갑자기 폭발했다는 소식을 들었다.[36] 화산 분출을 오매불망 기다리던 훔볼트는 가만히 있을 수 없었다. 더구나 지금껏 안데스산맥에서 사정거리에 있는 화산은 모두 올라가 봤지만, 화산이 터지는 장면은 한 번도 목격한 적이 없었다. 그런데 멕시코로 떠날 준비를 하던 훔볼트는 갈등에 빠졌다. 유럽으로 돌아가기 전에 멕시코를 꼭 탐험하고 싶었는데, 그러려면 그해 여름 허리케인 시즌이

수증기가 피어오르는 코토팍시 화산

되기 전에 항해를 끝내야 했다. 그러지 않으면 허리케인에 발목이 잡혀, 1803년 말까지 영락없이 과야킬에서 허송세월을 해야 할 판이었다. 그럼에도 남아메리카 대륙에 와서 천재일우의 화산 분출 장면을 놓칠 수는 없었다. 빨리 서두른다면 코토팍시에 다녀와 보트를 타고 멕시코로 갈 수 있을 것도 같았다.

과야킬에서 코토팍시 화산으로 가는 데는 한 가지 문제가 더 있었으니, 위험한 안데스산맥을 또 한 번 넘어야 한다는 것이었다. 하지만 이런 어려움을 감안하더라도 코토팍시는 매력 덩어리라서 절대로 놓치고 싶지 않았다. 결국 1월 말 훔볼트는 몬투파르와 단둘이 코토팍시를 향해 떠났고, 봉플랑은 멕시코로 갈 배를 알아보기 위해 과야킬에 남았다. 북동쪽으로 가는 동안, 코토팍시의 우르릉 소리에 가슴이 두근거렸다.

훔볼트는 그런 횡재를 만났다는 것을 도저히 믿을 수 없었다. 며칠만 있으면 화산이 분출하는 장면을 두 눈으로 똑똑히 볼 수 있다니 감개무량했다. 8개월 전에도 코토팍시를 등반한 적이 있지만, 이번 등반은 차원이 달랐다. 그냥 화산이 아니라 불을 토하는 활화산이었던 것이다. 5일째 되는 날 과야킬에 있는 봉플랑에게서 비보가 날아왔다.[37] 내용인즉 아카풀코로 가는 배를 구했는데, 2주 후에 떠난다는 거였다. 훔볼트와 몬투파르는 어쩔 수 없이 발길을 돌려 과야킬로 즉시 돌아왔다. 훔볼트는 크게 실망했다.

1803년 2월 17일 배를 타고 과야킬 항구를 떠날 때, 훔볼트는 마치 공룡처럼 으르렁거리는 코토팍시 화산의 소리를 들었다. 화산의 코러스는 환송의 세레나데인 동시에 아픈 가슴을 후벼파는 이별곡이었다. 매일 밤 별자리들이 바뀌며 남반구에서 북반구로 향하고 있음을 일깨워줬다. 서서히 사라져가는 남쪽 하늘의 별자리들을 망원경으로 관찰하니, 그동안 정들었던 남아메리카의 모습이 주마등처럼 스쳐갔다. 훔볼트는 탐험일지를 펼쳐 이렇게 썼다. "나는 날이 갈수록 점점 더 우울해지고 있다."[38] 그의 가슴 속에 드리워진 남아메리카의 그림자는 평생 동안 지워지지 않았다.

1803년 2월 26일 밤, 훔볼트는 적도를 넘었다.• 그의 나이는 이제 서른셋, 남아메리카에서 3년 이상 지내는 동안 울창한 열대 정글을 누비고 다녔으며, 얼음으로 뒤덮인 산 정상들을 수도 없이 오르내렸다. 수천 종의 식물들을 채집하여, 이것저것 수도 없이 측정했다. 죽을 고비를 여러 번 넘겼지만, 늘 자유와 모험을 즐겼다. 가장 중요한 것은, 과야

• 그 이후로 그는 적도를 두 번 다시 넘지 않았다.

킬을 떠나면서 자연에 대한 새로운 비전을 마음속에 품었다는 것이다. 그리고 트렁크 속에는 침보라소를 스케치한 그림, 즉 자연그림이 한 장 들어 있었다. 한 장의 그림과 그 그림을 탄생시킨 아이디어는 미래의 세대들로 하여금 자연을 인식하는 방법을 바꾸게 할 것이었다.

8
정치와 자연
토머스 제퍼슨과 훔볼트

바다가 배를 곧 집어삼키려는 것 같았다. 거대한 파도가 갑판 위를 한바탕 휩쓸고, 계단을 거쳐 선체 내부로 밀고 들어왔다.[1] 선실에 차곡차곡 쌓여 있던 마흔 개의 트렁크가 졸지에 침수될 위험에 처했다. 허리케인이 엿새간 하루도 쉬지 않고 무지막지하게 배를 두들겨대는 통에, 눈을 붙이기는커녕 아무런 생각도 할 수 없었다. 물이 주방에 들이닥치자, 주방장은 냄비와 프라이팬을 잃고 물속에서 허우적거렸다. 요리가 불가능해져 모두들 배를 곯고 있는데, 어디선가 상어들이 몰려와 배 주변을 맴돌았다. 선미stern에 있는 선장실이 물에 잠기자 선원들이 허겁지겁 헤엄쳐나왔고, 갑판 위에서 우왕좌왕하던 선원들은 볼링핀처럼 이러저리 나동그라졌다. 잔뜩 겁먹은 선원들은 브랜디 배급량을 늘려달라고 아우성치다 선장에게 거절당하자, 차라리 만취해서 익사하는 게 낫다고 볼멘소리를 했다. 그들을 향해 몰려오는 파도는 마치 거대한

암벽 같았다. 훔볼트는 일찍이 지금보다 죽음에 더 가까이 다가간 적은 없었던 것 같은 느낌이 들었다.[2]

때는 1804년 5월. 멕시코를 떠난 훔볼트는 봉플랑, 몬투파르, 호세와 함께 쿠바를 거쳐 미국 동해안을 향해 항해하던 중이었다. 남아메리카에서 5년 동안 여행하며 죽을 고비를 여러 번 넘겼는데, 이까짓 일로 죽는다는 건 말도 안 된다고 생각했다. 1803년 2월 과야킬을 떠난 후 멕시코를 1년간 여행하는 동안, 훔볼트는 주로 멕시코시티에 머물렀다. 멕시코시티는 뉴스페인 부왕령Viceroyalty of New Spain의 행정수도였는데, 뉴스페인 부왕령은 멕시코, 캘리포니아의 일부, 중앙아메리카, 플로리다를 포함하는 광대한 식민지였다. 그는 멕시코시티에서 광범위한 식민지 기록물과 도서를 샅샅이 뒤지는 한편, 막간을 이용하여 광산, 온천, 화산을 탐험했다.[3]

이제 유럽에 돌아갈 시간이었다. 지난 5년간 극한 기후지역과 황무지를 탐험하는 동안 정밀한 기기들이 손상되었고, 그중 상당수는 더 이상 제대로 작동하지 않았다. 게다가 그동안 유럽의 과학계와 활발히 접촉하지 않아, 중요한 과학 발전 과정에서 배제될 가능성도 있었다.[4] 그는 한 친구에게 쓴 편지에서 이렇게 말했다. "나는 세상에서 고립된 것 같은 느낌이 들어. 마치 달에 와 있는 것처럼 말이야."[5] 1804년 3월 그들은 멕시코를 떠나 쿠바에서 잠깐 머물며, 3년 전 아바나에 보관해 뒀던 수집품들을 회수했다.

하지만 늘 그래왔듯, 훔볼트는 마지막 순간에 갑자기 일정을 바꿔, 귀국 시기를 몇 주 연기하기로 결정했다. 그는 미국에 가서 3대 대통령 토머스 제퍼슨을 만나고 싶었다. 훔볼트는 지난 5년 동안 수풀이 우거지고, 아름답고, 장엄한 자연의 모습을 봤지만, 이제는 찬란한 인류 문

홈볼트는 멕시코에 1년간 머물며 자연을 자세히 관찰했으며, 멕시코의 고문서와 유물도 많이 눈여겨봤다. 이 그림은 멕시코 달력인데, 그로 하여금 멕시코의 고대 문명이 정교하고 세련되었음을 깨닫게 한 증거 중 하나였다.

명의 현주소를 보고 싶었다. 미국은 자유의 원칙 위에 건설된 공화국으로, 인류 문명의 상징이었다.

홈볼트는 오래 전부터 자유, 평등, 관용, 교육이 중요하다는 신념을 갖고 있었는데, 이는 어린 시절 계몽사상가들에게 둘러싸여 형성된 것이었다. 그러나 그의 정치적 견해가 결정된 계기는 프랑스혁명이었다. 그가 열아홉 살 때인 1789년 7월, 프랑스는 절대군주의 지배를 받던 프로이센과 달리 '모든 인간은 평등하다'고 선포했다. 그 이후 홈볼트는 '1789년의 정신'[6]을 늘 마음속에 품고 살아왔다. 1790년 여름 프랑스를 방문했을 때, 파리 시민들은 혁명 1주년 기념식을 한창 준비하고 있었다.

훔볼트는 너무 감동한 나머지, 자유의 사원temple of liberty을 짓는 데 필요한 모래를 운반하는 작업을 거들었다.[7] 그로부터 14년이 지난 지금, 그는 아메리카에 공화국을 건설한 사람들을 만나보고 싶었다. 그는 미국인들이 자유라는 귀중한 선물을 이해하고 있을 거라 믿었다.[8]

일주일 후 허리케인의 위력이 차츰 약해지면서 결국 바람이 잠잠해졌다. 1804년 5월 말, 훔볼트 일행은 아바나를 떠난 지 4주 만에 필라델피아에 도착했다. 필라델피아는 7만 5,000명의 인구를 가진 미국 최대의 도시였다. 훔볼트는 도착 전날 밤 제퍼슨에게 쓴 장문의 편지에서 이렇게 말했다. "미국의 새 수도인 워싱턴 DC에서 당신을 만나고 싶습니다. 당신의 글, 행동, 자유로운 아이디어는 어린 시절부터 내게 영감을 줬습니다."[9] "나는 그동안 남아메리카를 탐험하며 많은 정보를 수집했습니다. 식물을 채집하고, 천문학 관찰을 했으며, 열대우림 속 깊은 곳에서 고대 문명의 상형문자를 발견했습니다. 그리고 멕시코시티의 식민지 기록물에서도 중요한 데이터를 수집했습니다."

훔볼트는 국무장관이자 제퍼슨의 가까운 정치적 협력자인 제임스 매디슨James Madison에게도 편지를 썼다. "나는 남아메리카에서 안데스 산맥과 자연의 장관을 목격하는 동안, 문득 자유로운 사람들의 멋진 모습을 보고 싶다는 생각이 들었습니다."[10] 훔볼트가 미국인들과 토론하고 싶었던 주제는 단 하나, 정치와 자연은 하나라는 거였다.

제퍼슨은 예순한 살의 나이에도 불구하고 꼿꼿한 자세를 유지했다.[11] 큰 키에 호리호리한 몸매, 농민을 방불케 하는 불그레한 혈색, 강철 같은 체격을 가진 사나이였다. 그는 신생국의 대통령인 동시에, 몬티첼로 Monticello의 소유주이기도 했다. 몬티첼로란 버지니아 주 블루리지마운틴의 기슭에 있는 대규모 플랜테이션으로, 워싱턴 DC에서 남서쪽으로

160킬로미터 떨어진 곳에 자리 잡고 있었다. 아내는 20여 년 전 세상을 떠났지만, 제퍼슨은 가정생활에 충실했으며 일곱 명의 손주들과 함께 있는 것을 즐겼다.[12] 지인들의 말에 의하면, 제퍼슨의 손주들은 할아버지가 말하는 동안 종종 그의 무릎에 앉아 있었다고 한다.[13] 훔볼트가 미국에 도착했을 때, 제퍼슨은 작은딸 마리아의 죽음으로 슬픔에 잠겨 있었다. 마리아는 불과 몇 주 전인 1804년 3월 딸아이를 낳은 후 세상을 떠났다. 큰 딸 마서는 종종 백악관을 방문하여 오랫동안 머물다, 나중에 자녀들을 데리고 몬티첼로로 이사했다.

제퍼슨은 게으름을 증오했다.[14] 동트기 전에 일어나 책을 읽으며 편지를 썼고, 편지를 복사하여 서신을 주고받은 기록을 유지했다. 한시도 가만히 있지 못했으며, 딸에게도 '따분함을 느끼는 건 인생에서 가장 위험한 독'이라고 훈계했다.[15] 독립혁명이 끝난 후인 1780년대에는 미국 공사로 프랑스에 부임하여 5년간 살았다. 재임 기간 동안 외교관의 신분을 이용하여 유럽 전역을 여행했고, 귀국할 때 가져온 트렁크 여러 개에는 책, 가구, 아이디어가 가득 차 있었다. 그는 병적인 서적광Bibliomanie이어서, 끊임없이 책을 구입하고 읽어야만 직성이 풀렸다.[16] 또한 유럽에 있을 때는 짬짬이 영국에 들러 최고의 정원들을 둘러보고, 독일, 네덜란드, 이탈리아, 프랑스의 영농 방법을 관찰하고 비교했다.[17]

1804년은 제퍼슨이 경력의 정점에 있던 해였다. 그는 미국 독립선언문을 썼고, 대통령이었으며, 그해 말에는 선거에서 압도적으로 승리하여 연임에 거뜬히 성공했다. 1803년에는 프랑스로부터 루이지애나 준주Lousiana Territory를 사들임으로써 서부 개척의 토대를 마련했다.* 겨우 미화 1,500만 달러를 지불하고 200만 제곱킬로미터의 땅을 사들여 국토 면적을 두 배로 늘림과 동시에, 동서로는 미시시피 강에서 로키 산맥까지, 남북으로는 멕시코만에서 캐나다까지 영토를 확장했다. 제퍼슨은 곧바로 메리웨더 루이스Meriwether Lewis와 윌리엄 클라크William Clark를 1차 원정대로 파견하여 북아메리카 대륙 전체를 둘러보게 했다.[18] 그는 원정대에게 "식물, 씨앗, 동물들을 모두 수집하고, 토양과 아메리카 원주민의 영농 방법을 보고하며, 땅과 강을 측량하라"고 지시했다.

이런 면에서 볼 때, 훔볼트의 미국 방문은 타이밍이 매우 적절했다. 쿠바 주재 미국 영사 빈센트 그레이Vincent Gray는 일찌감치 매디슨에게 서한을 보내 훔볼트를 영접하게 했다. 왜냐하면 미국은 루이지애나 준주를 취득함으로써 멕시코와 새로 국경을 접하게 되었는데, 때마침 훔볼트가 멕시코에 대한 유용한 정보를 많이 갖고 있었기 때문이다.

훔볼트는 필라델피아에 도착하자마자 제퍼슨과 서신을 교환했고, 제퍼슨은 훔볼트를 워싱턴 DC로 초대했다. 제퍼슨은 훔볼트에게 쓴 편지에서 이렇게 말했다. "나는 기분이 들떠 있습니다. 왜냐하면 멕시코의 민도民度가 어느 정도 성숙했을 거라고 기대하고 있기 때문입니다."[19] 5월 29일, 훔볼트, 봉플랑, 몬투파르는 필라델피아에서 우편마차를 타고 남서쪽으로 240킬로미터 떨어진 워싱턴 DC로 향했다.[20]

마차는 잘 정돈된 들판 사이로 지나갔다. 들판에는 여러 가지 작물들이 줄지어 서 있고, 이리저리 흩어진 농가들은 과수원과 깔끔한 채소밭으로 둘러싸여 있었다. 거기에는 미국의 경제적·정치적 미래에 대한 제퍼슨의 전형적 아이디어가 담겨 있었다. 제퍼슨의 이상향은 '독립된

• 1년 전 나폴레옹은 아이티의 노예 반란을 진압하기 위해 2만 5,000명의 병사들을 파견했는데, 그들 대부분이 황열병으로 사망하자 북아메리카에 프랑스 식민지를 건설하겠다는 생각을 포기했다. 나폴레옹은 당초 아이티에서 노예 반란을 진압한 후 그 부대를 뉴올리언스로 보낼 생각이었으나, 대부분이 사망하자 생각을 바꿔 루이지애나를 미국에 팔아넘겼다.

자영농이 농장을 소유하고 자급자족할 수 있는 나라'였다.

나폴레옹전쟁이 유럽을 분열시킨 가운데, 미국 경제는 큰 호황을 누리고 있었다.[21] 왜냐하면 (적어도 당분간) 중립국가로서 전 세계 물동량의 상당 부분을 선적하고 있었기 때문이다. 미국의 선박들은 향신료, 코코아, 목화, 커피, 설탕을 가득 싣고 북아메리카를 떠나 카리브 해, 유럽, 동인도까지 진출했다. 미국 농산물의 수출시장도 확대되고 있었다. 제퍼슨은 미국을 이끌고 번영과 행복을 향해 나아가고 있는 것 같았다.

그러나 미국은 독립혁명이 끝난 이후 30년간 많이 달라졌다. 옛 혁명 동지들은 '공화국에 대한 비전이 다르다'는 이유로 분열되어 치열한 파벌싸움을 벌이고 있었다. 그들은 '미국 사회의 바람직한 구조는 무엇인가?', 다시 말해서 '미국은 농민의 국가여야 하는가, 아니면 상인의 국가여야 하는가?'[22]라는 문제를 놓고 두 파로 나뉘었다. 제퍼슨이 이끄는 사람들은 농민이 주도하는 농민공화국agrarian republic을 상정하고, 개인의 자유와 각 주의 권리를 강조했다. 그러나 다른 한편에는 무역과 강력한 중앙정부를 선호하는 세력이 버티고 있었다.

양측의 입장 차이는 그들이 제시한 새로운 수도(워싱턴 DC)의 설계도에서 단적으로 드러났다. 워싱턴 DC는 포토맥 강 유역의 습지와 황무지에 건설된 도시였는데, 양측은 자신들이 원하는 정부의 형태와 권력이 수도의 설계도에 그대로 반영되어야 한다고 믿었다.[23] 미국 초대 대통령 조지 워싱턴George Washington은 강력한 연방정부를 지지하던 인물로, "웅장한 도시에 널찍한 거리들을 가로세로로 배열하고, 으리으리한 대통령 관저에는 멋진 정원도 만들어야 한다"고 주장했다. 이와 대조적으로, 제퍼슨과 공화당원들은 "중앙정부의 권력은 가능한 한 작아야 하며, 수도는 규모가 작고 분위기도 수수해야 한다"고 주장했다.[24]

훔볼트가 방문했던 당시의 워싱턴 DC 풍경

훔볼트가 도착했던 1804년 여름에는 조지 워싱턴의 아이디어가 더 우세했다. 하지만 도면에 그려진 수도의 모습이 웅장했음에도 불구하고, 공정은 거의 진행된 것이 없을 정도로 더뎠다. 워싱턴 DC의 주민은 겨우 4,500명으로, (훔볼트가 괴테를 처음 만났던) 독일의 예나와 엇비슷한 규모였다. 도로 사정도 형편없어, 이곳저곳에 흩어진 바위와 나뭇등걸 때문에 마차가 불규칙하게 덜컹거리다 전복되기도 했다.[25] 시뻘건 진흙이 바퀴에 달라붙어 접착제처럼 끈적거리기 일쑤였고, 웅덩이가 곳곳에 널려 있다 보니 보행자들은 언제든 무릎까지 빠질 각오를 해야 했다. 그건 미국처럼 거대한 나라를 방문한 외국인들이 연상하는 수도의 전형적인 모습은 아니었다.

제퍼슨이 1801년 3월 취임사를 마친 후 백악관[26]으로 이사왔을 때, 그곳은 아직 건축 부지였다. 그로부터 3년 후 훔볼트가 방문했을 때도 변한 게 별로 없었다. 백악관 정원 부지에는 건축 자재가 어지럽게 널려 있고, 백악관과 이웃집의 경계선에 설치된 울타리는 시뻘겋게 녹슬어 있었다. 게다가 백악관의 가정부들은 놀랍게도 녹슨 울타리를 빨래 건조대로 사용했다. 물이 뚝뚝 떨어지는 빨래를 얹으니, 그렇잖아도 녹슨 울타리가 더욱 녹슬 수밖에 없었다.[27] 백악관 내부 사정도 외부와 별반 다르지 않은 걸로 보아, 공사가 아직 덜 끝난 것 같았다. 제퍼슨은 건물의 한구석에서만 서성거렸고, 상당수의 방들은 반쯤 비어 있었다.[28]

그러나 제퍼슨은 건물의 외형이나 완성도 따위에 전혀 아랑곳하지 않았다. 그는 첫날부터 엄격한 의전과 성대한 의식을 생략하고 마치 평범한 농사꾼처럼 행동함으로써 대통령에 대한 고정 관념을 깼다.[29] 공식적인 접견 행사 대신 작고 친근한 디너파티를 열고, 방문객들과 라운드 테이블에 앉아 격의 없는 대화를 나눴다. 일부러 간편한 복장을 하여, 많은 사람들에게 단정치 못하다는 소리를 들었다. 코트는 너무 낡아 올이 다 드러났고, 슬리퍼는 헤져서 발가락이 삐져나왔으며, 식탁보는 때가 묻어 꼬질꼬질했다.[30] 한 영국 외교관은 그를 가리켜 '통뼈를 가진 농부 같다'[31]고 수군거렸는데, 그건 바로 제퍼슨이 원하던 이미지였다.

제퍼슨은 '유능한 정치가'보다는 '최고의 농부 또는 정원사'를 동경하며, 땅을 경작하는 직업이 제일 멋진 직업이라고 입버릇처럼 말했다. 가장 간절한 소원은 몬티첼로로 돌아가는 것이었다. 나랏일과 관련된 대화와 서신 교환이 따분하게 여겨질 때마다, 기분 전환을 위해 워싱턴

DC 주변의 전원지대로 산책을 나갔다. 두 번째 임기가 끝날 때쯤에는 이렇게 소리쳤다. "이제 권력의 족쇄를 벗어던지고 안식을 누리고 싶다. 감옥에서 풀려난 죄수일지라도 나만큼 안식을 누리지는 못하리라."[32] 각료회의에 참석하는 것보다, 늪을 헤치며 걷거나 암벽을 오르거나 잎과 씨앗을 따는 것을 더 좋아했다. 하찮은 잡초에서부터 고상한 나무에 이르기까지 모든 식물들을 세심하게 관찰했다.[33] 제퍼슨이 식물을 사랑하고 정원 가꾸기를 즐긴다는 소문이 미국 외교가에 널리 퍼지자, 각국의 외교관들은 다양한 토종식물들의 씨앗을 백악관으로 앞다퉈 보냈다.[34]

제퍼슨은 원예, 수학, 기상학, 지리학을 비롯하여 모든 과학에 관심이 있었고,[35] 화석뼈, 특히 마스토돈mastodon의 뼈에 관심이 많았다.[36] 마스토돈은 코끼리와 비슷하게 생긴 멸종 동물로, 불과 만 년 전까지만 해도 아메리카 내륙을 어슬렁거렸었다. 제퍼슨은 수천 권의 장서를 보유하고 있었고, 『버지니아 주에 관한 비망록』이라는 저서도 갖고 있었다. 『버지니아 주에 관한 비망록』은 버지니아의 경제와 사회, 자연자원과 식물을 자세히 설명할 뿐만 아니라, 버지니아의 멋진 경치도 소개하는 책이다.

제퍼슨은 숫자에 집착하는 경향이 있어서, (몬티첼로에서 재배하는 식물 수백 종의 이름이 적힌) 식물 목록에서부터 (매일 측정한 기온이 적힌) 기온 기록표에 이르기까지 다양한 목록들을 관리했다. 그리고 측정에 강박적으로 매달리는 경향이 있어서, 층계의 계단이나 손주들에게서 받은 편지의 수를 헤아렸다. 한시도 가만히 있지를 못하는 성격이어서, 수시로 뭐든 측정하려고 호주머니에 자ruler를 넣고 다녔다. 박학다식한 사람들이 으레 그렇듯, 제퍼슨도 훔볼트처럼 여러 과학 분야들을 쉽게 넘나들었는데, 그중에서도 저녁식사 때 화제에 오르는 단골 메뉴는 식물학, 지질학, 탐험이었다. 제퍼슨은 미국철학회의 회장직도 맡고 있었다.[37] 미국철학회는 독립혁명 이전에 벤자민 프랭클린과 제퍼슨이 공동으로 설립했는데, 제퍼슨이 대통령으로 재직하던 무렵에는 미국에서 가장 중요한 과학포럼으로 부상해 있었다. 제퍼슨이 미국인들에게 얻은 칭호는 이루 헤아릴 수 없었다. 계몽철학자,[38] 뛰어난 박물학자, 지구 최초의 정치가, 과학의 친구, 과학을 빛내는 인물, 미국의 아버지, 믿음직한 자유의 수호자…. 그러니 제퍼슨이 훔볼트를 보고 싶어 하는 건 당연했다. 그는 훔볼트가 워싱턴에 도착하기를 손꼽아 기다리고 있었다.

훔볼트는 일행과 함께 필라델피아를 출발한 지 3일 반이 지난 6월 1일 저녁 워싱턴에 도착하여, 다음 날 아침 백악관에서 드디어 제퍼슨을 만났다.[39] 제퍼슨은 서른네 살의 과학자를 자신의 서재에서 반갑게 맞이했다. 훔볼트는 서재에 목공구 세트가 널려 있는 것을 보고 잠시 어리둥절했지만, 제퍼슨의 설명을 듣고 이내 고개를 끄덕였다. "나는 목공구를 다루는 취미가 있어서 자물쇠, 시계, 과학기구 등을 손수 수리하며, 최근에는 회전식 책꽂이를 발명했답니다"[40]라고 제퍼슨은 말했다. 창턱에 놓인 화분에서는 그가 좋아하는 장미와 제라늄이 자라고 있었다. 벽에는 지도와 차트들이 잔뜩 붙어 있고, 선반에는 책들이 가득했다. 두 사람은 서로를 단박에 알아보고 금세 친해졌다.

훔볼트는 그 후 며칠 동안 제퍼슨을 여러 번 만났다. 어느 날 저녁 땅거미가 지고 첫 번째 촛불이 켜질 때 백악관의 응접실에 들어갔다가, 대통령이 대여섯 명의 손주들과 웃으며 숨바꼭질하는 광경을 목격했다. 훔볼트는 단란한 가정생활을 방해하지 않으려 최대한 조심스럽게 지켜봤지만, 곧 제퍼슨에게 발견되었다. 제퍼슨은 빙그레 웃으며, "아이구, 어릿광대 짓을 하다가 들통이 났군요. 하지만 구차한 변명은 하지 않겠습니다"[41]라고 말했다. 미국의 영웅이 '소박한 철학자'[42]였음을 알고, 훔볼트는 그를 더 좋아하게 되었다.

훔볼트와 봉플랑은 몇 주 동안 수많은 모임에 불려다니며, 간간이 디너파티에도 참석했다.[43] 모든 사람들은 용감무쌍한 탐험가들을 직접 만나 그동안의 활약상을 들으며 열광했다. 어떤 미국인은 훔볼트를 '세계적으로 주목받는 인물'[44]이라고 극찬했고, 필라델피아의 화가로서 훔볼트의 워싱턴 DC 방문 스케줄을 작성한 찰스 윌슨 필Charles Willson Peale은 훔볼트와 봉플랑에게 그들의 멋진 모습이 담긴 인물화를 여러 점 선사했다(제퍼슨에게도 인물화 한 점을 선물했다). 미 재무장관 앨버트 갤러틴Albert Gallatin은 훔볼트를 따로 만난 자리에서, "당신의 이야기를 듣는 동안 지적 호사를 누렸소"[45]라고 말했다. 훔볼트는 워싱턴에서 남쪽으로 24킬로미터 떨어진 곳에 있는 마우트버논Mount Vernon도 방문했는데, 그곳은 조지 워싱턴의 고향이었다. 조지 워싱턴은 4년 반 전에 세상을 떠났지만, 마운트버논은 이제 유명한 관광 명소가 되어 있었다. 훔볼트는 미국 건국 영웅의 고향을 보고 싶어 그곳을 방문했다. 국무장관 매디슨은 아내 돌리와 함께 훔볼트를 위한 파티를 개최했는데, 돌리는 훔볼트의 매력에 흠뻑 빠져 이렇게 말했다. "모든 여성들이 그를 사랑하게 되었다고 말하고 있어요. 물론 나도 포함해서요."[46]

훔볼트가 제퍼슨과 함께 있는 동안, 매디슨과 갤러틴은 멕시코에 대해 엄청난 질문 공세를 퍼부었다. 스페인이 지배하는 영토에 한 번도 가본 적이 없는 미국인 세 명에게, 훔볼트는 자신이 보유하고 있는 지도, 통계 자료, 노트를 들이대며 남아메리카의 주민, 작물, 기후에 대해 상세히 설명했다.[47] 그러면서 이런 자랑을 늘어놨다. "나는 기존의 지도를 향상시키기 위해, 제가 있는 곳의 정확한 지리적 위치를 계속 반복하여 계산해 왔습니다. 그 결과 당대 최고의 지도가 탄생했죠. 그런데 제가 만든 지도와 비교해 보니, 옛날 지도에서는 일부 지역의 위도가 2도씩이나 틀리게 표시되어 있었더군요. 위도 2도를 거리로 환산하면 약 230킬로미터입니다."[48] 갤러틴은 흥분을 감출 수 없었다. 왜냐하면 훔볼트는 웬만한 유럽 국가들보다 멕시코에 대한 정보를 더 많이 보유하고 있었기 때문이다. 게다가 훔볼트는 세 미국인들에게 자기 노트를 베끼고 지도를 복사하도록 허락해줬다. 그들은 훔볼트의 엄청난 지식에 감탄하며, 그에 대한 보답으로 훔볼트가 원하는 미국에 관한 정보를 모두 제공했다.[49]

제퍼슨은 지난 몇 달 동안 루이지애나와 멕시코에 대한 정보를 얻으려고 백방으로 노력해 왔지만 결과가 신통치 않았다.[50] 스페인이 자국의 영토를 예의 주시하며 외국인들에게 여행 허가를 잘 내주지 않아 많은 정보를 얻을 수 없었기 때문이다. 미국인들은 멕시코와 아바나에 소장된 식민지 기록물을 열람할 수 없었고, 워싱턴 주재 스페인 공사도 제퍼슨에게 관련 데이터 제공을 거절해 왔다. 그러던 차에 훔볼트를 만나니, 제퍼슨은 천군만마를 얻은 기분이었다.

훔볼트는 보통 사람보다 말이 두 배나 빠른 데다[51] 독일어 억양의 영어를 구사했고, 때로는 독일어, 프랑스어, 스페인어를 섞어 쓰는 바람에 알아듣기가 힘들었다.[52] 하지만 그건 그리 중요하지 않았다. 그는 엄청난 지식을 뿜어내는 지식의 샘fountain of knowledge이었다.[53] 세 미국인이 두 시간 동안 훔볼트에게 얻은 지식은, 2년 동안 책을 통해 얻은 것보다 더 많았다. 갤러틴은 훔볼트를 '매우 비범한 사람'[54]이라고 했고, 제퍼슨도 '당대 최고의 과학자'[55]라고 맞장구쳤다.

제퍼슨을 가장 괴롭혔던 문제는 '미국과 멕시코 간의 국경선을 어디로 정할 것인가'였다.[56] 스페인은 사빈 강Sabine River을, 미국은 리오그란데Rio Grande를 각각 국경선으로 내세웠다. 사빈 강은 오늘날 텍사스 주 동쪽, 즉 텍사스 주와 루이지애나 주의 경계를 이루는 강이고, 리오그란데는 오늘날 텍사스 주 서쪽, 즉 미국과 멕시코의 국경을 이루는 강이다. 그러므로 두 강 사이의 땅은 오늘날 텍사스 주에 해당되는 곳이었다. 제퍼슨이 이곳의 원주민, 토양, 광산 등에 대해 묻자,[57] 훔볼트는 (스페인 왕실의 허가를 받아 수집한) 정보를 거리낌없이 제공했다. 훔볼트는 '과학적 관용scientific generosity'과 '자유로운 정보 교환free exchange of information'이라는 두 가지 원칙을 신봉하던 사람이었다. 그는 경제와 밀접한 관련이 있는 과학 정보를 제퍼슨에게 넘겨주며, "과학은 국익을 초월합니다"라고 말했다. 제퍼슨은 "우리는 국경과 종교와 언어를 초월하는 서신공화국republic of letters의 시민입니다"라고 화답했다. 제퍼슨은 "국가가 전쟁을 벌이더라도 과학자들은 늘 평화를 유지한다"[58]는 조지프 뱅크스의 말을 떠올렸다. 뱅크스의 말만큼 상황에 잘 들어맞는 말은 없었다.

훔볼트는 다음과 같이 일사천리로 브리핑했다. "사빈과 리오그란데 사이의 땅은 면적이 프랑스의 2/3나 됩니다. 그곳에는 사바나가 많고 소규모 농장들이 산재해 있어, 지구상에서 가장 풍요로운 땅이라고는 할 수 없습니다. 광산이 약간 있고, 소규모 원주민 부족들이 살고 있으며, 해안에는 항구가 없습니다."[59] 훔볼트는 마지막으로 19쪽짜리 보고서를 제퍼슨에게 건넸다.[60] 그것은 자신의 노트를 요약한 것으로, 통계표, 인구, 농업, 제조업, 상업, 군대 등의 소제목 아래 깨알 같은 내용을 빼곡히 담고 있었다. 그는 또한 2쪽짜리 자료도 추가로 제공했는데, 그것은 사빈 강과 리오그란데 사이의 지역을 중점적으로 분석한 자료로, 한마디로 하이라이트라 할 수 있었다.[61]

훔볼트의 브리핑과 보고서는 제퍼슨의 구미에 딱 맞았다. 다음 날 아침, 제퍼슨은 한 친구에게 쓴 편지에서 "고급 정보가 가득 담긴 보물상자를 선물받았다"고 자랑했다. 제퍼슨이 지난 몇 년 동안 맞이한 방문객 중에서 훔볼트처럼 흥미롭고 유익한 인물은 없었다. 제퍼슨은 그로부터 한 달도 채 지나지 않아 각료들과 함께 대對 스페인 전략회의를 열고, 훔볼트에게 제공받은 데이터가 협상에 어떤 영향을 미칠 것인지 논의했다.[62]

훔볼트는 미국을 도울 수 있어서 행복했다. 왜냐하면 미국은 그에게 선망의 대상이었기 때문이다. 미국은 '사회의 완성'을 향해 나아가고 있는 데 반해, 유럽은 아직도 군주와 폭정despotism에 사로잡혀 있다는 것이 그의 생각이었다. 워싱턴 DC의 여름 날씨가 견딜 수 없을 정도로 후텁지근하다는 건 전혀 개의치 않았다. 왜냐하면 가장 쾌적한 공기는 자유 속에서 흡입하는 것이기 때문이었다.[63] "나는 이 아름다운 땅을 사랑하며, 언젠가 다시 탐험하러 돌아올 것"이라고 그는 되뇌었다.[64]

워싱턴 DC에 일주일 머무는 동안, 훔볼트 일행은 미국의 자연과 정치에 대해 이야기를 나눴다. 그들은 미국의 작물과 토양, 그리고 미합중국의 형성 과정에 대한 이야기꽃을 피웠다. 훔볼트는 '농민 공화국만이 독립과 행복을 가져다줄 수 있다'는 제퍼슨의 신념에 공감했다. 또한 그는 식민주의가 파멸을 초래한다고 믿었다. 스페인은 금과 목재를 얻기 위해 남아메리카에 도착했는데, 그 방법은 폭력과 강제 교환이었다.[65] 스페인은 오로지 만족할 줄 모르는 탐욕insatiable avarice에 이끌려 행동했으며, 고대 문명, 원주민 부족, 울창한 숲을 전멸시켰다. 훔볼트가 남아메리카에서 가져온 자료들은 잔인한 현실을 생생하게 증언했다. 모든 것은 엄연한 사실, 데이터, 통계에 의해 뒷받침되었다.

훔볼트는 멕시코의 광산들을 방문했을 때, 지질학과 생산성뿐만 아니라 광산이 인간에게 미칠 치명적 효과도 분석했다. 한 광산의 경우 원주민 노동자들이 커다란 바위를 등에 지고 약 2만 3,000개의 계단을 오르는 것을 봤다. 그들은 인간 기계처럼 사용되었으며, 사실상 노예나 다름없었다.[66] 왜냐하면 레파르티미엔토repartimiento라는 강제노역 체제 하에서 무임금 또는 최저임금을 받고 스페인을 위해 일했기 때문이다.[67] 식민지 관리들은 노동자들에게 터무니없이 비싼 물건을 강매함으로써, 그들을 빚과 종속이라는 수렁 속으로 밀어넣었다. 스페인 왕은 키토, 리마 등의 식민지 마을에서 눈snow을 독점하여, 돈 많은 엘리트들을 위해 셔벗sorbet을 만드는 데 사용했다. "하늘에서 떨어진 게 죄다 스페인 왕의 소유라니! 참으로 어처구니없는 일이다"[68]라고 훔볼트는 말했다. 그는 식민정부의 정치와 경제가 비도덕적이라고 생각했다.[69]

훔볼트는 남아메리카를 여행하는 동안 식민지 관리들이 귀금속과 보석을 찾아내기 위해, 광산 감독관 출신의 자신을 끊임없이 회유하는 걸 보고 깜짝 놀랐었다. 심지어 현지 가이드, 숙소 주인, 선교사들까지도 마찬가지였다. 훔볼는 그들에게 금과 보석을 캐낸다는 게 얼마나 잘못된 일인지를 누차 설명했다. "당신들은 왜 금과 보석을 원합니까? 당신들이 살고 있는 땅을 조금만 둘러봐도 풍부한 수확물을 거둬들일 수 있는데 말입니다."[70] "자유와 번영을 보장하는 확실한 방법은 바로 그런 게 아닐까요?"

비옥한 땅이 과도하게 개발되어 황무지로 변하고 원주민들이 굶주리는 광경을 훔볼트는 수도 없이 목격했다. 예컨대 발렌시아 호수가 있는 아라과 계곡의 경우, 울긋불긋한 옷을 원하는 세상 사람들의 탐욕 때문에 원주민들이 가난과 종속의 구렁텅이에 빠졌다. 왜냐하면 인디고(파란색 물감을 생성하는 속성식물—옮긴이)가 옥수수를 비롯한 식용작물들을 몰아냈기 때문이다.[71] "인디고는 토양을 황폐화시킨 원흉이다. 토양은 광산처럼 착취되고 있다. 앞으로 몇 년 후면 지력地力이 고갈되어, 아무것도 자라지 못하게 될 것이다"라고 훔볼트는 예견했다.[72]

훔볼트의 발길이 닫는 곳마다, 환금작물cash crop이 식용작물을 몰아낸 것으로 드러났다. 쿠바의 경우, 플랜테이션 때문에 숲의 상당 부분이 사라졌다.[73] "쿠바는 사탕수수밖에 생산하지 않는다. 만약 다른 식민지에서 식용작물을 수입하지 않는다면 쿠바인들은 굶어 죽을 것이다."[74] "이것은 종속과 불평등으로 가는 지름길"이라고 훔볼트는 말했다. 이와 마찬가지로, 베네수엘라의 쿠마나 주변에 거주하는 원주민들은 설탕과 인디고를 너무 많이 경작하는 바람에, 식품을 모두 해외에서 수입하는 수밖에 없었다. 국내에서 쉽게 생산할 수 있는 건데도 말이다. "단일재배monoculture와 환금작물로는 행복한 사회를 만들 수 없다. 바나나, 키노아quinoa, 옥수수, 감자와 같은 식용작물 및 품종을 기본으로 한 자급농업subsistence farming이 필요하다"[75]고 훔볼트는 말했다.

훔볼트는 식민주의와 환경 파괴 간의 관련성을 처음으로 언급한 사람이었다. 그의 사고는 늘 두 가지 핵심 개념, 즉 '복잡한 생명망으로서의 자연nature as a complex web of life'과 '자연 속에서 인간의 위치man's place within nature'를 중심으로 전개되었다. 리오아푸레에서는 스페인 사람들이 매년 범람하는 강물을 통제하려고 댐을 건설했다가 환경을 파괴한 사례를 목격했다. 설상가상으로 스페인 사람들은 마치 빽빽한 스크럼[76]

처럼 강둑을 지탱하고 있는 나무들을 베어냈다가, 강물이 매년 더 많은 땅을 휩쓸어 가게 하는 사태를 초래했다. 멕시코시티의 고원지대에서는 관개용수를 공급하던 호수가 얕은 웅덩이로 변해, 그 아래 계곡을 황무지로 만든 사례가 발견되었다.[77] "세계 어디서나 환경 파괴의 주된 원인은 수공학자water engineer들의 근시안적 행동"[78]이라고 훔볼트는 말했다.

훔볼트는 자연, 생태학적 이슈, 황제의 권력, 정치 간의 상호관계에 주목했다. 그는 불공평한 토지 분배, 단일재배, 원주민에게 저지른 폭력, 원주민들의 근로 조건을 강력하게 비판했는데, 이 네 가지는 오늘날에도 심심치 않게 제기되고 있는 문제들이다. 광산 감독관 출신답게, 훔볼트는 자연자원 수탈이 환경과 경제에 미치는 영향을 독특한 시각으로 바라봤다. 예컨대, 그는 멕시코가 환금작물과 광산에 의존하는 것을 문제 삼았다. 그럴 경우, 멕시코는 출렁이는 국제시장가격에 얽매일 수밖에 없기 때문이다. "시간이 경과해도 가치가 감소하지 않는 자산은 농업생산물밖에 없다."[79] 그는 식민지에서 발생한 문제들은 모두 유럽인들의 경솔한 행동에서 비롯되었다고 확신했다.[80]

제퍼슨도 훔볼트와 비슷한 말을 했다. "우리가 농업에 주안점을 두는 한, 미국 정부는 수세기 동안 도덕성을 유지할 것이다"[81] 그는 서부시대에 큰 기대를 걸며 "서부시대가 열림으로써, 바야흐로 새로운 공화국이 탄생하고 있다. 독립된 소규모 자영농들은 공화국의 보병이며, 자유의 수호자다. 서부는 자급농업을 보장함으로써, 수백만 명의 후손들에게 삶의 터전을 제공할 것"이라고 말했다.

제퍼슨은 미국에서 가장 진보적인 농민 중 한 사람으로, 돌려짓기, 퇴비, 신품종 등에 관심이 많았다.[82] 농업 서적을 많이 구입하여 서가를 가득 채웠고, 정치 이벤트보다 농기구에 더 열광한 나머지 몰드보드 mouldboard(보습 위에 비스듬히 댄 나무판으로, 흙을 퍼올려 뒤집는 역할을 함—옮긴이)를 발명하기도 했다. 런던에 탈곡기를 주문했을 때는 어린아이처럼 마음이 들떠, 주문·발송·도착·수령의 전 과정을 체크하며 그때마다 매디슨에게 알렸다(매디슨은 이를 들어주느라 무척 괴로웠다).[83] 새로운 채소, 작물, 과일을 몬티첼로에서 테스트하고, 자기 소유의 밭과 정원을 실험실로 이용했다.• '내가 국가에 제공할 수 있는 최고의 서비스는 유용한 식물을 경작지에 추가하는 것'[84]이라는 신념하에, 이탈리아에서 돌아올 때 사형의 위험을 무릅쓰고 밭벼upland rice를 코트 주머니 속에 숨겨 들여왔다. 영국령 서인도제도산 당밀molasses에 대한 의존을 종식시키기 위해, 미국 농민들을 설득하여 과수원에서 사탕단풍sugar maple을 재배하게 했다.

'개인이 땅을 소유하고 있는 한, 독립성은 유지된다'는 것이 제퍼슨의 신념이었다. 그는 심지어 농민은 '진정한 국익의 대변자'[85]인데 반해 '탐욕스러운 상인들은 국가관이 없다'[86]며 농민들만이 의원으로 선출되어야 한다고 주장했다. 그의 주장은 다음과 같이 계속되었다. "공장 노동자, 상인, 주식 중개인은 (땅을 경작하는) 농민과 달리 국가에 대한 소속감을 느낄 수 없다. 소규모 토지 소유자는 국가를 구성하는 가장 귀중한 요소다."[87] 그는 버지니아 주 헌법 초안에 "모든 자유인은 50에이커(20헥타르)의 땅을 소유할 자격이 있다"[88]는 조항을 삽입했지만, 결국 자신의 뜻을 관철하지는 못했다. 그의 정치적 동지인 매디슨은 "농부의 비율이 높을수록, 사회는 더욱 자유롭고 독립적이고 행복하게 된다"고

• 몬티첼로에서 재배된 채소와 허브는 모두 330가지였으며, 종種으로 따지면 99종이었다.

주장했다.[89] 두 사람 모두에게 있어서, 농업은 공화주의적 노력republican endeavour인 동시에 국가 건설 행위act of nation-building였다. 밭을 쟁기로 갈고, 식물을 심고, 돌려짓기를 궁리하는 것은 자급자족을 촉진하고 정치적 자유를 향상시키는 행위로 간주되었다.[90]

홈볼트도 제퍼슨과 매디슨의 의견에 동의했다. 왜냐하면 그가 남아메리카에서 만난 소농小農들은 자유의식과 독립정신이 투철했었기 때문이다. 하지만 훔볼트가 동의하지 않은 문제가 딱 하나 있었으니, 그것은 노예제에 관한 것이었다.[91] 훔볼트에게 있어서 식민주의와 노예제는 동전의 앞뒷면과 같으며, '인간과 자연의 관계'나 '자연자원의 수탈'과 뒤엉킨 문제였다. 스페인 사람과 북아메리카의 농장주들이 설탕, 목화, 인디고, 커피를 도입했을 때, 그들은 노예제도를 함께 도입했다. 예컨대 쿠바의 경우, 사탕수수가 노예의 피와 신음을 먹고 자란다는 사실을 훔볼트는 잘 알고 있었다. "유럽인들이 문명인의 허울을 뒤집어쓰고 부를 갈망하는 가운데 노예제가 도입되었다"[92]라고 훔볼트는 말했다.

전해지는 말에 의하면, 제퍼슨의 어릴 적 첫 기억은 '노예의 보살핌을 받은 것'[93]이었고, 성인이 되어서는 노예노동에 의존하여 생계를 유지했다고 한다. 제퍼슨은 노예제를 혐오한다고 주장했지만, 버지니아의 플랜테이션에서 고생하는 노예 200명 중 몇 명만을 해방시킬 생각이었다. 그는 한때 '몬티첼로의 노예제를 종식시키는 방법은 소규모 농업'이라고 생각했었다. 미국 공사로 유럽에 체류하는 동안, 근면한 독일 농부들을 만난 적이 있었다. 그는 독일 농부들이 돈 때문에 타락하지 않을 거라고 철석같이 믿고,[94] '독일인들을 몬티첼로에 정착시켜 1인당 50에이커짜리 농장을 운영하게 한다'는 구상을 했다. 제퍼슨은 근면하고 정직한 독일인들을 도덕적 농민virtuous farmer의 전형으로 간주했다.

플랜테이션에서 일하는 노예들

몬티첼로의 노예들은 자신의 재산으로 남겨두되, 그들의 자녀들을 해방시키면 독일인들의 거주지 근처에서 성장하여 좋은 시민good citizen이 될 거라고 생각했다. 그러나 훔볼트가 제퍼슨을 방문했을 때 이상과 같은 계획은 실현되지 않았다. 제퍼슨은 자신의 노예를 해방시키려는 계획을 모두 포기한 상태였기 때문이다.

훔볼트는 노예제를 '가장 사악한 제도'[95]로 규정하고 있었다. 그러나 워싱턴을 방문하는 동안 미국 대통령을 감히 대놓고 비난할 수는 없어서, 제퍼슨의 친구이자 건축가인 윌리엄 손튼William Thornton에게 이렇게 말했다. "노예제는 미국의 체면에 먹칠을 하는 것입니다. 물론 노예제를 폐지하면 미국의 목화 생산량이 줄어들겠지만, 공공복지를 수출품의 가치로 평가해서는 안됩니다. 극소수에게 편중된 부보다 정의와 자유가 더 중요합니다."[96]

노예제는 폭압적인 제도다. 영국, 프랑스, 스페인이 '우리 셋 중에서 노예를 인도적으로 대우하는 나라는 어디인가?'라는 문제를 놓고 논쟁을 벌이는 것은 도토리 키 재기나 다름없었다. 훔볼트는 남아메리카를 여행하는 동안 노예들의 비참한 삶을 목격하고 탐험일지에 자세히 적어 놓았다. "카라카스에서 한 플랜테이션 농장주는 자신의 노예들에게 똥을 먹게 했고, 다른 농장주는 노예들을 바늘로 고문했다. 어딜 가든 노예들의 등에서 흉터가 흔히 발견되었는데, 그건 채찍질로 인해 생긴 거였다."[97] 인디오 원주민들도 노예와 다를 바 없는 취급을 받았다. 예컨대 오리노코 강 유역의 선교지에서 들은 바에 의하면, 인디오 어린이들이 유괴되어 노예처럼 팔리는 경우가 다반사라고 했다. '한 선교사가 부엌에서 심부름하던 소년의 고환을 잘랐는데, 이유인즉 그 소년이 한 소녀에게 키스했기 때문'이라는 끔찍한 일화도 있었다.[98]

몇 가지 예외가 있기는 했다. 훔볼트는 베네수엘라에서 오리노코 강으로 가기 위해 발렌시아 호숫가를 지나던 중, 자신의 땅을 대규모 플랜테이션에 사용하지 않고 소농들에게 나눠줌으로써 농업 발달과 부의 재분배에 기여한 사람을 보고 깊은 감동을 받았다.[99] 땅을 증여받은 농민 중에는 노예를 해방시킨 사람들도 있는가 하면, 너무 가난해서 자신의 농토를 소유할 수 없는 사람들도 있었다. 그들은 부자는 아니지만, 자신의 농토를 기반으로 하여 독립된 자영농으로 어엿하게 살아갈 수 있었다. 혼다와 보고타 사이에서도 소규모 농장을 발견했는데, 그곳에서는 아버지와 아들이 노예를 사용하지 않고 설탕과 식용식물을 자급자족하고 있었다. 훔볼트는 이상과 같은 사례들을 자세히 적어놓는 것을 좋아했다.[100] 왜냐하면 그것은 자신의 주장이 옳음을 입증하는 증거였기 때문이다.

"노예제는 자연에 역행한다. 자연에 역행하는 것은 불공평하고 악하고 타당성이 없다"[101]고 훔볼트는 말했다. '흑인은 백인보다 심신이 열등하다'[102]고 믿었던 제퍼슨과 달리, 훔볼트는 '이 세상에 우월하거나 열등한 인종은 없다'고 주장했다. "국적, 피부색, 종교와 관계없이, 모든 인간은 한 뿌리에서 나왔다. 여러 식물들이 본디 한 뿌리에서 나와 지리적·기후적 환경에 각각 다르게 적응했음을 기억하라. 인간도 그와 다르지 않다. 인간은 모두 평등하며, 다른 인종 위에 군림하는 인종은 없다."[103] "왜냐하면 모든 인종은 각각 자유를 추구하도록 설계되었기 때문이다."[104]

자연은 훔볼트의 교사였다. 훔볼트가 자연으로부터 얻은 교훈 중 가장 위대한 것은 '자유의 소중함'이었다. "자연은 자유의 영역이다."[105] 왜냐하면 자연의 균형은 다양성에 의해 이루어지며, 다양성은 정치적·도덕적 진실의 청사진이기 때문이다. 가장 보잘것없는 이끼나 곤충에서부터, 하늘을 향해 우뚝 솟은 참나무에 이르기까지 만물은 자연 속에서 각각 나름의 역할을 수행하며, 함께 모여 전체를 이룬다. 인간도 자연의 작은 구성요소 중 하나에 불과하다. 훔볼트에게 자연은 그 자체가 자유로운 존재들로 이루어진 자유공화국republic of freedom이었다.

The
Invention
of
Nature

3부

/

귀환

아이디어 분류 및 정리

9
유럽

1804년 6월 말, 훔볼트는 프랑스의 소형 구축함 라 파보리트La Favorite에 몸을 싣고 미국을 떠났다.[1] 그리고 서른다섯 번째 생일을 몇 주 앞둔 8월 어느 날 파리에 도착하여 열광적인 환영을 받았다. 5년 이상 남아메리카 각지와 미국을 여행하고, 수십 권의 노트, 수백 장의 스케치, 6만 점(종種으로 따지면 6,000종)의 식물 표본, 그 밖에도 수만 건의 천문학적·지질학적·기상학적 관찰 기록을 챙겨 유럽에 돌아왔다.[2] 6,000종의 식물 표본 중 약 2,000종은 유럽의 식물학자들에게 금시초문이었는데, 이것은 도저히 믿을 수 없는 숫자였다. 왜냐하면 18세기 말 현재 유럽에 알려진 식물종들을 모두 합해봐야 6,000종에 불과했기 때문이다. "나처럼 많은 표본을 수집한 식물학자는 전무후무할 걸?"이라고 훔볼트는 우쭐거렸다.

약 2년 전 페루의 리마에 있을 때, 훔볼트는 한 프랑스 과학자에게 쓴 편지에서 "파리에 한 번 더 갈 수 있다면 얼마나 좋을까요!"[3]라고 말한 적이 있었다. 그러나 1804년 8월에 접한 파리의 모습은 1798년에 마지막으로 봤던 모습과 사뭇 달랐다. 그 당시 파리는 민주공화국의 도시였지만, 이제는 한 명의 독재자의 지배를 받고 있었다. 나폴레옹은 1799년 11월 쿠데타를 일으킨 후 자신을 제1집정관Premier Consul으로 선포하고, 프랑스 최고의 권력자가 되었다. 그리고 훔볼트가 도착하기 불과 몇 주 전에는, 프랑스 황제의 관을 쓰겠노라고 발표했다. 나폴레옹의 원대한 비전을 선포하기 위한 건축 공사가 시작되면서, 파리의 거리에는 공구 부딪치는 소리가 요란하게 울려퍼졌다. 훔볼트는 한 친구에게 쓴 편지에서 "파리가 너무 달라져서, 일단 적응부터 해야겠어"[4]라고 말했다. 12월에 열리는 나폴레옹의 대관식을 위해 노트르담 성당이 보수되고 있었고, 중세에 지어진 목조 건물들은 공적 공간public space, 분수, 도로를 만들기 위해 철거되었다. 파리에 신선한 물을 공급하기 위해 100킬로미터에 달하는 운하를 파고, 센강의 범람을 막기 위해 케도르세Quai d'Orsay도 건설했다.

훔볼트가 알던 신문들은 대부분 폐간되거나, 나폴레옹에게 충성하는 편집자들에 의해 운영되고 있었다. 또한 나폴레옹의 모습과 지배 형태를 우스꽝스럽게 묘사한 캐리커처는 금지되었다. 나폴레옹은 새로운 국가경찰력을 확립하고, 프랑스 은행Banque de France을 설립하여 돈줄을 움켜쥐었다. 자신의 권력을 파리에 집중시키고, 국민의 모든 생활을 철저히 통제했다. 그동안 변하지 않은 건 단 하나, 유럽 전역에서 전쟁이 여전히 맹위를 떨치고 있다는 거였다.

그럼에도 불구하고, 훔볼트가 파리를 새로운 고향으로 선택한 이유는 간단했다.[5] 유럽 전체에서 파리만큼 과학에 깊숙이 빠져 있는 곳은

유럽에 돌아온 홈볼트

없었고, 파리만큼 자유로운 사고가 허용되는 곳도 없었다. 프랑스혁명을 계기로 가톨릭 교회의 역할이 감소하자, 프랑스의 과학자들은 더 이상 종교적 규범과 정통파 신념에 얽매이지 않았다. 그들은 편견에서 벗어나 실험과 추론에 열중하고, 모든 것에 의문을 제기할 수 있었다. 종교가 차지했던 자리를 이성이 대체했고, 과학에 자금이 투자되었다. 종전에 왕실정원Jardin du Roi으로 알려졌었던 파리 식물원Jardin des Plantes에는 새로운 온실이 들어섰고, 나폴레옹 군대가 유럽에서 약탈해 온 식물 표본집, 화석, 박제 동물, 심지어 네덜란드에서 가져온 코끼리 두 마리 덕분에 자연사박물관의 소장품이 크게 증가했다.[6] 홈볼트는 프랑스에서 마음이 맞는 사상가들을 발견하고, 조각가들도 만났으며, 과학협회, 과학 기관, 과학 살롱에도 드나들었다. 한마디로 말해서, 파리는 홈볼트가 자신의 사상을 전 세계와 공유하는 데 안성맞춤인 곳이었다.

파리는 활력이 넘치는 도시였다.[7] 인구가 약 50만에 이르는 진정한 메트로폴리스로, 런던에 이어 유럽에서 두 번째로 컸다. 혁명 이후 10년 동안 파괴와 내핍의 구렁텅이에 빠져들었지만, 이제 유쾌하고 흥겨운 기분이 되살아나고 있었다. 여성들은 시투아옌citoyenne 대신 마담Madame이나 마드무아젤Mademoiselle로 불렸고, 그동안 추방됐던 프랑스인 수만 명의 귀국이 허용되었다. 어딜 가든 카페가 있었고, 혁명 직후 100개였던 레스토랑이 500개로 급증했다. 파리 사람들이 많은 시간을 집 밖에서 지내는 것을 보고 외국인들은 깜짝 놀랐다. 영국의 낭만파 시인 로버트 사우디Robert Southey는 이런 광경을 보고 "모든 파리 사람들이 집 밖에서 시간을 보내는 것 같다. 마치 집은 잠만 자고 나가는 곳인 것처럼…"이라고 말했다.[8]

훔볼트가 세 든 생제르맹의 작은 아파트 근처에서는 다른 곳에서 보기 힘든 진풍경이 벌어졌다. 수백 명의 여성들이 센강 기슭에서 소매를 걷어붙이고 린넨을 문질러 빨았는데, 그녀들의 씩씩한 모습은 다리를 건너는 사람들의 눈에 훤히 보였다. 파리의 거리에 즐비한 가판대에서는 굴, 포도, 군밤, 심지어 가구까지 뭐든 다 팔았다. 구두 수선공, 칼 가는 사람, 행상들은 저마다 큰소리로 호객 행위를 했고, 그중에는 시선을 끌려고 일부러 오만상을 찌푸리는 사람도 있었다. 동물들이 재주를 부리고, 곡예사들이 공연을 했으며, 자칭 철학자들이 강연을 하거나 실험을 했다.[9] 노인이 하프를 연주하고, 어린이가 탬버린을 치고, 개犬가 풍금을 연주했다. 대낮에도 음악가, 배우, 마술사가 거리에 쏟아져나와 대중을 즐겁게 했다. 한 방문객은 "도시 전체가 즐기는 데 몰두하는 것 같다"[10]고 말했고, 또 다른 관광객은 "도시 전체가 흥분의 도가니에 빠져 있다"고 말했다.[11]

파리의 거리 풍경

파리에서는 계급에 상관없이 한 집에서 살았는데, 파리를 방문한 외국인들의 눈으로 볼 때 그건 엄청난 충격이었다. 넓은 1층에는 공작이 살았고, 5층의 다락방에는 하인이나 모자 판매상milliner들이 살았다. 꽃이나 장신구를 파는 소녀들도 손님이 없을 때는 독서 삼매경에 빠지는 걸로 보아, 파리 사람들의 독서 습관은 계급을 초월하는 듯했다.[12] 간이 서점이 거리를 가득 메웠고, 레스토랑과 카페 앞 공터에 놓인 테이블에서는 종종 예술과 아름다움, 또는 고급 수학에 대한 대화가 오갔다.[13]

훔볼트는 파리의 거리, 살롱, 연구실에서 뿜어져나오는 지식에 감탄했다. 파리에는 프랑스 과학 연구의 본산인 파리 과학아카데미Académie des sciences• 외에도 쟁쟁한 연구기관들이 많았다. 파리 의과대학École de Médecine의 해부학 강의실은 1,000명을 수용했고, 천문대는 최고의 기기들을 갖추고 있었으며, 파리 식물원은 대형 식물원을 비롯하여 수많은 야생 동물, 자연사 관련 소장품, 장서를 자랑했다. 한마디로, 파리에는 할 일도 많고 만날 사람도 많았다.

스물다섯 살의 화학자 조셉 루이 게이-뤼삭Joseph Louis Gay-Lussac은 과감하게 열기구를 타고 하늘로 올라가, 엄청나게 높은 고도에서 지자기地磁氣를 연구함으로써 과학계의 마음을 사로잡았다. 훔볼트가 파리에 도착한 지 불과 3주 후인 1804년 9월 16일, 게이-뤼삭은 해발 7,000미터 상공에 올라가 기온과 기압을 측정함은 물론 지자기를 관찰했다.[14] 7,000미터라면 훔볼트가 침보라소에서 올랐던 곳보다 무려 1,000미터나 더 높았으므로, 훔볼트가 게이-뤼삭의 측정 결과를 안데스산맥에서의 측정 결과와 비교하고 싶어 안달이 난 것은 당연했다. 그로부터 몇 달 후 과학아카데미에서 함께 강의하게 되자, 두 사람은 금세 친해져 여행을 함께하며 방도 같이 썼다.[15] 그리고 몇 년 후에는 파리 공과대학École Polytechnique의 다락방에서 함께 연구했다.

어딜 가든 새롭고 흥미로운 이론들이 기다리고 있었다. 파리 식물원 내부의 자연사박물관에 들어갔을 때, 훔볼트는 박물학자 조르주 퀴비에Georges Cuvier와 장-바티스트 라마르크Jean-Baptiste Lamarck를 만났다. 퀴비에는 화석의 뼈를 분석하여 현존하는 동물과 다르다는 결론을 내림으로써, 그동안 논란 많던 멸종extinction이라는 개념을 과학적 사실로 전환시켰다. 라마르크는 그 당시 '종이 점진적으로 변이transmutation된다'는 이론을 수립하여 진화론의 토대를 마련했다. 유명한 천문학자이자 수학자인 라플라스는 우주와 지구의 형성 과정을 연구하고 있었

• 혁명 이후, 과학아카데미는 국립과학예술원Institut National des Sciences et des Arts으로 통합되었다가 몇 년 후인 1816년에 다시 과학아카데미로 복원되었다. 이 책에서는 일관성을 위해 시기와 상관없이 과학아카데미로 통칭한다.

파리 상공에 떠 있는 열기구

는데, 이는 훔볼트의 아이디어를 형성하는 데 도움이 되었다. 파리의 석학들은 과학적 사고의 영역을 크게 넓혔다.

모든 사람들은 훔볼트의 무사 귀환을 환영했다. 괴테는 빌헬름에게 보낸 편지에 "너무 오랜만이어서, 마치 알렉산더가 죽은 자 가운데서 부활한 것 같네"라고 썼다.[16] 어떤 사람들은 훔볼트에게 "베를린 과학 아카데미 회장이 되어 보세요"라고 했지만, 훔볼트는 베를린에 되돌아갈 생각이 없었다. 양친은 모두 돌아가셨고 형 빌헬름은 바티칸 주재 프로이센 공사로 로마에 살고 있었으므로, 베를린에는 혈육이 아무도 없었기 때문이다. 그러므로 베를린에는 훔볼트의 구미를 당길 만한 게 전혀 없었다.

그런데 놀랍게도, 빌헬름의 아내 카롤리네가 파리에 살고 있었다.[17] 지난해 여름 아홉 살배기 아들이 세상을 떠난 후 여섯 번째 아이를 임신하자, 그녀는 아이 둘을 데리고 로마를 떠나 파리에 도착했던 것이다. 두 아이 모두 열병을 앓고 있었는데, 빌헬름-카롤리네 부부는 온화한 파리가 무더운 로마보다 여름을 지내기에 한결 수월할 거라 믿고 있었다. 로마에 있는 빌헬름은 알렉산더의 일거수일투족을 낱낱이 파악하기 위해, 파리에 있는 카롤리네에게 편지를 보내 다그쳤다. "알렉산더의 안색은 어때? 향후 계획은 뭐래? 그동안 얼마나 변했어? 사람들이 외계인처럼 쳐다보는 건 아냐?"[18]

카롤리네는 답장에 이렇게 썼다. "알렉산더의 안색은 매우 좋아요. 몇 년 동안 남아메리카 오지를 탐험하느라 고생했지만, 약해지기는커녕 되레 더 건강해졌어요. 등산을 많이 해서 그런지, 몸이 건강하고 체격도 탄탄한 것 같아요. 매너, 몸짓, 표정이 하나도 변하지 않았어요. 전혀 늙지도 않았고요. 마치 그저께 떠났다 어제 돌아온 것 같아요. 그러나 변한 점도 몇 가지 있어요. 체중이 불었고, 말이 훨씬 더 많아지고 빨라졌다는 거예요."[19]

카롤리네와 빌헬름은 알렉산더가 프랑스에 머무르고 싶어 하는 것을 탐탁잖게 여겼다. 그들은 베를린에 돌아가 잠시라도 거주하는 것이 애국자로서의 의무[20]라고 여기며, 훔볼트에게 독일인임Deutschheit을 상기시켰다. 하지만 빌헬름에게서 '누구나 조국을 존중해야 한다'[21]는 내용의 편지를 받았을 때, 알렉산더는 형을 무시했다. 쿠바에서 미국으로 떠나기 직전에 쓴 편지에서, 훔볼트는 "형! 난 두 번 다시 베를린에 돌아갈 생각이 없어"[22]라고 잘라 말했다. 카롤리네의 말에 의하면, 알렉산더는 '파리를 떠났으면 좋겠다'는 빌헬름의 이야기를 전해 듣고 얼굴이 일

그려졌다고 한다.[23] 훔볼트는 형에게 쓴 편지에서, 파리에서 즐거움을 만끽하고 있으며, 과거 어느 때보다도 큰 명성을 누리고 있노라고 말했다.[24]

훔볼트 일행이 프랑스에 처음 도착했을 때 봉플랑은 곧바로 대서양 해안에 있는 라로셸La Rochelle 항구로 달려가 가족과 상봉했다.[25] 그러나 훔볼트와 카를로스 몬투파르는 파리로 직행했다. 훔볼트는 파리에서 새 인생을 시작하기로 작정하고, 자신의 탐험담을 파리의 과학자들에게 공유하기 시작했다. 그로부터 3주도 채 지나지 않아, 훔볼트는 과학아카데미에 여러 개의 강좌를 개설하고 수많은 청중들을 대상으로 명강의를 펼쳤다.[26] 몇 가지 주제를 수시로 넘나들다 보니, 아무도 진도를 따라오지 못했다. 한 프랑스 화학자는 이렇게 말했다. "훔볼트의 머릿속에는 모든 과학 분야들이 통합되어 있다."[27] 과학자들은 강의를 듣고 원고를 읽고 수집품을 들여다보면서, 한 사람이 수많은 분야들에 정통해 있음을 알고 깜짝 놀랐다. 훔볼트는 형에게 쓴 편지에서, "과거에 내 능력을 비판했던 사람들도 이제는 내게 열광하고 있어"라고 자랑스레 말했다.[28]

훔볼트는 새로운 과학자들과 어울려 실험을 하고, 탐험담을 이야기하며, 자신의 이론에 대해 토론했다. 그는 밤낮의 구분에 의미를 두지 않고, 자기 나름의 페이스대로 연구, 취침, 식사를 했다.[29] 예컨대 한밤중에 눈이 떠지면 그냥 일어나서 연구에 몰두하고, 그러다 지치면 쓰러져 잠들었다. 배가 고프지 않으면 식사시간을 무시하고 건너뛰었다. 연구가 잘 되지 않을 때의 유일한 해결방법은 잠을 줄이는 것이었다. 그리고 피곤해지면 커피를 좀 더 마셨다.

훔볼트는 가는 곳마다 소동을 일으켰다. 프랑스 경도위원회Board of Longitude는 훔볼트의 정확한 측정값을 그대로 사용했고, 다른 기관들은 그의 지도를 복사했으며, 조각가들은 그의 삽화에 큰 관심을 보였다.[30]

파리식물원은 전시회를 열어 그의 식물 표본을 전시했고, 침보라소에서 가져온 암석 샘플은 20세기에 아폴로 우주선이 달에서 가져온 암석 샘플에 비견될 만큼 폭발적인 화제를 불러일으켰다. 훔볼트는 자신의 표본들을 개인적으로 보관하지 않고 유럽 전역의 과학자들에게 보낼 생각이었다.[31] 왜냐하면 표본을 공유해야만, 그것을 바탕으로 하여 새롭고 위대한 과학 발견이 이루어질 수 있었기 때문이다. 충직한 친구 아미에 봉플랑에게 고마움을 표시하는 뜻에서, 훔볼트는 자신의 인맥을 이용하여 프랑스 정부에서 매년 3,000프랑의 연금을 받게 해줬다.[32] "봉플랑은 내 탐험이 성공하는 데 크게 기여했으며, 대부분의 식물 표본을 분석하고 기술했다"고 그는 말했다.

훔볼트는 파리에서의 환대를 즐기면서도 스스로를 이방인으로 여겨 그곳에서 맞는 첫 번째 겨울을 두려워했다. 그래서 그런지, 그는 (아마도 몬투파르를 통해 만난 듯한) 남아메리카 출신 젊은이들에게 유난히 끌렸다. 그중 한 명은 베네수엘라 출신의 시몬 볼리바르였는데,* 당시 나이는 스물한 살이었고 나중에 남아메리카 혁명의 지도자가 되었다.[33]

볼리바르는 1783년 카라카스에서 가장 부유한 크리오요criollo 집안 중 하나의 아들로 태어났다. 그의 조상을 거슬러 올라가면 시몬 데 볼리바르가 나오는데, 그는 16세기 말 베네수엘라에 이주한 사람이었다. 볼리바르의 가문은 그때부터 번창하여, 18세기 말에는 플랜테이션, 광산, 멋진 저택을 여럿 소유하고 있었다. 볼리바르는 젊은 아내가 결혼

* 훔볼트에게 파리의 남아메리카 사람들을 소개시켜 준 사람은 아마도 몬투파르인 것 같다. 하지만 훔볼트와 볼리바르의 경우에는, 서로 알고 있던 지인들이 있었다. 볼리바르의 어린 시절 친구인 페르난도 델 토로는, 훔볼트가 베네수엘라에서 같이 지낸적이 있는 마르키스 델 토로의 아들이었다. 훔볼트는 또한 카라카스에서 볼리바르의 누이들과 그의 가정교사였던 시인 안드레스 베요Andrés Bello를 만난 적이 있었다.

후 몇 달 만에 황열로 세상을 떠나자 카라카스를 떠났다. 아내를 너무 사랑했었기에, 슬픔을 달래기 위해 유럽순방여행길Grand Tour of Europe에 올랐다. 그는 훔볼트와 거의 같은 시기에 파리에 도착하여, 음주, 도박, 섹스, 계몽철학에 관한 밤샘 토론에 몰두했다.[34] 짙은 피부, 검고 긴 곱슬머리, (그가 제일 좋아하던) 하얀 치아[35]를 가진 볼리바르는 최신 유행복을 즐겨 입었다. 그는 춤을 무척 좋아했고, 여성들은 그를 최고의 매력남으로 여겼다.

책, 저널, 남아메리카 풍경화로 가득 찬 훔볼트의 방을 찾았을 때, 볼리바르는 훔볼트가 베네수엘라에 흠뻑 빠져 있는 데다 (대부분의 유럽인들이 모르는) 남아메리카 대륙의 자원들에 대해 이야기하는 것을 듣고 깜짝 놀랐다.[36] 훔볼트가 오리노코 강의 거대한 여울, 안데스산맥의 고산준령, 우뚝 솟은 야자나무, 전기뱀장어를 언급하자, 볼리바르는 어느 유럽인도 아메리카 대륙의 풍경을 그처럼 생생하게 묘사한 적이 없었음을 깨달았다.[37]

그들은 정치와 혁명에 대해서도 이야기했다.[38] 1804년 겨울 나폴레옹이 파리에서 대관식을 갖고 황제로 즉위했을 때, 두 사람은 모두 파리에 있었다. 볼리바르는 자신의 영웅이던 나폴레옹이 폭군이자 위선적인 독재자[39]로 변신한 것을 보고 큰 충격을 받았다. 그러나 그와 동시에 스페인이 나폴레옹의 군사적 야욕에 시달리고 있음을 간파하고, 유럽의 역학관계 변화가 스페인 식민지에 어떤 영향을 미칠 것인지 생각하기 시작했다. 훔볼트는 "식민지에 혁명의 기운이 무르익고 있지만, 혁명을 이끌 사람이 아무도 없다"고 주장했다.[40] 그러나 볼리바르는 "식민지인들은 힘이 약하지만, 일단 싸우려고 결심하면 신처럼 강해질 겁니다"[41]라고 맞받았다. 볼리바르는 스페인 식민지에서 혁명이 일어날 가능성에 대해 생각하기 시작했다.

홈볼트와 볼리바르는 스페인이 남아메리카에서 쫓겨나는 모습을 하루빨리 보고 싶어했다.[42] 훔볼트는 미국과 프랑스의 혁명정신에 깊은 인상을 받아, 남아메리카의 해방을 옹호했다. "식민지라는 말 자체가 비도덕적 개념이며, 식민정부란 곧 '불신받는 정부'를 의미한다"[43]고 그는 주장했다. 남아메리카 각지를 여행하던 시절, 훔볼트는 사람들이 조지 워싱턴과 벤자민 프랭클린에 대해 열변을 토하는 것을 듣고 깜짝 놀랐다.[44] 그는 식민지인들로부터 "미국혁명에서 미래에 대한 희망을 얻었다"는 말을 들었지만, 그와 동시에 남아메리카 사회에서 인종 간 불신이 만연하고 있는 현상도 목격했다.

지난 3세기 동안, 스페인은 식민지의 계급과 인종들 사이에서 불신을 조장했다.[45] 부유한 크리오요들은 메스티조mestizo, 노예, 원주민과 권력을 공유하느니, 차라리 스페인에 지배받는 쪽을 선호한다고 훔볼트는 확신하고 있었다. "어쩌면 부유한 크리오요들은 노예제에 기반한 백인공화국을 세울지도 모른다"[46]고 훔볼트는 우려했다. '스페인의 식민지 사회에는 인종차별 의식이 너무 깊이 박혀 있어, 혁명이 일어날 가능성이 낮다'는 것이 훔볼트의 생각이었다. 그러나 봉플랑은 달랐다. 봉플랑은 볼리바르의 아이디어를 신뢰하며 그를 격려했고,[47] 훔볼트는 '봉플랑이 충동적인 크리오요 청년처럼 착각에 빠진 게로군'하고 생각했다. 그러나 그로부터 몇 년 후, 훔볼트는 볼리바르를 달리 생각하게 되었다. 그는 볼리바르와 대화를 나눈 시간을 '신대륙의 독립과 자유를 서약한 순간'[48]으로 기억했다.

하루 종일 사람들에게 둘러싸여 지냈지만, 훔볼트는 감정적인 거리를 늘 유지했다. 그는 사람됨을 너무 빨리 판단하는 바람에, 간혹 경박해 보일 때도 있었노라고 스스로 인정했다.[49] 그의 마음속에는 샤덴프로이데Schadenfreude(남의 불행을 보고 즐거워하는 마음)가 들어 있어서, 타인의 실수를 드러내는 것을 즐겼다.[50] 두뇌 회전이 너무 빠르다 보니, 가끔 자제력을 잃고 상대방에게 가치를 깎아내리는 별명을 붙이거나 등 뒤에서 뒷말을 하곤 했다. 예컨대, 시칠리아의 왕에게는 파스타왕pasta king[51]이라는 별명을 붙였고, 어떤 보수파 프로이센 장관에게는 빙하glacier라는 별명을 붙이며 '너무 차가워 왼쪽 어깨에 류머티즘이 생겼을 걸'[52]이라고 말했다. 하지만 빌헬름의 생각은 좀 달랐다. 그는 '번뜩이는 재치와 날카로운 지적의 이면에는 부드러움과 연약함이 숨어 있음에도 불구하고, 아무도 알아채지 못하는 것 같다'[53]고 믿었다. 아내 카롤리네에게 "알렉산더는 명성과 인지도가 높아지기를 갈망하지만, 설사 명성과 인지도가 높아지더라도 진정한 행복을 느끼지는 못할 거야"라고 설명했다. 빌헬름의 생각에는 일리가 있었다. 남아메리카 탐험을 하는 동안 자연 관찰과 신체 활동으로 인해 성취감과 쾌감을 느꼈던 훔볼트가, 유럽에 돌아온 후 다시 고독을 느끼고 있었으니 말이다.

훔볼트는 자연계에 대해서는 만물을 연결하고 관련시키는 데 이력이 났지만, 개인적 관계에 대해서는 이상하리만큼 1차원적이었다. 예컨대, 해외에 머무는 동안 친한 친구가 세상을 떠났다는 이야기를 들었을 때, 그는 미망인에게 위로의 내용보다는 철학적 내용이 담긴 편지를 썼다. 게다가 편지의 주제는 고인의 죽음이 아니라, 유대인과 그리스인들이 생각하는 죽음의 개념이었다. 더욱 황당한 것은, 친구 부부가 독일인인 것을 뻔히 알면서도, 미망인이 이해할 수 없는 프랑스어로 편지를 썼다는 것이다.[54] 훔볼트가 파리에 도착한 지 몇 주 후, 카롤리네와 빌헬름 부부의 딸이 생후 3개월 만에 천연두 백신 접종을 받고 사망했다. 약

1년 동안 두 자녀를 잃자, 카롤리네는 깊은 우울증에 빠졌다. 남편이 로마에 있는 상태에서 홀로 슬픔을 삭이던 카롤리네는, 바쁜 시동생에게 약간의 정서적인 도움을 기대했지만 허사였다. 훔볼트는 통상적인 애도의 뜻을 표했을 뿐, 가슴 깊은 곳에서 우러나오는 진솔한 감정을 드러내지는 않았다.[55]

카롤리네는 제 코가 석자인데도 불구하고 오히려 훔볼트를 더 걱정했다. 훔볼트는 위험한 탐험에서는 살아남았지만, 일상생활에서는 무기력했기 때문이다. 예컨대, 그는 5년간 여행하느라 탕진한 재산이 어느 정도인지 전혀 신경쓰지 않았다. 그를 한정치산자라고 생각한 카롤리네는 로마에 있는 남편 빌헬름에게, 알렉산더에게 따끔한 경고 편지를 한 장 보내서 재산 상황이 심각함을 일깨워주라고 요청했다.[56] 1804년 가을 로마로 돌아갈 준비를 하는 동안, 카롤리네는 알렉산더를 파리에 남기고 떠나는 게 꺼림칙하게 느껴졌다. 그래서 빌헬름에게 쓴 편지에서 이렇게 말했다. "알렉산더가 평온하게 살 수 있을지 걱정이에요. 그를 아무런 제한 없이 홀로 내버려두면 재앙이 발생할 수 있어요."[57] 그러자 빌헬름은 카롤리네에게 '파리에 좀 더 머무르라'는 회신을 보냈다.

카롤리네는 남편에게 쓴 편지에서 이렇게 보고했다. "알렉산더는 새로운 여행 계획을 짜느라 과거 어느 때보다도 활발하게 활동하고 있어요. 그리스, 이탈리아, 스페인을 비롯한 모든 유럽국가들이 그의 머릿속을 맴돌고 있어요."[58] 훔볼트는 1804년 초 필라델피아와 워싱턴을 방문했던 기억이 불현듯 떠올라, 북아메리카 대륙을 탐험하고 싶다는 생각이 들었다. 그래서 한 미국 지인에게 이런 편지를 썼다. "나는 미국 서부에 가고 싶습니다. 미국에서 내 탐험을 도와줄 수 있는 최적의 인물은 토머스 제퍼슨입니다. 나는 미주리 주, 북극권, 아시아에도 가고 싶습니다."[59]

홈볼트는 젊었을 때 한 곳이라도 더 가보고 싶어했다. 그러나 새로운 탐험을 떠나기 전에, 기존의 탐험 결과를 책으로 펴낼 필요가 있었다. 그런데 도대체 어디서부터 시작해야 할지 막막했다. 홈볼트는 책 한 권만 생각한 게 아니라, 두껍고 커다란 책들을 시리즈로 펴낼 생각이었다.[60] 게다가 아름다운 삽화(예: 안데스산맥의 최고봉들, 이국적인 꽃들, 고문서, 잉카제국의 유적)까지 곁들여서 말이다. 또한 그는 식물학, 동물학, 천문학, 지질학 등의 전문 서적도 몇 권 쓰고 싶었는데, 특히 남아메리카에서 관찰하고 수집한 동식물들을 정확하고 과학적으로 기술하고 싶었다. 그는 지도책도 한 권 펴내, 그 책에 식물의 분포 현황이 담긴 세계지도와, 화산·산맥·강 등의 위치가 표시된 지도를 수록할 예정이었다. 한편 홈볼트는 저렴한 대중서적들을 몇 권 써서 자신의 자연관을 광범위한 독자층에게 설명한다는 구상도 갖고 있었다. 단, 식물학 서적은 봉플랑에게 맡기고, 나머지 책들은 자신이 모두 집필할 생각이었다.

다양한 분야의 일들을 혼자서 동시다발적으로 진행하다 보니, 불쑥불쑥 떠오르는 생각들을 감당하지 못하는 일이 종종 벌어졌다. 한 분야의 글을 쓰다가 다른 분야의 아이디어가 떠오르면, 그때마다 원고 한 귀퉁이에 아이디어를 끄적였다. 그러다 보면 원고의 여백은 글씨나 숫자나 그림으로 빼곡히 채워지기 마련이었고, 원고의 여백이 사라지면 홈볼트는 책상 위의 여백을 메모장으로 사용했다. 급기야 책상 위의 여백까지 사라지면, 홈볼트는 청소부를 불러 책상을 말끔히 닦아내게 했다.[61]

글을 쓰느라 아무리 바쁘다고 해도, 여행지가 유럽에 있거나 과학계의 중심부 가까이에 있는 한 여행을 중단할 필요가 없었다. 홈볼트는 필요하다면 어디서든 일할 수 있었다. 마차 뒤에서도 무릎 위에 노트를 올려놓고, 거의 알아볼 수 없는 글씨로 페이지를 메워갔다. 로마로 빌헬름을 찾아가, 알프스산맥과 베수비오 화산을 등반했다. 프랑스에 도착한 지 7개월 후인 1805년 3월, 카롤리네는 마침내 파리를 떠났다.[62] 그로부터 몇 주 후 훔볼트는 새로운 단짝 친구인 화학자 게이-뤼삭과 함께 이탈리아로 여행을 떠났다. 절친한 친구였던 몬투파르가 그해 초 마드리드로 떠나자, 훔볼트는 몬투파르 대신 스물여섯 살의 미혼남 게이-뤼삭과 많은 시간을 함께 보냈다.•

훔볼트와 게이-뤼삭은 먼저 리옹으로 간 다음, 거기서 프랑스 남동부의 샹베리로 갔다. 그곳에서 두 사람은 지평선 위로 솟아오른 알프스산맥을 바라볼 수 있었다. 새봄을 맞아 따뜻한 공기가 숲속에 생명을 불어넣자, 나무들이 활짝 펼쳐진 잎으로 갈아입으며 삽시간에 신록이 우거졌다. 새들은 나무에 둥지를 틀고, 길 양쪽에는 밝은 빛깔의 봄꽃들이 줄줄이 피어났다. 최고의 장비로 무장한 두 사람은 규칙적으로 발길을 멈추고 기상 관측을 했는데, 훔볼트는 그 결과를 남아메리카에서 관측한 결과와 비교해 볼 생각이었다. 그들은 샹베리에서 남동쪽으로 계속 내려간 다음, 이탈리아로 가기 위해 알프스산맥을 넘기 시작했다.[63] 훔볼트는 마치 물 만난 고기처럼 산속을 누볐다.

3월의 마지막 날, 그들은 로마에 있는 빌헬름-카롤리네 부부의 집에 도착했다.[64] 빌헬름이 프로이센 공사로 로마에 부임한 후 2년 반 동안, 그의 집은 어느덧 예술가와 사상가들의 만남의 장소가 되어 있었다. 카롤리네와 빌헬름은 매주 수요일과 일요일 점심에 식사를 대접하고 저녁에는 수많은 방문객을 맞았다.[65] 유럽 전역에서 과학자, 고고학자, 조

• 몬투파르는 1810년에 혁명에 가담하기 위해 남아메리카로 돌아갔다. 이후 1816년에 수감된 후 처형당했다.

각가들이 몰려들었고, 그중에는 유명한 사상가, 귀족 여행자, 가난한 예술가 등 다양한 부류의 사람들이 포함되어 있었다. 그중 많은 이들이 훔볼트가 쏟아내는 열대우림과 안데스산맥 이야기에 열광했고, 어떤 화가들은 그의 조악한 스케치를 멋진 삽화로 탈바꿈시키기도 했다. 훔볼트는 레오폴드 폰 부흐Leopold von Buch도 만났는데, 그는 프라이베르크 광산 아카데미에서 만나 인연을 맺었던 옛 친구로, 유럽 최고의 지질학자 중 한 명으로 성장해 있었다.[66] 두 사람은 베수비오 화산과 알프스산맥을 함께 탐사하기로 약속했다.

훔볼트는 로마에서 많은 지인들을 만났다. 7월에는 프랑스에 있던 시몬 볼리바르가 로마에 도착했다.[67] 지난겨울 프랑스에서 엄동설한에 시달리는 동안, 볼리바르는 극심한 우울증에 빠져 헤어나오지 못했다. 때마침 파리에 머무르고 있던 옛 스승 시몬 로드리게스Simón Rodríguez가 (기분 전환을 위한) 여행을 제안하자, 볼리바르는 흔쾌히 수락했다. 볼리바르와 로드리게스는 4월에 역마차를 타고 리용에 도착한 다음, 마차에서 내려 걷기 시작했다. 들판을 건너고 숲을 통과하면서 전원 풍경을 감상했고, 대화와 노래와 독서도 즐겼다. 그러자 볼리바르의 심신이 서서히 이완되면서, 지난 몇 개월 동안 몸과 마음에 쌓였던 피로가 말끔히 사라졌다. 평생 바람 쐬는 걸 좋아했던 볼리바르였기에, 자연 속에 파묻혀 신선한 공기와 운동을 즐기자 활력이 되살아났다. 지평선을 배경으로 우뚝 솟은 알프스산맥을 보니, 어린 시절 카라카스를 포근히 감쌌던 산맥의 모습이 떠올랐다. 볼리바르의 마음은 조국 베네수엘라에 대한 사랑으로 가득 찼다. 5월에는 사보이 알프스Savoy Alps를 넘어 로마까지 계속 걸었다.

로마에서 재회한 훔볼트와 볼리바르는 남아메리카와 혁명에 대해 다시 이야기를 나눴다. 훔볼트는 스페인 식민지들이 스스로 독립하기를 원했지만, 파리와 로마에서 볼리바르를 만나는 동안 그가 남아메리카 혁명의 지도자가 될 거라고 생각한 적은 단 한 번도 없었다. 볼리바르가 베네수엘라 국민의 해방을 열렬히 주장할 때마다, 훔볼트는 '상상력이 반짝이는 청년'의 모습을 떠올리며, '저 친구는 몽상가이며 아직 미숙하구나'라고 생각했다.[68] 훔볼트 자신은 의식하지 않았지만, 양쪽을 모두 아는 사람들의 증언에 따르면, 질풍노도와 같던 볼리바르를 챙겨줬던 사람은 바로 (지혜와 분별력을 겸비한) 훔볼트였다고 한다.[69] 그러나 훔볼트의 친구 부흐는 달랐다. 그는 지질학 지식이 풍부하기로 유명했지만, 사교성이 떨어지고 무뚝뚝하기로도 유명했다. 그는 볼리바르에 대해 "선동적인 아이디어로 가득 찬 이야기꾼이며, 과학자들의 순수한 모임을 정치적으로 이용하기 일쑤"라고 혹평했다.[70] 그래서 7월 16일 나폴리와 베수비오로 탐사를 떠날 때 훔볼트와 게이-뤼삭은 가고 볼리바르는 안 가게 되자, 부흐는 안도의 한숨을 내쉬었다.

탐사 여행의 타이밍은 절묘했다. 그로부터 한달 후인 8월 12일 저녁, 훔볼트가 독일인들 앞에서 오리노코 강과 안데스산맥에 대해 일장 연설을 늘어놓던 중 그들의 눈앞에서 베수비오 화산이 폭발했기 때문이다. 훔볼트는 자신의 행운을 믿을 수 없었다. 한 과학자가 말했듯, 그건 베수비오 화산이 훔볼트에게 경의를 표하기 위해 벌인 특별 이벤트 같았다. 훔볼트는 숙소의 발코니 창을 활짝 열어젖히고, 시뻘건 용암이 산을 기어 내려와 포도밭, 마을, 숲을 파괴하는 광경을 지켜봤다.[71] 나폴리 전체가 으스스한 불빛에 뒤덮였다. 화산이 분출하는 장면을 가능한 한 가까이서 관찰하기 위해, 훔볼트는 불과 몇 분 만에 분화구를 향해 달려갈 준비를 마쳤다. 그 후 며칠 동안 훔볼트는 베수비오를 무려 여

베수비오 화산의 폭발

섯 번이나 오르내렸다. 그는 봉플랑에게 쓴 편지에서 "매번 오를 때 마다 베수비오가 인상적이었다"[72]고 하면서도, 남아메리카에 비하면 아무것도 아니라고 말했다. 특히 코토팍시에 비하면, 베수비오는 '토성 옆에 있는 소행성'[73]에 불과하다고도 했다.

로마에 머물던 8월 중순의 어느 날, 볼리바르, 로드리게스, 그리고 또 한 명의 남아메리카인은 더위도 식힐 겸 사크로 산Monte Sacro 정상에 올랐다.[74] 로마 시내를 발아래로 굽어보며, 로드리게스는 고대 로마의 평민들에 관한 이야기를 꺼냈다. "그들은 바로 이 자리에서, 귀족들의 지배에 항거하여 공화국에서 독립하겠노라고 으름장을 놓았다네." 그 말을 듣던 볼리바르는 무릎을 꿇고 로드리게스의 손을 붙들며, "제가 베네수엘라를 해방시키겠습니다"라고 맹세했다. 볼리바르의 말은 계속

이어졌다. "저는 족쇄를 부숴버릴 때까지 멈추지 않겠습니다."[75] 그 사건은 볼리바르의 인생을 바꾼 전환점이었으며, 그 후 베네수엘라의 자유는 그의 인생을 이끄는 횃불이 되었다. 그로부터 2년 후 카라카스에 도착했을 때, 그는 더 이상 '파티나 좋아하는 멋쟁이 남자'가 아니었다. 그는 '혁명과 자유의 사상을 신봉하는 사나이'가 되어 있었다. 바야흐로 남아메리카 해방의 씨앗이 싹트고 있었던 것이다.

나폴리와 베수비오로 탐사 여행을 떠났던 훔볼트가 8월 말 로마에 돌아왔을 때, 볼리바르는 이미 떠나고 없었다. 몸이 근질근질해진 훔볼트는 다시 여행을 떠나고 싶어, 이 생각 저 생각을 하다가 로마를 출발하여 베를린까지 가기로 결정했다. 그는 피렌체, 볼로냐, 밀라노에서 잠깐씩 멈추며 북쪽으로 향했다. 그러나 사정이 여의치 않아, 중간에 경유할 계획이었던 빈까지 갈 수가 없었다. 왜냐하면 게이-뤼삭이 훔볼트를 졸졸 따라다녔는데, 때마침 오스트리아와 프랑스가 전쟁을 하고 있어서 프랑스인이 오스트리아를 통과하는 것은 매우 위험했기 때문이다. "이처럼 변덕스러운 기후에서는 과학이 더 이상 방패 구실을 하지 못하네"라며 훔볼트는 투덜거렸다.

훔볼트가 빈을 건너뛰기로 결정한 건 결과적으로 현명한 판단이었다. 왜냐하면 11월 중순에 프랑스 군대가 라인강을 건너 슈바벤Schwaben을 거쳐 빈에 진군했기 때문이다. 그로부터 3주 후 나폴레옹은 아우스터리츠• 전투Battle of Austerlitz에서 오스트리아와 러시아 동맹군을 격파했다. 나폴레옹은 이 전투에서 결정적으로 승리함으로써, 신성로마제국과 기존의 유럽 체제에 종말을 고했다.

• 오늘날 체코 공화국의 슬라프코프우부르나Slavkov u Brna.

10
베를린

홈볼트는 베를린으로 가던 중, 전쟁터를 피하기 위해 경로를 필사적으로 바꿨다. 그러던 중 이탈리아 북부에 있는 코모 호수Lake Como를 경유하게 되었는데, 거기서 (얼마 전에 배터리를 발명한) 이탈리아의 과학자 볼타를 만났다. 코모 호수를 지난 다음에는 맹렬한 폭풍우를 무릅쓰고 알프스산맥을 넘었는데, 훔볼트는 비, 우박, 눈이 퍼붓는 가운데서도 결코 침착성을 잃지 않았다. 마침내 전쟁터를 요리조리 피해가며 북진北進에 성공하고 나니 마음의 여유가 생겼다. 그래서 독일의 주들을 통과하면서 옛 친구들의 집을 방문하는가 하면, 괴팅겐에 있는 옛 스승 블루멘바흐 교수도 방문했다. 유럽에 돌아온 지 1년 3개월 후인 1805년 11월 16일, 훔볼트는 게이-뤼삭과 함께 베를린에 도착했다.[1]

파리와 로마에 머물다 베를린에 와보니 왠지 고리타분한 느낌이 들었다. 베를린 주변의 시골 풍경도 소박하고 무미건조했다.[2] 게다가 열대우림의 고온다습한 기후를 좋아하는 훔볼트에게, 베를린에 도착한 시기는 최악이었다. 베를린의 초겨울 날씨는 혹독하고 매섭기로 정평이 나 있었기 때문이다. 결국 훔볼트는 몇 주 만에 병에 걸려, 홍역 비슷한 발진과 고열에 시달렸다. 1806년 2월 초 괴테에게 보낸 편지에 "나는 이곳 날씨를 견디기 어렵습니다. 열대지방의 기후에 익숙해질 대로 익숙해져서 그런지, 독일 북부의 냉습한 기후는 이제 딱 질색입니다"라고 썼다.[3]

훔볼트는 베를린에 도착한 지 얼마 되지 않아 벌써 떠날 준비를 했다. 베를린에는 대학이 하나도 없어서 마땅히 연구할 곳이 없고, 마음이 맞는 과학자를 찾기도 힘들었다. 그러나 프리드리히 빌헬름 3세는 '세상에서 제일 유명한 과학자가 드디어 프로이센에 돌아왔다'며 뛸듯이 기뻐했다. 대담한 탐험으로 유럽에서 명성을 날린 훔볼트는 프로이센 왕실의 자랑이므로, 왕은 그에게 아무런 조건 없이 매년 2,500탈러의 연금을 하사했다.[4] 목수나 소목장이joiner와 같은 숙련공이 매년 200탈러 미만을 번다는 점을 감안하면, 2,500탈러는 엄청난 금액이었다. 물론 프로이센 외교관으로 일하는 형 빌헬름이 받는 13,400탈러에 비교하면 어림도 없었지만 말이다.[5] 또한 왕은 훔볼트를 (역시 아무런 조건 없이) 시종으로 삼았다. 사실 부모에게 물려받은 재산의 상당 부분을 탕진한 훔볼트로서는 돈이 좀 필요했지만, 왕의 제안이 거의 고압적이라는 게 문제였다.[6]

프리드리히 빌헬름 3세는 시무룩한 성격에 구두쇠이며, 영감을 주는 지도자가 아니었다. 부왕父王 프리드리히 빌헬름 2세와 달리 쾌락주의자나 예술 애호가도 아니었으며, 종조부(할아버지의 형) 프리드리히 대왕과 달리 군사적으로나 과학적으로 영특하지도 않았다. 그는 어이없게도 시계와 군복에 집착해서, 전해지는 이야기에 의하면 나폴레옹에게 이런 쓴소리를 들은 적이 있었다고 한다. "프리드리히 빌헬름 3세는 늘 군복에 들어가는 옷감 길이에만 신경을 쓴단 말이야."[7]

자칫하면 왕실에 얽매여 지낸다는 소문이 퍼질까 두려워, 훔볼트는 친구들에게 '왕실에서 일한다는 소문을 내지 말아달라'고 신신당부했다.[8] 훔볼트의 예상은 적중했다. 그의 측근들 중에 (독립심과 혁명정신이 강한) 훔볼트가 왕에게 질질 끌려다니는 걸 탐탁잖게 여기는 사람들이 있었기 때문이다. 예컨대 부흐는 "훔볼트는 조정의 신하들보다 왕과 더 많은 시간을 보낸다. 그는 과학 연구에 집중하는 대신, 왕실에서 잡담하느라 시간을 낭비하고 있다"[9]고 불평을 털어놨다. 그러나 그런 비난은 좀 지나친 감이 있었다. 왜냐하면 훔볼트는 왕실의 일보다 과학에 훨씬 더 관심이 많았기 때문이다. 비록 왕실에 규칙적으로 드나들어야 했지만, 그는 틈틈이 시간을 내어 베를린 과학아카데미에서 강의하거나 저서를 집필했고, 남아메리카에서 시작했던 자기磁氣 비교관측도 계속했다.

오래 전부터 훔볼트 가문과 잘 알고 지내던 양조장 소유자가 자신의 가든하우스를 훔볼트에게 숙소로 제공했다. 가든하우스는 슈프레Spree 강가에 있는 집으로, 유명한 운터덴린덴Unter den Linden 거리에서 불과 몇 백 미터 떨어진 곳에 있었다. 작지만 완벽한 집이어서, 훔볼트는 생활비도 절약하고 자기 관측에 집중할 수도 있었다.[10] 그는 자기 관측을 위해 정원에 작은 오두막집을 하나 지었는데, 측정에 불필요한 영향을 미치지 않기 위해 철iron을 일절 사용하지 않았다.[11] 한번은 동료와 함께 여러 날 동안 30분 간격으로 데이터를 수집했는데, 30분 이상 잠잔 적은 한 번도 없었고 막간을 이용하여 쪽잠을 잤을 뿐이었다. 그 결과 6,000번이나 관측할 수 있었지만, 두 사람은 작업이 끝난 후 완전히 녹초가 되었다.

1806년 4월 초, 1년 동안 훔볼트와 붙어다녔던 게이-뤼삭이 파리로 돌아갔다.[12] 그러자 베를린에서 불행하고 외롭게 지내던 훔볼트는 며칠 후 친구에게 보낸 편지에서, "프로이센은 외국처럼 느껴져. 나는 여기서 고립된 이방인으로 살고 있어"라고 말했다.[13] 그동안 파리에서 봉플랑이 맡아 추진해 왔던 식물학 서적 출판에도 문제가 생겼다. 그것은 남아메리카에서 수집한 식물 표본을 바탕으로 한 전문 서적으로, 과학자들이 읽을 만한 책이었다. 봉플랑은 훔볼트보다 더 훈련된 식물학자로, 그 책을 집필하는 데 최고 적임자였다. 그러나 봉플랑은 애써 그 일을 외면했다. 식물 표본을 기술하는 일은 너무나 고달픈 일이었기에, 그는 '책상에 앉아 펜대를 굴리느니, 차라리 열대우림에 들어가 자연의 풍성함을 만끽하는 게 더 낫겠다'고 생각하고 있었다.[14] 일의 진척이 더뎌지자 훔볼트는 봉플랑을 계속 다그쳤고, 우격다짐으로 교정지를 겨우 넘겨받았을 때 훔볼트는 "실수가 너무 많아. 봉플랑은 꼼꼼하지 못해. 특히 라틴어 문장과 숫자가 엉망이야"라며 분통을 터뜨렸다.[15]

그러나 봉플랑은 훔볼트의 독촉에 아랑곳하지 않고, 다른 탐사여행 때문에 파리를 떠날 예정이라며 훔볼트를 실망시켰다. 그동안 갖고 있던 식물 표본들을 유럽의 수집가들에게 전부 나눠준 데다 본인은 다른 책을 쓰느라 눈코 뜰 새 없이 바빴으므로, 훔볼트는 봉플랑을 잘 구슬려 식물학 서적 집필에 몰두하게 만들어야 했다. 인내의 한계에 서서히 도달했지만, 그가 할 수 있는 일이라고는 단 하나. 꼬드김, 투덜거림, 애원이 뒤섞인 편지를 수시로 보내 죽마고우 봉플랑을 줄기차게 설득하는 거였다.

훔볼트 자신은 워낙 부지런하여, 34권짜리 『신대륙 적도지역 항해 *Voyage to the Equinoctial Regions of the New Continent*』 시리즈 중 1권을 완성했다.

그 책의 제목은 『식물지리학에 관한 고찰Essay on the Geography of Plants』이었고, 프랑스어와 독일어로 출간되었다. 그 책에는 멋진 자연그림이 수록되었는데, 그것은 훔볼트가 남아메리카에서 떠올렸던 '자연은 연결connection과 통합unity으로 이루어져 있다'는 아이디어를 형상화한 것이었다. 책에 나오는 글자는 대부분 그림에 대한 설명이었고, 간혹 매우 긴 그림 설명도 있었다. 훔볼트는 책의 서문에 이렇게 썼다. "이 책의 대부분은 묘사된 사물들이 있는 곳에서 직접 작성했다. 그곳은 남아메리카 해안의 침보라소 기슭이었다."[16]

손으로 색칠한 90×60제곱센티미터 규격의 그림은 여러 번 접도록 되어 있었고, 위도와 고도에 따라 기후대와 식물 간의 상관관계를 보여주고 있었다. 그것은 훔볼트가 침보라소를 등반한 후 스케치한 도면을 수정하고 보완하여 완성한 것이었다. 훔볼트는 식물을 완전히 새로운 각도에서 바라보는 법을 소개하고 싶었는데, 자연그림은 바로 그 결정판이었다. 자연그림은 침보라소의 단면도로서, 계곡에서부터 설선에 이르기까지 식물이 어떻게 분포되어 있는지를 보여줬다. 산 옆의 공간에는 다른 산들(예: 몽블랑, 베수비오, 코토팍시), 심지어 게이-뤼삭이 파리에서 열기구를 타고 올라간 상공의 해발고도를 적어 시각적으로 비교할 수 있도록 했다. 또한 봉플랑, 몬투파르와 함께 침보라소를 등반할 때 세웠던 최고 기록(해발 5,500미터)을 표시하고, 그 밑에는 1730년대에 라 콩다민과 부게르가 세웠던 기록(해발 4,500미터)도 적었다. 산의 좌우에는 칼럼을 여럿 마련하여, 고도에 따라 다양한 수치들(예: 중력, 기온, 공기의 화학적 조성, 물의 비등점)을 적어넣었다. 모든 수치들은 서로 비교될 수 있도록 시각적으로 일목요연하게 배치했다.

훔볼트가 이상과 같은 시각적 접근방법을 이용한 것은, 독자들의 상상력에 호소하고 싶어서였다. 왜냐하면 사람들은 모든 현상과 사물들을 눈으로 확인하고 싶어 하기 때문이다.[17] 『식물지리학에 관한 고찰』은 식물을 보다 넓은 맥락에서 바라봄으로써, 자연현상 간의 상호작용을 포괄적으로 파악한 책이었다. 그것은 세계 최초의 생태학 서적인데다, 넓은 붓으로 다양한 색을 입혀 독자들의 시선을 끌고 생태계에 대한 이해도를 향상시켰다.[18]

지난 수세기 동안 식물학을 지배했던 것은 분류classification라는 개념이었다. 식물은 종종 인간과의 관계에 따라 분류되었고, 때로는 용도(예: 약용식물, 관상용 식물), 냄새, 맛, 식이성edibility 등에 따라 분류되었다. 17세기에 들어와 과학혁명이 일어나자, 식물학자들은 식물을 좀 더 합리적으로 분류하려고 노력하면서 종자, 잎, 꽃 등의 구조적 유사성과 차이점에 주목했다. 그리하여 그들은 자연에 질서를 부여했다. 18세기 초 스웨덴의 식물학자 칼 린네는 소위 성체계sexual system라는 개념을 도입함으로써 분류 개념에 혁명을 가져왔다. 즉, 그는 생식기관(예: 암술, 수술)의 개수에 따라 꽃식물을 분류했던 것이다. 18세기 말에 들어와 린네의 분류 체계보다는 다른 분류 체계가 더 인기를 끌었지만, 식물학자들은 '식물학을 지배하는 최고의 원리는 분류학taxonomy'이라는 생각을 여전히 고집하고 있었다.

훔볼트의 『식물지리학에 관한 고찰』은 '자연을 이해하는 전혀 새로운 시각'을 제시했는데, 그가 이처럼 독특한 시각을 갖게 된 것은 탐사 여행 때문이었다. "이 세상 어디에도 남아메리카만큼 자연의 연결성natural connection을 실감할 수 있는 곳은 없었다."[19] 그는 남아메리카에서 5년간 개발한 아이디어를 기반으로 하여, 좀 더 광범위한 개념을 생각해냈다. 예컨대, 그의 옛 스승 블루멘바흐는 '모든 생명체는 서로 연결된 힘interconnected forces을 가진 생물'이라는 생명력이론theory of the vital forces을 주장하고, 그것을 자연 전체에 적용했다. 그러나 훔볼트는 생물만을 바라봤던 블루멘바흐와는 달리, 식물, 기후, 지리 간의 총체적 관련성에 주목했다. 다시 말해서, 식물을 분류 단위가 아닌 기후와 지역에 따라 그룹화했다. 훔볼트는 『식물지리학에 관한 고찰』에서 '지구 전체에 걸쳐 있는 기다란 밴드long band'[20]라는 용어를 사용했는데, 그건 오늘날 널리 사용되는 식생대 개념의 효시라고 할 수 있다. 이로써 그는 서양 과학에 자연을 바라보는 새로운 렌즈를 제공했다.•

훔볼트는 『식물지리학에 관한 고찰』에서 자연그림을 더욱 보강하기 위해 상세한 설명을 제공하고, 여러 칼럼들을 통해 다양한 자료와 통계 수치를 추가했다. 훔볼트는 문화적·생물학적·물리학적 세계를 한데 엮어 포괄적 패턴의 그림을 그려냈다.

지난 수천 년 동안, 수많은 작물, 곡식, 식물, 과일들이 인류의 발자취를 따라왔다. 인류는 식물을 갖고 대륙과 바다를 건너, 도착지의 지표면을 변화시켰다. 식물은 농업을 통해 정치와 경제에 영향을 미쳤다.[21] 식물을 둘러싸고 전쟁이 일어났으며, 차茶와 설탕과 담배가 제국을 형성했다.[22] 훔볼트는 어떤 식물들을 통해서는 자연과 인간에 대한 정보를 수집했고, 어떤 식물들을 통해서는 대륙이 어떻게 이동했는지를 이해함으로써 지질학에 대한 통찰력을 얻었다. 훔볼트는 "해변 식물들의 유사성을 분석하면, 아프리카와 남아메리카가 태곳적에 연결되어 있었

• 훔볼트는 『식물지리학에 관한 고찰』에서 식물의 분포를 아주 상세하게 설명했다. 그는 멕시코의 고산지대에 있는 침엽수를 캐나다의 침엽수와 비교했고, 안데스산맥의 소나무와 화목류flowering shrub를 북반구에 있는 소나무 및 화목류와 비교했다. 그는 또한 리오마그달레나 강둑의 이끼가 노르웨이의 이끼와 비슷하다고 언급했다.

음을 알 수 있다. 또한 옛날 옛적에 연결되어 있었던 섬들이 지금은 분리되었음도 알 수 있다"[23]고 말했는데, 이는 대륙이동설과 판이동설보다 무려 100년 이상 앞선 생각이었다.[24] 훔볼트는 (마치 남들이 책을 읽듯) 식물을 읽었으므로, 식물을 통해 자연 뒤에 숨은 전 지구적 힘global force들을 간파할 수 있었다. 또한 식물을 분석하여 땅덩어리는 물론 문명의 이동까지도 꿰뚫어 볼 수 있었다. 식물에 그런 식으로 접근한 사람은 훔볼트가 처음이었다.

『식물지리학에 관한 고찰』은 자연그림을 통해 뜻밖의 유사성을 보여줌으로써, 종전에 눈에 띄지 않던 생명망을 드러냈다.[25] 훔볼트적 사고의 밑바탕에는 늘 연결이라는 개념이 깔려 있었다. 자연은 '총체성의 반영'[26]이므로, "과학자들은 다락방에서 나와 세상을 여행할 필요가 있다. 과학자들은 식물군flora, 동물상fauna, 암석층을 전 지구적 관점에서 바라보아야 한다"[27]고 그는 말했다.

식물을 전 지구적 관점에서 바라보는 것만큼이나 혁명적인 것은, '상상력과 영혼'의 중요성을 강조하려는 훔볼트의 욕망이었다.[28] 그는 『식물지리학에 관한 고찰』의 독일어판[29]에서, 프리드리히 셸링Friedrich Schelling의 자연철학Naturphilosophie[30]을 언급했다. 셸링은 1798년 스물세 살의 젊은 나이에 예나 대학교의 철학교수로 임명된 후, 곧바로 괴테의 이너서클inner circle에 들어갔다. 그의 자연철학 개념은 독일 이상주의와 낭만주의의 이론적 뼈대가 되었는데, 그 핵심은 '자연을 통합된 상태로 파악하라'는 것이었다.[31] 그는 "(자아가 바라보는) 주관적 세계와 (자연 그대로의) 객관적 세계 간의 간극chasm은 해소될 수 없다"는 통념을 거부했다. 그러고는 자연과 인간을 연결하는 생명력을 강조하며, "자아와 자연 사이에는 유기적인 유대관계가 존재한다"고 주장했다. 그는 "나

자신은 자연과 동일하다"[32]고 선언함으로써, '자연에서 나를 찾을 수 있다'는 낭만주의적 신념에 토대를 제공했다. '남아메리카에서 진정한 자아를 찾았다'고 믿던 훔볼트에게, 셸링의 자연철학 개념이 갖는 호소력은 대단했다.

훔볼트가 셸링에 대해 언급한 것을 보면, 그 자신도 지난 10년 동안 많이 변했음을 알 수 있다. 그는 셸링의 아이디어가 적절하다는 것을 강조함으로써, 과학에 새로운 측면을 도입했다. 계몽주의 사상가들이 금과옥조로 여겼던 합리적 방법에서 완전히 벗어나지 않으면서, 훔볼트는 주관성의 문을 조용히 열었다. 한 친구가 셸링에게 쓴 편지에서 말한 것처럼, 한때 '실증주의의 왕자Prince of Empiricism'[33]로 유명했던 훔볼트는 전혀 딴사람이 된 것 같았다. 많은 과학자들은 셸링의 자연철학을 '실증적 분석이나 과학적 방법과 양립할 수 없다'며 묵살했지만, 훔볼트는 "계몽주의 사상과 셸링은 상극相剋이 아니다"라고 주장했다.[34] 셸링이 통합을 강조한 원리는 훔볼트가 자연을 이해한 원리와 마찬가지였다.

셸링은 유기체organism의 개념이 자연을 이해하는 방법의 기초가 되어야 한다고 제안했다. 즉, 자연을 '기계적 시스템'으로 간주하지 말고, '살아 있는 유기체'로 간주하라는 것이었다. 기계적 시스템과 살아 있는 유기체의 차이는 시계와 동물의 차이와 마찬가지다. 시계는 부속품으로 구성되어 있어서 분해 후 재조립이 가능하지만, 동물은 그럴 수 없다. 유기체란 통합된 전체unified whole이므로, 유기체를 구성하는 요소들은 상호관계에 따라서만 움직일 수 있다.[35] 훔볼트는 셸링에게 보낸 편지에서, "이건 과학혁명이나 마찬가지입니다. 과학자들도 '팩트의 무미건조한 집합'[36]과 '조악한 실증주의'에서 벗어나야 합니다"라고 말했다.[37]

이러한 아이디어를 훔볼트에게 처음으로 불어넣어준 사람은 괴테였다. 훔볼트는 예나에 머물렀던 시기가 자신에게 미친 영향을 잊지 않았으며, 괴테의 자연관이 자신의 사고를 형성했음도 기억하고 있었다. 훔볼트는 감사의 뜻을 표하는 의미로, 『식물지리학에 관한 고찰』을 옛 친구 괴테에게 헌정했다. 그는 동봉한 편지에서, "자연과 상상력을 촘촘하게 엮어 이 책을 쓸 수 있었던 건, 순전히 당신 덕분입니다"라고 말했다.[38] 1807년 3월 그 책이 우송되자, 괴테는 너무나 감동한 나머지 책을 손에서 놓지 못하고 며칠 동안 읽고 또 읽었다.• 훔볼트의 새로운 개념이 시사하는 바가 하도 많아, 괴테는 누군가에게 그 이야기를 하지 않을 수 없었다. 2주 후 예나 대학교에서 『식물지리학에 관한 고찰』을 주제로 행한 식물학 강연에서, 그는 이렇게 말했다. "훔볼트는 산들바람으로 과학에 불을 붙여, 밝은 빛을 발하게 했다."

훔볼트가 『식물지리학에 관한 고찰』의 권두에 내세운 삽화에도 큰 의미가 있었다. 삽화의 내용은, (의술과 건축의 신이며 또한) 시詩의 신인 아폴로가 자연의 여신에게서 베일을 벗기고 있는 것이다. '시는 자연세계의 수수께끼를 푸는 데 꼭 필요하다'는 의미를 담고 있는 이 그림은 훔볼트가 시인 괴테에게 경의를 표하기 위해 삽입한 것임을 알 수 있다. 괴테는 훔볼트의 의도를 대번에 눈치채고, 그에 대한 답례로 자신의 소설에 훔볼트의 이름을 넣었다. 즉, 괴테의 소설 『친화력*Elective Affinities*』을 읽어보면, 주인공 오틸리에Ottilie가 다음과 같이 말하는 대목

• 유일한 문제는 괴테가 책을 받을 때 가장 중요한 그림(자연그림)이 배송되지 않은 것이었다. 괴테는 자신이 직접 스케치를 한 후 '농반진반'이라는 말과 함께 그 그림을 훔볼트에게 보냈다. 7주 후, 자연그림이 마침내 도착했을 때, 괴테는 너무나 흥분한 나머지 언제나 그 그림을 볼 수 있도록 벽에 걸어놓았다.

『식물지리학에 관한 고찰』에 삽입된 머릿그림과, 훔볼트가 쓴 괴테의 이름

이 나온다. "훔볼트의 말을 다시 한번 듣는 즐거움을 누리려면 어떻게 해야 하지?"[39]

독일에서 『식물지리학에 관한 고찰』이 출간된 1807년 초, 정치와 전쟁이 다시 한번 훼방을 놓는 바람에 파리로 돌아가려던 훔볼트의 계획이 무산되었다. 1795년 바젤조약Peace of Basel이 체결된 이후 10여 년 동안, 프리드리히 빌헬름 3세는 티격태격하는 유럽 국가들 사이에서 중립을 굳게 지켜왔다. 그런데 많은 이들이 정치적 중립을 약점으로 간주하면서, 프리드리히 빌헬름 3세는 어느 틈에 (프랑스에 맞서 싸우던) 유럽 국가들 사이에서 신망을 잃게 되었다. 그러던 중 1805년 12월 아우스터리츠 전투로 인해 신성로마제국이 붕괴되었고, 나폴레옹은 1806년 여름 독일의 16개 주와 소위 라인동맹Confederation of the Rhine을 결성했다. 이로써 나폴레옹은 그들의 보호자로 행세하면서 프랑스와 중부유럽 사이에서 완충장치 역할을 하게 되었지만, 동맹에 참가하지 않은 프로이센은 프랑스에게 영토를 잠식당할까 봐 전전긍긍하게 되었다. 그러다가 1806년 10월 국경에서 빚어진 작은 충돌을 계기로 프랑스가 도발해오자, 프로이센은 프랑스와 전쟁에 돌입했다. 그러나 프로이센은 주변에서 아무런 도움도 받지 못해 참패하고 말았다.

10월 14일 나폴레옹의 군대가 예나와 아우스터리츠에서 프로이센 군대를 전멸시키자, 이날 하루 동안 프로이센의 영토가 절반으로 줄어들었다. 프로이센 군대를 격파한 지 2주 후 나폴레옹은 베를린으로 진격했다. 1807년 7월 프로이센은 프랑스와 틸지트 조약Treaty of Tilsit을 체결하고, 프랑스에게 엘베강 서안西岸 전부와 동안東岸의 일부를 넘겨줬다. 나폴레옹은 프로이센으로부터 넘겨받은 영토 중 일부를 프랑스에 흡수시켰지만, 나머지 영토에는 명목상으로만 독립을 유지하는 주州 몇 개를 새로 만들었고, 그중 하나인 베스트팔리아 왕국Kingdom of WestPhalia을 동생에게 넘겨 지배하게 했다.

프로이센은 이제 더 이상 유럽의 강국이 아니었다. 프랑스가 틸지트 조약을 통해 엄청난 배상금을 부과한 탓에, 프로이센 경제는 정체되었다. 게다가 영토가 크게 감소하면서 프로이센의 교육 중심지가 대부분

브란덴부르크 문. 나폴레옹은 1806년 예나-아우스터리츠 전투에서 승리한 후 이 문을 통해 의기양양하게 베를린에 입성했다.

사라졌다. 예컨대 가장 크고 유명한 대학을 보유했던 할레Halle는 베스트팔렌 왕국의 영토가 되어 있었다. 그 결과 프로이센에는 대학교가 두 개밖에 남지 않았다.[40] 그중 하나는 쾨니히스베르크Königsberg 대학교였는데, 그나마 1804년 칸트가 사망하고 난 뒤에는 유명한 교수를 찾기 어려웠다. 다른 하나는 브란덴부르크 주의 프랑크푸르트안데어오데르Frankfurt an der Oder에 있는 비아드리나Viadrina 대학교였는데, 이곳은 훔볼트가 열여덟 살 때 한 학기 동안 다닌 곳이었다.

훔볼트는 친구에게 보낸 편지에서, "불행한 조국의 폐허 속에 파묻힌 것 같다"[41]며 "오리노코 강의 열대우림 속에 머물거나, 안데스산맥의 높은 능선에 오르고 싶다"[42]고 말했다. 그는 낙담한 가운데 오로지 집필에만 몰두했다. 베를린에 있는 작은 가든하우스에서 노트, 책, 남아메리카에서 가져온 잡지에 둘러싸여, 여러 개의 원고들을 동시에 작성했다. 그중에서 난관을 극복하는 데 가장 큰 힘이 된 저서는 『자연관*Views of Nature*』이었다.

『자연관』은 나중에 11개국 언어로 출간되며, 훔볼트의 저서 중에서 가장 널리 읽히는 책으로 자리매김하게 된다.[43] 『자연관』은 '활기 넘치는 산문'과 '빼어난 자연경관 묘사'를 과학 관찰과 절묘하게 결합한, 완전히 새로운 장르의 책이었다. 오늘날의 과학 저서와 비교해도 손색이 없으며, 훔볼트도 자신의 저서 중에서 이 책을 제일 좋아했다.[44]

훔볼트는 『자연관』에서 안데스산맥 최고봉들의 고요한 정적, 울창한 열대우림, 유성우meteor shower의 마술, 야노스에서 전기뱀장어를 잡던 섬뜩한 장면을 소개했다. 그는 '빛나는 지구의 자궁'[45]과 '보석을 두른 강기슭'에 대해서도 썼다. 이곳에서 사막은 모래바다가 되었고, 나뭇잎들은 떠오르는 태양을 맞이하기 위해 펼쳐졌으며, 유인원들은 정글을 구슬픈 울부짖음으로 가득 채웠다. 오리노코 강 여울의 자욱한 안개 속에서는 무지개가 숨바꼭질을 하면서 춤을 췄는데, 훔볼트는 그것을 광학적 환영幻影이라고 불렀다. 허브로 뒤덮인 땅 위에 빨간색 인광phosphoric light을 퍼붓는 곤충들을 설명할 때는, '별을 가득 품은 캐노피가 잔디 위에 쏟아져내려 활활 불타는 것 같다'고 묘사했다.[46]

『자연관』은 서정적 표현을 중시한 산문체 과학책이었다. 훔볼트는 '내용 못지 않게 문체도 중요하다'고 여겼으며, 출판사에게 "내 책에서 음절을 하나라도 바꾸면 운율이 파괴되니, 함부로 손대지 마라"고 신신당부했다.[47] 자세한 과학적 설명이 책의 상당 부분을 차지했지만, 일반 독자들은 골머리를 앓을 필요가 없었다. 어렵고 복잡한 내용들은 훔볼트가 알아서 전부 주석으로 처리했기 때문이다.*

홈볼트는 『자연관』에서, 자연이 인간의 상상력에 영향을 미치는 과정을 설명했다. 내용인즉, "자연이 인간의 내적 감정inner feeling과 신비로운 의사소통을 한다"[48]는 것이었다. 예를 들면, 맑고 푸른 하늘은 두꺼운 먹구름과 다른 감정을 유발하며, 바나나 나무와 야자나무가 빽빽이 들어찬 열대 풍경은 새하얗고 날씬한 자작나무들로 이루어진 넓은 숲과 다른 효과를 낸다. 오늘날 우리는 '외부 세계와 인간의 마음 사이에 상관관계가 존재한다'는 말을 당연하게 여기지만, 『자연관』이 출간됐을 때만 해도 독자들은 이 말을 무슨 계시revelation라도 되는 것처럼 여겼다. 시인들은 늘 그런 생각을 품고 있었지만, 과학자들에게는 금시초문이었다.

또한 『자연관』은 자연을 생명망[49]으로 간주하여, "세상은 생명체로 가득 차 있으며, 그 속에서 식물과 동물들이 서로 의존한다"고 묘사했다. 훔볼트는 자연력natural force들 간의 내적 연결성inner connection을 강조했다.[50] 그는 아프리카의 사막을 베네수엘라의 야노스 평원 및 북유럽의 황야와 비교했는데, 이들은 거리상으로 서로 멀리 떨어져 있지만, 자연그림을 통해 결합되었다.[51] 훔볼트가 침보라소 등반을 마치고 난 뒤 스케치한 자연그림을 통해 독자들에게 교훈을 준 방식은 오늘날 널리 퍼졌다. 자연그림이라는 개념은, 훔볼트가 자신의 새로운 비전을 설명하는 접근 방법이었다. 자연그림은 이제 단순한 그림이 아니라, (『자연관』과 같은) 산문체 과학책, 과학 강의, 철학 개념의 도구로도 사용될 수 있었다.

• 사실은 이 주석들에 그야말로 보석과 같은 내용들이 들어 있었다. 어떤 주석들은 짧은 에세이였고, 다른 주석들은 미래의 발견을 향한 사고의 단편이나 지침이었다. 예를 들어 훔볼트는 이 주석들 중 일부에서, 다윈의 『종의 기원』이 출간되기 한참 전에 진화와 관련된 아이디어에 대해 이야기했다.

『자연관』은 훔볼트가 프로이센의 절망적 정치 상황에 반발하여 쓴 책으로, 그가 "베를린에 발목을 잡혀 오도가도 못하고 있다"[52]는 느낌이 들 때쯤 발간되었다. 그는 독자들에게 "나를 따라 울창한 숲, 무한한 스텝, 안데스산맥의 등줄기로 오세요. 그 속에는 자유가 있습니다"라고 속삭였다.[53] 독자들을 전쟁과 인생의 풍파에서 벗어난 신비의 세계로 인도하고 싶었다.[54]

괴테는 훔볼트에게 쓴 편지에서, "자네의 신개념 과학책은 너무 매혹적이어서, 나도 모르게 가장 야생적인 지역에 흠뻑 빠져들게 되네"라고 말했다.[55] 또 다른 지인인 프랑스의 작가 프랑수아 르네 드 샤토브리앙François-René de Chateaubriand은 "훔볼트의 책은 너무 특별해서, 독자들은 그와 함께 서핑을 하거나 깊은 숲속을 헤맨다고 믿게 될 것"이라고 말했다.[56] 『자연관』은 향후 수십 년 동안 여러 세대의 과학자와 시인들에게 영감을 불어넣게 된다. 소로[57]도, 에머슨도 그 책을 읽었다(에머슨은 이 책을 읽고, "훔볼트가 거미줄로 가득 찬 하늘을 깨끗이 청소했다"[58]고 말했다). 그리고 찰스 다윈은 형에게 "비글호가 잠깐 정박했을 때 받아볼 테니, 『자연관』을 한 권 사서 우루과이로 보내달라"고 부탁했다.[59] 19세기 후반, 프랑스의 과학소설 작가 쥘 베른Jules Verne은 『경이의 여행*Voyages Extraordinaires*』 시리즈를 집필하기 위해 훔볼트가 남아메리카를 묘사한 부분을 세밀히 분석했고, 남들과 대화할 때도 원본의 문구를 종종 그대로 인용했다.[60] 베른의 『오만한 오리노코*Le Superbe Orenoque*』는 훔볼트에게 헌정되었으며, 그의 소설 『그랜트 선장의 아이들*Les Enfants du Capitaine Grant*』에 등장하는 탐험가 자크 파가넬은 이런 말을 했다. "훔볼트가 이미 등반을 한 뒤라서, 테네리페 섬에서 피코델테이데를 등반해도 소용이 없다. 위대한 인물이 이미 다녀왔는데 내가 무슨 일을 할 수 있겠는가?"[61] 유명한 『해저 이만리*Vingt mille lieues sous les mers*』에서, 주인공 네모 선장이 훔볼트 전집을 갖고 있던 것은 결코 놀라운 일이 아니다.[62]

훔볼트는 베를린에 칩거하면서도 탐험을 계속 열망했다. 그는 베를린을 "고상한 지식이 아로새겨진 도시가 아니라, 무성한 감자밭으로 뒤덮인 도시"[63]라고 혹평하며, 어떻게든 베를린을 벗어나고 싶어 했다. 그러던 중 1807년 겨울, 프로이센 왕실이 모처럼 좋은 정치적 카드를 내밀었다. 프리드리히 빌헬름 3세가 '파리에 가는 프로이센 평화사절단을 보좌하면 어떻겠는가'라는 제안을 한 것이다. 왕은 자신의 동생 빌헬름 왕자를 파리에 보내, (프랑스가 틸지트 조약을 통해 부과한) 막대한 전쟁배상금을 협상할 예정이었다. 빌헬름 왕자는 외교 회담의 물꼬를 트기 위해 프랑스의 권력자들을 잘 아는 사람이 필요했는데, 프랑스 정계에 발이 넓은 훔볼트야말로 최적의 인물로 여겨졌다.

훔볼트는 왕의 제안을 흔쾌히 수락하고, 1807년 11월 중순 베를린을 떠났다. 훔볼트가 파리에 도착한 후 백방으로 노력해 봤지만, 나폴레옹은 전혀 협상의 여지를 주지 않았다. 빌헬름 왕자는 몇 달 동안 허탕을 친 후 프로이센으로 돌아갔고, 훔볼트는 파리에 그대로 머무르기로 했다. 사실 그는 애초부터 각오를 단단히 하고, 집필에 필요한 노트와 원고들을 모두 파리로 가져온 터였다. 전쟁의 한복판에서 프로이센과 프랑스는 철천지 원수였지만, 훔볼트는 정치나 애국심 따위를 무시하고 오직 과학만을 바라보고 프랑스를 고향으로 선택했다. 그의 프로이센 친구들은 경악했고, 형 빌헬름마저도 동생의 결정을 이해할 수 없었다. 빌헬름은 카롤리네에게 "난 알렉산더가 파리에 머무는 걸 인정할 수 없소. 그건 비애국적이고 이기적인 행위요"라고 말했다.[64]

훔볼트는 주변의 시선을 개의치 않고, 프리드리히 빌헬름 3세에게 편지를 써서 자신의 입장을 설명했다. "베를린에는 과학자, 예술가, 출판사들이 부족해, 저의 탐험 여행 결과를 집필하고 출판할 수가 없습니다."[65] 놀랍게도, 훔볼트는 파리에 있어도 좋다는 허락을 받아냈을 뿐만 아니라, 프로이센 왕의 시종 자격으로 받는 급여도 꼬박꼬박 챙길 수 있었다. 그는 앞으로 15년 동안 베를린에 돌아가지 않게 된다.

11
파리

파리에 돌아온 훔볼트는 예전의 페이스를 신속히 회복하여, '잠은 조금, 작업은 초고속' 모드에 돌입했다. 그는 괴테에게 쓴 편지에서, "나는 일을 빨리 해야만 직성이 풀립니다. 속도가 충분히 빠르지 않다는 느낌이 들면 마음이 괴로워집니다"라고 했다.[1] 너무 많은 책들을 동시에 집필하다 보니, 종종 마감 시한을 지키지 못하는 경우도 있었다. 그는 출판사들에게 갖가지 변명을 늘어놓았는데, 그중에는 '돈이 다 떨어져 삽화를 맡은 미술가들에게 대금을 지불하지 못했습니다'라든지, '우울증이 도졌습니다'라든지, 심지어 '고통스런 치질에 걸렸습니다'와 같은 이유도 있었다.[2] 봉플랑이 집필하던 식물학 서적 출판도 지연되었는데, 그 이유는 봉플랑이 나폴레옹의 아내 조세핀의 정원을 책임지고 돌봤기 때문이다.* 봉플랑은 속도가 너무 느려, 겨우 열 개의 식물을 설명하는 데 무려 8개월이나 걸렸다. 훔볼트는 "유럽의 웬만한 식물학자들

이 2주 만에 해치울 일을 몇 개월 동안 질질 끌다니…"라며 혀를 끌끌 찼다.[3]

프랑스에 돌아온 지 1년이 조금 넘은 1810년 1월, 훔볼트는 마침내 『코르딜레라스 산맥과 아메리카 원주민의 기념비적 업적들』 I권을 출간했다.[4] 그의 저서 중에서도 가장 호화로운 이 책은 침보라소, 화산, 아즈텍 문서, 멕시코 달력 등 69개의 화려한 판화들을 수록한 대형 이절판 folio edition이었다. 각 판版에는 내용을 설명하는 텍스트가 여러 페이지씩 달렸지만, 핵심은 뭐니 뭐니 해도 아름다운 그림이었다. 이 그림들은 남아메리카의 자연계, 고대 문명, 원주민을 기념하기 위해 제작된 것이었다. 훔볼트는 1810년 1월 3일 괴테에게 책을 우송하며, "나는 이 책에서 자연과 예술을 긴밀하게 통합했습니다"라고 적은 메모를 동봉했다.[5] 일주일 후 바이마르에서 책을 받은 괴테는 그 책을 한시도 손에서 놓을 수 없었다.[6] 그 후 며칠 동안 아무리 늦게 귀가하더라도, 괴테는 그 책을 샅샅이 훑어보며 훔볼트가 소개하는 신세계에 빠져들었다.[7]

훔볼트는 책을 쓰지 않을 때는 과학 실험을 하여, 그 결과를 다른 과학자들의 결과와 비교했다. 그가 주고받은 편지의 양은 엄청났다. 동료, 친구, 유럽 전역의 과학자들에게 편지를 통해 다양한 주제(예: 유럽에 감자가 도입된 과정, 노예무역에 관한 상세한 통계자료, 시베리아 최북단에 위치한 마을의 위도)에 관한 질문을 쏟아냈다.[8] 훔볼트가 받은 편지들 중에는 남아메리카에서 온 것들도 있었는데, 그 편지들을 읽어보면 스페인의 식민지 지배에 대한 남아메리카인들의 반감이 점점 더 증가하고 있음을 알 수 있었다. 제퍼슨은 훔볼트에게 미국의 도로와 철도 현황 자료를

• 그녀의 정원은 파리 근교의 말메종Malmaison 성에 있었다.

보내며, '당신은 세계에서 가장 중요한 인물 중 한 명입니다'[9]라고 적은 쪽지를 곁들였다. 훔볼트는 제퍼슨에게 최신 저서들을 답례로 보내줬다.[10] 런던에 있는 왕립학회 회장 뱅크스는 20년 전 훔볼트와 만난 적이 있지만, 여전히 충실한 통신원 역할을 수행하고 있었다. 훔볼트는 그에게 남아메리카에서 수집한 건조식물 표본과 자신의 저서를 보내주고, 뱅크스는 국제적인 네트워크를 가동하여 훔볼트가 요청하는 정보들을 수시로 제공했다.[11]

훔볼트는 파리 시내를 동에 번쩍 서에 번쩍 하듯 누비고 돌아다녔다. 파리를 방문한 한 독일 과학자에 의하면, "훔볼트는 세 군데에 머물고 있었으므로, 필요에 따라 언제 어디서든 작업을 하거나 휴식을 취할 수 있었다"고 한다.[12] 예컨대 어떤 날 밤에는 파리 천문대에 머물며, 별을 관찰하고 메모를 하는 사이에 잠깐씩 짬을 내어 수면을 취했다. 또 어떤 날 밤에는 게이-뤼삭이나 봉플랑과 함께 파리 공과대학에 머무르며 밤늦도록 실험을 했다.• 매일 아침 8시~11시에는 파리 전체를 순회하며 젊은 과학자들을 만났다. 한 과학자는 이 시간을 '다락방 시간garret-hours'이라고 불렀는데[13], 그 이유는 대부분의 과학자들이 가난했고 보통 싸구려 다락방에 기거했기 때문이다.

훔볼트와 새로 친해진 과학자들 중에 프랑수아 아라고François Arago가 있었다. 그는 재능 있는 젊은 수학자이자 천문학자로서 파리 천문대와 파리 공과대학에서 일했는데, 훔볼트와 마찬가지로 탐험을 좋아했다. 스무 살의 독학생이던 1806년, 아라고는 프랑스 정부의 명령을 받

• 1810년에 훔볼트는 새로운 거처로 이사하여, 어렸을 때의 스승인 쿤트의 조카이자 식물학자인 칼 지기스문트 쿤트와 같이 생활했다. 훔볼트는 봉플랑과 몇 차례의 의견 대립을 경험한 후, 식물 서적 출판과 관련된 일을 쿤트에게 맡겼다.

아 지중해에 있는 발레아릭 제도Balearic Islands에서 과학 임무를 수행했다.[14] 그런데 그를 스파이로 의심한 스페인 당국에 체포되어 1년 동안 스페인과 알제리에 감금되었다가, 1809년 귀중한 노트를 셔츠 밑에 감추고 극적으로 탈출했다. 아라고가 용감하게 탈출했다는 소식을 듣자마자, 훔볼트는 그에게 만나자는 편지를 썼다. 그리하여 아라고는 훔볼트의 절친한 친구가 되었는데, 공교롭게도 그 시점이 게이-뤼삭의 결혼과 정확히 일치했다.

아라고와 훔볼트는 거의 매일 만나 함께 연구하고 결과를 공유했는데, 열띤 토론을 벌이다가 그것이 간혹 다툼으로 비화하기도 했다. 아라고는 "훔볼트는 마음이 너그럽지만, 가끔 심한 말을 한다"고 말했다.[15] 그들의 우정은 거센 폭풍을 방불케 했다. 걸핏하면 둘 중 한 명이 토라져 등을 돌렸지만, 냉전 상태가 오래 지속되지는 않았다.[16] 훔볼트는 아라고를 무조건적으로 신뢰했으므로, 그에게 공포심이나 자기 의심과 같은 속내까지도 숨김없이 드러냈다. 훔볼트는 후에 "우리는 샴쌍둥이나 마찬가지였으며, 그와 우정을 나눈 건 내 인생의 기쁨이었다"라고 썼다.[17] 두 사람이 너무 가깝게 지내자, 빌헬름은 그들의 관계를 걱정했다. 빌헬름은 아내 카롤리네에게 이렇게 말했다. "알렉산더는 한 사람에게만 열정을 쏟는 경향이 있는데, 이번 상대는 아라고인 것 같아. 알렉산더는 아라고와 떨어지려고 하지 않아."[18]

빌헬름이 동생에 대해 걱정하는 건 아라고와의 관계뿐만이 아니었다. 그는 알렉산더가 (적의 심장부인) 파리에 머무르기로 한 결정을 아직도 탐탁잖게 여겼다. 그동안 프로이센 외교관으로 로마에 머물렀던 빌헬름은, 1809년 교육부장관에 임명되어 베를린으로 돌아와 있었다. 그런데 예나 전투가 끝난 후 테겔 성이 프랑스 군인들에게 약탈당한 것을 보고, "알렉산더가 가족 재산을 나 몰라라 팽개치고 프랑스로 떠나버렸어"라며 격노했다. 그리고 아내 카롤리네에게, 알렉산더만 있었더라도 재산을 지킬 수 있었을 거라며 분통을 터뜨렸다.[19]

빌헬름은 알렉산더와 달리 국가의 녹을 먹는 사람이다 보니 역정을 내지 않을 수 없었다. 그는 교육부장관으로 재임하며 프로이센의 교육제도를 점검하고, 베를린에 최초의 대학교를 설립했다. 그리고 1810년 9월에는 빈 주재 프로이센 대사로 임명되어 오스트리아로 떠났다. 그는 오스트리아를 프로이센과 러시아의 동맹국으로 끌어들임으로써 프랑스와 다시 일전을 벌이기 위해 노력하던 중이었다.[20]

빌헬름의 눈에는 알렉산더가 독일인이기를 포기한 사람처럼 보였다.[21] 알렉산더의 저서는 대부분 프랑스어로 씌어지고 프랑스에서 제일 먼저 출간되었으니 말이다. 빌헬름은 동생을 잘 설득하여 귀국시키려고 여러 차례 노력했다. 외교관으로 임명되어 오스트리아로 떠날 때는, 알렉산더에게 "베를린으로 와서, 내 후임으로 교육부장관 직을 맡으면 어때?"라고 넌지시 묻기도 했다. 그러나 알렉산더의 대답은 단순 명료했다. "난 형이 빈에서 좋은 시간을 보내는 동안, 베를린에 매장될 생각이 전혀 없어. 해외여행을 할 요량으로 내게 프로이센 교육부장관을 떠넘기려는 거 아냐?"[22]

훔볼트가 파리에 머무르는 걸 수상쩍게 여긴 사람들은 빌헬름을 비롯한 프로이센 사람들뿐만이 아니었다. 그중에는 나폴레옹도 포함되어 있었다. 남아메리카에서 돌아온 훔볼트와 처음 만난 자리에서, 나폴레옹은 훔볼트를 하찮게 여김으로써 불쾌감을 표시했다. "당신이 식물학을 알아? 내가 알기론, 내 아내 조세핀도 그쪽에 조예가 깊거든."[23] 훔볼트가 나중에 한 친구에게 들은 바에 의하면, 나폴레옹은 우선 적국 독일에서 왔다는 이유로 훔볼트를 싫어했다고 한다.[24] 훔볼트는 처음에 나폴레옹의 환심을 사기 위해 자신의 저서들을 연신 갖다 바쳤지만 번번이 무시당했다.[25] 훔볼트는 "나폴레옹이 나를 싫어하는 게 분명하군"이라고 생각했다.[26]

하지만 프랑스에 머문다는 것은 대부분의 과학자들에게 좋은 기회였다. 나폴레옹은 과학의 든든한 후원자였기 때문이다. '이성reason은 곧 시대를 지배하는 데 필요한 지력intellectual force'이라는 인식이 부상하면서, 과학은 '학자들의 영역'에서 '정치의 중심부'로 이동했다. 과학은 과거 어느 때보다도 정부의 중심부에 가깝게 접근했으며, 지식이 곧 힘으로 간주되었다. 프랑스혁명 이후 많은 과학자들이 장관 자리나 정치 요직을 차지했는데, 그중에는 훔볼트의 과학아카데미 동료인 조르주 퀴비에(박물학), 가스파 몽쥬Gaspard Monge(수학), 라플라스(수학)가 있었다.[27]

나폴레옹은 과학과 군사적 위업을 모두 사랑했지만, 훔볼트에게는 극도로 비협조적이었다. 그는 훔볼트의 저서 『신대륙 적도지역 항해』 시리즈를 질투했는데, 이유인즉 그 책이 자신의 자랑이자 기쁨인 『이집트 묘사*Description de l'Egypte*』와 직접적인 경쟁 관계에 있었기 때문이다.[28] 나폴레옹은 1798년 군대를 이끌고 이집트를 침공할 때 거의 200명에 달하는 과학자들을 데리고 가서, 이집트의 쓸 만한 자료들을 모조리 수집하여 『이집트 묘사』를 편찬하게 했다. 그러므로 그것은 침략의 결과 탄생한 과학책이었으며, 약 1,000점의 삽화가 수록된 23권짜리 시리즈물로, 『신대륙 적도지역 항해』와 쌍벽을 이루는 야심찬 프로젝트였다. 그러나 훔볼트는 군사력도 자금력도 없이 『이집트 묘사』보다 권수卷數와 삽화가 더 많은 『신대륙 적도지역 항해』를 발간했으니, 적어도 과학에 관한 한 나폴레옹보다 한 수 위임이 분명했다.

나폴레옹도 열등감을 억누르고 『신대륙 적도지역 항해』를 읽었으며, 들리는 말에 의하면 심지어 워털루 전쟁이 일어나기 전에도 손에서 책을 놓지 않았다고 한다.[29] 그러나 훔볼트는 나폴레옹에게서 공식적인 도움을 전혀 받지 못했다. 나폴레옹은 훔볼트를 스파이로 의심하고, 비밀경찰을 시켜 편지를 검열하거나 세탁물을 뒤지고 방을 수색하게 했다.[30] 훔볼트가 베를린에서 파리로 온 직후 '아시아를 탐험할 수도 있다'고 말하자, 나폴레옹은 과학아카데미의 과학자 한 명을 은밀히 불러 '야심 많은 프로이센 과학자에 관한 비밀보고서를 제출하라'고 지시했다.[31] 그리고 1810년 나폴레옹은 뚜렷한 이유 없이 훔볼트에게 24시간 이내에 프랑스를 떠나라고 명령했다. 훔볼트가 겨우 파리에 머물 수 있게 된 건, (당시 원로원에서 재무장관을 하던) 화학자 장 앙투안 샤프탈Jean Aotoine Chaptal이 개입하고 나서부터였다. 샤프탈은 나폴레옹에게 "훔볼트와 같은 유명한 과학자를 파리에 모시는 것은 프랑스의 영광입니다. 만약 그분을 강제로 추방한다면, 프랑스는 가장 위대한 과학자를 잃게 될 것입니다"라고 말했다.[32]

나폴레옹의 불신에도 불구하고, 파리 사람들은 훔볼트를 찬양했다. 과학자와 사상가들은 그의 저서와 강의에 깊은 감명을 받았고, 작가들은 그의 모험이야기를 흠모했으며, 파리의 패션계는 그의 매력과 재치에 열광했다. 훔볼트는 이 모임에서 저 모임으로, 이 디너파티에서 저 디너파티로 정신없이 다녔다. 이름이 삽시간에 널리 알려지자, 오데옹Odéon(파리에 있는 프랑스 국립극장—옮긴이) 근처의 르 프로코프Le Procope 카페에서 아침을 먹을 때마다 수많은 인파에 둘러싸였다.[33] 훔볼트를 방문하고자 하는 사람들은 택시기사에게 주소를 말할 필요 없이, "훔볼트 씨 집으로 갑시다"[34]라고 말하기만 하면 됐다. 한 미국인 방문자는 이렇게 말했다. "훔볼트는 파리 사회의 아이돌로서, 매일 아침마다 살롱 다섯 군데에 들르는데, 한곳에서 30분 동안만 이야기하고 재빨리 다른 곳으로 이동한다."[35] 한 프로이센 외교관은 "어딜 가나 훔볼트가 있다"[36]고 말했고, 파리를 방문한 미국 하버드 대학교의 총장은 "훔볼트는 모든 주제에 정통하다"고 말했다.[37] 한 지인은 훔볼트를 일컬어, "과학에 대한 사랑에 취했다"고 말했다.[38]

훔볼트는 살롱과 파티장에서 과학자들만 만난 게 아니라, 당대의 예술가와 사상가들도 만났다.[39] 늘 그렇듯, 그는 잘생긴 미혼 남성인 탓에 많은 여성들의 관심을 끌었지만, 단 한 번도 마음을 주지 않았다. 그에게 깊이 빠진 한 여성은 한숨을 내쉬며, "당신의 끊임없는 미소 뒤에는 싸늘한 얼음장이 깔려 있네요"라고 말했다.[40] "지금껏 사랑해 본 적이 있긴 하나요?"라고 그녀가 묻자, 훔볼트는 이렇게 대답했다. "불타는 사랑을 딱 한 번 해봤지만, 상대는 과학이었어요. 과학은 나의 첫사랑이자, 유일한 사랑이죠."

훔볼트는 수많은 사람들과 대화하느라 어느 누구보다도 말이 빨랐지만, 음성은 늘 부드러웠다.[41] 그는 시간을 질질 끌지 않았고, 마치 도깨비불처럼 순간 이동을 하는 것 같았다.[42] 한 진행자의 회고에 의하면, "한 사람 앞에서 1분 동안만 이야기하고, 어느 틈에 옆 사람에게로 이동했다"고 한다. 훔볼트의 몸매는 프랑스인 남성처럼 날씬하고 우아하고 날렵했고,[43] 머리칼은 제멋대로 헝클어졌으며, 눈에서는 활기가 넘쳤다. 이제 나이가 사십 대임에도 불구하고, 최소한 열 살은 더 젊어 보였다. 한 친구에 의하면, 그는 파티에 도착할 때마다 마치 수문水門이 갑자기 열린 듯 말을 거침없이 쏟아냈다고 한다.[44] 가끔 동생의 말이 너무 많아 지겨워하던 빌헬름은 아내 카롤리네에게 "화살처럼 빠른 말이 쉴 새 없이 계속되니, 귀가 몹시 피곤하군"이라고 말했다.[45] 한 지인은 훔볼트의 연설을 애드립 연주에 비교하며,[46] 거의 생각나는 대로 말하는 수준이라고 했다.[47]

어떤 사람들은 훔볼트의 독설을 두려워한 나머지, "내가 먼저 자리를 뜨면 험담의 표적이 될 것 같아, 그보다 먼저 파티장을 떠나지 않겠다"고 말하기도 했다.[48] 어떤 사람들은 훔볼트를 가리켜, "쉿 소리를 내며 방을 통과하는 것이, 별똥별을 연상하게 한다"고 말했다.[49] 훔볼트는 디너파티에서 여러 주제들을 넘나들며 이야기 보따리를 풀어놓는 경향이 있었다. 한번은 그가 쪼그라든 머리shrunken head(페루와 에콰도르의 원주민 부족들이 다른 부족을 사냥하고, 그 징표로 뇌를 파내고 가죽과 머리카락을 남긴 것을 말함—옮긴이)에 대해 이야기하던 중, 어떤 참가자가 (옆 사람에게 소금을 달라고 부탁하느라) 잠깐 딴청을 부린 뒤 다시 귀를 기울이니, 훔볼트는 어느새 주제를 바꿔 아시리아Assyria의 설형문자를 강의하고 있는 게 아닌가![50] 그 참가자는 잠시 어리둥절해 하다가, 이내 훔볼트의 열정, 날카로운 지성, 편견 없는 사고에 혀를 내둘렀다.[51]

그즈음 파리의 부유층은 유럽에서 진행되고 있는 전쟁에 별로 영향을 받지 않는 듯했다.[52] 나폴레옹 군대가 대륙을 가로질러 러시아로 진군할 때까지, 훔볼트와 친구들의 생활은 전혀 달라지지 않았다. 파리는 나폴레옹의 승리에 따라 번영과 성장을 계속하여, 거대한 공사현장으로 변했다. 비록 20년 후 완성되었지만, 궁궐들이 신축되기 시작하고 개선문Arc de Triomphe의 토대가 세워졌다. 1804년 훔볼트가 남아메리카에서 돌아왔을 때 50만 명을 조금 넘었던 파리의 인구는, 10년 후 약 70만 명으로 증가했다.[53]

나폴레옹이 유럽을 손아귀에 넣게 되면서, 그의 병사들이 정복지에서 약탈한 예술품을 마차에 가득 싣고 돌아와 파리의 박물관을 채웠다. 그리스의 조각상, 로마의 보물, 르네상스 미술품에서부터 이집트의 로제타스톤에 이르기까지, 온갖 전리품들이 쏟아져 들어왔다. 로마에 있던 트라야누스 기둥Column Trajan을 흉내낸 42미터짜리 방돔칼럼Vendôme Column이 건설되었는데, 이것은 나폴레옹의 전승 기념물이었다. 적에게서 빼앗은 대포 1만 2,000개를 녹여 저부조bas-relief를 만들고, 맨 꼭대기에는 로마 황제처럼 옷을 입힌 나폴레옹 조각상을 올려놓아 파리 시내를 내려다보게 했다.

그러나 1812년 프랑스는 러시아에서 거의 50만 명의 병사들을 잃었다. 마을과 작물을 모두 불태워 식량을 고갈시키는 러시아의 초토화 전술에 휘말려, 나폴레옹 군대가 떼죽음을 당한 것이다. 게다가 러시아에 동장군冬將軍이 들이닥쳐, 대육군Grande Armée에서 살아 남은 병사는 3만 명이 채 되지 않았다. 그것이 나폴레옹전쟁의 전환점이었다. 파리의 거리들이 전쟁에서 부상당하고 두들겨 맞은 병사들로 넘쳐나자, 파리 시민들은 프랑스가 패배할지도 모른다는 사실을 깨달았다. 나폴레옹의 전임 외무장관 탈레랑Talleyrand은 그것을 '종말의 시작'이라고 불렀다.[54]

1813년 말, 웰링턴 공작이 이끄는 영국군이 프랑스를 스페인에서 쫓아냈고, 오스트리아·러시아·스웨덴·프로이센 동맹군이 독일 영토에서 나폴레옹을 결정적으로 물리쳤다. 1813년 10월 라이프치히 전투(소위 국가 간 전투Battle of the Nations)에서 60만 명의 병사들이 만나 사상 최대의 혈전을 벌였는데, 그 기록은 제1차 세계대전이 일어날 때까지 깨지지 않았다. 프랑스 군과 싸운 병사들 중에는 러시아의 코사크 족, 몽골리아의 기마병, 스웨덴의 수비대, 오스트리아의 국경수비대, 슐레지엔 민병대도 있었다.

그로부터 다섯 달 반 후인 1814년 3월 말, 동맹군이 샹젤리제까지 진군하자, 아무리 태평한 파리 시민이라도 새로운 현실을 더 이상 무시할 수 없었다. 약 17만 명의 오스트리아, 러시아, 프로이센 병사들이 파리에 몰려들어와, 방돔칼럼 위에 놓인 나폴레옹 조각상을 넘어뜨리고 그 자리에 백기를 꽂았다.[55] 당시에 프랑스를 방문했던 영국의 화가 벤자민 로버트 헤이든Benjamin Robert Haydon은 뒤이어 벌어진 광란의 카니발을 다음과 같이 묘사했다. "반라半裸의 코사크 기마병은 벨트에 총을 주렁주렁 매달았고, 그 옆에 버티고 선 러시아 근위병은 키가 크고 허리가 말벌처럼 잘록했다."[56] "비누로 얼굴을 깨끗이 닦은 영국군 장교들, 살찐 오스트리아 병사들, 깔끔한 옷을 입은 프로이센 병사들, 갑옷을 입고 활과 화살통을 어깨에 멘 타타르인들이 거리를 가득 메웠다. 그들이 승리의 아우라를 물씬 풍기자, 모든 파리 시민들은 이를 악물고 저주를 퍼부었다."[57]

1814년 4월 6일, 나폴레옹은 지중해의 작은 섬 엘바로 추방되었다. 그러나 1년 후 엘바 섬을 탈출하여 파리로 돌아와 20만 명의 군대를 조직했다. 그것은 나폴레옹의 최후의 발악이었지만, 몇 주 후인 1815년 6월 워털루 전투에서 영국과 프로이센 연합군에게 대패했다. 그리하여 아프리카에서 1,900킬로미터, 남아메리카에서 2,900킬로미터나 떨어진 남대서양의 외딴섬 세인트헬레나로 유배되어 유럽으로 영영 돌아오지 못했다.

훔볼트는 1806년 나폴레옹이 고국 프로이센을 유린하는 과정을 지켜봤고, 그로부터 8년 후에는 동맹군이 제2의 조국 프랑스를 물리치고 파리에 입성하는 광경을 목격했다.[58] 프랑스혁명의 이상인 자유가 사라지는 것을 목도하기가 고통스러워, 워싱턴에 있는 매디슨에게 편지를 썼다(매디슨은 제퍼슨에 이어 4대 미국 대통령으로 선출되었다).[59] 훔볼트의 입장은 어색하기 짝이 없었다. 빈 주재 프로이센 대사로 동맹군과 함께 파리에 입성한 빌헬름은, 동생의 기분이 독일인보다는 프랑스인에 가까울 거라고 생각했다.[60] 알렉산더는 기분이 몹시 언짢아져 우울증과 위통이 재발했지만, 여전히 프랑스에 머물렀다.[61]

훔볼트는 독일 여론의 뭇매를 받았다. 예컨대 독일의 신문 「라이니셔 메르쿠르Rheinischer Merkur」는 "훔볼트는 동포의 명예보다 프랑스인들과의 우정을 선호한다"고 비난했다.[62] 격분한 훔볼트는 기사를 작성한 기자에게 강력한 항의 서한을 보냈지만, 자칫 큰 봉변을 당할까 봐 프랑스를 떠나지는 않았다. 이처럼 조심스런 행동은 본인에게 큰 스트레스를 안겨줬지만, 과학에는 이득이었다.

동맹군이 파리에 진입했을 때 약탈과 노략질이 성행했는데, 그중 일부는 정당화되었다. 왜냐하면 동맹군들이 나폴레옹의 박물관에서 장물(과거에 다른 나라에서 약탈해 온 보물)을 찾아내 원 소유자에게 돌려줬기 때문이다. 그러나 이 같은 원상 복구 활동은 정당한 절차를 밟아 수행되기보다, 기강이 해이한 점령군들에 의해 마구잡이로 저질러지는 경우가 더 많았다.

프로이센 군대가 파리 식물원을 주둔지로 전환하려 하자, 프랑스의 박물학자 퀴비에는 훔볼트에게 도움을 요청했다. 훔볼트는 자신의 인맥을 이용하여, 프로이센 장군으로 하여금 다른 주둔지를 알아보도록 하는 데 성공했다. 그로부터 1년 후, 프로이센 군대가 워털루 전쟁에서 나폴레옹을 무찌르고 다시 파리에 진군했을 때, 훔볼트는 다시 한 번 나서서 식물원의 값진 소장품들을 보호했다. 그런데 2,000명의 병사들이 식물원 바로 옆에서 야영을 하자, 이번에는 퀴비에가 자신의 보물을

파리 식물원의 정경. 커다란 식물원, 동물원, 자연사박물관을 갖추고 있다.

걱정하기 시작했다. 그는 훔볼트에게 달려가, '프로이센 병사들이 야생 동물들을 마구 사냥하고, 온갖 희귀 식물들을 함부로 건드린다'고 말했다. 훔볼트는 프로이센 사령관을 만나, 식물과 동물을 위험에 빠뜨리지 않겠다는 약속을 받아냈다.[63]

파리에 몰려든 인파 중에는 병사들만 있는 게 아니었다. 그들 바로 뒤에서는 관광객들, 특히 영국의 관광객들이 눈빛을 번득이고 있었다. 영국인들은 나폴레옹전쟁 때문에 오랫동안 파리에 발을 들여놓지 못하다, 너 나 할 것 없이 루브르박물관에 소장된 보물들을 관람하러 도버해협을 건너왔다. 어느 유럽 국가에도 루브르박물관만큼 많은 예술품을 소장한 곳이 없었기 때문이다.[64] 학생들은 가장 유명한 미술품과 조각품들을 스케치하느라 여념이 없었다. 그도 그럴 것이, 조만간 사다리와 로프를 손수레에 실은 인부들이 들이닥쳐, 미술품과 조각품 들을 회수하여 수레에 싣고 원 소유자들에게 돌려주러 갈 예정이기 때문이었다.

영국의 과학자들도 파리에 몰려들었는데, 그들은 파리에 도착할 때마다 어김없이 훔볼트의 집으로 직행했다. 그중에는 왕립학회의 전임 사무총장 찰스 블라젠Charles Bladgen도 있었고,[65] 장차 왕립학회 회장을 맡을 험프리 데이비Humphry Davy도 있었다.[66] 어느 누구보다도 훔볼트를 좋아한 사람은 데이비였는데, 그 이유인즉 그가 시인인 동시에 화학자였기 때문이다. 예컨대 데이비의 화학 노트를 펼쳐보면, 왼쪽 페이지에는 실험에 대한 객관적 설명이 적혀 있고, 오른쪽 페이지에는 실험 결과에 대한 개인적 반응과 정서적 반응이 적혀 있었다. 왕립연구소에 개설된 그의 과학 강의는 인기가 매우 높아, 강의가 있는 날마다 건물 주변의 거리들이 모두 발 디딜 틈 없이 붐볐다.[67] 훔볼트를 흠모하던 또 한 명의 시인 콜리지도 데이비의 강의를 들었는데, 그에 의하면 '데이비의 강의를 들으면 은유법의 소재가 늘어났다'고 한다.[68] 훔볼트와 마찬가지로, 데이비는 '철학적 정신을 완성하려면 상상력과 이성이 필요하며, 상상력과 이성은 발견의 창조적 원천creative source'이라고 믿었다.[69]

훔볼트는 다른 과학자들을 만나 아이디어를 교환하고 정보를 공유하는 것도 좋아했지만, 시간이 지날수록 유럽 생활에 좌절하는 경우가 점점 더 늘어났다. 유럽이 분열된 정치적 격변기에도 쉬지 않고 활동하다 보니, 그의 마음을 잡아줄 게 거의 없다는 느낌이 들었다. 그는 괴테에게 이렇게 말했다. "내 세계관은 음울합니다. 나는 열대지방을 그리워하며, 열대지방에 사는 동안에만 기분이 좋아질 것 같습니다."[70]

12

혁명과 자연

시몬 볼리바르와 훔볼트

나는 무지개의 여신 이리스Iris의 망토를 두르고, 거센 오리노코 강물이 물의 신에게 경배하는 곳에서 출발하여 여기까지 왔다. 아마존 강 유역에서 마법의 샘을 방문하여, 우주의 망루에 기어오르려 안간힘을 썼다. 라 콩다민과 훔볼트가 갔던 길을 찾아내, 대담하게 그들의 뒤를 따랐다. 아무것도 나를 멈추게 할 수 없다. 얼음으로 뒤덮인 정상에 도달하니, 희박한 공기가 숨을 멎게 한다. 우뚝 솟은 안데스산맥 정상의 엄숙한 사원에서, 영원한 손이 씌워준 다이아몬드 왕관을 짓밟은 인간은 지금껏 없었다. 이리스의 무지개 망토는 내 가림막이었다. 나는 그것을 두르고 지옥을 통과했고, 강과 바다를 건너 안데스의 거대한 어깨 위로 올라왔다. 지형은 콜롬비아의 산기슭에서 안정화되었고, 시간을 되돌릴지언정 자유의 행진을 방해할 수는 없다. 전쟁의 여신 벨로나는 이리스의 황홀함에 고개를 숙였다. 그러니 거인의 흰머리를 짓밟지 않고 망설일 이유가 뭔가? 나는 실행할 것이다. 그리고 지금껏 경험하지 못한 영적 떨림spiritual tremor에 휩싸일 것이다. 그것은 일종의 신성한 광란divine frenzy 상태다. 나는 훔볼트의 발자국을 뒤로하고, 침보라소를 뒤덮은 영원한 얼음결정 위에 내 자신의 발자국을 남긴다.

— 시몬 볼리바르, 『침보라소에서의 섬망*Delirio sobre El Chimborazo*』, (1822)[1]

남아메리카로 돌아간 사람은 훔볼트가 아니라, 그의 친구 시몬 볼리바르였다. 1804년 프랑스에서 훔볼트를 처음 만난 지 3년 후에, 볼리바르는 자유, 권력분립, 사회계약론과 같은 계몽사상의 아이디어들을 마음속에 품고 유럽을 떠났다. 남아메리카의 스텝에 발을 디뎠을 때, 볼리바르는 '조국을 해방시키겠다'던 사크로 산에서의 맹세가 떠올라 전율을 느꼈다. 그러나 스페인과의 싸움은 애국자들의 피를 요구하는 긴 여정이었다. 스페인을 남아메리카 대륙에서 몰아내기까지는 거의 20년이 걸렸는데, 그 과정은 잔인하고 혼란스럽고 때로는 파괴적이었다. 가까운 친구들이 배신하는 반란이 일어나기도 했고, 결국에는 볼리바르가 독재자로 군림하는 광경이 연출되기도 했다.

훔볼트의 글은 남아메리카인들에게 활력을 불어넣었다. 훔볼트가 자연과 인간을 묘사한 것을 보고, 그들은 남아메리카 대륙이 얼마나 독특하고 아름다운지를 깨닫게 되었다. 또한 훔볼트의 저서와 사상은 식민주의와 노예제를 비판함으로써 남아메리카의 해방운동에 영향을 미쳤다. 독일어 초판이 나온 지 2년 후인 1809년, 『식물지리학에 관한 고찰』은 스페인어로 번역되어 보고타에서 발간되는 과학 잡지•에 실렸다.[2]

• 과학 잡지를 창간한 사람은 호세 데 칼다스José de Caldas로, 훔볼트가 안데스산맥을 탐험할 때 만난 과학자들 중 한 명이다.

오늘날 에콰도르에 속하는 침보라소와 카르콰이라소Carquairazo를 묘사한 삽화. 훔볼트의 『코르딜레라스 산맥과 아메리카 원주민의 기념비적 업적들』에 수록된 빼어난 삽화 중 하나다.

볼리바르는 나중에 이렇게 썼다. "훔볼트는 펜으로 남아메리카를 잠에서 깨웠으며, 남아메리카인들에게 자신의 대륙을 자랑해야 할 이유가 얼마나 많은지를 설명해줬다."[3] 오늘날 훔볼트의 이름이 유럽이나 미국보다 남아메리카에서 훨씬 더 널리 알려져 있는 것은 이 때문이라고 할 수 있다.[4]

혁명 기간 동안, 볼리바르는 자연계에서 얻은 이미지들을 이용하여 자신의 신념을 설명했다. 전투와 반란으로 점철된 오랜 세월 동안 동포들을 결집시키기 위해, 볼리바르는 그들에게 남아메리카의 풍경을 떠올리게 했다. 어떤 때는 폭풍우가 몰아치는 바다를 이야기하며,[5] 혁명 전사들을 '바다를 헤쳐나가는 사람들'로 묘사했다.[6] 때로는 아름다운 풍경을 이야기하며, 그들에게 혁명을 연상시키기 위해 '남아메리카 대륙은 우주의 심장부'[7]라고 주장했다. 간혹 혼돈이 지배하는 것처럼 보일 때, 볼리바르는 그 의미를 찾기 위해 황야로 눈을 돌렸다. 그는 길들여지지 않은 자연에서 인류의 혼돈과 유사한 요소들을 발견함으로써 마음의 평안을 되찾았다. 볼리바르가 식민지를 스페인의 족쇄에서 해방시키기 위해 싸우는 동안, 이상과 같은 이미지, 은유, 비유는 자유를 표현하는 언어로 사용되었다.

숲, 산맥, 강은 볼리바르의 상상력을 자극했다. 나중에 한 동료가 말한 대로, 그는 자연을 진정으로 사랑하는 사람이었다.[8] "원시적 자연은 내 영혼을 황홀하게 한다"[9]라고 말한 그는 늘 바람쐬기를 좋아했고, 청년 시절에는 전원 생활과 농사의 기쁨을 즐겼다. 카라카스 부근의 산마테오San Mateo에 있던 농장은 자연과의 강력한 유대감을 형성한 요람이었다.• 특히 산맥은 그로 하여금 고향을 떠올리게 하는 마력을 지니고 있었다. 1805년 봄 옛 스승 시몬 로드리게스와 함께 프랑스에서 이탈리아까지 걸었을 때, 그로 하여금 도박과 음주에 찌들었던 파리를 잊고 고국을 떠올리게 한 것은 알프스산맥이었다.[10] 그해 여름 로마에서 훔볼트를 만났을 때, 그는 혁명을 진심으로 생각하기 시작했다. 그리고 마침내 1807년 베네수엘라로 돌아가, 주민들에게 "내 마음속에서 조국을 해방시키겠다는 생각이 불타오르고 있습니다"라고 말했다.[11]

아메리카 대륙의 스페인 식민지는 네 개의 부왕령viceroyalty으로 구성되어 있었고, 인구는 약 1,700만 명이었다. 맨 위의 뉴스페인 부왕령에는 멕시코, 캘리포니아의 일부, 중앙아메리카가 포함되었고, 그 아래의 뉴그라나다 부왕령에는 남아메리카 북부, 즉 오늘날의 파나마, 에콰도르, 콜롬비아, 브라질 북서부, 코스타리카가 포함되었다. 더 남쪽으로 내려가면 페루 부왕령과 리오델라플라타Río de La Plata 부왕령이 있었다. 리오델라플라타 부왕령의 수도는 부에노스아이레스였고, 오늘날의

• 그는 산마테오의 가족농장에서 말을 타고 들판과 숲을 누볐던 기억이 생생했다.

아르헨티나, 파라과이, 우루과이가 포함되었다. 또한 베네수엘라, 칠레, 쿠바 등은 도독령captaincy general 으로 지정되었는데, 도독령은 자치권을 보유한 행정구역으로서 이름만 다를 뿐 부왕령이나 마찬가지였다. 스페인이 신대륙에 건설한 식민지는 광대한 제국으로서 3세기 동안 스페인의 경제를 배불렸지만, 뉴스페인 부왕령의 일부인 루이지애나 준주를 상실하면서 처음으로 균열이 생겼다. 스페인은 1800년 루이지애나 준주를 프랑스에게 빼앗겼고, 프랑스는 그것을 1803년 미국에게 팔아 넘겼다.[12]

나폴레옹전쟁은 남아메리카의 스페인 식민지들에게 큰 영향을 미쳤다. 영국과 프랑스의 해상 봉쇄는 스페인의 무역을 감소시켜 엄청난 수입 감소를 초래했다. 그로 인해 유럽에서 스페인의 지위가 약화되자, 볼리바르와 같은 부유한 크리오요들은 '스페인의 약점을 이용하여 우리가 이득을 볼 수 있겠다'는 생각을 품게 되었다. 영국은 1805년 벌어진 트라팔가르 해전에서 스페인 전함들을 무수히 파괴했는데, 이는 영국이 나폴레옹전쟁 중 해전에서 거둔 가장 결정적인 승리였다. 그로부터 2년 후 나폴레옹은 이베리아 반도를 침공하여, 스페인 왕 페르디난드 7세에게 '나폴레옹의 친형을 위해 왕위에서 물러나라'고 강요했다. 스페인은 더 이상 강국이 아니었고, 프랑스의 노리개에 불과했던 것이다. 프랑스가 스페인 왕을 폐위하고 스페인의 식민지를 점령하자, 일부 남아메리카인들은 미래에 대한 일말의 희망을 품게 되었다.

페르니단드 7세가 폐위된 지 1년 후인 1809년, 크리오요들은 키토에서 최초의 독립 요구 시위를 일으켜 스페인 관리들에게서 권력을 빼앗았다. 그로부터 1년이 지난 1810년 5월, 부에노스아이레스가 그 뒤를 따랐다. 또 그로부터 몇 달 후인 9월, 멕시코시티에서 북서쪽으로 320킬로미터 떨어진 돌로레스Dolores라는 작은 마을에서, 미겔 이달고 이 코스티야Miguel Hidalgo y Costilla라는 사제가 크리오요, 메스티조, 인디오, 해방된 노예들을 규합하여 스페인의 지배에 항거했는데, 그는 한 달도 못 되어 6만 명의 군사를 이끌었다.[13] 스페인의 부왕령 전체에서 이 같은 반란과 소요가 들끓자, 베네수엘라의 크리오요 엘리트들은 1811년 7월 5일 독립을 선포했다.

그로부터 9개월 후, 자연은 스페인의 손을 들어주는 것 같았다. 1812년 3월 26일 오후, 볼리바르의 고향인 카라카스의 주민들이 부활절 예배를 위해 교회에 모였을 때, 엄청난 지진이 일어나 도시 전체를 파괴하고 수천 명의 목숨을 앗아갔다. 성당과 교회들이 무너져 실내에 먼지가 자욱하다 보니, 신도들이 우왕좌왕하다 모두 압사했다. 진동 때문에 땅이 흔들리자, 볼리바르는 자포자기 상태에서 참상을 지켜봤다. 많은 사람들은 지진을 '봉기에 대한 신의 분노'라고 생각했다. 사제들은 '죄인'들을 크게 꾸짖으며, 정의로운 신이 그들을 처벌할 거라고 꾸짖었다.[14] 볼리바르는 상의를 벗고 셔츠 바람으로 폐허 위에 버티고 서서, "만약 자연이 우리와 맞서기로 결정했다면, 우리는 그와 싸워 굴복시킬 것이다"라고 외쳤다.[15]

8일 후 다른 곳에서 또 지진이 일어나, 무려 (카라카스 인구의 절반에 해당하는) 2만 명이 목숨을 잃었다.[16] 발렌시아 호수 서쪽의 플랜테이션에서 일하는 노예들이 반란을 일으켜 농장을 약탈하고 농장주를 죽이자, 베네수엘라 전체가 무정부 상태에 빠졌다. 그러나 왕당파 군대가 베네수엘라 북부 해안의 전략 거점인 푸에르토카베요Puerto Cabello 항구에 도착했을 때, 다섯 명의 장교와 세 명의 병사들을 이끌고 그곳을 지키던 볼리바르는 승산이 없었다. 그로부터 몇 주 만에 공화파 투사들이 스페인 군에 굴복하자, 크리오요들이 처음으로 독립을 선언하며 탄생했던 제1공화국은 종말을 맞았다. 그리하여 스페인 깃발이 다시 한 번 게양되자, 볼리바르는 1812년 8월 말 베네수엘라를 떠나 카리브 해의 쿠라카오Curaçao 섬으로 피신했다.[17]

미국혁명의 지도자 중 한 명이었던 토머스 제퍼슨은 스페인의 식민지에 깊은 관심을 갖고 있었으며, 남아메리카 주민들이 공화국 정부를 수립하지 못할까 진심으로 걱정하고 있었다. 그와 동시에, 제퍼슨은 남아메리카 대륙의 독립이 미국에 미칠 경제적 영향도 우려하고 있었다. 그는 워싱턴 DC 주재 스페인 공사에게 이렇게 말했다. "남아메리카 식민지들이 스페인의 지배 아래 있는 한, 미국은 그들에게 많은 곡물과 밀을 수출할 수 있을 것입니다. 그러나 그들이 스페인에서 독립한다면, 농업과 상업에서 미국의 강력한 라이벌로 등장하게 될 것입니다."[18] 남아메리카의 혁명가들이 전직 미국 대통령을 들먹이자, 제퍼슨은 훔볼트에게 편지를 보내 다음과 같은 질문을 쏟아냈다. "만약 그들이 혁명에 성공했다면, 어떤 형태의 정부를 수립했을까요? 그들의 사회는 얼마나 평등했을까요? 혹시 폭정despotism이 만연하지는 않았을까요? 이 세 가지 질문에 가장 잘 대답할 수 있는 사람은 당신입니다."[19]

베네수엘라를 떠났던 볼리바르는 다음 활동을 준비하다가, 2개월 후인 1812년 10월 말 뉴그라나다 부왕령의 북부 해안(오늘날의 콜롬비아)에 있는 카르타헤나Cartagena 항구에 도착했다.[20] 볼리바르는 '강력한 남아메리카strong South America'라는 새로운 아이디어에 심취해 있었는데, 그 내용은 '모든 식민지들이 뿔뿔이 흩어져 각개전투를 하지 말고, 힘을 합쳐 공동전선을 구축해야 한다'는 것이었다. 볼리바르는 소규모 부대를 지휘하고 있었지만, 세간의 평에 의하면 훔볼트가 작성한 훌륭한 지도를 갖고 있었기 때문에, 베네수엘라에서 수백 킬로미터 떨어진 곳에서도 과감한 게릴라 공격을 시도할 수 있었다고 한다.[21] 그는 군사훈련을 별로 실시하지 못했지만, 카르타헤나에서 베네수엘라로 접근함에 따라 어려운 환경(고산지대, 울창한 숲, 뱀과 악어가 들끓는 강변)을 적절히 이용하여 왕당파 세력들을 궁지에 빠뜨렸다. 그리하여 볼리바르는 (10여 년 전 훔볼트가 카르타헤나에서 보고타로 갈 때 경유한) 리오마그달레나 강 유역을 서서히 장악해 갔다.

출정하는 길에 볼리바르는 연도에 늘어선 뉴그라나다의 주민들에게 "스페인 제국이 지배하는 곳이라면 어디든지, 죽음과 황폐함이 있을 뿐이다"라고 말했다.[22] 그는 베네수엘라를 향해 전진하는 동안 새로운 병력도 충원했다. '강력한 남아메리카'라는 캐치프레이즈하에, 남아메리카의 식민지들은 하나로 통합되어야 한다는 게 그의 신념이었다. "식민지가 몰락하는 것은 식민지 내부의 분열 때문이지, 스페인의 무력 때문이 아니다. 스페인 사람들은 메뚜기와 같아, 자유라는 나무의 씨와 뿌리를 갉아먹는다. 그들을 물리치려면 일치단결하여 대항하는 수밖에 없다." 그는 카라카스를 해방시키기 위해 베네수엘라로 가면서, 뉴그라나다 주민들을 때로는 달래고 때로는 위협하여 자기 편으로 만들었다. "한 나라가 노예화되면 다른 나라도 노예화된다. 스페인의 지배는 괴저 gangrene(혈액 공급이 되지 않거나 세균 때문에 비교적 큰 덩어리의 조직이 죽는 현상—옮긴이)와 같아서, 감염된 사지처럼 도려내지 않으면 다른 부분에 모두 영향을 미친다"고 그는 말했다.[23]

일이 자신의 뜻대로 되지 않을 경우, 볼리바르는 오만하거나 모욕적인 언사를 퍼붓기도 했다. 한 장교가 베네수엘라 영토로 들어가기를 거부하자, 그는 이렇게 소리쳤다. "전진하라! 네가 나를 쏘지 않으면, 맹

시몬 볼리바르

세코 내가 너를 쏘겠다."[24] 어떤 경우에는 "만 자루의 총이 꼭 필요하다. 목표가 달성되지 않으면 나는 미쳐버릴 거 같다"라는 식으로 무기 조달 명령을 내리기도 했다.[25] 그의 투지는 부하들에게 전염되는 경향이 있었다.

볼리바르는 모순으로 가득 찬 사람이었다. 오리노코 강을 따라 항해하는 카누 속에서 건국 헌법 초안을 작성할 정도로 열정적이었지만, 사사로운 감정에 이끌려 군사행동을 지연시키기도 했다.[26] 댄스를 시적 움직임poetic motion이라고 부를 정도로 감성이 풍부했지만,[27] 수백 명의 죄수들을 처형하라는 명령을 내릴 정도로 매몰차기도 했다. 기분이 좋을 때는 원만한 성격이었지만, 짜증이 날 때는 포악한 성격을 드러내기도 했다.[28] 한 동료는 볼리바르의 기분이 순식간에 바뀌는 걸 보고, 감정 변화가 믿기 어려울 정도로 빠르다며 혀를 내둘렀다.

볼리바르는 '행동의 힘'을 믿는 동시에, '활자의 힘'을 믿는 사람이기도 했다. '인쇄된 말은 세상을 바꾸는 힘이 있다'고 믿고, (안데스산맥을 오르내리든, 광대한 야노스 평원을 횡단하든) 군사작전을 수행할 때 늘 간이 인쇄기를 휴대하고 다녔다.[29] 그는 두뇌 회전이 빠르고 판단력이 날카로웠다.[30] 동시에 여러 비서들에게 편지를 받아쓰게 했으며, 즉석 결정을 잘 내리기로 유명했다. "생각할 게 있으니 자리를 비켜 달라는 사람들도 많지만, 나는 여럿이 춤추고 떠들며 즐기는 와중에도 정신 집중과 심사숙고가 가능하다"라고 그는 말했다.[31]

볼리바르와 동료들은 리오마그달레나 강 유역에서 산맥을 넘어 베네수엘라로 진군하는 동안, 왕당파 군대들과 여러 차례 교전을 치렀다. 카르타헤나에 상륙한 지 6개월 후인 1813년 봄, 뉴그라나다는 볼리바르에 의해 해방됐지만 베네수엘라는 아직도 스페인의 지배 아래 있었다. 1813년 5월, 볼리바르의 군대는 산맥에서 내려와, 베네수엘라의 메리다Mérida가 자리 잡고 있는 계곡 상층부로 쳐들어갔다. 볼리바르가 접근하는 것을 본 스페인 사람들은 혼비백산하여 메리다를 떠났다. 볼리바르와 병사들은 헤진 옷을 입은 데다 굶주림과 열병에 시달렸지만, 영웅으로 환영받았다. 메리다 시민들은 볼리바르를 해방자El Libertador라는 호칭으로 부르며, 무려 600명이 혁명군에 가담했다.[32]

3주 후인 1813년 6월 15일, 볼리바르는 식민지에 거주하는 스페인 사람들 모두에게 최후 통첩을 보냈다.[33] 그 내용인즉, '볼리바르의 군대에 가담하지 않으면 죽여버리겠다'는 것이었는데, 인정사정 없지만 매우 효과적이었다. 스페인 사람들이 처형되자 왕당파들이 공화파에 가담했고, 볼리바르의 군대가 카라카스를 향해 동진東進할수록 공화파의 숫자는 점점 더 늘어났다. 8월 6일 볼리바르의 군대가 카라카스에 도착했을 때 스페인 사람들이 도시를 빠져나갔으므로, 볼리바르는 싸우지도 않고 카라카스를 접수했다. 그는 카라카스 주민들에게 이렇게 말했다. "우리는 여러분의 해방자로서, 물이 불어난 마그달레나 강기슭을 출발하여 아라과의 꽃피는 계곡까지 달려왔습니다."[34] 그는 그동안 거쳐온 황무지, 고원, 고산준령들을 열거하며, 자신들의 승리를 남아메리카의 자연과 연관시켰다.

볼리바르의 병사들이 베네수엘라를 행군하며 스페인 사람들을 발견하는 즉시 모두 죽이는 동안, 또 하나의 군대가 생겨났다. 그 군대는 야노스 평원의 거친 원주민들을 주축으로 하는 소위 '지옥의 군단Legions's Hell'[35]으로, 그 속에는 메스티조와 노예들도 섞여 있었다. 지옥의 군단을 이끌던 사람은 (야노스에서 소장수를 하던) 호세 토마 보베스José Tomás Boves였는데, 그는 이후 총 8만 명의 공화파를 살해했다.[36] 보베스의 병사들은 (크리오요라는 특권층으로 구성된) 볼리바르의 병사들과 맞서 싸우며, 그들을 '스페인 지배자들보다 더 악랄한 자들'로 몰아세웠다. 결국 볼리바르의 혁명은 무자비한 내전의 수렁으로 빠져들었다. 한 스페인 장교는 베네수엘라를 '죽음의 지역'이라 부르며 이렇게 말했다. "수천 명의 주민들이 살던 마을은 이제 수백 명 또는 심지어 수십 명이 사는 마을로 변했다. 마을은 불탔고, 주민들의 시체는 매장되지 않은 채 들판에서 뒹굴다 분해되었다."[37]

훔볼트는 일찍이 '식민지 사회가 분열되어 있다'는 점에 주목하여, 남아메리카의 독립투쟁이 피로 물들 거라고 예상한 바 있었다. 훔볼트는 제퍼슨에게 "유럽은 지난 3세기 동안 계층 간의 증오를 조장하기 위해 온갖 노력을 기울였다"고 말했다.[38] '크리오요, 메스티조, 노예, 원주민들이 사분오열되어 서로를 불신한다'는 현실은 볼리바르의 뇌리를 늘 떠나지 않던 근심거리였다.

때마침 유럽에서는 스페인이 나폴레옹의 군사적 지배에서 벗어나는 데 성공하여, 제멋대로 구는 식민지 국가들에게 집중할 수 있는 여유가 생겼다. 권좌에 복귀한 페르디난드 7세는 약 60척의 전함을 갖춘 다음 1만 4,000명 이상의 군사를 남아메리카에 파견했는데, 그것은 스페인이 신대륙에 보낸 사상 최대 규모의 함대였다.[39] 1815년 4월 스페인 군이 베네수엘라에 도착했을 때, 볼리바르의 군대는 보베스와 싸우느라 전력이 약화된 상태여서 도저히 이길 가망이 없었다. 그리하여 5월에 왕당파가 카라카스를 탈환하자, 혁명은 영원히 끝난 것처럼 보였다.

볼리바르는 다시 한 번 베네수엘라를 떠났다. 이번에는 자메이카로 가서, 국제적 지원을 얻으려고 백방으로 노력했다. 그는 영국의 주요 부처 장관을 역임한 웰레슬리 경Lord Wellesley에게 편지를 보내, "지구의 아름다운 절반이 황폐화될 위기에 처했습니다. 식민지인들이 영국의 도움을 필요로 합니다"라고 설명했다.[40] 그는 "필요하다면 북극까지라도 진군할 각오가 되어 있습니다"라고 덧붙였지만, 웰레슬리의 반응은 냉담했다.

영국과 마찬가지로, 미국도 스페인의 위태위태한 식민지 문제에 선불리 끼어들려고 하지 않았다. 제4대 대통령 매디슨은 "미국 시민들은 스페인 영토를 침범하는 군사작전에 끼어들 권한이 없다"고 선언했다.[41] 제2대 미국 대통령을 지낸 존 애덤스John Adams는 "남아메리카에 민주주의를 확립하는 것은 웃기는 일이며, 새, 짐승, 물고기들에게 민주주의를 도입하는 것처럼 허무맹랑한 일이다"라고 생각했다.[42] 제퍼슨은 '남아메리카에 폭정이 만연할지도 모른다'는 우려를 거듭 제기하며, 훔볼트에게 이렇게 물었다. "성직자의 지배하에 있는 사회가 공화정이나 자유주의 정부를 세울 수 있다고 생각하나요?"[43] "지난 3세기 동안 가톨릭은 식민지들을 순진무구한 어린이로 전락시켰고, 그들의 정신을 사슬로 꽁꽁 묶었습니다."[44]

당시 파리에 머물고 있던 훔볼트는 남아메리카의 상황을 걱정스럽게 주시하며, 미국 정부의 거물들에게 '남미의 형제들을 도와달라'는 내용의 편지를 썼다. 미국에서 답장이 빨리 오지 않자, 그는 프랑스에서 만난 미국 요인들에게 강력히 항의했다. 그의 항의를 받은 미국의 장군은 제퍼슨에게 편지를 보내, "훔볼트의 요청은 매우 시급하게 다뤄야 합니다. 왜냐하면 그는 다른 어떤 유럽인보다도 막강한 영향력을 갖고 있기 때문입니다"라고 말했다.[45]

사실 유럽이나 북아메리카에서 훔볼트보다 남아메리카를 더 잘 아는 사람은 아무도 없었다. "그는 남아메리카 문제의 권위자다. 그의 저서들은 남아메리카에 대한 정보의 보고寶庫이며, 지금껏 그 책의 내용을 모르고 있었다는 것은 매우 수치스러운 일이다"라고 제퍼슨은 말했다.[46] 훔볼트의 저서 중에서 특히 관심을 끈 것은 『뉴스페인 왕국에 대한 정치적 고찰』[47]이었다. 1808~1811년에 출간된 이 책은 총 4권짜리로, 전 세계가 남아메리카의 독립운동에 주목하던 시기에 나온 것이어서 의의가 매우 컸다.

훔볼트는 늘 그렇듯, 새로 출간된 『뉴스페인 왕국에 대한 정치적 고찰』을 제퍼슨에게 발송했다.[48] 훔볼트의 저서 덕분에, 제퍼슨은 독립전쟁을 벌이고 있는 남아메리카 식민지의 상황을 면밀히 연구하여 많은 정보를 얻을 수 있었다. 제퍼슨은 훔볼트에게 보낸 편지에서, "우리는 남아메리카에 대해 아는 게 거의 없었지만, 당신을 통해 많은 정보를 얻었습니다"라고 말했다.[49] 제퍼슨과 그의 정치적 동지들은 '자유공화국은 확대되어야 하는가?'라는 문제를 놓고 갑론을박을 벌였다. 또한 '남아메리카의 불안정한 제도를 공식적으로 지지하는 것의 위험성'과 '남반구에서 거대한 경제적 경쟁자가 부상할 경우의 문제점'에 대해서도 논란이 많았다. '중요한 것은 이상이 아니라 현실'이라는 것이 제퍼슨의 생각이었다.[50] 그는 식민지들이 하나의 국가로 통합되지 않고, 분리된 상태를 유지하기를 바랐다. 왜냐하면 그들이 한 덩어리로 뭉칠 경우 매우 부담스러운 이웃이 될 수 있기 때문이었다.[51]

홈볼트의 저서에서 정보를 얻은 사람은 제퍼슨뿐만이 아니었다. 볼리바르도 그의 저서를 탐독했다.[52] 왜냐하면 그는 (자신이 해방시키고 싶어하는) 남아메리카 대륙의 대부분에 대해 아는 게 별로 없었기 때문이다. 홈볼트는 『뉴스페인 왕국에 대한 정치적 고찰』에서, 남아메리카의 지형, 식물, 인종 갈등, 스페인의 식민지 지배가 환경에 미친 악영향, 제조업·광업·농업의 근로조건 등을 자세히 설명했다. 또한 경제적 수입, 군사 방어, 도로와 항만에 대한 정보도 제공하고, 은 채광량에서부터 농업 생산량, 상이한 식민지 간의 수입과 수출에 이르기까지 모든 데이터가 담긴 도표를 제시했다.

홈볼트의 저서는 다음과 같은 논점들을 명확하게 정리했다. 첫째, 식민주의는 남아메리카의 주민과 환경에 재앙을 초래한다. 둘째, 식민사회는 불평등에 기초하고 있으며, 원주민들은 이방인도 야만인도 아니다. 셋째, 식민지인들도 유럽인들만큼 과학적 발견을 할 수 있으며, 예술과 기술을 익히고 연마할 수 있다. 넷째, 남아메리카의 미래는 단일경작monoculture이나 광산이 아니라 자급농업subsistence farming에 기초해야 한다. 홈볼트는 뉴스페인 부왕령을 중점적으로 서술했지만, 그 데이터를 유럽, 미국, 다른 남아메리카 식민지들과 비교하는 것도 잊지 않았다. 그는 식물을 서술할 때 좀 더 넓은 맥락에서 바라보고 전 지구적 패턴global pattern을 드러내는 데 주안점을 둔 것과 마찬가지로, 식민주의, 노예제, 경제를 서술할 때도 세 가지 시스템 간의 상호작용에 중점을 두면서 포괄적으로 접근했다. 『뉴스페인 왕국에 대한 정치적 고찰』은 여행을 설명한 책도 아름다운 경치를 회상한 책도 아니라, 엄밀한 팩트, 객관적 데이터, 정확한 수치를 수록한 핸드북이었다. 원문이 얼마나 자세하고 꼼꼼했던지, 영문판 번역자는 역자 서문에서 '이 책은 독자의 집중력을 고갈시킬지도 모른다'고 썼다.[53] 이 사실을 안 훔볼트는 나중에 영어 번역자를 교체했다.

카를로스 4세에게 남아메리카 여행허가서를 받기가 얼마나 어려운지를 잘 아는 사람이라면, 자신의 저서에서 스페인의 식민지 지배를 혹독하게 비난했을 것이다. 훔볼트의 경우에도 마찬가지여서, 『뉴스페인 왕국에 대한 정치적 고찰』에는 독립을 갈구하는 듯한 표현들이 넘쳐났다.[54] 훔볼트는 "스페인이 상이한 인종들 간의 증오를 부추겼다"고 비난했다.[55] 예컨대 선교사들은 인디오 원주민들을 난폭하게 다뤘고 비난받을 만한 광신주의culpable fanaticism에 이끌렸다고 한다.[56] 스페인은 원자재를 얻기 위해 식민지를 마구 개발했고, 개발이 진행됨에 따라 환경을 점점 더 많이 파괴했다.[57] 훔볼트는 다음과 같이 말했다. "유럽인들은 식민지인들을 불신하고 무자비하게 다뤄, 남아메리카 대륙을 파괴했다."[58] "그들은 부를 갈망한 나머지, 남아메리카인들에게 권력을 마구 휘둘렀다."[59]

훔볼트의 비판은 본인의 관찰에 기초하며, 이를 보충하는 자료는 식민지를 탐험하던 중 현지 과학자들에게서 수집한 것이다. 또한 멕시코시티와 아바나에 들렀을 때 정부기관에서 수집한 인구통계 데이터가 이를 뒷받침했다. 남아메리카에서 유럽에 돌아온 지 몇 년 후 훔볼트는 이 같은 자료들을 정리하여 책으로 펴냈는데, 먼저 나온 것이 『뉴스페인 왕국에 대한 정치적 고찰』이고, 나중에 나온 것은 『쿠바섬에 대한 정치적 고찰』이다. 이 책들은 식민주의와 노예제를 매섭게 고발하고 있는데, 그 내용을 읽어보면 기후·토양·농업이 노예제·인구통계·경제와 서로 연결되어 있음을 알게 된다. 훔볼트는 "유럽인들의 만행이 세상을 불공평하게 만들었다"[60]며 "식민지가 해방되어 자급자족하려면, 혐오스러운 독점의 족쇄를 벗어버려야 한다"고 주장했다.[61]

볼리바르는 1815년 9월에 쓴 「자메이카에서 띄우는 편지Carta de Jamaica」에서, "나의 옛 친구 훔볼트는 남아메리카 대륙에 대해 백과사전적 지식을 갖고 있다"[62]고 말하며, 그를 '남아메리카에 관한 최고 권위자'라고 불렀다. 이 편지는 자메이카에서 쓰여진 것으로,• 볼리바르의 정치적 생각과 미래 비전을 잘 나타내고 있다. 그는 이 편지에서, 훔볼트와 마찬가지로 '식민주의의 파괴적 영향'을 다음과 같이 비판했다. "베네수엘라 국민들은 스페인의 노예로 전락하여, 그들의 만족할 줄 모르는 욕구를 충족시키기 위해 환금작물 경작과 광물 채굴에 동원되었다."[63] 그러나 밭의 작황이 아무리 좋고 광산의 채굴량이 아무리 많아도, 스페인의 탐욕스러운 욕망을 채울 수는 없었다. "광대한 땅이 황폐화되어 모든 속주屬州들은 사막으로 변했다."[64]

훔볼트는 자신의 저서에서 "남아메리카는 토양이 매우 비옥하므로, 갈퀴질만 해도 풍작을 거둘 수 있다"고 말한 바 있다.[65] 볼리바르도 그

• 볼리바르는 4개월 전 스페인 함대가 베네수엘라에 도착했을 때 자메이카로 피신했었다.

와 같은 맥락에서, "천혜의 자연조건을 갖춘 땅을 마구잡이로 파헤치거나 경작하여, 쓸모없는 땅으로 만들어서야 되겠느냐?"고 반문했다.[66] 훔볼트가 『뉴스페인 왕국에 대한 정치적 고찰』에서 "봉건정부의 악랄한 행태가 북반구에서 남반구로 전파되었다"[67]고 주장했던 것처럼, 볼리바르도 스페인의 식민지 지배를 봉건적 지배와 유사하다고 지적하며[68] 혁명가들에게 "봉건적 지배의 사슬을 끊기 위해 투쟁하라"고 촉구했다.[69]

또한 볼리바르는 계층 갈등의 중심에 노예제가 버티고 서 있음을 깨달았다. 만약 볼리바르가 노예화된 주민들과 화합하지 않았다면, 그들은 볼리바르와 플랜테이션 농장주들—이들은 크리오요이며, 노예의 노동에 의존했다—에게 저항했을 것이다. 끔찍한 내전을 치르는 동안, 호세 토마스 보레스와 그가 이끄는 지옥의 군단이 볼리바르를 끊임없이 괴롭혔던 것처럼 말이다. '노예의 도움이 없다면 혁명은 불가능하다'는 것은 볼리바르가 아이티 공화국의 초대 대통령 알렉상드르 페티옹Alexandre Pétion과의 대담에서 다뤘던 주제였다.•

프랑스의 식민지였던 아이티는 1790년대에 노예 반란에 성공하자 1804년 혁명가들이 독립을 선언했다. 페티옹은 부유한 프랑스인과 아프리카계 어머니 사이에서 태어난 혼혈로, 아이티 공화국 건국의 아버지들 중의 한 명이었다. 아이티의 지배자와 정치인 중에서 볼리바르를 돕기로 약속한 사람은 페티옹뿐이었다. 볼리바르는 '노예해방을 약속하면 무기와 선박을 제공하겠다'는 페티옹의 제의를 수락하며,[70] "노예제는 어둠의 딸"이라고 화답했다.[71]

아이티에서 3개월간 머무른 후, 볼리바르는 페티옹에게 제공받은 소

• 볼리바르는 1815년 12월 자메이카에서 암살을 모면한 후 아이티 섬으로 피신했다.

규모 함대를 이끌고 베네수엘라로 떠났다. 선박에는 화약, 무기, 병사들이 가득 차 있었다. 1816년 여름 베네수엘라에 도착했을 때, 그는 모든 노예를 해방한다고 선언했다.[72] 최초로 노예해방을 선언한 것은 중요한 의미가 있었지만, 그는 크리오요 엘리트를 설득시키느라 애를 먹었다. 그로부터 3년 후 그는 "노예제가 아직도 베네수엘라를 검은 베일로 뒤덮고 있다"[73]고 지적하며, 자연현상을 빗대어 "시커먼 비구름이 하늘을 뒤덮으면, 곧 불덩어리 같은 비가 퍼붓는 법"이라고 경고했다. 볼리바르는 자신의 노예들에게 '혁명군에 가담하라'는 조건을 걸고 자유를 약속했지만, '완전한 노예제 폐지'가 법제화된 것은 그로부터 10년 후인 1826년, 그가 볼리비아 헌법을 제정했을 때였다.[74] 하지만 당시 제퍼슨이나 매디슨 같은 미국의 계몽된 정치가들이 아직도 수백 명의 노예들을 이용하여 플랜테이션 농장을 운영했던 점을 감안하면, 베네수엘라의 노예해방은 상당히 과감한 조치였다. 남아메리카에 도착한 직후 쿠마나에서 노예시장을 목격하고, 노예제 폐지를 줄곧 주장해 왔던 훔볼트도 볼리바르의 결정에 큰 감명을 받았다. 그로부터 몇 년 후, 훔볼트는 자신의 저서에서 볼리바르의 사례를 (특히 미국의 계몽된 정치인들과 대조하며) 언급함으로써 전 세계 독자들이 그를 귀감으로 삼게 했다.[75]

훔볼트는 그 후 몇 년 동안 파리에 머무르면서도, 다양한 경로를 통해 남아메리카에서 일어나는 사건들을 계속 예의 주시했다. 볼리바르는 (자신의 영토에서 제각기 스페인과 싸우는) 군벌들을 일일이 찾아다니며 포섭하느라 시간을 많이 소비했다. 일부 지역들은 혁명가들이 장악하고 있었지만, 지역 간의 거리가 너무 멀어 통합된 세력으로 활동할 수가 없었다. 예컨대 호세 안토니오 파에스José Antonio Páez는 1814년 말 보레스가 죽은 뒤, 야노스 평원에서 야네로스llaneros(야노스 평원의 원주민—옮긴이)

의 지지를 얻는 데 성공했다.[76] 그가 이끄는 1,100명의 병력은 야네로스 기병과 인디오 보병으로 구성되었는데, 1818년 초 야노스의 대평원에서 활과 화살만으로 무장하고도 훈련된 스페인 군 4,000명을 격파했다. 그들은 거칠고 터프한 성격을 가진 최고의 병사들로, (크리오요인데다 도시 거주자인) 볼리바르를 지도자로 선택하지는 않았어도 그를 존경했다. 신장 167센티미터에 체중 59킬로그램으로 깡마른 체격이었지만, 말을 타고 강인한 체력과 지구력을 보여주자 모두들 볼리바르를 철인이라고 부르며 환호했다.[77] 게다가 모험 삼아 손을 뒤로 묶고 헤엄을 친다든지, 야네로스가 하는 걸 보고 즉석에서 말의 머리에서 뛰어내리는 동작을 따라하자, 파에스의 부하들은 볼리바르의 개인기에 큰 인상을 받았다.

어쩌면 훔볼트는 볼리바르를 더 이상 알아보지 못했을지도 모른다. 한때 최신 유행옷을 입고 파리를 누비던 꽃미남이, 이제는 황마샌들 jute sandal을 신고 후줄근한 코트를 입었으니 말이다. 지난 몇 년 동안 플랜테이션 농장을 잃고 외국으로 여러 번 추방되기도 했다. 나이는 삼십 대 중반이었지만, 얼굴에는 이미 주름이 지고 피부에는 황달기가 있었다. 그러나 눈빛은 상대방을 꿰뚫을 듯 강렬했고, 목소리는 병사들을 결집시키는 힘을 갖고 있었다.[78] 볼리바르는 부하들은 물론 자기 자신에게도 가혹했다. 종종 망토 하나만을 몸에 두르고 맨바닥에서 잠을 잤고, 하루 종일 말을 타고 거친 지형을 달린 후에도 밤늦도록 프랑스 철학자들의 책을 읽었다.

1819년 2월, 스페인은 여전히 (카라카스와 뉴그라나다 부왕령의 상당 부분을 포함하여) 베네수엘라 북부 지역을 지배하고 있었지만, 볼리바르는 베네수엘라 동부의 속주들과 오리노코 강 유역을 장악했다. 혁명은 당초 희망했던 만큼 빠른 속도로 진행되지 않았지만, 볼리바르는 '이쯤 됐으면 해방된 지역에서 선거를 치르고 헌법을 제정할 때가 됐다'고 생각했다. 그는 오리노코 강기슭에 자리 잡은 앙고스투라(오늘날로 치면, 베네수엘라의 시우다드볼리바르)에서 의회를 소집했다. 바로 약 20년 전 훔볼트와 봉플랑이 카시키아레 강을 찾느라 몇 주 동안 헤맨 후 녹초가 되어 열병에 걸렸던 곳이었다. 2월 15일 스물여섯 명의 대표자들이 평범한 벽돌집 안에 자리를 잡고 앉아, 볼리바르의 미래 비전을 경청했다.[79] 볼리바르는 오리노코 강을 오르내리며 구상한 헌법 초안을 제시하며, 식민지 간 통합과 인종 및 계층 간 통합의 중요성을 재차 강조했다.[80] 카라카스가 스페인의 지배하에 있었으므로, 카라카스가 탈환될 때까지 앙고스투라를 새로운 공화국의 임시 수도로 정했다.

볼리바르는 대표자들에게 한 연설에서 남아메리카의 장관splendour과 활력vitality을 언급했는데,[81] 그 이유는 동포들에게 투쟁의 이유가 뭔지를 깨닫게 하기 위해서였다. "이 세상 어디에도 남아메리카만큼 자연의 혜택을 많이 받은 곳은 없습니다"라고 그는 말했다.[82] "내 영혼은 가장 높은 산꼭대기로 올라가 나라의 미래를 바라봅니다. 광대한 남아메리카 대륙은 장차 하나로 통합될 것입니다. 나는 혁명의 허리케인 앞에서 한낱 장난감에 불과하지만, 자유로운 남아메리카의 꿈을 좇을 준비가 되어 있습니다"라고 그는 덧붙였다.[83]

의회에서 연설을 한 지 3개월 후인 1819년 5월 말, 볼리바르는 뉴그라나다를 해방시킨다는 일념으로 모든 군대를 이끌고 앙고스투라를 떠나 안데스산맥을 향했다.[84] 그의 군대는 파에스가 이끄는 기마병, 인디오, 해방된 노예, 메스티조, 크리오요, 여성, 어린이로 구성되어 있었다. 그중에는 영국의 퇴역 군인들도 상당수 있었는데, 그들은 나폴레옹전쟁 말기에 볼리바르 부대에 가담한 사람들이었다.[85] 당시 수십만 명의 영국 병사들이 전장에서 돌아와, 직업도 수입도 없이 유리걸식하던 중이었다. 볼리바르가 영국에 비공식적으로 파견한 외교관은 국제적 지원을 요청함과 동시에 퇴역 군인들을 모집하는 역할을 했고, 5년 만에 5,000명 이상을 모집했다. 이들을 소위 영국군단British Legion이라고 하는데, 영국과 아일랜드에서 5만 정의 라이플과 머스킷, 수백 톤의 탄약을 갖고 남아메리카에 도착했다. 어떤 사람은 정치적 신념이 있었고, 어떤 사람은 돈이 필요했지만, 이유가 어찌됐든 볼리바르의 운명은 바뀌고 있었다.

독특하게 구성된 볼리바르의 군대는 몇 주 동안 불가능한 일을 해냈다. 비가 억수같이 쏟아지는 가운데, 물이 범람하는 야노스 평원을 지나 안데스산맥을 향해 서쪽으로 터덜터덜 걸었다. 보고타에서 북동쪽으로 160킬로미터쯤 떨어진 피스바Pisba라는 작은 마을에 도착하여 산길로 접어들 때, 그들의 신발은 이미 너덜너덜해진 지 오래였고 상당수는 바지 대신 담요를 두르고 있었다. 맨발과 굶주림과 영하의 날씨 속에서 얼음과 희박한 공기와 싸우며, 해발 4,000미터의 산을 넘어 적진의 심장부로 들어갔다.[86] 그로부터 며칠이 지난 7월 31일, 용맹하게 창을 휘두르는 야네로스, 침착한 영국 군단, 신출귀몰한 볼리바르의 능력은 왕당파 군대를 놀라게 했다.

그들은 안데스산맥을 통과하는 동안 살아남을 수만 있다면 왕당파를 박살낼 수 있을 거라 믿었는데, 실제로 그런 꿈 같은 일이 일어났다. 1819년 8월 7일, 볼리바르의 군대는 며칠 전 거둔 승리의 여세를 몰아 보야카 전투Battle of Boyacá에서 스페인 군대를 격파했다.[87] 볼리바르의 병사들이 비탈길에서 우르르 내려오자, 놀란 왕당파 군사들은 줄행랑을 치기에 바빴다. 이제 앞길이 뻥 뚫리자, 볼리바르는 보고타를 향해 전광석화처럼 돌진했다.[88] 그의 장교 중 한 명이 회상한 바에 의하면, '볼리바르의 코트가 열려 가슴이 훤히 드러나고, 긴 머리카락이 바람에 휘날렸다'고 한다. 볼리바르는 보고타를 점령함으로써 뉴그라나다를 스페인으로부터 빼앗았다. 그해 12월 베네수엘라와 뉴그라나다를 합쳐 그란콜롬비아 공화국Republic of Gran Colombia을 수립하고, 볼리바르는 대통령으로 취임했다.

그 후 몇 년 동안 볼리바르는 전투를 계속했다. 1821년 여름 카라카스를 탈환하고, 1년 후인 1822년 6월에는 보무도 당당하게 키토에 입성했다.[89] 아무리 남아메리카 원주민이지만, 볼리바르가 그곳을 구경한 것은 그때가 처음이었다. 볼리바르는 바위투성이의 거친 풍경을 이리저리 둘러봤다. 그곳은 20년 전, 훔볼트의 상상력을 크게 자극했던 곳이었다. 비옥한 계곡에는 화려한 나무들이 빼곡히 들어찼는데, 그중에는 아름다운 꽃으로 뒤덮인 꽃나무들도 있고, 바나나 등의 과일들이 주렁주렁 매달린 과실나무도 있었다. 고지대의 평원에서는 비쿠냐 떼가 풀을 뜯고 있었고, 그들의 머리 위에서는 콘도르가 바람을 타고 여유있게 활강하고 있었다. 키토의 남쪽에서는 화산들이 계곡을 따라 죽 늘어서 있었다. '남아메리카 어디에도, 이곳처럼 자연의 선물을 풍성하게 받은 곳은 없겠구나'라고 볼리바르는 생각했다.[90] 그러나 그처럼 아름다운 풍경을 감상하다 보니, 문득 '그동안 이걸 내가 왜 포기했던가?'라는 생각이 들었다. 황홀한 자연에 둘러싸인 들판에서 일하며 평화롭게 살 수 있었을 텐데 말이다. 그는 웅장한 풍경에 깊은 감동을 받아, 「침보라소에서의 섬망delirium」이라는 멋진 산문시를 썼다.[91] 그것은 남아메리카의 해방을 비유적으로 표현한 시였다.

볼리바르는 「침보라소에서의 섬망」에서 훔볼트의 발자취를 더듬었다.

장엄한 침보라소를 오르는 동안, 침보라소 화산을 식민지 해방 투쟁의 이미지로 사용했다. 침보라소를 계속 오르며, 그는 훔볼트의 발자국을 뒤로하고 자신의 발자국을 눈 위에 찍었다. 그 이후로 한 발자국씩 내디딜 때마다, 희박한 공기와 싸우며 시간에 대한 환상을 경험했다. 고열을 동반하는 섬망 속에서, 그의 눈앞으로 과거와 미래가 오버랩되며 지나갔다. 까마득히 높은 하늘에서는 영겁의 세월이 흘렀다. "나는 손을 위로 뻗어 영겁의 세월을 붙잡는다. 내 발밑에서는 지옥의 불길이 활활 타오르고 있다"[92] 발아래에 펼쳐진 세상을 내려다보며, 볼리바르는 침보라소를 이용하여 자신의 인생이 남아메리카에서 어디쯤에 자리잡고 있는지 가늠했다. 그는 (자신이 새로 건국한 나라인) 그란콜롬비아인 동시에, (식민지의 구세주인) 해방자El liberatador였다. 볼리바르의 시는 다음과 같은 구절로 끝을 맺었다. "침보라소의 눈 덮인 경사로에서, 콜롬비아의 커다란 음성이 나를 부른다."[93]

볼리바르가 침보라소를 혁명과 운명의 메타포로 사용했던 건 그리 놀라운 일이 아니다. 오늘날에도 침보라소는 에콰도르의 국기 위에 아로새겨져 있다. 늘 그렇듯, 볼리바르는 자연세계를 이용하여 자신의 사상과 신념을 설명했다. 볼리바르는 3년 전 앙고스투라 의회에서 행한 연설에서 "자연이 남아메리카에 많은 자원을 선물했다"고 말했는데, 그건 구세계Old World 사람들에게 신세계New World의 장엄함을 강조하려고 한 말이었다.[94] 훔볼트의 책을 통해 전 세계에 널리 알려지면서, 침보라소는 남아메리카의 혁명을 상징하는 아이콘으로 부상했다. 볼리바르는 옛 스승 시몬 로드리게스에게 쓴 편지에서 이렇게 말했다. "침보라소로 와서, 지구의 왕관을 보십시오."[95] "침보라소는 신에게로 가는 계단이며, 신세계가 보유한 난공불락의 요새입니다. 침보라소의 탁트인 공간에서는 과거와 미래를 한눈에 바라볼 수 있습니다. 자연의 왕좌throne인 침보라소는 영원하고 지속적이며 천하무적입니다."[96]

1822년 「침보라소에서의 섬망」이 발표되었을 때, 볼리바르의 명성은 최고조에 달해 있었다.[97] 그가 영도하던 남아메리카 땅의 면적은 거의 260만 제곱킬로미터로, 나폴레옹 제국이 가장 잘나갈 때보다 더 넓었다. 콜롬비아, 파나마, 베네수엘라, 에콰도르의 상당 부분을 차지하는 남아메리카 북부의 식민지가 해방되었고, 스페인은 페루 하나만을 지배하고 있었다. 그러나 볼리바르는 그 이상을 원했다. 남북으로는 파나마지협isthmus of Panama에서부터 페루 부왕령의 남단까지, 동서로는 태평양 해안의 과야킬에서부터 베네수엘라 해안의 카리브해까지 포함하는 범아메리카연방pan-American federation을 꿈꿨다. "그만큼 거대한 연방국가라면, 세상을 흘끗 바라보기만 해도 지진을 일으킬 정도로 위세가 당당할 것"이라고 볼리바르는 말했다.[98] 그가 바랐던 것은 바로 제퍼슨이 걱정했던 '힘센 이웃'이었다.

볼리바르는 1821년 훔볼트에게 쓴 편지에서, 그가 그동안 남아메리카의 자연을 묘사했던 것이 얼마나 중요했는지 알게 되었노라고 말했다. "당신이 책을 통해 일깨워준 덕분에, 나와 동료들이 무지에서 벗어날 수 있었습니다. 그리고 남아메리카 대륙을 자랑스럽게 여기게 되었죠." 볼리바르는 훔볼트가 '신세계의 발견자'라고 주장했다.[99] 또한 훔볼트가 남아메리카의 화산에 강박적인 관심을 보인 것도 볼리바르에게 큰 영향을 미쳤다. 볼리바르는 화산에서 영감을 받아, 동포들에게 이렇게 외쳤다. "우리의 발밑에서 거대한 화산이 끓어오르고 있습니다. 화산이 폭발하기 전에, 우리는 어서 빨리 단결해야 합니다. 그래야만 식민지 투쟁에서 승리하여 노예제의 사슬을 끊을 수 있습니다."[100]

볼리바르는 자연계에서 힌트를 얻은 메타포를 지속적으로 사용했다. 예컨대 그는 '자유'를 '귀중한 식물'[101]이라고 표현했고, '혼돈'과 '분열'을 각각 '심연abyss의 가장자리에서 비틀거리는 것'[102]과 '무정부주의의 바다에 빠지는 것'[103]이라고 표현했다. 하지만 뭐니 뭐니 해도 그가 가장 빈번히 사용한 메타포는 '화산'이었다. 그는 '혁명의 위험성'을 '폭발 직전의 화산 위에 서 있는 것과 같다'[104]고 표현했다. 또한 "남아메리카인들은 화산지대를 가로질러 행진하고 있습니다"[105]라고 말함으로써, 안데스산맥의 장엄함과 위험성을 동시에 강조했다.

훔볼트는 오랫동안 볼리바르를 오해했었다. 1804년 여름 파리에서 처음 만났을 때와 그다음 해에 로마에서 다시 만났을 때, 훔볼트는 볼리바르를 '다혈질의 크리오요' 또는 몽상가로 매도했었다.[106] 그러나 옛 친구가 혁명에 성공하자, 훔볼트는 마음을 바꿨다. 훔볼트는 1822년 7월에 쓴 편지에서 볼리바르를 '아름다운 조국에 자유와 독립을 안겨준 인물'[107]이라고 부르며, "과거에 미국인들에게 보냈던 것과 똑같은 찬사를 남아메리카인들에게도 보냅니다"라고 말했다.[108]

자연과 정치와 사회는 서로 연결되어 트라이앵글을 형성하며, 셋 중 하나가 변동하면 다른 둘도 변동한다. 예컨대, 사회는 환경에 의해 형성되므로, 천연자원이 풍부하면 국가가 부유해진다. 또는 볼리바르가 경험했던 것처럼, 안데스산맥의 웅장한 자연이 남아메리카인들에게 힘과 확신을 불어넣을 수 있다. 그러나 많은 유럽 과학자들이 그랬던 것처럼, 이런 아이디어는 삼천포로 빠지는 경우도 있다. 18세기 중반 이후로, 일부 사상가들은 아메리카 대륙의 퇴화degeneracy를 주장해왔다.[109] 그중 대표적인 사람은 프랑스의 박물학자 뷔퐁으로, 18세기 후반에 가장 널리 읽힌 자연사 관련 서적에서 '신세계는 구세계보다 열등하다'는 주장을 펼쳤다. 그는 1760년대와 1770년대에 발표한 저서에서 "미국은 기상 조건이 열악하고 땅이 비옥하지 않아, 모든 것이 감소하고 축소될 수밖에 없다"고 주장했다.[110] 그에 의하면, 신세계에서는 식물, 동물, 심지어 사람들도 왜소하고 연약하게 성장한다. 또한 신세계에는 커다란 포유류나 문명화된 사람이 존재하지 않으며, 심지어 야만인들조차 기운이 없다고 한다.[111]

뷔퐁의 이론과 주장은 수십 년 동안 학계에 널리 퍼져, 아메리카 대륙의 자연계는 정치적·문화적 무의미성을 암시하는 메타포로 사용되었다. 그리하여 자연은 경제력, 군사적 성과, 과학적 업적과 더불어 국가의 중요성을 나타내는 척도로 자리 잡았다. 이에 분노한 제퍼슨은, 독립전쟁 기간임에도 불구하고 뷔퐁의 주장을 반박하는 데 몇 년을 투자했다. "뷔퐁이 *크기*size를 힘과 우수성의 척도로 사용하고 있으므로, '신세계의 동식물이 크다'는 사실만 입증하면 미국이 유럽보다 우수함을 증명할 수 있다"고 그는 생각했다. 독립전쟁이 한창이던 1782년에 발간한 『버지니아 주에 관한 비망록』이라는 책에서, 제퍼슨은 미국의 식물군과 동물상을 이용하여 애국심을 고취했다. 그는 '클수록 좋다'는 기치를 내걸고, 곰, 버팔로, 표범의 몸무게를 들이대며 미국의 우월성을 주장했다. 그는 "심지어 족제비도 미국의 것이 유럽의 것보다 크다"고 주장했다.[112]

그로부터 4년 후 미국 공사로 프랑스에 부임했을 때, 제퍼슨은 뷔퐁을 만나 "스칸디나비아산 순록은 덩치가 너무 작아, 무스(북미산 큰 사슴—옮긴이)의 배 밑으로 기어 다닙니다"라고 우쭐댔다.[113] 그러고는 버몬트의 뚱뚱한 무스를 사재를 털어 구입한 다음 파리로 가져왔지만, 결국 프랑스인들의 기를 죽이는 데는 실패했다.[114] 왜냐하면 우편물이 파리에 도착할 때쯤 무스가 노쇠하기 시작하여, 피부의 털이 다 빠진 데다 악취까지 풍겼기 때문이다. 그러나 제퍼슨은 포기하지 않고 친구와 지인들에게 편지를 보내, '쥐에서부터 매머드에 이르기까지 세계에서 가장 무거운 미국산 동물의 목록을 모두 보내달라'고 요청했다.[115] 후에 미국 대통령으로 재임하는 동안, 제퍼슨은 북아메리카산 마스토돈의 거대한 화석뼈와 상아를 파리 과학아카데미에 보내, 북아메리카의 동물들이 얼마나 거대한지를 보여줬다.[116] 그와 동시에, '언젠가 아메리카 대륙의 오지에 살아 있는 마스토돈이 어슬렁거리는 것을 발견할 날이 있겠지'라고 기대했다. 이처럼 유럽과 미국의 정치인들은 걸핏하면 산맥, 강, 식물, 동물을 정치적 무기로 사용했다.•

홈볼트도 대상만 다를 뿐 제퍼슨과 똑같은 일을 했다. 그는 남아메리카 대륙의 아름다움, 비옥함, 장엄함을 강조했을 뿐만 아니라, 뷔퐁을 직접 공격하기도 했다.[117] "뷔퐁은 큰 잘못을 저질렀다. 단 한번 둘러보지도 않고, 아메리카 대륙을 그렇게 폄하할 수 있단 말인가? 원주민들의 몸이 부실하다고? 베네수엘라에 와서 카리브 족의 늠름한 모습을 보면, 유럽 과학자들이 얼마나 엉터리인지 알게 될 것이다." 그는 과거에 오리노코에서 쿠마나로 가던 도중 동상銅像을 방불케 하는 카리브 족의 모습을 보고, 지금껏 만나봤던 사람들 중에서 가장 크고 강하고 아

• 제퍼슨은 이런 논쟁을 벌인 첫 번째 미국인이 아니었다. 1780년대에 벤자민 프랭클린은 파리 주재 미국 공사로 일하는 동안, 미국이 열등하다고 공격하는 과학자들 중 하나였던 아베 레이날Abbé Raynal과 함께 디너파티에 참여한 적이 있었다. 프랭클린의 기록에 따르면 미국 사람들과 프랑스 사람들은 서로 테이블 맞은 편에 앉았다. 기회가 생기자 프랭클린은 '어느 쪽이 큰지 보게 양쪽 다 일어나 보세요'라고 말했고, 미국 사람들이 더 큰 것을 확인할 수 있었다. 나중에 프랭클린이 제퍼슨에게 한 말에 따르면, 프랑스 사람들은 모두가 왜소했고, 그중에서도 특히 레이날은 '새우만 했다'고 한다.

름답다고 생각한 적이 있었다.[118]

홈볼트는 '남아메리카=신세계'라는 뷔퐁의 사고방식도 비판했다. 신세계란 '역사도 문화도 없이 바다에서 불쑥 솟아오른 세계'를 의미한다. 그러나 그가 직접 확인하고 저서에도 수록한 고대 기념물들(예: 궁전, 수로aqueduct, 조각상, 신전)을 보면, 남아메리카에도 수준 높은 문명과 세련된 문화가 있었음을 알 수 있다. 훔볼트는 보고타에서 잉카시대 이전의 문서를 발견하고 해독했는데, 거기에는 천문학과 수학에 대한 복잡한 지식이 포함되어 있었다. 이와 마찬가지로, 카리브 족의 언어는 너무 섬세해서, '미래'나 '영원'과 같은 추상적 개념도 포함하고 있었다. "과거의 탐험가들이 생각했던 것과는 달리, 남아메리카에 언어가 없었다는 증거는 없다. 그들의 언어를 보면 풍요로움, 우아함, 강인함, 따뜻함을 느낄 수 있다"고 그는 말했다.

유럽인들이 지난 3세기 동안 묘사해 왔던 것과는 달리, 남아메리카인들은 야만인이나 미개인이 아니었다. 훔볼트의 저서를 여러 권 갖고 있던 볼리바르는 『뉴스페인 왕국에 대한 정치적 고찰』에서 다음과 같은 구절을 읽고 무릎을 탁 쳤다. "뷔퐁의 퇴화이론이 그렇게 유명했던 건 이론이 옳아서가 아니라, 단지 유럽인들의 허영심을 만족시켰기 때문이다."[119]

훔볼트는 남아메리카의 본모습을 세계인들에게 알리는 일을 계속했다. 그의 견해는 신문과 잡지를 통해 전 세계에 퍼졌는데, 그의 글에는 '훔볼트 씨가 관찰한 바에 의하면'이나 '훔볼트 씨가 알려준 바에 의하면'으로 시작되는 해설이 늘 따라붙었다.[120] "모든 정복자들이 아메리카에서 한 일들을 다 합해도, 훔볼트 한 사람이 한 일보다 적다"고 볼리바르는 말했다.[121] 훔볼트는 '대륙의 본질이 자연에 그대로 반영된다'고 생각했다. 즉 남아메리카의 자연은 강인하고 활기차고 아름다운 남아메리카인들의 초상화였다. 볼리바르가 자연을 이용하여 동포들을 자극하거나 정치적 견해를 설명한 것도 같은 맥락으로 이해된다.

볼리바르는 동포들에게 "추상적 이론이나 철학에서 영감을 받기보다, 숲, 강, 산에서 배우십시오"라고 강조했다. 그는 보고타 의회에서 행한 연설에서 이렇게 말했다. "의회가 콜롬비아 국민들의 행복을 위해 할 수 있는 일이 무엇인지 알고 싶으면, 안데스와 오리노코를 유심히 관찰하고 많은 것을 배우십시오. 여러분은 안데스산맥의 고지대와 오리노코 강가에서 중요한 깨달음을 얻을 수 있을 것입니다. 왜냐하면 자연은 완전무결한 스승infallible teacher이기 때문입니다."[122]

13
런던

시몬 볼리바르가 식민지의 사슬을 끊기 위해 혈전을 벌이는 동안, 홈볼트는 인도 여행 허락을 받아내기 위해 영국인들을 설득하는 데 공을 들이고 있었다. 그는 전 세계의 자연그림을 완성하고 싶었고, 그러려면 인도의 히말라야산맥을 탐험하여 양대 산맥(안데스와 히말라야)을 비교하는 데이터를 수집해야 했다. "지금까지 히말라야산맥을 등반한 과학자는 한 명도 없었습니다. 영국이 인도 아대륙subcontinent에 도착한 이후에도, 거대한 히말라야산맥을 측량하겠다고 나선 사람은 아무도 없었습니다. 그들은 히말라야산맥을 그저 멀뚱멀뚱 바라보기만 할 뿐, '저 산맥은 얼마나 높을까?'라는 생각은 해 보지도 않았습니다"라고 홈볼트는 말했다.[1] 그는 히말라야산맥을 등반하며 여러 봉우리들의 해발고도를 측정하고, 지질학적 특징을 이해하며, 식물 분포까지도 조사할 생각이었다. 과거에 안데스산맥에서 그랬던 것처럼 말이다.

1804년 남아메리카 탐험을 마치고 프랑스에 발을 들여놓은 이래, 훔볼트는 유럽을 다시 떠나고 싶어 안달이었다.[2] 특유의 방랑벽wanderlust이 도진 것이다. '책만 읽어서는 완전한 지식을 얻을 수 없다'는 것이 훔볼트의 지론이었다. 괴테도 『파우스트』에서 하인리히 파우스트의 조수 바그너를 묘사하며, "세상을 이해하려면, 자연 속에 파묻혀 자연을 느끼고 경험해야 한다"고 하지 않았던가? 바그너는 일차원적 성격을 가진 외골수로, 자연에서 배울 생각은 않고 오로지 책만 읽으려 했다.

> 숲과 들판을 쏘다니다 보면 금세 싫증이 난다.
> 나는 지금껏 어떤 새의 날개도 부러워해 본 적이 없다.
> 그러나 책은 아무리 읽어도 질리지 않는다.
> 이 페이지에서 저 페이지로, 이 책에서 저 책으로 넘어가면
> 값진 지식을 섭취함으로써 무한한 기쁨을 누리게 된다.[3]

바그너는 실험실에 갇히거나 책에 파묻힌 학자들의 전형이지만, 훔볼트는 그와 정반대였다. 그는 자연계를 머리로 이해하는 데 만족하지 않고, 몸으로 직접 체험하고 싶어 하는 과학자였다.

훔볼트의 당면 과제는 단 하나, 인도의 상당 부분을 통제하는 동인도회사에서 여행허가서를 받는 것이었다. 동인도회사는 1600년에 설립된 상인들의 카르텔이었다. 상인들은 동인도회사를 이용하여 무역을 독점하는 한편, 사병私兵을 이용하여 세력을 확장했다. 그리하여 18세기를 거치는 동안, 동인도회사는 영리 추구를 목적으로 하는 무역회사에서 어마어마한 군사세력으로 부상했다. 19세기 초반 훔볼트가 히말라야산맥 탐험을 고려하기 시작할 때쯤, 동인도회사는 '국가 내의 국가'

히말라야산맥

처럼 막강한 권력을 휘둘렀다. 남아메리카에 여행하려면 스페인 왕의 허락을 받아야 하는 것처럼, 인도에 여행하려면 동인도회사 경영진의 허락을 받아야 했다.

그런데 영국인들은 훔볼트를 어떻게 생각하고 있었을까? '스페인의 남아메리카 지배'와 '영국의 인도 지배'를 동일시하며, 유럽인들의 잔인함을 여러 차례 비난한 훔볼트를 영국인들이 좋아할 리 없었다.[4] 훔볼트의 저서 『뉴스페인 왕국에 대한 정치적 고찰』에는 다음과 같은 구절이 나온다. "남아메리카와 인도의 식민지화는 불공정하게 진행되었다. 남아메리카인과 힌두교인들은 스페인과 영국의 압제하에서 오랫동안 신음했다."[5] 동인도회사의 경영진이 이 구절을 읽었다면 훔볼트의 인도 여행을 달갑잖게 여겼을 것이다. 다행스럽게도, 『뉴스페인 왕국에 대한 정치적 고찰』 1권이 영국에서 출판된 것은 1811년이어서, 영국인들은 훔볼트가 스페인과 영국의 식민주의를 맹렬하게 공격한다는 사실을 아직 잘 모르고 있었다.

1814년 여름, 프로이센 왕 프리드리히 빌헬름 3세와 함께 런던을 방문했을 때,[•] 훔볼트는 인도여행 허가를 얻으려고 갖은 노력을 다했다.[6]

훔볼트는 2주라는 짧은 기간 동안 도움이 될 만한 사람들(예: 정치가, 공작, 귀족, 과학자, 사상가)을 죄다 만났음에도 아무런 성과도 거두지 못했다. 긍정적인 약속을 한 사람이나 도와주겠다는 제안을 한 사람도 여럿 만났지만, 가장 중요한 여권을 발급받는 데는 실패했다.

그로부터 3년이 지난 1817년 10월 31일, 훔볼트는 다시 런던을 방문하여 동인도회사에 신청서를 제출하려고 했다.[7] 때마침 빌헬름은 영국 주재 프로이센 공사로 런던에 부임해 있었기에, 포틀랜드 플레이스Portland Place에 있는 집에서 동생을 기다리고 있었다. 런던은 너무 넓은 데다 날씨가 변덕스러워, 빌헬름은 새 집을 별로 좋아하지 않았다.[8] 게다가 런던의 거리는 마차, 수레, 사람으로 늘 북적였다. 특히 월요일부터 금요일까지는 소 떼가 좁은 거리를 누비고 다녀서, 여행자들은 이구동성으로 '런던에서 걷는 건 위험하기 짝이 없다'고 투덜거렸다. 석탄에서 나오는 연기와 안개 때문에, 런던의 공기는 종종 밀실공포증을 일으킬 정도였다. "영국 사람들이 햇빛 구경을 거의 해 보지 못한 건 역사상 드문 일"[9]이라고 영국 주재 미국 공사 리처드 러시Richard Rush는 말했다.

빌헬름이 사는 포틀랜드 플레이스 주변 지역은 런던에서 유행의 첨단을 걷는 곳이었다. 그러나 그해 겨울에는 건축가 존 내시John Nash가 대규모 도시계획—세인트 제임스파크St James's Park에 있는 섭정왕자Prince Regent의 거처 칼턴하우스Carlton House를 새로운 리젠트파크Regent Park와 연결하는 계획—을 진행하고 있었는데, 그 과정에서 리젠트 스트리트Regent Street가 소호Soho의 좁고 복잡한 거리들을 관통하여 포틀랜

• 그 당시 런던에서는 동맹국 왕들이 모여 나폴레옹전쟁의 승리를 축하하고 있었다.

드 플레이스에 연결되는 바람에, 포틀랜드 플레이스 일대가 커다란 공사판으로 돌변했다. 공사는 1814년에 시작되었는데, 넓은 거리를 새로 만들기 위해 낡은 건물들을 철거하느라 소음이 매우 심했다.

빌헬름은 알렉산더의 방을 미리 준비해 놓고, 동생이 오기를 손꼽아 기다리고 있었다. 그러나 늘 그렇듯, 알렉산더는 이번에도 남성 동반자를 한 명 데려왔는데, 그의 이름은 프랑수아 아라고였다. 빌헬름은 알렉산더의 끈끈한 우정을 싫어했다.[10] 한편으로는 시기심 때문이었고, 다른 한편으로는 부적절한 관계일지도 모른다는 걱정 때문이었다. 빌헬름이 아라고를 받아들이지 않겠다고 하자, 알렉산더는 아라고와 함께 근처의 여관으로 갔다. 방문 첫날부터 왠지 순탄치 않았다.

빌헬름은 동생이 다른 사람과 그림자처럼 붙어 지내는 걸 보니 가슴이 아팠다. 동생과 단둘이 식사를 할 수 없다는 것도 불만이었지만, 알렉산더가 늘 새로운 바람을 몰고온다는 것도 부담스러웠다. 빌헬름은 알렉산더를 아직 프랑스인에 가깝다고 생각했다. 너무 달변이라는 데 짜증이 났지만,[11] 웬만하면 동생의 말을 끊지 않고 내버려뒀다.[12] 그리고 성격이 그렇게 달랐음에도 오랜만에 혈육을 만났다고 생각하니 반갑기 한량없었다.

주변이 난장판이었음에도 불구하고, 포틀랜드 플레이스는 도시와 농촌의 중간지대에 자리 잡고 있어서 알렉산더의 마음에 쏙 들었다. 몇 분만 걸으면 탁 트인 들판이 펼쳐졌고, 구불구불한 거리를 따라 도시 외곽으로 빠져나갈 수도 있었다. 마차를 타면 금세 왕립협회 본부로 갈 수 있었고, 20분만 걸으면 대영박물관에 갈 수도 있었다. 대영박물관은 그해에 방문했던 곳 중에서 가장 매력적인 장소 중 하나였다. 유명한 엘긴 마블스Elgin Marbles를 보기 위해 수천 명의 인파가 몰려들었다.[13]

그것은 불과 몇 달 전에 대영박물관에 전시되었으며, 엘긴 경이 그리스의 아크로폴리스에서 가져왔다고 해서 구설수에 올랐다. 빌헬름은 엘긴 마블스를 보고 감탄사를 연발하며, 아내 카롤리네에게 이렇게 말했다. "정말 대단해. 그러나 누구도 이런 식으로 도둑질한 경우는 보지 못했어. 이건 마치 아테네 전체를 보고 있는 느낌이야."[14]

세계 최대의 도시답게, 런던은 파리와 달리 상업이 크게 발달한 도시였다.[15] 런던의 번화가인 웨스트엔드West End에는 상점들이 즐비하게 늘어서 영국의 경제력을 한껏 과시했다. 상점에서 벌어지는 화려한 쇼를 구경하다 보면, 대영제국의 영향력이 얼마나 대단한지 짐작하고도 남았다. 나폴레옹이 세인트 헬레나 섬으로 쫓겨나고 프랑스가 몰락하면서, 영국은 전 세계를 막무가내로 지배하는 장기집권시대에 접어들었다. 방문객들은 상점에 진열된 물건들을 보며 연신 입을 다물지 못했다.[16] 런던은 한마디로, 시끄럽고 복잡하고 붐비는 도시였다.

리덴홀 스트리트Leadenhall Street에 있는 동인도회사 본사 건물의 웅장한 외관을 보고, 훔볼트는 영국의 상업이 얼마나 눈부시게 발달했는지 새삼 깨달았다. 건물 입구에는 여섯 개의 거대한 기둥이 주랑현관portico을 떠받치고 있었는데, 거기에는 인상적인 장면이 새겨져 있었다. 내용인즉, 브리타니아Britannia 여신이 손을 내밀어, 자신에게 보물을 바치는 인도인을 어루만지는 장면이었다. 화려한 집기와 장식품이 가득 찬 실내는 부와 권력이 철철 흘러넘치는 듯했다. 중역실의 벽난로 선반 위에는 대리석 부조물이 부착되어 있었는데, 거기에는 인도인들이 바치는 보물—진주, 차, 도자기, 면화—과 브리타니아 여신, 그리고 런던의 상징인 템스 강이 아로새겨져 있었다. 캘커타, 마드라스, 봄베이에 있는 동인도회사의 상관商館이 그려진 대형 캔버스도 눈에 띄었다. 동인도회사의 경영진이 군사행동, 선박, 화물, 종업원, 수익, 여행 허가 등을 논의하는 곳은 바로 이곳, 동인도회사 본사의 중역실이었다.

동인도회사의 경영진에게 인도 탐험 허가를 받는 것 외에도, 알렉산더는 런던에서 할 일이 많았다. 그는 아라고와 함께 그리니치에 있는 왕립천문대에 가봐야 했고, 소호 광장Soho Square에 있는 조지프 뱅크스의 집에도 잠깐 들러야 했으며, 런던 근교의 슬라우Slough에 사는 유명한 독일 태생의 천문학자 위리엄 허셜William Herschel을 방문하여 이틀 동안 일을 거들어야 했다.[17] 여든 살이 된 허셜은 1781년 천왕성을 발견한 전설적 인물로, 거대한 망원경을 이용하여 우주를 좀 더 가까이 들여다보는 일을 하고 있었다. 모든 사람들이 그렇듯, 훔볼트는 허셜이 만든 12미터짜리 대형 망원경을 구경하고 싶었다. 그 망원경은 세계적인 불가사의 중 하나로 손꼽혀 왔다.[18]

훔볼트가 가장 큰 관심을 보인 것은 우주의 진화에 대한 허셜의 생각이었다. 허셜의 우주진화론은 수학뿐만 아니라, 변화하고 성장하고 요동치는 생명체에 근거를 두고 있었다. 즉, 허셜은 식물의 발아·개화·생식력·쇠퇴·위축·부패를 이용하여 별과 행성의 형성 과정을 설명했다.[19] 훔볼트도 몇 년 후 비슷한 이미지를 이용하여, 우주를 '커다란 정원'이라고 불렀다.[20] 그리고 "나무가 다양한 성장 단계를 거치듯, 별도 다양한 과정을 거쳐 탄생한다"고 설명했다.

아라고와 훔볼트는 왕립협회 모임에도 참석했다. 1660년대에 '실험을 통해 과학 지식을 향상시킨다'는 기치를 내걸고 창립된 이후, 왕립협회는 영국 과학 탐구의 중심이 되었다.[21] 회원들은 매주 목요일에 모여 과학의 최신 성과에 대해 토론했다. 그들은 실험을 수행하고, 사람들을 열광시켰으며, 새로운 망원경, 혜성, 식물학, 화석 등에 대해 배웠다.

그들은 연구 결과를 교환하고 토론하는가 하면, 과학에 관심이 많은 친구와 외국인들에게서 받은 편지를 읽기도 했다.

다른 과학자들과 친분을 유지하는 데 왕립협회만큼 좋은 곳은 없었다. 훔볼트는 모임이 끝난 후 "모든 학자들은 형제입니다"라고 말했다.[22] 회원들은 이미 2년 전 훔볼트를 높이 평가하여 외국인 회원으로 영입했다.[23] 훔볼트의 옛 친구이자 왕립협회 회장인 뱅크스가 회원들 앞에서 그의 최신 식물학 저서를 '지금껏 발간된 책 중에서 가장 아름답고 감명깊은 책'이라고 칭찬하자, 훔볼트는 기쁜 마음을 감추지 못했다. 또한 뱅크스는 훔볼트를 (과학자들 중에서도 특권층들만이 가입할 수 있는) 왕립협회 만찬에 초대하여, 화학자 험프리 데이비 등과 다시 만나게 해

왕립협회의 회의실

줬다.[24] 프랑스 요리에 익숙해 있었던 훔볼트는 음식을 탐탁잖게 여겼지만, 만찬에 참가한 과학자들은 훔볼트의 대인관계를 넓히는 데 크게 기여했다.

아라고는 훔볼트를 따라 이 모임 저 모임에 참석했지만, 밤늦게 벌어지는 이벤트에는 동행하지 않았다. 아라고가 곤히 잠든 밤에도, 훔볼트는 전혀 지친 기색 없이 모임에 참석했다. 훔볼트는 마흔여덟의 나이에도 불구하고 젊음의 활력을 잃지 않았다. 런던에서 못마땅한 게 하나 있다면, 패션이 너무 형식적이고 부자연스럽다는 거였다. 훔볼트는 한 친구에게, "오전 9시에는 이런 넥타이를 매고, 10시에는 저런 옷을 입고, 11시에는 다른 옷으로 갈아입어야 한다니… 그저 혐오스러울 뿐이야"라고 투덜거렸다.[25] 그러나 패션이 아무리 엄격하고 혐오스러워도, 그만한 값어치는 있었다. 왜냐하면 어느 모임에 참석하더라도 참석자들의 환영과 존경을 한 몸에 받았기 때문이다.

런던의 유력자들은 하나같이 훔볼트의 인도 여행 계획에 호의적이었지만, 동인도회사의 경영진만은 예외였다. 한 달 동안 음으로 양으로 최선을 다하고 파리에 돌아왔는데, 인도 여행 허가서는 끝내 발급받지 못했다. 공식적인 설명을 듣지 못해 동인도회사에게 퇴짜를 맞은 이유를 도무지 알 수 없었다. 몇 년 후 「에든버러 리뷰Edenburgh Review」(휘그당Whig의 정치·문예 계간지—옮긴이)에 실린 기사에 의하면, 동인도회사의 정치적 시샘political jealousy 때문이었을 거라고 한다.[26] 실제로 동인도회사의 경영진이 훔볼트를 시한폭탄으로 여겼을 가능성이 높다. '프로이센의 자유분방한 말썽꾸러기'에게 인도 여행을 허가할 경우, 불평등한 식민지배를 언제 폭로할지 모른다고 생각했을 테니 말이다. 이유야 어찌 됐든, 훔볼트는 당분간 인도 근처에는 얼씬도 할 수 없었다.

그러는 동안 영국에서 훔볼트의 저서가 불티나게 팔렸다. 영국인들이 제일 처음 접한 훔볼트의 책은 1811년에 나온 『뉴스페인 왕국에 대한 정치적 고찰』이었지만, 판매량은 1814년에 나온 『신변기』 I권(총 7권)이 더 많았다. 『신변기』는 과학 주석이 풍부하게 달린 여행기travelogue로, 일반 독자들에게 큰 인기를 끌었다. 그것은 훔볼트와 봉플랑의 여정을 소개한 책으로, 1799년 스페인을 떠날 때부터 시작하여 연대순으로 써 내려갔다.• 다윈은 후에 그 책에서 영감을 받아 비글호에 승선하게 되었으며, 그 책을 거의 모두 암기한 것으로 알려져 있다.[27]

훔볼트의 설명에 의하면, 『신변기』는 다른 여행기들과 완전히 다르다고 한다. 즉, 많은 여행가들은 그저 측정만 하고, 어떤 여행가들은 식물만 수집하고, 어떤 여행가들은 무역센터에서 나온 경제 데이터에만 관심을 기울이지만, '정확한 관찰'과 '그림 같은 풍경 묘사'를 결합한 여행가는 아무도 없다는 것이다.[28] 그러나 훔볼트는 영국인들이 가보지 못한 대륙을 설명하며, 그들의 상상력을 사로잡았다. 그래서 독자들은 카라카스의 붐비는 거리, 야노스의 메마른 평원, 오리노코 강변의 열대우림에 실제로 와 있는 듯한 착각에 빠졌다. 「에든버러 리뷰」에 의하면, "훔볼트의 언어는 너무나 감성적이어서, 독자들은 그의 위험에 동참하고 그의 공포와 성공과 실망을 공유하게 된다"[29]고 했다.

『신변기』에 대한 악평은, 훔볼트의 진보적인 정치 견해를 비판하는 일부 잡지에서만 찾아볼 수 있었다. 보수 잡지인 「쿼털리 리뷰*Quarterly Review*」(토리당Tory의 정치·문예 계간지—옮긴이)는 훔볼트의 포괄적 접근

• 훔볼트의 책은 영국에서 존 머리를 포함한 컨소시엄에 의해 출간되었다. 존 머리는 당시 영국에서 가장 성공한 출판업자였으며, 그에게 가장 큰 상업적 성공을 안겨준 저자는 바이런 경이었다.

방법을 부정하며, 특정한 이론을 따르지 않는다고 비판했다. 「쿼털리 리뷰」에 실린 한 기사는 이렇게 빈정거렸다. "그는 모든 일에 몰두하며, 모든 바람에 밀려 항해하며, 모든 시냇물 속에서 수영한다."[30] 그러나 몇 년 후, 「쿼털리 리뷰」조차도 훔볼트의 독특한 재능, 즉 과학 연구와 감정과 상상력을 통합하는 재능을 칭찬하며,[31] "그는 마치 시인처럼 글을 쓴다"고 논평했다.

그 후 몇 년 동안, 훔볼트가 남아메리카를 묘사한 내용과 자연을 바라보는 시각은 영국의 시와 소설에 차츰차츰 스며들었다. 『신변기』가 나온 지 불과 4년 후인 1818년에 출판된 메리 셸리Mary Shelly의 소설 『프랑켄슈타인』을 보면, 프랑켄슈타인의 괴물이 "남아메리카의 광대한 평원으로 탈출하고 싶다"고 외치는 대목이 나온다.[32] 뒤이어 바이런은 『돈 주앙』에서 훔볼트의 영원성을 인정하고, 뒤이어 그가 하늘의 푸른 정도를 측정하는 데 사용했던 시안계cyanometer를 조롱했다.

훔볼트는 최초의 여행자였다.
그러나 훗날의 기록이 정확하다면,
최후의 여행자는 아니었다.
발명자의 이름도, 발견된 날짜도 모르겠지만,
그는 공허한 장치로
대기大氣의 상태를 확인하려고 했다
하늘이 얼마나 푸른지를 확인할 수 있다니.
오 다프네여! 나로 하여금 당신을 측정하게 하라![33]

영국의 낭만파 시인 콜리지, 윌리엄 워즈워스William Wordsworth, 로버트 사우디도 거의 동시에 훔볼트의 책을 읽기 시작했다. 사우디는 매우 깊은 인상을 받아, 1817년 훔볼트를 파리로 초청했다.[34] 한번은 사우디가 "훔볼트는 방대한 지식을 '화가의 눈', '시인의 감정'과 결합했다."[35] "그가 여행가들 중에서 차지하는 위치는, 워즈워스가 시인들 중에서 차지하는 위치와 같다"[36]고 말하자, 그 말을 듣던 워즈워스는 대뜸 훔볼트의 『신변기』를 좀 빌려달라고 했다.[37] 그 당시 워즈워스는 더든 강River Duddon에 대한 소네트를 짓고 있었는데, 『신변기』에 나오는 이야기를 소재로 사용했다. 훔볼트의 『신변기』에서 워즈워스의 소네트에 인용된 부분은 다음과 같다

> 나는 오리노코 강 상류에 살던 원주민 부족에게, "강둑의 높은 바위에 동물이나 별의 모양이 새겨진 이유가 뭐죠?"라고 물어본 적이 있다. 그러자 그들은 미소를 지으며, "당신 같은 백인들은 잘 모르겠지만, 옛날 옛적 큰 홍수가 났을 때 우리 조상들이 배를 타고 저 꼭대기까지 올라갔었죠"라고 대답했다.[38]

워즈워스는 자신의 소네트에서 훔볼트의 원문을 아래와 같이 각색했다.[39]

> 인디오는 미소를 짓더니,
> 백인들은 모를 거라고 하며
> 큰 홍수 이야기를 들려줬지.
> …
> 그의 조상들은 배를 타고,
> 그동안 도저히 갈 수 없었던

가파른 능선으로 올라갔지.

그러고는 깎아지른 절벽에 암각화를 그렸지

태양, 달, 별, 큰 짐승, 작은 동물.[40]

워즈워스의 친구이자 동료인 콜리지도 훔볼트의 책에 깊은 인상을 받았다.[41] 그가 훔볼트의 아이디어를 처음 접한 건, 아마 로마에 머물던 1805년 말 빌헬름과 카롤리네의 집에서였을 것이다. 당시 로마에 도착한 직후, 콜리지는 빌헬름—콜리지는 그를 '위대한 여행가의 형'[42]이라고 불렀다—의 집을 방문했는데, 먼저 온 손님들이 알렉산더의 남아메리카 여행기와 자연관으로 이야기꽃을 피우고 있었다. 그 후 영국으로 돌아간 콜리지는 훔볼트의 책을 읽으며 중요한 부분들을 노트에 옮겨 적었다. 그리고 과학과 철학에 대해 생각할 때마다 노트를 펼쳐들었다. 왜냐하면 그도 비슷한 아이디어와 씨름하고 있었기 때문이다.

워즈워스와 콜리지는 '둘 다 걷는 시인walking poet'[43]으로 유명했으며, 자연 속에 머무는 데 만족하지 않고 그 속에서 시를 써야만 직성이 풀렸다. "과학자들은 연구실을 떠나야만 과학을 제대로 이해할 수 있다"고 주장한 훔볼트와 마찬가지로, 두 사람은 "시인은 서재의 문을 열고, 들판을 건너 산과 강가로 가야 한다"고 주장했다. 또한 콜리지는 "평탄한 길이나 정돈된 숲보다 울퉁불퉁한 길이나 헝클어진 숲이 시를 짓기에 적당하다"고 주장했다. 한 친구는 워즈워스를 가리키며, "지금 추세대로 가면, 60대가 될 때까지 약 30만 킬로미터를 걷겠군"이라고 말했다. 워즈워스와 콜리지는 자신들을 자연의 일부라고 생각하며, '인간 상호간의 통합'은 물론 '인간과 환경 간의 통합'도 추구했다.

콜리지도 훔볼트와 마찬가지로 칸트의 철학을 찬미하며, 칸트를 '진정으로 위대한 인물'[44]이라고 불렀다. 처음에는 셸링의 자연철학에 열광했는데, 그 이유는 셸링이 '자아(내적 세계)와 자연(외적 세계)의 통합'을 추구했기 때문이다. '창조적 자아creative I가 자연을 이해하는 데 있어서 중요한 역할을 한다'는 것이 셸링의 생각이었는데, 그건 콜리지의 생각과 일치했다. "과학에 상상력을 불어넣으면, 과학에 날개를 다는 것이나 마찬가지다"라고 셸링은 말했다.[45]

콜리지는 독일어에 능통했으므로, 오랫동안 독일 문학과 과학에 심취했다.• 그는 훔볼트의 책을 출판하는 존 머리John Murray에게 괴테의 걸작 『파우스트』를 영어로 번역하겠노라고 제안할 정도였다. 왜냐하면 『파우스트』는 동시대의 어떤 희곡보다도 콜리지의 마음을 강하게 사로잡았기 때문이다.[46] 하인리히 파우스트는 만물이 서로 연결되어 있음을 알고 있었기에, 『파우스트』의 1장에서 이렇게 말했다. "만물은 살아 움직이고, 서로 엮여 전체whole가 된다. 각각의 부분들은 서로 영향을 주고받는 관계에 있다."[47] 아마 훔볼트나 콜리지가 『파우스트』를 썼더라도, 이와 똑같이 썼을 것이다.

콜리지는 '자연의 이해'라는 개념에서 연결성connection이라는 요소가 누락된 것을 애석하게 여겼다.[48] 콜리지와 워즈워스는 자신들이 사는 시대를 '분열과 분리의 시대'[49]로 규정하고, 데카르트와 린네를 분열과 분리의 주범으로 지목했다. 즉, 그들은 "데카르트나 린네와 같은 철학자와 과학자들이 '자연의 이해'라는 개념을 수집, 분류, 수학적 추상화

• 콜리지는 훔볼트의 책 중 일부를 영역본이 출판되기 전에 독일에서 원서로 읽었을 것이다. 왜냐하면 그는 독일에 자주 들러 여행도 하고 연구도 했기 때문이다. 훔볼트가 괴팅겐 대학교에서 공부한 지 정확히 10년 후인 1799년, 콜리지도 괴팅겐 대학교에 들어가 요한 프리드리히 블루멘바흐에게 가르침을 받았다. 블루멘바흐는 훔볼트에게 생명력을 가르친 교수였다.

mathematical abstraction라는 좁은 범주로 국한시켰다"고 비판했다. 콜리지가 워즈워스에게 쓴 편지에서 "기계적 철학은 시체를 쓰다듬는다"[50]라고 말하자, 워즈워스는 "분류하고 싶은 충동을 가진 박물학자는 손장난하는 어린이나 마찬가지다. 어머니의 무덤을 힐끗 쳐다보고, 식물 채집만 할 텐가?"[51]라며 화답했다. 콜리지와 워즈워스는 "자연 속의 지식을 나사나 지렛대로 비틀어 꺼낸다"[52]는 파우스트의 말에 반발했다. 또한 "우주는 불활성 원자로 구성되어 있으며, 로봇처럼 자연법칙을 따른다"는 뉴턴주의자들의 개념도 거부했다. 그들은 훔볼트와 마찬가지로, 자연을 '역동적이고 유기적이고 생동하는 것'으로 간주했다.

콜리지는 '자연의 영혼Spirit of Nature'[53]의 상실에 대응하기 위해 새로운 과학적 접근 방법이 필요하다고 주장했다. 콜리지와 워즈워스는 과학 자체를 반대한 것은 아니며, 당시에 세상을 지배하던 미시적 관점microscopic view을 반대했을 뿐이다.[54] 훔볼트와 마찬가지로, 그들은 '과학을 좀 더 전문화된 분야로 세분하는 경향'에 이의를 제기했다. 콜리지는 기존의 철학자들을 미세주의자Little-ist[55]라고 불렀으며, 워즈워스는 장편시 「소요The Excursion」(1814)에서 다음과 같이 썼다.

> 우리는 사물에 구멍을 뚫어야 하며,
> 그럴수록 사물은 부서져 더욱 작아진다.
> 작은 사물에 미세한 구멍들이 무수히 뚫려 있다.
> 산산이 부서진 사물들을 보라.
> 부서진 것은 생명이 없고 영혼이 없지만,
> 그래도 부서지고 또 부서진다.
> 큰 덩어리는 모두 부서진다.[56]

'역동적 힘이 생명체에 생기를 불어넣는다'는 훔볼트의 자연관은 영국의 비옥한 땅에 뿌리를 내려, 낭만주의를 이끄는 원리와 메타포가 되었다. 「에든버러 리뷰」는 훔볼트의 저서를 '모든 지식, 감정, 도덕을 통합하는 비밀끈secret band'[57]이라고 부르고, "만물은 연결되어 있으며, 서로에게 영향을 미친다"[58]고 말했다.

그러나 훔볼트의 저서가 많이 팔리고, 많은 영국의 시인, 사상가, 과학자들에게 호평을 받은들 무슨 소용이 있겠는가! 식민지 관리들은 훔볼트에게 인도 여행 허가서를 발급하지 않았고, 동인도회사도 여전히 요지부동이었다. 그러나 훔볼트는 뜻을 굽히지 않고 세부 계획을 계속 세웠다. 그는 인도에 4~5년간 머물고 유럽에 돌아온 후에는, 파리를 떠나 영국에 머물 생각이었다. 인도 여행에 대한 책을 쓰려면, 파리보다는 영국에 머무는 게 더 유리하기 때문이었다.[59]

14
다람쥐 쳇바퀴
원심병

마흔 번째 생일인 1818년 9월 14일 파리를 떠난 훔볼트는 5일 후 한밤중에 포틀랜드 플레이스에 있는 빌헬름의 집에 도착했다.[1] 4년 만에 벌써 세 번째였다. 이제 훔볼트는 런던에서 꽤 유명한 인물이어서, 신문에서는 그의 방문을 유명 인사 동정 난에 실었다. 그는 아직도 인도 여행을 추진하고 있었는데, 빌헬름의 외교관 신분이 중요한 기회를 마련하는 데 뭔가 도움을 주는 듯싶었다. 예컨대 빌헬름은 섭정왕자와의 사적인 만남을 주선하여, 알렉산더의 여행을 밀어주겠다는 약속을 받아내게 했다.[2] 또한 훔볼트는 빌헬름을 통해 조지 캐닝George Canning이라는 정부 관리와 만나 도움을 약속받았는데, 그는 동인도회사의 활동을 감독하는 지위에 있는 사람이었다. 이쯤 되자 훔볼트는 동인도회사가 깔아 놓은 장애물들이 조만간 모두 제거될 거라고 확신하게 되었다.[3] 10년 이상 회유하고 애걸복걸한 끝에, 인도는 마침내 사정권 안에 들어온 듯이 보였다. 훔볼트는 인도 여행을 기정사실로 여기고, 다음 과제로 눈을 돌렸다. 바로 프리드리히 빌헬름 3세로부터 실질적인 지원을 받아내는 거였다. 그는 과거에 여행 경비를 제공할 의향이 있다고 말한 바 있었다.

훔볼트가 런던을 방문할 때쯤, 프로이센 왕은 마침 베를린을 떠나 엑스라샤펠Aix-la-Chapelle(독일 아헨Aachen의 프랑스 이름)에 와 있었다. 1818년 10월 1일, 프로이센, 오스트리아, 영국, 러시아는 아헨에 모여 4국 동맹회의를 열고, 군대를 프랑스에서 철수하고 미래의 유럽 동맹을 결성하는 문제를 협의하고 있었다. 아헨은 칼레Calais에서 동쪽으로 불과 320킬로미터 떨어진 곳에 있으므로, 런던에서 곧바로 그리로 가면 1,600킬로미터나 먼 베를린까지 갈 필요가 없었다.•

런던에 도착한 지 3주도 채 지나지 않은 10월 8일, 훔볼트는 서둘러 아헨으로 떠났다.[4] 그런데 갑자기 해괴한 소문이 돌았다. 영국의 신문에 '훔볼트가 남아메리카 문제에 대해 자문을 제공하기 위해 아헨으로 급히 떠난다'는 기사가 실린 것이다.[5] 프랑스의 비밀경찰도 이와 비슷한 의문을 품고 있었던지, '훔볼트가 식민지 반란에 대한 상세한 보고서를 갖고 있다'고 믿는 눈치였다.[6] 당시 남아메리카에서 시몬 볼리바르 군대와 치열한 전투를 벌이고 있던 스페인도, 유럽의 도움을 받을 요량으로 자국의 공사를 아헨으로 급파한 상태였다.[7] 그러나 훔볼트가 도착하고 나자 모든 진실이 밝혀졌다. 동맹국들은 스페인의 식민지 지배 욕망에 간섭하는 데 아무런 관심이 없었으며,[8] 그들의 발등에 떨어진 문제는 '나폴레옹 이후에 유럽의 세력 균형이 어떻게 변할 것인가?'

• 당시 훔볼트는 11년간 단 한 번도 베를린을 방문하지 않았다.

였던 것이다. 훔볼트의 관심사 역시 남아메리카 문제는 아니었다. 「더타임스The Times」도 지적한 바와 같이, 그의 당면 과제는 프로이센 왕에게 인도 여행 비용을 지원받는 것이었다.[9]

훔볼트는 아헨에서 만난 프로이센의 수상 카를 아우구스트 폰 하르덴베르크Karl August von Hardenberg에게 이렇게 말했다. "그동안 인도 여행을 가로막았던 걸림돌이 거의 다 제거되었습니다. 현재 남아 있는 유일한 장애물은 비용입니다."[10] 그로부터 스물네 시간 후, 프리드리히 빌헬름 3세의 윤허가 떨어지자 훔볼트는 열광했다.[11] 무려 14년 동안 머물렀던 유럽을 떠날 수 있게 되었기 때문이다. 인도에 가면 히말라야산맥을 등반하고, 자연그림의 범위를 지구 전체로 확장할 수 있었다.

아헨에서 파리로 돌아온 후, 훔볼트는 여행 준비에 본격적으로 착수했다.[12] 관련 서적과 장비들을 구입하고, 아시아에 가봤던 지인들에게 연락하여 정확한 경로를 알아냈다. 맨 처음 콘스탄티노플에 들른 다음, 오늘날 이란과 터키의 국경 근처에 있는 눈 덮인 휴화산 아라라트Mount Ararat에 오를 예정이었다. 아라라트에서 하산한 후에는 남쪽으로 내려가, 페르시아를 가로질러 페르시아만의 반다르 압바스Bandar Abbas까지 간 다음, 거기서 배를 타고 인도로 갈 생각이었다. 훔볼트는 페르시아어와 아라비아어를 배우기 시작했으며, 침실의 한쪽 벽에 아시아 지도를 붙여놓았다. 그러나 늘 그러했듯, 모든 일정은 당초 생각보다 더디게 진행되었다.

남아메리카 탐험 결과를 정리하여 책으로 출판하는 작업은 아직 완료되지 않았다. 모든 책이 출판되면 『신대륙 적도지역 항해』라는 34권짜리 전집이 완성되는데, 그 속에는 여러 권짜리 여행기인 『신변기』는 물론 식물학, 동물학, 천문학에 대한 전문 서적들도 포함된다. 『신변기』

나 『뉴스페인 왕국에 관한 정치적 고찰』과 같은 책들은 삽화가 별로 없고 가격이 저렴하여 많은 독자들이 구입할 수 있었지만, 『코르딜레라스 산맥과 아메리카 원주민의 기념비적 업적들』 같은 책들은 (남아메리카의 풍경과 기념물을 소개한) 멋진 삽화를 많이 수록한 데다 부피가 커서 가격이 비쌌다. 『신대륙 적도지역 항해』 전질이 완간되었다면, 한 과학자가 개인적으로 출간한 전집 중에서 가장 값비싼 것으로 기록되었을 것이다. 훔볼트는 몇 년 동안 지도제작자, 미술가, 판화가, 식물학자들을 고용해 왔는데, 그들에게 지불한 비용이 너무 많아 재정적으로 파산 상태에 이르렀다.[13] 그동안 여행비로 쓴 돈은 5만 탈러였고, 파리에서 출판비와 생활비로 쓴 돈은 그 두 배였다. 그러다 보니 부모에게 물려받은 유산은 바닥났고, 인세와 프로이센 왕실에서 받는 급여가 좀 있었지만 비용을 지불하고 나면 남는 게 없었다.

그러나 어떠한 어려움도 훔볼트의 행동에 제동을 걸 수 없었다. 그는 재정적 어려움에 아랑곳하지 않고 친구들과 은행에서 빚을 얻었고, 그럴수록 빚은 점점 더 눈덩이처럼 불어났다.

훔볼트는 집필 작업을 계속하며 인도 여행 준비를 병행하느라, 카를 지기스문트 쿤트를 스위스에 보냈다. 쿤트는 어린 시절의 스승 고틀로브 요한 크리스티안 쿤트의 조카이자 식물학자로, 일의 전척이 더딘 봉플랑을 대신하여 식물학 서적을 집필하고 있었다. 훔볼트는 쿤트를 인도 여행에 데려갈 생각이었다. 그는 일찍이 알프스산맥에서 식물을 채집해 본 경력이 있어, 그것을 아라라트 및 히말라야의 식물들과 비교할 수 있는 적임자였다.[14] 옛 동료였던 봉플랑은 인도 여행에 더 이상 동참할 생각이 없는 것 같았다. 1814년 5월 조세핀 보나파르트가 세상을 떠나자, 봉플랑은 파리 생활에 염증을 느끼고 마르메종 성의 정원에서 하던 일을 그만뒀다. 그는 여동생에게 "내 앞길이 너무 뻔해서 재미없다"[15]는 내용의 편지를 보내고, 훔볼트의 새로운 탐험에 큰 기대를 걸고 있었다. 그러나 훔볼트의 인도 여행이 자꾸 지연되자, 자포자기 상태에 빠져 연락이 두절되었다.

봉플랑은 늘 남아메리카에 돌아가고 싶어했다. 그래서 런던으로 건너가 시몬 볼리바르와 다른 혁명가들을 만났다.[16] 그들은 남아메리카 혁명군의 지지 세력을 결집하기 위해 영국에 와 있었는데, 봉플랑은 그들에게 책과 인쇄기는 물론, 심지어 밀반입된 무기까지도 제공했다. 그러자 남아메리카인들은 봉플랑을 포섭하기 위해 경쟁적으로 나섰다. (후에 볼리바르와 함께 콜롬비아의 부통령으로 지명되는) 식물학자 프란시스코 안토니아 세아Francisco Antonio Zea는 봉플랑에게 다가와, "보고타에 오셔서, 고인이 된 식물학자 무티스의 일을 대신해주십시오"라고 요청했다.[17] 한편 부에노스아이레스의 대표자들은 봉플랑에게, "아르헨티나에 식물원을 세워주세요"라고 부탁했다. 봉플랑의 식물학 지식이 장차 신생 독립국의 농업 발전과 경제 부흥에 이바지할 거라고 생각했기 때문이다. 영국이 캘커타에 식물원을 세워 유용한 작물의 저장소로 삼았던 것처럼 말이다. 봉플랑은 그들에게 유럽의 새로운 영농방법을 도입하도록 도와주겠다고 약속했다.[18]

남아메리카의 혁명가들은 유럽의 과학자들을 영입하려 노력하고 있었다. 과학은 국경을 가리지 않으며, 남아메리카 국민들을 단결시켜 유럽인들과 어깨를 나란히 할 수 있게 해줄 거라고 믿었다. 후에 세아는 콜롬비아의 전권공사plenipotentiary minister로 임명되어 영국에 파견되며, 무엇보다도 '영국의 과학자, 기술자, 농부를 콜롬비아에 이주하도록 설득시키라'는 임무를 부여받았다. 세아의 상급자는 이렇게 당부했다.

"부지런한 프랭클린이 프랑스에서 많은 국익을 챙긴 건, 외교적 노력 때문이 아니라 자연과학 때문이었음을 기억하시오."[19]

봉플랑이 남아메리카로 이주할지도 모른다는 가능성에 혁명가들이 특히 열광한 것은, 그가 보유하고 있는 남아메리카에 대한 방대한 지식 때문이었다. 그중 한 명은 봉플랑에게 "우리 모두는 당신을 손꼽아 기다립니다"라고 말했다.[20] 1815년 봄, 왕당파 군대가 뉴그라나다에서 리오마그달레나 강 유역의 영토를 상당 부분 탈환하고, 혁명군의 숫자가 탈영과 질병으로 크게 감소하자, 볼리바르는 봉플랑에게 편지를 써서 "보고타에 오셔서 무티스의 지위와 역할을 대신해주십시오"라고 간청했다. 그러나 봉플랑은 뉴그라나다와 베네수엘라에서 벌어지고 있는 피비린내 나는 내전을 크게 걱정한 나머지, 1816년 말 프랑스를 떠나 부에노스 아이레스로 향했다.[21]

훔볼트와 함께 남아메리카를 떠난 지 12년 후, 봉플랑은 다시 배를 타고 남아메리카에 도착했다. 그는 과일나무 묘목, 채소 씨앗, 포도, 약용식물 등을 배에 가득 싣고, 남아메리카에서 제2의 인생을 시작할 예정이었다. 그러나 부에노스아이레스에 2년간 머무른 후, 봉플랑은 도시생활에 신물이 났다. 그는 학구적인 과학자가 아니어서 정돈된 삶을 즐기지 못했다. 그는 현장에서 일하는 식물학자로서 희귀 식물을 찾아내는 데는 열광하면서도, 그걸 분류하는 작업에는 젬병이었다. 몇 년 동안 2만 종의 식물을 수집했지만, 그의 식물 표본실은 엉망이었다.[22] 식물 표본은 잘 건조되어 종이 위에 얌전히 붙어 있지 않고, 박스 속에 그대로 들어 있거나 느슨하게 묶인 채 이리저리 뒹굴었다. 1820년 봉플랑은 아르헨티나의 파라나 강Paraná River 유역으로 가서, 파라과이 국경에서 가까운 산타아나Santa Ana에 정착했다. 그러고는 식물을 채집하거나 예르바 마테yerba mate를 재배했다. 마테차는 남아메리카인들이 애용하는 음료로, 예르바 마테의 잎을 녹차처럼 우려내어 마시면 되었다.

봉플랑이 프랑스를 떠나 아르헨티나로 간 지 정확히 5년째인 1821년 11월 25일, 훔볼트는 그에게 편지와 약간의 돈을 보내며, 동고동락을 같이한 옛 동료의 충고를 듣지 않은 그를 나무랐다.[23] 하지만 안타깝게도 봉플랑은 그 편지를 받지 못했다. 훔볼트가 편지를 보낸 지 2주 후인 1821년 12월 8일, 400명의 파라과이 병사들이 국경선을 넘어 아르헨티나로 넘어와, 산타아나에 있는 봉플랑의 농장을 급습했다. 파라과이의 독재자 호세 가스파르 로드리게스 데 프란시아José Gaspar Rodríguez de Francia의 명령에 따라, 병사들은 봉플랑의 일꾼들을 죽이고 봉플랑을 사슬로 묶었다. 프란시아는 그를 농업 스파이로 기소했는데, 그 이유인즉 봉플랑의 플랜테이션이 번창하면, 파라과이의 예르바 마테 수출이 감소할까 심히 우려된다는 거였다. 봉플랑은 파라과이로 끌려가 감옥에 갇혔다.[24]

봉플랑의 옛 친구들은 그의 구명에 나섰다. 그 당시 볼리바르는 군대를 이끌고 리마에 머무르며, 스페인을 페루에서 몰아내려고 노력하던 중이었다. 그는 프란시아에게 편지를 보내, "봉플랑을 석방하지 않으면, 당장 파라과이로 진군하여 그를 구해내겠다"고 압력을 가했다. "나를 우군으로 믿어도 좋다. 단, 죄 없는 내 친구를 부당하게 희생시키지 말아야 한다"고 그는 덧붙였다.[25] 훔볼트 역시 유명한 과학자들에게 연명서를 받아 파라과이에 보내는가 하면, 옛 친구 캐닝(당시 외무부장관)에게 "아르헨티나 주재 영국 영사를 봉플랑 사건에 개입시켜 달라"고 요청하기도 했다.[26] 그러나 프란시아는 봉플랑의 석방을 단호히 거절했다.

그러는 동안 훔볼트의 인도 여행 계획은 답보하고 있었다. 섭정왕자의 지원에도 불구하고, 동인도회사의 경영진은 반대의 뜻을 굽히지 않았기 때문이다. 훔볼트는 최근 몇 년 동안 다람쥐 쳇바퀴를 돈 듯 허탈한 기분이 들었다. 남아메리카를 5년간 탐험할 때는 늘 빡빡한 스케줄에 쫓겼고, 유럽에 돌아온 후 몇 년 동안에도 저술이다 강연이다 해서 한시도 쉬지 않고 살아왔다. 근래에는 인도 여행 계획이 착착 진행되는 듯 보여 잔뜩 기대에 부풀어 있었다. 그러나 더 이상 진척이 없자, 훔볼트는 숨이 막힐 지경이었다. 그는 이제 늠름하고 영웅적인 청년 탐험가가 아니라, 저명하고 존경받는 오십 대의 과학자였다. 오십 대 중반의 동년배들은 대부분 존경받고 대우받는 것을 즐겼다. 그러나 훔볼트는 현실에 안주하고 싶지 않았다. 그는 할 일이 아직 많이 남아 있다고 생각했기 때문이다. 조바심이 많아 한시도 가만히 있지 못하는 그를 가리켜, 한 친구는 원심병centrifugal illness 환자라고 불렀다.[27]

좌절감에 짜증나고 속상한 훔볼트는, 마치 그동안 사기당하거나 저평가된 듯한 기분이 들었다. 그래서 홧김에 "이제부터 유럽에 등을 돌리겠다"고 선언하고, 멕시코로 떠날 궁리를 했다. 그는 멕시코에 과학연구소를 설립할 계획이었다. 1822년 10월, 그는 형에게 "나는 멕시코에서 과학자들에게 둘러싸여 살 거야. 그리고 자유로운 사고의 즐거움을 누릴 생각이야"라고 말했다.[28] 다른 데라면 몰라도 아메리카 대륙에 가면 존경을 받을 수 있을 테니, 유럽을 떠나 멕시코에서 여생을 보내는 게 가능할 거라고 확신했던 모양이다.[29] 그로부터 몇 년 후, 훔볼트는 볼리바르에게 뜬금없이 '남아메리카로 이주할 계획이 있다'고 말했다.[30] 그러나 자신이 뭘 원하는지, 어느 나라로 가고 싶은지를 구체적으로 밝히지는 않았다. 빌헬름은 주변의 사람들에게 이렇게 설명했다. "알렉산더는 늘 어마어마한 꿈을 꾼다. 그러나 실제로는 그 절반도 이루어지지 않는다."[31]

동인도회사의 경영진은 훔볼트에게 비협조적이었지만, 그들을 제외한 영국인들은 모두 훔볼트에게 열광하고 있었다. 런던에서 훔볼트를 한 번이라도 만나본 적이 있는 영국의 과학자들은 파리로 그를 다시 보러 왔다.[32] 유명한 화학자 험프리 데이비도, 윌리엄 허셸의 아들 존 허셸도, 오늘날 컴퓨터의 아버지로 일컬어지는 찰스 배비지Charles Babbage도 파리를 방문했다. 배비지는 후에 이렇게 말했다. "훔볼트는 방문객의 지위 고하를 막론하고, 지식과 정보를 공유하는 데서 기쁨을 느꼈다."[33] 옥스퍼드의 지질학자 윌리엄 버클랜드William Buckland도 훔볼트를 만난 뒤 감탄을 연발했다. 그는 한 친구에게 쓴 편지에서, "그처럼 말이 빠르고 두뇌가 명석한 사람을 본 적이 없다"고 말했다.[34] 늘 그렇듯, 훔볼트는 버클랜드의 면전에서 노트를 펼쳐 지식을 나눠주고 캐비닛을 열어 수집품을 보여줬다.

가장 의미 있는 방문객 중의 한 명은 영국의 지질학자 찰스 라이엘Charles Lyell이었다.[35] 그의 연구 결과는 후에 다윈의 진화 개념이 형성되는 데 기여한 것으로 알려져 있다. 그는 1820년대 초 지구의 형성 과정에 매혹되어 유럽 전역을 여행하며 산맥, 화산, 기타 지질학적 형성물들을 탐사하여 『지질학 원리*Principles of Geology*』의 기초 자료로 삼았다. 그리고 1823년 여름, 스물다섯 살의 열혈 청년 라이엘은 큰 가방을 짊어지고 파리를 방문했다. 그의 가방 속에는 훔볼트에게 전달할 지질학 자료들이 가득 들어 있었다.

남아메리카에서 돌아온 이후 훔볼트가 추진해 온 프로젝트 중 하나는, 지구 전체의 암석층 데이터를 수집하여 비교분석하는 것이었다.

그리하여 라이엘이 파리를 방문하기 불과 몇 달 전, 약 20년간의 노력 끝에 『암석의 중첩에 관한 지구구조학적 고찰*Geognostical Essay on the Superposition of Rocks*』이라는 결과물을 발표했다. 그런데 그것은 라이엘의 연구에 꼭 필요한 정보가 담긴 책이었다. 라이엘은 그 책을 보고 크게 감동하여, "당신은 이 책 한 권만으로도 과학계의 최고 반열에 오를 수 있을 겁니다"라고 말했다.[36] 두 사람은 그 후 두 달 동안 수도 없이 만나, 밤늦도록 지질학 정보는 물론 베수비오 화산에 관한 이야기도 나눴다. 간혹 서로 아는 영국 친구들의 근황에 관한 이야기도 주고받았다. 훔볼트의 유창한 영어 실력 덕분에, 라이엘은 풍부한 자료와 데이터를 쉽게 제공받았다.[37]

두 사람은 훔볼트가 발명한 등온선에 대해서도 토론했다. 등온선은 온도가 똑같은 지점을 연결한 선으로, 오늘날 일기도에서 흔히 볼 수 있다.• 훔볼트는 1817년 발표한 「지구의 등온선과 열분포에 대하여」라는 논문을 집필하는 과정에서, 지구의 기후 패턴을 시각화하기 위해 등온선 개념을 창안했다. 이 논문은 라이엘의 이론이 형성되는 데 도움을 줬으며, 기후를 새롭게 이해하는 방법을 제시했다.[38]••

훔볼트가 등온선 개념을 창안하기 전까지, 모든 기상학 자료들은 지리적 위치와 기후 조건을 감안하여 기다란 목록 형태로 나열되었다. 이 같은 목록에 기재된 수치들은 정확하지만, 너무 길고 복잡해서 서로 비교할 수가 없었다. 헷갈리는 목록을 물결 모양의 띠wavy belt로 시각화한 훔볼트의 아이디어는 간단하면서도 혁신적이었다. 훔볼트는 등온선이 소

• 참고로, 기압이 똑같은 지점을 연결한 선을 등압선isobar이라고 한다.

•• 열의 분포를 연구한 후속 연구들은 모두 이 논문에 기초를 두고 있다.

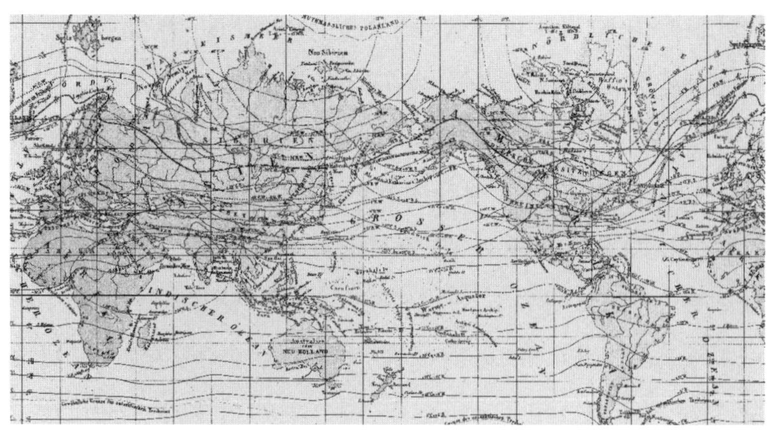

등온선이 표시된 지도

위 비교기후학vergleichende Klimatologie의 기초가 될 거라고 믿었는데, 그의 판단은 정확했다.[39] 과학자들은 오늘날까지도 등온선을 이용하여 기후 변화와 지구온난화를 기술하고 있다. 훔볼트와 후학들은 등온선을 이용하여 기후의 패턴을 전 지구적 관점에서 바라볼 수 있었다. 또한 라이엘은 등온선 개념을 이용하여 지질학적 변화를 기후 변화에 연동시켰다.[40]

라이엘이 쓴 『지질학 원리』의 핵심 내용은, 지구가 지진이나 홍수와 같은 갑작스러운 대변동보다는 미세한 변화minute change를 통해 점진적으로 형성되었다는 것이다. 라이엘은 '이처럼 점진적인 힘gradual force이 현재도 계속 작용하고 있으므로, 현재의 상황을 잘 살펴보면 과거를 알 수 있다'고 믿었다. 그러나 라이엘의 이론에는 한 가지 문제점이 있었다. '점진적인 힘'이라는 개념을 옹호하고 지구의 역사에 대한 종말론적 이론에서 탈피하기 하기 위해, 라이엘은 지구의 표면이 점진적으로 냉각된 과정을 설명해야 했다. 그래서 그는 자신의 이론을 수립하는 동안, 틈틈이 훔볼트의 연구 결과를 참고해 왔다.[41]

훔볼트는 「지구의 등온선과 열분포에 대하여」에서, 면밀한 분석을 통해 깜짝 놀랄 만한 결론에 도달했는데, 내용인즉 '위도가 같아도 기온이 다를 수 있다'는 것이었다. 왜냐하면 고도, 땅덩어리, 바다와의 거리, 바람 등이 열의 분포에 영향을 미칠 수 있기 때문이다.[42] 따라서, 육지의 기온은 바다보다 높지만, 고도가 높아지면 바다보다 낮아진다. 훔볼트의 논문을 유심히 읽던 라이엘은 손뼉을 탁 치며 이렇게 결론지었다. "지질학적 힘geological force이 고도를 상승시킨 곳에서는, 그만큼 기온이 떨어진다. 장기적으로 볼 때, 이 같은 상향이동upward shift은 기후를 냉각시키는 효과가 있다. 다시 말해서, 지구가 지질학적으로 변화하면 기후도 변화한다."[43] 그로부터 몇 년 후 『지질학 원리』의 검토자가 "이론의 출발점이 어디였나요?"라고 묻자, 라이엘은 "훔볼트의 논문을 읽다가 힌트를 얻었습니다"라고 솔직히 대답했다.[44] 그는 자신의 저서에서도 "나는 훔볼트의 기후이론을 지질학에 적용한 것뿐"이라고 언급하며, 모든 공을 훔볼트에게 돌렸다.[45]

훔볼트는 제 코가 석 자임에도 불구하고, 자신의 처지를 망각하고 젊은 과학자들을 물심양면으로 도우려고 노력했다. 형수 카롤리네는 훔볼트가 친구들에게 이용당할까 봐 걱정이 태산이었다. 그녀는 빌헬름에게 "알렉산더는 마른 빵을 먹는데, 친구들은 고기를 먹어요."라고 고자질했다.[46] 그러나 훔볼트는 무사태평이었다. 마치 바퀴의 중심처럼, 친구들에게 빙 둘러싸여 있어도 앞으로 굴러가기만 하면 그만이라고 생각했다.[47]

훔볼트는 남아메리카로 여행가는 젊은 프랑스 과학자를 볼리바르에게 추천하며, 자기가 갖고 있던 장비까지 챙겨줬다.[48] 또한 미국으로 이주하려는 포르투갈의 식물학자를 제퍼슨에게 소개했다.[49] (나중에 길소가 식물의 중요한 영양소임을 발견하여 유명해진) 독일의 화학자 유스투스 폰 리비히Justus von Liebig는 "프랑스에서 훔볼트를 만난 게 경력에 큰 도움이 됐다"고 털어놨다.[50] 심지어 (전직 미 국무장관으로, 워싱턴, 런던, 파리에서 훔볼트를 만난 적이 있는) 갤러틴은 원주민을 끔찍이 아끼는 훔볼트에게 감화되어 북미 원주민 연구에 투신하기로 마음먹었다. 갤러틴은 오늘날 미국 민족학American ethnology의 창시자로 간주되고 있는데, "내가 민족학을 연구하게 된 이유는, 유명한 친구 알렉산더 폰 훔볼트 남작이 특별히 부탁했기 때문"이라고 공공연히 떠들고 다녔다고 한다.[51]

친구들과 동료 과학자들의 경력 관리와 여행을 돕는 동안, 정작 훔볼트 자신의 인도 여행 가능성은 점점 더 희박해져 갔다. 그래서 주체할 수 없는 방랑벽을 스위스, 프랑스, 이탈리아, 오스트리아 등지의 여행으로 달래보려고 했지만, 유럽과 인도가 같을 수는 없었다. 훔볼트는 우울해졌으며, 설상가상으로 프로이센 왕에게 파리에 머무는 이유를 둘러대기가 점점 더 어려워졌다. 20년 전 남아메리카에서 유럽으로 돌아온 훔볼트에게, 프리드리히 빌헬름 3세는 걸핏하면 '베를린으로 돌아오라'고 압박을 가해 왔다. 프로이센 왕은 20년 동안 아무런 조건도 없이 꼬박꼬박 봉급까지 챙겨주지 않았던가! 훔볼트는 '집필 활동을 하려면 파리의 과학 환경이 꼭 필요하다'고 입버릇처럼 말해 왔지만, 이제 파리와 프랑스의 분위기는 옛날 같지 않았다.

1815년 3월 20일부터 6월 22일까지 100일 천하를 누린 나폴레옹이 권좌에서 쫓겨나 세인트헬레나 섬으로 귀양을 떠나자, 프랑스에서는 부르봉왕조가 복고되어 루이 18세•가 왕위에 올랐다. 자유와 평등의 횃불이 빛나고 있었던 프랑스에서는 절대주의가 복구되지 않고 입헌군주제가 성립되었다. 하지만 프랑스 국민 중 겨우 1퍼센트가 하원의원에 선출될 수 있었다. 루이 18세는 자유주의 견해를 일부 존중했지만, 귀양길에서 돌아올 때 초왕당파 망명귀족ultra-royalist émigré과 동행했는데, 그들은 혁명 전의 앙시앵레짐Ancien Régime으로 되돌아가기를 강력히 희망했다. 왕당파 귀족들이 돌아오는 광경을 지켜보던 훔볼트는, 그들이 증오와 복수의 열망에 불타고 있음을 알고 가슴이 조마조마해졌다. 파리에 있던 라이엘은 아버지에게 보낸 편지에서, "그들은 절대왕정에 대한 야욕을 절대로 포기하지 않을 거예요"라고 말했다.[52]

1820년 루이 18세의 조카 베리 공작Dud de Berry(왕위 승계서열 3위)이 나폴레옹 지지자에게 암살당하자, 왕당파의 물결을 더 이상 막을 수 없었다. 검열이 강화되고, 국민들은 재판 없이 구금되었으며, 부자들은 두 표를 행사할 수 있게 되었다. 급기야 1823년에는 초왕당파가 하원에서 다수석을 차지하는 사태가 발생했다. 이에 기분이 언짢아진 훔볼트는 한 미국인 방문자에게 「주르날 데 데바Journal des débats」(프랑스혁명이 진행되던 1789년 창간된 신문)를 보여주며, "언론의 자유가 얼마나 줄어들었는지 알고 싶으면 이걸 보면 돼요"라고 말했다.[53] 한편 초왕당파가 득세하자 가톨릭의 힘이 덩달아 강해져, 종교가 프랑스 사회에 대한 지배력을 다시 장악하며 과학적 사고를 억압했다. 1820년대 중반에는 교회의 첨탑들이 우후죽순처럼 늘어나 파리의 하늘을 가렸다.

교육, 연구, 실험에 대한 재정적 지원이 대폭 줄어들자 훔볼트는 제네바에 있는 친구에게 보낸 편지에서, "파리는 더 이상 과학의 중심지가 아니야"라고 말했다.[54] 과학자들은 루이 18세의 환심을 사는 데 치중

• 루이 18세는 프랑스혁명 때 단두대에서 처형된 루이 16세의 동생으로, 나폴레옹이 집권하는 동안 프로이센, 러시아, 영국에서 귀양살이를 했다.

하느라, 탐구 정신을 발휘할 겨를이 없었다. 훔볼트는 1823년 어느 날 라이엘에게 이렇게 말했다. "학자는 정치가와 귀족의 시녀가 되었다. 심지어 위대한 조르주 퀴비에조차 박물학자로서의 천재성을 포기하고 왕실의 비위를 맞추는 데 여념이 없다."[55] 더욱이 파리에서는 정치적 논쟁이 끊이지 않아, 정부 요직을 차지하는 사람들이 (마치 의자 빼앗기 놀이에서처럼) 너무 자주 바뀌었다. 그러다 보니 훔볼트가 아는 사람들은 모두 장관 또는 전직 장관이었다. 훔볼트는 라이엘에게 이렇게 말했다. "그들은 추풍낙엽처럼 우수수 떨어지고 있어. 먼저 쌓인 낙엽이 썩기도 전에, 또 한 겹이 떨어져 그 위를 덮지."[56]

프랑스 과학자들은 파리가 '창의적 과학 사고의 중심'으로서의 지위를 잃을까 걱정하고 있었다. 훔볼트는 프랑스 과학아카데미 회의석상에서, "요즘 프랑스 학자들은 하는 일이 별로 없고, 어쩌다 일을 시작하더라도 서로 언성을 높이다 흐지부지되기 일쑤"라고 직격탄을 날렸다. 심지어 비밀위원회를 구성하여 금서 목록을 만드는 보수주의 학자들도 있었는데, 그들의 표적은 장-자크 루소나 볼테르와 같은 계몽주의 사상가들이 쓴 책들이었다. 1824년 9월 자식 없는 루이 18세가 세상을 떠나자 동생 샤를 10세가 왕위를 계승했는데, 그는 초왕당파의 우두머리였다. 자유와 혁명의 가치를 믿던 과학자들은 "그렇잖아도 억압적인 지적 분위기가 더욱 악화되겠군"이라며 수군거렸다.

훔볼트 자신도 많이 변했다. 오십 대 중반의 나이에 걸맞게 갈색 머리칼은 은회색으로 바뀌었고, 오른쪽 팔은 류머티즘으로 거의 마비되었다.•

• 훔볼트는 오리노코 강 유역의 습한 열대우림에서 잠을 함부로 잤는데, 그 후유증으로 늘그막에 류머티즘이 발병했을 거라고 믿고 있었다.

노란색 조끼, 파란색 연미복, 하얀색 크라바트(넥타이처럼 매는 남성용 스카프—옮긴이), 긴 부츠, 추레한 까만 모자에 이르기까지, 패션은 프랑스 혁명 직후에 맞춘 그대로여서, 유행에 뒤떨어져도 한참 뒤떨어졌다.[57] 한 친구는 훔볼트에게, "요즘 파리에서 그런 옷을 입고 있는 사람은 아무도 없다네"라며 귀띔해줬다. 훔볼트가 이렇게 변한 데는 인색한 면도 있고 정략적인 면도 있었다. 부모에게 물려받은 유산은 오래 전에 탕진했고, 센강을 내려다보는 작고 허름한 아파트에서 살고 있었는데, 방이라고 해봐야 가구가 별로 없는 침실 하나와 서재가 전부였다. 훔볼트는 돈도 없거니와 사치품, 우아한 옷, 화려한 가구에 대한 취향도 사라진 지 오래였다.

20여 년의 세월이 흐른 뒤인 1826년 가을, 프리드리히 빌헬름 3세는 마침내 인내의 한계에 도달했다. 그는 훔볼트에게 보낸 편지에서, "그동안 그대는 집필 활동을 한다는 핑계로 파리에 머물러 왔다. 이제 집필을 끝내고도 남았을 테니, 더 이상 파리에 머무를 이유가 없다"고 말했다. 왕의 편지는 다음과 같이 계속되었다. "나는 그대의 체류 기간을 더 이상 연장해줄 수 없다. 그대가 진정한 프로이센 국민이라면, 여하한 경우에도 프랑스를 증오의 대상으로 여길 게 틀림없다."[58] 이제 훔볼트에게는 선택의 여지가 없었다. "체류 기간을 더 이상 연장해줄 수 없다"는 말은 곧 '신속히 돌아오라'는 명령이었기 때문이다.

훔볼트는 출판 비용을 지급하느라 허리가 휠 지경이어서, 프로이센 왕실에서 매년 지급받는 봉급이 절실히 필요했다. 자기가 번 돈으로 먹고 살려면 수입과 지출을 맞춰야 하지만, 그는 재정 문제에 관한 한 까막눈이었다.[59] 그의 저서를 영어로 옮기는 번역자는 이렇게 말했다. "훔볼트가 백 번 죽었다 깨어나도 이해할 수 없는 게 딱 한 가지 있는데,

그건 바로 비즈니스다."[60]

지난 20여 년 동안 파리는 훔볼트의 고향이나 다름없었으며, 절친한 친구들은 모두 파리에 살고 있었다. 그러나 프로이센 왕의 지엄한 명령을 거역할 수는 없는 일. 훔볼트는 눈물을 머금고 베를린으로 돌아가기로 결정했다. 단, 조건을 하나 내걸었는데, 그것은 '앞으로도 연구를 계속할 계획이므로, 파리를 정기적으로(한 번에 몇 개월씩) 방문하도록 허용해 달라'는 것이었다. 그는 1827년 2월 독일의 수학자 카를 프리드리히 가우스Carl Friedrich Gauß에게 보낸 편지에서, "솔직히 말해서, 과학적 삶과 자유를 포기하기가 쉽지 않았소"라고 실토했다.[61] 조르주 퀴비에를 "혁명 정신을 배반했다"고 강도 높게 비난한 게 엊그제였는데, 훔볼트 자신이 영락없이 그 꼴이 된 셈이었다. 이제 베를린으로 돌아가, '자유주의적 정치 신념'과 '신하된 도리' 사이에서 적당한 타협점을 찾아야 했다. 하지만 양극단 사이에서 중용을 취하는 건 거의 불가능할 것 같았다.[62]

1827년 4월 14일, 훔볼트는 파리를 떠나 베를린으로 출발했다. 언제나 그랬듯이, 그는 이번에도 베를린으로 곧바로 가지 않고 다른 곳을 거쳐 가기로 했다. 동인도회사 경영진을 만나 인도 여행에 대해 담판을 지을 요량으로, 먼저 런던에 들렀다.[63] 런던에 마지막으로 들른 건 9년 전인 1818년이었는데, 그때는 영국 주재 프로이센 공사였던 빌헬름의 집에 머물며 형의 덕을 톡톡히 봤다. 하지만 빌헬름은 그 후 외교관 직에서 물러나 베를린에 거주하고 있어서,• 이번에는 뭐든 혼자 힘으로

• 빌헬름은 1818년 런던을 떠나, 베를린에서 잠깐 동안 장관직을 수행했다. 그러나 프로이센의 정치 현실에 염증을 느껴, 1819년 말 정계 은퇴를 선언하고 테겔로 낙향했다.

해결해야 했다. 훔볼트는 영국의 옛 친구들에게 연락하여 인맥을 신속히 복구한 다음, 런던에 3주 동안 머물며 총력전을 펼쳤다.

훔볼트는 정치가와 과학자를 비롯한 실력자들을 두루 찾아다니며 로비를 펼쳤다.[64] 왕립협회에서는 옛 친구 존 허셸과 찰스 배비지를 만나는 한편, 학회에도 참석하여 많은 학자들과 인사를 나눴다. 그런데 한 학자가 새로운 인도 지도 열 장을 발표하는 것을 보고 가슴이 뜨끔했다.• 몇 안 되는 유럽의 여류 과학자 중 한 명인 메리 서머빌Mary Somerville••을 만나고, 런던 서쪽 교외의 큐Kew에 있는 왕립식물원을 방문하여 로버트 브라운Robert Brown도 만났다. 브라운은 조지프 뱅크스와 함께 호주를 탐험한 경력이 있는 식물학자로, 훔볼트는 그에게서 대척지 식물군antipodean flora(지구 반대편에 서식하는 식물군—옮긴이)에 대해 많은 것을 배웠다.

훔볼트는 왕립협회가 주최한 만찬회에 초대되어 옛 친구 캐닝과 저녁식사를 했는데, 그는 2주 전 영국 수상으로 임명된 거물 정치인이었다.[65] 캐닝과 식사하던 중, 이번에는 워싱턴 DC에서 온 친구를 한 명 만났는데, 그는 런던 주재 미국 공사 갤러틴이었다. 런던의 분위기는 파리와 비교할 바가 아니었다.[66] 이곳 사람들은 훔볼트와 마주칠 때마다 늘 이렇게 말했다. "런던을 떠나기 전에 제 전원주택에 꼭 놀러오세요. 런던

• 그 지도는 훔볼트가 꿈에 그리던 것으로, 동인도회사의 의뢰를 받아 작성된 것이었다.

•• 마흔여섯 살의 메리 서머빌은 유명한 수학자이자 다방면에 두루 통달한 과학자였다. 1827년 그녀는 라플라스의 『천체역학*Mechanique Celeste*』을 영어로 옮기고 있었는데, 그녀의 훌륭한 번역 덕분에 『천체역학』은 영국에서 베스트셀러가 되었다. 라플라스는 "그녀는 내 저서를 이해하고 수정할 수 있는 유일한 여성"이라며 극찬했다. 다른 과학자들은 그녀를 '과학의 여왕'이라고 불렀다. 그녀는 후에 『물리지리학*Physical Geography*』이라는 책을 발표했는데, 그녀가 과학과 자연계를 바라보는 시각은 훔볼트와 매우 유사했다.

에서 겨우 60킬로미터 거리에 있으니까요." 훔볼트는 인기 때문에 즐거운 비명을 지를 지경이었다. 물론 런던 사람들 모두가 훔볼트를 반긴 건 아니었다. 자신을 삐딱하게 바라보는 영국 귀족층과 눈이 마주칠 때마다, 훔볼트는 피가 거꾸로 솟는 기분이었다.

그러나 훔볼트를 가장 열광시킨 사람은 과학자도 정치가도 아니고, 젊은 공학자 이삼바드 킹덤 브루넬Isambard Kingdom Brunel이었다. 그는 훔볼트를 초대하여 템스 강 밑에서 건설되고 있는 최초의 하저터널을 보여줬다. 강 밑에 터널을 뚫는다는 것은 대담할 뿐만 아니라 위험천만한 아이디어로, 그때까지 유례가 없는 일이었다.[67]

게다가 템스 강은 사상 최악의 조건을 갖추고 있었다. 왜냐하면 강바닥과 그 밑의 땅이 모래와 부드러운 점토로 구성되어 있었기 때문이다. 브루넬의 아버지 마크Mark는 기발한 터널공법을 개발했는데, 그 핵심은 터널관과 똑같은 높이와 너비를 가진 주철방패cast-iron shield였다. 이 방패는 배좀벌레조개shipworm에게서 힌트를 얻은 것인데, 배좀벌레조개는 껍질로 자신의 머리를 보호하면서 딱딱한 널빤지에 구멍을 뚫는 재주가 있다. 주철방패는 천장을 떠받침과 동시에 부드러운 점토를 흐트러뜨리지 않음으로써 굴착을 가능케 했다. 인부들이 앞에서 금속방패를 움직이는 동안, 브루넬은 그 뒤에서 터널의 벽돌을 쌓았다. 그러는 가운데 터널의 길이는 서서히 길어졌다. 공사는 2년 전에 시작되었는데, 훔볼트가 런던에 도착할 때쯤 브루넬이 이끄는 팀은 370미터짜리 터널의 중간 지점에 도착해 있었다.

공사는 매우 위험해서, 마크 브루넬의 공사일지는 걱정과 우려로 가득 찼다. 그중에는 이런 구절들도 적혀 있었다. "하루가 멀다 하고 새로운 걱정거리가 생겨난다."[68] "상황이 매일매일 악화되어 간다." "한 고비를 넘기고 나면, 다른 고비가 찾아온다." 마크의 아들 이삼바드는 1827년 1월 스무 살의 나이에 상주 엔지니어resident engineer로 임명되어, 엄청난 열정과 자신감을 발휘하고 있었다. 그러나 공사에는 여전히 어려움이 많았다. 훔볼트가 도착하기 직전인 4월 초에 터널로 들어오는 물이 점점 더 불어나자, 이삼바드는 마흔 명의 인부들을 동원하여 물을 퍼내게 했다. 점토질 토사를 흠뻑 뒤집어쓴 인부들[69]을 보고, 마크 브루넬은 "터널이 언제든 붕괴될 수 있다"고 우려를 표명했다. 때마침 외부 전문가의 자문을 받고 싶어 하던 터에, 이삼바드는 훔볼트에게 그 역할을 부탁했다. 훔볼트는 이삼바드의 제안을 흔쾌히 수락했다. '아무리 위험해도, 흥미로운 일에는 절대로 빠지지 않는다'는 게 그의 좌우명이었다. 그 순간 훔볼트의 머릿속을 퍼뜩 스치고 지나가는 생각이 하나 있었는데, 그것은 차제에 템스 강 바닥에서 기압을 측정하여 안데스산맥 꼭대기에서 측정한 기압과 비교하는 것이었다.[70]

4월 20일, 커다란 선박에 설치된 대형 크레인이 2톤짜리 금속제 다이빙벨을 강바닥으로 내려보냈다. 템스 강에는 보트들이 많이 떠 있었는데, 각 보트마다 호기심 많은 구경꾼들로 가득 차 있었다. 다이빙벨은 브루넬과 훔볼트를 싣고, 수심 11미터의 강바닥으로 내려갈 예정이었다. 다이빙벨 꼭대기에 삽입된 가죽 호스를 통해 공기를 공급받고, 두꺼운 유리로 만들어진 두 장의 창문을 통해 어두침침한 강물을 내다볼 수 있었다. 아래로 내려갈수록 압력이 높아져 고막이 터질 것 같았지만, 몇 분 후 익숙해졌다. 훔볼트는 파리에 있는 아라고에게 보낸 편지에서, "나와 브루넬은 두꺼운 코트를 입고 있어서, 마치 에스키모인들처럼 보였다"고 말했다.[71] 강바닥은 칠흑 같이 어두워, 희미한 랜턴 불빛이 없었다면 공포감에 휩싸였을 것이다. 발밑의 지하에는 터널이

공사 중인 터널을 점검하기 위해, 훔볼트와 브루넬을 싣고 템스 강 바닥으로 내려가는 다이빙벨

뚫려 있었고, 머리 위에는 물밖에 없었다. 40분 동안 강물 속에 머문 후 수면으로 올라갈 때, 기압이 변하며 훔볼트의 코와 목구멍에서 혈관이 파열되었다. 그 후 24시간 동안, 그는 침보라소를 등반할 때처럼 코피를 흘리고 각혈을 했다. 그와 대조적으로 브루넬은 피 한 방울 흘리지 않고 말끔했다.

그로부터 이틀 후 터널의 일부가 주저앉았고, 5월 중순에는 터널 위의 강바닥이 완전히 붕괴하며 커다란 구멍이 생겼다. 강물이 마구 밀려들왔지만, 운 좋게도 인명 피해는 전혀 없었다. 브루넬은 파손된 부분을 복구하고 공사를 재개했으며, 훔볼트는 그즈음 런던을 떠나 베를린에 도착했다.

훔볼트는 유럽에서 가장 유명한 과학자로 부상하여, 다른 과학자,

시인, 사상가들의 칭송을 한몸에 받았다. 그러나 그의 저서를 아직 읽지 않은 사람이 한 명 있었다. 그는 열여덟 살의 찰스 다윈으로, 훔볼트가 런던에서 성가를 드높이고 있던 바로 그때, 에든버러 대학교에서 의학 공부를 포기했다. 그러자 찰스의 아버지 로버트 다윈은 격노하여, 아들에게 이런 편지를 썼다. "이놈아 너는 사격, 애완견, 쥐잡기에만 관심이 있구나. 그건 너 자신과 가족의 명예를 더럽히는 짓이다."[72]

The
Invention
of
Nature

4부

/

영향

아이디어 전파

15
베를린으로 돌아가다

훔볼트는 1827년 5월 12일 베를린에 도착했다. 이제 쉰일곱 살이 된 그였지만, 베를린을 싫어하는 마음은 20년 전이나 지금이나 똑같았다. 하지만 그는 자신의 인생이 예전과 같을 수 없음을 잘 알고 있었다. 향후 상당한 시간을 왕실에서 보내며, 따분한 일상생활을 반복해야 할 것이 뻔했다.[1] 프리드리히 빌헬름 3세는 총 250명의 시종을 거느리고 있었는데, 그중 대부분은 명예직이었다.[2] 훔볼트는 여느 시종들과 달리 이너서클에 들어가겠지만, 아무런 실권 없이 왕의 지적 유희나 식후 독서를 담당할 게 뻔했다. 허울뿐인 미소와 잡담으로 근근이 버틸 생각을 하니 눈앞이 캄캄해졌다. 지난 30년간 "아무리 똑똑한 인재도 왕실에 들어가면 자유를 잃고 멍청하게 된다"[3]고 입버릇처럼 말해 왔던 훔볼트가 바로 그 꼴이 될 줄이야. 책과 문서가 가득한 상자를 들고, 하루 종일 왕의 꽁무니를 따라 시계추처럼 왕복 운동을 해야 했다(계절이 바뀔 때마다 왕의 거처를 바꾸는 연례 행사도 있었다).[4] 그러니 호젓하게 앉아 자신의 저서를 집필할 시간이라고는 자정부터 다음 날 새벽 3시까지, 딱 세 시간밖에 없었다.

프로이센은 검열이 일상화된 소위 경찰국가였다. 과학회의를 비롯한 모든 공적 모임은 국가의 감시를 받았으며, 학생 단체는 강제로 해산되었다. 헌법과 국회는 없고 지방단체가 간혹 있었는데, 입법이나 세금 징수 기능은 없고 자문 기능만 수행했다. 모든 결정은 왕의 통제 아래 이루어졌다. 베를린 전체는 하나의 군사 조직을 방불케 했다. 거의 모든 공공건물에는 보초병이 배치되어 있었고, 군인들은 드럼 연주와 시가행진을 반복했다. 한 여행자는 "어딜 가나 온갖 유니폼을 입은 병사들이 시가행진을 한다. 베를린에는 시민보다 군인이 더 많은 것 같다"고 말했다.[5]

아무런 권력도 없지만, 훔볼트는 베를린 국민들의 마음속에 지적 호기심을 불어넣으리라고 다짐했다. 그건 정말로 절실해 보였다. 그는 이미 광산 감독관으로 근무하던 청년 시절, 사재를 털어 광부들을 위한 학교를 설립하고 운영했었다. 20년 전 거의 혼자 힘으로 프로이센의 교육제도를 수립한 형 빌헬름과 마찬가지로, 알렉산더는 교육이 자유롭고 행복한 사회의 기초라고 믿었다. 그러나 많은 나라에서는 그런 사고방식을 위험하다고 여겼다. 예컨대 영국에서는 "지식은 가난한 사람들을 우쭐하게 만들어, 겸손과 근면이라는 덕목을 소홀히 여기게 만든다"[6]는 경고문이 적힌 팸플릿이 배포되기도 했다.

훔볼트는 배움의 힘을 믿었다. 그의 저서 중에서 『자연관』과 같은 책은 상아탑의 과학자들보다는 일반 독자들을 위해 쓴 책이었다. 훔볼트는 베를린에 도착하자마자 대학에 화학과와 수학과를 설립하려고 노력

베를린 궁전

했다. 그는 동료들에게 연락하여, 실험실의 중요성과 폴리테크닉(과학·기술 전문학교—옮긴이)의 이점을 역설했다. 또한 왕에게는 "첨단 기기를 갖춘 천문대를 베를린에 설립해야 합니다"라고 간언했다.[7] 일각에서는 훔볼트를 '과학계의 로비스트'라고 손가락질했지만,[8] 사실 그는 왕실에서 그만한 역할을 수행할 수 있는 지위에 있었다. 과학자, 탐험가, 예술가를 지원하는 데 그만한 적임자는 없었다. 훔볼트는 한 친구에게 이렇게 설명했다. "내게 주어진 권한을 최대한 활용해야 한다. 이 기회를 절대로 놓쳐서는 안 된다." 한 동료가 말했듯이, 훔볼트는 자신을 지적·과학적 대화의 중심으로 만드는 재능을 보유하고 있었다.[9]

훔볼트는 수십 년간 정부를 비판하며 반대 의견을 공개적으로 개진해 왔다. 그러나 베를린에 돌아왔을 즈음에는 정치에 환멸을 느끼고 있었다. 젊은 시절에는 프랑스혁명에 열광했지만, 이제 앙시앵레짐을 지지하는 초왕당파가 프랑스의 시계 바늘을 거꾸로 돌리는 걸 보니 복장이 터질 지경이었다. 유럽의 다른 나라에서도 보수 반동적인 분위기가 지배하고 있었으며, 어느 곳을 둘러봐도 변화의 희망은 보이지 않았다.

훔볼트는 최근 영국을 방문했을 때, 영국 수상으로 선출된 옛 친구 캐닝을 만난 적이 있었다.[10] 그는 캐닝이 연립정부를 구성하느라 얼마나 고생했는지를 잘 알고 있었다. 그가 속한 토리당은 사회·경제적 개혁을 둘러싸고 분열되어 있었는데, 훔볼트가 베를린에 도착한 지 열흘 후인 1827년 5월 말에 캐닝은 중대 결단을 내렸다. 반대파인 휘그당에게 도움을 요청한 것이다. 훔볼트가 베를린 신문에서 읽은 기사에 따르면, 영국의 상황은 시시각각으로 악화되었다. 그로부터 일주일도 채 안 지나 영국 상원은 (개혁 논쟁의 핵심 이슈이자 국론 분열을 초래하고 있는) 곡물법Corn Law의 개정을 보류했다. 곡물법은 외국산 곡물에 대해 높은 수입관세를 물리도록 하고 있어 논란이 많았다. 예컨대, 값싼 미국산 옥수수에 높은 수입관세를 매기면, 부유한 영국 지주들이 경쟁을 효과적으로 회피하는 동시에 가격을 독점적으로 통제할 수 있었다. 그럴 경우 가장 큰 피해를 보는 쪽은 가난한 사람들이었다. 왜냐하면 비싼 빵값이 그대로 유지되어, 부익부 빈익빈 현상이 발생하기 때문이었다. 그래서 캐닝은 지주와 빈민들 간의 투쟁이 임박했음을 예감하고 있었다.[11]

독일의 상황도 영국과 비슷했다. 1815년 나폴레옹전쟁과 빈회의가 끝난 후, 독일은 '비교적 평화롭지만 개혁은 별로 없는 시기'에 접어들었다. 빈회의 기간 동안, 독일의 주州들은 오스트리아 외무장관 클레멘스 폰 메테르니히 공Prince Klemens von Metternich의 주도하에 독일연방Deutscher Bund을 설립했다. 독일연방은 40개 주로 이루어진 느슨한 연방으로, 이전의 신성로마제국이나 (나폴레옹 치하의) 라인동맹을 대체한 것이었다. 메테르니히가 이러한 형태의 연방을 구상한 것은, 다시 유럽의 세력 균형을 도모하고 절대 강자의 등장을 막기 위해서였다. 독일연방에는 맹주가 없었고, 프랑크푸르트에 있는 연방의회는 각 주의 외무장관들이 모여 자국의 이익을 대변하는 '외무회담' 수준이었다. 나폴레옹 전쟁이 끝나자 프로이센은 영토가 확장되며 경제력을 약간이나마 회복했다. 나폴레옹의 속국으로 단명했던 베스트팔리아 왕국, 라인란트 Rheinland, 그리고 작센의 일부를 차지하면서, 프로이센은 서쪽으로는 네덜란드와, 동쪽으로는 러시아와 국경을 마주하게 되었다.

독일의 주들은 개혁을 의구심 어린 눈으로 바라보며, '혁명의 시발점'으로 간주했다. 메테르니히는 "민주주의는 시한폭탄이므로, 폭발하기 전에 제거해야 한다"고 말했다.[12] 훔볼트는 파리와 빈에서 메테르니히를 여러 번 만났는데, 그때마다 크게 실망했다. 두 사람은 과학의 발달에 대해 의견을 주고받았고, 서로를 너무 잘 알았기에 정치적 토론은 삼갔다. 사적인 자리에서 메테르니히는 훔볼트를 '정치적 돌대가리'[13]라며 무시했고, 훔볼트는 메테르니히를 (구시대의 정책을 고수한다는 의미에서) '미라가 담긴 석관石棺'[14]이라고 비아냥거렸다.

프로이센은 분명히 반反 자유주의적인 나라였다. 정치적 권리가 없고 자유로운 생각을 억압했으므로, 프로이센의 중산층은 개인적이고 감성적인 면에 치우쳤다. 음악, 문학, 예술은 혁명적 이데올로기보다는 개인적 감정을 표현하는 분위기에 지배되었다. 훔볼트가 말하는 '1789년의 정신'[15]은 이미 사라진 지 오래였다.

다른 곳도 상황은 별로 낫지 않았다. 볼리바르는 '국가를 세우는 것이 전쟁보다 훨씬 더 어렵다'는 것을 깨달았다. 훔볼트가 베를린으로 돌아왔을 때쯤, 여러 식민지들이 스페인의 지배를 타도하는 데 성공했다. 멕시코, 중앙아메리카 연방공화국, 아르헨티나, 칠레, 그리고 볼리바르가 이끄는 나라들, 즉 그란콜롬비아(베네수엘라, 파나마, 에콰도르, 뉴그라나다), 볼리비아, 페루에서는 공화국이 선포되었다. 그러나 오랜 동맹국들이 등을 돌리면서, 남아메리카에서 자유국가연합을 건설하려던 볼리바르의 꿈은 무너지고 있었다.

1826년 여름에 설립된 범아메리카회의pan-American congress에 가담한 공화국은 겨우 네 나라였다.[16] 범아메리카회의는 (북쪽의 파나마에서부터 남쪽의 볼리비아에 이르는) 안데스 공동체의 출범을 선포하는 듯하더니, 완전한 실패로 돌아갔다. 과거에 식민지였던 나라들은 통합에 아무런 관심을 보이지 않았다. 1827년 봄, 페루의 군대가 반란을 일으켰다는 소식이 볼리바르에게 전달되자 상황은 더욱 악화되었다. 그의 옛 친구이자 콜롬비아의 부통령 프란시스코 데 파울라 산탄데르Francisco de Paula Santander는 해방자 볼리바르를 지지하기는커녕 반란을 두둔하며, 볼리바르에게 대통령에서 물러나라고 요구했다. 볼리바르의 절친한 친구 중 한 명이 말했듯이, 볼리바르와 산탄데르는 그 후 연이은 실수를 범하며 돌아올 수 없는 다리를 건넜다.[17] 훔볼트는 볼리바르가 너무 많은 독재 권력을 휘두른 게 화근이라고 믿었다. 훔볼트는 콜롬비아의 과학자와 외교관들에게 이렇게 말했다. "물론 남아메리카는 볼리바르에게 큰 빚을 졌지만, 그의 권위주의적 방식은 불법이고 헌법에 위배되며, 왠지 나폴레옹과 비슷한 면이 있습니다."[18]

훔볼트는 북아메리카에 대해서도 별로 낙관적으로 생각하지 않았다. 50번째 독립기념일인 1826년 7월 4일에 제퍼슨과 애덤스가 공교롭게도 함께 세상을 떠나자, '미국 건국의 아버지들'로 불리던 사람들은 모두 사라졌다. 홈볼트는 제퍼슨을 '미국을 바른길로 이끈 인물'로 늘 칭찬하면서도, 노예해방을 위해 힘쓰지 않은 점을 옥의 티로 생각해 왔다. 미국의 영토가 확장되면서 새로 생겨난 주들이 연방에 가입하자, 노예제를 둘러싸고 열띤 논쟁이 벌어졌다. 그러던 차에 1820년 미 의회가 미주리협정Missouri Compromise을 통과시켜, 북위 36도 30분(테네시 주와 켄터키 주 사이의 경계선과 얼추 비슷함) 이남의 주들에서 노예제를 합법화했다. 노예 소유주들의 숨통은 트였지만, 훔볼트는 크게 실망했다. 그는 죽는 날까지 북아메리카의 여행객, 통신원, 신문기자들을 만날 때마다, "미국에서 노예제의 영향력이 증가하는 걸 보고 큰 충격을 받았습니다"라고 귀에 못이 박히도록 말했다.[19]

정치와 혁명에 염증을 느낀 훔볼트는 과학의 세계에 은신했다. 멕시코 정부로부터 "유럽과 무역협정을 맺고자 하는데, 선생님의 도움이 필요합니다"라는 내용의 편지를 받았을 때, 그는 딱 부러지게 거절했다. "나는 정치에서 손을 뗐으므로, 그 일에 일절 관여하지 않겠습니다."[20] 그는 앞으로 자연, 과학, 교육에만 집중할 생각이었다. 사람들의 마음속에 잠재해 있는 지적 욕구를 꺼내주고 싶었다. '힘은 생각에서 나오고, 생각은 지식에서 나온다'는 게 그의 신념이었다.[21]

베를린에 도착한 지 6개월 남짓 지난 1827년 11월 3일, 훔볼트는 대학교에서 61회 연속 강의를 시작했다.[22] 인기가 높아지자, 12월 6일부터 베를린 성악원Singakademie에 16회 강의를 추가로 개설했다. 그는 6개월에 걸쳐 일주일에 여러 번씩 강의를 했다. 한 번 강의할 때마다 수백 명의 인파가 몰려들어 강의실을 가득 메웠다. 강의는 활기차고 신나고 완전히 새로웠다. 그러나 훔볼트는 수강료를 한 푼도 받지 않음으로써 과학 민주화의 선봉이 되었다. 청중은 왕족에서부터 마부, 학생에서부터 하인, 학자에서부터 벽돌공에 이르기까지 다양한 계층을 총망라했고 그중 절반은 여성이었다.

형 빌헬름은 "베를린에서는 일찍이 그런 전례가 없었다"라고 말했다.[23] 신문에서 훔볼트의 강의를 대서특필하자, 사람들은 좌석을 먼저 차지하려고 앞다퉈 달려왔다. 강의가 있는 날에는 도로가 꽉 막혀, 말탄 경찰관들이 총출동하여 교통을 통제해야 했다.[24] 훔볼트가 강단에 올라서기 한 시간 전에 강의실은 이미 만원이 되었다. "청중들이 무섭게 몸싸움을 하고 있어요"라고 작곡가 펠릭스 멘델스존 바르톨리Felix Mendelssohn Bartholdy의 누나 파니 멘델스존은 말했다.[25] 그러나 아무리 혼잡하고 불편해도, 훔볼트의 강의는 들을 만한 값어치가 있었다. 대학은 물론 과학협회 모임 근처에도 얼씬할 수 없던 여성들에게 문호가 개방되었기 때문이다. 많은 이들은 여성 수강생들을 못마땅해 하며, 그녀들이 과학에 열광하는 모습을 비웃었다.[26] 강의에 참석했던 한 여성은 다른 친구에게 이렇게 말했다. "신사들은 나를 보고 멋대로 콧방귀를 뀌었지만, 강의 내용은 경탄할 만했어."[27] 밤하늘에서 가장 밝게 빛나는 별, 시리우스Sirius 이야기를 듣고는 재단사에게 가서, "드레스 소매 너비를 시리우스 직경의 두 배로 해주세요"라고 말한 여성도 있었다.[28]

청중들은 훔볼트의 온화한 음성에 이끌려, 하늘, 바다, 높은 산, 땅속을 여행했다.[29] 그는 천문학과 시, 지질학과 풍경화를 연관지어 이야기했다. 강의 내용에는 기상학, 지구의 역사, 화산, 식물 분포도 포함되었다. 화석에서부터 북극광northern light, 자기magnetism에서부터 식물군, 동물상, 인류의 이동에 이르기까지 다루지 않은 것이 없었다. 한마디로, 훔볼트의 강의는 삼라만상의 상관관계를 생생하게 보여주는 만화경이었다. 형수 카롤리네는 그것을 '위대한 자연그림'이라고 불렀다.[30]

홈볼트의 강의록을 보면 그의 마음이 다양한 주제를 넘나들었음을 알 수 있다.[31] 처음에는 한 장의 종이에 자신의 생각을 하나씩 순서대로 적어 내려갔다. 그러나 잠시 후 꼬리에 꼬리를 물고 떠오르는 아이디어들을 상하좌우 여백에 쓰며, 생각을 다차원적으로 확장해 나갔다. 맞닿은 부분들은 헷갈리지 않도록, 구불구불한 선을 그어 구분했다. 강의 내용을 골똘히 생각할수록, 정보의 양은 기하급수적으로 늘어났다.

종이 한 장이 꽉 차면, 작은 메모지에 깨알 같은 글씨를 써서 풀로 붙였다. 두꺼운 책에서 필요한 페이지를 거리낌 없이 뜯어내 강의록 위에 붙이기도 했다. 이런 식으로 하다 보면 종이 위에 수많은 쪽지들이 층층이 포개져, 어떤 쪽지는 새 쪽지 밑에 파묻히고, 어떤 쪽지는 새 쪽지 사이로 삐져나오기도 했다. 종이 위에는 자신에게 던지는 질문을 비롯해, 스케치, 통계 수치, 참고문헌, 주의 사항 등이 추가되었다. 최종적으로 생각, 숫자, 인용문, 메모 등으로 가득 찬 강의록이 완성되고 나면, 순서가 뒤죽박죽이어서 본인 외에는 절대로 알아볼 수 없었다.

홈볼트의 강의는 모든 이의 마음을 사로잡았다. 그의 강의 및 사고방식은 외견상 무관해 보이는 분야와 사실들을 연관시켜 청중을 놀라게 했다.[32] 한 신문에서는 "청중들은 거부할 수 없는 오묘한 힘에 매료되었다"고 썼다.[33] 그것은 훔볼트가 지난 30년간 쌓은 공력의 결과였다. 한 학자는 자신의 아내에게 "나는 한 시간 반 동안 그렇게 많은 아이디어를 쏟아내는 사람을 본 적이 없어"라고 혀를 내둘렀다.[34] 많은 사람들이 훔볼트가 복잡하게 얽힌 자연망web of nature을 간단명료하게 설명하는 데 놀랐다.[35] 카롤리네도 빌헬름에게 "가벼운 터치로 깊은 울림을 주는 사람은 알렉산더밖에 없을 거예요"라고 말했다.[36] 또 다른 신문에서는 "훔볼트의 강의가 신기원을 열었다"며 극찬했다.[37] 훔볼트의 첫 번째

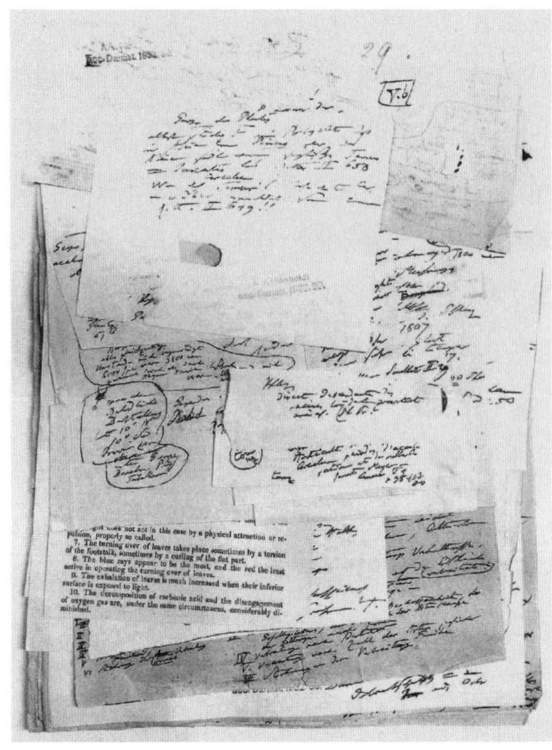

훔볼트의
식물지리학 강의록

강의가 성공을 거뒀다는 소식을 전해 듣고, 그의 독일어판 저서를 출판해 온 요한 게오르크 폰 코타Johann Georg von Cotta는 강연을 당장 녹취하여 출판하자고 제안했다. 코타는 5,000탈러의 거액을 제시했지만 훔볼트는 단칼에 거절하며, "다른 계획이 있으니 서두를 필요가 없어요"라고 말했다.[38]

훔볼트는 과학계에 혁명을 일으키고 있었다. 1828년 9월 그는 베를린에서 컨퍼런스를 개최하고, 독일과 유럽 전역에서 수백 명의 과학자들을 초청했다.* 논문 발표 일변도의 여느 컨퍼런스와는 달리, 훔볼트는 다양한 프로그램들을 도입했다. 예컨대, 과학자들에게 '발표자에게 질문만 하지 말고, 서로 자유롭게 토론해 달라'고 요청했으며, 식사나 사교 활동(예: 콘서트 관람, 포츠담의 파우엔인젤Pfaueninsel 섬에 있는 왕립동물원 방문)도 가미했다. 모임은 대학교나 식물원은 물론, 식물·동물·화석 전시장에서도 열렸다. 훔볼트는 과학자들을 소그룹으로 묶되, 분야를 가리지 않았다. 그러고는 친근한 분위기를 조성하여, 긴밀한 인간관계가 형성되도록 유도했다.[39]

그는 다양한 분야의 과학자들이 지식을 교환하고 공유하는 학제적 친선단체interdisciplinary brotherhood를 구상하고 있었다. 그는 개막 연설에서, "다양한 의견이 존재해야만 진리를 발견할 수 있습니다"라고 역설했다.[40] 약 500명의 과학자들이 컨퍼런스에 참석하여 성황을 이루었다. 파리에 있는 아라고에게 보낸 편지에서, 훔볼트는 그 사건을 '노마드 과학자들의 분출eruption of nomadic naturalists'[41]이라고 불렀다. 케임브리지, 취리히, 피렌체는 물론, 멀리 러시아에서도 과학자들이 몰려왔다. 스웨덴에서는 현대 화학의 창시자 중 한 명인 옌스 야코브 베르셀리우스Jöns Jacob Berzelius가 왔고, 영국에서는 옛 친구 찰스 배비지를 비롯하여 수많은 과학자들이 왔다. 괴팅겐에서는 총명한 수학자 가우스가 와서 훔볼트의 아파트에 3주 동안 머물렀다. 가우스는 컨퍼런스의 분위기를 '순수한 산소 같다'고 표현했다.[42]

훔볼트는 바쁜 가운데서도 괴테와의 우정을 회복하려고 시간을 내어 바이마르를 방문했다. 여든 살의 고령에다 베를린에서 320킬로미터나 떨어진 곳에 살고 있으니, 괴테가 베를린을 방문하는 것은 사실상

• 훔볼트는 독일 자연과학의사협회Gesellschaft Deutscher Naturforscher und Ärzte와 함께 이 컨퍼런스를 개최했다.

불가능했다. 괴테는 베를린에 사는 친구들이 찾아올 때마다, '훔볼트를 자주 볼 수 있어서 좋겠다'며 부러워했다.[43] 멀리서도 훔볼트의 일거수일투족을 주시하고, 서로 아는 친구들을 통해 수시로 안부를 전해 왔다. "나는 늘 자네와 함께하는 마음으로 살아왔어. 그런데 이렇게 직접 만나다니 정말로 감개가 무량하군"이라고 괴테는 말했다.[44] 지난 20년 동안 두 사람은 주기적으로 편지를 주고받았고, 괴테는 훔볼트의 편지를 읽을 때마다 활력을 찾곤 했다.[45] 그리고 훔볼트가 보내주는 저서들을 꼬박꼬박 읽었지만, 그것만으로는 부족해 훔볼트를 직접 만나보고 싶어 했다.

괴테는 요즘 '왠지 과학 발달에서 점점 더 멀어져 가고 있는 것 같다'는 느낌을 지울 수 없었다. 프랑스의 사상가들은 파리에 모여 있지만, 독일의 사상가들은 제각기 뿔뿔이 흩어져 있는 게 문제라고 생각했다. 한 과학자는 베를린에 있고, 다른 과학자는 쾨니히스베르크에 있고, 또 다른 과학자는 본Bonn에 있으니, 서로의 아이디어를 자주 교환할 수가 없었다.[46] 훔볼트와 헤어진 후 괴테는 이렇게 푸념했다. "우리가 가까운 곳에 살았다면 인생이 달라졌을 텐데. 훔볼트와 함께 하루를 보내며 깨달은 것이, 나 혼자 몇 년 동안 깨달은 것보다 훨씬 더 많군."[47]

오랜만에 만나 과학 이야기를 나누며 화기애애한 시간을 보냈음에도 불구하고 두 사람이 동의하지 않은 주제가 하나 있었으니, 그것은 지구의 형성에 관한 것이었다. 프라이베르크 광산 아카데미에서 공부할 때, 훔볼트는 스승 아브라함 고틀립 베르너Abraham Gottlieb Werner의 아이디어를 추종했었다. 베르너는 수성론Neptunist theory의 주창자로, 원시 해양에 축적된 퇴적층이 산맥과 지각을 형성했다고 믿었다. 그러나 남아메리카에서 화산을 직접 관찰한 이후, 훔볼트는 화성론자Vulcanist가

되었다.[48] 그는 이제 '지구는 화산 분출이나 지진과 같은 대격변 사건을 통해 형성되었다'고 믿었다.

"모든 화산들은 표면 아래에서 연결되어 있어요. 내가 안데스산맥에서 등반했던 화산들은 지하에서 모두 연결되어, 하나의 화산 용광로 volcanic furnace를 형성하고 있었어요. 멀리 떨어져 있는 화산들이 서로 연결되어 있다는 것은, 그것들이 국지적·개별적인 존재가 아니라 전 지구적 힘global force의 일부분이라는 것을 의미해요"라고 훔볼트는 말했다.[49] 그가 예로 든 사례는 포괄적이지만 무시무시했다.[50] 1811년 1월 포르투갈 앞바다의 아조레스Azores 제도에서 섬이 하나 솟아올랐는데, 그 원인은 국지적인 지진이 아니라, 향후 1년여에 걸쳐 서인도제도, 오하이오와 미시시피의 평원, 그리고 카라카스를 뒤흔든 일련의 지진이라는 거였다.* 그러나 지진이 전부가 아니었다. 1812년 3월 30일 서인도제도의 세인트빈센트 섬에서 화산이 분출했는데, 같은 날 남아메리카의 아푸레 강(훔볼트가 오리노코 강 탐험을 시작했던 곳)에 살던 주민들은 발밑 깊은 곳에서 커다란 굉음을 들었다고 한다. 훔볼트는 이상과 같은 사건들이 모두 거대한 연쇄 반응의 일부라고 주장했다.

지각이동설은 20세기 중반에 가서야 증명되었지만, 훔볼트는 이미 1807년에 발표한 『식물지리학에 관한 고찰』에서 "아프리카와 남아메리카 대륙은 한때 연결되어 있었다"고 주장했다. 후에 그는 "지각 이동은 지하의 힘subterranean force 때문에 일어난다"고 설명했다.[51] 그러나 수성론의 신봉자였던 괴테는 크게 반발했다. 그는 "자네의 미친 이론(화성론)에 귀를 기울이는 것은, 미개인들이 선교사들의 설교를 듣는 것

* 카라카스를 파괴한 대지진은 1812년 3월에 일어났다.

이나 마찬가지"[52]라며, 히말라야나 안데스와 같이 "거대한 위용을 자랑하는"[53] 산맥들이 지구의 뱃속에서 갑자기 튀어나왔다는 건 "말도 안 돼"[54]라고 반박했다. 그러고는 "자네의 말을 알아들으려면, 내 뇌를 뜯어고치는 수밖에 없겠군"이라고 말하며 머리를 절레절레 흔들었다. 그러나 이 같은 의견 대립에도 불구하고, 두 사람의 서로에 대한 신뢰는 전혀 변함이 없었다.

옛 친구 괴테를 다시 만난 것도 좋았지만, 형 빌헬름과 함께 시간을 보낸 것은 더 좋았다. 알렉산더와 빌헬름은 다른 점이 많았지만, 유일한 혈육이었다. 훔볼트는 "형 주변에 있을 때 행복하다"고 쓰기도 했다.[55] 빌헬름은 공직에서 은퇴하고, 가족과 함께 베를린 근교의 테겔에 머물고 있었다. 알렉산더는 베를린과 테겔을 오가며 형제의 정을 나눴는데, 형제가 오순도순 사이좋게 지낸 것은 어린 시절 이후 처음이었다. 두 사람은 이제는 과학에 관한 이야기도 나눌 수 있게 되었다.[56]

빌헬름은 언어 공부에 대한 열정이 대단했다. 어린 시절에는 그리스로마 신화에 심취했고, 공직 생활을 하는 동안에는 외교관 신분을 이용하여 다양한 언어들을 섭렵했다. 한편 알렉산더를 통해 전해 들은 남아메리카 원주민의 언어(잉카시대와 그 이전의 언어 포함)에도 깊은 관심을 보였다. 알렉산더가 탐험에서 돌아왔을 때, 빌헬름은 "모든 언어들 간에는 신비롭고 놀라운 내적 연결성inner connection이 있는 것 같더라"고 말해 알렉산더를 놀라게 했다. 지난 수십 년 동안 그 주제(언어들 간의 내적 연결성)를 연구할 시간이 부족해 안타까웠지만, 이제는 시간 여유가 있으니 본격적으로 파고들 생각이었다. 은퇴한 지 6개월도 채 지나지 않았지만, 빌헬름은 베를린 과학아카데미에서 비교언어학 강의를 하고 있었다.

알렉산더가 자연을 상호연결된 전체interconnected whole로 간주하는 것처럼, 빌헬름도 언어를 살아 있는 유기체living organism로 간주했다. 빌헬름은 '언어도 자연처럼 풍경, 문화, 인간이라는 광범위한 맥락에서 파악해야 한다'는 믿음을 갖고 있었다. 알렉산더가 여러 대륙에서 식물군을 찾았던 것처럼, 빌헬름도 여러 나라에서 언어군과 공통적인 뿌리를 찾았다. 그는 산스크리트어뿐만 아니라, 중국어, 일본어, 폴리네시아어, 말레이어도 연구했다. 식물종과 기상학 측정이 알렉산더의 데이터였던 것처럼, 언어는 빌헬름의 이론 수립을 위한 데이터였다.

각각 상이한 분야에서 연구했지만, 두 사람의 전제premise와 접근 방법은 유사해서 종종 같은 용어를 사용하기도 했다. 알렉산더가 블루멘바흐의 형성충동이라는 개념을 이용하여 자연을 설명한 것처럼, 빌헬름도 이 개념을 이용하여 '언어가 사고思考를 형성한다'고 설명했다.[57] 자연이 식물·바위·동물의 단순한 집합체가 아닌 것처럼, 언어도 단어·문법·소리의 단순한 집합체가 아니라는 뜻이었다. 빌헬름은 '상이한 언어는 상이한 세계관을 반영한다'는 파격적 이론을 제시했다. 다시 말해서, 언어는 단지 사고를 표현하는 수단이 아니라, 문법·어휘·시제tense 등을 통해 사고를 형성한다는 것이다. 또한 언어는 개별 요소들로 구성된 기계적 구조물이 아니라, 행동·사고·말하기를 망라하는 유기체라고 주장했다. 빌헬름의 궁극적 목표는 모든 것을 한데 엮어서 유기적 전체organic whole라는 그림을 완성하는 것이었는데,[58] 그건 알렉산더가 추구했던 자연그림과 본질적으로 같은 개념이었다. 두 형제가 바라보는 대상은 각각 달랐지만, 바라보는 수준은 똑같았다. 즉, 두 형제는 전 지구적 수준global level에서 자연과 언어를 바라보는 연구자들이었다.

알렉산더에게 있어서, 전 지구적 수준의 연구를 할 수 있게 해주는 것은 여행과 탐험이었다. 그러나 거의 30년 전 남아메리카에 다녀온 후 새로운 여행을 시도하다 번번이 실패하는 바람에, 자신의 연구를 마무리할 기회를 잃었다. '자연을 전 지구적 힘이라는 관점에서 바라봐야 한다'는 확신을 가지려면, 여행이 좀 더 필요하다는 것이 그의 생각이었다. 남아메리카를 탐험하는 동안 자연은 생명망이라는 아이디어가 형성되었지만, 이 아이디어를 검증하려면 다른 대륙을 둘러보며 추가적인 데이터를 수집해야 했다. 그러기 위해서는 가능한 한 많은 대륙을 탐사하며 기후 패턴, 식생대, 지질학적 형성물 등을 면밀히 관찰해야 했다.

훔볼트는 지난 몇 년 동안 중앙아시아의 높은 산맥을 눈여겨봐 왔다. 히말라야산맥에 올라, 안데스산맥에서 관찰하고 측정한 내용들을 비교·검토하겠다는 포부를 품고 있었다. 하지만 인도 여행 허가를 받기 위해 영국을 여러 차례 방문했음에도 불구하고 끝내 뜻을 이루지 못했다. 그런데 약 20년 전 파리 주재 러시아 외교관을 만나, 혹시 러시아를 통해 국경 분쟁 없이 인도나 티벳으로 들어가는 방법이 있는지 물어본 적이 있었다.[59] 그리고 독일 태생의 러시아 재무장관 카운트 게오르크 폰 칸크린Count Georg von Cancrin에게서 뜻밖의 편지를 받을 때까지, 훔볼트는 그 사실을 까맣게 잊고 있었다.

1827년 가을의 어느 날, 칸크린은 베를린에서 강의를 준비하고 있는 훔볼트에게 "백금을 러시아의 화폐로 사용할 수 있겠습니까?"라는 질문이 담긴 편지를 보내왔다.[60] 백금은 5년 전 우랄산맥에서 발견됐는데, 칸크린은 '훔볼트가 콜롬비아에서 사용되는 백금 화폐에 대한 정보를 제공해주겠지'라고 기대하고 있었다. 그는 훔볼트가 남아메리카와 아직도 긴밀한 관계를 유지하고 있다고 알고 있었다. 칸크린의 편지를 받는 순간, 훔볼트는 새로운 기회가 생겼음을 직감했다. 그래서 장문의 편지를 통해 자세한 내용을 친절하게 설명한 후, 맨 마지막에 "러시아를 꼭 방문하고 싶습니다."[61] "특히 우랄산맥, 아라라트 산, 바이칼 호의 멋진 풍경이 눈앞에 선합니다"라는 추신을 달았다.[62]

설사 인도에 갈 수 없더라도 러시아의 아시아쪽 영토를 여행하도록 허가받을 수 있다면, 자연그림을 완성하는 데 필요한 데이터를 확보할 수 있을 것 같았다. 훔볼트는 칸크린을 안심시키기 위해 다음과 같은 말을 덧붙였다. "나는 비록 백발이지만 지구력이 강해서 장거리 탐험이 가능하며, 9~10시간 정도는 쉬지 않고 걸을 수 있습니다."[63] 답장을 보낸 지 한 달 후, 훔볼트는 "러시아 황제 니콜라이 1세가 탐험 경비 전액을 부담하는 조건으로 귀하를 러시아에 초대했습니다"라는 내용의 회신을 받았다.[64] 프로이센 왕실과 러시아 황실의 관계가 긴밀한 것도 도움이 된 것 같았다. 왜냐하면 니콜라이 1세의 부인 알렉산드라가 프리드리히 빌헬름 3세의 딸이었기 때문이다. 마침내 훔볼트는 아시아에 갈 수 있게 되었다.

16
러시아

하늘은 맑고 공기는 따뜻했다. 광활한 평원은 이글거리는 태양빛을 받으며 먼 지평선까지 이어졌다. 훔볼트 일행은 세 대의 마차에 나눠 타고 시베리아 횡단도로를 따라 달렸다. 시베리아 횡단도로는 모스크바를 지나 동쪽으로 수천 킬로미터나 뻗어나가며, 일명 시베리아 하이웨이Siberian Highway라고 불렸다.

때는 1829년 6월 중순. 훔볼트가 베를린을 떠난 지 벌써 두 달이 지났다.[1] 쉰아홉 살의 훔볼트는 창밖으로 펼쳐지는 시베리아의 풍경을 흥미로운 눈으로 지켜봤다.[2] 낮게 자라는 풀로 뒤덮인 스텝steppe과 끝없는 숲이 교대로 나타났는데, 숲을 구성하는 나무들은 주로 포플러, 자작나무, 피나무, 낙엽송이었다. 간혹 껍질이 벗겨진 흰색 자작나무 줄기를 배경으로, 짙은 녹색의 향나무가 버티고 서 있었다. 들장미와 작은 개불알난lady's slipper orchid이 곳곳에 피어 있고, 개불알난에서는 주머니 모양의 꽃이 불거져나와 있었다. 이 모든 것이 유쾌하기는 했지만, 훔볼트가 당초 상상했던 러시아의 모습은 아니었다. 훔볼트 가문의 부동산이 있는 테겔 주변의 전원 풍경과 시베리아의 풍경은 별반 다르지 않았다.

모든 게 어렴풋이 낯익은 듯한 느낌은 지난 몇 주 동안 계속되었다. 점토와 자갈로 구성된 땅바닥은 잉글랜드와 비슷했고, 식생은 다소 평범해 보였다.[3] 동물은 뜸한 편이어서, 작은 토끼나 다람쥐가 가끔씩 눈에 띄었고 새는 두세 마리 이상 보이지 않았다. 주변이 너무 조용하고 새소리도 들리지 않아, 약간 실망스러울 정도였다. 시베리아 탐험은 그다지 유쾌하지 않았지만, 어쨌든 자연 속에 머물고 있는 것만은 분명했다.[4] '여기가 아무리 시시해도, 베를린의 왕실에 갇혀 있는 것보다 백 배 더 낫다'고 생각하니 다소 위안이 되었다.[5]

마차가 속도를 낼수록 시베리아 풍경은 더 빨리 지나갔다. 시베리아 하이웨이에는 드문드문 마을이 있고 마을에는 중간 기착지가 있어서, 20~30킬로미터 전진할 때마다 말을 교체할 수 있었다. 길이 넓은 데다 잘 관리되고 있어, 마차들이 꽤나 빠른 속도로 달릴 수 있었다.[6] 하지만 여관은 별로 없어서, 밤에도 쉬지 않고 달리며 마차 속에서 잠을 청해야 했다.[7]

남아메리카 탐험의 경우와는 달리, 러시아 탐험에는 많은 수행원들이 동행했다. 수행원들 중에는 베를린에서 광물학을 강의하는 스물아홉 살의 구스타프 로제Gustav Rose, 중동 지방을 탐험한 경력이 있는 서른네 살의 노련한 박물학자 크리스티안 고트프리트 에렌베르크Christian Gottfried Ehrenberg가 포함되어 있었다. 그 밖의 수행원으로는 동물 표본 수집을 담당하는 요한 자이페르트(훔볼트의 충직한 하인으로, 베를린

러시아를 가로질러 질주하는 훔볼트의 마차

에서 다년간 숙소를 관리했다), 러시아의 광업관리관(모스크바에서 합류), 요리사, 코사크 족으로 구성된 호위병, 카운트 아돌프 폴리어(파리에서 오랫동안 알고 지내던 지인)가 있었다. 폴리어는 러시아의 돈 많은 백작부인과 결혼한 사람이었는데, 그녀는 우랄산맥 서쪽의 예카테린부르크Yekaterinburg 부근에 부동산을 보유하고 있었다. 폴리어는 아내의 소유지로 가던 중, 상트페테르부르크St Petersburg에서 남동쪽으로 1,000킬로미터 떨어진 곳에 있는 니즈니 노브고로드Nizhny Novgorod에서 일행에 합류했다. 일행은 세 대의 마차에 나눠 탔는데, 마차에는 각종 장비, 트렁크, 수집품이 가득했으며, 그 양은 시간이 갈수록 꾸준히 늘어났다. 훔볼트는 만일의 사태에 대비하여 만반의 준비를 갖췄는데, 두꺼운 패드가 달린 오버코트에서부터 기압계, 종이, 유리병, 의료기기, 심지어 '철분이 포함되지 않은 텐트'까지 준비했다. 철분이 포함되지 않은 텐트

는 자기관측magnetic observation을 위한 거였다.[8]

훔볼트는 이 순간을 위해 수십 년 동안 기다려왔다. 1827년 말 니콜라이 1세가 여행허가서를 발급한 이후, 훔볼트는 서두르지 않고 세심하게 여행 계획을 세웠다. 밀고 당기기를 몇 번 반복한 후, 그와 칸크린은 1829년 초봄에 베를린에서부터 탐험을 시작하기로 합의했다. 그러나 형수 카롤리네의 암이 급속히 악화되는 바람에 몇 주를 연기했다. 그는 형수를 늘 좋아했지만, 힘들어 하는 형을 위해서도 곁에 있어주고 싶었다. 카롤리네는 마지막으로 남긴 편지에서, "알렉산더는 사랑스럽고 다정다감했어요"라고 썼다.[9] 3월 26일, 그녀가 결혼 40년 만에 세상을 떠나자 빌헬름은 큰 충격을 받았다. 알렉산더는 형 곁에서 2주 반을 더 머물렀지만, 러시아 탐험을 더 이상 연기할 수는 없었다. 결국 형에게 "자주 편지할께"라는 말을 남기고, 눈물을 머금고 베를린을 떠났다.

훔볼트의 계획은 상트페테르부르크를 떠나 모스크바로 갔다가, 거기서 동진東進하여 시베리아의 예카테린부르크와 토볼스크Tobolsk까지 간 다음, 큰 원을 그리며 모스크바로 되돌아오는 것이었다. 훔볼트는 흑해 주변을 피하고 싶었는데, 그 이유는 러시아가 그곳에서 오스만 제국과 전쟁을 치르고 있었기 때문이다. 즉, 1828년 봄에 러시아-터키 전쟁이 시작되어, 그렇게 좋아했던 카스피 해와 눈 덮인 아라라트 산(오늘날 터키와 이란의 접경에 위치한 휴화산)을 가볼 수가 없었다.[10] '캅카스Kavkaz산맥과 아라라트 산을 마음껏 보고 싶다'던 소원을 이루려면 평화가 찾아올 때까지 기다리는 수밖에 없었다.

그러나 탐험 경로를 훔볼트의 생각으로만 결정할 수는 없었다. 왜냐하면 여행비를 전액 부담한 사람은 니콜라이 1세였으며, 그의 주요 관심사는 '어떻게 하면 광대한 제국에서 금이나 백금 등의 귀금속을 좀 더 효율적으로 캐낼 수 있는가?'였기 때문이다. 여행의 이름은 '과학 발전을 위한 탐험'[11]이었지만, 차르가 더 관심이 있었던 건 과학 발전이 아니라 상업 발전이었다. 18세기에 러시아는 유럽 최대의 광석 수출국 및 철 생산국 중 하나였지만, 산업화된 영국에는 많이 뒤쳐졌다.[12] 그 원인으로 작용한 것은 러시아의 봉건적 노동제도, 케케묵은 생산 방법, 그리고 일부 광산의 부분적 고갈이었다. 누가 봐도 이런 문제를 해결해줄 사람은, 전직 광산 감독관에다 풍부한 지질학 지식까지 겸비한 훔볼트밖에 없었다. 과학 발전의 측면에서 볼 때 차르의 제안이 이상적인 것은 아니었지만, 훔볼트는 다른 방법을 강구할 겨를이 없었다. 이제 나이가 거의 예순이어서, 시간이 별로 없었기 때문이다.

훔볼트는 시베리아를 횡단하는 과정에서, 당초 칸크린과 합의한 대로 여러 광산들을 꼼꼼히 시찰했다. 그는 힘든 과업을 수행하는 가운데서도 약간의 쾌감을 느꼈다. 그는 세상을 비교적 관점comparative view으로 바라보는 방법이 얼마나 영리한지를 증명할 수 있는 아이디어를 하나 갖고 있었다. 그는 지난 몇 년 동안 '몇 가지 광물들이 동시에 발견되는 경향이 있다'는 점을 주목해 왔다. 예컨대 브라질의 경우, 금이나 백금 광상deposit에서 다이아몬드가 종종 발견되곤 했다. 훔볼트는 남아메리카에서 입수한 상세한 지질학 정보를 러시아에 적용했다. 그리하여 "우랄산맥에도 남아메리카와 비슷한 금 및 백금 광상이 존재하므로, 러시아에서도 다이아몬드가 발견될 게 틀림없다"는 결론을 내렸다.[13] 그 후 상트페테르부르크에서 알렉산드라 황후를 만났을 때, 그는 자신만만한 표정을 지으며 "황후 폐하를 위해 기필코 다이아몬드를 찾아드리겠습니다"라고 약속했다.

마차가 광산 앞에 멈출 때마다, 훔볼트는 얼른 뛰어내려 다이아몬드를 찾는 데 앞장섰다. 모래 속에 체를 쑥 집어넣었다 꺼낸 다음, 미세한 입자들을 걸러냈다. 그러고는 모래를 쏟아부으며 돋보기로 세밀히 관찰했다.[14] 훔볼트는 번쩍이는 보물을 발견하는 건 시간 문제라고 생각했다. 주변에서 그 광경을 지켜보던 사람들은 대부분 입을 가리고, "완전히 미쳤군!"이라며 수군거렸다. 왜냐하면 그 이전까지 적도 이외의 지역에서 다이아몬드를 발견한 사람은 한 명도 없었기 때문이다. 코사크족 호위병 중 한 명은 훔볼트를 가리켜, '미친 프로이센 왕자 훔볼트'[15] 라고 했다.

그러나 수행원들 중 몇 명은 달랐는데, 폴리어도 그중 한 명이었다. 그는 몇 주 동안 훔볼트를 수행하며 다이아몬드 찾는 방법을 유심히 관찰하더니, 7월 1일 무리를 벗어나 예카테린부르크 주변에 있는 아내 소유의 금광으로 달려갔다. 그는 훔볼트의 말을 철석 같이 믿고, 인부들에게 다이아몬드를 찾으라고 지시했다. 그로부터 몇 시간 후 놀라운 일이 벌어졌다. 우랄산맥에서 최초의 다이아몬드가 발견된 것이다. 폴리어가 다이아몬드 발견에 관한 논문을 발표하자, 그 소식은 삽시간에 러시아 전체에 퍼졌다.[16] 그로부터 한 달도 채 지나지 않아, 러시아 전체에서 37개의 다이아몬드가 발견되었다.[17] 훔볼트의 예측이 적중했던 것이다. 그는 자신의 예측이 엄밀한 과학적 데이터에 근거한 것임을 알고 있었지만, 많은 사람들은 신비주의에 빠져 '훔볼트가 마술을 부렸다'고 믿었다.[18]

훔볼트는 칸크린에게 쓴 편지에서, "우랄산맥은 진정한 엘도라도 El Dorado입니다"라고 말했다.[19] 훔볼트에게 있어서 정확한 예측은 '아름다움'을 추구하는 과학적 유추 행위였지만, 러시아인들에게 있어서 그것은 '상업적 이익'을 추구하는 영리 행위일 뿐이었다. 훔볼트는 러시아인들의 이 같은 반응을 멸시했는데, 그가 러시아를 탐험하는 동안 멸시한 건 그것뿐만이 아니었다. 훔볼트는 남아메리카를 탐험할 때 스페인의 식민 지배와 관련된 사항들—자연자원 수탈, 삼림 파괴, 원주민 학대, 노예제—을 모두 비판했었는데, 러시아의 경우에도 마찬가지였다. '여행자는 억압받는 주민들의 고통을 증언하고, 그들의 탄식을 지배자의 귀에 들려줘야 한다'고 그는 생각했다.[20] 러시아로 떠나기 몇 달 전, 그는 칸크린에게 강력히 말했다. "러시아의 가난한 동부지역에서 자영농이 탄생하기를 바랍니다." 그러나 칸크린이 정색을 하며 "이번 탐험의 유일한 목적은 과학과 상업입니다. 당신은 러시아의 사회상이나 농노제에 대해 언급할 자격이 없습니다"라고 대꾸하자 훔볼트는 슬그머니 꼬리를 내렸다.

니콜라이 1세의 러시아는 절대주의와 불평등이 지배하는 국가로, 자유로운 사상이나 공개적인 비판을 일절 용납하지 않았다. 대관식이 거행된 1825년 12월 14일에 데카브리스트의 반란이 일어나자, 니콜라이 1세는 이를 무자비하게 진압한 다음 철권정치를 시작했다. 국가의 모든 부분에 스파이와 정보원을 심어 놓고, 정부를 중앙집권화하여 자신의 마음대로 주물렀다. 강력한 검열을 실시하여, 시詩에서부터 신문기사에 이르기까지 모든 인쇄물에 포함된 활자를 제한했다. 또한 철통 같은 감시망을 가동하여 자유로운 사상을 억압했다. 차르나 정부에 반대하는 사람들은 즉시 체포하여 시베리아로 추방했다. 니콜라이 1세는 자신을 '반혁명의 선봉장'으로 간주했다.

니콜라이 1세는 질서, 공식성, 규율을 중시하는 지배자였다. 훔볼트가 러시아에 온 지 몇 년 후, 그는 정통성, 전제정치, 민족성을 러시아의 3대 이데올로기로 선포했다. 다시 말해서, 서구화된 문화에 반기를 들고, '정통 기독교', '로마노프 왕조의 지배', '러시아 전통 강조'라는 세

가지 원칙을 천명한 것이었다.

훔볼트는 자신에게 기대되는 것이 뭔지를 잘 알고 있었기에, 칸크린에게 오직 자연에만 집중하겠노라고 약속했다. 그는 정부의 원칙이나 하위 계층의 처지와 관련된 문제에는 관심 갖지 않을 생각이었다.[21] 또한 농민들이 아무리 학대를 받더라도 러시아의 봉건제도를 공공연히 비판하지 않을 작정이었다. 훔볼트는 칸크린의 환심을 얻기 위해 마음에 없는 말을 하기도 했다. "러시아 말에 서툰 외국인들은 러시아의 상황을 잘 모르므로 늘 조심해야 합니다. 자칫하면 부정확한 소문을 전 세계에 퍼뜨릴 수 있으니 말입니다."

훔볼트는 칸크린의 통제 범위가 얼마나 넓은지를 금세 알 수 있었다. 러시아의 어느 곳을 가든 관리들이 일렬로 늘어서서 훔볼트 일행을 맞이했고, 방문 현황은 상트페테르부르크에 수시로 보고되었다. 모스크바나 상트페테르부르크에서 아무리 멀리 떨어져 있는 곳에도, 자연 상태가 그대로 보존된 곳은 거의 없었다. 예컨대 예카테린부르크의 경우, 모스크바에서 동쪽으로 1,600킬로미터 떨어져 있고 아시아 지역으로 들어가는 길목이었지만, 약 1만 5,000명의 주민을 거느린 커다란 산업 중심지로서 주민의 상당수는 광산과 제조업에 고용되어 있었다.[22] 예카테린부르크 주변에는 광산, 철공소, 용광로, 석공소, 주물공장, 대장간 등이 있었고, 금, 백금, 구리, 각종 보석 등의 자연자원이 풍부했다. 시베리아 하이웨이는 러시아 전역의 공업도시와 광산촌들을 연결하는 주요 교역로였다. 훔볼트 일행이 걸음을 멈추는 곳마다, 고위직에서부터 말단직에 이르기까지 모든 공무원들이 몰려나와 연회, 연설, 무도회를 베푸는 통에, 호젓한 여유를 즐길 틈이 전혀 없었다. 훔볼트는 이 같은 형식주의를 경멸했다. 왜냐하면 자신의 일거수일투족을 칸크린이 감시하고 있다는 생각이 들었기 때문이다. 그는 빌헬름에게 보낸 편지에서, "옆에 아무도 없는데 마치 내 팔이 뭔가에 붙들려 있는 것 같은 느낌이야"라고 말했다.[23]

베를린을 떠난 지 석 달 이상 지난 1829년 7월 말, 훔볼트는 상트페테르부르크에서 동쪽으로 약 3,000킬로미터 떨어진 토볼스크에 도착했다.[24] 그곳은 예정된 경로의 동쪽 끝이었지만, 훔볼트는 칸크린과의 합의를 무시하고 계획을 바꿨다. 상트페테르부르크로 곧장 되돌아가는 대신, 3,200킬로미터를 우회하여 알타이산맥을 등반하기로 결정한 것이다. 알타이산맥은 러시아, 중국, 몽골이 만나는 곳에 있었다. 훔볼트가 갑자기 알타이산맥을 선택한 이유는 뭘까? 그가 나중에 회상한 바에 따르면, 알타이산맥은 '비교와 대조'[25]의 개념에 입각하여 선택되었다. 훔볼트는 그동안 남미의 안데스산맥과 비교할 수 있는 중앙아메리카의 산맥을 물색해 왔는데, 인도를 통해 히말라야산맥을 등반하는 것이 불가능하게 되자, 히말라야산맥 대신 알타이산맥을 선택했다. 즉, 알타이산맥에서 수집할 수 있는 표본은 히말라야산맥에서 수집할 수 있는 표본과 별 차이가 없다고 판단한 것이다.

토볼스크에 도착할 때까지 덜컹거리는 마차 속에서 수많은 밤을 지샌 것은, 오로지 알타이산맥에 갈 시간을 확보하기 위해서였다. 그렇게 해서 시간을 번 덕분에, 여행 일정을 연장하는 데 별로 무리가 없었다. 훔볼트는 예카테린부르크에서부터 이런 생각을 하고 있었지만, 빌헬름 이외의 사람에게는 비밀로 했다. 칸크린에게는 토볼스크를 떠나기 바로 전날, "여행 일정을 조금만 연장하겠습니다"라는 내용의 편지를 띄웠다.[26] 칸크린에게 통보하는 시간을 가능한 한 늦춘 이유는, 칸크린과 멀리 떨어져 있을수록 훔볼트에게 유리하기 때문이었다. 사실 이역만리 상트페테르부르크에 머물고 있는 칸크린이 훔볼트를 제지할 수 있는 방법은 아무것도 없었다.

그렇다고 해서 훔볼트가 칸크린에게 일방적인 통보만 한 것은 아니었다. 그는 칸크린을 달래기 위해, "광산을 몇 군데 더 들를 것을 약속드리며, 그 과정에서 희귀 식물과 동물까지 발견하면 금상첨화입니다"라고 말했다. 심지어 "이번 탐험은 죽기 전에 마지막으로 하는 것이니 통촉하여 주십시오"라며 읍소전략까지 구사했다.[27] 칸크린에게 편지를 보낸 후, 훔볼트는 동쪽으로 계속 전진하여 바라빈스크Barabinsk 스텝을 통과한 다음, 바르나울Barnaul과 알타이산맥의 서쪽 사면을 향해 달렸다. 칸크린이 훔볼트의 편지를 받은 것은 그로부터 약 한 달 후인데, 훔볼트는 그 한참 전에 목적지에 도착해 있었다.

토볼스크를 지나 자유여행을 시작하자, 훔볼트는 흥에 겨워 훨훨 날아갈 지경이었다. 쉰아홉의 나이에도 불구하고, 검은색 프록코트, 흰 넥타이, 둥근 모자를 착용한 채 몇 시간 동안 지친 기색 없이 걷는 모습을 보고 수행원들은 깜짝 놀랐다.[28] 훔볼트의 발걸음은 조심스러웠지만 단호하고 꾸준했다. 그는 숨이 가빠질수록 쾌감을 느끼는 특이 체질의 사나이였다. 처음에는 남아메리카에서 탐험할 때만큼 흥미로울 것 같지 않았지만, 가면 갈수록 스릴 만점의 풍경이 펼쳐졌다. 유럽의 과학 중심지에서 수천 킬로미터 떨어진 오지에서, 훔볼트는 자연 그대로의 거친 풍경을 헤쳐나갔다. 토볼스크를 떠나 알타이산맥 기슭의 바르나울로 가는 동안, 무려 1,600킬로미터에 달하는 스텝이 펼쳐졌다.[29] 시베리아 횡단도로를 따라 달리는 동안 마을의 수는 점점 더 줄어들고 마을 간의 간격은 점점 더 넓어졌지만, 다행히 말을 교체할 기회는 있었다. 사람이 살지 않는 마을도 종종 눈에 띄었다.

광활한 평원은 여름 꽃들로 온통 빨갛고 파랗게 물들었다. 분홍바늘꽃Epilobium angustifolia의 붉은 가시는 마치 기다란 촛불 같았고, 델피늄Delphinium elatum은 연한 파란색 자태를 뽐냈다. 몰타 십자가Lychnis chalcedonica의 선홍색 빛깔은 대초원에 불을 지르는 것 같았지만, 야생동물이나 새들은 거의 보이지 않았다.

밤에는 섭씨 6도이던 기온이 낮에는 30도로 치솟았다. 약 30년 전 오리노코 강에서 그랬던 것처럼, 훔볼트 일행은 모기에 시달렸다. 그래서 그들은 모기의 공격을 막기 위해 두꺼운 가죽 마스크를 착용했다.[30] 마스크의 눈 부분은 (말총으로 만든) 그물망mesh으로 덮여 있어 밖을 내다볼 수 있었지만, 통풍이 잘 되지 않아 몹시 더웠다. 그러나 그 정도의 불편쯤은 아무것도 아니었다. 러시아 관리들의 감시망에서 벗어났다고 생각하니, 훔볼트는 금방이라도 하늘로 날아오를 것 같았다. 그들은 불철주야로 여행하며, 잠은 덜컹거리는 마차 안에서 해결했다. 마차를 타고 광활한 평원을 질주하다 보면, 마치 잔잔한 바다 위를 항해하는 듯한 느낌이 들었다.[31] 평균적으로 하루에 160킬로미터 이상을 달렸으며, 24시간 동안 쉬지 않고 320킬로미터를 달린 적도 있었다. 시베리아 횡단도로는 유럽의 웬만한 도로들과 비교해도 결코 손색이 없었다. 훔볼트는 빌헬름에게 보낸 편지에서, 유럽의 특급마차보다 더 빨리 달린다고 자랑했다.

토볼스크를 떠난 지 5일 후인 1829년 7월 29일, 탄저병•이 바라빈스크 스텝 전체를 휩쓸고 지나가면서 여행이 갑자기 중단되었다.[32] 그러나

• 탄저병은 1차적으로 고양이나 염소와 같은 초식동물들이 탄저균의 포자를 섭취하면서 시작된다. 사람들은 초식동물을 통해 탄저병에 전염될 수 있는데, 인간 탄저병은 약이 없는 치명적인 병이다.

말을 타고 바라빈스크 스텝을 통과하는 훔볼트

알타이산맥으로 가려면 바라빈스크 스텝을 통과하는 것 외에 다른 방법이 없었으므로, 훔볼트는 주저 없이 결정을 내렸다. 그는 수행원들에게 "탄저병에 걸리든 말든, 나는 전진해야 한다. 내 나이에 뒤로 미루는 일은 없다"[33]고 말하며, "만약을 대비하여, 마차 안에만 머물고, 마차 안에 보관된 식량과 물만 섭취하라"고 지시했다. 그러나 그들은 정기적으로 말을 교환해야 했으므로, 말을 통해 탄저병에 감염될 위험이 상존했다.

비좁은 마차 안에서 창문을 꼭 닫고 찜통더위를 묵묵히 견디며, 훔볼트 일행은 바라빈스크 스텝에 있는 '죽음의 마을'을 여럿 통과했다.[34] 구스타프 로제는 자신의 탐험일지에 "페스트의 흔적은 어디에나 있었다"라고 적었다.• 마을의 입구와 출구에서는 시뻘건 불길이 솟아올랐는데,

• 독일 사람들은 탄저병을 시베리아 페스트Sibirische Pest라고 불렀다.

그것은 공기를 정화하기 위한 의식이었다.[35] 들판에서는 동물의 시체가 수도 없이 나뒹굴었는데, 들리는 말에 의하면 한 마을에서만 500마리의 말이 죽었다고 했다. 들판 곳곳에는 작은 임시 병원들이 설치되어 있었다.

악조건을 무릅쓰고 며칠 동안 달린 끝에, 훔볼트 일행은 스텝의 가장자리에 위치한 오비 강Obi River에 도달했다. 그곳은 또한 탄저병 발생 지역의 경계선이기도 했으므로, 배를 타고 강을 건너기만 하면 탄저병의 위협에서 벗어날 수 있었다. 그러나 강을 건널 준비를 하는 동안 한줄기 바람이 부는가 싶더니 갑자기 폭풍으로 변했다.[36] 풍랑이 너무 강하고 높아, 배가 마차와 사람을 싣고 강을 건널 수가 없었다. 그러자 훔볼트는 이번만큼은 잠깐 지체해도 괜찮겠다고 생각했다. 지난 며칠 동안 숱한 고생을 했지만, 이제 고생은 다 끝난 것 같았기 때문이다. 훔볼트 일행은 강가에 자리를 잡고 앉아 물고기를 구워 먹으며 시원한 비를 즐겼다. 게다가 그곳에는 모기가 없었으므로, 답답한 마스크를 벗어던지고 상쾌한 공기를 들이마셨다. 강 건너편에서는 알타이산맥이 훔볼트를 기다리고 있었다.

폭풍우가 잠잠해지자, 그들은 강을 건너 8월 2일 바르나울에 도착했다. 바르나울은 번창하는 광산촌으로서 알타이산맥에 인접한 곳이었으므로, 사실상 목적지에 도착한 거나 다름없었다. 그들은 9일 전 토볼스크를 출발하여, 무려 1,600킬로미터를 달려왔다.[37] 베를린에서 바르나울까지는 5,600킬로미터였는데, 훔볼트의 계산에 의하면 그 거리는 카라카스에서 베를린까지의 거리와 얼추 비슷했다.[38]

3일 후인 8월 5일, 훔볼트는 알타이산맥을 먼 발치에서 바라볼 수 있었다.[39] 알타이산맥 기슭에는 광산과 주물공장이 많아, 훔볼트는 우스트카메노고르스크Ust-Kamenogorsk(몽골 접경지대에 있는 진지. 오늘날에는 카자흐스탄의 영토이며, 외스케멘Öskemen이라고 불림)를 향해 다가가며 광산과 공장들을 모두 시찰했다. 우스트카메노고르스크에서 알타이산맥으로 올라가는 길은 경사가 너무 급해, 훔볼트 일행은 마차에서 내려 대부분의 짐을 진지에 남겨놓았다.[40] 그러고는 현지인들이 사용하는 카트에 소량의 짐을 옮겨 싣고 비탈길을 올라갔다. 종종 거대한 화강암 벽과 동굴을 지나갈 때마다, 훔볼트는 암석층을 검사한 다음 노트를 펼쳐 기록을 남기거나 그림을 그렸다. 간혹 구스타프 로제와 크리스티안 에렌베르크가 식물이나 암석을 수집하느라 시간을 지체하면, 훔볼트는 그새를 참지 못하고 발걸음을 재촉했다.[41] 에렌베르크는 식물 채집에 몰두하다 몇 번 길을 잃어, 코사크 족 호위병들이 그를 찾느라 애를 먹곤 했다. 한번은 습지에서 온몸이 흠뻑 젖은 채 서 있는 그를 발견했는데, 눈을 게슴츠레하게 뜨고 한 손에는 풀을, 다른 손에는 이끼 비슷한 표본을 들고 있었다. 그는 훔볼츠를 향해 한 손을 흔들며, "이건 홍해Red Sea 바닥에서 발견한 것과 똑같네요"라고 외쳤다.[42]

훔볼트는 물 만난 고기처럼 산속을 종횡무진 누볐다. 깊은 수직동굴 속으로 기어들어가고, 끌로 바위를 떼어내고, 식물을 채취하여 압착하고, 급경사 구간을 쏜살같이 올라갔다. 그러면서 알타이산맥을 안데스산맥과 비교하고, 알타이산맥의 광맥을 뉴그라나다에서 발견한 광맥과 비교하고, 시베리아의 스텝을 베네수엘라의 야노스 평원과 비교했다. 한편 훔볼트는 우랄산맥과 알타이산맥을 이렇게 비교했다. "우랄산맥은 상업적 광산의 측면에서 중요하지만, 탐험의 진정한 즐거움은 알타이산맥에서 비로소 시작되었다."[43]

계곡에는 풀과 관목이 너무 무성해서, 일행끼리 두 걸음만 떨어져도

서로 바라볼 수가 없었다. 그러나 고지대에는 나무가 한 그루도 없었다.[44] 로제는 자신의 탐험일지에 "알타이산맥은 거대한 돔을 연상시킨다"고 썼다.[45] 알타이산맥의 최고봉인 벨루하Belukha의 해발고도는 4,500미터로 침보라소보다 1,800미터나 낮았지만, 쌍둥이봉twin peaks이 완전히 눈에 덮여 있었다. 8월 중순에 알타이산맥 안쪽으로 좀 더 깊숙이 들어가자, 벨루하 쌍둥이봉이 손에 잡힐 듯 가깝게 느껴졌다. 그런데 문제는 계절이었다. 벨루하를 뒤덮고 있는 눈은 5월에 일부 녹지만, 7월부터 다시 눈이 내리기 시작하므로, 8월 중순이 되면 눈이 너무 많이 쌓여 정상에 오를 수가 없었다. 벨루하가 '어서 오라'고 손짓을 하고 있지만,[46] 훔볼트는 후퇴를 결정할 수밖에 없었다. 그런 악조건에서는 아무리 베테랑 등반가라도 벨루하에 오를 수가 없었기 때문이다.• 나이가 훔볼트의 편이 아니듯, 계절도 그의 편이 아니었다. 중앙아시아의 최고봉은 그의 손이 닿지 않는 곳에 있었다. 바라볼 수만 있고 고도를 측정할 수 없다고 생각하니, 훔볼트는 안타까움에 발을 동동 굴렀다.

정상까지 갈 수 없어 실망스럽기는 했지만, 훔볼트는 '볼 건 웬만큼 다 봤다'고 생각했다. 그의 트렁크에는 압착된 식물 표본, 측정치가 빼곡히 적힌 노트, 암석, 광물이 가득했기 때문이다. 계곡에서 온천을 발견했을 때는, 그 지대에서 자주 감지되는 미진微震과 관련되어 있을 거라고 추측했다.[47] 그는 체격이 탄탄했고 체력에도 자신이 있었다. 낮에 아무리 걷고 등반해도 힘이 남아돌아, 밤에는 관측기구를 꺼내 들고 천문을 관측했다. 그는 형에게 편지를 쓸 때마다 자신의 건강을 과시했다.[48]

• 벨루하 봉을 인간이 최초로 등정한 것은 1910년대의 일이다.

탐험을 계속하던 어느 날, 훔볼트는 중국과 몽골의 국경선을 넘기로 결정했다. 그래서 코사크 족 호위병 한 명을 국경수비대에 보내, 그 사실을 사전 통보했다. 8월 17일 바티Baty에 도착하여 상황을 살펴보니, 이르티시 강Irtysh River 좌안左岸에는 몽골측 검문소가 있고 우안右岸에는 중국측 검문소가 있었다.[49] 그곳에는 유르트yurt(몽골과 시베리아 유목민들의 전통 텐트―옮긴이) 몇 개, 낙타 몇 마리, 염소 떼가 있었고, 험상궂은 병사 80여 명이 누더기옷을 입고 배회하고 있었다.[50]

훔볼트는 먼저 중국측 검문소로 다가가, 유르트에 머물고 있는 검문소장을 만났다. 먼저 깔개와 쿠션이 놓인 바닥에 앉아, 검문소장에게 옷감, 설탕, 연필, 포도주 등의 선물을 제공했다. 그러고는 세 명의 통역자를 통해 (처음에는 독일어에서 러시아어로, 그다음으로는 러시아어에서 몽골어로, 마지막으로 몽골어에서 중국어로) 우정 어린 인사말을 건넸다. 검문소장은 며칠 전 베이징에서 처음 부임한 사람으로, 꼬질꼬질한 병사들과는 달리 파란 실크 코트를 걸치고 모자에는 멋진 공작 깃털을 꽂고 있었다.

중국의 검문소장과 두 시간 동안 대화를 나눈 후, 훔볼트는 몽골측 검문소로 가기 위해 배를 타고 강을 건넜다. 몽골 검문소장과 유르트에서 담소를 나누고 있는 동안, 몽골인들이 꾸역꾸역 모여들었다. 몽골인들은 훔볼트 일행의 이국적인 모습에 호감을 느껴, 그들의 몸을 만져보기도 하고 찔러보기도 했다. 어떤 사람들은 손가락으로 배를 찌르거나 코트를 들어올렸고, 어떤 사람들은 몸을 들이대고 한쪽 방향으로 살살 밀었다. 왠지 '이국적인 표본' 취급을 받는 듯한 생각이 들었지만, 훔볼트는 '기이한 만남'의 순간이 과히 나쁘지 않았다. 그는 고향에 보낸 편지에서, "천상의 왕국을 다녀왔다"고 말했다.[51]

이제 상트페테르부르크로 돌아갈 시간이었다. 칸크린은 '토볼스크에서 동쪽으로 한 걸음이라도 더 내디디면 안 된다'고 엄포를 놓았으므로, 훔볼트는 약속했던 날까지 상트페테르부르크에 도착하고 싶었다. 그들은 우스트카메노고르스크 진지에서 마차를 타고 러시아와 중국의 국경선을 따라 북서쪽으로 3,200킬로미터를 달려 옴스크Omsk에 도착한 후,• 러시아제국 남단의 미아스Miass를 지나 서쪽으로 4,800킬로미터를 달려 오렌부르크Orenburg에 이르렀다.[52]

9월 14일, 훔볼트는 미아스에서 약제상을 하던 사람과 예순 번째 생일파티를 벌였는데, 후에 러시아의 역사가들은 그를 블라디미르 레닌Vladimir Lenin의 외할아버지로 기록한다.[53] 그는 다음 날 칸크린에게 편지를 보내, 인생의 전환점에 도달했음을 알렸다. 그는 노쇠해지기 전에 원하는 것을 모두 이루지는 못했지만, 알타이산맥과 카자흐 스텝을 탐험함으로써 만족감을 얻고 필요한 데이터도 입수했다. 그는 칸크린에게 쓴 편지에서 이렇게 말했다. "나는 30년 전 오리노코 강의 열대우림과 코르딜레라스산맥을 탐험했는데, 이제 알타이산맥과 카자흐 스텝을 탐험함으로써 오랜 숙원을 이룰 수 있게 되었습니다. 1829년은 내 인생에서 가장 중요한 해입니다."[54]

미아스를 떠나 오렌부르크에 도착한 후, 훔볼트는 또 한 번 칸크린과의 약속을 어기기로 결심했다. 북서쪽으로 기수를 돌려 모스크바를 거쳐 상트페테르부르크로 가는 대신, 남쪽으로 방향을 꺾어 카스피 해로

• 러시아와 중국의 국경선은 카자흐 스텝을 따라 이어졌으며, 정거장, 망루, (코사크 족이 지키는) 진지들이 군데군데 배치되어 있었다. 카자흐 스텝은 세계 최대의 건조한 초원으로, 동쪽의 알타이산맥에서 시작되어 서쪽의 카스피 해까지 이어지며, 유목 생활을 하는 키르기스 족의 고향이었다.

가기로 한 것이다. 그것은 알타이산맥 탐험에 이어 두 번째로 저지르는 '무허가 장거리 여행'이었다. 그는 다음 날 칸크린에게 쓴 편지에서, "저는 어렸을 때부터 카스피 해에 가보는 것이 꿈이었습니다. 지금 제 나이 예순이니, 더 늦기 전에 세계에서 가장 큰 내해inland sea를 구경하고 싶습니다"라고 말했다.[55]

사실 훔볼트가 용기를 내어 여행 계획을 수정하게 된 배경에는, 그럴 만한 사건이 있었다.[56] 칸크린은 그동안 파발꾼을 통해 훔볼트에게 러시아의 최근 정세를 통보해 왔는데, 때마침 '러시아가 오스만과의 전쟁에서 승리했다'는 소식을 들었기 때문이다.[57] 지난 몇 달 동안 러시아 군대는 흑해의 양쪽에서 콘스탄티노플을 향해 진격하면서 오스만 군대를 연파했다. 터키의 요새들이 하나둘씩 함락되자, 오스만의 술탄이던 마흐무드 2세는 패전을 예감했다. 9월 14일 아드리아노플 조약Treaty of Adrianople이 체결되면서 전쟁이 막을 내리자, 그동안 '민간인 통제구역'으로 묶였던 지역들이 일반인에게 모두 개방되었다. 그로부터 열흘 후, 훔볼트는 형에게 편지를 보내 기쁜 소식을 알렸다. "우리는 이제 볼가 강 어귀의 아스트라한Astrakhan으로 여행할 수 있게 되었어. 볼가 강은 그곳에서 카스피 해 북단으로 흘러들어가지." 그와 동시에 칸크린에게는 환심을 사기 위해 승전 축하 메시지를 보냈다.[58]

10월 중순, 훔볼트 일행은 아스트라한에 도착하여, 증기선을 타고 카스피 해와 볼가 강을 탐험하기 시작했다.[59] 카스피 해는 수위가 들쭉날쭉하는 것으로 알려져 있었는데, 그것은 30년 전 베네수엘라의 발렌시아 호수에서 훔볼트의 관심을 끌었던 현상과 비슷했다. 그는 상트페테르부르크에서 과학자들과 벌인 토론에서, "호수 주변에 측정소를 설치하여 수위의 오르내림을 체계적으로 측정함과 동시에, 화산 활동이나 지각 운동의 가능성도 조사해야 합니다"라고 말했다.[60] 후에 그는 "중앙아시아와 히말라야의 고원plateaux이 상승함과 동시에, 카스피 해 연안의 저지대Caspian Depression가 가라앉는 것 같다"는 추측을 내놓았다.[61]

오늘날에는 세 가지 요인이 카스피 해의 수위를 변화시키는 것으로 추정하고 있다. 첫 번째 요인은 볼가 강에서 카스피 해로 흘러들어가는 물의 양이며, 두 번째 요인은 거대한 담수지역catchment region에 내리는 비의 양이고, 세 번째 요인은 북대서양의 대기 상태atmospheric condition다.• 많은 과학자들은 북반구의 기후 변화가 카스피 해의 수위 변화에 영향을 미친다고 주장하며, 카스피 해를 기후 변화의 중요한 연구 대상으로 삼고 있다. 어떤 과학자들은 구조력tectonic force이 카스피 해의 수위에 영향을 미친다고 주장하는데, 이는 훔볼트가 관심을 갖고 있는 전 지구적 연결성global connection과 일맥상통한다고 볼 수 있다. 훔볼트는 빌헬름에게 쓴 편지에서, "카스피 해를 본 것은 내 인생의 하이라이트 중 하나였어"라고 말했다.[62]

10월 말이 되자, 러시아에는 겨울색이 완연해졌다. 훔볼트는 모스크바와 상트페테르부르크에서 각각 한 번씩 탐험보고서를 발표할 예정이었다. 그는 마냥 행복했다. 깊은 광산과 눈 덮인 산봉우리는 물론, 세계 최대의 건조한 초원과 카스피 해까지 봤기 때문이다. 중국과 몽골의 국경선에서는 검문소장들과 함께 담소를 나누며 차를 마시고, 카자흐 스텝에서는 키르키스 족과 발효된 말젖을 마셨다. 아스트라한과 볼고그라드 사이에서는 칼미크Kalmyk의 박식한 칸khan이 훔볼트를 위해 연주

• 첫 번째 요인은 가장 직접적인 요인이며, 두 번째 요인은 첫 번째 요인에 영향을 미치고, 세 번째 요인은 첫 번째와 두 번째 요인에 모두 영향을 미친다.

회를 열고, 칼미크 합창단이 모차르트의 서곡을 불렀다. 카자흐 스텝에서는 사이가 산양Saiga antelope이 뛰어다니고, 볼가 강의 섬에서는 뱀이 일광욕을 하고, 아스트라한에서는 벌거벗은 인디언이 고행하는 것을 봤다. 훔볼트는 시베리아에서 다이아몬드가 발견될 거라고 정확히 예측했고, 칸크린의 경고를 무시하고 정치적 망명자에게 말을 걸었으며, 오렌부르크로 추방된 폴란드인은 그에게 『뉴스페인에 관한 정치적 고찰』을 자랑스럽게 보여줬다. 탄저병을 피하느라 몹시 고생한 적이 있었고, 시베리아 음식을 소화시키지 못해 체중이 감소한 적도 있었다. 측정기구를 들고 러시아제국 전역을 돌아다니며 수천 번이나 측정을 했고, 그러다가 실수로 온도계를 깊은 우물 속에 빠뜨린 적도 있었다. 베를린에 돌아올 때는 암석, 식물, 물고기, 동물을 가져왔고, 빌헬름을 위해 고문서와 책도 챙겨왔다.[63]

늘 그렇듯, 훔볼트는 식물학, 동물학, 지질학은 물론 농업과 산림 관리에도 관심이 있었다. 광업단지 주변에서 숲이 급격히 사라지는 것을 발견하고 칸크린에게 편지를 써서, "광산에 범람하는 물을 퍼낼 때는 증기기관을 사용하지 마십시오"라고 권고했다. 왜냐하면, 증기기관을 사용할 경우 나무가 너무 많이 들어 목재가 고갈될 수 있기 때문이다.[64] 탄저병이 극성을 부렸던 바라빈스크 스텝에서는, 과도한 농지 개발이 환경에 악영향을 미친다는 사실을 발견했다. 바라빈스크 스텝은 예나 지금이나 시베리아의 중요한 농업 중심지인데, 농부들은 틈만 나면 호수와 습지의 물을 끌어들여 건조한 땅을 밭과 목초지로 탈바꿈시키려고 한다. 그러다 보니 축축하던 초원이 점점 더 메마른 땅으로 변할 수밖에.[65]

훔볼트는 지금껏 모든 자연현상과 자연력들을 이어주는 연결고리를 찾으려고 노력해 왔는데, 러시아는 그런 노력의 피날레를 장식하는 무대였다.[66] 그는 지난 수십 년 동안에 수집한 자료와 러시아에서 수집한 자료를 통합하여, 다양한 자연현상과 자연력 간의 관련성을 확립했다. '데이터를 수집하는 데 그치지 말고, 반드시 비교·검토를 해야 한다'는 것이 그의 지론이었다. 후에 러시아 탐험 결과를 두 권의 책•으로 펴냈을 때, 그는 "인간이 삼림을 파괴하고 환경을 장기적으로 변화시켰다"는 점을 지적했다.[67] 그는 인류가 기후에 영향을 미친 원인을 세 가지로 요약했는데, 첫째는 삼림 파괴, 둘째는 무리한 물대기ruthless irrigation, 셋째는 산업 중심지에서 생성되는 엄청난 증기와 가스였다[68](셋 중에서 통찰력이 가장 돋보이는 것은 세 번째였다). '인간과 자연 간의 관계'를 이런 식으로 설명한 사람은 훔볼트가 유일했다.••

1829년 11월 13일, 훔볼트는 마침내 상트페테르부르크에 도착했다. 그의 지구력과 인내력은 놀라웠다. 5월 20일 상트페테르부르크를 떠난 이후 6개월 남짓한 기간 동안 무려 1만 6,000킬로미터를 달리며, 658개의 정거장을 통과하고 1만 2,244마리의 말을 교체했다.[69] 훔볼트는 과거 어느 때보다도 건강해진 느낌이었다.[70] 그도 그럴 것이, 그렇게 오랫동안 야외 생활을 하며 체력을 단련하고, 탐험 활동을 통해 궁금증을 속시원히 해결했으니 말이다. 일찌감치 예견되었던 대로 많은 사람들이 훔볼트의 탐험담을 듣고 싶어 했다. 며칠 전 모스크바에서 탐험 결과를 발표할 때, 인파가 구름처럼 몰려들어 도시의 절반이 발칵 뒤집혔으며, 모든 청중들이 하나같이 정장 차림에 리본 장식을 달고 있었다.

• 두 책의 제목은 『아시아의 지질학과 기후』(1831), 『중앙아시아의 산맥 연구와 기후 비교』(1843)이다.

•• 훔볼트의 관점은 매우 독특하여 당시의 통념과 배치되었다. 그래서 독일어판의 번역자는 "훔볼트가 제시한 삼림 파괴라는 개념은 의심스럽다"는 각주를 달았다.

모스크바와 상트페테르부르크 시 당국에서는 그를 위해 성대한 파티를 열었고,[71] 그가 일장 연설을 하는 동안 청중들은 일제히 '우리 시대의 프로메테우스'를 연호했다.[72] 다행스럽게도, 그가 당초 약속했던 탐험 경로를 벗어난 것에 대해 이의를 제기하는 사람은 한 명도 없었다.

하지만 훔볼트는 공식적인 환영 행사를 탐탁잖게 여겼다. 기상 관찰이나 지질 탐사 내용을 조목조목 언급하다가, 뜬금없이 표트르 1세Peter the Great의 헤어스타일을 칭찬하는 건 정말로 못할 짓이었다. 왕족들은 우랄산맥에서 발견된 다이아몬드에만 관심이 있는 데 반해, 러시아의 과학자들은 훔볼트의 수집품들을 구경하고 싶어 안달이었다. 행사가 진행되는 동안, 훔볼트는 이 사람 저 사람에게 불려 다니느라 정신이 없었다. 그런 행사가 너무나 싫었지만, 그래도 훔볼트는 인내심을 발휘하여 시종일관 우아한 표정을 지으려 노력했다. 러시아의 시인 알렉산드로 푸시킨Alexander Pushkin은 훔볼트에게 매혹된 나머지 "그의 입에서 나오는 매혹적인 음성은, 상트페테르부르크 왕궁의 대폭포분수Grand Cascade에 있는 대리석 사자상이 뿜어내는 물줄기 같다"[73]는 찬사를 늘어놨지만, 훔볼트는 사적인 자리에서 "그런 의례적 표현은 딱 질색"[74]이라고 털어놨다. 그는 빌헬름에게 보낸 편지에서, "나는 의무에 대한 중압감 때문에 미칠 지경이야"라고 말했다. 그러나 훔볼트는 때로 자신의 명성과 영향력을 적절히 이용하는 센스도 있었다. 그는 그동안 농민과 노동자들의 어려움을 공식적으로 언급하지 않으려 노력해 왔지만, 차르를 알현한 자리에서는 과감하게 "제가 여행 중에 만났던 추방자들을 사면해주십시오"라고 간청했다.[75]

훔볼트는 상트페테르부르크 과학아카데미에서도 연설을 했다.• 훔볼트는 수십 년 동안 기후뿐만 아니라 지자기학geomagnetism 분야에도 관심을 보여 왔는데, 그 이유는 지자기가 전 지구적 힘 중 하나였기 때문이다. 그는 "신비로운 자침의 행진mysterious march of magnetic needle에 대해 좀 더 알아보기 위해, 러시아제국 전체에 일련의 관측소들을 설립합시다"라고 제안했다.[76] 그가 관측소를 설립하고자 하는 이유는, '자기 변화가 기후 변화와 같은 지구적 요인에서 유래하는지, 아니면 태양에 의해 발생하는지'를 알아내기 위해서였다. "지자기는 천체와 지구 간의 상호작용을 이해하는 데 필요한 핵심 현상이다. 지자기를 연구하면, 지구 내부의 심층부나 대기권 상층부에서 무슨 일이 일어나는지를 알 수 있다"라고 훔볼트는 말했다.[77] 훔볼트는 오랫동안 지자기 현상을 연구해 왔다. 안데스산맥을 탐험할 때는 자기적도magnetic equator를 발견했고, 1806년에는 베를린에서 동료와 함께 밤낮을 가리지 않고 30분 간격으로 자기 관측을 실시했으며,•• 1827년 베를린에 돌아왔을 때도 다시 한 번 자기 관측을 실시했다.[78] 러시아 탐험을 마친 후에는 독일, 영국, 프랑스, 미국의 당국자들에게, "모두 힘을 합쳐 글로벌 데이터를 좀 더 많이 수집하라"고 권고했다. 그가 이런 말을 할 수 있었던 것은, 전 세계를 거대한 연합체great confederation로 간주했기 때문이다.[79]

그로부터 몇 년도 채 지나지 않아, 전 세계에는 자기관측소들이 거미줄처럼 빽빽이 들어섰다. 상트페테르부르크, 베이징, 알래스카, 자메이카, 호주, 뉴질랜드, 스리랑카, 심지어 (나폴레옹이 감금되었던) 남대서양의 머나먼 섬 세인트헬레나에 이르기까지 자기관측소들이 줄줄이 설

• 상트페테르부르크 과학아카데미는 후에 국제적인 과학 교류를 촉진하는 역할을 수행하게 된다.

•• 그 당시 프로이센에 진군한 프랑스군이 파리로 돌아가는 것을 막는 바람에, 훔볼트는 어쩔 수 없이 베를린에 머물렀다.

상트페테르부르크 과학아카데미

립되어, 3년 동안 거의 200만 번의 관측이 이루어졌다.[80] 새로운 관측소에서 일하는 과학자들은 글로벌 데이터를 수집하여, 소위 자기십자군Magnetic Crusade이라는 대규모 국제 협력체를 결성했는데, 이는 오늘날 기후 변화를 연구하는 과학자들이 구성한 빅사이언스 프로젝트Big Science Project와 같은 개념이라고 보면 된다.

한편 훔볼트의 상트페테르부르크 연설은, 러시아제국 전체에서 기후에 관한 연구가 시작되도록 자극하는 기폭제가 되었다. 그는 '삼림 파괴가 기후에 미치는 영향'과 관련된 데이터가 필요하다고 역설했는데, 이를 계기로 하여 '인간이 기후에 미친 영향'을 평가하는 대규모 연구가 시작되었다. 그는 러시아의 과학자들에게, "자연경제economy of nature에서 가변 요소changeable element를 연구하는 것은 과학자의 의무입니다"라고 말했다.[81]

상트페테르부르크 과학아카데미에서 연설을 행한 지 2주 후인 12월

15일, 훔볼트는 상트페테르부르크를 떠났다. 그는 상트페테르부르크를 떠나기 직전 칸크린을 만나, 니콜라이 1세에게서 받은 여행비의 1/3을 반납하며, 다른 탐험가를 지원하는 데 써달라고 말했다.[82] 그러면서 "탐험을 통해 얻은 지식이 금전적 이익보다 훨씬 더 중요합니다"라고 말했다. 마차에는 다양한 표본들이 가득 들어 있어, 훔볼트는 그것을 '이동식 자연사 캐비닛'[83]이라고 불렀다. 그리고 표본 사이사이에는 측정기구, 노트, 그리고 호화로운 꽃병이 하나 놓여 있었다. 그 도자기는 높이가 무려 2미터이고 받침대 위에 놓여 있었는데, 니콜라이 1세가 흑담비 모피sable fur와 함께 훔볼트에게 하사한 것이었다.•

베를린으로 가는 동안 살을 에는 듯한 추위가 엄습했다. 리가Riga에 가까이 다가갔을 때, 마차가 얼음길에 미끄러지면서 교량에 전속력으로 충돌했다. 그 충격으로 난간이 부서지자, 말 한 마리가 2.5미터 아래 강물로 떨어지면서 마차를 끌어당겼다. 마차의 한쪽 면이 완전히 파손된 상태였으므로, 훔볼트 일행은 마차에서 튕겨나와 난간에서 10센티미터쯤 떨어진 곳에 간신히 멈춰 섰다. 부상당한 말은 다행히 한 마리뿐이었지만 마차가 심하게 파손되어, 마차를 수리하려면 며칠 동안 기다려야 했다. 훔볼트의 흥분은 아직 가시지 않았다. "난간 앞에서 간신히 멈춰 섰을 때, 수행원들은 얼마나 놀랐을까?"라고 그는 생각했다.[84] 잠시 후 정신을 차린 훔볼트는 로제, 에렌베르크, 자이페르트를 보고 깜짝 놀랐다. 그들은 '마차가 왜 충돌했는가?'라는 문제를 놓고, 다양한 과학 원리를 들이대며 논쟁을 벌이고 있었던 것이다.[85] 누가 훔볼트의

• 훔볼트는 이 꽃병을 베를린에 있는 구박물관Altes Museum에 기증했으며, 오늘날 이 꽃병은 베를린 국립미술관에 소장되어 있다.

수행원 아니랄까 봐.

훔볼트 일행은 쾨니히스베르크(오늘날로 말하면 칼리닌그라드)에서 크리스마스를 지내고, 1829년 12월 28일 베를린에 도착했다. 한 친구는 괴테에게 보낸 편지에서, "얼마나 많은 아이디어에 사로잡혔는지, 훔볼트의 머리에서는 (끓는 물이 가득 찬 주전자처럼) 김이 펄펄 났어요"라고 말했다.[86]

훔볼트의 탐험은 이제 대단원의 막을 내렸다. 그는 더 이상 세계 여행을 떠나지 않겠지만, 그의 자연관은 강력한 힘을 갖고 있어서, 이미 유럽과 아메리카 사상가들의 마음속에 퍼져나가고 있었다.

17
진화와 자연
찰스 다윈과 훔볼트

잔뜩 부푼 돛의 캔버스가 강한 바람에 휘말려 주기적으로 뒤틀리는 동안, HMS 비글호는 파도의 마루와 골을 용케 헤쳐나갔다. 4일 전인 1831년 12월 27일, 비글호는 영국 남해안의 포츠머스Portsmouth를 출발하여 지구를 가로지르는 항해를 시작했다. 선장의 임무는 해안을 조사하고 항구의 정확한 지리적 위치를 측정하는 것이었다. 배에는 스물두 살짜리 청년 찰스 다윈이 타고 있었는데, 가엾게도 풀이 죽은 모습이었다.[1] 왜냐하면 그건 다윈이 애초에 생각했던 탐험이 아니었기 때문이다. 배가 비스케이 만Bay of Biscay을 가로질러 마데이라Madeira를 향해 다가가는 동안, 그는 갑판 위에 버티고 서서 거친 바다를 여유 있게 바라보고 싶었다. 하지만 현실은 완전히 딴판이었다. 다윈은 과거 어느 때보다도 비참한 느낌이 들었다. 뱃멀미가 너무 심해, 선실에서 파삭파삭한 비스킷을 씹으며 안정을 취하는 수밖에 없었기 때문이다.[2]

선실의 크기는 가로와 세로가 모두 3미터였는데, 개인용 책꽂이와 라커가 구비되어 있고, 벽 쪽에는 서랍이 여러 개 딸린 옷장이 배치되어 있었으며, 한복판에는 측량용 테이블이 하나 놓여 있었다.[3] 선실을 두 명의 승무원과 함께 사용하기에는 너무 비좁아, 다윈은 자신의 해먹을 테이블 위에 대롱대롱 매달아 놓았다(테이블 위에는 승무원들이 자주 들여다보는 해도sea chart가 놓여 있었다). 작은 공간의 한복판을 뒷돛대mizzenmast가 차지하고 있어, 마치 테이블 옆에 커다란 기둥이 하나 서 있는 것 같았다. 선실의 천장도 너무 낮아, 1미터 80센티미터의 다윈이 똑바로 설 수 없을 정도였다. 게다가 마룻바닥에는 커다란 조타장치가 가로지르고 있어, 선실 안에서 왔다갔다하다 보면 조타장치를 수시로 기어 넘어야 했다. 또한 선실에는 창문이 하나도 없고 천장에 채광창만 하나 있어서, 다윈은 해먹에 누웠을 때만 채광창을 통해 달과 별을 바라볼 수 있었다.

해먹 옆에 놓인 작은 선반 위에는 다윈이 애지중지하는 소지품들이 가지런히 놓여 있었는데, 그건 바로 책이었다.[4] 그는 비글호에 승선하기 전에 휴대할 책들을 정성스럽게 골랐는데, 그중에는 수많은 식물학 및 동물학 서적, 최신 서영사전Spain-English dictionary, 탐험가들이 쓴 여행 서적, 그리고 1830년에 나온 라이엘의 혁명적인 책 『지질학 원리』 1권이 포함되어 있었다.[5] 『지질학 원리』 옆에는 훔볼트의 『신변기』가 있었는데, 그것은 남아메리카 탐험 이야기가 적힌 일곱 권짜리 전집으로, 다윈이 비글호에 승선하게 된 동기로 작용한 책이었다.[•] 다윈은 이렇게

• 선실의 공간이 작을까 봐 걱정되어, 다윈은 피츠로이 선장에게 미리 연락하여 훔볼트의 『신변기』를 가져가도 되는지 물어봤다. 그러자 선장은 "물론이죠, 훔볼트의 책이라면 얼마든지 환영입니다"라고 말해, 다윈을 안심시켰다.

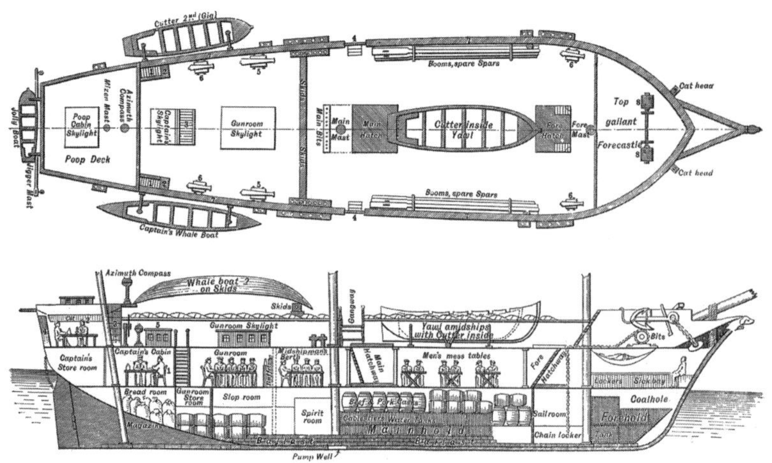

비글호의 설계도. 다윈이 머문 곳은 선미 쪽에 있는 선미루 갑판poop deck의 바로 아랫부분이다.

말했다. "나는 훔볼트의 유명한 『신변기』가 너무 좋아 달달 외우다가, 결국에는 먼 나라로 여행을 떠나야겠다고 다짐했다. 그래서 위대한 비글호의 선원 모집에 박물학자의 자격으로 지원하게 되었다."[6]

그러나 계속되는 구역질 때문에 마음이 약해져, 다윈은 자신의 결정을 후회하기 시작했다. 1832년 1월 4일 마데이라를 지나칠 때는 고통이 너무 심해, 갑판에 서서 섬을 바라볼 수도 없었다.[7] 할 수 없이 선실에 처박혀, 훔볼트의 책에 나오는 열대지방 이야기를 읽었다.[8] '뱃멀미하는 사람은 독서나 하며 마음을 달래는 게 최고'라고 자위하며…. 이틀 후 비글호는 (다윈이 지난 몇 달 동안 꿈에 그리던) 테네리페 섬 근처에 다다랐다. 다윈은 키 큰 야자나무 사이로 걸으며, (훔볼트가 30년 전에 올랐던) 해발 3,600미터의 피코델테이데 화산을 바라보고 싶었다. 그런데 비글호가 섬 가까이 접근하자 해안경비병이 보트를 타고 다가와 멈춰 서더니, "아무도 해안에 발을 내딛지 말라"고 소리쳤다. 이유인즉, "최근 영국에서 콜레라가 번지고 있다는 소식을 들어서, 비글호의 선원들이 콜레라를 테네리페에 옮길까 봐 걱정이 된다"는 거였다. 24시간 동안 격리 수용을 당할 처지에 놓이자, 비글호의 선장은 "여기서 우두커니 기다리느니, 차라리 다음 장소로 가는 게 낫다"고 말했다. 다윈은 크게 실망하여, 항해일지에 "너무나 참담하구나!"라고 썼다.[9]

그날 밤 비글호가 테네리페 섬을 떠나자, 풍랑이 일던 바다가 언제 그랬냐는 듯 갑자기 잠잠해졌다. 그러자 일순간 마법 같은 장면이 펼쳐졌다. 잔잔한 물결이 선미를 쓰다듬고 따뜻한 공기가 돛을 부드럽게 어루만지니, 다윈의 구역질이 씻은 듯 나았다. 맑게 갠 밤하늘에서 무수한 별빛이 쏟아져 거울 같은 바닷물에 반사되었다. 다윈은 항해일지에 이렇게 썼다. "나는 훔볼트의 책을 통해 익히 알고 있었다, 열대지방의 밤바다 풍경이 얼마나 황홀한지."[10] 다음 날 아침, 다윈은 잔잔한 아침바다를 고즈넉이 바라보고 있었다. 원뿔 모양의 피코델테이데 화산은 수평선 너머로 까마득히 사라져 가다, 오렌지빛으로 물든 구름 위로 끄트머리를 살짝 드러냈다. 그 순간, 다윈은 그동안 겪었던 뱃멀미의 고통을 모두 보상받은 것 같았다. 『신변기』를 통해 피코델테이데를 너무 잘 알고 있었기에, 그는 마치 오랜 친구와 헤어지는 듯한 느낌이 들었다.[11]

불과 몇 달 전까지만 해도, 다윈이 열대지방을 탐험하며 박물학자 노릇을 한다는 건 상상조차 할 수 없는 일이었다.[12] 그는 성직자가 되기 위해 케임브리지에서 공부했고, 아버지의 바람대로 좀 더 전통적인 직업에 종사할 가능성이 높았다. 이 같은 진로는 에든버러 대학교에서 의학공부를 포기한 후, 아버지의 분노를 잠재우기 위해 선택한 타협안이었다. 하지만 다윈은 언젠가 넉넉한 재산을 상속받아 편안하게 살 수 있으리라고 확신했으므로,[13] 소위 '잘나가는 직업'을 선택하겠다는 야망이 별로 없었다. 그는 에든버러에서 의학 공부보다 해양 무척추동물 연구를 선호했고, 케임브리지에서는 신학 대신 식물학 강의를 수강했다.[14] 그러다가 결국 딱정벌레에 푹 빠져, 가방을 둘러메고 장거리 곤충채집 여행을 떠났다.[15] 여행지 주변에 널린 바위와 통나무를 샅샅이 들춰, 곤충들을 잡아내 가방 속에 잔뜩 집어넣었다. 발견한 곤충들을 한 마리도 놓치지 않으려고, 양손에 딱정벌레가 가득 들었을 때는 입을 크게 벌려 딱정벌레를 생포하기도 했다. 그러나 입 안에 들어간 딱정벌레가 잠자코 있을 리 만무했다. 간혹 딱정벌레가 산酸을 내뿜으며 저항하면, 다윈은 기겁을 하며 얼른 뱉어냈다.

다윈이 훔볼트의 『신변기』를 처음 읽은 건 케임브리지 졸업반일 때였다. 그는 일기장에 "그 책은 내 마음에 불을 질렀다"고 썼다.[16] 다윈은 훔볼트의 책에 큰 감명을 받아 노트에 옮겨 적고는, 식물 채집 여행을 떠날 때마다 식물학 교수인 존 스티븐스 헨슬로John Stevens Henslow와 동급생들 앞에서 크게 읽었다.[17] 1831년 봄이 되자, 다윈은 훔볼트의 책을 너무나 열심히 읽은 나머지 카나리아 제도로 여행가는 계획을 세우고, 심지어 꿈을 꾸기까지 했다.[18]

다윈의 계획은 헨슬로 교수, 대학 친구들 몇 명과 함께 카나리아 제도에 있는 테네리페 섬으로 여행을 떠나는 것이었다. 다윈은 여행 준비에 여념이 없었다.[19] 아침에는 케임브리지 대학교 식물원에 있는 온실로 달려가 야자나무를 유심히 관찰하고,[20] 그 후에는 집으로 돌아와 식물학, 지질학, 스페인어를 공부했다. 훔볼트의 책을 열심히 읽고 또 읽는 한편, 빽빽한 숲과 넓은 평원과 울긋불긋한 산맥의 모습을 마음속에 그렸다.[21] 케임브리지 친구들을 만날 때마다 여행 이야기를 계속 되풀이하자, 그들은 모두 다윈이 제발 빨리 여행을 떠나기를 바라게 되었다.

다윈도 이를 알고 사촌동생에게 "친구들이 그동안 여행 이야기를 계속 듣더니, 이제 신물이 난 것 같아"라고 했다.[22]

1831년 7월 중순, 다윈은 헨슬로 교수에게 쓴 편지에서 "카나리아 여행에 열중하려면, 훔볼트 책을 좀 더 많이 읽으셔야 해요"라고 말했다.[23] 그의 편지에는 열정이 가득했고, 새로 배운 스페인어 표현도 많이 포함되어 있었다. 그런데 갑자기 여행 계획에 차질이 생겼다. 준비가 착착 진행되던 중, 헨슬로 교수가 '할 일이 많고, 아내가 임신을 했다'는 이유로 여행을 취소한 것이다. 게다가 영국의 선박회사들에게 물어보니, "카나리아 제도에 출항하는 배가 별로 없고, 설사 출항하더라도 초여름에만 가능합니다"라고 했다. 카나리아 제도에 가기에는 시기적으로 너무 늦었다는 결론이 나오자, 다윈은 여행을 다음 해로 미룰 수밖에 없었다.

그러나 1831년 8월 29일, 헨슬로 교수의 편지 한 통이 상황을 일시에 반전시켰다.[24] 편지의 내용인즉, 로버트 피츠로이Robert FitzRoy라는 선장이 4주 후 비글호라는 배를 몰고 세계 일주 항해를 떠날 예정인데, 자신과 동행할 점잖은 박물학자 한 명을 물색하고 있다는 거였다.[25] 다윈은 큰 희망에 부풀었다. 세계 일주 여행이라니! 그것은 다윈에게는 테네리페 여행을 능가하는 엄청난 사건이었다. 그러나 아버지가 "비싼 여행비도 대줄 수 없고, 여행도 승낙할 수 없다"고 반대하는 순간, 희망은 절망으로 바뀌었다. 로버트 다윈은 아들에게 이렇게 말했다. "그건 터무니없고 아무짝에도 쓸모없는 짓이야. 세계 여행은 성직자가 되기 위해 거쳐야 하는 코스가 아니란 말이다."[26]

다윈은 좌절했다. 물론 여행비가 제법 비싸기는 했지만, 아버지의 지불 능력을 벗어날 정도는 아니었다. 다윈의 아버지는 성공한 의사인

찰스 다윈

데다, 기민한 투자로 큰돈을 벌어들였다.[27] 다윈의 할아버지들도 가문의 재력과 위상을 드높이는 데 기여했다. 외할아버지 조시아 웨지우드Josiah Wedgewood는 저명한 도예가로, 과학을 제조업에 응용함으로써 도자기 생산을 산업화시켰다. 친할아버지 에라스무스 다윈은 의사 겸 과학자 겸 발명가로, 1794년 발표한 『동물생리학Zoomania』이라는 저서에서 "동물과 인간은 원시바다primordial sea의 작고 가느다란 미생물에서 진화했다"라고 주장했다. 또한 그는 린네의 식물 분류를 「식물들의 사랑」이라는 시로 각색하여 발표함으로써 큰 인기를 얻었다.• 다윈의 가문에서는 조상들의 업적에 대해 긍지와 자부심을 느끼고 있었는데, 찰스 다윈도 이를 의식했음에 틀림없다.

• 훔볼트와 괴테는 1790년대에 이 시를 읽었다.

아버지를 설득하여 여행의 가치를 인정하게 만든 사람은, 외삼촌 조시아 웨지우드 2세였다. 그는 로버트 다윈에게 보낸 편지에서 이렇게 말했다. "찰스가 전문적인 연구에 몰두하고 있는 이상, 그를 방해하는 것은 바람직하지 않습니다. 찰스는 자연사에 관심을 갖고 있으므로, 세계 일주는 그가 과학계에 발자취를 남길 수 있는 좋은 기회가 될 것입니다."[28] 다음 날 다윈의 아버지는 아들의 여행비를 부담하는 데 동의했고, 다윈은 마침내 여행을 떠나게 되었다.

여행을 떠난 지 처음 3주 동안, 비글호가 남쪽으로 내려가면서 특별한 일은 일어나지 않았다. 다윈은 테네리페 섬을 지난 후 기분이 좋아졌고, 날씨가 점점 더 따뜻해지면서 밝은 옷으로 갈아입었다.[29] 다윈은 해파리 등의 해양무척추동물을 잡아 해부하는 데 열중하는 한편, 승무원들과 이야기하는 데도 시간을 할애했다. 다윈과 선실을 같이 쓰는 승무원들 중 한 명은 열아홉 살짜리 보조측량사였고, 나머지 한 명은 열네 살짜리 장교 후보생이었다. 비글호의 승무원은 모두 일흔네 명•이었는데, 그중에는 선원, 목수, 측량사, 도구 제작자는 물론, 미술가와 의사도 있었다.[30]

피츠로이 선장은 스물여섯 살로, 다윈보다 겨우 네 살 위였다.[31] 그는 귀족 가문 출신임에도 불구하고 성장한 후에는 대부분의 시기를 바다에서 보냈으며, 비글호는 두 번째로 탄 배였다. 눈치 빠른 승무원들이 일찌감치 파악한 대로 그는 무뚝뚝하고 곧잘 성질을 내곤 했는데, 특히

• 비글호에는 선교사 한 명과 푸에고 섬 사람Fuegian 세 명도 승선하고 있었다. 푸에고 섬 사람들은 피츠로이 선장이 지난번 항해 때 인질로 잡아, 영국으로 데려갔던 사람들이었다. 그들은 이제 티에라델푸에고로 돌아가던 중이었는데, 선장은 그들이 그곳에 선교지를 건설한 다음, 푸에고 섬 주민들을 기독교로 개종시키기를 바라고 있었다.

이른 아침일수록 더욱 그랬다. 자살한 삼촌이 있었기에, 피츠로이는 내심 자신도 그런 성향이 있을까 우려했다. 피츠로이는 간혹 심한 우울증에 빠졌는데, 다윈은 그럴 때마다 그의 증세가 정신이상에 매우 가깝다고 생각했다. 피츠로이는 '무한한 에너지'와 '조용한 멜랑콜리' 사이를 오락가락했다.[32] 그러나 그는 자연사에 매혹된, 지적이면서도 쉴 새 없이 일하는 성실한 사람이었다.

피츠로이는 정부의 자금 지원을 받는 탐사대를 이끌고 있었는데, 그 목적은 세계 일주 항해를 하며 동일한 기구를 이용하여 모든 지역의 경도longitude를 측정함으로써, 지도와 항해의 표준화를 도모하는 것이었다. 그는 또한 남아메리카 남쪽 해안의 측량을 완료하라는 특명을 받았는데, 이는 남아메리카의 신생 독립국들에 대한 경제적 지배권을 확보하려는 영국 정부의 속셈 때문이었다.

비글호는 전장全長 27미터의 소형 선박이었지만, 수천 개의 고기통조림에서부터 최신 측량장비에 이르기까지 온갖 물자를 가득 싣고 있었다. 피츠로이는 시간과 경도를 측정하기 위해 스물두 개씩이나 되는 크로노미터chronometer가 필요하며, 배를 보호해야 하니 피뢰침도 달아야 한다고 주장했다. 비글호에는 설탕, 럼주, 말린 완두콩, 그리고 괴혈병 치료용 민간요법제(예: 피클, 레몬주스)도 실려 있었다. 다윈은 영국 정부의 엄청난 물량 공세에 놀란 나머지, "선실의 선반에는 빵 한 봉지가 들어갈 만한 공간도 없다"[33]고 항해일지에 썼다.

비글호의 승무원들이 처음 발을 디딘 곳은 산티아고Santiago 섬이었다.[34] 산티아고는 대서양의 카보베르데 제도Cape Verde islands에서 가장 큰 섬으로, 아프리카 서부 해안에서 약 800킬로미터 떨어진 곳에 있었다. 열대섬 해안에 발을 디디자, 다윈의 마음속으로 새로운 인상이 물밀듯 몰려들어왔다. 그것은 혼란스럽고 이국적이며 스릴 있는 순간이었다. 야자나무, 타마린드, 바나나 나무, 둥글납작한 바오밥나무가 다윈의 시선을 독차지하려고 다투는 듯했다. 낯선 새들의 노랫소리가 들리고, 낯선 꽃에 둥지를 튼 낯선 곤충들의 모습이 보였다. 훔볼트와 봉플랑이 1799년 베네수엘라에 도착했을 때 그랬던 것처럼, 다윈은 화산암, 압착된 식물, 해부된 동물, 핀으로 고정된 나방 등을 관찰하면서 '환희와 충격이 뒤범벅된 감정'에 휩싸였다.[35] 곤충과 벌레들을 찾아내기 위해 바위를 후비거나 들추고 나무껍질을 벗길 때마다, 그는 곤충 껍질에서부터 시작하여, 편형동물, 작은 곤충, 심지어 거대한 야자나무 이파리에 이르기까지 모든 것들을 수집했다. 저녁이 되면 전리품을 한아름 안고 만면에 웃음을 지으며 배로 돌아왔다.[36] 그 모습을 본 피츠로이는 "새로운 장난감을 발견한 어린아이 같다"며 너털웃음을 터뜨렸다.[37]

다윈은 고향에 보낸 편지에 "나는 개안수술을 통해 처음으로 시력을 회복한 소경이나 마찬가지다. 처음 구경하는 열대섬의 풍경을 당최 묘사할 수가 없다"라고 썼다.[38] 그의 말에는 일리가 있었다. 산티아고 섬의 풍경이 너무나 생소하고 어리둥절해서, 문장을 어떻게 시작하고 어떻게 끝내야 할지 도무지 알 수가 없었던 것이다. 그런 다윈에게, 훔볼트의 책은 렌즈와 같은 존재였다. 다윈은 훔볼트의 책을 통해 새로운 세상을 내다볼 수 있었다. 그의 항해일지를 살펴보면 '훔볼트의 적확한 묘사에 충격을 받았다'든지, '훔볼트가 이렇게 언급했다'와 같은 구절들을 자주 발견하게 된다.[39] 그는 육촌형 윌리엄 다윈 폭스William Darwin Fox에게 "형이 경험한 걸 제대로 이해하려면, 훔볼트의 『신변기』를 읽어봐"라고 충고했으며, 아버지에게는 "열대의 나라들에 대해 알고 싶으면 훔볼트 책을 읽어보세요"라고 말했다.[40]

홈볼트의 『신변기』 말고 다윈의 아이디어를 형성한 책이 더 있다면, 라이엘의 『지질학 원리』 하나뿐이었다.[41] 그런데 14장에서 언급한 바와 같이, 『지질학 원리』에는 훔볼트의 아이디어가 많이 포함되어 있다. 라이엘은 『지질학 원리』에서 (전 세계의 기후와 식생대를 비롯하여 안데스산맥에 관한 정보에 이르기까지) 훔볼트의 말을 수십 번이나 인용하며, "영겁의 세월 동안 융기와 침강이 매우 느리게 반복되면서 토양이 침식되고 퇴적되어 지구가 형성되었으며, 간간이 화산 분출과 지진이 일어나 연속성이 깨졌다"고 설명했다. 다윈은 산티아고의 절벽을 따라 배열된 암석층을 유심히 관찰해 보고, 라이엘이 책에서 설명한 내용을 모두 이해할 수 있었다.[42] 다윈은 해식절벽sea cliff의 단면 구조를 자세히 들여다보고 산티아고 섬이 형성된 과정을 파악했는데, 그 순서는 다음과 같았다. "까마득히 오랜 옛날 화산이 폭발했고, 그 위에 조개껍데기와 산호로 이루어진 백색층이 형성된 다음, 용암이 분출되어 백색층을 뒤덮었다. 맨 마지막으로 지하에서 모종의 힘이 작용하여 섬을 서서히 밀어올렸다." 백색층이 불규칙하고 굴곡진 것으로 보아 섬이 솟아오른 것은 비교적 최근의 일이며, 라이엘이 언급한 '모종의 힘'은 아직도 작용하고 있는 것으로 보였다. 다윈은 산티아고 섬의 평원을 가로지르며 섬 전체를 두 선각자의 관점에서 바라봤다. 그러면서 동물과 식물은 훔볼트의 관점에서, 암석은 라이엘의 관점에서 해석했다. 그는 비글호에 돌아와 아버지에게 쓴 편지에서, "산티아고 섬의 구석구석을 관찰하며 많은 영감을 얻었어요. 앞으로 자연사에 대해 뭔가 독창적인 연구를 할 수 있을 것 같아요"라고 말했다.[43]

그로부터 몇 주 후인 2월 말 비글호가 브라질의 바히아Bahia(오늘날의 산살바도르)에 도착했을 때도, 다윈의 놀라움은 계속되었다. 모든 게 그저 꿈만 같아서, 마치 『아라비안나이트』에 나오는 장면들을 연상케 했다.[44] 다윈은 아버지에게 쓴 편지에서, "저는 지금 별천지에 와 있어요. 신기하고 아름다운 꽃들이 지천이어서, 정원사들이 보면 기뻐 어쩔 줄 모를 거예요"라고 말했다.[45] 다윈을 흥분시킨 건 흐드러지게 핀 꽃들만이 아니었다. 화려한 나비들이 각양각색의 꽃들을 점령하고 있어, '어느 것을 먼저 볼 건지' '어느 것을 먼저 채집할 건지' 판단할 수가 없었다.

다윈은 열대지방을 제대로 묘사할 수 있는 사람은 훔볼트밖에 없음을 다시금 깨달았다. 고향에 쓴 한 편지에서는 "훔볼트의 책을 읽으면 읽을수록, 그의 재능에 더욱 더 감탄하게 된다"고 말했고, 다른 편지에서는 "전에는 훔볼트를 존경했지만, 이제는 그를 거의 숭배한다"[46]고 말했다. 그리고 항해일지에는 이렇게 썼다. "훔볼트는 나의 등불이자 동아줄이다. 내가 사물을 바라볼 때마다 다른 각도에서 빛을 비춰 새로운 면을 보게 해주고, 내가 동식물 종種을 접할 때마다 다른 동아줄을 내려보내 그것에 매몰되지 않게 해준다."

비글호는 바히아에서 남쪽으로 내려가 리우데자네이루와 몬테비데오를 거친 다음, 포클랜드 제도Falkland Islands, 티에라델푸에고Tierra del Fuego, 칠레에 차례로 들렀다(이후 3년 반 동안 측량의 정확성을 확인하기 위해, 왔던 길을 종종 되돌아가곤 했다). 다윈은 정기적으로 휴가를 신청하고 배에서 내려, 몇 주 동안 내륙으로 여행했다(피츠로이 선장과는 미리 합류 지점을 약속했다). 그는 브라질의 열대우림을 통과하여, 팜파스Pampas에서 가우초gaucho(남아메리카 초원지대의 카우보이—옮긴이)들을 만났다. 파타고니아Patagonia의 황량한 평원 너머로 지평선을 바라보고, 아르헨티나 해안에서는 거대한 화석뼈를 발견했다. 육촌형 폭스에게 쓴 편지에서,

'위대한 방랑자'[47]가 되었노라고 너스레를 떨었다.

다윈이 내륙 여행을 끝내고 비글호에 승선한 후, 항해 경로는 거의 바뀌지 않았다.[48] 아침마다 피츠로이와 만나 함께 식사를 했지만, 식사가 끝난 뒤에는 제각기 볼일을 봤다. 피츠로이는 측량과 서류 작업을 했고, 다윈은 표본을 관찰하며 노트 필기를 했다. 다윈은 선미루 선실에 있는 큰 테이블에서 작업을 했는데, 테이블 위에는 보조측량사가 사용하는 지도가 놓여 있었다. 그래서 다윈은 자신의 현미경과 노트를 테이블 한쪽 구석에 놓아두고, 표본을 해부·라벨링·보존·건조하는 작업을 했다. 비록 공간은 비좁았지만, 다윈은 박물학자로서 일하는 데 조금도 불편함을 느끼지 않았다. 왜냐하면 모든 기자재들이 손 닿는 곳에 있었기 때문이다.[49] 단, 화석뼈나 해파리를 만지는 일은 갑판 위에서 해야 했다.

저녁 식사도 피츠로이와 함께했지만, 간혹 승무원들이 식당에서 벌이는 저녁파티에 초대받아 흥겨운 시간을 보내기도 했다.[50] 비글호가 해안을 따라 남북으로 오르내리며 측량을 하는 동안, 싱싱한 참치, 거북이, 상어, 타조, 아르마딜로 등을 포식할 수 있었다. 아르마딜로의 경우에는 두꺼운 껍질만 없었다면, 모양으로 보나 맛으로 보나 영락없는 오리 고기였다.

다윈은 새로운 인생을 즐겼다. 그는 승무원들에게 인기를 끌었는데, 그들은 다윈을 '철학자' 또는 '딱새'라고 불렀다.[51] 자연을 사랑하는 다윈의 열정은 전염성이 강해, 이내 많은 승무원들이 채집가로 변신하여 다윈의 표본 수집을 도왔다.[52] 그러나 모든 승무원들이 그런 건 아니었다. 한 고참 선원은 갑판을 어질러놓은 다윈에게 "내가 선장이 된다면, 당신과 당신의 추종자들을 당장 쫓아낼 거야"라고 소리쳤다.[53] 비글호가 무역항에 도착하자, 다윈은 화석, 새의 피부, 압착식물로 가득 찬 트렁크를 케임브리지에 있는 헨슬로에게 부치며 고향에 보내는 편지도 동봉했다.[54]

항해가 계속될수록, 다윈은 훔볼트의 저서를 읽을 필요성을 더욱더 절실히 느끼게 되었다. 1832년 4월 리우데자네이루에 도착하자, 다윈은 고향에 있는 형에게 편지를 보내, 훔볼트의 『자연관』을 우루과이의 몬테비데오로 부치게 했다.[55] 나중에 몬테비데오에 도착했을 때 그 책을 수령할 생각이었다. 그런데 그의 형은 『자연관』 대신, 엉뚱하게 『뉴스페인 왕국에 대한 정치적 고찰』과 『아시아의 지질학과 기후』를 보냈다.

비글호 항해 기간 내내, 다윈은 훔볼트와 마음속으로 대화를 나눴다. 그 방법은, 연필을 손에 쥐고 『신변기』를 읽으며 중요한 부분에 밑줄을 긋는 것이었다. 『신변기』는 훔볼트의 경험이 아로새겨진 주형template이나 마찬가지였다. 남반구의 별자리를 처음 봤을 때, 다윈은 훔볼트의 묘사가 떠올랐다.[56] 그리고 며칠 동안 원시림을 탐험한 후 칠레의 평원에 도착했을 때 다윈이 보인 반응은, 훔볼트가 베네수엘라에서 오리노코 강을 탐험한 후 야노스 평원에 들어갔을 때 보였던 반응과 똑같았다. 훔볼트는 『신변기』에서 "울창한 열대우림 속에서 오랫동안 머물렀다 나온 후, 다시 볼 수 있게 된 기쁨을 느낌과 동시에 새로운 감각을 얻었다"[57]고 서술했는데, 다윈은 항해일지에 "원시림에 둘러싸였다 빠져나온 후, 세상을 보는 눈이 새로워지는 것을 느꼈다"고 썼다.[58]

1835년 2월 20일 칠레 남부의 발디비아Valdivia에서 일어난 지진에 대한 다윈의 경험담을 읽어보면, 훔볼트가 1799년 쿠마나에서 지진을 처음 경험한 후 서술한 내용을 요약한 것이나 다름없음을 알 수 있다.•

홈볼트의 책에는 "지진은 오랜 환상을 한순간에 깨기에 충분하다"[59]고 씌어 있는데, 다윈의 항해일지에는 "지진은 가장 오래된 연관성을 즉시 파괴한다"[60]고 적혀 있다.

그런 사례는 부지기수로 많다. 예컨대 다윈은 "켈프kelp는 티에라델푸에고 해안의 먹이사슬에서 가장 중요한 식물이다"라고 말한 적이 있는데, 이는 훔볼트가 "마우리티아 야자나무Mauritia palm는 야노스 평원에서 생명을 퍼뜨리는 핵심 종keystone species이다"[61]라고 말한 것과 유사하다. 다윈의 말은 다음과 같이 계속되었다. "바닷속의 거대한 켈프 숲forest of kelp은 (히드라 모양의 미세한 덩어리에서부터 연체동물, 작은 물고기, 게에 이르기까지) 다양한 생명체들을 지지하고, 이 생명체들은 가마우지, 수달, 바다표범, 그리고 궁극적으로는 원주민들을 먹여 살린다. 열대숲이 파괴되면 생태계가 타격을 입는 것처럼, 켈프가 전멸하면 수많은 종들이 함께 사라지며, 푸에고 섬의 원주민들도 사라지게 될 것이다."[62] 이쯤 되면, 다윈이 자연을 생태계로 이해한 것은 훔볼트 때문이라고 해도 과언이 아니다.

다윈은 자신의 글을 쓸 때, 훔볼트의 과학적 설명과 시적 표현을 본보기로 삼았다. 그의 항해일지를 읽어보면, 내용과 문체가 훔볼트의 『신변기』와 비슷하다는 것을 알 수 있다. 1832년 10월 다윈의 누이는 그의 항해기 첫 부분을 읽어보더니, 단박에 이렇게 꼬집었다. "훔볼트의 책을 너무 많이 읽은 게로군. 그의 어법과 화려한 프랑스어 표현이

• 전체적인 내용을 읽어보면 더욱 비슷하다. 훔볼트의 책에는 "땅은 오래된 토대 위에서 흔들리고 있는데, 우리는 그 토대가 매우 안정적이라고 생각했었다"고 씌어 있고, 다윈의 항해일지에는 "단단함의 상징인 세상이 발밑에서 움직인다"고 적혀 있다. 또한 훔볼트는 "우리는 오랫동안 확신을 갖고 단단한 땅 위에 발을 디뎌왔지만, 이제 처음으로 그것을 불신하게 되었다"고 서술했고, 다윈은 "이상하게도, 단 1초 만에 불안감이 마음속에 자리 잡았다"라고 썼다.

곳곳에서 눈에 띄니 말이야."[63] 다른 사람들은 노골적으로 지적하지 않고, '훔볼트를 방불케하는 생생한 묘사가 돋보인다'는 식으로 에둘러 말했다.[64]

다윈은 훔볼트에게서 "자연계를 지질학적·동물학적 측면에서 폐쇄적으로 바라보지 말고, 다양한 측면에서 두루두루 바라보라"는 가르침을 받았다. 두 사람 모두 미시적 시각과 거시적 시각을 겸비한, 보기 드문 인물이었다. 그들은 매우 세부적인 부분(예: 조그만 이끼 덩어리, 매우 작은 딱정벌레)에 집중했다가, 한 걸음 뒤로 물러서서 여러 부분들을 포괄적으로 비교하는 작업을 했다. 이처럼 유연한 시각 때문에, 두 사람은 세상을 완전히 새로운 방법으로 이해할 수 있었다. 세포 수준에서부터 개체군 수준에 이르기까지, 아득한 과거에서부터 먼 미래에 이르기까지, 그들의 시각은 시공을 넘나들었다.

영국을 떠난 지 4년 남짓 지난 1835년 9월, 비글호는 마침내 남아메리카를 벗어나 세계 일주 항해에 본격 돌입했다. 그들은 리마를 출발하여, 에콰도르 해안에서 서쪽으로 약 1,000킬로미터 떨어진 갈라파고스 제도에 도착했다. 갈라파고스 제도는 특이한 무인도의 집합체로, 그곳에 사는 파충류와 조류들은 온순하고 사람을 봐도 잘 도망치지 않아, 마음만 먹으면 쉽게 잡을 수 있었다.[65] 다윈은 거기서 암석과 지질학적 형성물을 조사하고, 핀치와 흉내지빠귀를 수집하며, 섬을 배회하는 거대 거북의 사이즈를 측정했다. 그러나 갈라파고스 제도가 진화이론에 얼마나 중요한지가 밝혀진 건, 나중에 영국으로 돌아가 수집품들을 분석한 뒤였다. 비록 당시에는 깨닫지 못했지만, 다윈에게 있어서 갈라파고스 제도는 인생의 전환점이었다.

비글호는 갈라파고스에서 5주 동안 머문 후, 텅 빈 남태평양을 가로질러 타히티를 거친 다음 뉴질랜드와 호주를 차례로 방문했다. 호주 서해안에서 출발하여 인도양을 건넌 후, 남아프리카 남단을 휘돌고 나서 대서양을 건너 남아메리카로 돌아왔다. 마지막 몇 개월 동안은 누구에게나 힘들었다. 다윈은 항해일지에, "향수병에 걸린 영웅들이 우글거리는 배는 처음 봤다"라고 썼다.[66] 몇 주 동안 영국 상선들과 마주쳤을 때가 가장 위험했다.[67] 다윈은 갈고리를 던져 비글호와 상선을 연결한 후, 후다닥 건너뛰고 싶은 충동을 느꼈다. 자그마치 5년씩이나 육지를 떠나 있었으니, 푸르고 살기 좋은 영국 땅을 꿈꿨던 건 당연했다.

인도양에 이어 대서양을 건넌 후인 1836년 8월 1일, 비글호는 영국을 향해 북상하기에 앞서서 마지막으로 브라질 바히아에 잠깐 닻을 내렸다. 그곳은 1832년 말 비글호가 남아메리카에 처음으로 정박했던 곳이므로, 다윈의 감회가 남다를 것 같았지만 천만의 말씀이었다. 항해에 대한 애정은 다 사라지고, 얼른 고향에 돌아가고 싶을 뿐이었다. 브라질 열대우림의 이국적인 꽃들보다, 영국 공원의 위풍당당한 마로니에가 더 보고 싶었다.[68] 그는 누이에게 보낸 편지에서, 항해에 대해 오락가락하는 마음을 이렇게 표현했다. "맹세컨대 나는 이제 바다라면 지긋지긋해. 그 위에 떠있는 배들도 다 꼴보기 싫어!"

9월 말에 비글호는 북대서양의 아조레스를 지나 영국을 향해 접근했다. 항해 첫날과 마찬가지로, 다윈은 뱃멀미 때문에 선실에 처박혀 오도가도 못했다. 지금쯤이면 뱃사람이 다 됐을 법도 한데, 아직도 바다의 리듬에 적응하지 못하고 신음하고 있었다. 그는 파도라면 다 싫어했다.[69] 해먹에 누워 항해일지에 마지막 관찰 내용을 적으며, 5년간 적었던 내용을 죽 훑어봤다. 자연 경관에 대한 첫 인상은 종종 선입관에 의해 형성되곤 하는데, 그의 표현 중에서 상당 부분은 『신변기』의 생생한 묘사

에서 영향받은 것임을 스스로도 느낄 수 있었다.[70]

1836년 10월 2일, 영국을 떠난 지 거의 5년 만에 비글호는 콘월Cornwall 남쪽 해안의 팰머스Falmouth 항구에 입항했다.[71] 피츠로이 선장에게는 마지막 과제가 하나 남아 있었는데, 그것은 플리머스로 회항하여 전과 동일한 위치에서 경도 측정을 한 번 더 하는 것이었다. 그러나 다윈은 팰머스에서 하선하는 쪽을 택했다. 가족들을 한시라도 빨리 보고 싶어, 슈루즈베리Shrewsbury로 가는 마차를 기다리는 시간이 너무나 길게 느껴졌다.

마차가 덜컹거리며 북쪽으로 가는 동안 창밖을 내다보니, 들쭉날쭉한 나무 울타리에 둘러싸인 짜깁기 모양의 들판이 눈에 들어왔다. 들판은 전보다 훨씬 더 푸르게 보였지만, 자신의 관찰을 확인하기 위해 다른 승객들에게 물었다가 영문도 모른 채 따가운 눈총만 받았다.[72] 48시간 동안 꼬박 마차를 타고 밤늦게 슈루즈베리에 도착하여, 아버지와 누이들을 깨우지 않을 요량으로 살그머니 집안에 들어갔다. 다음 날 아침밥을 먹으려고 방에 들어가니, 가족들은 저마다 자기 눈을 의심했다. "찰스가 멀쩡하게 살아 돌아왔네. 그런데 좀 야윈 것 같아"라고 누이가 말했다.[73] 할 말은 많았지만, 다윈은 슈루즈베리에 며칠밖에 머물 수 없었다. 런던으로 가서 비글호에 실린 트렁크를 돌려받아야 하기 때문이었다.[74]

다윈이 귀국했을 때 여전히 윌리엄 4세가 영국을 통치하고 있었지만, 다윈이 없는 동안 중요한 법안 두 건이 의회를 통과했다. 1832년 6월에는 엄청난 정치적 전쟁을 치른 후 논란 많은 선거법 개정안Reform Bill이 통과되었는데, 그것은 민주주의를 향한 커다란 첫걸음이었다. 그 법안은 산업혁명으로 성장한 도시들에게 처음으로 하원 의석을 할당했으며, 부유한 지주에게서 중상층upper middle class으로 선거권을 확대했다. 법안을 지지했던 다윈의 가족은 비글호 항해 기간 동안 편지를 통해 의회에서 벌어지는 논쟁들을 다윈에게 성심성의껏 실시간으로 생중계했다. 다윈이 칠레에 머무르던 1834년 8월에는 노예제폐지법안Slavery Abolishing Act이 통과되었다. 노예무역은 1807년에 이미 금지되었지만, 노예제폐지법이 선포됨으로써 대영제국의 대부분 지역에서 노예제가 금지되었다. 오랫동안 노예제 반대 운동에 가담했던 다윈 가문과 웨지우드 가문은 기뻐했다. 남아메리카 탐험 이후 줄기차게 '인간이 같은 인간을 노예화해서는 안 된다'고 맹렬히 주장해 왔던 훔볼트 역시 마찬가지였다.

그러나 다윈에게 가장 중요한 것은 과학계 소식이었다. 그는 이미 확보한 충분한 자료를 바탕으로 수많은 저서를 출간할 준비를 갖추었다. 그의 트렁크에는 새, 동물, 곤충, 식물, 암석, 거대한 화석뼈 등 다양한 표본들이 가득했고, 그의 노트에는 관찰 내용과 아이디어가 빼곡히 들어 있었다. 다윈은 이제 과학계에서 자신의 위치를 확립하고 싶었다. 이미 몇 달 전, 남대서양의 외딴섬 세인트헬레나에서 옛 스승 헨슬로에게 편지를 보내, 지질학회에 들어갈 수 있게 손을 써달라고 부탁해 놓았다.[75] 다윈은 과학자들을 만나 자신의 '보물'을 자랑하고 싶은 마음이 굴뚝 같았고, 그렇잖아도 편지와 보고서를 통해 비글호 탐사자료를 접했던 과학자들은 다윈을 만나고 싶어했다. 다윈은 후에, "비글호 항해는 내 인생에서 가장 중요한 사건이었으며, 내 경력 전체를 결정했다"고 말했다.[76]

다윈은 런던에서 집필에 몰두함과 동시에, 왕립협회, 지질학회, 동물학회에서 개최하는 모임에 참석하기 위해 이곳저곳 분주하게 돌아다냈다. 그는 해부학자와 조류학자를 비롯한 최고의 과학자들에게 자신의 수집품들을 보여주며, 화석·어류·파충류·포유류를 분류해 달라고 요청했다.• 그가 당면한 프로젝트 중 하나는 곧 출판될 저서를 편집하는 것이었다.[77] 1839년 『비글호 항해기』가 발간되자 다윈은 유명해졌다. 그는 식물, 동물, 지질학에 대한 내용은 물론 하늘의 색깔, 빛의 감각, 공기의 고요함, 실안개까지도 언급하여, 마치 화가의 활기 넘치는 붓놀림을 연상케했다. 훔볼트와 마찬가지로, 다윈은 원주민에 관한 과학적 데이터와 정보를 제공함과 동시에 자연에 대한 정서적 반응을 전달하려고 노력한 흔적이 역력했다.

1839년 5월 중순 『비글호 항해기』 1쇄가 인쇄되어 나오자, 다윈은 그중 한 권을 베를린에 있는 훔볼트에게 보냈다. 자신의 우상에게 책을 보내는 데 신경이 쓰여, 미사여구가 잔뜩 적힌 편지를 한 통 첨부했다. "제가 세계 일주 여행을 하게 된 것은 순전히 훔볼트 선생님의 남아메리카 탐험기 때문입니다. 외람된 말씀이오나, 『신변기』에 나오는 문장들을 수도 없이 베껴 썼더니, 주옥 같은 구절들이 나도 모르게 내 마음속에 각인되었습니다."[78] 증정본을 어디어디에 보내야 하는지 몰라, 한 친구에게 "프로이센 왕과 러시아제국 황제에게도 보내야 하나?"라고 물어봤다.[79]

결과적으로, 다윈은 괜한 걱정을 한 셈이었다. 『비글호 항해기』를 받아든 훔볼트에게서 장문의 답장을 받는 순간, 다윈의 걱정은 눈 녹듯 사라졌다. "탁월하고 경탄할 만한 책일세. 만약 내 책이 『비글호 항해기』

• 또한 다윈은 영국 정부의 자금 지원을 받아 『H.M.S 비글호 항해 동물학』을 출판했는데, 훔볼트가 출판한 멋진 동물학 서적에 비하면 약소한 수준이라며 몸을 낮췄다.

에 영감을 줬다면, 감사할 사람은 자네가 아니라 외려 나일세. 자네는 장래가 촉망되는 과학자야."[80] 당대에 가장 유명한 과학자가 서른세 살의 다윈을 일컬어 '과학의 앞날을 밝히는 횃불'이라고 추켜세운 건 빈말이 아니었다. 다윈보다 무려 마흔 살이나 위였지만, 훔볼트는 그가 자신과 동류同類임을 단박에 알아봤던 것이다.

하지만 훔볼트의 편지는 칭찬 일색이 아니었다. 그는 『비글호 항해기』를 정독하며, 미진한 내용이 나올 때마다 일일이 코멘트를 달며 쪽수를 명기하고, 구체적인 사례를 들어가며 반론을 제기했다. 게다가 "다윈의 책은 지금껏 내가 살아오는 동안 출판된 책들 중에서 가장 괄목할 만한 책입니다"[81]라는 내용의 서한을 지리학회에 보냈는데, 이 서한은 모든 지리학자들이 읽도록 지리학회지에 게재되었다. 다윈은 훔볼트의 열성에 큰 감명을 받아 다시 편지를 썼다. "그렇게 공개적으로 칭찬을 해주시니 몸 둘 바를 모르겠습니다. 제게 그런 칭찬은 과분합니다. 제 인생에서 이보다 더 기쁜 일은 없을 것입니다."[82] 나중에 훔볼트가 앞장서서 "『비글호 항해기』의 독일어판을 시급히 발간해야 한다"는 주장을 제기하자, 다윈은 너무 황송해서 쥐구멍에라도 들어가고 싶은 심정이었다.[83]

다윈은 연구에 미친 사람이었다. 그는 산호초와 화산에서부터 지렁이에 이르기까지, 광범위한 주제를 다뤘다. 그는 옛 스승이자 친구인 헨슬로에게 "한나절 동안이라도 연구를 하지 않으면 좀이 쑤셔 견딜 수 없습니다"라고 말했다.[84] 그는 너무 다혈질이어서, 뭔가 엽기적인 걸 발견할 때마다 심장박동이 비정상적으로 증가했는데, 갈라파고스 제도에서 가져온 조류도 그를 흥분시킨 것 중 하나였다.[85] 다윈은 그 조류를 분석하면서, '종은 진화한다'는 아이디어를 심사숙고하기 시작했다.[86]•

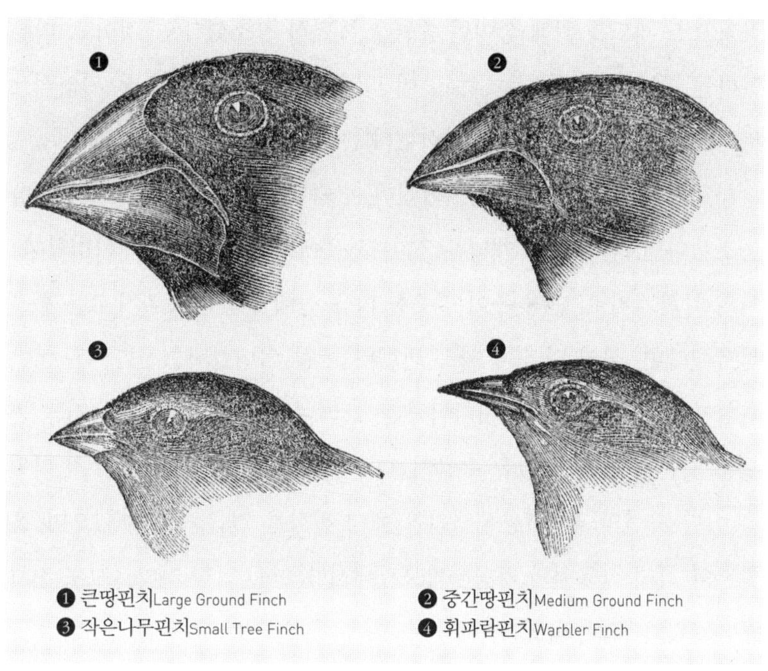

갈라파고스 제도에서 발견된 다윈의 핀치들

다윈이 처음에 생각했던 것과 달리, 여러 섬에서 수집한 핀치와 흉내지빠귀 들은 본토에서 흔히 볼 수 있는 핀치나 흉내지빠귀 들과 근본적으로 달랐다. 즉, 그들은 익숙한 새의 단순한 변이체variation가 아니었던 것이다. 영국의 조류학자 존 굴드John Gould는 이 사실을 확인하고, 그들을 이종different species으로 규정했다. 다윈은 한 걸음 더 나아가, 갈라파고스 제도의 여러 섬에는 각각 고유종endemic species이 존재한다는 사실을 밝혔다.[87] 그런데 그 섬들은 비교적 최근에 일어난 화산 활동에서 기인하므로, 가능한 설명은 딱 두 가지밖에 없었다. 하나는 '신이 갈

• 당시에는 진화evolution 대신 종 변이transmutation of species라는 용어가 사용되었다.

라파고스 제도를 위해 상이한 종들을 특별히 창조했다'는 것이고, 다른 하나는 '공통 조상common ancestor이 각각의 섬들로 이주한 후 지리적으로 격리되어 상이한 종들로 진화했다'는 것이다.

다윈의 설명은 가히 혁명적이었다. 만약 신이 태초에 식물과 동물을 창조했다면, 진화라는 개념은 신이 처음에 실수했다는 걸 의미할까? 이와 마찬가지로, 만약 종이 멸종한 다음 신이 연속적으로 새로운 종을 창조했다면, 신의 마음이 계속 변했다는 걸 의미할까? 진화론은 많은 과학자들을 경악시킨 아이디어였다. 그러니 진화(종 변이)를 둘러싼 논쟁이 당분간 불을 뿜었을 수밖에. 다윈의 할아버지인 에라스무스 다윈은 이미 자신의 저서 『동물생리학』에서 진화를 언급한 적이 있으며, 훔볼트와 파리 식물원의 자연사박물관에서 안면을 익힌 라마르크도 진화론을 주장한 적이 있었다.

라마르크는 19세기의 처음 십 년 동안, "생물은 환경의 영향을 받아 진보적 궤적progressive trajectory을 따라 변화할 수 있다"고 주장했다.[88] 다윈이 비글호 항해를 시작하기 1년 전인 1830년, 파리 과학아카데미에서는 가변적인 종mutable species과 고정된 종fixed species을 둘러싸고 치열한 전투가 벌어졌다.* 독일에 머무르던 훔볼트는 간혹 파리를 방문할 때마다 아카데미에 들러 격렬한 논쟁에 참여했다.[89] 그는 이미 20여 년 전 발표한 저서 『자연관』에서, 종의 점진적 변형gradual transformation of species을 언급한 적이 있었다.[90]

• '고정된 종'의 배후에는 '동물과 식물은 멸종하며, 신이 정기적으로 새로운 종을 창조한다'고 믿는 사람들이 있었다. 그에 반해 '가변적인 종'을 주장하는 사람들은 청사진blueprint 또는 통일성unity이라는 개념을 내세우고, 그것이 특별한 환경에 적응할 때 '이종'이 발생한다고 주장했다. '이종'이란 괴테가 말한 원형urform이 바뀐 것을 말한다. 예컨대 그들은 박쥐의 날개나 돌고래쥐porpoise의 물갈퀴는 모두 앞다리가 변해서 된 것이라고 주장했다.

다윈 역시 '고정된 종'이라는 아이디어가 잘못된 것임을 확신하고 있었다. 모든 것은 끊임없이 변화한다. 훔볼트가 말했던 대로, '지구가 변화한다면 땅과 바다도 움직일 것이며, 기온이 상승하거나 하락한다면 모든 생물체가 변화할 것'[91]이라고 다윈은 생각했다. 만약 환경이 생명체의 발생에 영향을 미친다면, 과학자들은 기후와 서식지를 좀 더 면밀히 조사할 필요가 있다. 따라서 다윈은 최소한 식물계를 대상으로 하여 '생명체가 지구상에 어떻게 분포하는가'에 초점을 맞추고, 식물지리학을 창조법칙law of craetion의 핵심으로 간주했다.[92]

훔볼트는 상이한 대륙과 상이한 기후별로 식물군을 비교·검토하여 식생대를 발견했다. 설사 바다나 산맥에 가로막혀 있더라도, 환경이 유사하면 유사한 식물들이 서식한다는 것을 알았다.[93] 그러나 훔볼트는 매우 혼란스러웠다. 왜냐하면 이 같은 대륙 간 유사성에도 불구하고, 환경이 비슷하다고 해서 비슷한 식물이나 동물이 반드시 서식하는 것은 아니었기 때문이다.[94] 다윈은 『신변기』를 읽으며 훔볼트가 제기한 의문들에 주목했다. "남아메리카의 새들이 인도의 새들보다 화려한 색상을 갖고 있는 이유는 뭘까? 호랑이는 왜 아시아에서만 발견될까? 거대한 악어떼가 오리노코 강 하류에서만 발견되고 상류에서는 발견되지 않는 이유는 뭘까?" 다윈은 이런 의문들이 제기될 때마다, 『신변기』의 여백에 다음과 같은 코멘트를 달았다. "파타고니아와 비교해 볼 것" "파라과이의 경우임" "과나코Guanaco도 마찬가지임" "맞음" "!".

라이엘과 같은 과학자들은 "먼 거리에서 발견되는 유사한 식물들은 여러 창조중심center of creation에서 생성되었다"고 설명했다. 다시 말해서, 신은 소위 다중창조multiple creations를 통해, 여러 지역에서 동시다발적으로 비슷한 종을 만들었다는 것이다. 다윈은 이 같은 설명에 반대하며, 훔볼트의 『신변기』에 나오는 이동migration이나 분포distribution와 같은 개념을 이용하여 자신의 아이디어를 뒷받침했다. 그는 훔볼트의 저서에 밑줄을 긋거나 코멘트를 달거나 색인을 붙이고, 면지(책의 커버 안쪽에 붙어 있는 종이—옮긴이)에 '카나리아 제도 식물의 지리학을 연구할 때는 이 책의 ○○ 페이지를 참고할 것'과 같은 메모를 적어놓고, 별도의 노트에 '훔볼트의 △△이론을 연구할 것', '『신변기』 VI권을 참고할 것'과 같은 메모를 적어놓았다. 『신변기』 VI권에 필요한 정보가 없을 때는, '단, □□에 대해서는 해당사항 없음'과 같은 단서를 달았다.

종 이동species migration은 다윈의 진화이론에서 핵심축으로 부상했다. 종 이동이 연관종related species을 지구 전체에 퍼뜨린 과정은 무엇일까? 이 질문에 대한 답을 찾기 위해, 다윈은 많은 실험을 실시했다. 예컨대, 식물이 바다를 건넜을 가능성을 조사하기 위해, 씨앗이 소금물 속에서 생존하는 비율을 측정했다. 훔볼트가 "피코델테이데의 경사면에서 서식하는 참나무가 티벳에서 자라는 참나무와 비슷하다"고 지적하자, 다윈은 "도토리는 어떻게 운반되었을까? 피전Pidgeon 가문은 곡식을 노퍽Norfolk으로 운반하고, 옥수수를 보드카로 만들었다는데…"라며 의아해했다. 다윈은 훔볼트의 책에서 "설치류가 브라질 너트의 단단한 껍질을 깨며, 원숭이, 앵무새, 다람쥐가 씨앗을 놓고 다툰다"는 내용을 읽고, '아, 이렇게 운반되었구나!'라는 글귀를 여백에 갈겨썼다.

훔볼트는 '식물의 움직임'을 둘러싼 수수께끼가 쉽사리 해결되지 않을 거라고 믿었지만, 다윈은 끝까지 물고 늘어졌다. 훔볼트는 『신변기』에서, "식물과 동물의 지리학을 연구하는 것은 존재의 기원을 조사하는 것과 다르다"고 말했다. 다윈이 이 문구를 읽고 어떤 생각을 했는지는 확실치 않지만, 그가 무슨 행동을 시작했는지는 분명하다. 그는 종의 기원을 파헤치기 시작했던 것이다.

다윈은 또 하나의 주제인 공통 조상에 대해 생각하기 시작했다. 훔볼트는 이 주제에 대해 풍부한 사례를 제시했다. 훔볼트는 "오리노코 강의 악어들은 유럽산 도마뱀의 확대판이며, 가정용 애완동물들은 호랑이나 재규어의 축소판"이라고 말했다.[95] 그러나 문제는 '그러한 종 변이가 일어난 이유가 뭔가?'였다. 어떤 요인이 종 변이를 촉발시켰을까? 종변이 이론transmutation theory의 주창자 중 한 명인 프랑스의 과학자 라마르크는 "환경이 사지limb를 날개로 변화시켰다"고 주장했지만, 다윈은 그건 말도 안 되는 소리라고 생각했다.[96]

다윈은 그 해답을 자연선택natural selection이라는 개념에서 찾았다. 1838년 여름, 그는 자연선택의 아이디어를 형성하는 데 도움이 되는 책을 한 권 읽었다. 그것은 영국의 경제학자 토머스 맬서스Thoman Malthus가 쓴 『인구론』이었다.[97] 다윈은 맬서스의 암울한 예측, 즉 "전쟁, 기근, 전염병과 같은 제어요인이 개체 수를 조절하지 않으면, 인구는 식량 공급보다 빠르게 증가한다"는 구절을 읽었다. 맬서스는 "한 종의 생존 여부는 자손을 얼마나 많이 낳느냐에 달렸다"고 말했는데, 이는 훔볼트가 언급한 내용이기도 했다.[98] 그는 『신변기』에서, "거북이가 생존하기 위해 엄청나게 많은 알을 낳는다"고 서술했다. 다시 말해서, 씨앗과 알은 어마어마하게 많이 생성되지만, 그중에서 살아남아 성체adult가 되는 것은 극소수에 불과하다는 것이다. 다윈에게 자연선택 이론의 실마리를 제공한 사람이 맬서스라는 것은 의심의 여지가 없는 사실이다. 그러나 그보다 훨씬 전에 다윈이 훔볼트의 책을 읽었을 때 이론의 씨앗이 뿌려졌음을 간과해서는 안 될 것이다.

훔볼트는 식물과 동물이 상호간에 개체 수를 제한하는 방법을 논하며, 장기간 지속되는 공간 및 영양소 쟁탈전을 지적했다.[99] 그건 한마디로 냉혹한 전쟁이었다. 훔볼트는 정글에서 마주친 동물들에 대해, "서로 두려워하기만 할 뿐, 힘을 합치거나 자비를 베푸는 등의 사례는 거의 찾아볼 수 없었다"고 말했다.[100] 그것은 다윈의 자연선택 개념이 탄생하는 데 필수적인 요소였다.

훔볼트는 오리노코 강에서 노를 저으며, 세계에서 가장 큰 설치류인 카피바라의 개체군역학population dynamics을 주목한 적이 있었다. 카피바라가 얼마나 빨리 번식하는지를 관찰함과 동시에, 육지에서는 재규어가 카피바라를 얼마나 빨리 뒤쫓는지, 강에서는 악어가 카피바라를 얼마나 빨리 잡아먹는지도 관찰했다. "재규어나 악어와 같은 강적들이 없었다면, 카피바라 개체 수는 순식간에 급증했을 것"이라고 그는 말했다.[101] 그는 또한, 재규어가 테이퍼를 빨리 추격하는 장면과, 원숭이가 그 장면을 목격하고 비명을 지르는 장면도 서술했다.

다윈은 훔볼트의 『신변기』 V권을 읽다가, 여백에 연필로 이렇게 적었다. "아름답고 조용한 열대우림 속에서 매시간 대량학살이 벌어짐. 양성제어positive check의 위력." 다윈이 자연선택의 개념을 처음으로 명시한 곳은 그의 논문이나 저서가 아니라, 훔볼트의 『신변기』 여백이었다.

1838년 9월, 다윈은 자신의 노트에 "모든 식물과 동물들은 복잡한 관계망web of relations을 통해 긴밀하게 엮여 있다"고 적었다.[102] 관계망이란 훔볼트가 말한 생명망과 같은 개념이지만, 다윈은 한 걸음 더 나아가 그것을 계통수tree of life로 전환시켰다. 계통수란 모든 생명체를 아우르는 개념으로, 멸종한 종과 새로운 종까지 모두 포함한다. 다윈은 1839년 진화이론을 뒷받침하는 기본적 아이디어를 대부분 형성했지만, 그로부터 자그마치 20년 동안 연구에 연구를 거듭하여, 1859년 11월

마침내 『종의 기원』을 발간했다.

『종의 기원』의 마지막 절을 보면, 다윈이 『신변기』를 읽다가 밑줄을 그었던 부분에서 영감을 얻었음을 알 수 있다.[103] 훔볼트는 『신변기』에서 새와 곤충 등의 동물로 가득 찬 덤불을 생생하게 묘사했는데,• 다윈은 그것을 유명한 '얼기설기 얽힌 강둑'의 메타포로 전환시켰다.

> 온갖 생물들이 복잡하게 얽히고설킨 강둑을 생각해 보면 매우 흥미로울 것이다. 수많은 식물종, 덤불 위에 앉아 지저귀는 새들, 이리저리 날뛰는 다양한 곤충들, 그리고 축축한 토양 속에서 기어 다니는 벌레들…. 정교하게 설계된 생물들은 각각 현저히 다르지만, 매우 복잡한 방식으로 서로 의존하고 있다. 그들은 제각기 태어난 것이 아니라, 우리 주변에서 작동하는 자연법칙에 의해 형성되었다.[104]

뉴턴이 거인의 어깨에 올라섰던 것처럼, 다윈도 훔볼트의 어깨 위에서 있었던 것이다.

• 훔볼트는 『신변기』에 다음과 같이 썼다. "숲속의 덩치 큰 동물들은 덤불 속에 은둔하며 사냥감을 기다리고, 새들은 나뭇잎이나 바위 틈에 가만히 숨어 있다. 그러나 이처럼 외견상 조용한 가운데서도, 귀를 쫑긋 세워 공기가 전해주는 미미한 소리에 귀를 기울여 보라. 그러면 우리는 희미한 진동, 지속적인 속삭임, 곤충의 웅웅거림이 대기의 하층부를 가득 채우고 있음을 알 수 있다. 인간으로 하여금 생물의 힘과 세력권을 이만큼 잘 느끼게 해주는 경우는 없을 것이다. 무수히 많은 곤충들이 토양 위를 기어 다니는가 하면, (뜨거운 햇빛에 바싹 마른) 식물 주변에서 날개를 파닥인다. 썩은 나무등걸에서부터 바위의 갈라진 틈, 그리고 (도마뱀, 노래기, 무족영원류caecilian가 돌아다니는) 땅바닥에 이르기까지, 모든 장소에서 온갖 소음들이 뒤섞여 흘러나온다. 자연계에서 들려오는 소리들은 많지만, 그것들이 우리에게 전해주는 메시지는 단 하나! 생명은 세상 어디에나 골고루 퍼져 있으며, 살아 숨쉬고 있다는 것이다. 건조하고 갈라진 토양이 됐든, 깊은 물속이 됐든, 우리 주변을 순환하는 공기 속이 됐든 말이다.

18
훔볼트의 코스모스

훔볼트는 1834년 10월, "나는 광기狂氣에 사로잡혀, 한 권의 책으로 우주 전체를 설명하겠다"고 선언했다.[1] 먼 우주에 떠 있는 성운nebula에서부터 바위에 붙어 있는 한 줌의 이끼까지, 시와 풍경화에서부터 인류의 역사까지, 하늘과 땅에 존재하는 모든 것들을 아우르는 책을 쓰는 것이 그의 바람이었다. "자연에 관한 책은 자연 그 자체와 같은 감동을 줘야 한다"고 그는 말했다.[2]

훔볼트는 예순다섯 살의 나이에, 가장 영향력 있는 저서 『코스모스 *Kosmos. Entwurf einer Physischen Weltbeschreibung*』를 쓰기 시작했다. 그는 베를린에서 행한 일련의 강연 자료들을 기반으로 하여, 그토록 힘들여 수집한 러시아 탐험 자료까지도 집필에 사용했다. "엄청난 노력을 수반하는 『코스모스』는 그동안 내가 가슴속에 품어 왔던 검劍이다. 이제 곧 검을 뽑아, 일생일대의 걸작을 남기려 한다"고 그는 말했다.[3] '코스모스'

는 아름다움beauty과 질서order를 의미하는 그리스어 코스모스에서 유래하는데, 질서 정연한 체제ordered system인 우주를 지칭하기도 한다. 홈볼트는 코스모스를 우주와 지구를 포괄하는 캐치프레이즈로 사용했다.[4]

1834년은 과학자scientist라는 용어가 처음 만들어진 해로,• 과학이 처음으로 전문화professionalization됨과 동시에 상이한 과학분야scientific discipline가 명확히 구분된 해이기도 하다. 그러나 훔볼트는 그와 정반대의 책을 쓰기 시작했다. 과학이 자연을 벗어나 연구실과 대학으로 들어가면서 뚜렷이 구분되는 분야들로 나뉘고 있는 가운데, 훔볼트는 모든 분야들을 통합하는 저서를 집필하기 시작한 것이다.

훔볼트는 『코스모스』에서 방대한 주제들을 다루며, 상상할 수 있는 분야라면 모두 가리지 않고 파고들었다. 하지만 자신이 모든 것을 알고 있지 않을 뿐더러 그럴 수도 없음을 인지하고, 과학자, 고전학자, 역사학자 등 다양한 전문가들에게 도움을 요청했다. 여행 경험이 많은 영국의 식물학자들은 즐거운 마음으로, 자신들이 방문했던 나라에서 입수한 기다란 식물 목록을 그에게 보내줬다. 천문학자들은 자신들이 보유한 데이터를 넘겨줬고, 지질학자들은 지도를 제공했으며, 고전학자들은 고문헌의 해석을 도왔다. 프랑스에 머물고 있는 오랜 지인들도 유용하기는 마찬가지였다. 예컨대 프랑스의 한 탐험가는 폴리네시아의 식물에 대한 원고를 보내줬고, 아라고와 같은 절친한 친구들은 정기적으로 도움을 제공했다. 훔볼트는 어떤 때는 '어느 책에서 몇 페이지를 참고해야 하나요?'와 같은 단발성 질문을 던지기도 하고, 어떤 때는 기다

• 1834년, 영국의 박식가polymath 윌리엄 휴얼William Whewell은 「쿼털리 리뷰」라는 잡지에 메리 서머빌의 『물리학의 통합에 관하여』에 관한 서평을 기고했는데, 여기서 과학자라는 말을 처음으로 사용했다.

란 질문지를 작성하여 보내기도 했다.

여러 장章들이 완성되면, 조력자들에게 교정지를 보내 누락된 내용을 보충하거나 잘못된 내용을 바로잡아 달라고 요청했다. 또한 조력자들에게 특정 데이터나 정보를 요청하여 취합했다. 홈볼트는 정확성에 많은 신경을 썼으므로, 여러 전문가들에게 각 분야별 수치를 수시로 확인했다. 팩트에 대한 갈증이 늘 해소되지 않아, 중국의 선교사에게 연락하여 중국인들의 유제품 선호도를 문의하는가 하면, 네팔의 통신원에게 연락하여 야자나무 품종이 몇 가지나 되는지 알아봤다. "나는 일종의 강박관념이 있어서, 어떤 사물이든 내가 설명할 수 있을 때까지 집중적으로 분석한다"고 그는 말했다.[5] 그는 수천 통의 편지를 보내고, 방문객들을 만날 때마다 궁금한 사항을 꼬치꼬치 캐묻곤 했다. 예컨대, 식물학과 지질학에 문외한인 소설가 한 명은 최근 알제에 다녀온 후, 홈볼트가 알제리의 암석, 식물, 지층에 대해 묻는 바람에 큰 곤욕을 치렀다. 홈볼트는 어느 방문객도 가만히 놔두는 법이 없었다.[6]

질문을 받은 사람들이 답장을 보낼 때마다, 수많은 지식과 데이터들이 베를린을 향해 파상적으로 밀려들어왔다. 홈볼트는 매달 도착하는 새로운 자료들을 읽고 이해하고 분류하고 통합했다. 그러다 보니 일정이 진행될수록 작업량은 점점 더 늘어났다. 지식의 양이 홍수처럼 불어나자, 홈볼트는 출판자에게 "자료가 내 수중에서 계속 번식하고 있어요"라고 말했다.[7]

『코스모스』는 일종의 부정형不定形 프로젝트여서, 자칫하면 완료되지 못할 수도 있었다. 방대한 데이터를 모두 다루려면, 자료의 수집 및 분류 과정을 완벽하게 조직화하는 수밖에 없었다. 홈볼트는 자료들을 주제별로 나눠 별도의 봉투에 집어넣은 후, 몇 개의 박스에 나눠 보관했다. 그러고는 편지를 받을 때마다 중요한 정보를 오려내어, 해당 분야의 봉투에 집어넣었다. 봉투 속에는 신문 스크랩, 책에서 뜯어낸 낱장, (숫자, 인용구, 간단한 그림이 그려진) 메모지 등도 함께 집어넣었다. 예컨대 하나의 박스에는 지질학 관련 자료들이 들어 있었는데, 그 속에는 여러 산의 해발고도가 적힌 표, 지도, 강의 노트, 라이엘에게서 받은 자료, 다른 영국 지질학자에게 받은 지도, 화석 판화, 고전학자에게서 받은 고대 그리스의 지질학 자료 등이 포함되어 있었다. 이러한 시스템의 이점은, 몇 년 동안 자료를 수집하다가 집필할 때가 되면 관련된 박스나 봉투만 뒤져보면 된다는 거였다. 그는 평소에 어지르는 습관이 있고 재정문제에 흐리멍덩했지만, 연구에 대해서는 집요하리만큼 정확했다.

훔볼트는 『코스모스』의 집필과 관련하여, 어떤 메모지에는 '중요', 어떤 메모지에는 '매우 중요. 『코스모스』 쓸 때 챙길 것'[8]이라고 표시해 놓았다. 어떤 경우에는 조력자에게서 받은 편지에 자신의 생각이 담긴 메모지를 붙여놓고, 관련 서적에서 필요한 내용이 포함된 부분을 찢어내기도 했다. 어떤 박스에는 신문 스크랩, 바싹 마른 이끼, 히말라야산맥에서 수집한 식물 목록이 함께 들어 있었다.[9] 또 어떤 박스에는 공기바다 Luftmeer[10]—공기바다는 훔볼트만 사용하는 용어로, 대기atmosphere를 멋지게 표현한 말이었다—라는 제목이 적힌 봉투, 골동품, 여러 지역의 기온이 적힌 목록,[11] (히브리어 시에서 발견한) 악어와 코끼리에 관한 인용문이 적힌 종이[12]가 들어 있었다. 노예제, 기상학, 천문학, 식물학 자료만 따로 모은 박스도 있었다. 한 동료 과학자는 "그렇게 느슨한 연구 활동을 비상한 솜씨로 엮어서, 하나의 아름다운 매듭으로 완성할 수 있는 과학자는 훔볼트밖에 없을 것이다"라고 말하며 혀를 내둘렀다.[13]

훔볼트는 조력자들의 도움을 너그럽게 받아들이는 편이었지만, 가끔

악의적으로 신랄한 비판을 퍼붓기로 유명했다. 예컨대 베를린 천문대장 요한 프란츠 엥케Johann Franz Encke는 좀 불공평한 대우를 받았다. 그는 매우 부지런한 과학자로, 몇 주 동안 천문학 자료들을 모아 훔볼트에게 보내줬다. 그러나 훔볼트는 한 동료에게 "엥케는 엄마의 자궁 속에서 빙하처럼 얼어붙었던 모양이군"이라고 말했다.[14] 훔볼트는 심지어 형에게도 간혹 가시 돋친 말을 서슴지 않았다. 빌헬름이 동생의 재정난을 덜어주기 위해 새로운 박물관장 직을 맡으라고 권유하자, 알렉산더는 격노해서 이렇게 쏘아붙였다. "박물관장은 내 지위와 평판에 걸맞지 않아. 게다가 고작 박물관장이 되려고 파리를 떠날 수는 없어."[15]

훔볼트는 칭찬과 아첨에 익숙해 있었다. "훔볼트의 주변에 모인 젊은이들은 그를 왕처럼 떠받들었다"라고 한 베를린 대학교 교수는 말했다.[16] 훔볼트가 방에 들어가면, 젊은이들의 시선이 모두 한곳에 집중됐다.[17] 젊은이들은 입을 꾹 다물고, 시종 존경 어린 눈빛으로 훔볼트의 한마디 한마디를 경청했다.[18] 그는 베를린 최고의 인기스타로, 자신에게 관심이 집중되는 것을 당연하게 여겼다. 한 독일 작가는 "훔볼트가 말을 할 때, 토를 달 수 있는 사람은 아무도 없었다"고 불평했다.[19] 길게 말하기를 좋아하는 훔볼트의 습관은 너무 유명해서, 프랑스의 작가 오노레 드 발자크Honoré de Balzac는 코믹한 삽화를 이용하여 그를 불멸의 존재로 만들었다. 그 내용인즉, 뇌 하나가 유리병 안에 저장되어 있고, 사람들이 거기서 아이디어를 꺼내는 것이었다. 그리고 그림 밑에는 '청산유수로 유명한 프로이센의 석학'이라는 글귀가 적혀 있었다.[20]

한 젊은 피아니스트는 훔볼트에게 경의를 표시하기 위해 연주회에 초대했는데, 문득 '저 노인이 매우 무례할지도 모른다'는 생각이 들었다(게다가 훔볼트는 음악에 전혀 관심이 없었다). 아니나 다를까, 피아니스트가 연주를 시작하자 잠시 침묵이 흘렀지만, 곧이어 훔볼트가 크게 이야기를 하는 통에 아무도 피아노 연주를 들을 수 없었다. 훔볼트는 늘 그렇듯 청중들에게 일장 훈시를 했는데, 피아니스트가 크레셴도와 포르테를 연주할 때마다 언성을 높이는 바람에, 목소리가 피아노 소리를 늘 압도했다. 후에 피아니스트는 이렇게 말했다. "그건 내가 원치 않는 듀엣이었어요. 그래서 나는 연주를 오래 계속할 수 없었죠."[21]

훔볼트는 많은 사람들에게 수수께끼의 인물로 남아 있었다. 그는 한편으로 거만했지만, 다른 한편으로는 '아직 모르는 게 많다'며 겸손을 떨었다. 베를린 대학교의 학생들은 파일을 겨드랑이에 끼운 채 강의실에 들어오는 노신사를 보고 깜짝 놀랐다. 그는 강의를 하러 온 게 아니라, 젊은 교수의 강의를 들으려고 온 것이었다. 훔볼트는 궁금해 하는 학생들에게, "그리스 문학 강의를 통해, 학생 시절에 배우지 못했던 것을 만회하려고 한다"고 스스럼없이 말했다.[22] 『코스모스』를 집필하면서 최근 연구 동향을 반영하기 위해, 한 화학 교수가 실험하는 것을 눈여겨보는가 하면, 지질학자 카를 리터Carl Ritter의 강의를 듣기도 했다. 그는 앞에서 서너 번째 줄의 창가 쪽에 조용히 앉아, 바로 옆에 있는 학생들과 마찬가지로 열심히 필기를 했다. 왕과 면담할 때를 제외하면, 아무리 궂은 날씨에도 강의를 거르지 않았다. 그래서 그가 강의실에 모습을 보이지 않는 날, 학생들은 "훔볼트 선생이 농땡이를 피우려고 왕과 차를 마시나 보다"라고 수군거렸다.[23]

훔볼트는 베를린에 대한 선입관을 전혀 바꾸지 않고, '작고, 문맹률이 높으며, 시민들의 말버릇이 고약한 도시'라고 주장했다.[24] 베를린에 사는 낙이 한 가지 있다면, 형 빌헬름을 만날 수 있다는 거였다. 지난 몇 년 동안 빌헬름과 알렉산더는 급속히 가까워져, 가능한 한 많은 시

1810년 빌헬름 폰 훔볼트가 설립한 베를린 대학교. 알렉산더 폰 훔볼트는 이 학교에서 학생들 틈에 섞여 강의를 들었다.

간을 함께 보내려고 노력했다. 빌헬름은 1829년 카롤리네가 세상을 떠난 후 테겔에 발길을 끊었지만, 알렉산더는 기회만 되면 테겔을 방문했다. 빌헬름은 동생보다 겨우 두 살 위지만, 외모로 봐서는 훨씬 더 늙고 쇠약해 보였다. 그는 한쪽 눈의 시력을 잃었고, 손이 몹시 떨려 글씨를 쓰지 못했으며, 몸이 야위고 구부정했다. 1835년 3월, 빌헬름은 테겔의 공원에 있는 카롤리네의 묘지에 다녀와 열병에 걸렸다. 알렉산더는 며칠 동안 빌헬름의 곁에 머물며 많은 이야기를 나눴는데, 빌헬름은 죽어서 카롤리네 옆에 묻히고 싶다고 했다. 4월 3일, 알렉산더는 프리드리히 실러의 시를 형에게 읽어줬고, 그로부터 닷새 후 빌헬름은 알렉산더의 곁에서 눈을 감았다.[25]

혼자 남은 훔볼트는 외롭고 버림받았다는 느낌이 들었다. 오랜 친구에게 보낸 편지에서, "이렇게 늙은 눈에 아직도 눈물이 남아 있을 줄은 몰랐어. 하나밖에 없는 혈육 빌헬름이 세상을 떠나고 나니, 내 반쪽을 잃은 것 같아"라고 말했다.[26] 프랑스의 한 출판사에 보낸 편지에서는, 자신의 감정을 한 줄로 요약했다. "나를 긍휼히 여겨주세요. 나는 세상에서 가장 불행한 남자입니다."[27]

홈볼트는 베를린에서 비참함을 느꼈다. 빌헬름이 세상을 떠난 지 1년 후 한 친구에게 보낸 편지에, "내 주변에 있는 것들이 모두 암울하고 절망적이다"라고 썼다.[28] 그나마 다행스럽게도 프로이센 왕과의 협상을 통해, 매년 몇 개월씩 파리에 머무르며 『코스모스』 집필에 전념할 수 있게 되었다. 그의 용기를 북돋워줄 수 있는 건 파리를 생각하는 마음밖에 없었다.

홈볼트는 파리에 건너가자마자 금세 생활 리듬을 되찾아, 집필 작업에 몰두할 수 있었다.[29] 그동안 소원했던 인간관계도 회복하고, 저녁에 벌어지는 각종 사교모임에도 참석했다. 아침 일찍 일어나 블랙커피—그는 블랙커피를 '고농도의 햇빛'[30]이라고 불렀다—를 마신 다음 하루 종일 집필에 매달리다가, 저녁 때는 살롱가에 들러 다음 날 새벽 두 시까지 머물렀다.[31] 파리 전역의 과학자들을 방문하여, 그들의 최신 연구 결과에 대한 자료를 입수했다. 파리 생활에 만족할수록 베를린에 돌아가기가 두려워져, 그는 베를린을 '카니발이 열리는 공동묘지'[32]라고 불렀다. 매년 파리를 방문할 때마다 홈볼트의 국제적 인맥이 확장되었고, 매년 베를린으로 돌아올 때마다 트렁크에는 새로운 자료가 가득했다. 새로운 자료들은 『코스모스』에 추가되었지만, 그럴수록 『코스모스』의 출간은 점점 더 지연되었다.

베를린에 머물며 신하의 의무를 다한다는 것은 홈볼트의 연구에 아무런 도움이 되지 않았다. 그러나 그의 경제적 형편은 여전히 어려웠으므로, 왕실에서 지급받는 급여가 절실히 필요했다. 프로이센 왕이 이 궁전에서 저 궁전으로 이동할 때마다, 훔볼트는 왕의 꽁무니를 졸졸 따라다녀야 했다. 왕이 좋아하는 궁전은 포츠담에 있는 상수시궁전Schloss Sanssouci으로, 베를린에서 30킬로미터 정도 떨어진 곳에 있었다. 훔볼트는 20~30박스의 자료•를 갖고서 툭하면 30킬로미터를 이동했는데,[33] 어떤 날은 왕궁에서 보내는 시간보다 길에서 보내는 시간이 더 많았다. 설상가상으로 스케줄은 늘 불규칙했다. "어제는 파우엔인젤 성Schloss Pfaueninsel에서 시작하여 샤로텐부르크 성Schloss Charlottenburg에서 차를 한 잔 마신 다음, 상수시궁전에서 수다를 떨고 저녁 식사를 했다. 오늘은 베를린에서 하루 종일 지냈고, 내일은 포츠담으로 가야 한다. 늘 이런 식이다"라고 그는 푸념했다.[34] 계속 이동해야 하며 멈추는 날이 단 하루도 없어, 훔볼트는 마치 궤도를 따라 도는 위성 같은 느낌이 들었다.[35]

훔볼트가 시종의 임무를 수행하는 데도 많은 시간이 필요했다. 왕과 함께 식사를 하고 책을 읽어주는 건 기본이고, 저녁에는 왕의 개인적인 서신도 대필해야 했다.[36] 1840년 프리드리히 빌헬름 3세가 승하하자, 왕위를 계승한 프리드리히 빌헬름 4세는 부왕父王보다 훨씬 더 많은 시간을 요구했다. 특히 프리드리히 빌헬름 4세는 훔볼트를 '나의 알렉산드로스'[37]라고 친근하게 부르며, 방문객들이 보는 앞에서 '백과사전'으로 사용했다.[38] 훔볼트는 늘 왕의 곁에 머물다가, 다양한 산의 높이, 이집트의 역사, 아프리카의 지리 등 온갖 분야의 질문에 척척 대답했다.[39] 그는 왕에게 커닝페이퍼를 제공했는데, 거기에는 세상에서 가장 큰 다이아몬드의 크기, 파리와 베를린의 시차(44분), 중요한 왕의 재위 기간,

• 이 자료는 틈틈이 『코스모스』를 집필하는 데 필요한, 소위 모바일 자료mobile resources였다.

터키 병사의 봉급 등이 적혀 있었다. 또한 그는 왕실에 비치할 수집품과 장서를 추천하고, 과학적 가치가 높은 탐험 경로를 지원하라고 권고했다. 그러면서 왕의 경쟁심을 종종 자극하여, '과학 분야에서 다른 나라에 추월당하지 말아야 한다'는 마음을 품게 했다.

그리고 왕은 사회개혁이나 유럽의 정치에 관심이 없었음에도 불구하고, 훔볼트는 은연중에 약간의 영향력을 행사하려고 노력했다. 그는 프로이센의 정치적·사회적 퇴보가 윌리엄 패리William Parry의 상황과 비슷하다고 생각했다.[40] 패리는 영국의 탐험가인데, 움직이는 얼음 위에서 표류하고 있음에도 불구하고 자신이 북극을 향해 전진하고 있다고 믿었다.

훔볼트는 매일 밤 자정이 되어서야 오라니엔부르거 거리Oranienburger Straße의 작은 아파트에 도착했다.[41] 그곳은 베를린 왕궁Stadtschloss에서 북쪽으로 약 1.5킬로미터 떨어진 곳에 있었다. 그러나 방문객들이 끊임없이 벨을 눌러대는 바람에 편히 쉴 수가 없었다. 그는 '내 집이 무슨 술집인가?'라고 투덜거렸다.[42] 집필 작업을 좀 하다 보면 밤의 절반이 지나갔다. 기다리다 지친 출판사 편집자가 "『코스모스』는 어느 세월에나 탈고하실 건가요?"라고 묻자, "난 새벽 2시 30분까지 밤샘 작업을 한다오"라고 대꾸했다.[43] 훔볼트가 출간을 계속 연기한 이유는, 포함하고 싶은 최신 자료가 계속 들어왔기 때문이다.

『코스모스』를 발간하겠다고 처음 선언한 지 6년도 더 지난 1841년 3월, 훔볼트는 편집자에게 1권의 원고를 보내겠다고 약속했지만 지키지 못했다.[44] 약속을 못 지킨 것은 이번이 두 번째여서, 편집자에게 무슨 변명이라도 해야 할 것 같았다. 그래서 "『코스모스』는 너무 중요한 책이므로, 그 어느 책보다도 꼼꼼하게 집필하고 있소"라고 얼버무린 후,

농반진반으로 "나는 이미 반송장이 되어 있으니, 너무 재촉하면 위험하오"라고 경고했다.[45]

어쩌다가 스트레스가 심할 때는 책상 위에 원고와 책을 내팽개쳐 두고, 3킬로미터쯤 떨어진 곳에 있는 천문대—훔볼트가 베를린에 돌아온 후 힘을 써서 설립한 곳—로 달려갔다.[46] 그러고는 대형 망원경을 통해 밤하늘을 바라보며, '장엄한 코스모스가 눈앞에 펼쳐져 있구나'라고 생각하며 감탄을 금치 못했다. 달 표면의 분화구, 아름답게 반짝이는 이중성double star, 그리고 먼 하늘에 흩뿌려진 성운은 그야말로 장관이었다. 새로운 망원경은 토성을 매우 가깝게 보여줬는데, 마치 누군가가 붓으로 토성 주변에 고리를 그려놓은 것 같았다. 천문대에 다녀오고 나면, 훔볼트는 편집자에게 이렇게 말하곤 했다. "망원경을 통해 우주의 강렬한 아름다움에 취하고 나면, 『코스모스』에 다시 열중할 힘을 얻게 된다오."

훔볼트는 『코스모스』 1권을 쓰는 동안 프랑스에 여러 번 다녀왔다. 그런데 1842년에는 프리드리히 빌헬름 4세와 함께, 윈저 성에서 거행되는 웨일즈 왕자(미래의 에드워드 7세)의 세례식에 참석하기 위해 영국을 방문했다. 영국 방문 기간은 겨우 2주 미만이어서, 훔볼트는 "과학 시설을 둘러볼 시간도 별로 없겠군" 하고 투덜거렸다.[47] 그리니치천문대는커녕 큐 가든Kew Garden(영국왕립식물원)에 잠깐 들를 시간도 없을 테니 말이다. 그러나 그는 어찌어찌 해서 찰스 다윈을 만나볼 수 있었다.

훔볼트는 파리에서 오랫동안 알고 지냈던 지질학자 로데릭 머치슨Roderick Muchison에게 다리를 놓아달라고 부탁했다.[48] 때는 바야흐로 사냥 시즌이어서 최우수 사격상the best shooting of the year을 놓치는 게 아쉽긴 했지만, 머치슨은 훔볼트의 부탁을 기꺼이 들어줬다.[49] 그리하여 운명의 날은 1월 29일로 정해졌다. 긴장하고 흥분된 다윈은 그날 아침 일찍 집을 나서, 벨그레이브 스퀘어Belgrave Square•에 있는 머치슨의 자택으로 부리나케 달려갔다.[50] 다윈은 물어보고 토론할 거리가 많았다. 왜냐하면 진화론을 연구하는 중인 데다, 식물 분포와 종 이동 문제를 아직 생각하고 있었기 때문이다.

훔볼트는 과거에 식물 분포 개념을 이용하여 아프리카와 남아메리카 간의 관련성을 논한 바 있었다. 그러나 그는 사막이나 산맥과 같은 장벽들이 식물의 이동을 막는다는 점도 언급했다. 또한 북반구의 동토대에서 발굴된 열대지방의 대나무 사례를 언급하며, "지구가 바뀌면 식물 분포도 바뀐다"고 주장했다.

서른두 살의 다윈이 머치슨의 집에 도착했을 때, 부스스한 은회색 머리에 (러시아 탐험 때 입었던) 검은 연미복과 흰 넥타이 차림의 노인이 그를 기다리고 있었다. 훔볼트는 자신의 스타일을 '코스모폴리탄 패션'[51]이라고 불렀는데, 그 이유는 왕을 만나든 학생들을 만나든 늘 그런 차림이었기 때문이다. 일흔두 살의 훔볼트는 걸음걸이가 신중하고 느렸지만, 방에서 어떻게 행동해야 하는지 정도는 잘 알고 있었다. 파티나 모임 장소에 도착했을 때, 그는 방 전체를 왔다 갔다 하며 사람들을 지나칠 때마다 머리를 약간 기울이며 고개를 좌우로 까딱거렸다. 이러한 오프닝 행사가 계속되는 동안, 훔볼트의 말은 한순간도 멈추지 않았다. 그러므로 그가 방 안에 들어서는 순간부터, 모든 사람들은 입을 다물기 마련이었다. 만약 누군가가 훔볼트의 말에 토를 단다면, 훔볼트의 즉흥적 영감에서 우러나오는 긴 철학 강의를 들어야 했다.

• 벨그레이브 스퀘어는 버킹검 궁 뒤로 몇 백 미터만 걸어가면 나온다.

다윈은 망연자실했다. 훔볼트가 말하는 도중에 여러 차례 끼어들려고 했지만, 결국 포기하고 말았다. 훔볼트는 쾌활한 표정으로 다윈에게 엄청난 찬사를 퍼부었지만,[52] 노인네 특유의 장광설일 뿐이었다. 훔볼트는 장장 3시간 동안 전혀 이치에 맞지 않는 말을 쏟아냈는데, 그건 다윈이 상상했던 첫 만남이 아니었다.[53] 오랫동안 훔볼트를 숭배하고 그의 저서들을 탐독했지만, 다윈은 약간 기분이 상했다. 그는 후에 "아마도 내 기대 수준이 너무 높았던 것 같다"고 토로했다.[54]

훔볼트의 일방적인 강의가 계속되자, 다윈은 생각을 정리하지 못하고 갈팡질팡했다. 그러던 중 훔볼트가 갑자기 시베리아의 강 이야기를 꺼냈다. 내용인즉, '토양과 기후가 똑같음에도 불구하고, 좌우 강둑의 식생이 매우 달랐다'는 거였다.[55] 그러자 다윈은 귀가 솔깃했다. 훔볼트의 말은 계속되었다. "강의 한쪽은 아시아 스타일이었고, 다른 쪽은 유럽 스타일이었어요." 다윈은 흥미를 느꼈지만, 속사포 같은 말을 전부 알아들을 수 없었다. 그렇다고 해서 중간에 끼어들어 질문을 던질 수도 없는 노릇이었다. 다윈은 집에 돌아오는 즉시 기억나는 말들을 노트에 휘갈겨 썼다. 그러나 늙은 과학자의 말을 제대로 이해했는지 확신할 수 없었다. 다윈은 맨 마지막 줄에 이렇게 적었다. "두 가지 다른 식물군이 강을 사이에 두고 대치했다? 특이한 케이스로군."

1842년 초, 다윈은 종 이론species theory에 대해 생각하며 관련 자료를 수집하고 있었다. 그는 연구실, 식당, 집 사이를 규칙적으로 왕복했으므로, 외부에서 볼 때 마치 시곗바늘처럼 보였다.[56] 비글호 항해에서 돌아온 지 2년이 조금 더 지난 1839년 외사촌 엠마 웨지우드와 결혼하여, 두 자녀와 함께 런던에서 살고 있었다.* 그러나 다윈의 마음은 가장 혁명적인 생각에 가득 차 있었다. 그는 종종 두통, 복통, 피로, 얼굴의 염증으로 고생했지만,[57] 진화론에 대해 심사숙고하며 에세이와 저서를 꾸준히 집필했다.

몇 년 후 『종의 기원』을 통해 제기되는 주장들은 대부분 윤곽이 형성되어 있었다. 그러나 다윈은 너무나 세심한 성격이어서, 팩트를 통해 뒷받침된 확고한 주장이 아니면 성급히 출판하려 하지 않았다. 엠마에게 청혼을 하기 전에 결혼의 장단점 목록을 문서로 작성해 놓았던 것처럼,[58] 진화이론을 세상에 발표하기 전에 관련 자료들을 모두 수집해 놓으려 했던 것이다.

만약 다윈과 훔볼트가 1842년 1월 9일에 만나 적절한 대화를 나눴다면, 훔볼트는 "세상을 지배하는 원리는 균형과 안정성이 아니라, 동적 변화dynamic change"라는 생각을 다윈에게 전달했을 것이다. 왜냐하면 그 생각은 조만간 『코스모스』 I권을 통해 발표될 예정이었기 때문이다. 그는 『코스모스』 에서 "하나의 종은 전체를 구성하는 일부분이며, 과거 및 미래와 연결되어 있다. 그리고 종은 고정적인 성격보다 가변적인 성격이 더 강하다"라고 갈파했다.[59] 그는 또한 『코스모스』에서, "화석 기록을 통해 단절고리missing link와 중간 단계를 찾아낼 수 있다"[60]고 주장했으며, 주기적 변화cyclical change,[61] 천이transition, 지속적 갱신constant renewal 등의 개념도 언급했다. 요컨대 훔볼트는 '자연은 끊임없이 변화한다'는 아이디어를 통해, 다윈의 진화이론에 실마리를 제공했다. 후세의 과학자들이 말한 것처럼, 훔볼트는 다윈 이전의 다윈주의자pre-Darwinian Darwinist였던 것이다.[62]••

• 1842년 9월, 찰스 & 엠마 다윈은 잉글랜드 남동부의 켄트Kent 지방에 있는 다운하우스Down House로 이사했다.

앞에서 언급한 바와 같이, 다윈은 훔볼트와 진화론에 대한 이야기를 나누지 않았다. 그러나 시베리아의 강에 대한 스토리는 다윈의 뇌리에 박혔을 것이다. 그리고 훔볼트가 영국을 방문한 지 3년 후인 1845년 1월, 다윈의 절친한 친구인 식물학자 조지프 돌턴 후커Joseph Dalton Hooker는 갑자기 파리에 볼일이 생겼다. 다윈은 훔볼트가 때마침 연구를 위해 파리를 방문하고 있음을 알고, 후커에게 한 가지 부탁을 했다. 부탁의 내용은 다름이 아니라, 다윈 대신 훔볼트를 방문하여 "선생님의 『신변기』가 제 친구 다윈의 인생을 형성했습니다. 다윈을 대신하여 여쭤볼 게 하나 있습니다"라고 예의를 갖춘 후, "유럽 북동부의 강에서 좌우 강둑에 각각 다른 식물군이 서식했던 이유는 뭡니까?"라고 질문해 달라는 것이었다.[63]

후커는 훔볼트와 똑같이 생제르맹에 있는 호텔 드 롱드르에 투숙했다.[64] 훔볼트는 늘 누군가에게 도움을 주는 것을 좋아했지만, 이번에는 후커도 훔볼트에게 도움을 줄 수 있었다. 후커는 1년 전쯤 자기십자군Magnetic Crusade의 일원으로 4년짜리 항해 여행을 다녀온 적이 있었다. 그는 제임스 클라크 로스James Clark Ross 선장의 지휘하에 자남극magnetic South Pole을 탐험했는데, 그것은 '글로벌 관측점 네트워크global network of observatory point를 구축하라'는 훔볼트의 요구에 호응하여 영국 정부가 추진한 프로젝트였다.

•• 『종의 기원』은 1859년 11월에 발간되었는데, 훔볼트는 그 이전에 사망했으므로 『종의 기원』을 읽을 기회가 없었다. 그러나 그는 다른 책(리처드 체임버스가 익명으로 출간한 『창조의 자연사적 자취』(1844)에 대해 논평을 하기는 했다. 다윈의 『종의 기원』처럼 과학적 증거를 제시하지는 않았지만, 『창조의 자연사적 자취』에는 진화와 종 변이에 대한 유사한 진술이 포함되어 있다. 1845년 후반 영국의 과학계에서는, 훔볼트가 이 책에 나온 이론을 거의 모두 받아들였다는 소문이 돌았다.

다윈이 그랬던 것처럼, 스물일곱 살의 후커는 훔볼트를 신비로운 영웅으로 생각했었다. 그러나 파리에서 일흔다섯 살의 훔볼트를 만난 그는 첫눈에 실망했다. 훔볼트는 그가 상상했던 180센티미터의 늠름한 탐험가가 아니라, 작고 볼품없는 독일인이었기 때문이다.[65] 사실 후커의 반응은 전형적이었다. 많은 사람들은 이 전설적인 독일인이 좀 더 인상적이고 멋질 거라 기대하기 마련이었다.[66] 훔볼트는 본래 키가 크거나 체격이 우람하지도 않았지만, 나이가 들어 몸이 야위고 구부정해지자 더욱 초라해 보였다. 후커는 그렇게 작고 여윈 노인이 침보라소를 등반했었다는 사실을 믿을 수 없었지만, 이내 훔볼트의 매력에 빠져들었다.

훔볼트와 후커는 다윈을 비롯하여 서로 아는 영국 사람들에 대해 이야기를 나눴다. "훔볼트가 자신의 저서와 어록을 습관적으로 인용하는 게 다소 우스꽝스러워 보였지만, 아직도 예리함을 유지하고 있다는 데서 깊은 인상을 받았다. 그의 기억력과 일반화 능력은 정말로 놀라웠다"고 후커는 회상했다.[67] 후커는 다윈과 함께 훔볼트를 방문했더라면 더 좋았을 거라고 생각했다. 왜냐하면 다윈과 후커가 힘을 합쳤다면 훔볼트의 질문에 더 잘 대답할 수 있었기 때문이었다. 물론 훔볼트는 (늘 그렇듯) 쉴 새 없이 말을 이어갔지만, 정신적인 활력은 여전했다.[68] 시베리아의 강에 대한 다윈의 질문에 대답할 때, 그의 활력은 절정에 달했다. 탄저병이 휩쓰는 러시아의 스텝을 통과한 후, 훔볼트가 바르나울에 도착하기 위해 건넜던 강의 이름은 오비 강이었다. 러시아를 탐험한 후 50여 년이 흘렀지만, 훔볼트는 시베리아 식물 분포에 대해 아는 것을 후커에게 모두 알려줬다. 후커가 다윈에게 쓴 편지에 의하면, 훔볼트는 20분 동안 숨을 고르지 않고 계속 말했다고 한다.

잠시 후 훔볼트는 후커에게 『코스모스』 I권의 교정지를 보여줬다. 후커는 눈앞에 보이는 것을 도저히 믿을 수 없었다. 여느 과학계 인사들이 그렇듯, 후커라면 『코스모스』를 이미 포기했을 것이다.[69] 왜냐하면 I권을 완성하는 데만 10년이 더 걸렸기 때문이다. 다윈도 자기와 마찬가지로 놀랄 거란 생각이 들어, 후커는 그에게 바로 편지를 썼다.

후커가 다녀간 지 두 달 후인 1845년 4월 말, 마침내 『코스모스』 I권이 독일에서 출간되었다.[70] 오랜 세월을 기다린 만큼 그만한 값어치가 있었다. 『코스모스』는 처음 몇 주 만에 2쇄를 찍더니, 두 달 만에 2만 부 이상이 팔리며 즉시 베스트셀러로 등극했다. 향후 몇 년 동안 영어, 네덜란드어, 이탈리아어, 프랑스어, 덴마크어, 폴란드어, 스웨덴어, 러시아어, 헝가리어로 번역되었는데, 훔볼트는 이 책들을 통틀어 '비독일어권 코스모스 형제들'이라고 불렀다.[71]

『코스모스』는 기존에 발간된 자연과학 서적들과 차원이 달랐다. 훔볼트는 독자들을 먼저 우주 공간에서 지구로, 한 단계 더 나아가 지구 표면에서 내핵inner core으로 이끄는 여행서 형식을 취했다. 그는 혜성, 은하수, 태양계는 물론, 지자기, 화산, 산맥의 설선snow line까지도 언급했다. 인류의 이동, 식물, 동물, 그리고 고인 물이나 풍화된 바위 표면에 서식하는 미생물에 대해서도 서술했다. 다른 사람들은 "인간이 지구의 깊은 비밀을 알면 자연에 대한 신비감을 잃게 된다"고 주장했지만, 훔볼트의 생각은 그와 정반대였다. 그는 오히려 이렇게 반문했다. "형형색색의 오로라 불빛들이 하나의 불덩어리로 합쳐져 진동하면서 이루 형언할 수 없는 초자연적 장면을 연출하는 과정을 서술한다고 생각해 보라. 신비로운 자연에 관한 지식은 상상력과 창의력을 말살하는 대신 짜릿한 흥분, 놀라움, 경이로움을 유발하지 않겠는가?"[72]

『코스모스』에서 가장 중요한 부분은 거의 100페이지에 달하는 긴 도입부였다. 훔볼트는 도입부에서, '생명력이 넘치는 자연'에 관한 비전을 길게 설명했다. "만물은 끊임없이 꿈틀거리는 활력의 한 부분이다."[73] "자연은 살아 있는 전체living whole이며, 생명체들은 그 속에서 서로 결합하여 복잡한 그물구조를 형성한다."[74]

『코스모스』의 본론은 3부로 구성되었다. 1부 천문학에서는 다양한 천문 현상을 다뤘고, 2부 지구과학에서는 지자기, 대양, 지진, 기상학, 지리학을 다뤘으며, 3부 생물학에서는 식물, 동물, 인간을 다뤘다. 『코스모스』는 세상을 광범위하게 탐구했으며, 기존의 어떤 저서보다도 다양한 주제들을 포괄적으로 다뤘다.[75] 그러나 『코스모스』는 디드로Diderot의 유명한 백과전서Encyclopédie와 달리, 팩트와 지식을 단순히 집대성한 책이 아니었다. 훔볼트가 가장 주안점을 둔 것은 연결성connection이었는데, 기후를 설명한 부분만 읽어봐도 그의 접근 방법이 얼마나 독특한지 잘 알 수 있다. 다른 과학자들은 기후를 다룰 때 기온이나 날씨와 같은 기상학 데이터에만 치중한 데 반해, 훔볼트는 기후를 대기·대양·대륙 간의 복잡한 상호작용시스템으로 이해한 최초의 과학자였다. 그는 『코스모스』에서 '공기, 바람, 해류, 융기, 지피식물plant cover의 밀도 간의 영속적인 상호작용'[76]을 서술했는데, 그 당시까지만 해도 기후를 이토록 폭넓게 서술한 책은 찾아볼 수 없었다.

그리고 놀랍게도, 훔볼트는 우주에 관한 책을 쓰면서 신을 단 한 번도 언급하지 않았다. 물론 그는 "하나의 숨결이 자연에 생기를 불어넣는다"[77]고 언급하기는 했다. 즉, 북극에서 남극에 이르기까지 식물, 동물, 심지어 인간의 가슴에 하나의 숨결이 깃든다고 했다. 그러나 그는 신을 언급하지는 않았다. 왜냐하면 그 숨결은 지구 자체에서 나온 것이

지, 어떤 신격체가 불어넣은 게 아니기 때문이다.• 훔볼트의 됨됨이를 익히 아는 사람들에게 그건 그리 놀라운 사실이 아니었다. 왜냐하면 그는 결코 독실한 신앙 생활을 해 본 적이 없기 때문이다.[78] 그는 평생 동안 종교적 광신주의의 끔찍한 결과를 누누이 강조했으며, 남아메리카의 선교사들은 물론 프로이센의 교회를 비판했다. 그는 신 대신 경이로운 생명망의 힘을 믿었다.[79]

세상 사람들은 『코스모스』에 열광했다. 한 평론가는 "서신공화국republic of letters이 헌법을 개정하고 새로운 국왕을 선택했으며, 지적知的 통치권은 알렉산더 폰 훔볼트에게 이양될 것이다"라고 썼다.[80] 독일의 출판사는 흥분을 감추지 못하며, "출판 역사상 『코스모스』의 인기는 전무후무하다. 괴테의 『파우스트』가 나왔을 때도 주문이 이렇게 쇄도하지 않았다"고 말했다.[81]

과학자는 물론, 예술가, 정치가, 학생들도 『코스모스』를 읽었다. 개혁과 혁명에 대해 훔볼트와 견해를 달리했던 오스트리아의 재상 메테르니히는 정치 문제를 젖혀놓고, "그런 위대한 일을 할 사람은 훔볼트밖에 없다"고 극찬했다.[82] 프랑스의 낭만주의 작곡가 엑토르 베를리오즈는 훔볼트를 '눈부신 작가'[83]라고 불렀고, 많은 시인들도 훔볼트를 칭송했다. 『코스모스』의 인기가 얼마나 높았던지, 오페라 휴식 시간에 자리를 뜨지 않고 『코스모스』를 탐독하는 관객들도 있었다고 한다.[84]

영국의 경우, 빅토리아 여왕의 남편 앨버트 공은 독일어판을 한 권 주문했지만, 독일어를 모르는 다윈은 영역판이 나오기를 손꼽아 기다

• 독일의 한 교회에서는 『코스모스』를 불경스러운 책으로 단정하고, 교회에서 발행하는 신문에 '훔볼트가 악마와 내통했다'는 내용의 기사를 실었다.

리고 있었다.[85] 1845년 9월, 다윈은 후커에게 "『코스모스』 영역판 좀 구해줘. 빨리 읽어보고, 자네와 토론하고 싶어 미칠 지경이야"라는 편지를 보냈다.[86] 후커는 『코스모스』 영역판을 입수하는 즉시 다윈에게 전달했지만, 2주 후 그것은 해적판•으로 밝혀졌다.[87] 다윈은 엉터리 번역에 실망했지만,[88] 그래도 훔볼트의 독창적인 생각이 담겨 있다는 건 어렴풋이 알 수 있었다.[89] 다윈은 라이엘과 만나, "뜨거운 정열과 풍부한 정보에 놀랐어요. 『신변기』와 별 차이가 없어 아쉬운 부분도 좀 있었지만, 다른 부분은 경탄할 만했어요"라고 말했다.[90] 그러고는 "훔볼트가 『비글호 항해기』를 언급해줬지 뭐예요"라고 말하며 어깨를 으쓱거렸다. 1년 후 존 머리가 제대로 된 『코스모스』 영역판을 출판하자, 다윈은 즉시 서점으로 달려가 구입했다.[91]

엄청난 성공을 거뒀음에도 불구하고, 훔볼트는 여전히 찜찜한 구석이 있었다. 왜냐하면 그에게는 보수파 저격수가 한 명 있었기 때문이다. 1814년에 『신변기』가 출간되었을 때 「쿼털리 리뷰」에게 집중포화를 맞은 기억이 생생했는데, 30년이 지난 후에도 사정은 마찬가지였다. 훔볼트는 「쿼털리 리뷰」에 실린 서평에 격노했다.[92] 2년 후인 1847년에 『코스모스』 II권이 출간되자, 바짝 긴장한 훔볼트는 출판사에 '독자들의 반응을 사실 그대로 알려달라'고 신신당부했다.[93] 하지만 그건 기우였다. 독자들이 앞다퉈 서점으로 몰려드는 바람에, 『코스모스』 II권은 출간 즉시 매진되었다.[94] 그러자 출판사 직원들은 뇌물을 받고, 상트페테르부르크와 런던의 서점에 보낼 책을 독일의 유통업자에게 빼돌렸다.

• 독일과 프랑스에서 『코스모스』가 출간된 지 몇 주 만에 영국에서 무허가 영역판이 돌기 시작했지만, 번역이 엉망진창이어서 도저히 읽을 수가 없었다. 훔볼트는 엉터리 해적판이 자신의 명예를 실추시킬까 봐 걱정이 태산이었다.

독일의 유통업자는 그 책을 함부르크와 빈의 독자들에게 공급할 예정이었다

훔볼트는 『코스모스』 II권에서 인류의 역사를 (고대 그리스·페르시아 문명에서부터 현대 문명에 이르기까지) 전반적으로 훑으면서, 독자들을 마음의 세계로 인도했다. 그와 비슷한 시도를 했던 과학서적들은 일찍이 없었다. '과학자들은 시, 미술, 정원, 농업, 정치, 감정, 정서에 대한 책을 쓰지 말아야 한다'는 불문율이 존재했기 때문이다. 『코스모스』 II권은 고대와 현대의 문헌 및 예술작품들을 시대별로 제시하며, 시인과 미술가 들이 자연을 묘사해 온 과정을 한눈에 보여줬다.[95] 또한 과학, 탐험, 발견의 역사를 (한편으로는 알렉산더 대왕에서부터 아랍 세계에 이르기까지, 다른 한편으로는 크리스토퍼 콜럼버스에서부터 아이작 뉴턴에 이르기까지) 시대별로 일목요연하게 보여줬다.

요컨대 『코스모스』 I권이 외부 세계에 초점을 맞췄다면, 『코스모스』 II권은 '외부 세계가 감정을 생성한다'[96]는 가정하에 내면 세계에 초점을 맞춘 셈이었다. 훔볼트는 (1832년에 세상을 떠난) 옛 친구 괴테에게 경의를 표하며, 그와 예나에서 나눴던 우정을 떠올렸다. 괴테는 훔볼트에게 '새로운 장기organ'[97]를 이식해 줬고, 훔볼트는 그것을 이용하여 자연계를 바라볼 수 있었다. 훔볼트가 『코스모스』 II권에서 감각을 중시했던 건 다 괴테 때문이었다. 훔볼트는 다음과 같이 말했다. "세계관Weltanschauung에 필요한 장기는 눈eye이다."[98] "우리는 눈을 통해 세상을 바라봄과 동시에, 해석하고 이해하고 규정한다. 상상력이 과학에서 완전히 배제되면, 자연을 달리 이해할 방법이 없다. 우리는 하늘을 바라보기만 하면 된다. 밤하늘에 찬란하게 빛나는 별은 감각을 즐겁게 하여 마음에 영감을 준다."[99] "그와 동시에 별은 수학정 정밀성mathematical precision이라는 경로를 따라 움직인다."

『코스모스』 I권과 II권이 인기를 끌자, 그로부터 4년도 채 안 지나 세 가지 영역판이 출시되어 경쟁을 벌였다. 훔볼트는 독일 출판자에게 보낸 편지에서, "영국의 출판사들이 『코스모스』를 놓고 치열한 경쟁을 벌이고 있군요. 이러다가 다양한 영역판 사이에 전쟁이 일어나겠어요"[100] 라고 말했다. 1849년까지 약 4만 권의 영역판이 팔렸는데, 미국에서 팔린 수천 권은 집계에 포함되지 않았다.[101] •

미국인들은 과거에 훔볼트의 저서들을 읽지 않았었지만, 『코스모스』가 발간되면서 상황이 달라졌다. 이제 훔볼트는 미국 전역에서 누구나 다 아는 이름이 되었다. 『코스모스』를 처음 읽은 미국인 중 한 명은 랄프 왈도 에머슨이었다. 그는 한 잡지에 기고한 글에서, "훔볼트의 책은 다양한 언어로 번역·발간 되어 어느 곳에서나 폭발적인 인기를 누렸다. 자연에 대해 그보다 많이 아는 사람은 없다"고 말했다. 훔볼트의 애독자 중에는 애드거 앨런 포Edgar Allan Poe도 있었다. 포는 『코스모스』를 읽고 나서, "우주는 가장 숭고한 시다"라고 외쳤다. 그가 1848년에 발표한 130쪽짜리 산문시 「유레카」는 『코스모스』에 대한 직접적 반응으로, 훔볼트에게 헌정되었다.[102] 「유레카」에는 우주를 탐색하려는 포의 의도가 잘 드러나 있는데, 외부 세계와 내면 세계를 아우르는 훔볼트의 접근 방법에 영향을 받아 '영적靈的 세계'와 '물적物的 세계'를 모두 다뤘다.[103] 『코스모스』를 읽고 영감을 받은 미국인 중에는 월트 휘트먼Walt Whitman도 있었다. 유명한 시집 『풀잎*Leaves of Grass*』을 쓸 때, 그의 책

• 영역판이 여러 개 나왔어도, 저작권법이 없어서 훔볼트의 수입은 늘어나지 않았다. 영국에서는 저작권법이 1849년에야 겨우 시행되어, 훔볼트는 그 이후 출판된 책에 대해서만 약간의 수입을 올렸다.

상 위에는 늘 『코스모스』가 놓여 있었다고 한다. 휘트먼은 심지어 「코스모스」라는 시도 썼고,[104] 그의 유명한 시 「나 자신의 노래Song of Myself」[105]에서 자신을 '하나의 코스모스'라고 선언했다.

훔볼트의 『코스모스』는 두 세대의 미국 과학자, 예술가, 작가, 시인들에게 영향을 미쳤다. 그리고 무엇보다도 중요한 것은, 가장 영향력 있는 미국의 자연주의 작가 중 한 명인 헨리 데이비드 소로가 성숙하는 데 기여했다.

19
시, 과학, 자연
헨리 데이비드 소로와 홈볼트

1847년 9월, 소로는 월든Walden Pond의 오두막집을 떠나, 매사추세츠 주의 콩코드 마을 근처로 되돌아갔다. 이제 나이 서른의 그는 지난 2년 2개월 하고도 이틀 동안 숲속의 작은 오두막집에 살았었다. 왜 그랬던 걸까? 그의 말에 의하면 '일부러 그렇게 살며, 인생의 필수적인 팩트essential facts에만 직면하고 싶었기 때문'이라고 한다.[1]

소로는 지붕널을 덮은 오두막집 한 채를 자신의 손으로 직접 지었다.[2] 3×4.5제곱미터의 작은 집에는 벽마다 창문이 하나씩 있었고, 난방 기구라고는 작은 벽난로가 전부였다. 그리고 침대 하나, 작은 나무책상 하나, 의자 3개가 있었다. 문간에 걸터앉으면, 햇빛을 받아 어른거리는 호수의 표면에서 일어나는 잔물결이 보였다. "호수는 우주의 눈이며, 겨울이 되어 얼음이 얼면 우주가 눈을 감는다."[3] 소로는 호숫가 주변의 반경 3킬로미터 내에서만 걸어 다녔는데, 가파른 오솔길 양쪽에는 커다란 스트로브 잣나무, 히코리, 참나무가 우거져 있었다.[4] 봄에는 작은 꽃들이 숲 바닥을 융단처럼 뒤덮고, 5월이 되면 종 모양의 꽃을 매단 블루베리들이 열병식을 했다. 여름에는 미역취가 연노란색으로, 가을에는 옻나무가 붉은색으로 숲을 물들였다. 가을에는 발로 낙엽을 부스럭거려 최대한 많은 소음을 내고, 큰소리로 노래를 불렀다.[5] 그러고는 보고 듣고 걷기를 반복했다. 겨울에 눈이 내려 사방이 조용해지면 토끼와 새를 쫓았다. 소로는 월든 호숫가의 시골길을 누비며, 마치 탐험가라도 된 듯 눈에 띄는 곳마다 제멋대로 이름을 붙였다. 미저리 산Mount Misery, 개똥지빠귀 골목Thrush Alley, 왜가리 바위Blue Heron Rock… 뭐 이런 식이었다.[6]

콩코드로 돌아온 지 약 7년 만인 1854년, 소로가 경험한 2년간의 오두막집 생활은 미국에서 가장 유명한 자연주의 작품 중 하나인 『월든』으로 탄생했다. 그러나 오늘날 우리가 알고 있는 『월든』은 소로의 머릿속에서 거저 나온 게 아니었다. 책이 잘 써지지 않아 고민하던 그는 훔볼트의 『코스모스』에서 신세계를 발견하고 나서 일필휘지로 글을 써 내려갔다. 훔볼트의 자연관은 소로에게 '자연과 시를 결합할 수 있다'는 자신감을 불어넣었다. 소로는 나중에 "시인이 수집한 팩트는 진실의 씨앗seed of truth이며, 언젠가 날개를 달고 멀리 퍼져나간다"고 썼다.[7] 소로의 『월든』은 훔볼트의 『코스모스』에 대한 화답이었던 것이다.

소로는 1817년 7월 콩코드에서 태어났다. 아버지는 상인이자 연필 제조업자였지만, 생계를 꾸려나가기가 만만치 않았다. 콩코드는 보스턴에서 서쪽으로 24킬로미터 떨어진, 인구 2,000명의 활기찬 도시였다. 소로는 혼자 있기를 좋아하는 수줍음 많은 소년이었다.[8] 친구들이 신나게 뛰어 놀 때, 그는 옆에 서서 땅바닥을 내려다보며 나뭇잎이나 곤충을 찾기 일쑤였다. 놀이에 끼지 않으니 인기가 좋을 리 없었고, 친구들

월든 호숫가에 있는 소로의 오두막집

은 그를 '코 큰 범생이'[9]라고 불렀다. 하지만 그에게는 의외의 구석이 있었다. 그는 밖에 있을 때 가장 마음이 편했으며, 마치 다람쥐처럼 나무 위로 기어올라가곤 했다.[10]

소로는 열여섯 살 때 하버드 대학교에 들어갔다. 그는 하버드에서 그리스어와 라틴어를 공부했으며, 독일어 등의 현대 언어도 공부했다. 또한 수학, 역사, 철학 강의도 들었다.[11] 소로는 도서관에 열심히 드나들었는데, 특히 여행서를 즐겨 읽으며 먼 나라로 여행하는 꿈을 키웠다.

소로는 1837년 대학을 졸업하고 콩코드로 돌아와 잠깐 교사로 근무했고, 간혹 아버지를 도와 가업인 연필제조 일을 돕기도 했다. 때마침 콩코드에서 작가 겸 시인 에머슨을 만났는데, 그는 3년 전 콩코드로 이사와 있었다. 열네 살 위인 에머슨은 소로에게 글을 쓰라고 격려하며, 자신의 방대한 장서를 개방했다.[12] 소로가 작은 오두막집을 지었던 월든 호숫가의 부지도 에머슨의 소유였다. 당시 소로는 하나밖에 없는 형 존의 죽음을 애도하고 있었다. 존은 파상풍에 감염되어 소로의 품에서 숨을 거뒀는데, 소로는 형의 갑작스런 죽음에 큰 충격을 받은 나머지 개구장애lockjaw나 근육경련과 비슷한 증상까지 앓을 정도였다.[13] 소로가 메마른 잎처럼 빈약하고 무기력해지자,[14] 한 친구가 이렇게 조언했다. "자네 손으로 오두막집을 짓고, 그 속에서 스스로 활력을 찾는 게 좋겠어. 그 이외에 딱히 희망이 될 만한 게 없는 것 같군."[15]

소로에게 도움을 준 건 결국 자연이었다. 그는 에머슨에게 이렇게 말했다. "꽃이 시든다고 해서 슬퍼할 이유는 없습니다. 가을 숲 바닥에 두껍게 쌓여 썩어가는 낙엽도 마찬가집니다. 이듬해 봄이 되면 숲이 모두 되살아날 테니까요. 죽음은 자연순환nature's cycle의 일부이며, 자연의 건강과 활력을 보여주는 징후입니다."[16] "자연의 한복판에 사는 사람에게, 암흑 같은 절망은 있을 수 없습니다."[17] 소로는 자연에 귀의함으로써, 외부 세계와 내면 세계를 이해하려고 노력했다.

훔볼트가 1804년 여름 워싱턴 DC에서 제퍼슨을 만난 이래, 미국의 모습은 엄청나게 변했다. 소로가 고향이라고 불렀던 미국의 모습은 사라진 지 오래였다. 그동안 메리웨더 루이스와 윌리엄 클라크는 세인트 루이스에서 출발하여 태평양 해안까지 다다른 후, 매혹적인 전망이 담긴 탐험 보고서를 들고 귀환했다. 그 보고서에는 '미국의 국력을 신장시킬 수 있는 풍요롭고 광대한 땅'에 대한 소식이 듬뿍 담겨 있었다. 그로부터 40여 년이 지난 1846년, 미국은 영국으로부터 오리건 준주 Oregan Territory의 상당 부분을 취득했는데, 그중에는 오늘날의 워싱턴 주, 오리건 주, 아이다호 주, 그리고 몬태나 주와 와이오밍 주의 일부분이 포함되어 있었다. 미국은 노예를 보유하는 텍사스 공화국을 합병한 후 멕시코와의 전쟁에 휘말렸다. 소로가 오두막집을 떠나자마자 전쟁은 미국의 압도적인 승리로 끝났고, 멕시코는 나중에 캘리포니아 주, 네바다 주, 뉴멕시코 주, 유타 주가 되는 지역, 애리조나 주의 대부분, 그리고 와이오밍 주, 오클라호마 주, 캔자스 주, 콜로라도 주의 일부분을 포함하는 광대한 영토를 마지못해 양도했다. 이로써 미국은 제임스 포크 James K. Polk 대통령의 재임 기간인 1845~1848년 사이에 260만 제곱킬로미터의 영토를 확장하여, 영토가 1/3 늘어남과 동시에 처음으로 북미 대륙을 동서로 가로질렀다. 1848년 1월 캘리포니아 주에서 금광이 처음 발견되자, 이듬해에 4만 명의 사람들이 일확천금을 위해 서쪽으로 몰려갔다.

그동안 미국은 기술적으로 진보했다. 1825년에 이리 운하가 완공되고, 5년 후에는 볼티모어·오하이오 철도의 첫 번째 구간이 개통되었다. 1838년 4월 최초의 대서양 횡단 기선steamship인 그레이트 웨스턴 호the Great Western가 영국을 출발하여 뉴욕에 도착했고, 소로가 콩코드에 돌아온 1847년 겨울에는 워싱턴 DC 국회의사당의 가스등에 처음으로 불이 들어왔다.

보스턴은 아직도 중요한 항구였으며, 그 서쪽에 있는 소로의 고향 콩

매사추세츠 주의 콩코드 시

코드는 보스턴과 나란히 성장하고 있었다. 콩코드에는 방적공장, 신발공장, 납파이프 공장이 하나씩 있었고, 창고와 은행이 여러 개 있었다. 콩코드는 카운티 정부 소재지이기도 해서, 매주 40대의 역마차가 콩코드를 통과했다. 물건을 가득 싣고 보스턴을 출발한 기차가 메인스트리트를 따라 뉴햄프셔와 버몬트의 시장으로 향했다.[18]

경작이 늘어나면서 불모지들은 모두 들판, 목초지, 목장으로 변했으며, 콩코드의 숲을 지날 때마다 도끼질 소리가 늘 끊이지 않았다.[19] 지난 2세기 동안 뉴잉글랜드 지방의 풍경이 완전히 변해, 오래된 나무들은 거의 남아 있지 않았다. 먼저 경작과 연료 채취를 위해, 다음으로 철도 건설을 위해 삼림이 벌채되었다. 1844년 콩코드에 철도가 들어와, 소로가 종종 거닐었던 월든 호수의 서쪽 가장자리를 관통했다.[20] 자연이 점점 더 뒤로 물러나면서, 인간과 자연 간의 관계도 점점 더 멀어졌다.

소로는 월든 호숫가에서의 생활에 대만족이었다. 주변에서 무슨 일이 일어나든 개의치 않고, 몇 시간 동안 독서에 몰입하거나 꽃을 응시할 수 있었기 때문이다. 그는 오랫동안 간소한 삶simple life의 즐거움을 예찬해 왔다. 『월든』에서도 '간소화'[21]라는 말을 누누이 강조하며, "철학자가 된다는 것은 간소한 삶을 사는 것을 의미한다"[22]고 말했다. 자기 자신에게만 충실하고, 사교적인 인사치레, 여자, 돈 문제에 전혀 신경 쓰지 않았다. 그의 이 같은 태도는 외모에 그대로 드러났다. 옷은 몸에 어울리지 않고, 바지는 너무 짧고, 신발은 지저분했다. 얼굴은 불그스름하고, 코는 너무 크고, 수염은 제멋대로 뻗쳐 있고, 푸른 눈동자는 왠지 의미심장해 보였다.[23] 한 친구는 "호저porcupine를 흉내내는 데 성공했다"[24]고 했고, 다른 친구는 "심술궂고 호전적인 인상"이라고 했다.[25] 일각에서는 "약간 투박하고 촌스러워 보이기는 하지만, 그런대로 매너가 공손하다"[26]고 했지만, 상당수의 사람들은 "우습고 괴상하다"[27]고 했다. 소로의 친구이자 콩코드 주민이기도 한 너대니얼 호손Nathaniel Hawthorne은 혀를 끌끌 차며, "돈도 있고 집도 있고 글줄깨나 쓴다는 친구가 저러고 사니, 내가 다 창피할 노릇"[28]이라고 말했다. '괴짜'[29]라던 친구도 있었고, "삼복더위 때 마시는 빙수처럼 청량감을 준다"[30]고 말한 친구도 있었다.

모든 사람들은 이구동성으로, "소로는 사람들 속에 섞여 있을 때보다 자연 속에 머물 때 더 편안하게 느끼는 것 같다"고 말했다. 그러나 단 한 가지 예외가 있었으니, 그건 바로 어린이들과 함께 있을 때였다. 에머슨의 아들 에드워드는 소로가 아이들을 얼마나 즐겁게 해줬는지 기억하고 있었다. 에드워드에 의하면, 소로는 민물거북 두 마리가 강물 속에서 결투하는 이야기를 해주거나, 연필이 나타났다 사라지는 마술을 보여줬다고 한다.[31] 또한 마을 어린이들이 월든 호숫가의 오두막집에 단체로 방문하면, 아이들을 데리고 숲속으로 여행을 떠났다. 숲속에

헨리 데이비드 소로

서 소로가 이상한 휘파람을 불면 동물들이 하나씩 하나씩 차례로 나타났는데, 마멋woodchuck은 덤불 밑에서 고개를 살짝 내밀고, 다람쥐는 그를 향해 달려왔으며, 새는 그의 어깨 위에 사뿐히 내려앉았다.

"자연은 동물이나 식물의 말동무로 삼기 위해, 소로를 특별히 양아들로 입양한 것 같다"고 호손은 말했다.[32] 동식물과 소로 사이에는 아무도 설명할 수 없는 유대가 형성되어 있었다. 쥐는 소로의 팔을 오르내리고, 까마귀는 어깨 위에 앉고, 뱀은 다리를 휘감았다. 소로가 깊은 숲 속에서 몰래 피어나는 봄꽃을 귀신같이 찾아내는 걸로 보아, 자연과 소로는 서로 이야기를 주고받는 게 분명해 보였다. 그는 콩밭에 콩을 심으며, "내가 콩을 알고, 콩이 나를 알까?"라고 속삭였다. 밤에는 별똥별을 바라보고, 낮에는 무지개를 바라보는 게 그의 일상의 즐거움이었다.[33]

월든 호숫가에 사는 동안, 소로는 자연을 자세히 관찰할 수 있었다.[34]

아침에 일어나 멱을 감은 다음, 양지바른 곳에 햇볕을 쬐며 앉아 있었다. 그러고는 숲속을 걷거나, 가만히 웅크리고 앉아 동물들이 그를 위해 행진해주기를 기다렸다. 눈보라나 폭풍우를 예측하려고 날씨를 유심히 관찰하기도 했다.[35] 여름에는 보트를 타고 호수 한복판으로 나가, 보트가 이리저리 떠다니는 동안 플루트를 불었다. 겨울에는 얼어붙은 호수 위에 엎드려 얼굴을 얼음에 들이대고, 마치 유리를 통해 그림을 들여다보듯 호수 바닥을 관찰했다.[36] 밤에는 나뭇가지가 오두막집의 지붕널을 문지르는 소리를 듣고, 아침에는 새들의 세레나데를 들었다. 한 친구는 그를 '숲의 요정', 또는 '숲의 영혼'이라고 불렀다.[37]

소로는 고독을 즐겼지만, 오두막집 안에서 은둔자처럼 살지는 않았다. 그는 종종 마을로 나가, 부모님의 집에서 가족 또는 에머슨 가족과 함께 식사를 했다.[38] 콩코드 문화회관에서 강의를 하고, 월든 호숫가에서 방문객들을 맞이하기도 했다. 1846년 8월에 콩코드의 노예제 폐지협회anti-slavery society가 오두막집 문간에서 연례회의를 개최했을 때, 메인 주로 나들이를 떠나기도 했다. 그는 글도 썼다. 소로는 월든 호숫가에 2년간 머물며 두꺼운 노트 두 권을 빼곡히 채웠는데,[39] 한 권에는 숲속의 생활을, 다른 한 권에는 (몇 년 전 세상을 떠난 형과 함께했던) 보트여행 내용을 적었다. 전자는 『월든』 1판의 밑거름이 되었고, 후자는 『콩코드와 메리맥 강에서의 일주일*A Week on the Concord and Merrimack Rivers*』의 초고였다.

오두막집을 떠나 콩코드로 돌아갔을 때, 『콩코드 강과 메리맥 강에서의 일주일』을 출간해줄 출판사를 수소문하다가 번번이 퇴짜를 맞았다. '자연에 대한 이야기'와 '회고록'이 반반씩 섞인 원고에 관심을 보인 사람은 아무도 없었기 때문이다. 결국에는 한 출판사가 인쇄와 배포를 맡기로 했지만, 비용은 소로가 전액 부담하기로 했다. 상업적으로 볼 때, 그것은 완전한 실패였다. 아무도 책을 사려 하지 않았고, 상당수의 서평들은 냉혹했다. 소수의 사람들만이 '너무나 미국적인 책'이라며 높게 평가했고, 심지어 '에머슨의 작품을 표절한 책'이라고 혹평하는 서평가도 있었다.[40]

아니나 다를까, 소로는 팔리지 않은 책들을 전부 떠안고 빚더미에 올라앉았다. 그가 가진 책은 모두 900권인데, 그중 700권은 자신의 저서였다.[41] 설상가상으로, 출판이 실패하면서 멘토인 에머슨과 마찰이 생겼다. 에머슨이 『콩코드 강과 메리맥 강에서의 일주일』을 좋아하지도 않으면서 칭찬했다는 사실을 알고, 소로는 크게 실망했다. 그는 일기장에 이렇게 썼다. "에머슨이 내 친구일 때는 입에 발린 말만 하고 진실을 말하지 않았다. 그러나 지금은 내게 등을 돌리고 독화살을 쏜다."[42] 소로가 에머슨의 두 번째 부인 리디안에게 연정을 품게 된 것도 문제였다.[43]

오늘날 소로는 가장 널리 읽히고 사랑받는 미국 작가이지만, 살아생전에는 친구와 가족들에게 '야망이 부족하다'는 평을 들었다. 그래도 소로의 고모는 조카가 그저 매일 걷기만 하는 것 이상의 능력이 있을 거라고 믿었지만,[44] 에머슨은 그를 '콩코드의 한량'[45] 또는 '하찮은 존재'[46]라고 불렀다. 소로는 남들이 뭐라 생각하든 개의치 않고, 오로지 『월든』의 원고에만 집중했다. 하지만 자연에 대한 의문이 꼬리에 꼬리를 물고 생겨나는 바람에, 원고를 마무리하기가 힘들었다. 식물과 동물의 생태에 대해 좀 더 많은 것을 알고 싶었고, 호수 속에서 무슨 일이 일어나는지도 알고 싶었다.[47]

소로는 자연을 이해하고 싶어 전원지대를 계속 쏘다녔다. 그의 친구들은 "소나무처럼 꼿꼿이 서서 성큼성큼 행진하는 것 같다"고 조롱했다.

또한 측량사로 일하기 시작하면서 수입이 조금 생기자 밖에서 좀 더 많은 시간을 보낼 수 있었는데, 에머슨은 '측량도구로 거리를 측정하는 것보다, 소로의 발걸음 수를 세는 게 더 정확할 것'이라고 비꼬았다. 소로는 하버드 대학교의 식물학자와 동물학자들을 위해 표본을 수집했다. 강과 호수의 깊이를 측정하고, 온도를 측정하고, 식물을 압착하는 일도 했다. 봄에는 새들이 도착하는 시간을 기록하고, 겨울에는 호수의 얼음장에 포획된 공기방울의 개수를 셌다.[48] 그는 나무와 새의 진정한 의미를 이해하고자 노력했다. 궁금한 게 있으면 학자들을 찾아가 질문을 던지는 대신, 숲속에서 오랫동안 하이킹을 하며 식물이나 동물들을 유심히 관찰했다.[49]

소로와 에머슨은 둘 다 자연의 통일성을 중시했지만, 결국에는 각기 다른 길을 선택했다.[50] 소로는 '개체의 연결성과 상관관계를 이해해야만 전체를 이해할 수 있다'는 신념에 따라 훔볼트의 노선을 추구했다. 반면에 에머슨은 '이성 하나만으로는 통일성을 찾을 수 없으며, 신의 계시나 직관의 도움을 받아야 한다'고 믿었다. 콜리지 같은 영국의 낭만주의자나 셸링과 같은 독일의 이상주의자와 마찬가지로, 에머슨을 비롯한 미국의 선험론자들은 과학적 방법을 배격했다. 과학은 연역적 추론과 실증 연구를 중시하는데, 자연을 그런 식으로 탐구하면 시야가 흐려질 수 있다고 생각했기 때문이다.[51] "우리는 자연 속에서 영적 진리spiritual truth를 찾아야 한다. 과학자들은 영혼이 극도로 위축된 유물론자여서, 영적 진리를 찾을 수 없다"고 에머슨은 말했다.[52]

선험론자들은 독일의 철학자 칸트의 세계관에서 영감을 받았다. 17세기 말에 영국의 실증주의 철학자 존 로크는 "모든 지식은 감각적 경험에 기초하고 있다"고 말한 바 있는데, 칸트는 실증주의자들의 주장을 정면으로 반박했다. "칸트가 말하는 관념과 지식은 경험에서 유래한 것이 아니다"라고 에머슨은 설명했다.[53] 에머슨과 선험론자들은 "인간은 진리를 직관적으로 깨닫는 능력을 보유하고 있다"고 주장했다.[54] 그들은 자연의 겉모습을 커튼으로 간주하고, 그 배후에서 작동하는 신성한 법칙divine law을 발견하려면 커튼을 벗겨내야 한다고 생각했다. 그러나 과학에 막 빠져들기 시작한 소로는 이 같은 세계관을 받아들일 수 없었다. 왜냐하면, '만물의 의미는 그 자체에 내재한다'는 생각이 그의 마음속에서 싹트고 있었기 때문이다. 그는 꽃잎의 개수나 나무의 나이테를 헤아리면서 통일성이라는 원대한 아이디어에 다가서고 있었다.

소로는 어느덧 자연을 과학자처럼 관찰·측정·기록하기 시작했다. 과학에 대한 관심이 증가할수록, 과학적 접근 방법의 필요성은 더욱 더 절실해졌다. 마침내 월든 호숫가를 떠난 지 2년 후인 1849년 가을, 소로는 첫 번째 작품인 『콩코드 강과 메리맥 강에서의 일주일』의 실패를 딛고 일어나 새로운 결정을 내렸다. 그것은 소로의 인생을 바꾸는 전환점이자, 『월든』의 탄생을 예고하는 신호탄이었다. 소로는 인생의 방향을 완전히 틀어, 아침 저녁으로는 과학 공부를 열심히 하고 오후에는 오랫동안 숲속을 걸으며 관찰·측정·기록을 병행했다.[55] 그것은 '과학에 매혹된 시인'에서 '미국 최고의 자연주의 작가'로 변신하기 위한 첫 걸음이었다. 그가 변신을 결심하게 된 이유는 데뷔 작품의 실패일 수도 있고, 에머슨과의 결별일 수도 있었다. 또는 자신이 좋아하는 분야에 집중해야겠다는 확신이 생겼을 수도 있었다. 이유야 어찌됐든 모든 게 바뀌었다.

소로의 과학 공부에는 광범위한 관찰일지 작성도 포함되었다. 관찰일지에는 콩코드와 주변 지역의 계절적 변화가 연대기적으로 서술되었다.

전에는 관찰일지에서 필요한 부분을 원고에 오려 붙였지만, 이제는 관찰일지를 그대로 보관하고 원고를 별도로 작성했다. 집필의 보조 도구로만 사용되던 관찰일지가, 광범위하고 체계적인 자연관찰 노트Field Notes로 남게 된 것이다.[56]

소로는 모든 소지품을 자연관찰 도구로 이용했다. 모자 속에는 식물을 집어넣어 신선하게 보관했고, 두꺼운 음악책은 식물을 압착하는 데 사용했으며, 작은 망원경과 지팡이는 측정도구로 사용했다.[57] 낮에는 작은 종이쪽지에 관찰 내용을 깨알같이 적어놓았다가, 저녁에 오두막집에 돌아와 관찰일지에 옮겨 적었다. 그의 식물 관찰은 매우 꼼꼼해서, 과학자들은 지금도 그의 관찰일지를 이용하여 기후 변화의 영향을 분석한다.[58] 예컨대, 관찰일지에 나오는 '꽃피는 날'과 '낙엽 지는 날'을 오늘날과 비교하면, 그동안의 기후 변화가 식물의 생장에 미친 영향을 알 수 있다.

소로는 관찰일지에, "나는 허리케인이나 지진과 같은 예외적인 현상들을 배제하고 공통적인 현상들만을 기술한다. 시의 진정한 주제는 바로 이것"이라고 적었다.[59] 그는 자연 탐사와 측정을 반복하는 동안 에머슨의 선험적이고 영적인 자연관을 버리고, 눈앞에 펼쳐진 현상에 집중했다. 소로는 그와 동시에 훔볼트의 저서에 몰두하기 시작했다. 훔볼트의 저서를 처음 발견했을 때, 자신이 '묵은 땅'이었음을 깨닫고 관찰일지에 이렇게 썼다. "나는 땅을 너무 오랫동안 묵혀 두었다. 이제 때가 무르익었다. 드디어 밭을 갈고 씨를 뿌릴 때가 되었다."[60]

옮겨 적기와 밑줄 긋기를 반복하며 훔볼트의 책을 읽는 소로를 보고, 친구들은 '손에서 펜이 떨어지지 않는다'며 고개를 절레절레 흔들었다.[61] 소로는 『코스모스』, 『자연관』, 『신변기』와 같은 훔볼트의 베스트셀러들을 차례로 독파한 후,[62] "자연에 관한 책들은 마치 영약靈藥과 같다"[63]는 심정을 피력했다. 소로의 관찰일지, 자연관찰 노트, 저서를 유심히 살펴보면, 훔볼트의 이름이 주기적으로 언급되는 부분이 있다는 것을 알 수 있다.[64] 예컨대 하늘이 특별히 푸른 날, 소로는 하늘빛이 얼마나 푸른지를 정확히 측정하고 싶은 마음이 들었다. 그는 이 대목에서 자신도 모르게 "훔볼트가 사용한 시안계cyanometer는 어디 있지?"[65]라고 중얼거렸는데, 시안계는 훔볼트가 침보라소 산을 등반할 때 사용한 것이다. 또한 소로는 "콩코드의 개울물 소리는 낮보다 밤에 더 크다"고 썼는데, 그것은 "오리노코 강의 여울에서 들리는 물소리는 낮보다 밤에 더 크다"고 한 『신변기』의 구절에서 힌트를 얻은 것이다.[66] 그리고 소로는 뉴햄프셔 인근의 피터버러Peterborough에서 하이킹하던 언덕을 안데스산맥에 비유하고,[67] 월든 호수를 대서양으로 비유했다.[68] 요컨대, 소로의 몸은 콩코드에 있었지만, 마음은 늘 훔볼트와 함께 있었던 것이다.[69]

훔볼트가 지구 반대편에서 깨달은 원리를, 소로는 콩코드에서 깨달았다. 그것은 '모든 것은 서로 연결되어 있다'는 것이었다. 겨울철에 월든 호수에 인부들이 몰려와 얼음을 가져갈 때, 소로는 그것이 더운 지방(가깝게는 찰스턴Charleston, 멀게는 인도의 봄베이나 캘커타)으로 실려가 소비되는 장면을 떠올리며 이렇게 읊조렸다. "인도인들은 내 오두막집 앞의 호숫물을 마신다. 월든 호수의 순수한 물은 결국 갠지스 강의 신성한 물과 섞이게 될 것이다."[70] 그는 내친 김에 관찰일지에 이렇게 썼다. "자연 현상을 관찰하려고 굳이 먼 나라로 여행갈 필요는 없다."[71] "탐험 정신만 있으면, 미국의 강과 바다를 탐험해도 충분하다. 중요한 건 '얼마나 멀리 갔는가'가 아니라, '얼마나 깨어 있는가'이다."[72] "너 자신의 강과 바다를 탐험하라. 그리하여 제국의 야심이나 무역을 위해 봉사하는 콜롬버스가 아닌, 생각하는 콜럼버스가 되라."[73]

소로는 책을 읽으며 끊임없이 질문을 던지고, 찔러보고, 트집을 잡고, 의문을 제기했다. 그는 거의 과학자나 다름없었다. 몹시 추운 겨울날 지평선에 낮게 드리운 진홍색 구름을 보면, '붉은 빛이 나를 흥분시키고 피를 들끓게 한다'는 생각보다는, '수증기 덩어리가 모든 빛을 흡수한다'는 생각이 먼저 떠올랐다.[74] 하지만 그는 자신을 질책했다. 그는 구름의 형성 과정을 이해하고 싶어 하는 과학자인 동시에, 시뻘겋게 타오르는 구름에 도취되는 시인이기도 했기 때문이다.

소로는 한 가지 의문을 품었다. "과학은 이해력을 풍부하게 해주지만, 다른 한편으로 상상력을 앗아가지 않을까?"[75] 그에 대한 답변은 『코스모스』에 잘 나와 있었다. 『코스모스』를 읽어보니, "과학은 자연을 정확히 묘사하지만, 상상력을 질식시키지 않는다"[76]는 구절이 나왔다. 다시 말해서, 감각과 지력intellect은 서로 연결되어 있으므로, 지식이 감정을 메마르게 하지 않는다는 것이었다.[77] 소로가 무엇보다도 신뢰한 것은 '지식과 시는 든든한 끈으로 연결되어 있다'[78]는 훔볼트의 믿음이었다. 소로는 훔볼트의 책을 읽고, "과학과 상상력, 부분과 전체, '사실적인 것'과 '경이로운 것'은 불가분의 관계에 있다"는 사실을 깨달았다.

소로는 부분과 전체 사이에서 균형감을 유지하려고 끊임없이 노력했지만, 지난 몇 년 동안 노력이 시들해지자 걱정이 이만저만이 아니었다. 예컨대 하루 종일 강가에 머물며 식물과 야생동물을 관찰하고 기록하고 나면, "모든 시인들은 과학의 입구에서 바들바들 떨고 있다"[79]는 문장으로 관찰일지를 마감하기 일쑤였다. 그러나 훔볼트의 책에 흠뻑 빠지면서 걱정은 서서히 사라졌다. 그는 『코스모스』를 통해, "개별적인 관찰들이 모이면 자연을 전체적으로 묘사한 풍경화가 탄생하고, 풍경화 속의 디테일한 부분들은 태피스트리tapestry를 구성하는 실과 같다"

는 사실을 배웠다. 그리고 "디테일이 통합되어 전체가 된다"는 훔볼트의 말에서 힌트를 얻어, 사실을 사실적으로 묘사한 것이 최고의 시라는 진리를 깨달았다.[80]

소로는 마침내 시와 팩트를 구분하지 않게 되었다.[81] 시와 팩트는 사실상 똑같은 것이어서, 어느 게 어느 것인지 더 이상 분간할 수가 없었기 때문이다. "가장 흥미롭고 아름다운 팩트가 가장 멋진 시다"[82]라는 것이 소로의 지론이었는데, 이런 생각을 외부로 표현한 책이 바로 『월든』이었다.

1847년 9월, 소로는 월든 호숫가의 오두막집에서 『월든』의 초고를 들고 나와, 여러 개의 버전을 만들었다. 그러다가 1849년 중반에는 『월든』을 옆으로 젖혀놓고, 3년 동안 박물학자, 문서관리자, 훔볼트 매니아로 지냈다. 1852년 1월, 그는 원고를 다시 꺼내 훑어보다가 아예 완전히 다시 쓰기 시작했다.

그 후 몇 년 동안 과학관찰 내용이 추가되어, 『월든』의 두께는 두 배로 늘어났다. 그리하여 처음 집필을 시작했을 때와 비교하면 완전히 다른 책이 되었다.[83] 문학 작품을 쓰기 위해 흔치 않은 준비를 했다는 기분이 들었다.[84] 계절의 패턴과 변화를 상세히 적어, 자연의 순환과 상호관계를 깊숙이 인식하게 되었다. 나비, 꽃, 새가 매년 봄에 새로 나타나는 것을 인식하고 나자, 다른 것들도 모두 이해할 수 있게 되었다. 1852년 4월, 소로는 관찰일지 표지에 '세월은 순환한다'[85]고 쓴 다음, 연도별로 꽃이 피고 낙엽이 지는 시기의 목록을 만들기 시작했다.[86] 문학책을 쓰기 위해 그렇게 복잡한 목록을 만든 사람은 일찍이 없었다. 관찰일지에 "조만간 '계절에 관한 책'이 탄생할 것"[87]이라 쓰고, 그 옆에 훔볼트의 이름을 적어놓았다.

『월든』의 초기 버전에서, 소로는 금전만능주의와 도시생활을 자신의 오두막집 생활과 비교하며 미국인들의 문화와 탐욕을 비판하는 데 치중했다. 그러나 새로운 버전에서는, 계절의 운행이 그의 앞길을 밝히는 등불guiding light이 되었다. 소로는 『월든』에서, "나는 계절과 우정을 나눈다"[88]고 말했다. 그는 훔볼트의 시선을 통해 자연을 바라보기 시작하여,[89] 훔볼트가 그랬던 것처럼 탐색하고 수집하고 측정하고 관련짓는 데 몰두했다. 1853년 미국 과학진흥협회에서 행한 연설에서, "나의 관찰 및 서술 방법은 훔볼트의 『자연관』에 기초하고 있습니다"라고 말했다.[90] 훔볼트는 『자연관』에서 이미 과학적 분석을 유려한 산문 및 생생한 묘사와 결합하는 데 성공한 바 있었다.

『월든』에 등장하는 명문들은 모두 소로의 관찰일지에서 유래한다. 그에게 있어서 자연은 '살아 있는 시'였다.[91] 그는 관찰일지에서 다양한 주제들을 넘나들며, 살아 숨쉬는 땅, 코 고는 개구리, 노래하는 새를 숨돌릴 틈 없이 서술했다.[92] 관찰일지는 자연에 대한 사랑과 황홀감의 기록이었으며, 과학과 시의 복합체였다.[93] 소로는 관찰일지의 문장이 『월든』의 문장보다 뛰어나다고 생각하며, "화분에 꽂혀 있는 꽃을 어찌 목장에 피어 있는 꽃과 비교할 것인가!"라고 말했다. 여기서 '꽃'은 문장을, '화분'은 『월든』을, '목장'은 관찰일지를 각각 의미하는 메타포다.[94]

소로는 콩코드의 자연에 정통하다고 자부하고 있었기에, 자신이 모르는 식물을 알아보는 사람을 만나면 자존심이 몹시 상했다. 에머슨은 동생에게 쓴 편지에서, "헨리 소로는 분을 삭이지 못하니, 처음 보는 딸기 하나를 들고 가서 약을 올려야겠어"라고 말했다.[95]

그러나 소로가 새로운 접근 방법을 택했다고 해서, 그의 의심이 말끔히 사라진 건 아니었다. 의심은 그의 마음 한구석에 늘 도사리고 있었다. 그는 1853년에 쓴 관찰일지에, "나는 너무 많은 관찰에 혹사당한 것 같다"고 썼다.[96] 자신의 지식이 너무 '상세하고 전문적'[97]이어서, 혹시 '하늘처럼 포괄적인 시각'이 '현미경처럼 편협한 시각'으로 대체되었을지도 모른다고 생각한 것이다. 그는 절망적으로, "나의 과학 지식을 총동원하여, 빛이 영혼 속으로 스며들어가는 것을 설명할 수 있을까?"[98]라고 자문했다. 하지만 그럼에도 불구하고, 그의 관찰일지는 꽃, 나비, 노래하는 새, 익어가는 딸기를 상세히 묘사하는 구절로 마무리되었다.

소로는 시를 쓰는 대신 자연을 관찰했고, 관찰 결과를 『월든』의 소재로 사용했다.[99] 그는 『월든』에서, "자연은 내 시를 가득 채우는 언어가 될 것이다"라고 말했다.[100] "시내를 흐르는 맑은 물은 자연의 순수한 피"[101]라고 쓴 후, 몇 줄 아래에서는 자신과 자연 간의 대화를 소개했다. 그리고 세밀한 관찰 습관이야말로 과학을 오랫동안 지탱하는 힘이라고 결론지었다. 소로는 과학과 시를 댕기머리처럼 엮어 굵은 가닥으로 만드는 재주를 터득했던 것이다.

이 모든 것을 이해하기 위해, 소로는 통합된 관점unifying perspective을 추구했다. 산을 오를 때는 발밑의 바위를 뒤덮은 이끼를 보았지만, 그와 동시에 멀리 서 있는 나무도 바라보았다. 침보라소를 오르던 훔볼트가 그랬던 것처럼, 그는 이끼와 나무의 관련성을 감안하여 하나의 '그림'으로 인식하려 했다.[102] 그건 훔볼트가 생각해낸 자연그림의 아이디어와 일맥상통했다. 폭풍 한설이 몰아치는 1월의 어느 날 아침, 그는 눈송이의 미세한 결정 구조를 관찰하고는, 문득 완벽한 대칭을 이루는 꽃잎의 배열을 떠올렸다. 그리고, '지구를 형성하는 법칙과 눈송이를 형성하는 법칙은 똑같구나'라고 생각하며, 훔볼트의 책에 자주 나오는 '질서'와 '코스모스'라는 단어를 힘주어 발음했다.[103]

훔볼트는 '코스모스'라는 단어를 고대 그리스인들의 언어에서 가져왔다. 그리스어에서 코스모스κόσμος는 질서와 아름다움을 의미하는 말이었지만, 그건 어디까지나 인간의 눈을 통해 창조된 개념이었다. 훔볼트는 코스모스를 외부 세계와 내면 세계를 포괄하는 개념으로 사용했다. 훔볼트의 『코스모스』는 인간과 자연 간의 관계를 다룬 책이며, 소로는 이 책을 통해 자신이 코스모스 속에서 차지하는 위치를 확고히 정립했다. 그는 『월든』에서 이렇게 말했다. "월든 호숫가에는 나만의 작은 세상이 있다. 거기에도 태양, 별, 달이 존재한다."[104] "내가 왜 외롭단 말인가? 그렇다면 지구도 은하계에서 외롭단 말인가?"[105] 목장의 꽃이나 호박벌이 외롭지 않은 것처럼, 소로도 외롭지 않았다. 왜냐하면 그들과 소로는 모두 자연의 일부였기 때문이다. 그는 심지어 나뭇잎과 부식토를 자신과 동일시했다.[106]

『월든』에서 가장 유명한 대목 중 하나의 변천사를 살펴보면, 훔볼트의 책을 읽은 후 그가 얼마나 많이 변했는지를 알 수 있다. 소로는 매년 봄 월든 호수 근처의 철둑길이 녹는 장면을 관찰했다.[107] 겨우내 얼어붙었던 철둑에 따사로운 봄볕이 들면, 얼음이 녹으며 모래땅에서 자줏빛 아지랑이가 피어올랐다. 수분을 머금은 철둑길에서는 나무와 관목들이 생기를 되찾아, 모래로 뒤덮인 나뭇잎들이 하나둘씩 돋아나며 본격적인 신록의 계절을 예고했다.

월든 호숫가에서 썼던 초고에서, 소로는 철둑길이 해동되는 과정을 100단어 미만으로 간단히 서술했다.[108] 그러나 최종판에서는 이 부분의 분량이 1,500단어 이상으로 늘어나며, 『월든』의 핵심 부분 중 하나로 부상했다. 소로는 철둑길에 하나둘씩 솟아난 나뭇잎들을 신록의 원형prototype[109]으로 묘사했는데, 그것은 괴테가 말했던 원형urform과 같은 개념이었다. 초고에서는 그저 '형언할 수 없이 흥미롭고 아름답다'[110]고 서술되었던 현상이, 최종판에서는 '모든 자연 활동의 기본 원리'[111]로 부각되었다.

불과 몇 페이지에 불과하지만, 철둑길의 해동 과정을 묘사한 부분은 소로가 얼마나 성숙했는지를 여실히 보여준다. 훔볼트의 책을 읽은 직후인 1851년 12월의 마지막 날, 소로는 이 부분을 코스모스의 메타포로 묘사했다. 그는 철둑을 비추는 태양이 자신의 피를 데운다고 느끼며, "대지는 죽은 게 아니라 살아 꿈틀거린다"[112]고 묘사했다. 그런데 『월든』의 7고를 탈고할 무렵인 1854년 봄, 소로는 관찰일지에 이렇게 썼다. "대지는 살아 있는 시다. 그것은 화석화된 땅이 아니라, 살아 있는 표본이다."[113] 『월든』 최종판에서는 "대지는 모두 살아 있고"[114] "자연은 왕성하게 활동한다"[115]고 썼는데, 이는 '생명이 고동치는 자연'이라는 훔볼트의 표현을 연상케 한다. 소로는 이 부분을 다음과 같이 마무리했다. "봄은 혼돈Chaos에서 코스모스가 탄생하는 것처럼 온다. 생명과 자연과 시는 삼위일체다."

『월든』은 소로가 특별한 장소에서 집필한 '미니 코스모스'라고 할 수 있다.[116] 월든 호숫가에는 온갖 동물들이 서식하고 각양각색의 꽃들이 피어나며, 이 모든 것들이 서로 긴밀하게 연결되어 있다. 『월든』은 소로의 관찰일지를 기반으로 하여 탄생했다. 모든 과학 탐구에는 늘 주관성과 감각이 개입되기 마련이며, 객관성에만 전적으로 의존하는 순수한 과학 탐구란 존재하지 않는다. "모든 팩트의 기반은 관찰이며, 팩트는 시적인 관찰poetic observation의 산물이다"[117]라고 소로는 말했다. 팩트는 그냥 주어지는 것이 아니라, 관찰을 통해 (마치 씨앗이 영그는 것처럼) 완성된다는 뜻이다.

하늘과 땅은 소로에게 자양분을 공급하는 젖줄이었다.[118]

The Invention of Nature

5부

/

신세계

아이디어의 진화

20
노아의 홍수 이후 가장 위대한 인물

『코스모스』 II권이 발간된 이후, 베를린에 거주하던 훔볼트는 '자유로운 정치적 견해'와 '왕실의 신하로서의 의무' 사이에서 균형을 맞추기가 점점 더 힘들어졌다. 1848년 봄에 유럽이 갑자기 혼란에 빠졌을 때는 특히 그러했다. 수십 년간 반동적인 정치세력이 득세하더니, 마침내 혁명의 물결이 유럽 전체를 휩쓸고 지나간 것이다.

경제 침체와 정치적 탄압이 맞물리면서 파리에서 폭력 시위가 일어나자, 겁에 질린 루이 필립Louis Philippe 왕은 2월 26일 폐위되어 영국으로 달아났다. 이틀 후 프랑스는 제2공화정을 선포했고, 그로부터 몇 주 내에 이탈리아, 덴마크, 헝가리, 벨기에 등으로 혁명의 물결이 퍼져나갔다. 오스트리아의 보수적 재상 메테르니히 공은 빈에서 학생과 노동자들이 일으킨 봉기를 진압하려다 실패하자 3월 13일 재상직을 사임하고 역시 영국으로 도주했고, 이틀 후 황제 페르디난트 1세는 국민들에게 헌법 제정을 약속했다. 상황이 이렇게 되자, 유럽의 지배자들은 모두 패닉에 빠졌다.

유럽 각지의 혁명이 신문을 통해 보도되자, 프로이센 사람들은 커피숍에서 다른 이들과 함께 신문기사를 소리내어 읽곤 했다.[1] 뮌헨, 쾰른, 라이프치히, 바이마르를 비롯한 수십 개의 도시와 주州에서도, 주민들이 지배자에게 항거하여 봉기를 일으켰다. 그들은 통일된 독일, 국회, 헌법을 요구했다. 3월에는 바이에른의 왕이 퇴위하고, 바덴 대공Grand Duke of Baden이 주민의 요구에 굴복하여 언론 자유와 의회 설립을 약속했다. 베를린에서도 시위가 일어나 개혁을 요구했지만, 프로이센의 왕 프리드리히 빌헬름 4세는 쉽사리 굴복하지 않고 군대를 동원했다. 2만 명의 시민들이 모여 집회를 열자, 왕은 군대에게 베를린 거리를 행진하며 성을 지키라고 명령했다.

프로이센의 자유주의자들은 오랫동안 프리드리히 빌헬름 4세에게 실망해 왔으며, 훔볼트도 예외는 아니었다. 1841년 초 왕이 즉위했을 때, 그는 절대주의 체제가 곧 종말을 고할 거라고 믿었다. 그래서 왕이 즉위한 후 처음 몇 달 동안 한 친구에게 "계몽군주가 즉위했으니 두고 보게. 조만간 봉건적 악습들이 모두 타파될 거야"라고 말했다.[2] 그러나 그의 판단은 보기 좋게 빗나갔다. 그로부터 2년 후, 그는 똑같은 친구에게 "왕은 자기가 하고 싶은 일만 한다네"라고 털어놓았다.[3] 프리드리히 빌헬름 4세는 건축을 유난히 좋아해, 늘 생각하는 거라곤 웅장한 건물 또는 공원을 짓거나, 미술품을 대량으로 사들이는 것이었다. "외교정책, 프로이센 국민, 경제 등의 현실적인 문제에 대해 왕은 일언반구도 없군" 하고 훔볼트는 투덜거렸다.[4]

1847년 4월 왕이 처음으로 프로이센 의회를 소집하자마자, 개혁에 대한 희망은 물거품이 되었다. 국민들은 헌법을 요구했으나, 프리드리히 빌헬름 4세는 일말의 여지도 남기지 않았다. 왕은 개회 연설에서 국민의 대표들에게 이렇게 말했다. "왕의 권력은 신神에게서 받은 것이므로, 국민의 뜻에 따를 필요가 없다."[5] 프로이센이 입헌군주국이 될 가능성은 눈곱만큼도 없어 보였다.

그로부터 두 달 후 의회는 해산되었고, 이루어진 건 아무것도 없었다. 그러나 1848년 봄이 되자 상황은 바뀌었다. 유럽 전역에서 들불처럼 번져가는 혁명에 자극받은 프로이센 국민들은 더 이상 물러서지 않았다. 3월 18일, 베를린의 혁명가들은 드럼통을 굴리며 거리로 진출했다. 박스, 널빤지, 벽돌을 쌓아 바리케이드를 치고, 도로 바닥의 자갈을 파내 건물 옥상으로 운반하며 일전一戰을 준비했다. 저녁이 되자 전투는 시작되었다. 시민들이 옥상에서 돌과 타일을 퍼붓자, 여러 발의 탄환이 거리에 난무했다. 그날 밤 오라니엔부르거 거리Oranienburger Straße의 아파트에 있던 훔볼트는 다른 시민들과 마찬가지로 잠을 이루지 못했다. 전투가 밤새도록 계속되는 동안, 여성들은 음식과 와인과 커피를 혁명가들에게 가져다줬다. 수백 명의 남성들이 목숨을 잃었지만, 근위대는 전세를 장악하지 못했다. 그날 밤 프리드리히 빌헬름 4세는 왕좌에 무너진 듯 주저앉아 신음했다. "오, 주여. 오, 주여. 나를 완전히 버리셨나이까?"

훔볼트는 개혁이 꼭 필요하다고 믿었지만, 군중의 폭력과 경찰의 잔인한 진압을 모두 싫어했다. 그는 '서서히 평화적으로 진행되는 개혁'을 상상하고 있었다. 다른 자유주의자들과 마찬가지로 통일된 독일을 원했지만, 피와 공포보다는 의회와 합의가 지배하는 나라가 되기를 바랐다. 베를린 거리에서 수백 명의 사람들이 죽고 나자, 일흔여덟 살의 훔볼트는 깊은 시름에 빠졌다.

베를린의 혁명가들이 도시를 장악하자, 놀란 프리드리히 빌헬름 4세는 패배를 인정하고 헌법과 국민의회를 약속했다.[6] 3월 19일, 그는 군대를 철수시키는 데 동의했다. 그날 밤 베를린의 거리는 휘황찬란하게 빛났고, 시민들은 승리를 자축했다. 탄환이 난무하는 대신 노래와 환호성이 울려 퍼졌다. 전투가 시작된 지 겨우 3일 만인 3월 21일, 왕은 혁명가의 상징인 흑색·적색·금색•의 옷을 입은 채 베를린 거리를 한 바퀴 돌며 패배를 시인했다.[7] 그러고는 군중이 모여 있는 왕궁으로 돌아가 발코니에 모습을 드러냈다. 훔볼트는 왕의 뒤에 잠자코 서 있다가, 발코니 아래에 서 있는 시민들에게 절을 했다.[8] 다음 날 아침, 훔볼트는 왕실에 출근하지 않고 죽은 혁명가들의 장례 행렬 앞에 섰다.

프리드리히 빌헬름 4세는 훔볼트가 혁명을 좋아하든 말든 개의치 않았다. 그는 훔볼트의 지식을 높이 평가하고, 정치적 견해차는 중시하지 않았다.[9] 그러나 다른 사람들은 훔볼트의 어정쩡한 입장을 언짢아했다. 한 프로이센 사상가는 그를 '급진적 자유주의자'[10]라고 불렀지만, 한 장관은 '아첨하는 혁명가'라고 불렀고, 왕의 동생인 빌헬름 공(후에 빌헬름 1세)은 '기존의 질서를 위협하는 존재'로 여겼다.

훔볼트는 다양한 정치적 견해들 사이에서 줄타기를 하는 데 익숙했다. 25년 전 파리에 머물 때, 반동적 입장과 혁명적 입장들 사이를 오가면서도 입지가 전혀 약화되지 않았다. 라이엘은 훔볼트를 '진보적인 사

• 흑색·적색·금색 복장의 기원은 분명치 않지만, 1813~1815년 나폴레옹 군에 대항해 싸우던 독립심 강한 프로이센 병사들이 빨간 깃에 금색 단추가 달린 흑색 유니폼을 입었던 것이 시초로 알려져 있다. 후에 독일의 많은 주에서 급진적인 학생 단체가 탄압받자, 이 색깔은 통일과 자유를 위한 투쟁의 심볼이 되었다. 1848년 혁명가들이 이 색깔을 널리 사용하였고, 나중에 독일 국기의 문양으로 채택되었다.

상을 가졌으면서도 지위를 잃지 않은 인물'[11]이라고 부르며, 금수저를 물고 태어난 덕을 톡톡히 봤다고 평했다.

홈볼트는 사적인 자리에서 유럽의 지배자들을 비꼬는 버릇이 있었다. 독일을 방문한 빅토리아 여왕에게 초대받고 나서는, 친구들에게 "여왕이 내게 딱딱한 돼지갈비와 차가운 닭고기를 먹이며, 정작 자기 자신은 완벽한 금욕주의를 실천했다"고 빈정댔다.[12] 프리드리히 빌헬름 4세의 상수시궁전에서 뷔르템베르크Württemberg의 황태자와 훗날 덴마크, 영국, 바이에른의 왕이 될 사람들을 만나고 나서는, 그들을 '뼈 없고 창백한 인간, 술취한 아이슬란드인, 눈 먼 정치적 광신자, 완강한 무식쟁이의 집단'[13]으로 묘사하며 "군주정치의 미래가 훤히 보인다"고 조롱했다.

어떤 이는 "왕을 모시면서도, 할 말은 다 하는 능력을 지녔다"[14]며 훔볼트를 높이 평가했다. 하지만 하노버의 왕 에른스트 아우구스트 1세 Ernst August I는 "훔볼트는 변함없는 공화주의자이면서도, 늘 궁전의 곁방 antechamber에 머물러 있었다"고 말했다.[15] 어쩌면 훔볼트가 그렇게 자유로울 수 있었던 것은, 보수주의와 진보주의에 양다리를 걸치고 있었기 때문인지도 모른다. 또는 훔볼트 자신이 인정했던 것처럼, 그는 혁명가이자 무신론자(『코스모스』의 저자)라는 이유로 독일에서 배척당했는지도 모른다.[16]

독일 각지에서 혁명이 전개되는 동안, 개혁이 곧 이루어질 것처럼 보였다. 독일의 주들은 통일을 논의하기 위해 국민의회Nationalversammlung를 구성하기로 결의했다. 그러나 그것은 아주 잠깐 동안의 느낌일 뿐이었다. 베를린에서 탄환이 처음 발사된 후 두 달이 조금 더 지난 1848년 5월 말, 홈볼트는 프로이센의 왕과 장관, 그리고 (프랑크푸르트에서 열린

국민의회에 참석한) 의원들에게 크게 실망했다.[17]

마지못해 개혁의 필요성을 인정한 사람들조차도 '새로운 독일을 어떻게 구성할 것인지'에 대해 합의점을 찾지 못했다. 통일된 독일은 연방주의federalism 원칙에 기초해야 한다는 것이 훔볼트의 생각이었다. 즉, 권력의 일부는 각각의 주들에게 남기되, 전체적인 유기성organism과 통일성unity을 무시하지 말아야 한다는 것이었다[18](이것은 훔볼트의 자연관과 매우 흡사하다는 것을 주목하라).

순수한 경제적 이유 때문에 통일을 선호한 사람들도 있었지만, 독일인들이 공유하는 낭만적 과거를 찬미한 나머지 통일을 찬성한 국수주의자들도 있었다. 그러니 설사 그들이 통일에 동의한다 하더라도, '경계선을 어디에 그을지'와 '어느 주를 포함시킬지'에 대해 이견이 있을 수밖에 없었다. 한쪽에서는 오스트리아를 포함하는 대독일주의Grossdeutschland를 선호한 반면, 다른 쪽에서는 프로이센이 주도하는 소독일주의Kleindeutschland를 선호했다. 양측의 끊임없는 의견 충돌로 인해 협상은 난항을 겪었다. 논의가 좀 진행되는 듯하다가 갑자기 뒤집히기도 하고, 수틀리면 결렬되기 일쑤였다. 그러는 가운데, 다른 한편에서는 좀 더 보수적인 세력이 서서히 힘을 재결집하고 있었다.

혁명이 일어난 지 1년 후인 1849년 봄, 모든 혁명가들이 그동안 거뒀던 성과는 도로아미타불이 되었는데, 그 자초지종은 이러했다. 프랑크푸르트 국민의회는 밀고 당기기를 거듭하다, 결국 프리드리히 빌헬름 4세에게 왕관을 바치기로 결정했다. 그리하여 프로이센 왕은 통일된 독일이라는 입헌군주국을 이끌 수 있게 되었다. 그러나 국민의회 의원들은 졸지에 황당한 지경에 이르렀다. 불과 1년 전만 하더라도 민중을 두려워하여 혁명가들의 삼색옷tricolour을 입었던 프로이센 왕이, 이제 왕관을 거절할 만큼 자신감이 생긴 것이다. 프리드리히 빌헬름 4세는 이렇게 선언했다. "의원들은 내게 줄 왕관을 갖고 있지 않다. 내게 왕관을 줄 수 있는 건 오직 신뿐이다." 그러고는 한 의원에게, "이건 먼지와 진흙으로 만들어진 모조품이지, 왕에게 신성한 권력을 부여하는 왕관이 아니다"라고 말했다.[19] 프리드리히 빌헬름 4세는 왕관을 '개 목걸이'라고 혹평했다. 왜냐하면 국민들이 그것을 왕에게 씌운 다음 혁명장으로 끌고 갈 거라고 생각했기 때문이다. 이제 독일은 통일된 국가와 거리가 멀어졌다. 1849년 5월, 프랑크푸르트 국민의회에 참석했던 대표자들은 빈털터리로 고향에 돌아갔다. 훔볼트는 크게 실망했다.[20]

미국의 상황도 실망스럽기는 마찬가지였다. 훔볼트가 살아 있는 동안, 미국인들은 독립을 선언한 후에도 노예제라는 해충pest을 계속 퍼뜨려 왔다.[21] 1848년 유럽에서 혁명이 일어나기 몇 달 전, 훔볼트는 미국이 멕시코와 전쟁을 벌이고 있다는 소식을 듣고 깜짝 놀랐다. 미국의 제국주의적 행태는 스페인 정복자들의 과거와 다를 게 없었기 때문이다.[22]

과거를 더듬어보면, 역사에는 늘 명암이 교차했다. 훔볼트는 젊은 시절에 프랑스혁명을 지켜봤지만, 나폴레옹이 황제로 즉위하는 장면도 두 눈으로 똑똑히 봤다. 그 후 시몬 볼리바르가 남아메리카 식민지를 스페인의 압제로부터 해방시키는 것을 지켜봤지만, 해방자El Libertador 볼리바르는 스스로 독재자로 전락하고 말했다. 그런데 이제 독일에서도 똑같은 상황이 벌어지고 있었다. 훔볼트는 독일에서 혁명과 반혁명이 반복되는 것을 보고 좌절감을 느꼈다. 1849년 11월, 여든 살의 훔볼트는 실낱같은 희망에 매달려 이렇게 뇌까렸다.[23] "개혁을 향한 사람들의 욕망은 영원토록 사라지지 않는다. 비록 주기적으로 주춤할지언정, 변화에 대한 갈망은 자기폭풍magnetic storm처럼 또다시 피어오를 것이다." 그는 지금은 혁명이 실패하더라도, 다음 세대에는 꼭 성공하리라고 믿었다.

프랑크푸르트 국민의회에서 빈손으로 돌아온 대표자 한 명이 "이런 험난한 세상을 어떻게 헤쳐 나가시나요?"라고 묻자, 훔볼트는 시니컬한 표정으로 이렇게 대답했다. "지금껏 혁명을 하도 많이 봐서, 새로울 것도 흥미로울 것도 없다네."[24] 전에도 늘 그랬듯이, 훔볼트는 끊임없이 오락가락하는 현실에서 벗어나기 위해 집필 작업에 몰두했다. 그의 목표는 『코스모스』를 완간하는 것이었다.

훔볼트는 『코스모스』를 본래 두 권으로 끝낼 예정이었다. 그런데 1847년 『코스모스』 II권을 발간했을 때, 훔볼트는 문득 '할 일이 더 남았다'는 생각이 들었다. 그러나 I권이나 II권과는 달리, III권에서는 (별과 행성에서부터 시작하여 광속과 혜성에 이르기까지) 다양한 우주 현상을 좀 더 전문적으로 다룰 예정이었다.[25] 그런데 과학이 계속 발달하다 보니, 새로운 이론을 이해할 수 없는 경우가 종종 있었다. 그러나 최신 이론을 모두 포함하리라고 마음먹고, 모르는 부분은 전문가들에게 물어봐 가며 쓰기로 작정했다. 그에게 가장 중요한 것은 '속도'였다. 왜냐하면 나이가 너무 들어, 시간이 얼마 안 남았다는 생각을 지울 수 없었기 때문이다.[26] 마치 어깨 위에 올라앉은 고블린goblin처럼, 『코스모스』는 훔볼트를 끊임없이 괴롭혔다.[27]

『코스모스』 I, II권의 성공에 힘입어, 훔볼트는 『자연관』 증보판도 새로 발간했다. 처음에 독일어판을 발행한 후, 곧이어 두 명의 영역자에게 의뢰하여 영문판 두 권을 동시에 발행했다. 그러자 제3의 영문판이 허락을 받지 않고 발간되어, 총 세 권의 영문판이 치열한 경쟁을 벌이게 되었다. 훔볼트는 돈을 좀 더 벌 요량으로, '가격이 저렴하고 내용도 간단한 한 권짜리 『마이크로 코스모스』를 발간하자'는 아이디어를 독일 출판자에게 제안했지만 받아들여지지 않았다.[28]

1850년 12월 『코스모스』 III권의 전편이 출판되고, 1년 후 후편이 출판되었다. 훔볼트는 『코스모스』 III권의 서문에서, "I권과 II권의 부족함을 메우기 위해 III권을 썼으며, 이것이 최종판"이라고 말했다.[29] 그러나 그는 III권의 서문을 쓰고 나서, 곧바로 IV권을 쓰기 시작했다. 이번에는 지구에 초점을 맞춰, 지자기, 화산, 지진을 집중적으로 다룰 예정이었다. 이쯤 되고보니, 앞으로 V권, VI권이 나오지 말란 보장이 없었다.

아무리 나이가 들었어도, 훔볼트의 활동은 줄어들지 않았다. 훔볼트는 왕실에서 신하의 의무를 다하고 저서를 집필하면서도, 방문객들을 만나는 것을 게을리하지 않았다. 1853년 4월에는 대니얼 오리어리Daniel O'Leary 장군을 만났는데, 그는 한때 볼리바르의 부관으로 활약한 인물이었다.[30] 두 사람은 오후 내내 환담을 나누며, 남아메리카 혁명과 (1830년에 결핵으로 사망한) 볼리바르를 회상했다. 그즈음 훔볼트는 유명 인사여서, 미국인 관광객들이 의례적으로 그를 만나고 갔다.• 한 미국인 작가는 "박물관과 미술관을 보러 독일에 온 게 아니라, 세상에서 가장 위대한 생존 인물과 만나 이야기하러 왔다"고 말하기도 했다.[31]

훔볼트는 빚에 쪼들리면서도 여전히 젊은 과학자, 예술가, 탐험가들을 물심양면으로 도와줬다.[32] 예컨대 미국으로 이주한 스위스의 지리학자 겸 고생물학자 루이 아가시Louis Agassiz에게 여러 번 금일봉을 주었다. 그리고 한 젊은 수학자에게는 100달러를 주고, 그가 근무하는 대학

• 훔볼트는 미국인들을 좋아해서, 항상 따뜻한 마음으로 환영했다. 심지어 한 방문자는 "미국 여권은 그와의 만남을 확실히 보장하는 보증수표였다"라고 회상했다. 당시 항간에 떠돌던 소문에 따르면, 자유주의자 훔볼트는 독일 왕자보다 미국인 방문객을 더 반겼다고 한다.

교에서 무료 식사를 할 수 있도록 주선했다. 미술가들을 왕에게 소개해 주고, 베를린 신박물관Neues Museum의 관장에게는 그들의 그림을 구입해 달라고 요청했다. 자식이 없는 친구들에게, 젊은 과학자와 예술가들을 친자식처럼 보살펴 달라고 신신당부했다.[33]

이런 훔볼트를 보며 기우스는 "타인을 성심성의껏 돕고 격려한 훔볼트의 선행이야말로 그의 왕관에서 가장 빛나는 보물"이라고 말했다.[34]

또한 훔볼트는 전 세계 과학자들의 운명에도 영향력을 행사했다. 훔볼트의 제자가 되는 것만으로도 상당한 경력이 되었으며, "파리 과학아카데미에 지원하기 전에 훔볼트의 아파트에서 오디션을 받으면, 좋은 결과를 얻을 수 있다"는 소문도 돌았다. 훔볼트에게 추천서를 받으면 미래가 어느 정도 보장되었고, 그를 비판하는 사람은 날카로운 반박을 감수해야 했다.[35] 한 젊은 과학자는 "훔볼트가 남아메리카에서 독사毒蛇를 연구하더니, 독사로부터 많은 것을 배웠다"고 비꼬기도 했다.[36]

훔볼트는 때로 상대방을 비웃거나 조롱하기도 했지만 대체로 관대했으며, 특히 탐험가들에게 큰 혜택을 베풀었다. 예컨대, 오랜 지인이자 다윈의 친구인 식물학자 조지프 돌턴 후커가 히말라야를 탐험하도록 물심양면으로 지원했는데, 표본의 측정·관찰·수집에 대해 많은 조언을 제공하는 것은 기본이고, 방대한 인맥을 동원하여 영국 정부의 재정 지원을 이끌어냈다.[37] 그로부터 몇 년 후인 1854년에는 독일의 슐라긴트바이트Schlagintweit 삼형제—훔볼트는 헤르만, 루돌프, 아돌프에게 토끼풀shamrock[38]이라는 별명을 붙였다—를 도와, 인도와 히말라야를 여행하고 지구의 자기장을 연구하게 했다. 이 탐험가들은 훔볼트의 소규모 탐험팀이 되어, 『코스모스』를 완성하는 데 필요한 글로벌 데이터를 제공했다. 훔볼트는 너무 늙어 히말라야를 직접 탐험할 수 없음을 아쉬워

하며, 동인도회사의 허가를 받지 못해 인도 여행에 실패한 것을 천추의 한으로 여겼다.[39]

또한 훔볼트는 미술가들에게 "지구의 구석구석으로 여행을 떠나 그림을 그리세요"라고 격려하며, 자금 조달 방법과 여행 경로에 대해 조언을 제공했다.[40] 그의 조언은 늘 정확하고 상세했으며, 간혹 그들이 자신의 권고사항을 이행하지 않을 경우에는 노골적으로 불만을 털어놓기도 했다. 독일의 한 미술가에게는 기다란 야생식물 목록을 제시하고,[41] "지난 한 세기 동안 화가들이 그려온 '추상화' 말고, '사실적인 풍경화'를 그리세요"[42]라고 당부했다. 그러고는 가장 멋진 장면을 포착할 수 있는 위치까지 지정해 줬다.

훔볼트는 수백 통의 추천서를 썼는데, 그가 보낸 추천서를 받은 사람은 문자 해독에 애를 먹었다.[43] 그 자신도 인정했듯, 훔볼트의 손글씨는 기본적으로 상형문자 수준이어서 알아보기가 어려웠으며,[44] 나이가 들수록 미세한 떨림이 가미되어 더욱 이해하기 힘들어졌다. 그의 편지를 해독하려면, 여러 사람들에게 한 글자, 한 문장, 한 구절씩 해석하게 한 후 취합해야 했다. 깨알 같은 글씨를 읽으려면 돋보기를 사용하여 몇 날 며칠 동안 씨름해야 했다.

훔볼트가 받은 답장은 훨씬 더 많아, 1850년대 중반에 매년 2,500~3,000통의 편지를 받았다.[45] 오라니엔부르거 거리에 있는 그의 아파트는 넘치는 편지로 몸살을 앓았다. 과학에 관한 편지에는 별로 신경 쓸 게 없었고, 소위 '터무니없는 편지'가 문제였다.[46] '터무니없는 편지'란 왕립협회 메달을 노리는 교사, 유명 인사의 친필 사인을 노리는 사람, 심지어 특정 종파로 개종을 요구하는 사람 등이 쓴 편지를 말한다. 그 중에는 열기구에 관한 질문이 담긴 점잖은 편지가 있는가 하면, 이민을

에메 봉플랑

도와달라고 부탁하는 편지도 있고, 심지어 '날 좀 키워주세요'라고 떼쓰는 편지도 있었다.

그러나 훔볼트에게 기쁨을 주는 편지도 있었는데, 그중에서 대표적인 것은 오래 전 함께 여행했던 친구에게서 온 편지였다.[47] 그의 이름은 에메 봉플랑! 그는 1816년에 남아메리카로 다시 떠난 후 유럽에 돌아오지 않았다. 그는 약 10년간 파라과이의 교도소에 갇혀 있다가 1831년에 갑자기 석방되었지만, 제2의 고향 아르헨티나에 그대로 머물러 있기로 결심했다. 이제 80대가 된 봉플랑은 아르헨티나와 파라과이의 접경지대에서 농사를 지으며 살고 있었다. 그는 시골 농부처럼 간소하게 살며 과일나무를 기르고, 가끔씩 식물채집 여행을 떠났다.

훔볼트와 봉플랑은 식물, 정치, 친구에 대한 편지를 주고받았다. 훔볼트는 자신의 신간 도서를 봉플랑에게 보내주며, 유럽의 정치 상황과 자신의 근황을 알렸다.[48] "프로이센 왕실에서 오랫동안 생활했음에도 불구하고, 나는 여전히 자유와 평등을 믿는다네." 나이가 나이니만큼 두 사람의 어조는 상냥했으며, 함께했던 모험과 오랜 우정을 회상하며 덕담을 나눴다. 시간이 지나 잘 아는 친구들이 하나둘씩 세상을 떠나면서, 두 사람은 서로에게 더욱 이끌렸다. 3개월 동안 아라고를 포함하여 절친한 친구 세 명이 저승으로 떠나자, 훔볼트는 봉플랑에게 이런 편지를 썼다. "우리는 아직 살아 있군. 나는 한 순간도 자네를 생각하지 않은 적이 없었다네. 그러나 넓디넓은 대서양이 우리를 갈라놓고 있어."[49] 1854년, 여든한 살이던 봉플랑도 훔볼트를 몹시 그리워하며, "자네처럼 흉중을 털어놓을 친구가 있어서 다행이야"라고 썼다. 1858년 5월 봉플랑은 파라과이에서 숨을 거뒀지만, 고향 프랑스에서 그를 기억하는 사람은 아무도 없었다.

훔볼트는 어느덧 유럽은 물론 전 세계에서 가장 유명한 과학자가 되었다. 1851년 런던에서 개최된 세계 최초의 만국박람회The Great Exhibition와, 멀리 방콕에 있는 시암Siam(타이의 옛 이름—옮긴이) 왕의 궁전에도 훔볼트의 초상화가 걸렸다. 홍콩에서도 그의 생일을 축하했다.[50] 한 미국 기자는 "초등학생들에게 훔볼트를 아느냐고 물어보라. 누구나 고개를 끄덕일 것이다"라고 썼다.[51]

미국의 참모총장 존 B. 플로이드John B. Floyd가 훔볼트에게 보낸 북아메리카 지도 아홉 장에는, 그의 이름을 따서 지은 도시, 카운티, 산맥, 강이 표시되어 있었다. 플로이드는 동봉한 편지에서, "귀하의 이름은 미국에서 널리 사용되는 단어입니다"라고 썼다.[52] 한때 로키산맥을 '훔볼트 안데스산맥'[53]이라고 부르자는 주장이 제기되었고, 오늘날 미국의 많은 도시, 강, 만, 호수, 산맥 이름에는 훔볼트의 이름이 들어 있다.[54] 샌프란시스코의 한 호텔과, 캘리포니아 주 유레카에서 발행되는 신문에서도 훔볼트의 이름을 볼 수 있다. 베를린에서 560킬로미터 떨어진 조그만 강 이름에 자신의 이름이 들어 있다는 이야기를 듣고, 훔볼트는 한편으로 우쭐하고 한편으로 당황하여 "내 몸속에는 물고기가 이미 가득 들어 있어 사양하고 싶군"[55]이라고 너스레를 떨었다. 자신의 이름을 새긴 선박들이 많다는 이야기를 듣자, "내 해군력이 막강하군"이라고 했다.[56]

전 세계의 신문들은 노老 과학자의 건강과 근황에 촉각을 곤두세우고 수시로 모니터링했다. 훔볼트가 위독하다는 소문을 듣고 드레스덴의 한 해부학자가 두개골 기증 의사를 묻자, 훔볼트는 "너무 행복해서 몸 둘 바를 모르겠군요. 하지만 난 당분간 두개골을 더 사용할 예정이거든요"[57]라고 재치 있게 응수했다. 한 여성 팬은 "돌아가시기 전에 전보를 쳐 주시면, 얼른 달려가서 눈을 감겨드리고 싶다"는 끔찍한 내용의 편지를 보냈다.[58] 유명하다 보면 가십거리도 등장하는 법이어서, 한 프랑스 신문에서는 "못생긴 베르셀리우스 남작부인(스웨덴의 화학자 베르셀리우스Jöns Jakob Berzelius의 미망인을 일컫는 말임)과 사귄다"고 보도하여 훔볼트의 눈살을 찌푸리게 했다.[59] 훔볼트가 염문설 자체를 싫어했는지, 상대방이 못생긴 여자여서 불쾌했는지는 분명치 않다.

80대 중반의 나이여서 호기심이 반쯤 퇴화되었지만,[60] 훔볼트는 여전히 새로운 것만 보면 사족을 쓰지 못했다. 그는 자연뿐 아니라 신기술에도 깊은 관심을 갖고 있었다. 방문객들에게 증기선을 타봤냐고 물었다가, 유럽에서 보스턴이나 필라델피아까지 겨우 열흘밖에 안 걸린다는 이야기를 듣고 감탄사를 연발했다. 그리고 "철도, 증기선, 전보가 공간을 축소시킬 것"이라고 전망했다.[61] 수십 년 동안 남아메리카와 북아메리카의 친구들에게, "좁은 파나마지협을 통과하는 운하는 실현 가능한 엔지니어링 프로젝트이며, 장차 중요한 무역경로로 부상할 것이다" 라고 누차 강조해 왔다.[62] 1804년 미국을 방문했을 때부터 일찌감치 제임스 매디슨에게 파나마운하 건설을 제안했으며, 나중에 볼리바르에게는 "엔지니어 두 명을 보내 파나마지협 일대를 탐사하라"고 강조했다. 그리고 평생 동안 파나마운하에 대한 이야기를 계속했다.

훔볼트가 전보 예찬론자라는 사실은 너무나 널리 알려져 있어서, 미국의 한 지인이 대서양 횡단 전신케이블의 일부를 그에게 연결해줄 정도였다.[63] 1830년대에 파리에서 전신기를 구경하고 나서, 훔볼트는 전보를 발명한 새뮤얼 모스Samuel Morse와 20년 동안 연락을 주고받았다. (모스부호의 발명자이기도 한) 모스는 1856년 훔볼트에게 편지를 보내, 자신이 아일랜드와 뉴펀들랜드를 연결하는 해저선로 매설 실험을 수행했다고 알려줬다.• 훔볼트가 대서양 횡단통신에 관심을 갖고 있었던 것은 놀라운 일이 아니었다. 왜냐하면 유럽과 미국 간의 통신선로를 이용하여, 대서양 건너편에 있는 과학자들로부터 『코스모스』에 누락된 과학 정보를 즉시 전달받았기 때문이다.[64]

온 세상의 관심이 자신에게 집중되었음에도 불구하고, 훔볼트는 종종 동시대인들로부터 소외된 듯한 느낌을 떨쳐버릴 수 없었다. 그의 인생을 통틀어 가장 충실한 동반자는 외로움이었다. 이웃들의 증언에 의하면, 이른 새벽 거리에서 참새들에게 모이를 던져주는 노인을 발견한다든가, 한줄기 불빛이 새어나오는 서재의 창문을 통해서 『코스모스』 IV권 집필에 혼신의 힘을 다하는 노 과학자의 모습을 엿볼 수 있었다

• 그로부터 불과 2년 후인 1858년 8월, 최초의 대서양 횡단 해저 케이블을 통해 영국과 미국 사이에서 전보가 교환되었다. 그러나 그 후 한 달도 채 지나지 않아 케이블이 파괴되었고, 1866년에 가서야 제대로 작동하는 전신 케이블이 새로 매설되었다.

베를린에 있는 유명한 운터덴린덴 거리. 오른쪽으로 대학교와 과학아카데미가 보인다.

고 한다.[65] 훔볼트는 매일 혼자 걷는 것을 좋아해서, 운터덴린덴의 넓은 거리에 가면 커다란 라임나무 그늘 밑에서 고개를 숙이고 느릿느릿 걷는 그의 모습을 흔히 볼 수 있었다. 포츠담의 상수시궁전에 머물 때에는 천문대로 향하는 나지막한 언덕을 오르는 것을 좋아했는데, 훔볼트는 그 언덕을 '포츠담의 침보라소'라고 불렀다.[66]

1856년 훔볼트가 여든일곱 번째 생일을 맞기 직전에, 영국의 지질학자 라이엘이 베를린을 방문했다. 그는 자신의 누이에게 "훔볼트는 30여 년 전이나 지금이나 변함없이, 모든 일정을 예정대로 잘 소화하는 것 같다"고 말했다.[67] 훔볼트는 여전히 빠르고 날카로웠으며, 얼굴에 주름살도 거의 없고, 다만 두피에 백발이 빽빽이 들어차 있었다.[68] 몸은 비록 노쇠했지만 음성에서는 늘 활력이 넘쳐, 훔볼트와 이야기를 나누는 방문객들은 그의 나이를 의식하지 못할 정도였다.[69] 젊었을 때와 마찬가지로 한시도 가만히 있지 못하고, 책꽂이의 책을 수시로 꺼내 넘겨보거나 테이블 위에 놓인 도면이나 스케치를 뒤적였다. "필요하다면 여덟 시간 동안 꼿꼿이 서 있을 수 있다"고 자랑하기도 했다. "훔볼트는 아직도 30대 남성의 열정과 정신을 소유하고 있다"고 한 미국인은 말했다.[70] 그러나 천하의 훔볼트라도 어쩔 수 없는 게 딱 한 가지 있었으니, '팔다리가 후들거려, 사다리를 타고 책꽂이 맨 위로 올라갈 수 없다'는 거였다. 이건 훔볼트도 인정하는 연령의 한계였다.

훔볼트는 80대 후반에도 오라니엔부르거 거리에 있는 아파트에 세 들어 살고 있었으며, 경제적으로 여전히 위태로웠다.[71] 책값이 너무 비싸, 자신의 저서 한 세트조차 완벽하게 보유하지 못하고 있었다.[72] 이처럼 자기 앞가림도 못하는 상황에서, 젊은 과학자들을 지원하는 일은 계속했다. 매월 10일에 돈이 다 떨어져, 가끔씩 요한 자이페르트에게 돈을 꾸는 불상사가 발생하곤 했다.•

대부분의 방문객들은 훔볼트의 단순한 살림살이에 놀랐다. 그의 거처는 평범한 아파트로, 친형 빌헬름이 설립한 대학교에서 그리 멀리 떨어지지 않은 곳에 있었다. 방문객들은 자이페르트의 안내를 받아 2층으로 올라갔다. 박제된 새와 암석 표본을 비롯한 각종 수집품들을 둘러본 후, 서재를 거쳐 연구실로 들어갔다. 연구실의 네 벽면에는 모두 책장이 놓여 있고, 연구실 내부는 원고, 도면, 과학기구, 박제된 동물, 식물표본집, 둘둘 말린 지도, 흉상, 초상화, 심지어 애완용 카멜레온으로 가득 차 있었다. 수수한 마룻바닥은 어울리지 않게 멋진 표범 가죽으로

• 자이페르트로 말하자면 30년간 훔볼트의 시중을 들어온 충직한 하인으로, 러시아 여행 때도 훔볼트와 동행했으며, 이제는 아내와 함께 오라니엔부르거 거리에서 생계를 꾸려나가고 있었다.

덮여 있었다.[73] 방문객과 훔볼트가 대화를 시작하면, 앵무새가 별안간 뭐라고 소리를 지르며 끼어들었다. 앵무새가 하는 말이 뭔가 했더니, 훔볼트가 자이페르트에게 가장 많이 하는 "설탕 많이. 커피 많이. 자이페르트!"였다.[74] 마룻바닥에는 박스가 어수선하게 널려 있고, 책상은 온통 책 무더기로 둘러싸여 있었다. 보조 테이블 위에는 지구본 하나가 놓여 있어, 훔볼트는 특정 산, 강, 도시를 언급할 때마다 벌떡 일어나 지구본을 이리저리 돌렸다.

훔볼트는 추위를 몹시 싫어해서 연구실의 온도를 거의 열대지방 수준으로 유지했고, 방문객들은 푹푹 찌는 더위를 묵묵히 견뎌야 했다. 외국인들과 대화할 때는 동시에 여러 가지 언어를 구사했으며, 심지어 한 문장 안에서도 독일어, 프랑스어, 스페인어, 영어를 넘나들었다. 나이가 들어 청력은 좀 떨어졌지만 재치는 그대로였다. "내가 유명해진 이유는 아흔 살이 다 되도록 살았기 때문입니다. 나처럼 오래 살다 보면, 처음에는 귀머거리가 되고 나중에는 멍청이가 된답니다."[75] 방문객들은 훔볼트의 유머를 좋아했는데, 그중에서 가장 인기 있는 레퍼토리는 카멜레온이었다. 그는 연구실 한구석에 있는 카멜레온을 가리키며, "성직자들은 다 저래요. 한쪽 눈으로는 하늘을 올려다보고, 다른 쪽 눈으로는 땅을 내려다보지요"라고 말했다.[76]

훔볼트가 방문객들에게 추천한 것은 세 가지, 즉 '어디로 여행갈 것인가', '무슨 책을 읽을 것인가', '누구를 만날 것인가'에 관한 것이었다. 그는 과학, 자연, 정치에 대한 이야기를 많이 했으며, 특히 미국인들에게는 압박받는 아메리카 원주민과 노예제에 관한 이야기를 빼놓지 않았다. "노예제는 미국인들이 역사에 남긴 오점 중 하나입니다"[•]라고 그는 말했다.[77] 1856년 노예제를 찬성하는 남부인이 『쿠바섬에 대한 정치적 고찰』의 영문판을 출판했을 때, 원저자 훔볼트는 격분했다.[78] 왜냐하면 노예제를 비판하는 내용이 전부 편집되었기 때문이다. 훔볼트는 "이 책에서 가장 중요한 부분이 삭제되었다"는 내용의 보도자료를 미국 전역의 신문사에 배포하고, 영역판을 맹렬히 비판했다.

대부분의 방문자들은 노 과학자의 정신이 흐트러지지 않은 데 깊은 인상을 받았으며, 그가 풍부한 지식을 거침없이 쏟아내는 광경을 두고두고 기억했다.[79] 그러나 많은 이들의 관심은 훔볼트의 기력을 소진시켰다. 고령의 나이에 매년 4,000통의 편지를 받고 2,000통의 편지를 쓴다는 건 득보다 실이 더 많았다.[80] 운 좋게도 그의 건강 상태는 지난 수십 년 동안 양호했다. 어쩌다 한 번씩 소화불량, 감기, 가려움증을 동반한 발진을 겪는 것 외에 특별한 문제는 없었다.[81]

여든일곱 번째 생일을 불과 며칠 앞둔 1856년 9월 초, 훔볼트는 한 친구에게 몸이 점점 쇠약해지고 있음을 느낀다고 털어놨다.[82] 그리고 두 달 후 포츠담에서 열린 전람회에 갔을 때, 벽에 걸려 있던 미술품이 떨어지며 머리를 강타하는 바람에 큰 부상을 입을 뻔했다.[83] 하지만 천만다행으로 튼튼한 중절모가 충격을 흡수해준 덕분에 위기를 모면했다. 그러나 문제는 그다음이었다. 1857년 2월 25일 밤, 자이페르트가 심상찮은 소리를 듣고 깨어나 훔볼트에게 가보니, 글쎄 마룻바닥에 누워 신음하고 있는 게 아닌가! 자이페르트는 즉시 의사를 불렀고, 의사는 허겁지겁 아파트로 달려와 훔볼트를 진단했다. "뇌졸중 증상인데,

---

• 훔볼트가 미국에 대해 할 수 있는 일은 아무것도 없었다. 그러나 그는 프로이센 땅에 발을 디딘 노예들을 즉시 해방시키는 법을 통과시키는 데 성공했다. 법안은 1856년 11월에 완성되어, 1857년 3월에 통과되었다. 그것은 그가 프로이센에서 거둔 몇 안 되는 정치적 성과 중의 하나였다.

1857년의 홈볼트

회복될 가망이 거의 없습니다"라는 말을 듣고 자이페르트는 크게 실망했다. 훔볼트는 그동안 자신의 증상을 꼼꼼히 체크해 왔는데, 일시적인 마비가 몇 번 오기는 했지만 맥박도 일정하고 시력도 정상이었었다. 훔볼트는 그 후 몇 주 동안 침대에 누워 두문불출했는데, 그건 그가 평소에 제일 싫어하던 모습이었다. 3월에 한 친구에게 쓴 편지에서, "병상에 혼자 누워 있으니, 기분이 우울해지고 세상이 싫어진다"고 했다.[84]

비록 기력을 완전히 회복하지는 못했지만, 훔볼트는 모든 사람들의 예상을 깨고 병상에서 일어났다. 친구들은 걸음걸이가 불안정하다고 귀띔했지만, 자존심과 허영심으로 똘똘 뭉친 훔볼트는 지팡이 사용을 한사코 거부했다.[85] 친구들의 성화가 심할 때는 시큰둥하게, "내 나이쯤 되면, 기계가 녹슬기 마련이야"라고 대꾸했다.[86] 1857년 7월 프리드리히 빌헬름 4세가 뇌졸증으로 반신불수가 되자, 그의 동생 빌헬름이 섭정을 하면서 훔볼트는 오랜 공직 생활에서 은퇴할 수 있게 되었다. 물론 프리드리히 빌헬름 4세를 계속 방문하기는 했지만, 그의 곁에 계속 머무를 필요는 없었기 때문이다.

1867년 12월, 기다리고 기다리던 『코스모스』 IV권이 마침내 발간되었다. IV권은 지구에 초점을 맞추었는데, '지전류地電流 현상에 대한 특별한 관찰 결과'[87]라는 길고 복잡한 부제가 붙어 있었다. I~III권과는 달리 제법 묵직한 과학책이어서 그런지 판매가 예전 같지 않았다.[88] 그럼에도 불구하고 훔볼트의 기세는 수그러들지 않았다. 지구와 식물 분포에 대한 정보를 보강하는 의미에서 V권을 발간하기로 마음먹은 것이다.[89] V권은 죽음과의 싸움이라는 점을 잘 알고 있었기에, 그는 왕실 도서관에 진을 치고 앉아 독서와 집필에 매달렸다. 그러나 그건 밑 빠진 독에 물 붓기나 마찬가지였다. 기억력이 감퇴하여, 노트를 반복적으로 뒤지거나 책을 어딘가에 두고 찾는 일이 허다했기 때문이다.

히말라야에서 돌아온 슐라긴트바이트 삼형제 중 두 명이 탐험 결과를 보고하러 왔다가, 부쩍 늙은 훔볼트를 보고 깜짝 놀랐다.[90] 그들은 잔뜩 상기된 얼굴로, "그동안 선생님이 주장하셨던 '히말라야 북사면과 남사면의 만년설선line of permanent snow은 높이가 다르다'는 가설이 입증되었습니다"라고 말했다. 그런데 훔볼트는 어이없게도, "난 그런 가설을 제기한 적이 없다"며 고개를 가로젓는 게 아닌가. 슐라긴트바이트 형제는 스승을 연구실로 모시고 들어가, 책장에서 논문을 하나 꺼내 보여줬다. 그것은 1820년 훔볼트가 쓴 논문으로, 히말라야의 만년설선에 대한 주장을 담고 있었다.[91] 그러나 스승이 그 논문을 끝내 기억하지 못하자, 두 형제는 눈시울을 붉혔다.

그와 동시에, 훔볼트는 전 세계에서 몰려드는 편지를 더 이상 감당할 수가 없었다.[92] 그럼에도 연간 약 5,000통으로 불어난 편지에 대해, 그는 자신이 직접 읽어보고 일일이 답장을 쓰겠노라고 생떼를 썼다.[93] 그 이유인즉, 개인 비서가 써주는 편지는 너무 형식적이고 사무적이라서 싫다는 거였다.[94]

훔볼트는 1858년 12월에 다시 몸져눕게 되었는데, 이번에는 독감 때문이었다. 1859년 2월, 훔볼트는 오뚝이처럼 일어나 70명의 미국인들이 개최한 조지 워싱턴의 생일 축하 행사에 참여했다.[95] 아직 쇠약했지만, 『코스모스』 V권을 출간하겠다는 의지가 확고했다. 1859년 3월 15일, 아흔 번째 생일을 6개월 앞두고 여러 신문에 다음과 같은 광고를 게재했다. "저는 날로 증가하는 편지에 일일이 답장하느라, 극단적인 심리적 압박감에 시달리고 있습니다. 유럽과 아메리카의 시민들께 간곡히 부탁드립니다. 제가 여가를 즐길 수 있도록 도와주십시오."[96] 요컨대, 『코스모스』 V권을 마무리할 시간이 부족하니 편지를 그만 보내달라는 내용의 광고였다. 훔볼트는 한 달 후인 4월 19일 『코스모스』 V권의 원고를 출판사에 보냈고, 이틀 후 의식을 잃고 쓰러졌다.[97]

훔볼트의 건강이 회복되지 않자, 베를린의 신문들은 일제히 뉴스 속보를 발행하기 시작했다.[98] 1859년 5월 2일에는 훔볼트가 매우 쇠약하다는 내용이, 다음 날에는 기침과 호흡 곤란 등의 증세가 심상치 않다는 내용이, 5월 5일에는 증세가 더욱 악화되고 있다는 내용이 차례로 보도되었다. 5월 6일 아침에는 훔볼트의 기력이 시시각각으로 약해진다는 내용이 보도되었다. 그날 오후 2시 30분 훔볼트가 갑자기 눈을 떴다. 태양이 병실의 벽을 따뜻하게 어루만지는 동안, 훔볼트는 마지막 말을 남겼다. "아, 눈부시게 아름다운 햇빛이여! 지상의 모든 것들을 하늘나라로 데려가는구나!"[99] 그러고는 여든아홉 살을 일기로 영면했다.

훔볼트가 사망했다는 소식은 유럽의 주요 도시에서 미국을 거쳐, 파나마시티와 리마를 경유하여 남아메리카의 작은 마을까지 전해졌다.[100] 프로이센 주재 미국 대사는 "위대하고 훌륭하고 존경스러운 훔볼트는 이제 세상에 없습니다"라는 내용의 편지를 워싱턴 DC의 국무부에 보냈고, 그 편지가 미국에 도착하는 데는 열흘이 더 걸렸다.[101] "베를린은 슬픔에 잠겨 있다"는 내용의 베를린발 전보는, 훔볼트가 사망한 후 불과 몇 시간 만에 런던에 도착했다.[102] 바로 그날, 영국의 켄트Kent 지방에 거주하던 다윈은 독일에서 일어난 사건을 까맣게 모른 채, "『종의 기원』의 1~6장 원고를 조만간 우송하겠습니다"라는 내용의 편지를 런던의 출판사에 보냈다.[103] 훔볼트와 다윈의 삶은 완전히 역순逆順이었다. 훔볼트가 서서히 스러져가던 시기에, 다윈은 점점 더 속도를 내며 조만간 과학계를 뒤흔들 책의 원고를 마감해 왔던 것이다.

훔볼트가 세상을 떠난 지 이틀 후, 영국의 신문들은 장문의 부고와 함께 훔볼트의 삶을 조명하는 특집 기사를 내보냈다. 「더타임스」에 실린 기사의 첫 줄은 의외로 간단했다: "알렉산더 폰 훔볼트가 별세했다."[104] 그날 영국 사람들은 삼삼오오 모여 신문을 읽으며 훔볼트를 애도했고, 아직 소식이 널리 알려지지 않은 미국에서는 수백 명의 뉴욕 시민들이 「안데스의 심장」이라는 그림을 보기 위해 미술관 주변에 장사진을 쳤다.[105] 그 그림은 프레더릭 에드윈 처치Frederic Edwin Church라는 미국의 젊은 미술가가 훔볼트에게 영감을 받아 그린 풍경화였다.

안데스산맥을 묘사한 「안데스의 심장」은 너무나 감동적이어서, 열성적인 관람객들이 1.5×3제곱미터의 캔버스를 보기 위해 25센트의 관람료를 기꺼이 지불하고도 몇 시간 동안 꾹 참고 기다렸다. 그림의 한복판에 자리 잡은 여울은 매우 사실적이어서, 관람객들은 마치 강물이 흩뿌려지는 듯한 착각에 빠졌다. 나무와 잎과 꽃들은 식물학자들이 알아볼 정도로 정밀하게 묘사되었고, 눈 덮인 최고봉들은 그림의 배경에 버티고 서서 웅장한 느낌을 줬다. 처치는 훔볼트가 살아생전에 늘 강조했던 '미술과 과학을 결합해야 한다'는 원칙을 어느 누구보다도 앞장서서 실천한 미술가였다. 그는 훔볼트를 너무 흠모한 나머지, 때로는 도보로 때로는 노새를 타고 남아메리카를 두루 섭렵하며 훔볼트의 발자취를 더듬었다.[106]

「안데스의 심장」은 지질학적·식물학적·과학적 디테일을 예술의 미적 감각과 접목한 작품으로, 훔볼트가 제시한 상호관련성interconnectedness 개념을 커다란 캔버스에 구현했다. "처치는 미술계의 훔볼트라고 할 수 있다. 「안데스의 심장」은 관람객들을 남아메리카의 자연림 속으로 안내한다"라고 「뉴욕타임스」는 극찬했다.[107] 처치는 5월 9일 한 친구에게 쓴 편지에서, "전람회가 끝난 후 베를린에 있는 훔볼트 선생에게 이 그림을 보내, 60년 전 당신의 눈을 사로잡았던 풍경을 보여드리고 싶다"고 말했다(그는 훔볼트가 3일 전에 별세했다는 사실을 모르고 있었다).

5월 10일 아침, 베를린에서는 수만 명의 조문객들이 장례 행렬을 따라 운터덴린덴의 아파트에서부터 베를린 성당까지 행진했다.[108] 검은색 깃발이 바람에 나부끼고, 거리는 인산인해를 이루었다. 시신은 조촐한 참나무 관에 안치되어 왕의 말이 끄는 영구차에 실렸다. 운구차의 앞면은 두 개의 화환으로 장식되었고, 야자수 잎을 든 학생들이 운구차를 호위했다. 훔볼트의 장례식은 개인의 장례식으로서는 가장 성대하게 치러졌다. 대학교수, 과학아카데미 회원, 군인, 외교관, 정치가들은 물론, 기술자, 상인, 상점 주인, 예술가, 시인, 배우, 작가들도 장례식에 참

테겔 성에 있는 훔볼트의 가족묘

석했다. 운구차가 조금씩 전진할 때마다 훔볼트의 친척들과 자이페르트가 뒤를 따랐다. 조문객 행렬은 1.5킬로미터 이상 길게 이어졌다. 거리를 지날 때마다 교회의 종들이 울렸고, 프로이센 왕족은 베를린 성당에서 기다리고 있다가 마지막 작별 인사를 나눴다. 훔볼트의 관은 그날 밤 테겔로 옮겨져, 훔볼트의 가족묘에 안장되었다.

증기선이 5월 중순 미국에 도착하여 훔볼트의 서거 소식을 전달했을 때, 미국의 사상가, 예술가, 과학자들은 모두 비탄에 잠겼다.[109] 처치는 친한 친구를 잃은 것 같다며 슬퍼했다.[110] 훔볼트의 수제자 중 한 명인 루이 아가시는 보스턴 예술과학아카데미에서 행한 추도연설에서, "훔볼트는 모든 사람들의 마음에 깊은 흔적을 남겼습니다"라고 했다.[111]

1859년 5월 19일 발행된 미국의 신문들은 일제히 "역사상 최고의 인물이 서거했다"[112]고 보도하며, "훔볼트와 동시대에 살 수 있었던 건 행운이었다"[113]라고 덧붙였다.

훔볼트가 세상을 떠난 후에도, 수십 년 동안 그의 명성은 점점 더 높아졌다. 1869년 9월 14일, 뉴욕, 베를린, 멕시코시티, 애들레이드 등에서 수만 명의 사람들이 그의 탄생 100주년을 축하하며 축제를 벌였다. 훔볼트가 사망한 지 20여 년이 지난 후에도, 다윈은 그를 '가장 위대한 과학 여행가'라고 불렀다.[114] 게다가 다윈은 훔볼트의 저서를 오래도록 손에서 내려놓지 않았다. 1881년 일흔두 살의 다윈은 『신변기』 III권을 다시 집어들었고, 다 읽은 후에는 뒤 커버에 "1882년 4월 3일, 끝"이라고 적었다.[115] 그리고 그로부터 16일이 지난 4월 19일, 다윈도 세상을 하직했다.

훔볼트의 업적을 높이 평가한 사람은 비단 다윈뿐만이 아니었다. 한 독일 과학자는 훔볼트를 가리켜, "새로운 과학의 씨를 여기저기에 뿌린 인물"이라고 했다.[116] 훔볼트가 고안해낸 자연의 개념은 예술과 문학으로까지 확대되어,[117] 휘트먼의 시와 쥘 베른의 소설에 스며들었다. 올더스 헉슬리Aldous Huxley는 1934년에 펴낸 『멕시코만을 넘어서Beyond the Mexique Bay』라는 여행기에서, 훔볼트의 저서 『스페인 왕국에 대한 정치적 고찰』을 인용했다. 그리고 에즈라 파운드Ezra Pound와 에리히 프리드Erich Fried가 20세기 중반에 지은 시를 보면 훔볼트의 이름이 나온다. 훔볼트가 세상을 떠난 지 130년 후인 1989년, 콜롬비아의 소설가 가브리엘 가르시아 마르케스Gabriel García Márquez는 시몬 볼리바르의 최후를 묘사한 픽션 『미로 속의 장군』에서 훔볼트를 부활시켰다. 프로이센의 프리드리히 빌헬름 4세가 말했듯이, 많은 사람들은 오랫동안 훔볼트를 '노아의 홍수 이후 가장 위대한 인물'[118]로 여겼던 것 같다.

21
인간과 자연
조지 퍼킨스 마시와 훔볼트

훔볼트의 서거 소식이 미국에 도착했을 때, 쉰여덟 살의 조지 퍼킨스 마시는 버몬트 주의 벌링턴에 있는 자택으로 돌아가기 위해 뉴욕을 막 떠나던 참이었다.[1] 그 바람에 아쉽게도, 2주 후인 1859년 6월 2일 미국 지질통계학회가 맨해튼에서 개최하는 훔볼트 추도회에 참석할 수 있는 기회를 놓치고 말았다.[2] 그는 자칭 '세상에서 제일 재미없는 사람'[3]으로, 벌링턴에서 일에 파묻혀 살았다. 게다가 완전한 빈털터리여서, 돈을 벌기 위해 여러 가지 작업을 동시에 진행했다.[4] 컬럼비아 대학교에서 영어 강의를 하고, 버몬트의 철도회사에 대한 보고서를 작성하고, 시집에 발표할 시 두 편을 쓰고, 신문사에 보낼 기사 여러 편을 작성했다.[5]

뉴욕에서 벌링턴으로 돌아온 마시의 마음은 마치 감방으로 돌아온 탈옥수 같았다.[6] 고개를 숙이고 서류, 책, 원고를 들여다보느라 서재를 거의 떠나지 못하고, 누구에게 말 걸 시간도 없었다. 온 힘을 다해 쓰고

조지 퍼킨스 마시

또 써야 했고, 친구라고는 책밖에 없었다.[7] 그의 서재에는 전 세계의 책 5,000권이 꽂혀 있었는데, 훔볼트 코너가 별도로 마련되어 있었다.[8] '전 세계 사람들의 노력을 다 합해도, 독일인들이 현대 지식에 공헌한 것을 따라잡을 수 없다'는 것이 그의 생각이었다.[9] "독일의 책들은 매우 탁월하며, 그중에서 최고봉은 단연 훔볼트의 저서"라고 그는 말했다.[10] 훔볼트에 대한 마시의 열정은 대단하여, 처제가 독일의 의사이자 식물학자 프레데릭 비슬리체누스Frederick Wislizenus와 결혼했을 때 기뻐 어쩔 줄 몰랐다.[11] 마시가 비슬리체누스를 좋아한 이유는 단 하나, 훔볼트의 『자연관』 최신판에 그의 이름이 나왔기 때문이었다. 그가 남편감으로서의 자질을 갖고 있는지 여부는 별로 중요하지 않았다.

마시는 무려 20개 언어를 읽고 말할 수 있었는데, 그중에는 독일어, 스페인어, 아이슬란드어가 포함되어 있었다.[12] 남들이 책꽂이에서 책을 한 권 뽑아 읽듯, 그는 여러 언어 중에서 필요한 언어를 한 가지 골라 의사소통할 수 있었다. "덴마크, 독일 학자들과 함께 한 달만 이야기하면 네덜란드어를 배울 수 있다"고 그는 주장했다.[13] 그가 제일 좋아하는 언어는 독일어여서, 종종 자신의 편지에 독일어를 섞어 썼다.[14] 예컨대 신문을 newspaper 대신 Blätter라고 쓰고, 방울뱀을 rattlesnake 대신 Klapperschlagen이라고 썼다. 페루에서 일식solar eclipse을 관찰하는 친구가 구름 때문에 애를 먹는다는 소식을 듣고, 페루의 궂은 하늘을 Perus's unastronomical sky 대신 unastronomischer Himmel Perus라고 불렀다.

마시는 훔볼트를 자연의 사제priest of nature라고 불렀는데, 그 이유는 훔볼트가 '인간과 자연의 상호작용'이라는 관점에서 세상을 이해했기 때문이다.[15] 인간과 자연의 상호작용은 장차 마시의 저서에서도 큰 비중을 차지하게 된다. 왜냐하면 그는 인류가 환경을 파괴한 과정을 책으로 쓰기 위해 자료를 수집하고 있었기 때문이다.

마시는 지식에 대한 갈망이 좀처럼 수그러들지 않는 독학파였다. 1801년 버몬트 주 우드스톡에서 칼뱅을 추종하는 변호사의 아들로 태어나, 다섯 살 때 아버지의 사전을 암기한 영특한 아이였다. 책을 빨리 읽을 뿐만 아니라 여러 권을 동시에 읽었으며, 한 페이지를 한눈에 보고 내용을 파악하여 친구와 가족들을 놀라게 했다. 탁월한 기억력으로 주위 사람들을 늘 탄복시켰고, 한 친구는 그를 '걸어 다니는 백과사전'이라고 불렀다.[16] 그러나 마시는 책에만 의존한 게 아니라 바깥 나들이도 좋아했다. '숲의 아이'[17]를 자처하며, 시냇물, 나무, 꽃, 야생동물을 '자연물'이 아니라 '인격체'로 여겼다. 아버지는 어린 아들을 데리고 먼 길을 걸으며, 여러 나무들의 이름들을 하나씩 일러주곤 했다. 어린 시절에 숲속을 수시로 드나든 덕분에, 자연에 대한 깊은 이해가 평생 동

안 그의 몸에 배어 있었다.[18]

맹렬한 지식욕에도 불구하고, 마시는 장래에 뭐가 될 것인지를 확실히 정하지 못했다. 법학을 열심히 공부했지만, 고객들이 거칠고 무례하다는 것을 잘 알고 있었기에 훌륭한 변호사가 될 자신이 없었다.[19] 훌륭한 학자가 될 소질이 있었지만, 가르치는 것은 싫어했다.[20] 기업가로서 어려운 결정을 잘 내렸지만, 고객과 비즈니스 문제를 논의하기보다는 개인적인 문제를 해결하느라 법원에 드나드는 경우가 더 많았다. 시험 삼아 양을 사육했다가, 양모 값이 폭락하는 바람에 파산했다. 모직공장을 운영하다가, 처음에는 화재 때문에, 두 번째는 유빙流氷 때문에 큰 손실을 입었다. 땅도 사 보고, 목재도 팔아 보고, 대리석도 캐 봤지만 그때마다 번번이 돈을 날렸다.[21]

하지만 마시가 기업가보다 학자 쪽에 적성이 더 맞았던 것만은 분명했다. 1840년대에 워싱턴 DC에 스미소니언 협회Smithsonian Institution(미국 최초의 국립박물관—옮긴이)가 설립되는 데 기여했고, 북유럽어 사전을 발간했으며, 영어의 어원에도 전문적인 식견이 있었다. 버몬트 주를 대표하는 연방의원으로 선출되었지만, 충실한 아내에게조차 "뛰어난 정치가는 아니며 연설 솜씨도 빵점"이라는 소리를 들었다.[22] 수도 없는 전문직업을 전전하다가 한 친구에게, "좀 더 오래 살고 싶으면, 번듯한 직업을 가져야 한다"는 소리를 들었다.[23]

마시가 꼭 하고 싶어 하는 게 한 가지 있기는 했다. 그건 세계 각지를 여행하며 견문을 넓히는 것이었는데, 결정적인 문제는 자금 사정이 넉넉지 않다는 거였다. 1849년 봄, 마시는 궁리 끝에 외교관이 되기로 결심했다. 그가 꿈에 그리던 곳은 훔볼트의 고향 베를린이었다. 그러나 베를린에 눈독을 들여 오던 인디애나 주 상원의원이 워싱턴 정가에 샴페인 여러 병을 뇌물로 제공하면서, 마시의 꿈은 물거품이 되었다. 그로부터 몇 시간 후 정치인들은 음주가무를 즐기기 시작했고, 그날 밤 만취하여 인디애나 주 상원의원을 베를린 공사로 임명했다.[24]

외국에 나가겠다는 마시의 결심은 확고부동했다. 여러 해 동안 연방의원으로 활동했으므로, 워싱턴 정가에 손을 쓰면 외교관 자리 하나는 얻을 수 있을 거라고 확신했다.[25] 베를린이 아니라도 상관없었다. 마침내 그에게 행운이 찾아왔다. 베를린 공사 자리가 물 건너간 지 몇 주 후인 1849년 5월 말, '양국 간의 교역을 확대하라'는 임무를 부여받고 터키 공사로 콘스탄티노플에 파견된 것이다.[26] 비록 베를린은 아니었지만, 유럽, 아프리카, 아시아의 교차로인 오스만제국도 충분히 매력적이었다. 마시는 한 친구에게 이렇게 큰소리쳤다. "그까짓 임무는 아무것도 아니야. 나는 임무를 얼른 수행한 다음, 남은 기간 동안 다른 지역을 자유롭게 여행할 거야. 일년 중 상당 기간 동안 콘스탄티노플을 비울지도 몰라."[27]

마시의 예상은 적중했다. 그로부터 4년 동안, 마시는 아내 캐롤라인과 함께 유럽과 중동의 일부 지역을 여러 차례 여행했다.[28] 두 사람은 행복한 부부였다. 캐롤라인의 지적 수준은 마시에 필적했으며, 엄청난 독서량도 결코 만만치 않았다. 캐롤라인은 자신의 시집을 발간했고, 마시의 논문, 에세이, 저서는 모두 그녀의 편집을 거쳐 출판되었다. 그녀는 남편과 함께 여권신장에도 앞장서며 여성의 참정권과 교육을 적극 지지했다.[29] 그녀는 사교적이고 생기발랄하며 말솜씨도 수준급이어서,[30] 종종 침울한 표정을 짓는 마시를 '늙은 올빼미'나 '우는 개구리'라고 놀렸다.[31]

그러나 캐롤라인은 성인기의 상당 부분을 병마와 싸우며 지냈다.[32]

극심한 요통 때문에, 종종 몇 발자국 이상 걷지 못했다. 의사들은 수년 동안 해수욕에서부터 진정제, 철분제에 이르기까지 다양한 처방을 내렸지만, 터키로 떠나기 직전까지 아무런 효과가 없었다. 뉴욕의 한 의사는 그녀의 병명을 불치병incurable이라고 불렀다.[33] 마시는 그녀를 극진히 간호하고, 종종 꼭 안아주었다. 그런데 놀랍게도, 캐롤라인은 남편의 해외여행에 대부분 합류하는 투혼을 보였다. 어떤 때는 지역 가이드의 도움을 받고, 어떤 때는 노새나 낙타에게 장착한 특수장치 위에 누웠다.[34] 그러나 그녀의 정신은 늘 또렷했고, 남편과 동행하겠다는 의지도 대단했다.

미국을 떠나 콘스탄티노플에 처음 부임할 때, 두 사람은 이탈리아를 경유하는 우회로를 선택하여 몇 개월 동안 해외여행을 즐겼다. 하지만 제대로 된 여행만 따지면, 최초의 부부동반 해외여행은 이집트 탐험이었다. 콘스탄티노플에 도착한 지 1년 후인 1851년 1월, 그들은 먼저 카이로에 도착한 다음 보트를 타고 나일 강을 따라 내려갔다.[35] 그들은 갑판 위에서 이국적인 세상을 바라보며 입을 다물지 못했다. 강 양쪽에는 대추야자 나무가 줄지어 서 있고, 모래톱 위에서는 악어들이 기분 좋게 일광욕을 하고 있었다. 펠리칸과 가마우지 떼가 보트를 따라오는 동안, 왜가리 몇 마리가 갑판 위에 내려앉아 강물에 비친 자화상을 바라보는 광경은 너무 신기했다. 사막에서 갓 잡은 타조 새끼 한 마리를 얻었는데, 캐롤라인의 무릎 위에 간간이 머리를 기대며 휴식을 취하는 모습이 앙증스러웠다.[36] 나일 강을 품은 들판에는 쌀, 목화, 콩, 밀, 사탕수수가 가득했다. 나일 강의 물을 주변의 들판에 공급하는 관개시스템—쇠사슬로 길게 이어진 물통들을 황소가 끄는 방식—이 이른 새벽부터 늦은 밤까지 돌아가는 동안, 바퀴가 연신 삐그덕거렸다. 테베Thebes의 고

누비아에서 바라본 나일 강변의 들판과 농경지

대 도시 유적지에 보트가 가끔씩 멈출 때마다, 마시는 캐롤라인을 데리고 거대한 신전들 사이를 누볐다. 남쪽으로 좀 더 내려가 누비아Nubia에 도착하니 피라미드들이 위용을 드러냈다.

나일 강변에서는 역사적 정취가 물씬 풍겼다. 기념물과 건축물들에서는 과거의 풍요로움과 이집트 왕국의 역사가 묻어나고, 너른 들판에는 쟁기질과 가래질의 흔적이 역력했다. 척박한 농경지, 파헤쳐진 잔디, 넘어진 나무들이 땅바닥에 지워지지 않는 기록을 남겨, 인류에 의해 형성되고 수천 년간 농경 활동을 통해 달라진 세상을 한눈에 볼 수 있었다. "토양의 상태, 지상에 드러난 바위, 산림 등은 인간의 노역勞役을 증언한다"고 마시는 말했다.[37] 고대 문명의 전설은 피라미드와 신전을 통해서만 볼 수 있는 게 아니라, 토양에 새겨진 흔적을 통해서도 엿볼 수 있다는 것이 마시의 생각이었다.

마시의 머릿속에서는 '늙고 쇠약한 이집트'의 이미지와 '젊고 싱싱한 미국'의 이미지가 오버랩되었다. 그는 한 영국 친구에게 보낸 편지에서, "유럽인들이 참신한 미국을 볼 때 느끼는 감정은, 내가 고색창연한 이집트를 볼 때 느끼는 감정과 어떻게 다를까?"라고 물었다.[38] 마시는 자연의 모습이 인류의 행동과 밀접하게 연관되어 있음을 깨달았다. 나일 강을 따라 더욱 남쪽으로 내려가니, 광대한 관개시스템이 사막을 무성한 들판으로 바꿨지만, 그로 인해 야생식물들은 절대적으로 부족해졌음을 알게 되었다. 그건 자연이 인류의 오랜 영농생활에 굴복했기 때문이었다.[39]

나일 강 유역을 여행하다 보니, 그동안 훔불트의 저서를 읽으며 품었던 의문들이 단박에 해소되었다. 훔볼트는 "대규모 인간사회의 지속적 활동이 지표면을 서서히 파괴한다"[40]고 언급한 바 있는데, 마시는 그 전형적 사례를 나일 강 유역에서 두 눈으로 똑똑히 확인했다. 또한 훔볼트는 "식민지 작물을 수탈했던 제국주의의 야망에서부터 식물의 이동을 초래한 고대 문명의 발생 경로에 이르기까지, 인간의 정치적·도덕적 역사는 모두 자연과 연결되어 있다"고 했다.[41] 예컨대, 쿠바의 사탕수수 플랜테이션과 멕시코의 은 제련銀製鍊은 극적인 삼림 벌채를 초래했다. 인간의 탐욕이 사회와 자연을 형성하므로, 인류가 발을 내딛는 곳에는 어디에나 파괴의 흔적이 남아 있었던 것이다.[42]

마시는 이집트를 여행하면서 식물군과 동물상에 점점 더 깊이 빠져들었다. 그는 생물종을 자연의 언어라고 여겼으며, '나는 고작 20개 언어를 구사한다고 으스대지만, 자연은 무수한 언어를 이용하여 자신을 표현한다'고 생각했다.[43] 비록 훈련된 과학자는 아니었어도, 마시는 자연을 측정하고 기록하기 시작했다. 자연을 배우는 학생의 자세로, 식물학을 연구하는 친구들을 위해 식물을 채집하고, 펜실베이니아에 있는 곤충학자들을 위해 곤충을 채집했다.[44] 그리고 워싱턴에 새로 설립된 스미소니언 협회를 위해 수백 가지 표본을 수집했다. 스미소니언 협회에서 큐레이터로 활동하는 친구 스펜서 풀러턴 베어드Spencer Fullerton Baird에게 보낸 편지에서, "아직 전갈이 등장하는 시즌은 아니지만, 달팽이와 20가지 소형 어류를 알코올에 잘 보관해 놓았어"라고 말했다.[45] 베어드는 "낙타, 재칼, 하이에나의 두개골과 어류, 파충류, 곤충을 부탁하며, 그 밖의 동식물도 대환영"이라고 했다.[46] 나중에 표본을 보관할 알코올이 다 떨어졌다는 소식을 듣고, 무려 60리터나 되는 알코올을 마시에게 보냈다.

마시는 꼼꼼한 노트 필기자로, 어딜 가든 노트를 반드시 챙겼다. 노트를 무릎 위에 올려놓고 있다가 바람이 불면 노트를 부여잡았고, 모래폭풍이 불어도 끄떡없이 노트 필기를 했다. 한 번 읽은 책을 줄줄 외기로 소문난 그였지만, 기억은 절대로 믿을 게 못 된다는 것이 그의 철칙이었다.[47]

마시와 캐롤라인은 이집트를 여덟 달 동안 여행한 후, 낙타를 타고 시나이 사막을 건너 예루살렘과 베이루트에 들렀다. 페트라Petra에서는 분홍색 대리석을 깎아서 지은 건물들을 봤는데, 캐롤라인을 실은 낙타가 좁은 통로와 벼랑을 통과할 때는 두 눈을 꼭 감아야 했다. 헤브론Hebron과 예루살렘 사이에서는 다랭이논terraced hill(계곡이나 구릉지에 자연적으로 형성된 계단식의 작은 논—옮긴이)을 봤는데, 수천 년 동안 농사를 지은 듯했지만 이제는 대부분 황량하고 적막해 보였다.[48] 여행이 끝날 때쯤, 마시는 '인간이 수백 세대 동안 근면하게 농사를 지은 결과, 지구의 한 부분이 마모되어 지력이 다했다'고 믿게 되었다.[49] 그의 첫 번째 해외여행은 인생의 전환점이 되었다.

1853년 말 미국 정부로부터 소환 명령을 받을 즈음, 마시는 터키, 이집트, 소아시아, 중동의 일부분, 그리스, 이탈리아, 오스트리아를 두루 둘러본 상태였다. 그는 구세계에서 얻은 교훈을 신세계에 적용하기로 마음먹었다. 미국에 돌아와 전원 풍경을 살펴보며, "그 동안 구세계에서 쭉 관찰해 온 사실들로 미루어 볼 때, 미국도 조만간 환경 파괴의 길로 접어들 게 불을 보듯 뻔하다"는 결론에 도달했다. 예컨대 버몬트 주의 경우, 백인 이주자들이 처음 도착한 이후 자연경관이 급격히 악화되어, 헐벗은 산과 쓸모없는 땅이 수두룩했다.[50]

미국의 환경은 몸살을 앓기 시작하고 있었다. 산업폐기물이 강을 오염시키고, 나무가 땔감, 제조업, 철도용으로 사용되면서 울창하던 숲이 모두 자취를 감췄다. "인간은 어디서나 파괴자로 활동하고 있다"라고 마시는 말했다.[51] 한때 모직공장을 운영하고 양을 사육했던 그 자신도 삼림 파괴의 공범이었음을 깨달았다. 버몬트의 나무는 이미 3/4이 사라졌고, 북미 대륙 전체에 이주민들이 꾸준히 증가하며 중서부에서도 변화의 조짐이 보였다. 시카고는 미국 최대의 목재창고이자 곡물창고로 부상했고, 미국 전역의 숲에서 보낸 통나무와 뗏목이 미시간 호를 새까맣게 뒤덮었다.[52]

그러는 동안 미국의 농업기술이 유럽을 처음으로 추월했다.[53] 1855년 파리에서 열린 만국박람회에 구경 온 사람들은, 미국의 자동수확기 reaping machine가 1에이커의 귀리를 단 21분 만에 베는 것을 보고 경악을 금치 못했다. 그도 그럴 것이, 유럽의 자동수확기로 같은 일을 하는 데는 무려 한 시간이나 걸렸기 때문이다. 미국의 농부들은 자동수확기에 증기기관을 처음으로 도입했고, 농경기술이 산업화됨에 따라 곡물 가격은 하락했다. 이와 동시에 산업생산량이 꾸준히 증가하여, 1860년 미국은 세계 4위의 공산품 제조국가로 부상했다. 1860년 봄, 마시는 『인간과 자연』을 집필하기 시작했다.[54] 그는 이 책에서 '파괴와 탐욕', '멸종과 착취', '토양 고갈과 홍수'를 이야기하며, 일찍이 훔볼트가 그랬던 것처럼 삼림 벌채의 위험성을 경고했다.

대부분의 사람들은 인간이 자연을 지배한다고 생각했는데, 시카고가 진흙탕을 딛고 일어난 것만큼 그 생각을 뒷받침하는 사건은 없는 듯싶었다.[55] 미시간 호와 같은 높이에 자리 잡은 시카고는 축축한 땅과 전염병 때문에 발전하기 힘든 곳이었지만, 도시 설계자들은 대담한 해법을 제시했다. 그것은 부지와 고층빌딩들을 통째로 몇 미터 들어올리고, 그 밑에 새로운 배수장치를 설치하는 방법이었다. 마시가 『인간과 자연』을 집필하는 동안, 시카고의 엔지니어들은 수백 개의 유압식 잭스크류hydraulic jackscrew를 이용하여 집과 상점과 호텔 들을 들어올림으로써 중력에 도전했다. 시민들은 전과 똑같은 건물에 살면서 생업에 종사할 수 있었다.

인간의 능력과 탐욕에는 아무런 한계가 없는 것처럼 보였다. 그런데 이상하게도, 한때 물고기가 풍부했던 강과 호수와 연못에서 물고기를 찾아볼 수가 없었다.[56] 모두가 고개를 갸우뚱하며 걱정하는 가운데, 그 이유를 최초로 설명한 사람은 마시였다. 물고기 남획도 문제였지만, 더욱 큰 문제는 산업과 제조업 발달로 인한 수질오염이었다. "화학 물질이 물고기를 중독시키고, 물방아용 둑milldam이 물고기의 상류 이동을 차단하며, 톱밥이 물고기의 아가미를 막는다"고 마시는 경고했다. 꼼꼼하기로 소문난 마시는 자신의 주장을 입증하기 위해 근거 자료를 제시했다. 그는 '물고기가 사라졌다'거나 '철도가 숲을 삼켜버렸다'고 말로만 하지 않고, '세계 각국의 물고기 수출량', '철도 1킬로미터당 필요한

목재의 양'과 같은 통계 자료와 수치들을 조목조목 제시했다.[57]

홈볼트와 마찬가지로, 마시는 "농민들이 담배나 목화와 같은 환금작물에 의존한 것도 환경 파괴에 기여한다"고 비판했다.[58] 그러나 그 밖에 다른 이유도 있었다. 예컨대, "미국인들의 소득이 전반적으로 증가하면서 육류 소비가 늘고, 이것이 자연에 큰 영향을 미쳤다"고 그는 주장했다.[59] 왜냐하면 동일한 영양가를 전제로 할 때, 가축을 사육하는 데 필요한 땅이 곡물이나 채소를 재배하는 데 필요한 땅보다 더 많기 때문이었다. 따라서 마시는 "채식주의자는 육식주의자보다 환경을 더 많이 생각하는 사람이다"라는 결론을 내렸다. 요컨대, 소득 증가에 따른 소비 행태 변화가 환경 파괴를 초래한다는 이야기였다. 그러나 그의 우려는 경제발전의 그늘에 묻혀버렸다. 증기기관에서 나는 쉭쉭 소리, 숲속에서 나는 톱질 소리, 기관차의 고동소리가 그의 목소리를 잠재웠다.

그즈음 마시의 경제 사정이 악화되었다. 터키에서 받은 급여는 불충분했고, 모직공장은 파산했으며, 엎친 데 덮친 격으로 동업자에게 사기까지 당했다. 그 밖의 투자도 결과가 모두 형편없었다. 개인파산을 코앞에 두고, 마시는 '의무는 적고 보수가 많은 직업'을 알아보던 중이었다.[60] 그런데 운 좋게 또 한번의 기회가 찾아왔다. 1861년 3월 미국 대통령으로 선출된 에이브러햄 링컨이, 그를 신생국의 공사로 임명한 것이었다. 그 나라의 이름은 이탈리아왕국이었다. 마시는 "자칫하면 2년도 못 넘기고 굶어 죽을 뻔했네"라고 중얼거리며, 안도의 한숨을 내쉬었다.

독일과 마찬가지로, 이탈리아는 여러 개의 독립된 주州들로 구성되어 있었다. 수년 동안 싸우던 이탈리아의 주들은 1861년 마침내 통일되었는데, 로마와 베네치아만 예외였다.* 10년 전 처음 이탈리아를 방문했을 때, 마시는 통일을 향해 나아가고 있는 이탈리아의 모습을 보고 야릇한 기분을 느꼈었다. 그래서 한 친구에게 보낸 편지에서, "내가 30년만 젊고 방탄조끼만 있다면 전투에 참가할 텐데"라고 말했을 정도였다.[61]

물론 고정 수입이 보장되기도 했지만, 미국 정부의 특사로 신생국에 파견된다는 것은 스릴 넘치는 일이었다. 마시는 이탈리아 북부의 토리노에 부임할 예정이었는데, 이곳은 이탈리아의 임시 수도로서 그해 봄 이탈리아 의회가 소집된 곳이기도 했다. 시간이 촉박했지만 준비할 일이 많았다. 마시는 부랴부랴 3주 만에 벌링턴의 집을 세놓은 후, 가구와 책과 옷을 주섬주섬 꾸리고, 『인간과 자연』의 원고도 챙겼다.[62]

때마침 미국은 내전으로 치닫는 중이어서, 출국하기가 영 찜찜했다. 1861년 3월 4일 링컨이 취임 연설을 하기도 전에, 남부의 7개 주가 미합중국을 탈퇴하여 남부연합the Confederacy을 새로 결성했다.** 링컨이 마시를 이탈리아 왕국 공사로 임명한 지 한 달도 채 지나지 않은 4월 12일, 남부연합은 첫 번째 총성을 울리며 찰스턴Charleston 항구의 섬터 요새Fort Sumter에 주둔하고 있던 북부연방the Union 군대를 공격했다. 북부연방은 30여 시간 동안 포격을 맞고 찰스턴 항을 포기했는데, 그것은 미군 병사 60만 명 이상의 목숨을 앗아간 남북전쟁의 시작이었다. 그로부터 엿새 후 벌링턴 시민회관에서 행한 연설을 통해, 마시는 천 명의 시민들에게 작별을 고했다.[63] "우리는 남부연합 및 노예제와 싸우기 위해, 북부연방에 인력과 자금을 제공해야 합니다. 이번 전쟁은 1776년의

• 로마는 교황의 지배하에 있었고, 북부의 베네치아는 오스트리아가 지배하고 있었다.

•• 미합중국을 처음으로 탈퇴한 7개 주는 사우스캐롤라이나, 플로리다, 미시시피, 조지아, 텍사스, 루이지애나, 앨라배마 주였다. 1861년 5월에는 버지니아, 아칸소, 테네시, 노스캐롤라이나 주가 추가로 탈퇴했다.

혁명보다 더 중요합니다. 왜냐하면 이번 전쟁에는 모든 미국인의 평등과 자유가 걸려 있기 때문입니다"라고 그는 말했다. 연설이 끝난 지 30분 후, 예순 살의 마시는 캐롤라인과 함께 뉴욕행 기차에 몸을 실었다. 뉴욕에 도착하면 배를 타고 이탈리아로 떠날 예정이었다.

분열하고 있는 미국을 떠나 통일 과정에 있는 이탈리아로 향하는 마시의 마음은 착잡했다.[64] 먼 곳에 있지만, 전쟁으로 인해 첨예하게 분열된 미국을 위해 할 수 있는 일이라면 뭐든 하고 싶었다. 그는 토리노에서 이탈리아의 유명한 군부 지도자 주세페 가리발디Giuseppe Garibaldi를 만나, 미국의 북부연방에 가담하거나 협조하도록 설득하려고 노력했다.[65] 또한 북부연방을 돕기 위해 긴급 외교문서를 보내거나 무기를 구매하기도 했다. 눈코 뜰 새 없이 바쁜 가운데서도 틈틈이 시간을 내어, 『인간과 자연』의 원고에도 신경을 썼다. 마시는 아직도 많은 자료를 수집해야 했으므로, 베티노 리스카솔리Bettino Riscasoli를 방문하여 농업 문제, 특히 마렘마Maremma(토스카나의 늪지대)의 배수시설에 대해 물었다.[66] 리스카솔리는 이탈리아의 수상이었지만, 자신이 보유한 토지와 전답을 혁신적으로 관리하기로 명성이 자자했다.

그러나 이탈리아라는 낯선 환경 때문에, 마시는 당초 생각했던 것보다 부담을 많이 느꼈다. 토리노에서는 에티켓을 지키기 위해 사람들을 지속적으로 만나야 했다. 또한 미국의 관광객들 중에는 마시를 개인비서쯤으로 여기는 사람들이 있어, 분실한 짐을 찾아주거나 여권을 관리해주거나, 심지어 관광지를 소개해주기까지 해야 했다. 그러다 보니 불필요한 시간 낭비가 많았다. 마시는 미국의 한 친구에게 보낸 편지에서, "기대와 달리, 휴식을 취하거나 기분전환을 할 겨를이 없어 매우 실망스럽다"고 말했다.[67] '의무는 적고 보수가 많은 직업'이라는 꿈은 물

건너간 지 오래였다.

하지만 시간 여유가 전혀 없는 건 아니었다. 간혹 한두 시간 짬을 내어 토리노에 있는 도서관이나 식물원에 들르는 것은 가능했다. 게다가 포 계곡Po Valley에 자리 잡은 토리노는 눈 덮인 장엄한 알프스산맥에 둘러싸여 있어, 마시와 캐롤라인은 틈이 날 때마다 주변의 전원지대로 소풍이나 짧은 여행을 떠났다.[68] 마시는 산과 빙하에 감탄한 나머지, 자신을 얼음광ice-mad이라고 부르게 되었다.[69] 그는 아내에게 이런 농담을 던졌다. "내 스태미너는 아직 양호한 것 같아. 나이와 허리둘레를 감안하면, 내 등반 실력은 괜찮은 편이거든. 이 추세대로 가면, 100살이 되어 히말라야에 오를 수 있을 거야."[70]

계절이 겨울에서 봄으로 넘어가면서, 토리노 주변의 전원 풍경은 마시와 캐롤라인을 더욱 유혹했다. 포 계곡은 온통 꽃으로 뒤덮여 '꽃 카페트'가 되었다. 캐롤라인은 1862년 3월, "우리는 수천 송이의 제비꽃이 노란색 달맞이꽃과 경쟁하는 장면을 구경하기 위해, 한 시간을 훔쳤다"고 일기장에 썼다.[71] 아몬드 나무에도 꽃이 활짝 피었고, 버드나무 가지는 새로운 이파리가 돋아나며 초록색으로 물들었다. 캐롤라인은 야생화를 따며 연신 즐거운 비명을 질렀지만, 마시는 그것을 자연에 대한 범죄라고 생각했다.[72]

1862년 봄, 마시는 새벽에 일어나 『인간과 자연』을 집필하는 데 몰두했다.[73] 그러고는 한참 동안 손을 놓았다가, 그해 겨울 제노바 근처의 리비에라Riviera에서 몇 주 동안 머물 때 다시 집필을 계속했다. 그리고 1863년 봄, 마침내 반쯤 완성된 『인간과 자연』 원고를 마무리할 기회를 얻었다. 마시는 원고를 챙겨 들고, 캐롤라인과 함께 토리노에서 남서쪽으로 20킬로미터 떨어진 피오베시Piòbesi라는 작은 마을로 이사했다. 새로 이사한 집은 다 허물어져가는 중세의 영주 저택manor house으로, 오래된 벽에서는 수천 마리의 참새들이 둥지를 틀고, 앞마당에서는 10세기 무렵의 탑 하나가 알프스산맥을 바라보고 있었다.

실내는 박스, 원고, 편지, 책으로 가득 차 있어, 발 디딜 틈이 없었다. 마시는 탑 옆의 넓고 양지바른 테라스에 자리를 잡고 앉아, 『인간과 자연』을 집필하기 시작했다. 수년 동안 수많은 자료를 수집해 왔으므로, 책에 포함시킬 내용도 많고, 서로 연관시킬 내용도 많고, 검토할 사례들도 많았다. 마시가 일단 원고를 써서 옆에 앉아 있는 캐롤라인에게 넘기면, 캐롤라인은 읽고 편집하며 "질렸다"는 말을 되풀이했다.[74] 마시가 필사적으로 원고를 쓰자, 캐롤라인은 그러다가 건강을 해칠까 봐 은근히 겁이 났다.[75] 마시는 누구에게 쫓기는 듯한 마음으로 글을 썼다. 왜냐하면 '지구를 쟁기질과 도끼질에서 구해내려면, 빨리 책을 써서 인류의 마음을 바꿔야 한다'고 생각했기 때문이다. 그는 「북아메리카 리뷰」의 편집자에게 쓴 편지에서, "오랫동안 나를 괴롭혀 왔던 망령에서 벗어나기 위해 이 책을 쓰고 있습니다"라고 말했다.[76]

봄이 지나고 여름이 오자, 참을 수 없는 더위와 함께 파리 떼가 몰려와 마시의 눈꺼풀은 물론 펜 끝에까지 내려앉았다. 1863년 7월 초, 마시는 마지막 교정을 끝내고 원고를 미국의 출판사에 보냈다. '인간, 자연의 조화의 파괴자'[77]라는 제목을 붙이고 싶었지만, 그러면 책이 안 팔린다는 출판사의 만류에 따라 '인간과 자연'으로 바꾸기로 했다. 그 후 1년간의 편집과 교열을 거쳐, 1864년 7월에 드디어 『인간과 자연』이 출판되었다.

『인간과 자연』은 마시가 수십 년간 읽고 관찰한 것들을 종합하여 책으로 펴낸 것이었다. 처음에는 주로 다른 책들을 참고할 생각이었지만,

막상 집필을 시작하고 보니 발품이 많이 들어가고 신경 쓸 일이 한두 가지가 아니었다. 관련 정보와 사례를 수집하기 위해, 도서관들을 샅샅이 뒤져 수십 개국에서 발간된 서적들을 대출받았다. 고대 그리스와 로마의 자연 경관과 농업이 어땠는지를 알아보기 위해 고전과 고문서들을 읽었다. 또한 터키, 이집트, 중동, 이탈리아, 그 밖의 유럽 국가를 직접 둘러보며 관찰했고, 그에 더하여 독일의 산림청에서 발간한 자료, 프랑스의 전문가들이 발표한 논문, 엔지니어들이 제공한 데이터, 신문 기사, 마시 자신이 어린 시절에 들은 일화까지도 챙겼다. 물론, 훔볼트의 책을 통해 얻은 정보도 마시의 저술 활동에 큰 도움이 되었다.[78]

훔볼트는 인류와 환경 간의 관련성을 자주 언급했는데, 마시는 『인간과 자연』에서 훔볼트의 바통을 이어받아, 인간이 자연의 흐름을 바꾼 사례를 자세히 열거했다.[79] 예컨대 파리의 모자 제작자들이 실크모자를 발명하자 모피모자의 인기가 시들해졌고, 이에 따라 캐나다에서 멸종해 가던 비버가 개체 수를 회복하기 시작했다. 농부들이 농작물을 보호하기 위해 새들을 모조리 죽이자 천적이 사라진 논밭에 곤충이 크게 불어나, 이제는 새가 아니라 곤충과 전쟁을 벌여야 했다. 나폴레옹전쟁 기간 동안 유럽의 일부 지역에서 늑대가 다시 등장했는데, 그 이유는 남자들이 모두 전쟁에 징발되어 사냥꾼이 자취를 감췄기 때문이다. "자연을 구성하는 요소들은 모두 보이지 않는 끈으로 연결되어 있다. 보스턴의 수로교를 너무 깨끗이 청소했더니 물이 탁해진 걸로 봐서, 물속에 사는 미생물일지라도 자연의 균형을 유지하는 데 필수적임을 알 수 있다"라고 마시는 말했다.

마시의 준열한 논고는 계속되었다. "지구는 결코 소비하라고 주어진 게 아니지만, 인간은 이 점을 오랫동안 망각하고 살아왔다."[80] "인간은 지구의 자원과 농수산물을 낭비했으며, 동식물이 멸종한 것도 인간 때문이다. 소는 가죽을 위해, 타조는 깃털을 위해, 코끼리는 상아를 위해, 고래는 기름을 위해 목숨을 잃었다."[81] "물을 거리낌 없이 사용하는 태도는 무자비한 탐욕의 또 다른 사례다.• 무분별한 물대기로 인해 거대한 강줄기가 마르고, 염분 가득한 불모지가 양산되었다."[82]

마시가 생각하는 미래는 암울했다. 아무런 조치를 취하지 않을 경우 지표면이 망가지고 기후가 변화하여, 어쩌면 인류가 멸망할지도 모른다고 생각했다.[83] 콘스탄티노플 근처의 보스포러스 해협에서 그리스로 여행하는 동안 과도한 방목으로 목초지가 황폐화된 광경을 목격했을 때는, 마치 미국의 미래를 보는 것 같았다. 거대한 강, 울창하게 우거진 자연림, 비옥한 목초지가 모두 사라져, 유럽의 땅은 달 표면을 연상시키는 황무지로 변해 있었다.[84] "로마가 멸망했던 이유는, 로마인들이 숲을 파괴함으로써 삶의 터전이던 토양을 황폐화시켰기 때문"이라고 마시는 결론지었다.[85]

신세계는 구세계를 반면교사로 삼아야 했다. 1862년 홈스테드법 Homestead Act••이 제정되어, 서부로 진출한 사람들이 1인당 160에이커(약 20만 평)의 땅을 헐값에 불하 받자, 수백만 에이커의 공유지가 개인의 손으로 넘어가 도끼질과 쟁기질을 기다렸다. "정신을 바짝 차리고, 조상들의 실수에서 교훈을 얻어야 한다"라고 마시는 말했다.[86] 인간의

• 훔볼트는 베네수엘라에서 이 같은 위험을 일찍이 간파하고 다음과 같이 경고했다. "발렌시아 호수의 물을 야노스 평원으로 끌어들이는 것은 무책임한 행동이다. 단기적으로 생겨난 비옥한 들판은 장기적으로 건조한 사막으로 변하게 될 것이다. 그리하여 아라과 계곡은 주변의 민둥산들처럼 황량하게 될 것이다."

•• 스물한 살 이상으로, 미합중국에 대항하여 싸운 경력이 없는 사람이라면 누구나 지원할 수 있었다. 단, 5년 이상 그 땅에 거주하며, 농토를 개간해야 한다는 조건이 있었다.

행동이 어떤 결과를 초래할지 예견하기는 늘 어려운 법이다. 아주 작은 돌멩이를 잔잔한 바다에 던질 때, 얼마나 큰 파문이 그려질 것인지 알 수 없기 때문이다.[87] 그러나 그가 분명히 알고 있는 사실이 단 하나 있었으니, 그것은 '유럽인Homo Sapiens Europae이 미국에 도착하는 순간, 그 여파가 동에서 서로 퍼져나가기 시작했다'는 것이었다.[88]

다른 사람들도 마시와 비슷한 결론을 내렸다. 미국에서 훔볼트의 아이디어를 제일 먼저 받아들인 인물은 4대 대통령을 역임한 매디슨이었다.[89] 매디슨은 1804년 워싱턴 DC에서 훔볼트를 처음 만난 이후 그의 저서들을 여러 권 탐독하고, 훔볼트가 남아메리카에서 관찰한 사항들을 미국에 적용하려고 노력했다. 대통령에서 물러난 지 1년 후인 1818년 5월 버지니아 주 앨버말Albermarle에서 행한 농업학회 연설에서, 매디슨은 버지니아 주민들에게 삼림 벌채의 위험성을 경고하고 대규모 담배 재배의 파국적 영향을 강조했다.[90] 그의 연설에는 미국 환경주의자들의 핵심 메시지가 담겨 있었다. 그는 버지니아 주민들에게 "자연은 인간에게 예속되어 있지 않습니다"라고 하며 환경보호의 중요성을 역설했지만, 그의 경고는 대체로 무시되었다.

훔볼트의 아이디어를 최초로 법제화한 인물은 볼리바르였다. 그는 1823년 예지력 있는 포고령을 발표하며, 볼리비아 정부에게 100만 그루의 나무를 심으라고 요구했다. 전쟁과 전투의 한복판에서도, 볼리바르는 사막이 국가의 장래에 미칠 파괴적 결과를 이해하고 있었다. 그리하여 새로 제정된 법에는, 수로水路를 보호하고 새로운 공화국 전체에 숲을 조성하라는 규정이 포함되어 있었다.[91] 그로부터 4년 후, 볼리바르는 콜롬비아에서 「숲의 보호 및 현명한 사용을 위한 조치」를 발표했는데, 그 골자는 야생 기나나무cinchona tree 껍질에서 수확하는 퀴닌quinine

의 양을 통제하는 것이었다.[92]• 기나피cinchona는 기나나무를 보호하므로, 기나피에서 퀴닌을 수확할 경우 기나나무가 손상된다. 훔볼트는 남아메리카를 탐험하는 동안 이 문제를 이미 지적한 바 있었다.[93]

북아메리카에서는 헨리 데이비드 소로가 1851년 '세상을 살리려면 자연림을 보존해야 한다'는 캐치프레이즈를 내걸며 숲의 보존을 요구하고 나섰다.[94] 훔볼트가 세상을 떠난 지 몇 달 후인 1859년 10월, 그는 "모든 도시들은 일정 규모(수백 에이커)의 '양도불가능한inalienable 숲'을 하나씩 보유해야 한다"고 주장했다.[95] 매디슨과 볼리바르는 '경제적 가치'라는 관점에서 숲의 필요성을 강조한 데 반해, 소로는 '시민의 휴식 공간 확보'라는 관점에서 숲의 필요성을 강조한 바 있다. 마시는 『인간과 자연』에서 양자의 입장을 절충함과 동시에, '인류가 지구를 파괴하고 있다'는 사실을 객관적으로 증명하는 데 총력을 기울였다.

마시는 『인간과 자연』의 서두에서 "훔볼트는 위대한 사도apostle였다"[96]고 운을 뗀 후, 시종일관 훔볼트를 언급하며 그의 아이디어를 확장했다.[97] 그런데 훔볼트와 마시의 저서에는 결정적인 차이가 하나 있다. 훔볼트의 저서에는 작은 메시지들이 곳곳에 산재해 있어 전체적으로 잘 드러나지 않는 경향이 있다. 이에 반해 마시는 모든 메시지들을 하나로 묶어 강력한 주장을 제기하는 경향이 있다. 쉽게 말해서, 훔볼트의 저서를 소총부대라고 하면, 마시의 저서는 대포부대라고 할 수 있다. 마시는 삼림 벌채의 사악함을 줄기차게 언급했다. "숲은 토양과 천연 샘물을 보호한다. 일단 숲이 사라지면, 토양은 바람과 태양과 빗물에 노출

• 볼리바르는 국유림에서 여하한 나무나 목재를 채취할 경우 처벌하도록 했다. 그는 또한 야생 비쿠냐의 멸종을 우려했다.

된다. 그러면 땅은 더 이상 스펀지 역할을 하지 못하고 쓰레기 더미로 전락하게 된다. 그리하여 토양이 씻겨나가면 모든 이점이 사라져, 땅은 더 이상 인간이 거주하기에 적합하지 않게 된다."[98] 마시의 결론은 암울했다. "삼림 벌채가 2~3세대 동안만 지속되어도 화산 폭발이나 지진만큼 처참한 결과가 초래된다." 그의 경고는 선지자의 예언처럼 들렸다. "우리는 집에서 마룻바닥, 내장재, 문, 창틀을 뜯어내고 있다. 조만간 집이 무너질 것이다."[99]

마시는 미국인들에게 너무 늦기 전에 빨리 행동을 개시하라고 재촉했다.[100] "극심한 공포에 시달리지 않으려면 신속한 조치를 취해야 한다. 우리는 이미 숲을 잃을 만큼 잃었으므로, 두 가지 목적을 위해 일정 규모의 숲을 확보해두고 관리해야 한다. 첫째로, 숲은 모든 시민의 양도 불가능한 재산이다. 시민에게 휴식과 영감을 제공하는 동시에, 식물과 동물에게 서식처를 제공해야 한다. 둘째로, 숲은 경제적 가치가 높다. 목재를 지속적으로 공급하기 위해, 나무를 심고 관리해야 한다."[101]

마시는 특정 지역(프랑스 남부의 고온건조 지역, 이집트의 사막, 어류남획이 자행되는 버몬트 주의 호수)만 언급한 게 아니었다. 그의 시선은 지구 전체를 향했다. 『인간과 자연』은 전 지구적 차원global dimension의 주제를 다룬 책이었는데, 그 이유는 마시가 세상을 통합된 전체unified whole로 이해하고 비교했기 때문이다. 마시는 국지적 사건들에 치중하는 대신, 환경적 관심을 새롭고 놀라운 수준으로 끌어올려 지구 전체의 위험을 강조했다. "지구는 고귀한 거주자들에게 부적합한 집으로 돌변하고 있다"고 그는 말했다.[102]

『인간과 자연』은 최초의 자연사 관련 저술로, 미국의 정치에 근본적인 영향을 미쳤다. 미국의 작가이자 환경주의자인 월리스 스테그너

Wallace Stegner가 후에 말한 것처럼, 그것은 미국의 낙관주의를 가차 없이 가격했다.[103] 미국이 산업화를 향해 레이스를 벌이며 자연자원 수탈과 삼림 파괴를 자행하고 있을 때, 마시는 동포들이 잠깐 멈춰 생각해주기를 원했다. 『인간과 자연』에 대한 첫 반응이 신통치 않아 마시는 크게 실망했지만, 그 후 몇 달 동안 입소문이 돌며 1,000부 이상 팔리자 출판사는 2쇄를 찍기 시작했다.•

『인간과 자연』의 본격적인 영향력은 수십 년 동안 감지되지 않았지만, 장차 미국의 환경보존 및 보호 운동에서 핵심 역할을 수행할 사람들에게 큰 영향을 미쳤다. 국립공원의 아버지로 알려진 존 뮤어John Muir와 미국 산림청의 초대 청장 기포드 핀초트Gifford Pinchot가 대표적인 인물이다. 핀초트는 후에 『인간과 자연』을 '신기원을 연 책'이라고 높이 평가했다.[104] 마시가 삼림 벌채의 실태를 관찰한 내용은 1873년 산림개간법Timber Culture Act[105]이 통과되는 데 큰 영향을 미쳐, 대초원Great Plains에 정착한 사람들에게 나무를 심도록 권장했다. 그것은 또한 미국의 산림보호를 위한 토대를 마련하여, 1891년 산림보존법Forest Reserves Act이 통과되는 데 영향을 미쳤다. 이 법에는 『인간과 자연』에 나오는 단어가 많이 등장하며, 훔볼트의 초기 사상도 많이 반영되어 있다.

『인간과 자연』은 국제적으로도 많은 반향을 일으켰다. 호주에서 뜨거운 반응을 보였고, 프랑스의 산림감독관들과 뉴질랜드의 입법자들에게 영감을 주었다. 또한 남아프리카와 일본의 환경운동가들을 고무하여, 나무 보호를 위해 싸우도록 했다. 이탈리아의 산림법은 마시를 인

• 마시는 『인간과 자연』의 판권을 자선단체에 양도하여 남북전쟁에서 부상당한 병사들을 도왔다. 그러나 운 좋게도, 그의 형과 조카는 판매가 급증하기 전에 판권을 재빨리 사들였다.

용했고, 인도의 환경보호주의자들은 그 책을 들고 북히말라야의 경사면을 따라 올라가 카슈미르와 티베트에까지 보급했다.[106] 『인간과 자연』은 신세대 활동가들을 형성했고, 20세기 전반부에 '환경보호운동의 샘물'로 이름을 날렸다.[107]

마시는 인류가 수천 년 동안 자연 경관에 남긴 상처에서 교훈들을 발굴해냈다. 마시는 과거를 되돌아봄으로써 앞날을 내다본 사람이었다. "미래는 과거보다 더 불확실하다"라고 그는 말했다.[108]

22
미술, 생태계, 자연
에른스트 헤켈과 훔볼트

훔볼트의 부음을 들은 날, 스물다섯 살의 독일 동물학자 에른스트 헤켈Ernst Haeckel은 비참한 느낌이 들었다. 약혼녀 아나 제테Anna Sethe에게 쓴 편지에서 괴테의 『파우스트』에 나오는 유명한 구절을 이용하여 자신의 심경을 설명했다. "아, 내 가슴속에 두 개의 영혼이 깃들어 있구나!"[1] 파우스트가 '속세에 대한 사랑'과 '숭고한 세계에 오르려는 갈망' 사이에서 괴로워한 것처럼, 헤켈은 '뜨거운 가슴으로 자연을 느낄 것인가' 아니면 '냉철한 동물학자의 정신으로 자연계를 탐사할 것인가'를 놓고 미술과 과학 사이에서 괴로워하고 있었다. 그러던 차에 훔볼트의 사망 소식을 들으니, 갈등이 더욱 깊어졌다. 헤켈은 어린 시절부터 훔볼트의 책을 읽으며, 자연, 과학, 탐험, 그리고 미술에 대한 사랑을 키워왔기 때문이다.

그 당시 헤켈은 독일의 과학계에서 명성을 쌓을 요량으로, 이탈리아의 나폴리에 머무르며 동물학적 발견에 힘쓰고 있었다. 하지만 과학 연구를 빙자한 이탈리아 여행은 그때까지 완전한 실패작이었다. 성게, 해삼, 불가사리의 해부학을 연구하는 것이 목표였지만, 나폴리 만灣에서는 충분한 표본을 확보할 수 없다는 게 함정이었다. 그러자 꿩 대신 닭이라고, 풍부한 해양동물 대신 아름다운 이탈리아의 풍경이 그의 시선을 사정없이 유혹했다.[2] 코너에 몰려 빠져나갈 구멍이 없는 상태에서, 나폴리의 절경은 (마치 동양의 상점들이 이국적인 물건들을 전시하듯) 헤켈의 애를 태웠다. 그가 과연 과학자로 성공할 수 있을지 의심스러울 정도였다. 그는 아나에게 쓴 편지에서, 두 영혼 간의 첨예화된 갈등을 이렇게 표현했다. "메피스토펠레스의 경멸적인 웃음소리가 들리는군."[3]

헤켈은 훔볼트의 자연관을 렌즈로 이용하여 자신의 의구심을 걸러내려 애쓰고 있었다. '과학 연구에 요구되는 상세한 관찰'을 '자연을 전체적으로 이해하고자 하는 충동'과 어떻게 조화시킬 것인가? 자연에 대한 예술적 평가를 과학적 진실과 어떻게 양립시킬 것인가? 훔볼트는 『코스모스』에서, 지식, 과학, 시, 예술적 감정을 연결하는 끈에 대해 이야기한 바 있다.[4] 그러나 헤켈은 이 생각을 동물학에 적용하는 방법을 아직 몰랐다. 식물군과 동물상은 그로 하여금 자연의 비밀을 드러내도록 이끌고 괴롭히고 유혹했지만, 그는 붓과 현미경 중 어느 것을 사용해야 할지 몰랐다. 도대체 그걸 어떻게 확신할 수 있을까?

참된 진로를 모색하고 있던 헤켈에게, 훔볼트의 죽음은 혼란과 불확실성을 가중시켰다. 그것은 분노, 위기, 슬픔과 뒤범벅되어, 그의 초기 경력에 악영향을 미쳤다. 그러나 헤켈은 그대로 주저앉지 않았다. 헤켈은 침체되거나 정체되기는커녕, 세상의 평가에 연연하지 않고 열심히 맹렬하게 연구했다. 그리하여 그는 영향력 있는 과학자 겸 미술가로 부상했고, 훔볼트의 자연 개념을 20세기에 도입한 인물이 되었다. 그러나 그에게는 이중적인 면도 있었다. 그는 당대에 가장 주목받았지만, 가장 논란이 많은 과학자이기도 했다.•

훔볼트는 헤켈의 인생에서 늘 커다란 존재로 다가왔다.[5] 헤켈은 훔볼트가 『코스모스』를 처음 쓰기 시작한 1834년 포츠담에서 태어나, 어린 시절부터 훔볼트의 책을 읽으면서 자랐다. 프로이센 정부를 위해 일하던 아버지는 과학에도 관심이 많아, 그의 가족은 저녁에 오순도순 모여 과학책을 서로 읽어주곤 했다. 헤켈은 한 번도 훔볼트를 만나본 적은 없지만, 어릴 적부터 훔볼트의 자연관에 심취했다. 그리고 훔볼트가 묘사한 열대지방의 풍경에 감탄한 나머지 탐험가의 꿈을 품게 되었다. 그러나 아버지는 아들이 좀 더 전통적인 직업을 가졌으면 하고 바랐다.

아버지의 바람대로 의사가 되기 위해, 헤켈은 열여덟 살인 1852년 바이에른 주의 뷔르츠부르크에 있는 의과대학에 들어갔다. 그는 가족과 떨어져 뷔르츠부르크에 혼자 머물며 향수병에 시달렸다. 오랫동안 학교에서만 지내다, 언제부턴가 자기 방에 틀어박혀 『코스모스』를 필사적으로 읽기 시작했다.[6] 매일 저녁 손때 묻은 페이지를 펼치자마자, 훔볼트가 알려주는 황홀한 세계로 빨려 들어갔다. 『코스모스』를 읽으면서 그의 생활 패턴은 변했다. 책을 읽지 않을 때는 숲속을 산책하다

• 헤켈은 20세기 후반에 가장 혹독한 비판을 받았는데, 그 이유는 역사학자들이 그를 '나치에게 인종 프로그램의 지적 기초를 제공한 인물'이라고 비난했기 때문이다. 로버트 리처즈는 헤켈의 전기인 『삶의 비극적 감각*The Tragic Sense of Life*』에서, "나치가 정권을 장악하기 10여 년 전에 사망한 헤켈은 반유대주의자가 아니었다"라고 주장했다. 사실 헤켈은 자신의 논란 많은 계통발생도에서 유대인을 백인 바로 옆에 배치했다. 오늘날에는 받아들여지고 있지 않지만, 19세기 과학자들 중 상당수는 '미개한 인종이 문명화된 인종으로 진보한다'는 헤켈의 인종이론에 공감을 표시했던 것으로 알려져 있다.

조용한 곳을 찾아내 자연과 교감을 나눴다. 매일 뜀박질도 하고 헤엄도 치며 보냈다. 키 크고 호리호리하고 핸섬하고 상대방을 꿰뚫어보는 듯한 푸른 눈을 가진 헤켈은 체격도 탄탄해서, 훔볼트의 젊은 시절 모습을 쏙 빼닮은 듯했다.[7]

헤켈은 부모님에게 쓴 편지에, "자연에서 느끼는 즐거움이 어떤 건지 모르실 거예요. 자연을 바라보는 순간 모든 근심 걱정이 눈 녹듯 사라져요"라고 적었다.[8] 그러면서 지저귀는 새 소리, 바람이 나뭇잎 사이를 통과하는 소리, 쌍무지개, 구름에 살짝 가린 산봉우리 이야기도 적었다. 가끔 오랜 산책에서 돌아올 때는 담쟁이덩굴을 한아름 갖고 들어와, 화환을 만들어 벽에 걸린 훔볼트의 초상화를 장식했다.[9] 훔볼트와 가까이 있고 싶어, '그가 있는 베를린에 살면 얼마나 좋을까'라는 생각을 하기도 했다. 의과대학에 들어온 지 몇 달 지나지도 않은 1853년 5월, 부모님에게 쓴 편지에서 "베를린에서 매년 열리는 지리학회 모임에 참석하여, 훔볼트를 만나고 싶어요"라고 말했다. 훔볼트를 먼 발치에서 한번이라도 바라보는 게 그의 가장 큰 소원이었다.[10]

이듬해 봄, 헤켈은 베를린에서 한 학기 동안 공부해도 좋다는 허락을 받아냈다. 베를린에서 훔볼트를 만나는 데는 실패했지만, 감탄할 만한 인물을 한 명 만났다. 당시에 가장 유명한 동물학자 요하네스 뮐러Johannes Müller에게 비교해부학 강의를 들었는데, 그는 어류와 해양 무척추동물을 연구하던 중이었다.[11] 뮐러에게 해양동물 표본을 수집하는 이야기를 듣고 마음이 동해, 독일의 북해 연안에 있는 헬리고란트Heligoland라는 작은 섬에서 그해 여름을 보냈다. 낮에는 바다에서 수영하며 갖가지 해양생물을 수집했는데, 그중에서도 특히 해파리에 깊은 인상을 받았다.[12] 해파리는 정맥이 드러난 투명한 몸으로 기다란 촉수를 우아하

에른스트 헤켈
발 옆에 고기잡이 도구가 보인다.

게 흔들며 물속을 이동했다. 제일 멋진 놈을 한 마리 잡아 망에 집어넣고는, 자신의 진로를 동물학으로 정했다.

헤켈은 아버지의 뜻에 순종하여 의학 공부를 계속했지만, 시늉만 했을 뿐 의사 개업을 할 생각은 추호도 없었다. 식물학과 비교해부학, 해양 무척추동물과 현미경, 등산과 수영, 그림과 데생을 좋아했고, 의학은 언제나 뒷전이었다. 훔볼트의 책은 읽으면 읽을수록 흥미진진해져서, 부모님을 방문할 때 『자연관』을 옆구리에 끼고 갔다. 그러고는 어머니에게, "『신변기』가 그렇게 재미있다는데, 그것 좀 사주시면 안 되나요?"라고 물었다.[13] 급기야는 뷔르츠부르크의 대학 도서관에 가서, 식물학 서적에서부터 『코르딜레라스 산맥과 아메리카 원주민의 기념비적 업적들』에 이르기까지 훔볼트의 책을 몽땅 빌렸다. 『코르딜레라스 산맥과 아메리카 원주민의 기념비적 업적들』은 남아메리카의 풍경과 기념물이 담긴 판화가 잔뜩 수록된 2절판folio edition이어서 '초호화판'[14]이라는 별명을 얻었다. 또한 크리스마스에는 『코스모스』의 자매판으로 나온 지도책을 선물로 사서 부쳐달라고 했다.[15] 헤켈은 글씨보다는 그림을 통해 쉽게 이해하고 외우곤 했다.[16]

베를린을 방문하는 동안, 헤켈은 훔볼트 가문의 고향인 테겔을 성지처럼 여기고 순례했다.[17] 그가 숭배하던 훔볼트는 어디에서도 볼 수 없었지만, 테겔은 최고의 여름 휴양지였다. 헤켈은 훔볼트가 한때 수영했던 호수에서 멱을 감고, 달빛이 호수 전체에 은색 장막을 드리울 때까지 호숫가에 앉아 있었다. 훔볼트 곁에 가장 가까이 다가갔던 건 바로 그때였다.

헤켈은 훔볼트의 발자취를 따라 남아메리카에도 가보고 싶었다. 그의 가슴속에서 싸우는 두 개의 영혼—이성을 앞세우는 과학자와, 감정과 시에 지배되는 미술가[18]—을 화해시키는 방법은 그것밖에 없는 것 같았다. 그는 문득 탐험박물학자explorer-naturalist라는 직업을 떠올렸다. 탐험박물학자는 과학을 감정과 결합하면서 모험심까지 충족시키는 최고의 직업이라는 생각이 들었다. 밤낮으로 항해만 하는 꿈을 꾸다가, 마침내 계획을 짜기 시작했다.[19] 머리를 쥐어짠 결과 3단계 계획을 수립했는데, 그 내용이 걸작이었다. 첫째, 의사면허를 취득한다. 둘째, 외항선에 의사로 취직한다. 셋째, 열대지방에 도착하면 배에서 내려 로빈슨 크루소 프로젝트Robinsonian project[20]를 시작한다. 이 계획의 가장 큰 장점은 부모님을 안심시킬 수 있다는 거였다. 왜냐하면 3단계 계획 중 첫 번째가 '뷔르츠부르크에서 의학 공부를 마치는 것'이었기 때문이다. 의학 공부는 질색이었지만, 공부를 마치고 아주 먼 곳으로 떠날 수만 있다면 그 정도 고통은 감수할 수 있었다.[21]

그러나 부모님의 생각은 달랐다. 그분들은 '의사면허를 딴 후, 베를린에서 의사 생활을 해야 한다'고 고집했다. 헤켈은 일단 부모님이 시키는 대로 하면서, 조용히 사보타지 전략을 세웠다. 베를린에서 의원을 개업했을 때, 진료시간을 좀 특이하게 정한 것이다. 새벽 5~6시에만 진료를 하고 나머지 시간에는 딴전을 피웠다. 그러니 1년 동안 진료한 환자가 열 명 미만일 수밖에. 헤켈은 회심의 미소를 지으며, 부모님께 "지난 일 년 동안 의료사고가 단 한 건도 없었다고요"라고 되레 큰소리를 쳤다.[22]

그나마 헤켈이 좀 더 근사한 직업을 갖기로 마음먹게 된 건 순전히 약혼녀 아나 때문이었다. 헤켈은 그녀를 '순수한 숲속의 소녀'라고 불렀다.[23] 옷이나 가구나 보석과 같이 물질적인 것보다, 그녀는 소박한 삶의 즐거움을 누리는 걸 더 좋아했다. 이를테면 전원을 산책하거나, 목장의 야생화 사이에 누워 있는 것처럼 말이다. 헤켈은 "전혀 때묻지 않았고 순수하다"고 그녀를 극찬했다.[24] 그녀는 은연중에 자신의 생일이 9월 14일이라는 고급 정보를 헤켈에게 흘렸고, 두 사람은 결국 그날 약혼을 발표하게 되었다.[25] 헤켈은 자아를 실현함과 동시에 아나를 만족시키기 위해 동물학 교수가 되기로 낙착을 보았다. 그건 나름 번듯한 직업인 데다, 그가 제일 혐오하는 '병든 몸'을 만지지 않아도 된다는 장점이 있었다.[26] 단, 과학계에서 이름을 날리려면 괜찮은 논문 거리를 하나 찾아야 했다.

1859년 2월 초, 헤켈은 새로운 해양 무척추동물을 발견하기 위해 이탈리아에 도착했다. 특별히 마음속에 정해둔 것은 없었고, 미세한 단세포생물에서부터 해파리까지 뭐든 새로 발견하기만 하면 동물학자로 데뷔하는 데 도움이 될 거라 생각했다. 느긋한 마음으로 피렌체와 로마에서 몇 주 동안 관광을 즐긴 다음, 나폴리로 가서 본격적으로 탐사작업에 돌입했다.[27] 그런데 뭐 하나 계획대로 되는 게 없었다. 어부들이 도와주기를 거부한 데다, 나폴리는 더럽고 시끄러웠다. 거리에는 병약자들이 우글거렸고, 물건을 살 때마다 바가지요금을 지불해야 했다. 결정적인 문제는, 나폴리의 바다에는 해삼과 해파리가 별로 없다는 거였다.

마침 그때 아버지의 편지를 통해 훔볼트의 사망 소식을 들으니, 엎친 데 덮친 격이었다. 헤켈은 과학과 미술 간의 문제는 물론 자신의 미래까지 걱정하게 되었다. 베수비오 화산 밑에 자리 잡은 나폴리의 시끄럽고 비좁고 꼬불꼬불한 거리에서, 가슴속에 깃든 두 영혼 간의 갈등을 새삼 뼈저리게 느꼈다.[28] 훔볼트의 부음을 들은 지 3주 후인 6월 17일, 헤켈은 나폴리를 더 이상 쳐다보기도 싫었다. 그래서 보트를 타고 나폴리 만에 있는 이스키아Ischia라는 작은 섬으로 갔다.

헤켈은 이스키아 섬에서 독일의 시인이자 화가인 헤르만 알메르스Hermann Allmers를 알게 되었다.[29] 두 사람은 일주일 동안 섬 전체를 함께 누비며 스케치, 하이킹, 수영을 하고 많은 이야기를 나누었다. 그러다 보니 자연스레 의기가 투합하여, 당분간 여행을 함께 다니기로 약속했다. 나폴리로 돌아가 베수비오 화산을 등반한 후, 보트를 타고 카프리Capri 섬으로 향했다. 카프리 섬은 나폴리 만에 있는 또 다른 섬으로, 헤켈은 이곳에서 상호연결된 전체interconnected whole라는 관점에서 자연을 바라보고 싶었다.[30]

헤켈은 이젤과 수채화물감을 챙겼지만, 과학자이니만큼 측정도구와 노트를 가져가는 것은 기본이었다. 그러나 카프리 섬에 도착한 지 일주일도 채 안 되어, 그의 태도가 180도 바뀌었다. 보헤미안적 생활 습관을 받아들여 꿈결 같이 살기로 한 것이다. 그는 현미경을 박스 속에 처박아두고 그림만 줄곧 그렸다.[31] 어린 시절 훔볼트의 『자연관』을 읽을 때부터, '언젠가 자연 속에서 반半야생생활을 하고 싶다'는 꿈꿔 왔던 헤켈이었다.[32] 그는 카프리 섬에서 대자연macro-cosmos을 바라보고, 마침내 그 꿈을 이루게 되었다. 그에게 필요한 것은 오로지 '믿음직한 붓' 하나뿐이었으며, 빛과 색깔로 이루어진 시적 세계poetic world에 일생을 바치고 싶었다. 헤켈은 훔볼트가 죽었다는 소식을 듣고 혼란에 빠져 이스키아 섬으로 갔지만, 거기서 알메르스를 만나 카프리 섬으로 와서 큰 깨달음을 얻었다. 그러니 훔볼트의 죽음은 헤켈에게 삶의 위기로 작용한 것이 아니라, 완전한 변신의 계기로 작용했다고 해야 할 것이다.

헤켈은 베를린에서 약혼자 하나만 믿고 기다리던 아나에게 이런 편지를 썼다. "나는 현미경만 들여다보는 꽁생원이 되고 싶지 않소. '어서 이리 오라'고 손짓하는 자연 앞에서 내가 할 수 있는 게 뭐겠소? 자연의 부름에 화답하지 않는 사람은 머리가 굳은 퇴물 과학자들밖에 없을 거요." 헤켈은 부모님에게도 두루뭉술한 내용의 편지를 한 통 보냈는데, 자신의 삶이 근본적으로 변했다는 말은 하지 않고, "앞으로 동물학 교수와 미술가 활동을 병행하게 될 거예요"라고 넌지시 말했다. 편지의 내용을 좀 더 자세히 살펴보면 다음과 같다. "훔볼트는 미술과 과학을 연결하는 끈bond에 대해 언급한 적이 있어요. 나는 미술에 소질이 있고 식물학 지식도 있으니, 훔볼트가 말했던 끈의 역할을 수행할 수 있는 위치에 있어요. 나는 장차 붓을 들고 북극해에서 적도에 이르기까지 모든 지역을 활보하는 화가가 되고 싶어요. 자연 경관을 제대로 묘사한 미술품은 훔볼트의 가장 큰 관심사 중 하나였어요."

헤켈의 아버지는 아들의 심경 변화를 탐탁잖게 여기고, 크게 꾸짖는 편지를 보냈다. "그동안 하라는 공부는 안하고, 수영과 등산과 백일몽으로 시간을 허비한 이유가 뭐냐? 나는 이제 돈이 없어, 네 세계 일주 여행비를 더 이상 대줄 수가 없다."[33] 지난 몇 년간 아들의 행보가 오락가락하는 것을 예의 주시해 온 터였기에, '아들이 비뚜로 나가고 있다'고 판단한 아버지의 마음은 흔들리지 않았다.

이번에도 헤켈로 하여금 '꿈은 어디까지나 꿈일 뿐이다'라고 깨닫게 한 사람은 약혼녀 아나였다. 아나와 결혼하려면 '고분고분한 교수'[34]가 되어야지, 붓 하나를 들고 세계 일주를 하는 화가가 될 수는 없는 노릇이었다. 훔볼트가 세상을 떠난 지 4개월이 조금 더 지난 9월 중순, 헤켈은 가방과 관찰도구를 챙겨 시칠리아 섬의 메시나Messina로 떠났다.[35] 표면상으로는 과학 연구에 집중하려는 것 같았지만, 카프리 섬에서 변신한 그의 모습은 그대로였다. 바닷물과 수천 가지 미생물로 가득 찬 양동이를 들고 있는 시칠리아 어부들을 보는 순간, 헤켈은 동물학자 겸 미술가로 돌변했다. 현미경 밑에 물 몇 방울을 조심스럽게 떨어뜨리자, 경이로운 생명체들이 모습을 드러냈다. 미세한 해양 무척추동물들은 각양각색의 보석과 유리로 구성된, 정교한 예술품처럼 보였다.[36] 며칠 동안 현미경을 들여다보며 다양한 무척추동물들의 모습을 그려내는 동안, 모든 걱정과 두려움을 잊고 바다의 신비에 사로잡혔다.

매일 새벽 동트기 전에 일어나 수영을 하다 보면, 잠시 후 태양이 떠올라 바닷물을 시뻘겋게 물들이며 온 세상을 환하게 비추었다.[37] 수영을 마치면 어시장으로 달려가 어부들이 새로 가져온 바닷물을 넘겨받아, 오전 8시에 숙소로 돌아왔다. 그때부터 오후 5시까지 연구에 몰두하고, 얼른 식사를 하고 바닷가를 부리나케 산책한 다음 7시 30분에 숙소로 다시 돌아왔다. 그러고는 자정까지 연구 내용을 기록하고 잠자리에 들었다. 열심히 노력한 결과 성과가 있었다. 시칠리아에 도착한 지 3개월이 지난 12월, 헤켈은 경력 향상에 도움이 될 만한 연구 주제 하나를 발견했는데, 그 이름은 방산충radiolarian이었다.

방산충은 크기가 1/40밀리미터에 불과한 미세한 단세포 해양생물로, 현미경으로만 볼 수 있다. 그러나 현미경으로 확대해 보면, 방산충은 놀랍도록 아름다운 자태를 드러낸다. 정교한 광물질 골격은 복잡한 균형패턴을 나타내며, 종종 빗살 모양의 돌기가 있어서 유동적인 형태를 제공한다. 헤켈은 매주마다 새로운 종이나 과課를 추가하여, 1860년 2월 초가 되자 60개 이상의 새로운 종을 발견했다. 2월 10일 하루에만 12개의 새로운 종을 발견했다. 그는 아나에게 보낸 편지에서, "현미경 앞에 무릎을 꿇고 앉아, 후한 선물을 제공한 바다의 신과 님프들에게 감사의 뜻을 표했소"라고 말했다.[38]

"이 연구는 내 체질에 딱 맞는다."[39] 이른 아침에 어시장에 달려가 바닷물 한 동이를 받아오는 것에서부터 자정에 삽화를 마무리하는 마지막 붓질과 연필질에 이르기까지, 해양 무척추동물 연구는 신체운동, 자연, 과학, 미술을 사랑하는 마음의 합작품이었다. 방산충은 헤켈에게 신세계를 보여줬다. 그것은 질서와 경이로움이 공존하는 세계이며, 매우 시적詩的이고 기분 좋은 세계였다. 1860년 3월 말, 100여 종의 방산충을 발견한 헤켈은 집으로 돌아갈 준비를 하고 있었다. 이제 책으로 출판할 차례였다.[40]

헤켈은 자신의 보고서와 책에 과학적 정확성과 미술적 아름다움을 겸비한 삽화를 곁들였다. 한 눈으로 현미경을 들여다보고 다른 눈으로는 화판drawing board을 들여다봤는데, 그것은 매우 독특한 기술이어서 교수들의 혀를 내두르게 했다.[41] 헤켈에게 있어서, 그림을 그리는 것은 자연을 가장 잘 이해하는 방법이었다. "나는 연필과 그림붓으로 아름다움의 비밀을 과거 어느 때보다도 깊숙이 꿰뚫을 수 있다"고 그는 말했다.[42] 연필과 그림붓은 관찰과 학습의 도구였으며, 그의 가슴속에 깃든 두 개의 영혼은 연필과 그림붓을 통해 마침내 하나로 통합되었다.

방산충이 너무나 아름다워, 헤켈은 독일에 돌아오자마자 알메르스에게 편지를 썼다. 내용인즉, 원한다면 방산충 그림 하나만으로 그의 스튜디오를 도배해주겠다는 거였다.[43] 심지어 완전히 새로운 스타일을 창조해줄 수도 있다고 했다.• 그는 삽화에 광적으로 매달려 2년 후인 1862년 『방산충*Die Radiolarien*』이라는 대작(전 2권)을 출간했고, 그 덕분에 예나 대학교 부교수로 임용되었다.[44] 예나는 반세기 전 훔볼트가 괴테를 만난 곳이기도 했다. 그리고 1862년 8월, 드디어 아나와 결혼식을 올린 헤켈은 행복에 겨워 이렇게 말했다. "당신이 없었다면, 난 햇빛 없는 식물처럼 죽었을 거요."[45]

『방산충』을 저술하는 동안, 헤켈은 자신의 인생을 두 번째로 바꿀 책을 한 권 읽었다. 그건 바로 다윈의 『종의 기원』이었다. 처음에는 다윈의 진화이론에 큰 충격을 받아 "완전히 미친 책이군"[46]이라고 중얼거렸지만, 『종의 기원』을 단숨에 읽고 나서는 생각이 완전히 달라졌다. '생물은 어떻게 발달했나?'라는 의문에 대한 해답을 얻고, 『종의 기원』을 '신세계를 연 책'[47]이라고 평가한 것이다. 그러고는 다윈에게 장문의 편지

• 알메르스는 헤켈에게 보낸 답장에서, "내 사촌이 당신의 삽화 중 하나를 도용하여, 뜨개질 패턴을 만들었소"라고 응수했다.

를 보내, "『종의 기원』은 모든 문제들에 대해 하나의 해답을 제시했습니다. 아무리 얽히고설킨 문제라 해도, 진화이론으로 명쾌하게 설명할 수 있습니다"라고 극찬했다.[48] 다윈은 『종의 기원』을 통해, '동물, 식물, 인간의 신성한 창조'라는 믿음을 '자연적 과정의 산물'이라는 개념으로 바꿨다. 그것은 종교적 교리를 송두리째 뒤흔든 혁명적 아이디어였다.

『종의 기원』은 과학계를 대혼란에 빠뜨렸다.[49] 많은 과학자들은 다윈을 이단으로 몰아세웠다. 다윈의 이론에 의하면, 인간이 모든 생물들과 동일한 계통수에 속한다는 결론이 나오기 때문이었다. 영국에서 『종의 기원』이 출판된 지 몇 달 후, 새뮤얼 윌버포스Samuel Wilberforce 주교와 (다윈의 맹렬한 지지자이자 훗날 왕립협회의 회장을 맡게 되는) 토머스 헉슬리Thomas Huxley가 옥스퍼드에서 공개적으로 끝장토론을 벌였다. 영국 과학진흥협회 모임에서, 윌버포스는 헉슬리에게 이런 도발적인 질문을 던졌다. "당신은 할머니 또는 할아버지 쪽으로 유인원과 혈연관계가 있나요?" 그러자 헉슬리는 지지 않고 이렇게 반격했다. "난 주교의 후손이 되느니 차라리 유인원의 후손이 되겠소." 두 사람의 논쟁은 논란과 흥분의 도가니에 휩싸였으며 매우 첨예했다.

『종의 기원』은 헤켈의 비옥한 토양 위에 떨어진 씨앗이었다. 왜냐하면, 헤켈은 어려서부터 훔볼트의 저서를 통해 자연 개념을 형성해 왔으며, 『코스모스』에는 다윈 이전의 진화론 개념들이 많이 포함되어 있었기 때문이다.[50] 그 후 헤켈은 독일에서 수십 년 동안 다윈의 열렬한 지지자로 활동했으며,* 아나는 그를 '독일의 다윈'이라고 불렀다.[51] 알메르

* 진화이론을 다룬 헤켈의 저서는 10여 개국 언어로 번역되었으며, 다윈의 책보다 훨씬 더 많이 팔렸다. 그러므로 사람들에게 다윈의 진화이론을 가장 많이 가르쳐준 사람은 헤켈이었다고 할 수 있다.

스는 헤켈의 삶을 일컬어, '아나에 대한 사랑과 다윈주의에 대한 사랑이 공존하는 인생'이라고 했다.[52]

그러나 기쁨도 잠시, 헤켈에게 비극이 닥쳤다. 헤켈의 서른 번째 생일이자 『방산충』 덕분에 굵직한 과학상을 받은 1864년 2월 16일, 아나가 (충수염으로 추정되는) 급성질환으로 세상을 떠났다.[53] 결혼한 지 2년도 채 안 되어 아내와 사별하자, 헤켈은 그 충격으로 인해 깊은 우울증에 빠졌다. 알메르스에게 보낸 편지에서, "나는 쓰라린 슬픔에 잠겨, 속이 새카맣게 타버렸소"라고 말했다.[54] 아나의 죽음으로 모든 행복은 물거품이 되었고, 그는 허망함을 잊기 위해 오직 연구에만 매달렸다. 다윈에게 쓴 편지에서, "내 모든 인생을 진화이론에 걸겠습니다"라고 말했다.[55]

다윈의 말에 의하면, 헤켈은 은둔자처럼 살았으며 진화에만 온통 정신이 팔려 있었다고 한다.[56] 또한 헤켈은 과학계와 전면전을 치를 각오가 되어 있었다. 왜냐하면 아나가 세상을 떠난 후 자포자기한 상태에서, '누구에게 칭찬을 받든 비난을 받든 그게 무슨 대수냐'[57]라는 심리에 사로잡혀 있었기 때문이다. 그는 고통을 잊기 위해, 연중무휴로 하루 열여덟 시간씩 연구에 올인했다.

1866년에 발간된 『일반생물형태학*Generelle Morphologie der Organismen*』(전 2권)은 이 같은 몸부림의 결과였다. 이것은 진화론과 형태학에 관한 책으로, 생물의 구조와 형태를 무려 1,000페이지에 걸쳐 상세히 서술했다.* 다윈은 이 책을 "『종의 기원』에 부치는 가장 아름다운 찬사"라고 묘사했다.[58] 하지만 그것은 분노의 책으로, 헤켈은 그 속에서 진화이론을 반대하는 과학자들에게 맹공격을 퍼부으며 이런 독설들을 거침없이 내뱉었다. "다윈을 비판하는 자들은 두껍지만 텅빈 책을 쓴다. 그들은 반쯤 잠든 채 백일몽을 꾸며, 사고력이 빈곤하다."[59] 심지어 다윈의 불독[60]을 자처하던 헉슬리조차 "영역판을 많이 팔고 싶으면 비판의 수위를 조절하세요"라고 귀띔할 정도였다. 그러나 헤켈은 눈 하나 깜빡하지 않고 이렇게 말했다. "과학을 근본적으로 개혁하려면 험한 일도 할 줄 알아야 해요. 때로는 손에 흙도 묻히고 쇠스랑도 사용해야 한단 말이에요."[61]

헤켈이 다윈에게 설명한 것처럼, 『일반생물형태학』은 헤켈이 개인적으로 큰 위기에 처했을 때 나온 책으로, 문장 하나하나에 삶의 쓴맛과 세상의 신랄함이 배어 있었다. 헤켈은 다윈에게 이렇게 털어놓았다. "아나가 세상을 떠난 후, 나는 세상의 평판에 더 이상 연연하지 않고 있어요. 수많은 적들이 내 책을 얼마든지 공격해도 좋아요."[62] 비판자들이 공개적으로 혹평을 쏟아부어도, 헤켈은 전혀 개의치 않았다.

『일반생물형태학』은 진화론을 적극적으로 지지한 책이었을 뿐 아니라, 생태학Ökologie(ecology)이라는 용어를 처음 사용한 책이기도 했다.[63] Ökologie란 그리스어의 오이코스oikos와 로기아logia를 합친 말인데, 오이코스란 가정household을 의미하는 명사고, 로기아란 학문을 의미하는 접미어다. 지구상의 모든 생물들은 하나의 서식지를 공유하고 있는데, 때로는 서로 돕고 때로는 서로 갈등을 겪는 모습이 마치 한 가정의 구

• 헤켈은 또한 『일반생물형태학』에서 여러 분야들 간의 균형을 유지하면서 과학을 전체적으로 개관했다. 그는 이렇게 말했다. "과학자들은 전문 분야에 지나치게 몰두함으로써 과학에 대한 전체적 이해를 상실하고, 과학을 바빌로니아적 혼란Babylonian confusion에 빠뜨렸다. 식물학자와 동물학자들은 과학의 구성요소를 분주히 수집할지 모르지만, 그 과정에서 전체적인 청사진을 간과하게 된다. 그처럼 막무가내로 쌓은 돌무더기에서 얻을 것은 아무것도 없다." 그 당시의 과학자들 중에서 과학을 전체적으로 바라본 사람은 다윈과 헤켈 두 사람밖에 없었던 것 같다.

성원들을 연상시킨다는 데 착안하여 그런 용어를 만든 것이다. 헤켈은 『일반생물형태학』에서 '자연은 통합된 전체unified whole이며, 다양한 활동력들active forces 간의 복잡한 상호관계로 구성되어 있다'[64]는 훔볼트의 개념을 설명하고, 그 과정에서 자연스럽게 생태학이라는 용어를 만들었다. 그러고는 "생태학이란 생물과 환경 간의 관계를 연구하는 학문을 말한다"[65]라고 부연 설명했다.•

생태학이라는 용어를 만든 1866년, 헤켈은 훔볼트와 다윈의 발자취를 따라 머나먼 해안으로 향했다. 아나와 사별한 지 2년 8개월 만인 1866년 10월, 테네리페 섬으로 여행을 떠난 것이다. 테네리페는 일찍이 훔볼트의 『신변기』에서 매혹적으로 묘사된 후 과학자들 사이에서 '신비의 영역에 존재하는 섬'으로 여겨져 왔다. 헤켈은 오랫동안 꿈에 그려왔던 여행을 떠날 시간이 되었다고 생각했다.[66] 훔볼트가 소형 구축함을 타고 라코루냐 항구를 떠난 지 약 70년 후, 그리고 다윈이 비글호에 승선한 지 30여 년 후에 헤켈도 자신만의 항해를 시작했다. 3세대 이상 떨어져 있지만, 훔볼트, 다윈, 헤켈은 모두 '과학은 대뇌 활동cerebral activity 이상의 그 무엇'이라는 신념을 갖고 있었다. 왜냐하면 과학이란 (야자수가 됐든, 지의류가 됐든, 따개비가 됐든, 새가 됐든, 해양 무척추동물이 됐든) 모든 식물군과 동물상을 그들의 서식지로 찾아가 살펴보는

• 헤켈은 오랫동안 생태학적 사고에 푹 빠져 있었다. 뷔르츠부르크 대학교에서 훔볼트의 책을 읽던 1854년 초, 그는 이미 삼림 벌채의 환경적 결과를 생각하고 있었다. 마시가 『인간과 자연』을 발표하기 10년 전, 헤켈은 "고대인들이 중동 지방에서 숲을 베어 넘어뜨리는 바람에 그 지역의 기후가 변했다"고 썼다. 그러고는 문명과 삼림 파괴가 밀접히 관련되어 있음을 지적하며, 유럽에서도 시간이 지나면 중동과 같은 일이 일어날 거라고 예측했다. "유럽인들은 황량한 땅, 기후 변화, 기아를 피해 비옥한 땅으로 탈출할 것이며, 그에 따라 유럽사회와 유럽의 고도화된 문명은 종말을 고하게 될 것"이라고 그는 말했다.

것을 의미하기 때문이다. 또한 생태계를 이해한다는 것은 생명으로 가득 찬 신세계를 탐험하는 것을 의미한다. 그러기 위해서는 때로 격렬한 신체 활동을 마다하지 말아야 했다.

헤켈은 테네리페로 가는 도중 런던에 잠깐 들러, 기차를 타고 켄트Kent에 있는 다윈의 다운하우스를 방문할 예정이었다.[67] 훔볼트를 만나본 적은 한 번도 없었지만, 또 한 명의 영웅을 만날 기회가 생긴 것이다. 10월 21일(일요일) 오전 11시 30분, 다윈의 마부가 헤켈을 브롬리Bromley 역에서 픽업하여 담쟁이덩굴로 뒤덮인 시골집으로 안내했다. 현관에서는 쉰일곱 살의 다윈이 기다리고 있었다. 헤켈은 너무 긴장한 나머지, 왜소한 체격의 다윈을 알아보지 못했다. 두 사람이 오래 악수하는 동안 다윈은 '만나서 반갑다'는 말만 반복했고, (다윈의 딸 헨리에타의 증언에 의하면) 헤켈은 망연자실하여 입을 꼭 다물고 있었다.[68] 함께 정원을 거니는 동안 다윈은 (늘 그렇듯) 많은 생각을 했고, 헤켈은 서서히 정신을 차리며 말문을 열었다. 헤켈은 강한 독일어 억양의 영어를 구사했는데, 음성이 약간 떨렸지만 또렷했으므로 진화와 해외여행에 관한 대화를 즐기는 데 문제가 없었다.

다윈의 모습은 헤켈이 예상했던 것과 완전히 일치했다. 친절하고 음성이 부드러운 연장자가 지혜의 아우라를 풍기는 것을 보고, 헤켈은 소크라테스와 아리스토텔레스를 떠올렸다. 다윈의 가족이 모두 따뜻하게 맞아주니, 마치 고향에 온 기분이었다. 다윈과의 만남은 헤켈의 인생에서 가장 잊을 수 없는 순간 중 하나로 기억되었다.[69] 다음 날 다윈의 집을 떠날 때, '자연은 통합된 전체이며, 완벽하게 상호연결된 생명의 왕국kingdom of life'이라는 신념이 더욱 강해졌다.[70]

다윈을 만나봤으니 이제 본격적으로 여행을 떠날 차례였다. 헤켈은 이미 고용한 조수 세 명(한 명은 본 출신의 과학자, 다른 두 명은 예나 출신의 학생)과 리스본에서 만나, 함께 카나리아 제도로 출발했다.[71] 테네리페 섬에 상륙하자마자, 헤켈은 훔볼트가 묘사했던 장면들을 확인하기 위해 달려갔다. 훔볼트의 발자취를 따라 피코델테이데의 정상에 오른 것은 물론이었다. 눈과 얼음바람을 무릅쓰고 등반할 때는 고산병으로 실신했고, 하산할 때는 걸려 넘어지고 데굴데굴 구르기를 밥 먹듯했다. 그러나 등반을 마친 후에는 '훔볼트가 봤던 광경을 나도 봤다'는 생각이 들어 감개무량하기 이를 데 없었다.[72] 피코델테이데에서 내려온 다음에는 란사로테Lanzarote라는 화산섬으로 이동하여, 3개월 동안 머물며 다양한 동물학 연구를 수행했다. 헤켈이 방산충과 해파리를 집중적으로 연구하는 동안, 세 조수들은 물고기, 해면, 연체동물, 벌레를 연구했다. "육지의 풍경은 황량하지만, 바다는 살아 꿈틀거리는군. 그야말로 해양동물의 천국이야"라고 헤켈은 말했다.[73]

1867년 4월 예나에 돌아왔을 때, 헤켈의 마음은 차분하고 평화로웠다. 다른 여성과 재혼한 후에도 아나는 오랫동안 기억에 남아, 매년 기일이 찾아올 때마다 그를 침울하게 만들었다. 하지만 결국에는 그녀의 죽음을 인정하고, 그녀의 부재를 기정사실로 받아들였다.

헤켈은 그 후 수십 년 동안 많은 여행을 했다.[74] 목적지는 주로 유럽이었지만, 이집트, 인도, 스리랑카, 자바, 수마트라로 가는 경우도 있었다. 예나에서 학생을 가르치는 일은 계속했지만, 탐험에 대한 열정이 전혀 수그러들지 않아서 여행할 때가 가장 행복했다. 1900년에는 예순여섯 살의 나이에 자바 섬으로 탐험여행을 떠났는데, 한 친구의 말에 의하면 헤켈은 그 생각만 해도 활력이 샘솟는 것 같았다고 한다.[75] 헤켈은 자바 여행에서 표본 수집과 스케치를 병행했다. 훔볼트와 마찬가지로, 그 역시 생태학의 기본 원칙을 이해하는 데 가장 적합한 곳은 열대 지방이라고 생각했다.

동물과 식물의 상호관계 및 환경과의 관계를 단적으로 보여준 것은, 자바 섬의 열대우림에서 발견된 나무 한 그루였다. 착생란epiphyte orchid은 뿌리를 이용하여 나무의 줄기에 달라붙어 있고, 곤충들은 완벽한 꽃가루매개자pollinator 역할을 수행하고 있었다. 한편 곤충들은 뛰어난 등반가이기도 했다. 왜냐하면 햇볕을 쬐려면 수관crown으로 기어올라가야 하기 때문이었다. 이 모든 것들은 생태계의 다양성을 보여주는 산 증거였다. "열대우림에서는 생존 경쟁이 너무 치열해서, 식물과 동물들이 각자 독특하고 효과적인 무기들을 개발했다. 식물과 동물의 곁에는 친구나 공생자만 있는 게 아니라, 적이나 기생자도 있음을 잊어서는 안 된다"고 헤켈은 말했다.[76] 헤켈이 말한 건 훔볼트가 말한 생명망과 다르지 않았다.

예나에서 생활하는 동안, 헤켈은 훔볼트와 다윈에게 경의를 표하는 뜻에서 과학잡지 하나를 공동으로 창간했다. 진화이론과 생태학적 아이디어를 집중적으로 다루는 잡지로, 그 이름은 「코스모스」였다.[77] 석회해면류calcareous sponge, 해파리, 방산충과 같은 해양동물에 관한 논문과 단행본도 쓰고, 여행기를 출판하는가 하면, 다윈의 이론을 대중화하는 책도 여러 권 썼다. 헤켈이 쓴 책에는 호화로운 삽화가 수록되는 경우가 많았는데, 대부분의 삽화는 하나가 아니라 시리즈였다. 헤켈은 삽화를 통해 자연의 내러티브narrative를 보여주려고 노력했는데, 그것은 진화를 가시적으로 보여주는 설득력 있는 방법이기도 했다.[78] 그에게 있어서 미술이란 과학 지식을 전달하는 도구였다.

19세기에서 20세기로 넘어갈 무렵, 헤켈은 100개의 정교한 삽화들을 추려 『자연의 예술형태*Kunstformen der Natur*』라는 소책자 시리즈를 발간했다. 이 삽화들은 그동안 헤켈이 그렸던 수천 점의 삽화 중에서 엄선된 것으로, 당시 형성되고 있던 아르누보Art Nouveau를 활짝 꽃피운 모티프가 되었다.[79] 그는 한 친구에게 이렇게 말했다. "나는 지난 50여 년간 훔볼트의 아이디어를 추종해 왔지만, 『자연의 예술형태』는 과학적 주제를 미술가와 디자이너들에게 소개함으로써 훔볼트의 아이디어를 한 단계 끌어올렸다."[80] 헤켈의 삽화들은 미생물의 장엄한 아름다움을 드러냈는데, 육안으로는 볼 수 없고 오직 현미경으로만 볼 수 있는 것이어서 숨겨진 보물hidden treasure이라고 불렸다.[81] 미술가, 건축가, 공예가들이 삽화를 제대로 사용할 수 있도록, 『자연의 예술형태』의 에필로그에는 등급표가 첨가되었다. 그리하여 각각의 미생물별로 예술적 중요성에 따라 등급을 매기고, 비고 난에 '극히 풍부함', '매우 다양하고 의미 있음', '장식용 디자인으로 적합함'과 같은 코멘트를 달았다.

1899년부터 1904년 사이에 출판된 『자연의 예술형태』는 엄청난 영향력을 발휘했다. 도시화, 산업화, 기술 진보로 인해 사람들이 자연에서 멀어져 가던 시절, '예술을 통해 인간과 자연을 재통합한다'는 캐치프레이즈를 내건 미술가, 건축가, 공예가들에게 자연의 형태에 대한 팔레트palette와 모티프를 제공했다. 어떻게 보면, 그것은 예술가들이 늘 곁에 두고 유용하게 사용할 수 있는 어휘집이었다.

20세기로 넘어가면서, 유럽은 소위 기계시대Machine Age로 접어들었다. 유럽과 미국의 공장들이 전기엔진으로 가동되면서, 대량생산이 서구의 경제를 이끌었다. 독일은 영국에 뒤처졌었지만, 1871년 오토 폰 비스마르크 재상이 프로이센 왕이자 독일 황제인 빌헬름 1세와 함께 독일제국Deutsche Reich을 세운 후, 독일은 엄청난 속도로 영국을 따라잡았다. 1899년 헤켈이 『자연의 예술형태』 I권을 발간했을 때, 독일은 영국, 미국과 함께 세계경제의 리더로 부상했다.

그즈음 최초의 자동차들이 독일의 도로를 따라 달렸고, 루르Ruhr의 산업중심지가 철도망을 통해 함부르크나 브레멘과 같은 커다란 항구도시들과 연결되었다.[82] 석탄과 강철이 점점 더 대량으로 생산되고, 산업허브 주변에서 도시들이 급성장했다. 1887년 최초의 발전소가 베를린에서 문을 열었다. 독일의 화학산업은 세계에서 가장 발달했으며, 합성염료와 약품과 비료를 생산했다. 독일에는 영국과 달리 과학·기술 전문학교(폴리테크닉)와 공장연구소가 있어서, 신세대 과학자와 공학자들이 양성되었다. 그런데 이런 기관들은 과학적 발견보다는 실용적 응용에 더 중점을 뒀다.

날로 증가하는 도시 거주자들은 바쁘고 혼잡한 생활과 뿌연 공장연기에서 벗어나려고 몸부림쳤다.[83] 그들은 자연 속에 머물기 위해 해변, 나무 그늘, 산비탈로 모여들었다. 19세기 말~20세기 초의 아르누보 미술가들은 자연계에서 미적 영감aesthetic inspiration을 얻음으로써, 인간과 자연 간의 단절된 관계를 회복하려 노력했다. 한 독일 디자이너는 "우리는 교사에게 배우지 않고 자연에서 배운다"고 말했다.[84] 인테리어와 건축물에 자연적 모티프를 삽입하는 것은 일종의 보충 개념으로, 기계적인 세상에 유기적인 요소를 도입하려는 의도에서 비롯되었다.[85]

예컨대 프랑스의 유명한 유리공예가 에밀 갈레Émile Gallé는 『자연의 예술형태』를 탐독하고 나서, "바다의 해양생물들이 과학 실험실을 장식예술 스튜디오로 전환시켰다"고 주장했다.[86] 갈레는 1900년 5월, 헤켈의 해파리 그림에 나타난 색조와 곡선을 유리공예에 적용했다. 아르누보 미술가들은 자연에서 차용한 요소를 (고층건물에서부터 보석에 이르기까지, 대형 그림에서부터 촛대에 이르기까지, 가구에서부터 직물에 이르기까지) 모든 공예품에 적용했다.

자연에서 차용된 요소들은 아르누보에 특별한 스타일을 제공했다. 20세기의 처음 10년 동안, 바르셀로나의 건축가 안토니 가우디Antoni Gaudí는 헤켈의 해양동물 디자인을 확대하여 건축물의 난간과 아치에 적용했다.[87] 거대한 성게는 스테인드글라스 창문을 장식하는 데 사용되었고, 앵무조개 껍질은 커다란 천장램프를 설계하는 데 사용되었다. 조류algae 및 해양무척추동물과 뒤섞인 해초 덩어리는 가우디의 실내, 계단, 창문에 형태를 제공했다. 대서양 건너편의 미국에서도 사정은 마찬가지여서, 소위 '마천루의 아버지'로 알려진 루이스 설리번Louis Sullivan도 새로운 영감을 얻기 위해 자연에 눈을 돌렸다.[88] 설리번은 헤켈의 책을 여러 권 갖고 있었으며, '그림을 이용하여 미술가의 영혼과 자연의 영혼을 결합할 수 있다'고 믿었다. 그가 설계한 건물의 정면은 식물과 동물에서 얻은 패턴화된 모티프로 장식되었다. 미국의 디자이너 루이스 컴포트 티파니Louis Comfort Tiffany 역시 헤켈의 영향을 받았다.[89] 조류와 해파리의 여리고 투명한 성질은 티파니의 유리공예에 안성맞춤이었다. 장식용 해파리는 티파니의 꽃병을 휘감았고, 그의 디자인 스튜디오에서는 금과 백금으로 만들어진 해초 목걸이도 생산했다.

예나에서 자바 섬으로 여행하던 1900년 8월 말, 헤켈은 만국박람회를 관람하기 위해 파리에서 잠깐 발길을 멈췄다.[90] 헤켈은 자신의 방산충으로 장식된 기념문Porte Monumentale을 통해 박람회장으로 들어섰다.[91] 그 기념문은 프랑스의 건축가 르네 비네René Binet가 헤켈의 해양미생물에서 영감을 얻어 설계한, 대형 금속제 출입문이었다. 비네는 1809년 헤켈에게 보낸 편지에서, "당신의 이미지에서 영감을 받아, 전체적인

프랑스의 건축가 비네가 설계한, 1900년 파리 만국박람회 기념문

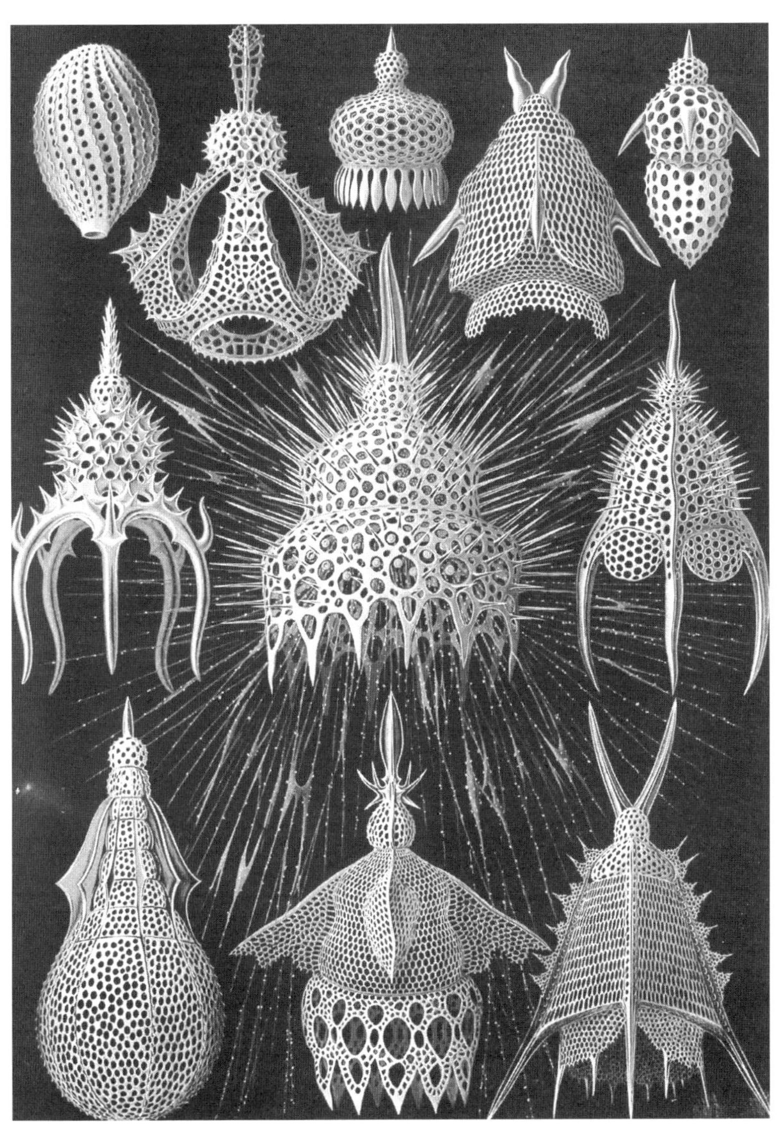
비네의 기념문에 영감을 준 헤켈의 방산충(특히 위에서 두 번째 줄에 있는 세 가지)

구조에서부터 아주 작은 부분에 이르기까지 모든 것을 설계했습니다" 라고 말했다.[92] 아르누보는 파리 만국박람회를 통해 전 세계에 알려졌으며, 약 5,000만 명의 관람객들이 헤켈의 방산충으로 장식된 기념문을 통해 박람회장에 들어갔다.

비네는 후에 발간한 『장식 스케치*Esquisses Décoratives*』라는 책에서, 헤켈의 삽화를 인테리어 장식으로 각색하는 방법을 설명했다. 예컨대 열대 해파리는 램프가 되었고, 단세포생물은 전등 스위치가 되었으며, 현미경으로 들여다본 세포조직은 벽지의 패턴으로 전환되었다. "건축가와 디자이너들은 모두 '거대한 자연의 실험실'로 들어가야 한다"고 그는 말했다.[93]

헤켈이 그렸던 산호, 해파리, 조류는 모두 건물을 장식하는 데 사용되었다. 헤켈은 40년 전 알메르스에게 쓴 편지에서 농반진반으로, "방산충 그림으로 자네의 스튜디오를 장식해주고, 심지어 완전히 새로운 스타일을 창조해줄 수도 있다"고 말한 적이 있는데, 그게 전부 사실이 되었다. 헤켈은 예나에 있는 자택을 해파리 그림으로 잘 장식한 다음, 해파리 빌라Villa Medusa라고 이름 붙였다.• 예컨대 식당의 실링로제트ceiling rosette는 스리랑카에서 발견한 해파리 그림을 기초로 하여 설계되었다.

인류가 자연계를 세포, 분자, 원자, 그리고 전자 수준으로 잘게 쪼개는 데 열중하는 동안, 헤켈은 쪼개진 세계를 화해시키고 조화시켜야 한다고 믿었다.[94] 훔볼트는 늘 자연의 통일성을 언급했지만, 헤켈은 훔볼트의 생각에서 한 걸음 더 나아가 일원론monism의 열렬한 지지자가 되

• 해파리 빌라는 1810년 괴테가 실러의 가든하우스를 스케치하던 곳에 지어졌다. 빌라 안에서 창밖을 내다보면, 로이트라 강River Leutra 건너로 실러의 옛 집이 보였다. 1797년 초여름, 훔볼트 형제, 괴테, 실러는 저녁 때마다 실러의 집에 모여 즐거운 시간을 보냈다.

었다. 일원론이란 '생물계와 무생물계 사이에 경계가 없다'는 생각을 말하며, 정신과 물질을 나누는 이원론dualism을 명백히 부정한다. 20세기에 들어와 이러한 통일성의 개념이 신을 대체함으로써, 일원론은 가장 중요한 대용종교ersatz religion로 부상했다.

헤켈은 1899년•에 출간한 『우주의 수수께끼*Welträthsel*』에서 일원론의 철학적 기초를 설명했다. 『우주의 수수께끼』는 세계적인 베스트셀러가 되었으며, 독일에서만 45만 권이 팔렸다.[95] 산스크리트어, 중국어, 히브리어를 포함하여 27개 언어로 번역되어, 20세기 벽두에 가장 영향력 있는 과학책이 되었다. 『우주의 수수께끼』에는 영혼과 신체와 (통일된) 자연, 지식과 신념, 과학과 종교에 관한 내용이 담겨 있으며, 가히 '일원론의 바이블'이라고 할 만했다.[96]

그는 이렇게 말했다. "자연은 진실의 여신이 사는 신전이다. 덩굴식물에 휘감기며 하늘로 치솟는 늘씬한 야자나무는 일원론 교회의 기둥이다. 신전에는 재단 대신 우아한 산호와 각양각색의 물고기로 가득 찬 수족관이 있다."[97] "어머니 자연의 자궁에서 흘러나오는 '영원한 아름다움'의 시냇물은 결코 마르지 않는다."[98]

또한 헤켈은 미학aesthetics을 통해 자연의 통일성을 표현할 수 있다고 믿었으며, 자연이 스며든 미술nature-infused art은 새로운 세상을 떠올리게 한다고 생각했다.[99] 훔볼트가 『코스모스』에서 이미 언급했던 것처럼, 미술은 가장 중요한 교육수단 중 하나라고 할 수 있다. 왜냐하면 미술은 자연을 사랑하는 마음을 길러주기 때문이다. 훔볼트가 자연계를 과학적·미학적으로 통찰하라고 했던 것처럼, 헤켈은 우주를 이해하는 데

• 1899년은 『자연의 예술형태』 1권이 출간된 해이기도 하다.

헤켈의 삽화에서 차용한, 비네의 전등 스위치

헤켈이 해파리 빌라의 천장에 그린 해파리 그림

도 과학적·미학적으로 통찰이 필요하다고 했다.

그것은 곧 자연종교natural religion의 사상이었다. 과학과 미술이 있는 한 사제와 성당은 필요 없다는 것이 헤켈의 믿음이었다.[100]

23
자연 보존과 자연
존 뮤어와 훔볼트

어린 시절에 테겔의 숲속을 산책하기 시작하여 후에 안데스산맥을 트레킹할 때까지, 훔볼트의 인생은 걷기로 점철되었다. 심지어 예순 살에 러시아를 여행할 때는 몇 시간 동안 걷거나 등반해도 끄떡없는 스태미나를 과시해 수행원들을 놀라게 했다. 그는 도보여행을 통해 자연의 시詩를 배웠고, 자연 속을 통과함으로써 자연을 느꼈다.

훔볼트가 세상을 떠난 지 8년 후인 1867년 늦여름, 스물아홉 살의 존 뮤어John Muir는 가방을 꾸려 인디애나폴리스를 떠났다.[1] 목적지는 지난 15개월간 오매불망 꿈에 그리던 남아메리카였다. 준비물은 간단했다. 책 두 권, 비누와 수건 약간, 야책plant press 하나, 연필 몇 자루, 노트 한 권이 전부였다. 겉옷은 늘 단벌로 때웠지만, 속옷은 도저히 그럴 수 없어서 몇 벌을 여분으로 챙겼다. 옷차림은 수수했지만 깔끔했다. 크고 호리호리한 체격에 적갈색 웨이브 머리를 가진 멋쟁이였고, 맑고 푸른 눈동자는 늘 주변을 살폈다.[2] 에콰도르의 꽃들과 눈 덮인 안데스를 연신 떠올리며, "얼마나 훔볼트처럼 되고 싶었던지…"라고 중얼거렸다.[3]

일단 인디애나폴리스를 벗어나고 나서, 나무 그늘에 앉아 잠시 휴식을 취하며 주머니에서 지도를 꺼내 펼쳐들었다. 먼저 플로리다로 가는 경로를 정하고, 남아메리카로 가는 방법은 플로리다에 가서 생각하기로 했다. 잠시 후 텅 빈 노트를 꺼내, 첫 번째 페이지에 자신의 주소를 적었다, "존 뮤어, 지구, 우주."[4] 맨 끝에 '우주'라고 쓸 때 훔볼트의 『코스모스』가 문득 떠올라, 자신도 모르게 손에 힘을 잔뜩 줬다.

스코틀랜드 동해안의 던바Dunbar에서 태어나고 자란 존 뮤어는 들판과 바위투성이 해변에서 유년시절을 보냈다. 신앙심이 매우 깊은 아버지 대니얼은 그림, 장식물, 운동기구 등을 집 안에 일절 들여놓지 못하게 했다. 어머니가 정원에서 꽃을 바라보며 마음을 달래는 동안, 자식들은 밖으로 뛰쳐나가 시골길을 배회했다. 뮤어는 야생적인 거라면 뭐든 좋아하며,[5] '신구약 성경을 뼛속 깊이 스며들도록 외우라'고 강요하는 아버지의 손길에서 벗어날 궁리만 했다. 어쩌다 집 안에 있을 때는 아버지의 눈길을 피해 훔볼트의 여행기를 읽으며, 언젠가 이국적인 곳으로 여행하는 꿈을 꿨다.

뮤어가 열한 살 때, 가족 전원이 미국으로 이주했다. 열성파 신도인 아버지는 판에 박힌 스코틀랜드 교회에 염증을 느껴, 미국에서 종교의 자유를 얻고 싶어 했다.[6] 대니얼 뮤어는 조직화된 종교에 더럽혀지지 않고 순수한 성경적 진실에 따라 살기를 바랐다. 모든 사람들이 성경을 읽고 하나님의 뜻을 직접 알아내야 한다고 생각한 것이다. 그래서 뮤어 가족은 땅을 조금 사서 위스콘신에 정착했다. 뮤어는 틈만 나면 농장 일에서 빠져나와 목장과 숲을 누비며, 평생 동안 지속되는 방랑벽을 키웠다.[7] 1861년 1월, 스물두 살이 된 뮤어는 매디슨의 위스콘신 대학교에 개설된 과학교육 과정에 등록했다.[8] 뮤어는 여기서 한 교수의 부인이자 재능 있는 식물학자 진 카Jeanne Carr를 만났다.[9] 카는 뮤어에게 식물학 공부를 적극 권장하며, 자신의 책을 마음껏 가져다 읽도록 허락했다. 두 사람은 절친한 친구가 되어, 그 후에도 편지를 활발히 주고받았다.

뮤어가 매디슨에서 식물학과 사랑에 빠졌을 때, 남북전쟁이 미국을 갈가리 찢어놓았다. 섬터 요새에서 첫 총성이 울린 지 거의 2년 만인 1863년 3월, 링컨 대통령은 첫 번째 징병법에 서명했다. 위스콘신에서만 4만 명의 남자들이 징집되었고, 매디슨의 학생들은 대부분 총, 전쟁, 대포 이야기를 했다. 학생들의 살의殺意에 충격을 받은 뮤어는 전쟁에 참가할 생각이 전혀 없어졌다.[10]

1년 후인 1864년 3월, 매디슨을 떠난 뮤어는 국경선을 넘어 캐나다로 감으로써 징병법을 피했다. 그로부터 2년 동안, 그는 캐나다의 전원지대를 헤매며 돈이 떨어질 때마다 온갖 엽기적인 직업을 전전했다. 발명에 재능이 있어서 제재소에 필요한 기계와 도구 들을 만들었지만,[11] 영원한 꿈은 훔볼트의 발자취를 따르는 것이었다.[12] 틈날 때마다 먼 여행을 떠났는데, 그가 가장 좋아하던 곳은 온타리오 호수와 나이아가라 폭포였다. 강을 건너고 늪지와 울창한 숲을 헤치며 식물을 찾아내, 수집·압착·건조하여 식물표본집에 보관했다. 그는 식물 표본에 너무 집착한 나머지, 한 달간 숙식하며 일했던 토론토 북부의 농장 가족에게 '식물학'이라는 별명을 얻었다.[13] 뒤얽힌 뿌리와 축 늘어진 나뭇가지들을 보고 훔볼트가 언급했던 오리노코의 침수림flooded forest[14]을 떠올렸으며, 평생 동안 잊지 못할 '우주와의 관계'[15]를 느꼈다.

1866년 봄, 휴런 호숫가의 미포드Meaford에서 큰 화재가 나서 자신이 일하던 제분소가 불에 타자, 뮤어는 그제서야 고향 생각을 했다. 5년간 지속되던 남북전쟁이 작년 여름에 끝났으니, 이젠 미국에 돌아가도 될 듯싶었다.[16] 그런데 어디로 간다? 몇 안 되는 소지품을 주섬주섬 모아 가방을 꾸린 다음, 지도를 들여다보며 목적지를 물색하다 인디애나폴리스로 결정했다. 왜냐하면 인디애나폴리스는 철도의 중심지인 데다 공장들이 많을 게 분명하니, 일자리를 찾기가 쉬울 것 같았기 때문이다. 그러나 뭐니 뭐니 해도 가장 중요한 것은, 인디애나폴리스는 북미에서 가장 울창한 낙엽활엽수림의 중심지에 자리 잡고 있다는 사실이었다.[17] 그러므로 그곳에 가면 생계도 유지하고 식물학에 대한 열정을 간직할 수도 있을 듯싶었다.

뮤어는 인디애나폴리스로 가서, 마차바퀴 등의 마차 부품을 생산하는 공장에 취직했다. 그러나 오래 근무할 생각은 없었다. 왜냐하면 돈을 벌어 저축을 한 다음, 훔볼트의 발자취를 따라 남아메리카로 식물학 여행을 떠난다는 계획을 갖고 있었기 때문이다.[18] 그런데 1867년 3월 초 불의의 사고가 발생하면서 절체절명의 위기가 찾아왔다.[19] 그는 공장에서 원형톱에 장착된 가죽벨트 길이를 줄이는 작업을 하고 있었다. 벨트와 뾰족한 금속을 연결하는 이음새를 푸는 순간, 금속이 미끄러지며 튀어올라 머리를 강타함과 동시에 오른쪽 눈을 관통했다. 다친 눈 밑에 손바닥을 대 보니 핏방울이 뚝뚝 떨어졌다. 처음에는 오른쪽 눈만 실명한 줄 알았는데, 몇 시간이 지난 후 왼쪽 눈까지 보이지 않았다. 갑자기 암흑 속에 휩싸이며 모든 게 변했다.[20] 몇 년 동안 마음속에 품고 있었던 남아메리카 열대식물 답사의 꿈은 영원히 물거품이 된 듯했다. 몇 주 동안 어두컴컴한 방에 누워 휴식을 취하는 동안 이웃집 어린이들이 들어와 책을 읽어줬다.

그러던 중 의사들도 믿지 못할 기적이 일어났다. 포기했던 뮤어의 시력이 서서히 회복되기 시작한 것이다. 처음에는 방안에 놓인 가구의 실루엣을 구별할 정도였는데, 나중에는 사람의 얼굴까지 알아보기 시작했다. 4주 동안 요양하고 나니 글자도 읽을 수 있게 되어, 용기를 내어 처음으로 산책을 나갔다. 시력이 완전히 회복되고 나니, 남아메리카로의 열대식물 답사여행을 떠나지 않을 이유가 없었다.[21] 사고를 당한 지 6개월 후인 9월 1일, 위스콘신에 들러 부모형제들에게 안부인사를 하고 길을 나섰다. 관찰일지에 줄을 꿰어 허리띠에 매달고, 조그만 가방과 야책을 어깨에 멘 다음, 인디애나폴리스에서 플로리다까지 장장 1,600킬로미터에 달하는 도보여행을 떠났다.[22]

뮤어는 플로리다를 향해 남쪽으로 걷는 동안 황폐한 땅을 통과했다. 남북전쟁으로 인해 도로, 공장, 철도 등의 인프라가 파괴되었고, 버려진 농장들은 절망의 늪에 빠져 있었다. 전쟁은 남부의 부를 송두리째 앗아갔고, 미국은 심각하게 분열되어 있었다. 종전을 한 달 남짓 남긴 1865년 4월 링컨이 암살당한 후, 후계자 앤드류 존슨Andrew Johnson은 분열된 미국을 통합하기 위해 안간힘을 썼다. 남북전쟁이 끝나면서 노예제가 폐지되었고, 아프리카계 미국인들은 (뮤어가 인디애나폴리스를 떠나기 한 달 전에 실시된) 테네시 주지사 선거에 처음으로 참여했지만, 해방된 노예들은 아직 평등한 대접을 받지 못했다.

뮤어는 자연 속에 머물고 싶어, 가능한 한 도시와 마을을 피해 인적이 드문 경로를 선호했다.[23] 어떤 날 밤에는 숲속에서 잠을 자고 새벽에 일어나 새들의 합창을 들었고, 어떤 날 밤에는 농가의 헛간에서 잠을 청했다. 테네시 주에서 처음으로 산을 넘으며, 눈앞에 펼쳐진 계곡과 숲의 풍경에 마음을 빼앗겼다.[24] 여행을 계속함에 따라 훔볼트의 시선으로 산세山勢를 읽고 식생대를 파악하게 되었다. 남부의 고랭지에 서식하는 식물들 중에는 북부에서도 봤던 것들이 많았지만, 계곡에 서식하는 식물들 중에는 독특하고 낯선 것들이 많았다. 뮤어는 산맥을 고속도로에 비유했다.[25] 왜냐하면 북부의 식물들이 산맥을 통해 남쪽으로 영토를 넓혀가는 것처럼 보였기 때문이다.

인디애나 주에서 출발하여 45일 동안 켄터키, 테네시, 조지아 주를 거쳐 플로리다 주에 도착하는 동안, 뮤어의 생각은 점차 바뀌었다. 1킬로미터씩 지날 때마다 자신의 옛 모습을 벗고 점점 더 훔볼트에 가까워져 갔다. 식물을 수집하고, 곤충을 관찰하고, 이끼가 카펫처럼 깔린 숲 바닥에 잠자리를 만들며, 자연계를 새로운 방식으로 경험하게 되었다. 종전에는 자신의 식물표본집을 채우기 위해 개별 표본을 수집하는 데 치중했다면, 이제는 식물들 간의 연결성을 탐구하기 시작했다. 거대한 생명망에서는 고립된 것이 하나도 없으며, 어느 것 하나 중요하지 않은 게 없음을 깨달았다. 미세한 생명체도 인간만큼이나 생명망의 중요한 구성요소이기 때문이었다. "거대한 생명망의 차원에서 보면 모두가 미미한 존재인데, 인간이 미생물보다 자신의 가치를 더 높게 평가하는 이유는 뭘까?"라고 뮤어는 자문自問했다.[26] 그러고는 훔볼트의 용어를 이용하여 이렇게 자답自答했다. "인간이 없다면 우주는 완전하지 않을 것이다. 그러나 현미경으로만 볼 수 있는 가장 작은 미생물 하나가 없어도 우주는 여전히 불완전하다."[27]

뮤어는 플로리다에서 말라리아에 걸려 주춤했지만, 몇 주 후 오뚝이처럼 일어나 쿠바행 배를 탔다. 플로리다에서 고열 발작을 견딜 수 있었던 것은, '남아메리카에 가면 웅장한 산맥과 아름다운 꽃들을 볼 수 있다'는 생각 때문이었다.[28] 하지만 기력을 완전히 회복하지 못한 탓에,

쿠바를 탐험하는 건 현실적으로 무리였다. 쿠바는 훔볼트가 여러 달 동안 고향이라고 부르며 좋아했던 섬이라, 꼭 탐험하고 싶었는데도 말이다. 설상가상으로 뮤어는 쿠바에서 여러 차례 고열에 시달리다 완전히 탈진하고 말았다. 결국 눈물을 머금고 '쿠바를 거쳐 남아메리카로 간다'는 당초의 계획을 포기하고, 캘리포니아로 방향을 틀었다. 기후가 좀 더 온화한 곳에 가면 건강을 회복할 수 있을 거라 기대하며….

쿠바에 도착한 지 겨우 한 달 후인 1868년 2월, 뮤어는 뉴욕을 향해 떠났다. 뉴욕에 도착하자마자 캘리포니아로 가는 저렴한 교통편을 물색했다.[29] 북아메리카의 동해안에서 서해안으로 가장 빠르고 안전하게 이동하려면, 육지를 통해 대륙을 횡단하지 말고 배를 이용해야 했다. 뮤어는 40달러를 주고 3등승선권steerage ticket 한 장을 구입했다. 뉴욕에서 배를 타고 다시 남쪽으로 내려가, 파나마의 카리브 해 연안에 있는 콜론Colón에 도착했다. 콜론에서 기차를 타고 80킬로미터를 달린 끝에, 파나마지협을 횡단하여 태평양 연안에 있는 파나마시티에 도착했다. 뮤어는 기차여행을 하는 동안 (비록 기차 차창을 통해서였지만) 열대우림을 난생처음으로 구경했다.• 자주색, 빨간색, 노란색 꽃으로 뒤덮인 나무들이 광속으로 차창을 스쳐 지나간 것이 못내 아쉬워, 잠깐 동안 플랫폼에 서서 열대식물에게 작별인사라도 하고 싶은 마음이 간절했다.[30] 하지만 파나마시티에서 샌프란시스코로 가는 범선을 곧 잡아타야 했으므로, 한가하게 열대식물을 바라보며 감상에 젖을 시간이 없었다.

1868년 3월 27일, 뮤어는 뉴욕을 출발한 지 한 달 만에 미국 서해안

• 훔볼트가 꿈꾸던 파나마운하는 아직 건설되지 않았고, 그대신 콜론과 파나마시티를 잇는 지협횡단철도가 운행되고 있었다. 지협횡단철도는 13년 전인 1855년에 완성되었고, 골드러시 기간 동안 수만 명의 사람들이 이 철도를 이용하여 캘리포니아로 몰려갔다.

에 있는 샌프란시스코에 도착했다. 1,000명의 주민이 살던 조그만 마을이, 지난 20년간의 골드러시 때문에 15만 명이 북적이는 대도시로 변해 있었다. 일확천금을 노리는 사람들과 함께 기업가, 상인들도 몰려왔다. 시끄러운 여관과 온갖 구색을 두루 갖춘 상점들은 물론, 대형 창고와 호텔도 들어서 있었다. 체질적으로 도시를 싫어하는 뮤어는 양미간을 찌푸렸다.

샌프란시스코에서 하룻밤을 묵은 후, 뮤어는 시에라네바다를 향해 걸어갔다. 시에라네바다는 캘리포니아 주를 650킬로미터에 걸쳐 북에서 남으로 통과하는 산맥으로, 태평양 해안과 160킬로미터 간격을 유지하며 거의 평행을 이룬다(동쪽 부분의 일부는 네바다 주를 통과한다). 시에라네바다의 최고봉은 해발 약 4,500미터이고, 그 한복판에 있는 요세미티 계곡은 샌프란시스코에서 동쪽으로 약 290킬로미터 떨어져 있다. 요세미티 계곡은 거대한 화강암으로 둘러싸여 있으며, 깎아지른 듯한 절벽이 즐비하고 폭포와 나무가 많기로 유명하다.

시에라네바다에 도달하려면, 먼저 산맥을 향해 대평원처럼 펼쳐져 있는 센트럴밸리Central Valley를 건너야 했다. 크게 자란 풀과 꽃 사이를 통과하는 동안, 뮤어는 마치 에덴동산을 걷는 듯한 기분이 들었다.[31] 센트럴밸리는 하나의 거대한 꽃밭이었고, 그의 발밑에는 광대한 총천연색 카페트가 깔려 있었다. 그러나 향후 수십 년 내에 농업과 관개시설이 발달하여 세계 최대의 과수원과 채소밭이 들어서면서, 이 모든 것이 변하게 된다. 뮤어는 후에 "쟁기질과 풀베기를 통해 거대한 야생 목초지가 사라졌다"고 한탄했다.[32]

사람이 많은 도로와 정착촌을 피해 산맥으로 다가가며 맑고 향기로운 공기를 들이마시니, 천사와 호흡을 함께한다는 기분이 들었다.[33] 멀리서 눈부시게 빛나는 시에라네바다의 순백색 봉우리들은 하늘 도시의 성벽을 연상시켰다.[34] 마침내 11킬로미터에 달하는 요세미티 계곡에 들어서자, 뮤어는 자연 그대로의 아름다움에 압도당했다.

계곡을 품고 있는 거대한 회색 화강암들은 장관이었다. 그중에서 가장 높은 하프돔Half Dome은 높이가 약 1,500미터였는데, 계곡을 마치 보초병처럼 내려다보는 것 같았다. 하프돔의 앞면은 깎아지른 듯한 절벽이고 뒷면은 둥근 모양이어서, 이름 그대로 '절반으로 자른 돔'과 같은 형상이었다. 또 한 가지 놀라운 바위산은 엘캐피탄El Capitan으로, 계곡 바닥으로부터 수직으로 900미터 솟아 있지만 해발고도로 따지면 1,200미터였다. 엘캐피탄은 너무 가팔라서, 오늘날의 등반가들에게 가장 어려운 코스 중 하나로 알려져 있다. 요세미티 계곡은 온통 화강암 수직 절벽으로 둘러싸여 있어, 마치 누군가가 바위를 낫으로 자른 듯한 인상을 준다.

뮤어는 1년 중 제일 적당한 시즌에 요세미티를 방문했다. 녹은 눈에서 물을 공급받은 폭포들이 바위면을 따라 흘러내려 장관을 연출했기 때문이다. 폭포들은 하늘에서 곧장 떨어지는 듯한 착각을 일으켰으며,[35] 여기저기 나타난 무지개들이 물보라 속에서 춤을 추는 듯했다.[36] 요세미티의 폭포들은 좁은 틈 사이로 약 750미터를 낙하하므로, 북미에서 가장 높은 폭포로 알려져 있다. 계곡에는 소나무와 작은 호수들이 있어서, 명경明鏡 같은 호수 위에 또 하나의 풍경이 펼쳐진다.

요세미티 계곡에는 지금까지 언급한 절경과 쌍벽을 이루는 경치가 또 하나 있었다. 그것은 남쪽으로 32킬로미터 떨어진 마리포사그로브Mariposa Grove에 있는 오래된 자이언트 세쿼이아Sequoiadendron giganteum였다. 길고 곧고 위풍당당한 자이언트 세쿼이아들은 마치 다른 세상에

속하는 존재처럼 보인다. 그들은 매우 특별한 장소를 선호하는지, 시에라네바다의 서쪽 사면에서만 발견된다. 마리포사그로브에 있는 세쿼이아 중 어떤 것은 키가 약 90미터이며, 수령樹齡은 무려 2,000년이 넘는다. 자이언트 세쿼이아는 지구상에서 몸체가 가장 큰 나무이며, 나이가 가장 많은 생물 중 하나다. 밑가지lower branch가 없고 불그스름한 껍질에는 수직으로 홈이 패여 있어서, 하늘 높이 솟아오른 자이언트 세쿼이아의 키는 실제보다 훨씬 더 커 보였다. 그들은 지금껏 봤던 나무들과 완전히 달라, 뮤어는 이 나무 저 나무를 잇따라 바라보며 벌어진 입을 다물지 못했다.

뮤어는 땅바닥에 배를 깔고 엎드린 다음 풀숲을 뒤져, 개미와 딱정벌레들이 모여 있는 이끼 덩어리를 찾아냈다.[37] 그러고는 요세미티 계곡이 탄생한 과정을 이해하려고 노력했다. 뮤어는 분分 단위에서부터 시작하여 시간의 단위를 점점 더 늘려나갔다. 훔볼트의 시선으로 자연을 바라보며, 그가 안데스산맥을 조망하던 방식을 그대로 재현했다. 훔볼트는 안데스산맥을 거시적 관점에서 바라봄과 동시에, 열대우림 속의 나무 한 그루에 서식하는 꽃의 군락에서 4만 4,000송이의 꽃을 헤아린 적이 있었다.[38] 뮤어도 요세미티 계곡의 빛나는 창공을 바라보며 즐거워함과 동시에,[39] 1제곱야드(약 0.84제곱미터)의 토양에서 16만 5,913송이의 꽃을 헤아렸다.[40]

뮤어는 큰 것과 작은 것이 서로 연결되어 있음을 깨달았다. 그는 나중에 발간한 『시에라에서 보낸 나의 첫 여름』에서, "뭐든 끄집어내려고 애쓰다 보면, 그것이 삼라만상과 줄줄이 엮여 있음을 알게 된다"고 말했다.[41] 뮤어는 이 아이디어를 누차 강조했으며, '1,000개의 안 보이는 끈'[42] '끊을 수 없는 무수한 끈' '끊을 수 없는 것들'과 같은 말을 쓰며 '삼라만상이 연결되어 있는 자연'이라는 개념을 곱씹었다. 뮤어는 나무, 꽃, 곤충, 새, 시냇물, 호수를 통해 배움의 길로 들어섰으며, 그가 요세미티에서의 첫 번째 여름에 거둔 위대한 성과는 '자연 속에 존재하는 통일성과 상호관계'를 배웠다는 거였다.[43] •

뮤어는 요세미티의 매력에 흠뻑 빠져, 그 후 몇 년 동안 틈날 때마다 요세미티를 다시 찾았다.[44] 어떤 때는 몇 달 동안 머물렀고, 어떤 때는 몇 주 동안만 머물렀다. 시에라에서 등산하거나 걷거나 관찰하지 않을 때는, 센트럴밸리나 시에라의 기슭이나 요세미티에서 특이한 일을 했다. 예컨대 목장에서 양치기로 일하거나, 농장에서 인부로 일하거나, 요세미티 계곡의 제재소에서 노동자로 일하기도 했다. 한번은 요세미티에 머무는 동안 작은 오두막집을 지었는데, 실개천이 오두막집을 통과하며 밤마다 조용한 자장가를 불러줬다. 오두막집 안에서 고사리가 자라고 개구리가 마룻바닥에서 폴짝폴짝 뛰어다녔으니, 오두막집 안이나 밖이나 다를 게 없었다. 뮤어는 틈만 나면 산속으로 홀연히 사라져, 봉우리들 사이에서 괴성을 질렀다.[45]

"나는 시에라에서 더욱 멀리 가고, 더욱 높은 곳으로 올라간다. 그럴수록 세상이 점점 더 한눈에 들어온다"고 뮤어는 말했다.[46] 그는 높은 산꼭대기로 올라가며, 관찰한 것을 수시로 기록하고 스케치하고 수집했다. 정상과 협곡을 몇 번이고 오르내리며 비교하고 측정하여, 요세미티의 탄생 과정을 이해하는 데 필요한 데이터를 축적했다.

당시의 과학자들은 캘리포니아에 대한 지질학적 조사를 통해, 엄청

• 뮤어가 보유했던 『자연관』과 『코스모스』를 살펴보면, '힘의 조화와 협동'과 '자연 속에 존재하는 모든 생명력의 통일'이 언급된 부분에 표시가 되어 있으며, '자연은 전체의 반영'과 같은 유명한 구절에는 밑줄이 그어져 있다.

난 화산 폭발로 인해 요세미티 계곡이 생겨났을 거라고 믿었다. 그러나 뮤어는 달랐다. 그는 거대한 빙하가 수천 년간 서서히 움직이며 요세미티를 빚어냈음을 처음으로 깨달은 사람이었다. 뮤어는 빙하가 바위 위에 남긴 발자국과 흉터를 살펴보던 중, 빙하에 말뚝 여러 개를 꽂고 46일간 지켜보았다. 그 결과 말뚝이 몇 인치 움직인 것을 확인함으로써, '요세미티 계곡에서 빙하가 움직인다'는 자신의 이론을 증명했다.[47] 그는 진 카에게 보낸 편지에서, "나는 빙하에 완전히 미쳤어요. 내가 선생님께 보낼 수 있는 소식이라곤 '얼어붙은 것'이나 '얼어붙을 수 있는 것'에 관한 것밖에 없어요"라고 말했다.[48] 뮤어는 아직도 안데스산맥에 대한 미련을 버리지 않았지만, 시에라가 자신을 믿고 말을 건네는 동안에는 캘리포니아를 떠나지 않기로 결심했다.[49]

또한 뮤어는 요세미티 계곡에서 훔볼트의 식물 분포 개념을 생각했다. 요세미티에 처음 도착한 때로부터 정확히 3년 후인 1872년 봄, 뮤어는 북극식물이 수천 년 동안 센트럴밸리 평원에서부터 시에라의 정상까지 이동한 과정을 그림으로 그렸다. 그가 그린 그림에는 세 가지 식물의 위치가 표시되어 있다. 첫 번째 식물은 평원에서 출발하고 있고, 두 번째 식물은 산을 오르고 있으며, 세 번째 식물은 정상을 향해 계속 오르고 있다.[50] 이 그림은 훔볼트의 자연그림을 떠올리게 하며, '식물학, 지리학, 기후학, 지질학이 밀접하게 연관되어 있다'는 뮤어의 생각을 잘 드러낸다.

뮤어는 자연을 지적·정서적·본능적으로 즐겼다. 자연의 유혹에 무조건 굴복했고, 어떠한 위험도 기꺼이 감수했다.[51] 예컨대 어떤 날 저녁에는 빙하의 흔적을 조사하기 위해, 어퍼 요세미티 폭포Upper Yosemite Fall 뒤에 있는 레지ledge로 위험을 무릅쓰고 기어올라갔다. 그는 미끄러져

북극 식물이 수천 년 동안 이동한 과정을 나타낸 뮤어의 스케치

넘어졌지만, 돌출한 바위 조각을 꼭 붙들고 가까스로 살아났다. 150미터나 되는 폭포 뒤의 레지에 쭈그리고 앉아 있는 동안, 강력한 물보라가 그를 사정없이 벽으로 몰아붙였다. 뮤어는 물에 흠뻑 젖어 정신이 몽롱해졌다가, 칠흑 같은 밤이 되어서야 정신을 차리고 간신히 기어 내려왔다. 그러나 그는 "폭포물에 세례를 받아 황홀한 기분이야"라고 되레 너스레를 떨었다.

뮤어는 산타기의 달인이었으며, 겨울 폭풍이 몰아치면 열렬히 환호하는 특이한 성격의 소유자였다. "그는 가파르고 미끄러운 경사면을 산양처럼 뛰어다니며, 아무리 높은 나무도 순식간에 기어오른다"고 한 친구는 말했다.[52] 1872년 봄 강력한 진동이 요세미티 계곡과 작은 오두막집을 뒤흔들었을 때, 그는 오두막집 밖으로 뛰어나가 "숭고한 지진이여!"라고 외쳤다.[53] 뒤이어 거대한 화강암이 굴러떨어지자 "파괴는 곧 창조다"[54]라고 소리쳤는데, 그것은 유레카에 버금가는 매우 뜻깊은 외침이었다. 자연의 이치를 그처럼 절실히 깨닫는다는 건 실험실에서는 어림도 없는 일이었다.

캘리포니아에 처음 도착한 후 몇 년 동안, 뮤어는 친구와 가족들에게 많은 편지를 쓰며, 틈만 나면 방문객들을 요세미티 계곡으로 안내했다. 둥근 어깨와 새카맣게 그을린 얼굴에 수줍음을 많이 타는 뮤어를 방문객들은 금세 알아봤다.[55] 옛 친구이자 멘토인 진 카는 남편과 함께 매디슨을 떠나 캘리포니아로 이사하여, 많은 과학자, 예술가, 작가 들에게 뮤어를 소개했다.

뮤어는 미국 전역에서 온 과학자들을 환영했다.[56] 그중에는 존경받는 미국의 식물학자 아사 그레이Asa Gray와 존 토리John Torrey가 있었고, 지질학자 조지프 르콩트Joseph LeConte도 있었다. 뮤어의 노력 덕분에 요세미티의 인지도가 상승하여, 수백 명의 관광객들이 찾아오기 시작했다. 뮤어가 처음 방문하기 5년 전인 1864년 6월, 미국 정부는 '공공 이용·휴양·레크리에이션을 위한 공원'으로 사용한다는 조건하에 요세미티 계곡을 캘리포니아 주에 이양했다.[57] 산업화와 도시화가 진행되면서, 많은 미국인들이 자연에서 멀어지고 있다는 소외감을 느끼기 시작했다. 그러자 그들은 문명의 이기를 말馬에 잔뜩 싣고 삼삼오오 짝을 지어 요세미티에 도착했다. 야한 옷차림을 한 방문객들이 구름처럼 몰려드는 것을 보고, 뮤어는 "바위와 나무 사이에서 형형색색의 곤충들이 우글거린다"고 표현했다.[58]

방문객 중에는 헨리 소로의 옛 멘토이고 유명한 시인인 동시에 선험주의 작가이기도 한 에머슨이 포함되어 있었다.[59] 에머슨은 진 카에게서 뮤어를 꼭 만나보라는 이야기를 듣고, 일부러 시간을 내어 요세미티를 방문했다. 뮤어는 막 서른세 살이 되었고, 에머슨은 일흔 살을 앞두고 있었다. 뮤어는 며칠 동안 에머슨과 함께 지내며, 요세미티 계곡의 바위산과 폭포, 마리포사그로브의 세쿼이아는 물론 자신이 간직하고 있는 스케치와 식물표본집도 보여줬다. 그러나 에머슨이 (별빛 가득한) 밤하늘 아래서 야영을 하는 대신 (관광객들에게 빌려주는) 계곡의 통나무집에서 잠을 자겠다고 고집하자, 뮤어는 적이 실망했다. "실내에서 잠을 자겠다고 고집하다니! 그건 에머슨이 지향하는 선험론자 이미지에 어울리지 않았다"고 뮤어는 술회했다.[60]

그러나 에머슨은 뮤어의 지식과 자연사랑love for nature에 깊은 인상을 받아 파격적인 제안을 했다. 놀랍게도, 하버드 대학교의 교수진에 합류하지 않겠냐는 것이었다.* 이런 경우, 웬만한 사람들은 인생역전의 기회로 여기고 에머슨의 제안을 덥석 받아들이지만, 뮤어는 달랐다. 그는 자신을 높게 평가하는 에머슨에게 고마움을 표시하면서도, 하버드의 분위기가 자신의 성향과 맞지 않는다며 고사했다. "나는 서부의 야생마와 같은 스타일이어서, 체제가 잘 확립된 동부의 스타일에 맞지 않는 것 같습니다. 간혹 제멋대로 하는 경향이 있어서, 목적의식이 뚜렷하고 학구적이며 열정적인 분위기에 적응하기 어렵습니다"라고 그는 설명했다.[61] 에머슨의 우려 섞인 충고에도 불구하고, 뮤어의 마음은 요지부동이었다. 에머슨이 뮤어를 걱정한 것은 은둔과 외로움을 동일시한 데서 기인하지만, 그것은 잘못된 판단이었다.[62] 뮤어가 요세미티에 은둔하고 있는 것은 맞지만, 외로움을 즐긴다고 생각하면 오산이었다. 자연과 끊임없는 대화를 나누는 그가 어찌 외로움을 느꼈겠는가?[63]

뮤어의 자연관은 여러 가지 면에서 훔볼트와 비슷했다. 훔볼트나 소로와 마찬가지로, 뮤어는 '자연을 이해하려면 과학 데이터도 중요하지

---

* 에머슨은 과거에 하버드 대학교에서 연구했고, 당시에는 가끔씩 출강을 하고 있었다.

만, 개인의 느낌도 그에 못지 않게 중요하다'고 확신하고 있었다. 처음에는 주로 식물학적 관찰과 채집을 통해 자연계를 이해하려고 시도했지만, 그런 접근 방법이 얼마나 제한적인지를 이내 깨닫고 방향을 바꿨다. 그리하여 자연의 질감, 색상, 소리, 냄새를 묘사하는 것은 뮤어의 전매특허가 되었다. 그가 요세미티에서 쓴 편지와 관찰일지를 보면, 인간과 자연 간의 관계를 감각적으로 묘사한 구절이 넘쳐나고 있음을 알 수 있다. 예컨대 그는 "나는 숲속에 있고, 숲은 내 속에 있다"[64]라고 쓰거나, "나는 술에 취해 세쿼이아스럽게 되고 싶다"라고 썼다.•

과학에 문외한인 독자들을 위해 쓴 기사와 저서에서, 자연의 감각적 요소(질감, 색상, 소리, 냄새)를 묘사하는 전략은 더욱 빛을 발했다. "바위에 드리워진 나뭇잎의 그림자는 댄스와 월츠를 추며 빠른 소용돌이를 일으킨다. 콸콸 흐르는 시냇물은 큰소리로 구호를 외친다."[65] 자연은 뮤어에게 말을 거는 것으로 묘사되기도 했다. "산맥은 내게 더 높이 올라오라고 속삭이고, 식물과 동물은 아침마다 이렇게 소리친다. 일어나라. 기뻐하라. 우리에게 오라. 서로 사랑하고 함께 노래하자."[66] 뮤어가 에머슨에게 쓴 편지를 보면, 그가 꽃에게 말을 거는 내용도 나온다. "나는 제비꽃 두 송이에게 '지진에 대해 어떻게 생각하니?'라고 물었어요." 이 모든 것을 한마디로 집약하면 '생명 사랑'이라고 할 수 있다.[67] 뮤어가 요세미티에서 발견한 것은 '살아서 꿈틀대는 세상'이었다. 그것은 자연을 '살아 있는 유기체'로 간주한 훔볼트의 생각과 맞닿아 있었다.••

• 참고로, '세쿼이아스럽다'라는 말은 '세쿼이아의 위풍당당함'을 연상시키는 형용사다.

•• 훔볼트는 바위, 꽃, 곤충을 비롯한 모든 것에 생명이 깃들어 있다고 말했다. 뮤어가 보유했던 훔볼트의 저서 『자연관』을 보면, '보편적으로 충만한 생명'과 '끊임없이 작동하는 생명력'이 언급된 부분에 밑줄이 그어져 있다.

뮤어는 '자연의 숨결'[68]이나 '자연의 맥박'에 대해 이야기하며, 자신이 '사람의 손이 닿지 않은 자연'의 일부라고 주장했다.[69] 그는 가끔 물아일체物我一體의 경지를 암시하는 듯한 글을 써서, 독자들에게 생각의 여지를 남겼다. "때는 바야흐로 4월! 나흘 동안 구름 한 점 없는 날씨가 계속되니, 모든 구멍과 틈새에는 희석되거나 유화柔化되지 않은 햇빛이 가득하다."[70] 여기서 구멍과 틈새는 뮤어의 일부일까, 아니면 자연의 일부일까?

뮤어는 훔볼트와의 정서적 교감을 통해 일종의 영적 체험을 했다. 훔볼트가 창조의 내적 힘internal force of creation을 발견한 곳에서, 뮤어는 신의 손길divine hand을 발견했다. 뮤어는 자연 속에서 신을 발견했지만, 그것은 예배당에서 섬기는 신이 아니었다. 그에게는 시에라네바다 산맥이 예배당이었고,[71] 바위, 식물, 하늘이 신의 언어이자 성경이었다. 뮤어는 요세미티 계곡에서 첫 여름을 보내며 이렇게 썼다. "자연은 1,000개의 창문을 통해 신을 보여준다. 모든 꽃들은 조물주의 손길을 비춰주는 거울이다."[72] "사도apostle들이 신을 전파했던 것처럼, 나는 자연을 전파할 것이다."[73]

뮤어는 훔볼트의 『신변기』, 『자연관』, 『코스모스』를 읽으며, 연필로 수백 군데에 주석을 달아 놓았다. 그는 훔볼트가 남아메리카에서 만난 원주민들에게 특히 많은 관심을 보였는데, 그들은 자연을 신성하게 여긴 사람들이었다. 뮤어의 신과 마찬가지로, 그들의 신도 숲속에 있었다. 그들은 자연의 힘을 숭배하고, 자연을 모독한 사람들을 처벌했다.[74] 훔볼트가 자연의 성소sanctuary를 언급했을 때,[75] 뮤어는 시에라의 지성소sanctum sanctorum를 생각했다.[76] 뮤어는 다윈과 소로의 책을 읽다가도 훔볼트의 말을 인용한 부분에 밑줄을 그었다. 뮤어를 특히 매혹시킨 것은 삼림 벌채와 숲의 생태적 기능에 관한 부분이었다(조지 퍼킨스 마시도 이 부분에 매료되었다).

19세기 중반 미국은 급격하게 변화하고 있었다. 미국인들은 황무지를 개간하여 매년 1,500만 에이커(약 6만 제곱킬로미터)의 농토를 추가했고,[77] 증기기관을 장착한 예취기reaper, 바인더binder, 콤바인combine 등의 수확기를 발명하여 농업을 산업화시켰다. 세상은 점점 더 빨리 돌아갔다. 1861년 최초의 대륙횡단 전신케이블이 동쪽의 대서양 해안과 서쪽의 태평양 해안을 연결하면서, 거의 실시간 커뮤니케이션이 가능해졌다. 뮤어가 요세미티에서 두 번째 여름을 보낸 해이자 전 세계에서 홈

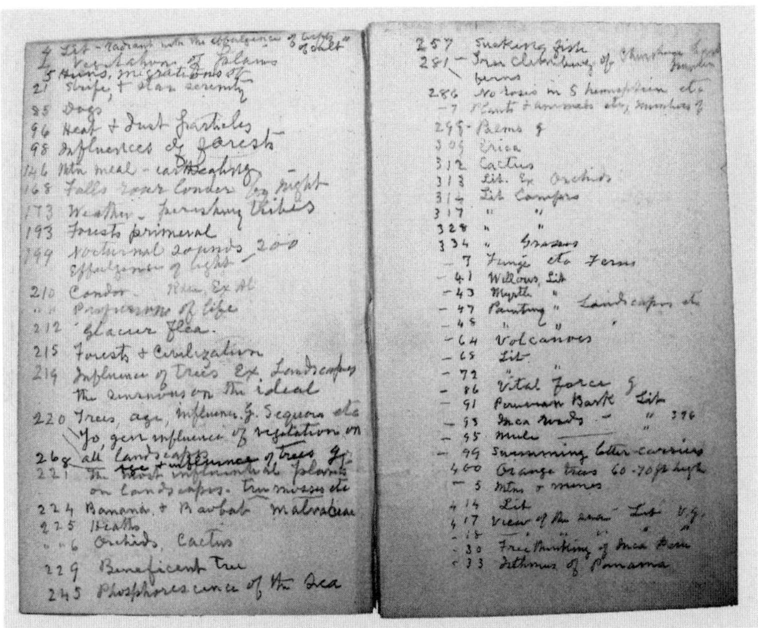

뮤어가 훔볼트의 『자연관』을 읽으며 뒤 페이지에 만든 색인. 그는 '숲의 영향', '숲과 문명', '나무가 기후, 토양, 증발에 미치는 영향', '농업과 삼림 벌채의 파괴력'과 같은 주제에 관심을 보였다.

볼트 탄생 100주년 기념식이 성대히 치러진 1869년, 최초의 대륙횡단 철도가 서부 해안에 도착했다. 지난 40년간 철도 붐은 미국을 완전히 바꿔놓았고, 뮤어가 캘리포니아에 처음 5년간 머무르는 동안 5만 3,000킬로미터의 철도가 추가되었다.[78] 1890년에는 26만 킬로미터의 철도가 미국의 구석구석을 연결했으며, 그로부터 10년 동안 미국에서는 서부 개척이 전혀 이루어지지 않았다. 미국 서부에 정복하거나 탐험할 땅이 더 이상 존재하지 않게 되자, 1903년 미국의 역사가 프레더릭 잭슨 터너Frederick Jackson Turner는 이렇게 선언했다. "거칠고 숨가쁜 황무지 점령 작업은 완료되었다."[79]

철도는 먼 곳에 빠르게 도착할 수 있도록 해줌과 동시에, 시간을 표준화시켰다. 그 결과 미국에서 4개의 시간대가 탄생하면서, 표준시간과 표준시계가 태양과 달을 제치고 삶의 측정수단으로 부상했다. 외견상 인간이 자연을 통제하는 것처럼 보였는데, 그 선봉에 미국인들이 버티고 있었다. 그들의 관심사는 오로지 경작지, 농업용수, 목재(또는 땔감)였다. 미국인들은 모두 집을 짓고, 밭을 갈고, 물건을 만들고, 일하는 데 몰두했다. 철도가 신속히 퍼져 나가면서, 공산품과 곡물은 거대한 대륙에 쉽게 운송되었다. 19세기 말 미국은 세계 최대의 제조국가로 부상했고, 농민들이 도시로 몰려들면서 자연은 일상생활에서 점점 더 멀어져갔다.

그즈음 자신의 주변에서 일어나는 변화를 관찰하면서, 뮤어는 '뭔가를 행하지 않으면 안 된다'는 생각을 하기 시작했다. 요세미티에서 첫 여름을 보낸 지 10년 후, 뮤어는 사람들로 하여금 자연의 매력에 빠져들게 하는 글을 쓰기 시작했다.[80] 첫 번째 글을 쓸 때, 뮤어는 훔볼트의 책은 물론 마시의 『인간과 자연』, 소로의 『메인의 숲』과 『월든』을 참고했다.[81] 『메인의 숲』의 읽을 때, 소로가 '국립보존구역national preserves을 지정해야 한다'고 주장한 부분에 밑줄을 긋고 자연림 보존에 대해 생각하기 시작했다.[82] 언뜻 보면 자연 보존 아이디어의 원조는 훔볼트인 것 같다. 왜냐하면 맨 처음에 훔볼트가 중요한 사상가, 과학자, 예술가 들에게 영향을 미쳤고, 나중에 그들끼리 서로 영향을 주고받았기 때문이었다. 하지만 모든 것을 종합해 보면, 뮤어에게 지적 틀intellectual framework을 제공하여 변화하는 세상을 인식하도록 해준 사람은 훔볼트, 마시, 소로 세 사람이었다.

뮤어는 자연 보존을 위해 싸우는 데 여생을 바쳤다. 마시도 『인간과 자연』을 통해 일부 미국인들에게 경종을 울렸지만, 주로 '국가의 경제적 이익을 위해 환경을 보호하라'고 촉구한 데다, 그 분야의 저서가 한 권뿐이어서 영향력에 한계가 있었다. 그에 반해 뮤어는 10여 권의 책과 300여 편의 기사를 써서, 모든 미국인들을 자연과 사랑에 빠지도록 만들었다. 뮤어는 그들이 산의 풍경과 높이 솟은 나무들을 경외하는 마음으로 바라보기를 바랐다. 하지만 왠지 그것만으로는 부족한 것 같아, 훔볼트의 바통을 이어받아 현란한 문체를 구사하기로 했다. 그리하여 독자들의 시선을 끌기 위해, 흥미, 매력, 유혹 등 온갖 요소를 가미했다. 과학 저술의 새로운 장르를 개척한 인물은 훔볼트였는데, 그는 과학적 사고와 정서적 반응을 결합하여 독자들을 매료시켰다. 뮤어도 훔볼트의 장르에 매료되어, 과학 저술에 새 바람을 일으키겠다고 마음먹었다. "자연은 그 자체가 시인이다. 나는 펜을 이용하여 자연의 언어를 독자들에게 전달할 뿐이다"라고 뮤어는 말했다.[83]

뮤어는 의사소통 능력이 뛰어난 인물이었으며, 달변가로 소문이 자자했다. 그의 머릿속은 늘 반짝이는 아이디어, 팩트, 관찰, 자연사랑으로 가득 차 있었다. 한 친구는 뮤어의 강연을 듣고 나서, "그는 청중을 들었다 놨다 하는 재주가 있다"고 말했다.[84] 그의 편지, 기사, 책은 모두 열정적이었고, 독자를 숲과 산으로 인도하는 묘사가 가득했다. 한번은 하버드 대학교 아놀드 식물원의 찰스 사전트Charles Sargent 원장과 함께 등산을 하던 중, 식물학 박사라는 사람이 멋진 가을 풍경을 보고도 무덤덤한 것을 보고 깜짝 놀랐다. 뮤어가 그의 주변에서 팔짝팔짝 뛰며 가을 풍경을 찬미하기 위해 노래를 부르는데도, 사전트는 바위처럼 차갑게 서 있을 뿐이었다.[85] 뮤어가 "왜, 잠자코 계시나요?"라고 묻자, 사전트는 "난 감정을 아무데서나 함부로 표현하지 않아요"라고 대답했다. 그러나 뮤어는 사전트를 단단히 혼내주려고 마음먹고 이렇게 말했다. "당신이 알량한 감정을 표현하든 말든 신경 쓸 사람은 없습니다. 그러나 이거 하나만 알아 두세요. 하늘의 천사들이 우주 최고의 패션쇼를 관람하러 지구에 내려왔는데, 당신은 마치 우주의 비평가인 것처럼 이렇게 말하는군요. 어이, 자연! 제일 멋진 패션을 보여줘. 난 보스턴에서 왔거든."

뮤어는 자연 속에서 살며 자연과 함께 호흡했다. 그는 세쿼이아에게 러브레터 한 장을 보낸 적이 있었는데, 흰 종이 위에 세쿼이아의 수액으로 만든 잉크로 쓴 편지였다. 편지에 적힌 글씨는 오늘날까지도 세쿼이아 수액 특유의 붉은 빛을 발하고 있는데, 그 내용은 다음과 같다. "나는 나무의 왕 세쿼이아에게 영원한 사랑을 맹세했다."[86] 자연에 관한 한, 뮤어의 상상력과 표현력은 대단했다. 그는 '세쿼이아의 즙'을 이용하여, 세상 사람들에게 숲과 생명과 자연에 대해 말하고 싶어했다. "문명에 속았든 병들었든 실패했든, 다 이리 오라. 세쿼이아의 즙을 마시면 생명을 얻으리라."

뮤어의 책과 기사는 매우 유익하고 흥미로워서, 수백만 명의 미국인들에게 영감을 주고 인간과 자연 간의 관계를 형성했다. 그는 감각적인 표현으로 독자들의 마음을 사로잡아, 자연림, 눈 덮인 산, 거대한 폭포, 꽃이 만발한 목장으로 안내했다.• '천 가지 노랫소리로 우리를 부르는 자연림', '음악과 생명으로 두근거리는 나무'와 같은 표현들은 매우 본능적이고 감성적이었다.

뮤어는 자연림 속에서 야생동물처럼 사는 것을 좋아했다. 그러나 처음 5년 동안 캘리포니아의 전원과 시에라에서 생활한 후, 겨울에는 몇 달 동안 샌프란시스코와 베이 에어리어Bay Area에 머물면서 기사를 쓰기 시작했다. 그는 친구와 지인들에게 방을 얻었는데, 꽃과 나무와 벌이 없는[87] 도시 생활을 싫어했음에도 불구하고 자신의 기사를 손봐줄 편집자를 만나는 행운을 누렸다. 기사를 쓰느라 눈코 뜰 새 없이 바쁘게 보냈지만, 위스콘신에 사는 형제자매들에게서 '결혼해서 애 낳고 산다'는 편지를 받으며 자신의 미래를 생각하기 시작했다.[88]

서른여섯 살이던 1874년 9월, 뮤어는 진 카의 소개로 루이 스트렌첼Louie Strentzel을 만났다.[89] 루이는 스물일곱 살이었고, 샌프란시스코에서 북동쪽으로 50킬로미터 떨어진 마르티네즈Martinez에서 큰 과수원과 포도밭을 운영하던 부유한 폴란드계 이민자의 외동딸이었다. 뮤어는 5년 동안 그녀와 편지를 주고받으며 정기적으로 그녀의 가족을 방문하다, 마침내 결혼을 결심했다. 두 사람은 1879년에 약혼하고, 뮤어의 마흔두 번째 생일을 며칠 앞둔 1880년 4월에 결혼식을 올렸다. 그리고 마르

• 뮤어의 과학 저술을 탐탁잖게 여긴 사람은 단 한 명, 그의 엄격한 아버지 대니얼 뮤어였다. 1873년 한 교파에 가입하기 위해 아내와 헤어진 대니얼 뮤어는 이렇게 말했다. "차가운 얼음으로 뒤덮인 산봉우리가 성도聖徒의 가슴을 뜨겁게 달굴 수는 없다."

뮤어의 스케치. 요세미티의 경사면에서 지팡이로 루이의 등을 밀고 있다.

티네즈에 있는 스트렌첼 가의 목장에 살림을 차렸는데, 뮤어는 자연림으로 도망치고 싶은 마음이 굴뚝 같았다. 그가 '농사 짓느라 숨막혀 죽을 지경'[90]이라고 호소하자, 루이는 그 심정을 이해하고 자연림으로 보내줬다. 뮤어는 자연림에서 재충전하고 영감을 받은 후 집으로 돌아오기를 반복했고, 다행히 아내와 금슬은 좋아 예쁜 딸을 둘 낳았다.[91] 루이가 뮤어를 따라 요세미티 계곡에 간 적이 딱 한 번 있었는데, 뮤어는 기다란 지팡이로 그녀의 등을 밀며 경사면을 올라갔다. 제 딴에는 아내를 최대한 배려하려던 제스처였지만, 그녀는 그 이후로 두 번 다시 요세미티에 가지 않았다.

뮤어는 결국 농장 관리자의 역할을 받아들였지만, 그 생활을 결코 즐기지는 않았다. 1890년 루이의 아버지가 약 25만 달러의 유산을 딸에게 남기고 세상을 떠났다. 그러자 뮤어와 루이는 땅의 일부를 처분하고, 뮤어의 여동생 부부를 고용하여 남아 있는 부동산을 관리하게 하기로 타협을 봤다. 목장의 일상 업무에서 해방되어 좀 더 중요한 일에 집중할 수 있게 되자, 50대 초반이던 뮤어는 뛸 듯이 기뻐했다.

마르티네즈에서 스트렌첼 가의 목장을 관리하던 몇 년 동안, 요세미티에 대한 뮤어의 열정은 조금도 수그러들지 않았다. 미국에서 제일 잘나가던 월간 문학잡지 「센츄리」의 편집자인 로버트 언더우드 존슨Robert Underwood Johnson의 격려로, 뮤어는 '자연림을 위한 싸움'을 시작했다.[92] 요세미티 계곡을 방문할 때마다 뭔가 조금씩 달라지는 것을 피부로 느꼈지만, 뮤어는 그 정도로 만족하지 않았다. 요세미티 계곡은 캘리포니아 주립공원이었음에도, 법령이 미비하고 관리가 허술했기 때문이다. 양 떼가 풀을 뜯어 계곡 바닥을 황폐하게 만들었고, 관광객을 위한 숙박시설이 자연 경관을 훼손했다. 20년 전 처음으로 시에라를 방문했던 때에 비해 야생화가 눈에 띄게 줄어들었다. 국립공원의 경계를 벗어난 곳에서는, 뮤어가 애지중지하던 세쿼이아들이 목재로 사용되기 위해 잘려나갔다. 뮤어는 파괴된 산림과 넘쳐나는 쓰레기에 큰 충격을 받아 이런 글을 썼다. "제아무리 훌륭한 조지 워싱턴이라도 프랑스 요리사의 손을 거치면 음식이 되듯, 아무리 훌륭한 나무라도 제재소를 통과하면 목재가 될 수밖에 없다."[93]•

존슨의 적극적인 지원에 힘입어 활동가로 변신한 뮤어는 '요세미티 국립공원'을 만들기 위한 글쓰기와 캠페인을 시작했다. 그 당시 국립공원으로는 1872년에 최초로 국립공원으로 지정된 와이오밍 주의 옐로스톤 국립공원이 유일했다. 1890년 늦여름에서 가을까지 존슨이 워싱턴에서 하원의원들을 상대로 로비를 벌이는 동안, 뮤어는 미국 전역에 배포되는 「센츄리」에 글을 기고하여 국민들의 폭넓은 지지를 받았다.[94] 요세미티의 협곡, 산, 나무 그림을 곁들인 뮤어의 글은 독자들의 마음속에 시에라의 자연림을 각인시켰다. "요세미티 계곡은 생명과 빛으로 가득 찬 산길이다. 화강암 돔dome은 하늘 높이 눈썹을 휘날리며 에머럴드 빛 목장에 발을 뻗었다. 새와 나비와 벌들은 날개를 휘저어 맑은 공기를 음악으로 바꿔주며, 폭포는 소용돌이치며 춤을 춘다. 장엄한 폭포수가 접히고 뒤틀리고 거품을 내며 낙하하는 동안, 구름은 뭉게뭉게 피어오른다."[95]

뮤어의 산문prose은 요세미티의 신비로운 아름다움을 미국인들에게 알려줌과 동시에, 요세미티가 제재소와 양들에 의해 곧 파괴될 거라고 경고했다. 그렇다면 요세미티 계곡을 보호하려면 어떻게 해야 할까? 요세미티 계곡을 제대로 보호하려면, 요세미티 자체는 물론 주변의 넓은 땅들까지 포괄적으로 보호해야 한다는 게 뮤어의 생각이었다. 왜냐하면 요세미티 계곡을 손바닥이라고 한다면 주변의 계곡과 시냇물들은 손가락과 같아서, 서로 밀접하게 연관되어 있기 때문이었다. "모든 계곡은 별개의 조각이 아니라, 거대한 자연에 소속되어 조화로운 단위

• 소로의 『메인의 숲』에는 이와 비슷한 구절이 있다. "소나무나 사람이나 본래의 용도는 따로 있다. 소나무를 베어 널빤지를 만들고 집을 짓는 것은, 사람을 베어 거름으로 사용하는 것과 마찬가지다. 죽은 사람은 더 이상 사람이 아니듯, 죽은 소나무는 더 이상 소나무가 아니다."

harmonious unit를 형성한다. 한 부분이 파괴되면 다른 부분들도 곧 붕괴된다"고 그는 말했다. 뮤어의 글이 「센츄리」에 실린 지 불과 몇 주 후인 1890년 10월, 약 200만 에이커(8,000제곱킬로미터)의 땅이 요세미티 국립공원으로 지정되어 연방정부의 관리를 받게 되었다.[96] 그러나 새로운 공원의 한복판에 있는 요세미티 계곡은 여전히 캘리포니아 주의 관할 지역에 속해 있었으므로 관리가 미흡했다.

일단 소기의 성과는 거뒀지만, 아직 갈 길은 멀었다. '자연을 삼림 파괴자들로부터 보호할 수 있는 힘은 오로지 오로지 엉클샘(연방정부의 애칭)에게만 있다'고 뮤어는 확신했다.[97] 또한 하나의 지역을 공원이나 산림 보존구역으로 지정하는 것만으로는 불충분하고, 산림 파괴 행위를 지속적으로 감시하고 단속할 필요가 있었다.[98] 그로부터 2년 후인 1892년, 뮤어가 시에라클럽Sierra Club을 공동으로 설립한 건 바로 그 때문이었다. '자연림 지킴이 협회'로 출발한 시에라클럽은 오늘날 미국 최대의 풀뿌리 환경단체가 되었다. 뮤어가 바라는 게 하나 있다면, '자연림에 뭔가 보탬이 되는 일을 함으로써, 시에라네바다 산맥을 기쁘게 해주는 것'이었다.

뮤어는 지칠 줄 모르고 글쓰기와 캠페인을 병행했다.[99] 그의 기사가 「센츄리」는 물론 「애틀랜틱 먼슬리」나 「하퍼스 뉴먼슬리」와 같은 미국 굴지의 잡지에 실리며, 고정 독자들이 계속 늘어났다. 1903년 시어도어 루스벨트 미국 대통령이 요세미티 여행에 동참하자, 뮤어의 인기는 하늘을 찔렀다. 1903년 3월, 루스벨트는 뮤어에게 "내가 함께 여행하고 싶은 사람은 당신밖에 없습니다"라고 말했다.[100] 그로부터 두 달 후인 5월, 떡 벌어진 가슴을 가진 루스벨트는 시에라네바다에 도착했다. 그는 열렬한 자연주의자인 동시에 맹수 사냥을 즐기는 인물이었다.

시어도어 루스벨트 대통령과 존 뮤어가 1903년 요세미티 계곡의 글레이셔포인트에서 찍은 사진

야위었지만 강단 있는 예순다섯 살의 뮤어와, 그보다 스무 살 어린 통통하고 다부진 루스벨트는 특이한 조합이었다. 두 사람은 나흘 동안 세 지점에서 야영을 했는데, 첫 번째 지점은 자이언트 세쿼이아가 서식하는 엄숙한 사원,[101] 두 번째 지점은 눈 덮인 거대한 바위 꼭대기, 세 번째 지점은 엘캐피탄의 회색 수직벽 아래 계곡이었다. 뮤어가 루스벨트로부터 '연방정부가 요세미티 계곡의 관할권을 캘리포니아 주정부에서 회수하여, 광범위한 요세미티 국립공원에 포함시키겠다'는 약속을 받아낸 곳은 바로 여기, 하늘로 치솟는 세쿼이아와 장엄한 화강암

에 둘러싸인 곳이었다.•

홈볼트, 마시, 뮤어는 모두 자연 파괴의 위험성을 제기한 선구자들이었지만, 세 사람의 역할은 조금씩 달랐다. 홈볼트는 자연이 직면한 위협을 이해하여 아이디어를 제공했고, 마시는 관련된 증거를 수집하여 설득력 있는 주장을 제기했다. 마지막으로, 환경에 관한 우려를 정치적 장으로 이끌어내어 대중의 관심을 모은 사람은 뮤어였다.

또한 마시와 뮤어는 모두 산림 파괴의 부당성을 지적했지만, 홈볼트의 아이디어를 각각 다르게 해석했다. 마시는 본질적으로 자연자원natural resource의 사용을 찬성하되, 나무나 물의 사용을 조절하여 지속가능한 균형sustainable balance을 달성해야 한다고 주장했다. 이런 면에서 볼 때, 그는 자연보호conservation를 옹호하는 사람이었다. 그에 반해 뮤어는 자연 보존preservation을 옹호했는데, 그 의도는 자연을 인간의 영향으로부터 보호하는 것이었다. 즉, 그는 본질적으로 자연 자원의 사용을 반대하며, 숲과 강과 산을 '자연 그대로의 상태'로 보존해야 한다고 주장했다. "나는 숲을 보호하겠다는 계획도 시스템도 트릭도 필요 없다. 단지 최선을 다해 있는 그대로 보존할 뿐"이라고 그는 말했다.[102] 또한 뮤어는 여론의 지지를 이끌어냈다. 수만 명의 미국인들이 그의 기사를 읽고 그의 저서들이 베스트셀러가 되어감에 따라, 그의 목소리는 북미대륙 전체에 큰 반향을 일으켰다. 그리하여 뮤어는 미국의 자연림을 지키는 투사가 되었다.

뮤어가 예의 주시한 자연림 중 하나는 헤츠헤치 계곡Hetch Hetchy Valley

• 루스벨트는 1906년에 요세미티 계곡과 마리포사그로브를 요세미티 국립공원에 편입시킴으로써 뮤어와의 약속을 지켰다.

이었다.[103] 헤츠헤치 계곡은 요세미티 계곡보다 덜 유명하지만, 요세미티 국립공원에 자리 잡은 멋진 계곡 중 하나였다. 1906년에 큰 지진과 화재가 발생하자, 오랫동안 물 부족으로 고민해 왔던 샌프란시스코 시 당국에서는 연방정부에 "헤츠헤치를 통과하는 강에 댐을 건설하여, 성장하는 대도시를 위한 저수지를 만들겠다"는 내용의 신청서를 제출했다. 댐과의 전쟁을 선포한 뮤어는 루스벨트 대통령에게 편지를 보내, 요세미티에서 함께 야영했던 일을 상기시키며 헤츠히치 계곡을 보존하는 것이 시급함을 역설했다. 그러나 루스벨트는 담당 엔지니어들이 제출한 보고서를 들이대며, 샌프란스시코의 만성적인 물 부족 문제를 해결할 방법은 댐밖에 없다고 주장했다. 양측 간의 갈등이 첨예화되면서 전운이 감돌았다.

뮤어는 상황이 심각하다고 판단했다. 만약 국립공원의 일부가 경제적인 이유 때문에 훼손된다면, 실제로 보존될 수 있는 것은 아무것도 없었기 때문이다. 뮤어가 신문지상에 국민의 분발을 촉구하는 기사를 쓰고, 시에라클럽이 '대통령과 정치인들에게 항의 서한을 보내자'는 캠페인을 벌이면서, 헤츠헤치 보존을 위한 싸움은 전국적인 시위로 비화되었다. 자연 보존을 둘러싼 논쟁이 국가 차원에서 벌어진 것은 이번이 처음이었다. 하원의원과 상원의원들은 지역구 주민들에게서 수천 통의 편지를 받았고, 시에라클럽의 대변인은 정부위원회에 출석하여 증언을 했으며, 「뉴욕타임스」는 그 싸움을 '대의명분을 가진 보편적 투쟁'으로 규정했다.[104] 그러나 몇 년 동안 계속된 캠페인에도 불구하고, 샌프란시스코 시 당국이 결국 승리하여 댐 건설 공사가 시작되었다. 뮤어는 혹독한 교훈을 얻었다. "경제적 이권이 걸린 자연림을 훼손하려는 세력이 늘 존재한다"고 그는 말했다. 뮤어는 큰 충격을 받았지만, 모든 국민들이 잠에서 깨어났음을 깨달았다.[105] 헤츠헤치를 보존하는 데 실패했음에도 불구하고, 뮤어와 보존주의자들이 얻은 소득도 있었다. 그들은 로비를 벌이는 방법, 전국적인 캠페인을 진행하는 방법, 정치의 장에서 행동하는 방법 등을 이해함으로써, 미래의 행동주의 모델을 확립할 수 있었다.

수십 년간 캘리포니아에 머물며 자연 보존 운동을 벌이는 동안에도 뮤어는 남아메리카 여행의 꿈을 접은 적이 없었다. 캘리포니아에 도착한 후 처음 몇 년 동안 남아메리카에 갈 수 있을 거라 확신했지만, 늘 다른 문제가 발생하여 발목을 잡히곤 했다. 그는 한 친구에서 보낸 편지에서, "내가 지구에서 가장 큰 아마존 강을 잊었을 거라고 생각하는가? 전혀 그렇지 않다. 아마존은 지난 반세기 동안 내 가슴속에서 흘렀으며, 앞으로도 영원히 그럴 것이다"라고 말했다.[106] 등산, 농장관리, 집필, 자연 보존 캠페인을 하는 동안, 뮤어는 알래스카에 여러 번 다녀왔고 나무 연구를 위한 세계 여행도 한 번 다녀왔다. 유럽, 러시아, 인도, 일본, 호주, 뉴질랜드도 다녀왔지만, 남아메리카만은 가보지 못했다. 그러는 동안 그의 마음속에는 늘 훔볼트가 함께 있었다. 세계 여행을 하는 동안, 뮤어는 베를린에 잠깐 멈춰 탄생 100주년 기념행사 때 조성된 훔볼트 공원을 걸었고, 대학 캠퍼스 외곽에 서 있는 훔볼트 동상 앞에서 경의를 표했다.[107] 그의 친구들은 뮤어가 훔볼트에 대해 많은 것을 알고 있는 것에 놀라, 무어의 여행을 '훔볼트 여행'이라고 불렀다.[108]

뮤어가 남아메리카 여행에 집요하게 매달렸던 것은, 훔볼트의 발자취를 따른다는 생각 때문이었다. 나이가 들수록 '남아메리카에 가고 싶다'던 평생의 소원은 더욱 강해졌고, 그를 집에 붙들어 놓는 힘은 약해졌다. 1905년에 아내 루이가 죽은 후, 두 딸은 모두 시집을 가서 각자

가정을 꾸렸다. 은퇴를 고려할 나이인 일흔 살이 되었을 때, 꿈을 포기하지 않고 훔볼트 탐험을 본격적으로 생각했다. 1910년 봄에 『시에라에서 보낸 나의 첫 여름』을 발표하면서, 젊은 시절의 꿈을 실현하려는 마음이 되살아났다. 40여 년 전 인디애나폴리스를 떠나 캘리포니아로 갔던 것도, 따지고 보면 훔볼트처럼 되고 싶다는 충동의 결과였다. 뮤어는 훔볼트의 『신변기』를 새로 한 권 구입하여, 처음부터 끝까지 샅샅이 읽으며 모든 페이지에 표시를 하고 주석을 달았다. 이제 그의 앞길을 막을 건 아무것도 없었다. 딸과 친구들이 아무리 말려도, 그는 "너무 늦기 전에 떠나야 한다"고 한사코 고집했다.[109] 그들도 뮤어의 고집을 꺾을 수 없다는 걸 잘 알고 있었다. 그가 입만 열면 남아메리카 탐험 여행 이야기를 하자, 한 친구는 "뮤어는 남아메리카를 여행하기 전에는 절대로 행복하지 않을 거야"라고 말했다.

1911년 4월, 뮤어는 캘리포니아를 떠나 남태평양철도에 몸을 싣고 미국을 가로질러 동부 해안으로 갔다.[110] 그곳에서 몇 주 동안 머물며 여러 책의 원고를 미친 듯이 정리했다.• 그러고는 8월 12일에 뉴욕에서 증기선을 타고, 지금껏 보고 싶어 했던 '위대하고 뜨거운 강'[111]을 향해 처음이자 마지막 여행을 떠났다. 배가 항구를 출발하기 한 시간 전, 노심초사하고 있는 딸 헬렌에게 보내는 메모를 휘갈겨 썼다. "나 때문에 괜히 조바심 낼 것 없다. 나는 완벽하게 잘 지낸다."[112] 그로부터 2주 후, 그는 아마존 강 입구에 있는 브라질의 벨렘Belém에 도착했다. 남아메리카로 가기 위해 인디애나폴리스를 떠난 지 44년 만에, 그리고 훔볼트가

• 뮤어는 워싱턴 DC로 가서 헤츠헤치에 대한 로비도 벌였다. 그는 내무장관이자 하원의장인 윌리엄 H. 태프트를 비롯하여 수많은 상원의원과 하원의원들을 만났다.

항해를 시작한 지 100여 년 만에, 뮤어는 마침내 남아메리카 땅에 발을 디뎠다. 이제 그의 나이는 일흔일곱 살이었다.

뮤어의 인생은 훔볼트의 도보여행을 동경함으로써 시작되었다. 그는 브라질 여행에서 돌아온 후 이런 기록을 남겼다. "나는 산책을 하러 잠깐 밖으로 나갔을 뿐인데, 결국 해질녘까지 밖에 머무르게 되었다. 밖으로 나간다는 것은 곧 자연 속으로 들어간다는 것을 의미했다."[113]

에필로그

알렉산더 폰 훔볼트는 오늘날 영어권에서 대부분 잊혀졌다. 그는 마지막 박식가polymath 중 한 사람으로, 보다 전문화된 분야들이 속속 탄생하며 과학 분야들을 둘러싼 울타리가 튼튼해질 때쯤 세상을 떠났다. 결과적으로 그가 채택했던 (엄밀한 데이터뿐만 아니라 미술, 역사, 시, 정치를 아우르는) 포괄적 접근 방법은 시류에서 벗어나 인기를 잃었다. 21세기가 시작될 무렵, 광범위한 주제에 걸쳐 폭넓은 지식을 보유한 사람은 설 땅을 거의 잃었다. 과학자들이 자신의 좁은 경험영역으로 기어들어가 분할과 세분을 반복하면서, 훔볼트의 학제적 방법interdisciplinary method과 '전 지구적 관점에서 본 자연'의 개념은 사라졌다.

훔볼트의 가장 큰 업적 중 하나는 과학의 접근성과 인기를 높였다는 것이다. 농부와 공예가에서부터 시작하여 학생, 교사, 예술가, 음악가, 심지어 과학자, 정치가에 이르기까지, 모든 사람들이 그에게서 많은 것을 배웠다. 1869년에 거행된 훔볼트 탄생 100주년 기념식에서, 한 연설가는 이렇게 말했다. "오늘날 서구 어린이들이 들여다보는 교과서나 지도 중에서, 훔볼트의 사상에 기초하여 만들어지지 않은 것은 하나도 없다." 크리스토퍼 콜럼버스나 아이작 뉴턴과는 달리, 훔볼트는 신대륙이나 새로운 물리법칙을 발견하지 않았다. 훔볼트는 하나의 팩트나 발견 때문에 유명해진 사람이 아니라, 세계관worldview 때문에 유명해진 인물이다. 그의 자연관vision of nature은 마치 삼투현상처럼 우리의 의식 속으로 스며들어왔다. 그의 아이디어가 너무 자명해서, 그 뒤에 버티고 있는 인물이 사라져버린 것인지도 모른다.

훔볼트가 우리의 집단기억collective memory에서 사라진 이유를 또 한 가지 든다면, (적어도 영국과 미국의 경우) 제1차 세계대전과 더불어 반反독일 감정이 생겨났다는 점을 생각해 볼 수 있다.[1] 예컨대 영국의 경우, 왕실조차 작스-코부르크-고타Saxe-Coburg-Gotha라는 독일식 명칭을 윈저Windsor로 바꿨고, 베토벤과 바흐의 음악을 더 이상 연주하지 않았다. 그러니 독일 과학자가 영국에서 인기를 잃은 것은 두말할 나위도 없다. 미국의 경우에도 사정은 마찬가지여서, 1917년 의회가 제1차 세계대전 참전을 결의했을 때 독일계 미국인들은 갑자기 집단 린치와 괴롭힘을 당했다. 50년 전 수천 명의 인파가 거리를 행진하며 훔볼트 탄생 100주년을 기념했던 클리블랜드의 경우, 시민들이 거대한 모닥불을 피워놓고 독일 책들을 불사르는 일이 벌어졌다. 신시내티에서는 모든 독일 출판물들이 공공도서관의 서고에서 제거되었고, '훔볼트 거리'가 '태프트 거리'로 개명되었다. 20세기에 벌어진 두 번의 세계대전이 기다란 그림자를 드리우는 바람에, 영국이든 미국이든 더 이상 '위대한 독일의 지성'을 기념할 처지에 있지 않았다.

그렇다면 우리가 굳이 이제 와서 훔볼트를 기념해야 하는 이유는 뭘까? 지난 몇 년 동안 많은 사람들이 내게 "도대체 왜 알렉산더 폰 훔볼트에 관심을 갖나요?"라고 물었다. 그 질문에 대한 대답은 여러 가지가 가능하다. 왜냐하면 훔볼트가 여전히 매력적이고 중요한 이유가 여러 가지이기 때문이다. 예컨대 그의 인생이 화려하고 모험으로 가득하기도 하거니와, 그의 이야기는 우리로 하여금 오늘날 자연을 바라보는 방식을 다시 생각하게 한다. 과학과 예술, 주관성과 객관성 사이에 명확한 선을 긋는 경향이 있는 세상에서, 상상력을 동원해야만 이해할 수 있는 훔볼트의 통찰력은 그를 예지력 있는 선지자로 여기도록 만든다.

훔볼트의 제자들, 그리고 그 제자들의 제자들은 조용히, 미묘하게, 때로는 부지불식 중에 훔볼트의 전설을 세상에 전파한다. 오늘날의 환경주의자, 생태론자, 자연주의 작가들은 훔볼트의 비전에 깊이 뿌리박고 있다. 그들 중 상당수는 훔볼트에 대해 들어본 적이 없겠지만, 그럼에도 불구하고 훔볼트는 그들의 아버지나 마찬가지다.

과학자들은 기후 변화가 지구 전체에 미치는 영향을 이해하고 예측하려 발버둥치고 있지만, 훔볼트가 과학과 자연에 적용한 학제적 접근방법만큼 적절한 연구방법은 일찍이 없었다. '정보를 자유롭게 교환해야 하고, 과학자들을 단결시켜야 하며, 학문분야 간의 의사소통을 강화해야 한다'는 훔볼트의 신념은 오늘날 과학을 떠받치는 기둥 노릇을 하고 있다. 또한 자연을 전 지구적 패턴으로 인식하는 그의 개념은 우리의 사고방식을 뒷받침하고 있다.

기후 변화에 관한 정부 간 협의체Intergovernmental Panel on Climate Change(IPCC)가 2014년에 발표한 보고서를 들여다보면, 우리가 훔볼트의 관점을 얼마나 필요로 하는지 잘 알 수 있다. 800여 명의 과학자와 전문가들이 작성한 이 보고서에는, "지구온난화는 인간과 생태계에 심각하고 만연하고 비가역적인 영향을 미친다"고 적혀 있다.[2] 이런 점에서 볼 때, '사회적·경제적·정치적 이슈는 환경문제와 밀접하게 연관되어 있다'는 훔볼트의 통찰력은 여전히 시사하는 바가 많다. 미국의 농부이자 시인인 웬델 베리Wendell Berry는 이렇게 말했다. "땅의 운명과 사람의 운명 사이에는 사실상 아무런 차이가 없다. 한쪽을 남용하거나 학대하면 다른 쪽도 고통을 받는다."[3] 또 캐나다의 활동가 나오미 클라인Naomi Klein은 자신의 저서 『이것이 모든 것을 바꾼다』(2014)에서, "경제체제와 환경은 전쟁을 벌이고 있다"고 말했다. "노예제, 단일재배monoculture, 착취에 기초한 식민지는 불평등과 환경 파괴를 초래한다"는 훔볼트의 말을 곰곰이 생각해 보면, 경제적 요인과 기후 변화는 동전의 양면임을 이해할 수 있다.

훔볼트는 인간의 비행非行이 자연의 질서를 파괴한다고 생각했다.[4] 그는 한때 매우 비관적이어서, 인류가 궁극적으로 우주로 진출하여 범죄·탐욕·폭력·무지의 꾸러미를 모든 행성에 퍼뜨리는 암울한 미래를 예측할 정도였다. 훔볼트는 1801년에 발표한 글에서, "인류는 이미 지구에 그렇게 했듯이, 먼 별을 유린하여 척박하고 황폐하게 만들 것"이라고 썼다.[5]

어떤가, 이쯤 되면 독자들은 '우리가 뛰어 봐야 훔볼트의 손바닥 안이다'라는 생각이 들지 않는가? 우리와 모든 환경운동가들이 훔볼트를 우리의 영웅으로 다시 내세워야 하는 이유는 바로 그 때문이다. 게다가 기후 변화가 커다란 이슈로 제기되고 있는 지금이야말로 그 적기라고 할 수 있다.

괴테는 훔볼트를 일컬어 '주둥이가 여러 개인 분수'[6]라고 하며, "신선한 물줄기를 끊임없이 뿜어내므로, 우리는 그 밑에 꽃병을 갖다대기만 하면 된다"고 말했다.

나는 그 분수가 영원히 마르지 않을 거라 믿어 의심치 않는다.

훔볼트의 저서들

알렉산더 폰 훔볼트가 남긴 저서 목록은 오늘날까지도 확립되지 않았다. 훔볼트 자신도 무슨 책을 언제 어떤 언어로 출판했는지 정확히 모르기 때문이다. 설상가상으로 일부 저서는 상이한 포맷과 편집으로 출판되거나, 전집으로 출판되었다가 나중에 단행본으로 분리되기도 하여 혼란을 가중시켰다. 남아메리카와 관련된 훔볼트의 저서들은 『신대륙 적도지역 항해*Voyage to the Equinoctial Regions of the New Continent*』라는 34권짜리 전집으로 발간되었는데, 여기에는 총 1,500점의 판화가 수록되어 있다.

참고로, 독자들을 위해 『자연의 발명』에 언급된 저서들의 제목과 내용을 간략히 소개하고자 한다. 여기에는 훔볼트가 남긴 식물학, 동물학, 천문학 분야의 전문서적들은 포함하지 않았음을 미리 알려둔다.

『신대륙 적도지역 항해』에 포함된 저서들

『식물지리학에 관한 고찰*Essay on the Geography of Plants*』

훔볼트가 남아메리카 여행에서 돌아와 맨 처음 완성한 책으로, 1807년에 독일어판 *Ideen zu einer Geographie der Pflanzen*과 프랑스어판 *Essai sur la géographie des plantes*으로 동시에 출간되었다. 훔볼트는 이 책에서 식물 분포에 관한 의견을 제시하고, '생명망으로서의 자연'이라는 독특한 아이디어를 소개했다. 손으로 색칠한 90×60제곱센티미터 규격의 대형 삽화를 여러 겹으로 접어 첨부했는데, 이것이 소위 자연그림이다. 자연그림이란 침보라소 산에 고도별로 식물을 배치하고, 좌우 여백에 칼럼을 마련하여 중력, 기압, 기온, 화학조성chemical composition 등의 정보를 추가한 그림을 말한다. 훔볼트는 이 책을 자신의 오랜 친구 괴테에게 헌정했다. 스페인어로는 1809년 남아메리카의 잡지 *Semanario*를 통해 출판되었지만, 영어로는 2009년에야 출판되었다.

『자연관*Views of Nature*』

훔볼트가 가장 좋아하는 책으로, 과학 정보와 시적인 풍경 묘사를 결합한 것이 특징이다. '스텝과 사막Steppes and Deserts'이나 '오리노코 강의 폭포Cataracts of the Orinoco'와 같은 장으로 구성되어 있다. 1808년에 독일어판으로 처음 출간되었고, 같은 해에 프랑스어로도 번역되었다. 『자연관』은 여러 번 개정되었는데, 3개정판인 확장판은 훔볼트의 여든 번째 생일인 1849년 9월 14일에 출판되었다. 3판은 두 명의 영역자에 의해 *Aspects of Nature*(1849)와 *Views of Nature*(1850)라는 제목으로 각각 출간되어 경쟁을 펼쳤다.

『코르딜레라스 산맥과 아메리카 원주민의 기념비적 업적들*Vues des Cordillères et monumens des peuples indigènes de l'Amérique*』

두 권짜리 책으로, 훔볼트의 저서 중에서 가장 호화롭다. 침보라소 산, 잉카의 유적, 아즈텍의 문헌, 멕시코의 달력 등을 소개한 판화가 69점 수록되어 있는데, 그중 23점은 컬러판이다. 1810년부터 1813년 사이에 파리에서 대형 2절판folio edition으로 일곱 번에 나눠 출판되었는데, 가격은 종이의 질에 따라 504프랑 또는 764프랑으로 책정되었다. 1810년 7회분 중에서 2회분만이 독일어로 번역되었다. 후에 소개하는 『신변기』와 마찬가지로, 이 책의 영역판은 헬렌 마리아 윌리엄스Helen Maria Williams가 번역하고 훔볼트가 감수했다. 영국에서는 1814년에 두 권짜리 8절판octavo edition으로 출간되었는데, 텍스트는 모두 포함되었지만 판화는 20점만 수록되는 바람에 원본만큼 화려하지는 않았다. 영역판의 제목은 *Researches concerning the Institutions & Monuments of the Ancient Inhabitants of America with Descriptions & Views of some of the most Striking Scenes in the Cordilleras!*인데, 맨 마지막에 느낌표가 붙어 있는 게 특이하다.

『신변기*Personal Narrative of Travels to the Equinoctial Regions of the New Continent during the years 1799–1804*』

훔볼트의 남아메리카 탐험을 다룬 7권짜리 책으로, 첫 번째 부분은 여행기이고 두 번째 부분은 과학책이며, 뒤이어 훔볼트와 봉플랑의 항해기가 연대순으로 서술되어 있다. 그러나 훔볼트는 이 책을 완성하지 못했다. 일곱 번째 책은 1801년 4월 20일 리오마그달레나 강에 도착한 것으로 끝나는데, 이 대목은 탐험의 절반에도 미치지 못하기 때문이다.

초판은 프랑스에서 1814년부터 1831년까지 4절판quarto edition으로 출판되었는데, 제목은 *Voyage aux régions équinoxiales du Nouveau Continent fit en 1799, 1800, 1801, 1802, 1803 et 1804*였다. 그 후 1816년부터 1831년까지 작고 저렴한 8절판으로 출판되었고, 가격은 권당 7프랑부터 234프랑까지 다양했다. 편집에 따라 3권짜리 책으로도 판매되었다. 영국에서는 1814년부터 1829년 사이에 프랑스와 거의 동시에 *Personal Narrative*라는 제목으로 발간되었는데, 번역자는 헬렌 마리아 윌리엄스였다(윌리엄스는 파리에 거주하며 훔볼트와 친밀한 관계를 유지했다). 1852년에는 토마시나 로스Thomasina Ross가 번역한 무허가 영역판이 새로 출판되었다. 1818년부터 1832년 사이에 출판된 독일어판도 무허가 번역판이었다. 1840년 1월 20일, 훔볼트는 독일의 출판자에게 "독일어판을 구경해 본 적도 없다"고 말했는데, 나중에 읽어보고는 "끔찍하다"고 불평했다.

혼란스러운 것은, 마지막 책이 1826년에 *Essai politique sur l'île de Cuba*라는 제목의 단행본으로 출판되었다는 것이다. 이 책의 제목을 번역하면 『쿠바섬에 대한 정치적 고찰』이다.

『쿠바섬에 대한 정치적 고찰*Political Essay on the Island of Cuba*』

훔볼트가 쿠바를 자세히 설명한 책으로, 1826년 프랑스에서 *Essai politique sur l'île de Cuba*와 *Voyage aux régions équinoxiales du Nouveau Continent fit en 1799, 1800, 1801, 1802, 1803 et 1804*(영역판으로 말하면 『신변기』)의 일부분으로 출판되었다. 이 책에는 기후, 농업, 항구, 인구통계학, 경제 데이터(예: 수출과 수입)가 빼곡히 적혀 있으며, 노예제에 대한 신랄한 비판도 담겨 있다. 1827년에 스페인어로 번역되었고, 최초의 영역본(역자: J.S. 트래셔J.S. Thrasher)은 1856년 미국에서 출판되었는데 노예제에 대한 장이 통째로 누락되었다.

『뉴스페인 왕국에 대한 정치적 고찰*Political Essay on the Kingdom of New Spain*』

홈볼트는 이 책에서 스페인의 식민지 지배 상황을 자신의 관찰을 기반으로 하여 상세히 서술했지만, 멕시코시티에서 수행한 문헌조사도 이 책을 쓰는 데 크게 기여했다. 『쿠바섬에 대한 정치적 고찰』과 마찬가지로, 이 책은 팩트, 엄밀한 데이터와 통계 자료가 담긴 핸드북이다. 훔볼트는 지리학, 식물, 농업, 제조업, 광산에 대한 정보들을 총망라했을 뿐 아니라, 인구통계학과 경제학에 관한 정보도 포함시켰다. 1808년부터 1811년 사이에 프랑스에서 *Essai politique sur le royaume de la Nouvelle-Espagne*라는 제목으로 처음 출판되었는데(4절판으로는 두 권, 8절판으로는 다섯 권), 그 후 여러 번 개정판이 나왔다. 1809년부터 1814년 사이에 독일어판이 나왔고, 1811년에는 4권짜리 영역판이 나왔다. 스페인어판은 1822년에 발간되었다.

그 밖의 저서들

『아시아의 지질과 기후*Fragmens de géologie et de climatologie asiatiques*』

훔볼트는 러시아 여행을 다녀온 후 1831년에 이 책을 출판했다. 이 책의 상당 부분은 1830년 10월부터 1831년 1월까지 파리에서 행한 강연을 기반으로 하고 있다. 제목만 봐도 알 수 있듯이, 이 책은 훔볼트가 관찰한 아시아의 지질과 기후를 소개한 책이며, 1843년에 나올 『중앙아시아의 산맥 연구와 기후 비교*Asie centrale*』라는 두꺼운 책의 예고편이라고 할 수 있다. 이 책은 1832년 독일에서 *Fragmente einer Geologie und Klimatologie Asiens*라는 제목으로 번역되어 출판되었지만, 영역판은 나오지 않았다.

『중앙아시아의 산맥 연구와 기후 비교*Asie centrale, recherches sur les chaînes de montagnes et la climatogie comparée*』

훔볼트는 1843년 봄 프랑스에서, 3권짜리 러시아 여행기 완결판을 출판했다. 책의 제목에 '비교comparée'라는 단어가 들어 있듯이, 이 책의 내용은 모두 비교에 근거하고 있다. 이 책은 아시아의 지질과 기후에 관한 최신 정보들을 모두 취합하여 저술되었는데, 그중에는 러시아, 티베트, 중국에 대한 정보도 포함되어 있다. 왕립지리학회지에 실린 서평에 의하면, 이 책은 '1842년 한해 동안 발표된 지리학 연구 중에서 가장 돋보이는 책'이었다고 한다. 훔볼트는 이 책을 니콜라이 1세에게 헌정하고는, 후회가 되었는지 한 친구에게 "탐험 경비를 러시아의 차르가 부담했으므로 어쩔 수 없었다"고 변명했다. 1844년 독일어로 번역되어 *Central-Asien. Untersuchungen über die Gebirgsketten und die vergleichende Klimatologie*라는 제목으로 출판되었는데, 프랑스어 원본보다 더 두꺼운 데다 새로운 연구내용이 추가되었다. 훔볼트는 이 책이 영어로 번역되지 않는 데 놀라 이렇게 말했다. "동인도 제도의 소유자라면 중앙아시아와 히말라야의 정보에 좀 더 관심을 가져야 하거늘, 영국인들이 『코스모스』에 사로잡힌 나머지 중앙아시아를 소홀히 여기고 있다니 이상하구나."

『코스모스*Kosmos*』

훔볼트는 이 책을 쓰는 데 20여 년을 투자했다. 이 책의 초판은 *Kosmos. Entwurf einer physischen Weltgeschichte*라는 제목으로 독일에서 출판되었다. 원래 두 권짜리 책으로 기획되었지만, 결국에는 1845년부터 1862년까지 무려 다섯 권이 출판되었다. 이 책은 훔볼트의 자연관이 집약된 책Book of Nature으로서 그 자신의 연구 인생의 결정판이며, 1827~1828년 베를린에서 행한 강연을 바탕으로 하여 최신 연구자료가 대폭 보강되었다. 첫 번째 책의 주제는 외부 세계 여행journey through the external world인데, 우주의 성운과 별에서 시작하여 지구의 화산과 식물을 거쳐 인간에게까지 이르게 된다. 두 번째 책의 주제는 마음의 항해voyage of the mind로, 고대 그리스에서부터 현대에 이르기까지 인간의 역사를 훑어본다. 나머지 세 권은 좀 더 전문화된 과학지식을 다룬 두꺼운 책이어서, I권과 II권에 매혹된 독자들이 큰 매력을 느끼지 못했다.

I권과 II권은 엄청난 베스트셀러가 되었으며, 1851년까지 10개 언어로 번역되었다. 영국에서는 3권의 영역본이 거의 동시에 출간되어 치열한 경쟁을 벌였는데, 엘리자베스 J.L. 사빈Elizabeth J.L. Sabine이 번역하고 존 머리John Murray가 출판한 책만 훔볼트의 승인을 받았다(영어로 번역된 것은 I권부터 IV권까지였다). 1850년 사빈이 번역한 I권은 7쇄, II권은 8쇄가 인쇄되었다. 1849년 약 4,000권의 영역판이 판매되었다. 독일에서는 훔볼트의 사망을 전후하여 저렴하고 얇은 책이 출판되었는데, 이 책들은 오늘날의 페이퍼백paperback에 비견되는 것으로, 좀 더 많은 독자들에게 다가갈 수 있었다.

이미지 저작권

컬러 이미지

© Akademie der Wissenschaften, Berlin: iii 아래/akg-images. © Alamy: vi 아래/FineArt; vii 아래/World History Archive. © bpk/Stiftung Preussische Schlösser und Gärten Berlin-Brandenburg: v 위/photo Gerhard Murza. © Humboldt-Universität Berlin: iv/Alexander von Humboldt, *Geographie der Pflanzen in den Tropen-Ländern, ein Naturgemälde der Anden* (1807), photo Bridgeman Images. Wellcome Library, London: pages i, ii, iii 위/Alexander von Humboldt, *Vues des Cordillères* (1810-1813); v 아래/Traugott Bromme, *Atlas zu Alex. v. Humboldt's Kosmos* (1851); vi 위/Heinrich Berghaus, *The Physical Atlas* (1845). © New York Times Company : 8.

본문 이미지

© Alamy: pages 67, 245/Interfoto; 302/Heritage Image Partnership Ltd; 356/Lebrecht Music and Arts Photo Library. René Binet, Esquisses Décoratives (c.1905): 498. © bpk/Staatsbibliothek zu Berlin: 316. *Catalogue souvenir de l'Exposition Universelle 1900* Paris: 494. © Collection of Museo Nacional de Colombia/Registro1204/photo Oscar Monsalve: 153/Alexander von Humboldt, *Geografia de las plantas cerca del Ecuador* (1803).

Courtesy of Concord Museum, Massachusetts: 403, 406. Ernst-Haeckel-Haus, Jena: 476. Herman Klencke, *Alexander von Humboldt's Leben und Wirken, Reisen und Wissen* (1870): 34, 85, 109, 110, 113, 122, 128, 148, 326, 335, 447. Library of Congress Prints and Photographs Division, Washington DC: 167, 450, 527. By permission of The Linnean Society of London: 78/Martin Hendriksen Vahl, Symbolae Botanicae (1790-1794); 495, 499/Ernst Haeckel, Kunstformen der Natur (1899-1904). Benjamin C. Maxham: 408/daguerreotype, 1856. Ministerio de Cultura del Ecuador, Quito: 88. John Muir Library/Holt-Atherton Special Collections, University of the Pacific, Stockton, California © 1984 Muir-Hanna Trust and courtesy of The Bancroft Library/University of California, Berkeley: 513, 518, 523. Private Collections: 100, 187, 442. © Stiftung Stadtmuseum Berlin: 215. Wellcome Library, London: pages 19, 97, 157, 162, 239/Alexander von Humboldt, *Vues des Cordillères*, 2 vols (1810-1813); 23/Heinrich Berghaus, *The Physical Atlas* (1845); 42; 49/Alexander von Humboldt, *Versuch über die gereizte Muskel- und Nervenfaser* (1797); 56; 57; 93; pages 136, 140, 180/Alcide D. d'Orbingy, *Voyage pittoresque dans les deux Amériques* (1836); 189; 191; 203; 217; 235; pages 268, 292, 442/Traugott Bromme, *Atlas zu Alex. v. Humboldt's Kosmos* (1851); 273; 309; 347; 352/Charles Darwin, *Journal of Researches* (1902); 371/Charles Darwin, *Journal of Researches* (1845); 384; 434/E.T. Hamy, *Aimé Bonpland, médecin et naturaliste, explorateur de l'Amérique du Sud* (1906); 438.

주석

프롤로그

1 알렉산더가 빌헬름에게 1802년 11월 25일에 보낸 편지(Humboldt 1880, 48); Kutzinski 2012, 135~55; 훔볼트의 1802년 6월 23일 일기(Humboldt 2003, vol.2 100~109).

2 빌헬름에게 1802년 11월 25일에 보낸 편지(Humboldt 1880, 49).

3 Kutzinski 2012, 143.

4 Kutzinski 2012, 142.

5 1802년 6월 23일의 일기(Humboldt 2003, vol.2 106).

6 Emerson 1939, vol.3 77.

7 Humboldt 2004, 572.

8 Leitzmann 1936, 210.

9 훔볼트가 1801년 1월 3일 괴테에게 보낸 편지(Goethe 1909, 305).

10 Emerson 1960-92, vol.16 160.

11 Humboldt 2009, 79; Humboldt 1807, 39.

12 Humboldt 1814-29, vol.4 140ff; 1800년 3월 4일의 일기(Humboldt 2000, 216).

13 Humboldt 2000, 140; Humboldt 1849, vol.1 126-7; Humboldt 1849, vol.1 158; Humboldt 1814-29, vol.4 477.

14 Humboldt 1814-29, vol.4 143.

15 1825년 8월 6일 토마스 제퍼슨이 카를로 드 비두아에게 보낸 편지(Humboldt 2004, 171).

16 1865년 9월 22일 다윈이 알프레드 러셀 월리스에게 보낸 편지(Darwin 1985-2014, vol.13 238).

17 1823년 10월 23일 볼리바르가 봉플랑 부인에게 보낸 편지(Rippy and Brann 1947, 701).

18 1827년 12월 12일 괴테가 에커만Johann Peter Eckermann에게 보낸 편지(Goethe and Eckermann 1999, 183).

19 *Melbourner Deutsche Zeitung*, 16 September 1869; *South Australian Advertiser*, 20 September 1869; *South Australian Register*, 22 September 1869; *Standard Buenos Aires*, 19 September 1869; *Two Republics*, Mexico City, 19 September 1869; *New York Herald*, 1 October 1869; *Daily Evening Bulletin*, 2 November 1869.

20 Roussanova 2013, 45.

21 *Die Gartenlaube*, no.43, 1869.

22 *Desert News*, 22 September 1869; *New York Herald*, 15 September 1869; *New York Times*, 15 September 1869; *Charleston Daily Courier*, 15 September 1869; *Philadelphia Inquirer*, 14 September 1869.

23 *New York Herald*, 15 September 1869.

24 *Desert News*, 22 September 1869.

25 *New York Times*, 15 September 1869; *New York Herald*, 15 September 1869.

26 *New York Times*, 15 September 1869.

27 *Norddeutsches Protestantenblatt*, Bremen, 11 September 1869; Glogau, Heinrich, 'Akademische Festrede zur Feier des Hundertjährigen Geburtstages Alexander's von Humboldt, 14 September 1869', Glogau 1869, 11; Agassiz, Louis, 'Address Delivered on the Centennial Anniversary of the Birth of Alexander von Humboldt 1869', Agassiz 1869, 5; 48; Roussanova 2013, 50; *Philadelphia Inquirer*, 15 September 1869; Humboldt Commemorations, 2 June 1859, *Journal of American Geological and Statistical Society*, 1859, vol.1, 226.

28 Emerson 1960-92, vol.16 160; Agassiz 1869, 71.

29 *Daily News*, London, 14 September 1869.

30 Jahn 2004, 18-28.

31 *Illustrirte Zeitung Berlin*, 2 October 1869; *Vossische Zeitung*, 15 September 1869; *Allgemeine Zeitung Augsburg*, 17 September 1869.

32 Oppitz 1969, 281-427.

33 주 이름의 후보는 와쇼Washoe, 에스메랄다Esmeralda, 네바다, 훔볼트였다(Oppitz 1969, 290).

34 훔볼트의 이름을 사용하는 곳들에 대해서는 Egerton 2012, 121 참조.

35 Humboldt 1845-52, vol.1 45; Humboldt 1845-50, vol.1 52.

36 1834년 10월 24일 훔볼트가 Karl August Varnhagen에게 보낸 편지(Humboldt 1860, 18).

37 Wolfe 1979, 313.

1. 어머니의 그늘

1 훔볼트 가족에 대해서는 다음을 참조하라. Biermann 1987, 50ff; Beck 1959-61, vol.1 3ff; Geier 2010, 16ff.

2 1786년에 프리드리히 빌헬름 2세가 되는 프리드리히 빌헬름 왕자를 가리킨다.

3 불행한 어린 시절에 대해서는 다음을 참조하라. 1792년 6월 5일 훔볼트가 Carl Freiesleben

에게 보낸 편지(Humboldt 1973, 191ff); 1790년 4월 빌헬름이 아내 카롤리나에게 보낸 편지(W. Humboldt & C. Humboldt 1910-16, 134).

4 W. Humboldt & C. Humboldt 1910-16, vol.1 55.

5 1790년 4월 2일 빌헬름이 카롤리네에게 보낸 편지(W. Humboldt & C. Humboldt 1910-16, vol.1 115-16); Geier 2010, 22ff; Beck 1959-61, vol.1 6ff.

6 1790년 4월 2일 빌헬름이 카롤리네에게 보낸 편지(W. Humboldt & C. Humboldt 1910-16, vol.1 115).

7 Bruhns 1873, vol.1 31; Biermann 1987, 50.

8 Geier 2010, 29.

9 Bruhns 1873, vol.1 20; Beck 1959-61, vol.1 10.

10 Walls 2009, 15.

11 Beck 1959-61, vol.1 6.

12 Humboldt 1973, 192.

13 두 형제의 차이점에 대해서는 W. Humboldt & C. Humboldt 1910-16, vol.2 260 참조.

14 Humboldt 1973, 191; Bruhns 1873, vol.3 12-13.

15 Humboldt 2009, 116.

16 1798년 파리를 떠날 때 사용한 훔볼트의 여권에 173센티미터로 기재되어 있다(Bruhns 1873, vol.1 394).

17 몸놀림과 발놀림에 대해서는 Clark and Lubrich 2012a, 199 참조. 손에 대해서는 Beck 1959, 385 참조.

18 W. Humboldt & C. Humboldt 1910-16, 116; 477; Humboldt 1973, 39; 92.

19 Dove 1881, 83; Voght 1959-65, vol.3 95.

20 Biermann and Schwarz 2001b.

21 Dove 1881, 83.

22 W. Humboldt & C. Humboldt 1910-16, vol.1 270.

23 Watson 2010, 55ff.

24 Worster 1977, 40.

25 '서신공화국'이라는 표현은 과거에 널리 사용되었다고 한다(MacGregor 1994, 19).

26 Bruhns 1873, vol.1 33.

27 Biermann 1987, 50; 53; Holl 2009, 30; Beck 1959-1961, vol.1 11ff; W. Humboldt & C. Humboldt 1910-16, vol.1 74.

28 Humboldt 1973, 4; Beck 1959-61, vol.1 14.

29 Holl 2009, 23ff; Beck 1959-61, vol.1 18-21.

30 Geier 2009, 63.

31 Biermann 1987, 64.

32 Humboldt 1845-52, vol.2 92; Biermann 1987, 51.

33 포르스터로부터 받은 영향에 대해서는 Biermann 1987, 36ff 참조

34 White 2012, 168; Moritz 1965, 26.

35 Rush 1833, 79.

36 Humboldt 1973, 93; 96; 117; Biermann 1987, 39.

37 Biermann 1987, 38.

38 Humboldt 1973, 106-7.
39 Biermann 1987, 38.
40 Biermann 1987, 51; Humboldt 1973, 88.
41 Biermann 1987, 40.
42 Humboldt 1973, 96.
43 Humboldt 1973, 658.
44 Bruhns 1873, vol.1 31.
45 1791년 1월 21일 카롤리네가 빌헬름에게 보낸 편지(W. Humboldt & C. Humboldt 1910-16, vol.1 372). 카롤리네와 알렉산더 폰 훔볼트는 1789년 12월에 처음으로 만났다.
46 1790년 4월 2일 빌헬름이 카롤리네에게 보낸 편지(W. Humboldt & C. Humboldt 1910-16, vol.1 116).
47 Humboldt 1973, 106.
48 Humboldt 1973, 122.
49 Humboldt 1973, 106.
50 Humboldt 1973, 47.
51 Biermann 1987, 54.
52 Humboldt 1973, 153.
53 프라이베르크에서의 훔볼트의 일상생활(Humboldt 1973, 144;151-2; 153-4).
54 Humboldt 1973, 146.
55 W. Humboldt & C. Humboldt 1910-16, vol.1 65; 372
56 Humboldt 1973, 154.
57 Humboldt 1973, 173.
58 Humboldt 1973, 157.
59 Humboldt 1973, 175.
60 Humboldt 1973, 47.
61 Jahn and Lange 1973, 216;233; Humboldt 1973, 227-9; 257-8; 279-81; 291-2;310-15.
62 Humboldt 1973, 157; 233.
63 Humboldt 1973, 279.
64 Humboldt 1973, 180.
65 Humboldt 1973 201; 279; 313.
66 Humboldt 269.
67 Humboldt 1799, Plate III; Humboldt 1973, 311ff; 531ff.
68 Humboldt 1973, 311.
69 Humboldt 1973, 310ff.
70 Humboldt 1973, 257.
71 Humboldt 1973, 243-4; 308; 311; 446.
72 Humboldt 1790.
73 Humboldt 1793. 또한 프랑스의 화학자 라부아지에Antoine Laurenrtt Lavoisier와 영국의 화학자 프리슬리Joeph Priestley의 작업에 고무된 훔볼트는 식물의 산소 생성에 대한 빛과 수소의 자극을 연구하기 시작했다(Humboldt 1794).

74 1793년 11월 17일 블루멘바흐에게 보낸 편지에서 자신의 몸을 도구로 사용하여 실험했음을 밝힌다(Humboldt 1973, 471). 또한 Humboldt 1797, vol.1 3도 참조.

75 Bruhns 1873, vol.1 150. '구타당한 부랑아'는 독일어 Gassenläufer의 번역이다(Bruhns 1872, vol.1 173).

76 Humboldt 1973, 471.

77 『형성충동에 관하여』의 초판은 1781년에 출간되었고, 2판은 1789년에 출간되었다. 훔볼트는 1789년 4월에 괴팅겐에 도착했다. 블루멘바흐에 대해서는 Reill 2003, 33ff와 Richards 2002, 216ff를 참조.

78 Humboldt 1973, 495.

2. 상상력과 자연: 요한 볼프강 폰 괴테와 훔볼트

1 훔볼트는 1792년에 예나를 처음 방문했으며, 형 빌헬름과 함께 실러의 집에 묵었었다. 훔볼트는 괴테를 1794년 3월에 잠깐 만났으며, 같은 해 12월에 다시 만나게 된다(Humboldt 1973, 202; Goethe 1982-96, vol.3 303).

2 Merseburger 2009, 113; Safranski 2011, 70.

3 Schiller 1943-2003, vol.27 173.

4 당시 바이마르의 풍경에 대해서는 Merseburger 2009, 72 참조.

5 Stäel 1815, vol.1 116.

6 빌헬름의 주소는 Unterm Markt 4, 실러의 주소는 Unterm Markt 1이었다(Humboldt 1973, 386).

7 훔볼트의 1794년 12월 방문에 대해서는 다음을 참조. Goethe 1994, 31-2; Goethe 1965-2000, vol.4 116-17;122; Goethe 1968-76, vol.2 194;557; Humboldt 1973, 388.

8 Goethe 1980-2000, vol.1 350.

9 Goethe 1965-2000, vol.4 222. 당시 날마다 있었던 모임에 대해서는 이 시기의 괴테의 일기를 참조.

10 1794년 12월 17-19일 괴테의 기록(Goethe 1965-2000, vol.4 116).

11 1797년 괴테가 작센-바이마르 공작에게 보낸 편지(같은 책, 288).

12 Boyle 2000, 256.

13 Goethe 1994, 32

14 1797년 2월 27일 괴테가 실러에게 보낸 편지(Goethe 1968-76, vol.2 257).

15 Goethe 1965-2000, vol.4 122.

16 Merseburger 2009, 67.

17 Friedenthal 2003, 137.

18 바이마르에서 지내던 괴테의 초년 시절에 대해서는 다음을 참조. Merseburger 2009, 68-9; Boyle 1992, 202ff;243ff.

19 괴테는 크리스티아네 불피우스와 1806년에 결혼했다.

20 Botting 1973, 38.

21 1790년대 중반의 괴테에 대한 뵈티게르Karl August Böttiger의 묘사(Goethe 1982-96, vol.3 354).

22 Goethe 1965-2000, vol.4 223.

23 Goethe 1982-96, vol.3 354.

24 Klauss 1991, 14

25 Goethe 1982-96, vol.3 356; Goethe 1965-2000, vol.6 4.

26 Roninsin 1869, vol.1 86.

27 괴테가 1791년에 한 말로 Safranski 2011, 103에서 인용.

28 Safranski 2011, 106.

29 괴테의 집과 정원에 대해서는 다음을 참조. Klauss 1991; Ehrlich 1983; Goethe 1982-96, vol.3 295-6.

30 1825년 5월 12일 괴테가 에커만에게 보낸 편지(Goethe and Eckermann 1999, 158).

31 Goethe 1994, 26.

32 Goethe 1994, 19.

33 Goethe 1994, 25.

34 Ehrlich 1983, 7.

35 1790년 독일어 제목은 Versuch die Metamorphose der Pflanzen zu erklären.

36 Goethe 1967, vol.2 375.

37 Goethe 1968-76, vol.2 260-61.

38 Richards 2002, 445ff; Goethe 1994, 20.

39 Goethe 1960-2000, vol.4 122.

40 Goethe 1968-76, vol.2 194; Goethe 1965-2000 vol.4 122.

41 Goethe 1965-2000, vol.4 123.

42 훔볼트가 예나와 바이마르를 방문한 때는 1794년 3월 6-10일, 4월 15-16일, 12월 14-19일, 1795년 4월 16-20일, 1797년 1월 13일, 3월 1일-5월 30일이다.

43 Goethe 1998-2007, vol.2 pt.1 100.

44 Goethe 1968-76, vol.2 260-61.

45 괴테는 1797년 3월 31일까지 예나에 머물렀다(Goethe 1965-2000, 288ff; Goethe 1998-2007, vol.2 pt.1 99-115; Goethe 1994, 58-9).

46 훔볼트의 책 *Versuch über die gereizte Muskel- und Nervenfaser* (*Experiment on the Stimulated Muscle and Nerve Fibre*)를 가리킨다(Humboldt 1973, 574; 579).

47 훔볼트의 예나에서의 작업에 대해서는 Humboldt 1973, 574; 579 참조.

48 Goethe 1998-2007, vol.2 pt.1 99.

49 Humboldt 1973, 580.

50 Humboldt 1973, 579.

51 Humboldt 1797, vol.1 76ff

52 Humboldt 1797, vol.1 79.

53 Goethe 1795, 18.

54 Richards 2002, 450ff; Kant 1957, vol.5 488.

55 Goethe 1968-76, vol.2 260-61.

56 괴테의 1797년 작업에 대해서는 다음을 참조. Goethe 1994, 59; Goethe 1998-2007, vol.2 pt.1 99-115.

57 Goethe 1965-2000, vol.4 291.

58 Goethe 1998-2007, vol.2 pt.1 103.

59 같은 책, 102-3.
60 같은 책, 102.
61 같은 책, 102.
62 Goethe 1968-76, vol.2 260.
63 1797년 4월 26일 괴테가 실러에게 보낸 편지(Schiller and Goethe 1856, vol.1 301).
64 Biermann 1990b, 36-7.
65 Schiller and Körner 1847, vol.4 47; 49.
66 Humboldt 1973, 573. 훔볼트의 방문에 대해서는 1797년 4월 19-24일의 괴테의 일기를 참조(Goethe 1998-2007, vol.2 pt.1 106). 또한 Goethe 1965-2000, vol.4 306도 참조.
67 Goethe 1998-2007, vol.2 pt.1 107; 109; 115.
68 Goethe 1998-2007, vol.2 pt.1 109; 112; 113; 115.
69 Goethe and Eckermann 1999, 672.
70 Schiller and Goethe 1856, vol.1 304.
71 Goethe 1998-2007, vol.2 pt.1 101.
72 1787년에 나온 『순수이성 비판』 2판의 서문.
73 Elden and Mendieta 2011, 23.
74 Stelzig 2010, 59. 그들은 또한 피히테Johann Gottlieb Fichte의 『과학의 원칙*Doctrine of Science*』에 대해서도 토론했다. 괴테와 훔볼트의 피히테에 대한 토론은 Goethe 1998-2007, vol.2 pt.1 101-2 참조.
75 Humboldt 1973, 44.
76 Morgan 1990, 26.
77 Humboldt 1845-52, vol.1 197; Knobloch 2009.
78 Humboldt 1845-52, vol.1 64; Humboldt 1845-50, vol.1 69-70.
79 Humboldt 1845-52, vol.1 64; Humboldt 1845-50, vol.1 70.
80 Humboldt 1973, 142.
81 1810년 1월 3일 훔볼트가 괴테에게 보낸 편지(Goethe and Humboldt 1909, 305). 또한 Humboldt 1845-52, vol.1 73과 Humboldt 1845-50, vol.1 85를 참조.
82 E. Darwin 1791, 232째 줄.
83 King-Hele 1986, 67-8.
84 1839년 9월 18일 훔볼트가 찰스 다윈에게 쓴 편지(Darwin 1985-2014, vol.2 426). 훔볼트는 1795년 독일에서 출간된 에라스무스 다윈의 책 『동물생리학』을 언급했다. 또한 Humboldt 1973, 439를 참조.
85 1798년 1월 26-27일 괴테가 실러에게 보낸 편지(Schiller 1943-2003, vol.37 pt.1 234).
86 Goethe 1987, 458.
87 괴테의 『파우스트』 작업에 대해서는 다음을 참조하라. Goethe 1965-2000, vol.4 117; Goethe 1994, 53; Goethe 1982-96, vol.3 393; Safranski 2011, 191; Schiller and Goethe 1856, vol.1 322.
88 『파우스트 I』 중 Scene 1, 밤, 437째 줄. 이 인용을 위해 두 개의 『파우스트』 역서를 참조하여 원문과 가장 가까운 것들을 골랐다. Kaufmann 1961, 99; Luke 2008.
89 Goethe 1968-76, vol.2 558.
90 『파우스트 I』 중 Scene 1, 밤, 441째 줄(Kaufmann 1961, 99).

91 같은 책, 382째 줄(Kaufmann 1961, 95).
92 괴테는 1797년에 이 시를 짓고 발표했다(Goethe 1994, 59).
93 Pierre-Simon Laplace, *Exposition du systême du monde*, 1796; Adler 1990, 264.
94 『파우스트 I』 중 Act 1, 밤, 672-5째 줄(Luke 2008, 23).
95 1810년 1월 3일 훔볼트가 괴테에게 보낸 편지(Goethe and Humboldt 1909, 304).
96 Haydon 1960-63, vol.2 173.
97 Goethe 1876, 407.
98 같은 책.

3. 드디어 출발

1 Humboldt 1973, 47.
2 W. Humboldt & C. Humboldt 1910-16, vol.6 219.
3 Geier 2009, 199.
4 1796년 7월 16일 빌헬름이 실러에게 보낸 편지(Geier 2009, 201).
5 Humboldt 1973, 551-4; 560.
6 같은 책, 47; Biermann 1987, 55.
7 Humboldt 1973, 553.
8 같은 책, 233-4.
9 같은 책, 559.
10 Gersdorff 2013, 65-6.
11 Eichhorn 1959, 186.
12 Humboldt 1973, 136.
13 같은 책, 560; Biermann 1987, 55-8.
14 Humboldt 1973, 403.
15 같은 책, 578; 583; 584.
16 같은 책, 575; 578.
17 Goethe 1876, 311.
18 Humboldt 1814-29, 5; Humboldt 1973, 593.
19 Humboldt 1973, 593; 603.
20 같은 책, 601; 608.
21 같은 책, 594.
22 같은 책, 625.
23 같은 책, 612; 629.
24 같은 책, 661; Biermann 1987, 96.
25 Humboldt 1973, 625; 629.
26 Moheit 1993, 9; Humboldt 1973, 633-4; Biermann 1987, 57-8; Gersdorff 2013, 66ff.
27 Bruhns 1873, vol.1 234.
28 Humboldt 1973, 661.
29 Biermann 1990, 175ff; Schneppen 2002; Sarton 1943, 387ff; Humboldt 1973, 662.
30 1800년 9월 17일 실러가 괴테에게 보낸 편지(Schiller 1943-2003, vol.30 198). 또한 같은 책,

vol.38 pt.1 347 참조.
31 Humboldt 1973, 178.
32 같은 책, 661; Biermann 1987, 58.
33 Humboldt 1973, 627; 661.
34 Humboldt 1814-29, vol.1 2.
35 같은 책, 8; Humboldt 1973, 662.
36 British Library Add 8099, ff.71-2.
37 Bruhns 1873, vol.1 394.
38 같은 책, 239; Humboldt 1973, 662.
39 Humboldt 1973, 661.
40 같은 책, 631.
41 같은 책, 657; 663; 680; Holl 2009, 59-60.
42 Humboldt 1973, 680.
43 Humboldt 1814-1829. vol.1 33-9; Seeberger 1999, 57-61.
44 1799년 6월 5일에 쓴 일기(Humboldt 2000, 58).
45 Humboldt 1973, 657. 훔볼트는 다른 편지에서는 '힘들의 상호작용interaction'이라는 표현을 썼다(같은 책, 682).
46 같은 책, 680.
47 1799년 6월 6일에 쓴 일기(Humboldt 2000, 424).
48 Humboldt 1814-29, vol.1 110ff.
49 같은 책, 153-4.
50 같은 책, 168; 189-90.
51 같은 책, 182; 188. 또한 1799년 6월 20-25일 알렉산더가 형 빌헬름에게 쓴 편지 참조(Humboldt 1880, 10).
52 Biermann 1987, 82.
53 Humboldt 1814-29, vol.2 20.
54 같은 책, 183ff.
55 같은 책, 184.
56 Arana 2013, 26ff.
57 Humboldt 1814-29, vol.2 188-9.
58 같은 책, 184.

4. 남아메리카

1 1799년 7월 16일 형 빌헬름에게 쓴 편지(Humboldt 1880, 11).
2 Humboldt 1814-29, vol.2 183-4; Humboldt 1880, 13.
3 1799년 7월 16일 형 빌헬름에게 쓴 편지(같은 책, 13).
4 같은 책.
5 Humboldt 1814-29, vol.2 239.
6 같은 책, vol.3 72.

7 1799년 7월 16일 형 빌헬름에게 쓴 편지(Humboldt 1880, 13).
8 Humboldt 1814-29, vol.2 183.
9 같은 책, 194.
10 같은 책, vol.3 111; 122.
11 같은 책, 122.
12 Humboldt 1993, 66; Humboldt 1880, 13.
13 Humboldt 1814-29, vol.3 332ff.
14 Humboldt 1993, 66.
15 같은 책, 65.
16 Humboldt 1814-29, vol.2 246.
17 같은 책, vol.3 316-17; 1799년 11월 4일에 쓴 일기(Humboldt 2000, 119).
18 Humboldt 1814-29, vol.3 321.
19 1799년 11월에 쓴 일기(Humboldt 2000, 166).
20 훔볼트가 1801년 6월에 쓴 일기에 따르면, 호세는 1799년 8월 이래 같이 탐사를 다녔다고 한다(Humboldt 2003, vol.1 85).
21 Humboldt 1814-29, vol.3 347; 351-2.
22 Humboldt 2000, 165.
23 Humboldt 1814-29, vol.3 435.
24 Arana 2013, 21.
25 Humboldt 1814-29, vol.3 379.
26 Humboldt 2000, 188.
27 Humboldt 1814-29, vol.3 90.
28 같은 책, 160.
29 Humboldt 2000, 179.
30 Humboldt 1814-29, vol.3 307. 『신변기』 영어판에서는 돈 문제에 대한 언급이 없으나, 불어판에는 언급이 있다(*Voyage aux régions équinoxiales du Nouveau Continent*, vol.4 5).
31 Biermann 1987, 169.
32 Humboldt 1993, 9.
33 Humboldt 2000, 185.
34 Humboldt 1814-29, vol.4 107.
35 같은 책, 132.
36 같은 책, 131ff; Humboldt 2000, 215ff.
37 Humboldt 1814-29, vol.4 141.
38 같은 책, 140.
39 같은 책, 145ff.
40 같은 책, 148-9.
41 같은 책, 142.
42 Humboldt 2000, 215.
43 Humboldt 1814-29, vol.3 24-5.
44 같은 책, vol.4 63.
45 1800년 2월 7일에 쓴 일기(Humboldt 2000, 186).

46 Humboldt 1814-29, vol.4 143.
47 같은 책, vol.4 144.
48 훔볼트의 저작과 함께 다음을 참조. Holl 2007-8, 20-25; Osten 2012, 61ff.
49 Humboldt 1814-29, vol.4 143-4.
50 Weigel 2004, 85.
51 Evelyn 1670, 178.
52 Schama 1996, 175.
53 Bartram 1992, 294.
54 Franklin 1956-2008, vol.2 422;vol.4 70.
55 Humboldt 1814-29, vol.4, 143.
56 같은 책, 144.
57 Humboldt 2000, 140; Humboldt 1814-29, vol.4 477.
58 1799년 9월에 쓴 일기(Humboldt 2000, 140).
59 1800년 3월 4일에 쓴 일기(같은 책, 216).
60 Humboldt 1814-29, vol.4 486; Humboldt 2000, 257.
61 Humboldt 1814-29, vol.2 147.
62 1803년 8월 2-5일에 쓴 일기(Humboldt 2003, vol.2 258).
63 Aristotle, Politics, Bk.1 Ch.8.
64 Worster 1977, 37.
65 창세기 1장 27-8.
66 Worster 1977, 30.
67 Thomas 1984, 33.
68 Myers 1912, 303.
69 Montesquieu, 『법의 정신*The Spirit of Laws, London*』, 1750, 391.
70 Chinard 1945, 464.
71 Tocqueville 1861, vol.1 202.
72 Chinard 1945, 452.
73 1794년 토마스 라이트Thomas Wright(Thomson 2012, 189).
74 제레미 벨냅Jeremy Belknap(Chinard 1945, 464).
75 Judd 2006, 4; Bewell 1989, 242.
76 Bewell 1989, 243. 또함 애덤 호지슨Adam Hodgson의 발언도 참조(Chinard 1945, 483).
77 Humboldt 1845-52, vol.1 37; Humboldt 1845-50, vol.1 36.
78 1800년 3월 4일에 쓴 일기(Humboldt 2000, 216)

5. 야노스와 오리노코

1 야노스에서의 훔볼트의 행적에 대해서는 다음을 참조. Humboldt 1814-29, vol.4 273ff; Humboldt 2000, 222ff.
2 Humboldt 1814-29, vol.4 263.
3 같은 책, 293.
4 Humboldt 1814-29, vol.4 319ff; Humboldt 2000, 223-34.

5 Humboldt 2014, 29; Humboldt 1849b, vol.1 2; Humboldt 1849a, vol.1 4; Humboldt 1808, 3.

6 Humboldt 1849b, vol.1 22-3; Humboldt 2014 39-40; Humboldt 1849a, 32-4; Humboldt 1814-29, vol.4 347ff.

7 Humboldt 2014, 40; Humboldt 1849b, vol.1 23; Humboldt 1849a, vol.1 34.

8 Humboldt 1814-29, vol.4 390ff; vol.5.

9 1800년 3월 30일에 쓴 일기(Humboldt 2000, 239).

10 Humboldt 1814-29, vol.4 419.

11 Humboldt 1880, 15.

12 Humboldt 1814-29, vol.3 310.

13 Humboldt 2000, 241-2.

14 같은 책, 255.

15 Humboldt 1814-29, vol.4 433; 436; 535; vol.5 442.

16 같은 책, vol.5 287.

17 Humboldt 2000, 244.

18 Humboldt 1814-29, vol.4 446; Humboldt 2000, 249.

19 Humboldt 1814-29, vol.5 528.

20 Humboldt 1849a, vol.1 270; Humboldt 2014, 146; Humboldt 1849b, vol.1 333.

21 Humboldt 1814-29, vol.4 505

22 Humboldt 2000, 240.

23 Humboldt 1814-29, vol.4 523-4.

24 같은 책, 527.

25 Humboldt 2000, 266.

26 Humboldt 2014, 147; Humboldt 1849a, vol.1 272; Humboldt 1849b, vol.1 337.

27 Bruhns 1873, vol.1 274.

28 Humboldt 1814-29, vol.5 290.

29 Humboldt 1849a, vol.1 270ff; Humboldt 2014, 146-7; Humboldt 1849b, vol.1 333-5; Humboldt 1814-29, vol.4 436ff.

30 Humboldt 2014, 146; Humboldt 1849a, vol.1 270; Humboldt 1849b, vol.1 334.

31 Humboldt 1814-29, vol.4 437.

32 같은 책, vol.2 15.

33 Humboldt 2014, 36; Humboldt 1849a, vol.1 15; Humboldt 1849b, vol.1 23.

34 Worster 1977, 35.

35 Humboldt 1814-29, vol.4 421.

36 Humboldt 1849a, vol.1 15; Humboldt 2014, 37; Humboldt 1849b, vol.1 23.

37 Humboldt 2000, 262.

38 Humboldt 1814-29, vol.5 1ff.; Humboldt 1849a, vol.1 219ff; Humboldt 2014, 123ff; Humboldt 1849b, vol.1 268ff.

39 Humboldt 1814-29, vol.5 139.

40 같은 책, vol.4 496; Humboldt 2000, 258.

41 Humboldt 2000, 258.

42 Humboldt 1814-29, vol.4 496.

43 같은 책, vol.5 87;112; Humboldt 2000, 260-61.

44 Humboldt 2000, 261.

45 Humboldt 1814-29, vol.5 103-4.

46 Humboldt 2000, 262.

47 Humboldt 1814-29, vol.4 510.

48 같은 책, vol.4 534-6;vol.5 406; Humboldt 2000, 260.

49 Humboldt 1814-29, vol.5 441.

50 같은 책, vol.4 320; vol.5 363; 444; Humboldt 2000 260; Humboldt 1880, 17.

51 Humboldt 1814-29, vol.5 365; 541. 훔볼트는 나중에 프랑스 과학자(Claude Louis Berthollet)의 이름을 따서 이를 Bertholletia excelsa라고 불렀다.

52 같은 책, 256.

53 Humboldt 2000, 250.

54 Humboldt 2000, 285; 255; 286.

55 Humboldt 1814-29, vol.5 309. 자연 숭배에 대해서는 같은 책, vol.3 213 참조. 가장 뛰어난 자연관찰자에 대해서는 Humboldt 1982, 182-3 참조.

56 Humboldt 1814-29, vol.4 532ff.

57 같은 책, vol.5 234.

58 같은 책, vol.4 549; vol.5 256.

59 Humboldt 1982, 176.

60 Humboldt 1814-29, vol.5 443.

61 같은 책, 2;218; Humboldt 1849a, vol.1 216; 224; 231; Humboldt 2014, 121; 126; 129; Humboldt 1849b, vol.1 263; 276; 285.

62 Humboldt 1814-29, vol.4 134.

63 같은 책, vol.5 399-400; 437; 442.

64 같은 책, 441.

65 같은 책, 448.

66 Humboldt 2000, 297.

67 Humboldt 1814-29, vol.5 691-2.

68 같은 책, 694ff.

69 같은 책, vol.6 7.

70 같은 책, 2-3.

71 같은 책, 69.

72 Humboldt 1849a, vol.1 19ff; Humboldt 2014, 38ff; Humboldt 1849b, vol.1 29ff.

73 Humboldt 2000, 231.

74 Humboldt 1814-29. vol.6 7.

75 같은 책, vol.4 334.

76 같은 책, vol.6 8.

77 Humboldt 2014, 36; Humboldt 1849a, vol.1 15; 181; Humboldt 1849b, vol.1 23.

6. 안데스를 넘어서

1 Humboldt 1814-29, vol.7, 285; Bruhns 1873, vol.1 292; Biermann 1987, 173; Humboldt 2003, vol.2 178; *National Intelligencer and Washington Advertiser*, 12 November 1800.

2 Humboldt 1814-29, vol.7 288.

3 Biermann 1987, 171.

4 Humboldt 1814-29, vol.7 286.

5 Banks 2000, 171; Wulf 2008, 203-4.

6 Banks 2007, vol.5 63-4; 406.

7 Biermann 1987, 175.

8 Humboldt 1993, 109.

9 Humboldt 2003, vol.2 178.

10 같은 책, 178.

11 같은 책; Humboldt 2003, vol.1 89ff; Humboldt 1880 32..

12 Humboldt 2003, vol.1 89-90.

13 같은 책, 65-6.

14 같은 책, 67-78.

15 같은 책, 78.

16 같은 책, 85-9.

17 Humboldt 1880, 35; Humboldt 2003, vol.1 90ff (훔볼트는 이 일기를 보고타를 출발한 이후에 썼다).

18 Holl 2009, 161.

19 Humboldt 1880, 35.

20 Humboldt 2003, vol.1 91.

21 같은 책, 119.

22 같은 책, 135.

23 같은 책, 85.

24 Humboldt 1814, vol.1 63ff; Humboldt 1810, vol.1 17ff; Fiedler and Leitner 2000, 170.

25 Humboldt 2003, vol.1 131; 155.

26 같은 책, 151.

27 같은 책, 124; Humboldt 1814, vol.1 64; Humboldt 1810, vol.1 19.

28 Humboldt 2003, vol.1 163.

29 같은 책, vol.2 45.

30 1801년 9월 21일 형 빌헬름에게 보낸 편지(Humboldt 1880, 27).

31 Humboldt 2003, vol.1 155.

32 같은 책, 152. 호세와 기압계에 대해서는 1802년 4월 28일의 일기를 참조(Humboldt 2003, vol.2 83.

33 Wilson 1995, 296; Humboldt 2003, vol.1 66.

34 biermann 1987, 101.

35 Goethe 1965-2000, vol.14 322.

36 Beck 1959, 24.

37 Humboldt 1973, 280.

38 같은 책, 46; 180.
39 같은 책, 477.
40 같은 책, 180.
41 같은 책, 478-9.
42 같은 책, 680.
43 1871년 아돌프 코후트Adolph Kohut가 1805년 베를린에 체류할 당시의 훔볼트에 대해 언급한 내용(Beck 1959, 31).
44 *Quarterly Review*, vol.14, January 1816, 369.
45 1791년 1월 22일 카롤리네가 빌헬름에게 쓴 편지(W. Humboldt & C. Humboldt 1910-16, vol.1 372).
46 Fontane 1980, vol.3 365.
47 Andress 2011, 11; Holl 2009, 166.
48 Humboldt 1973, 47; 157.
49 Humboldt 1845-50, vol.1 6; Humboldt 1973, 157.
50 Humboldt 2003, vol.2 83.
51 훔볼트는 피친차 화산을 세 번 등정했다(Humboldt 2003, vol.2 72ff; 85ff; 90ff; Humboldt 1880, 45ff.
52 Humboldt 1880, 46.
53 Humboldt 2003, vol.2 83ff.
54 Humboldt 1814, vol.1 121;125; Humboldt 1810, vol.1 59; 62; Humboldt 2003, vol.2 81.
55 같은 책, 57; 62.
56 같은 책, 61.
57 같은 책, 62.
58 같은 책, 65.
59 Humboldt 2000, 179.

7. 침보라소

1 Humboldt 1880, 54.
2 같은 책, 48.
3 Humboldt 2003, vol.2 94-104.
4 Kutzinski 2012, 136.
5 Humboldt 1880, 48; Kutzinski 2012, 135-55; Humboldt 2003, vol.2 100-109.
6 Kutzinski 2012, 140.
7 Humboldt 2003, vol.2 106.
8 Humboldt 2009, 120; Humboldt 1807, 1613.
9 Humboldt 2003, vol.2 106. 19,413피트를 미터로 환산하여 번역하였음(옮긴이).
10 Heinz 2003, 19.
11 Jahn 2004, 19.
12 Humboldt 1814-29, vol.3 160;495. 훔볼트는 이런 유사성에 대해 『식물지리학에 대한

고찰』(1807)과 『신변기』에서 반복하여 강조했다(Humboldt 1814-29, vol.3 490ff; Humboldt 1849a, vol.2 3ff; Humboldt 2014, 155ff; Humboldt 1849b, vol.2 3ff).

13 Humboldt 1814-29, vol.3 453.

14 Humboldt 2009, 65-6; Humboldt 1807, 5ff.

15 Humboldt 1845-52, vol.1 xviii; Humboldt 1845-50, vol.1 vi.

16 Humboldt 2009, 77; Humboldt 1807, 35ff; Humboldt 1845-52, vol.1 11; Humboldt 1845-50, vol.1 12.

17 Humboldt 1845-52, vol.1 40; Humboldt 1845-50, vol.1 39.

18 Humboldt 1845-52, vol.1 11. Humboldt 1845-50, vol.1 12. 훔볼트에게 영감을 준 산들에 대해서는 Humboldt 1845-52, vol.1 347 참조.

19 Humboldt 2009, 61; Humboldt 1807, 3; Holl 2009, 181-3; Fiedler and Leitner 2000, 234.

20 Dove 1881, 103.

21 Humboldt 1845-50, vol.1 39. 'living whole'은 독일어 원문 'belebtes Naturganzes . . . Nicht ein todtes Aggregat ist die Natur'에서 내가 번역한 표현이다. 기존의 영어 번역은 'living connections'인데, 이 번역은 훔볼트의 의미를 잘 전달하지 못한다고 생각하여 별도로 번역했다(Humboldt 1845-52, vol.1 40).

22 Humboldt 1849a, vol.2 3; Humboldt 2014, 155; Humboldt 1849b, vol.2 3.

23 Humboldt 1849a, vol.2 10; Humboldt 2014, 158; Humboldt 1849b, vol.2 11.

24 Humboldt 1849a, vol.1 41; Humboldt 1849b, vol.1 40.

25 자연그림은 1807년에 『식물지리학에 관한 고찰』로 출간되었다.

26 Humboldt 1845-52, vol.1 48; Humboldt 1845-50, vol.1 55..

27 Humboldt 1880, 52.

28 Humboldt 1982, 187; Humboldt 1880, 51-2.

29 같은 책, 50.

30 Humboldt 1849a, vol.2 268; Humboldt 2014, 268; Humboldt 1849a, vol.2 319; Humboldt 2003, vol.2 126-30.

31 Humboldt 2004, 507; Helferich 2005, 242.

32 Kortum 1999, 98-100. 특히 98쪽의 훔볼트가 베르크하우스Heinrich Berghaus에게 쓴 편지를 참조.

33 Humboldt 2014, 244; Humboldt 1849a, vol.2 215; Humboldt 1849b, vol.2 254.

34 Beck 1959, 26.

35 같은 책, 27.

36 Humboldt 2003, vol.2 182ff.

37 같은 책, 184.

38 Humboldt 2003, vol.2 190.

8. 정치와 과학: 토머스 제퍼슨과 훔볼트

1 1804년 4월 29일-5월 20일의 일기(Humboldt 2003, vol.2 301ff).

2 같은 책, 302.

3 Biermann 1987, 103.
4 Humboldt 2004, 508.
5 Humboldt 1993, 230.
6 Humboldt 1982, 12.
7 Humboldt 1973, 118.
8 1804년 5월 24일 훔볼트가 제퍼슨에게 보낸 편지(Terra 1959, 788).
9 같은 책, 787.
10 1804년 5월 24일 훔볼트가 매디슨에게 보낸 편지(같은 책, 796).
11 Bear 1967, 71.
12 1804년에 제퍼슨에게는 일곱 명의 손주들이 있었다. 그중 여섯은 딸 마르타의 아이들이며, 나머지 하나는 딸 마리아의 아이였다.
13 Hunt 1906, 405; Bear 1967, 85.
14 Bear 1967, 12; 18; 72-8.
15 Jefferson 2004-13, 370.
16 같은 책, vol.15 163.
17 Wulf 2011, 35-57; 70.
18 Jackson 1978, vol.1 61-6.
19 Terra 1959, 788; Madison 1986-2007, vol.7 191-2.
20 Peale 1983-2000, vol.2 pt.2 680ff.
21 North 1974, 70ff.
22 Wulf 2011, 83ff.
23 같은 책, 129ff.
24 Friis 1959, 171.
25 Young 1966, 44.
26 백악관은 당시 여전히 대통령관President's House으로 불리고 있었다. 백악관이라는 이름이 최초로 기록된 것은 1811년으로 알려져 있다(Wulf 2011, 125).
27 Froncek 1977, 85.
28 Norton 1976, 211.
29 Wulf 2011, 145ff.
30 Plumer 1923, 193; 333.
31 Foster 1954, 10.
32 Jefferson 1944, 394.
33 Hunt 1906, 393.
34 Wulf 2011, 149.
35 제퍼슨이 다방면의 주제에 관심을 가지고 있었음은 Jefferson 1997과 Jefferson 1944에서 잘 드러난다. 또한 다음을 참조하라. Jefferson 1986, 316; Bear 1967, 33.
36 Thomson 2012, 51ff.
37 Jefferson 2004-13, vol.29 279.
38 Wilson 1983, 232.
39 Peale 1983-2000, vol.2 pt.2 690.
40 Hunt 1906, 385;396; Bear 1967, 18; Thomson 2012, 166ff.

41 Hunt 1906, 396.

42 Terra 1959, 789.

43 Peale 1983-2000, vol.2 pt.2 690-700.

44 Madisson 1986-2007, vol.7 265.

45 Friis 1959, 176.

46 같은 책, 175.

47 같은 책, 176.

48 Peale 1983-2000, vol.2 pt.2 684. 후에 루이 아가시즈Louis Agassiz는 이전의 지도가 너무나 불완전해서 멕시코의 위치가 300마일이나 잘못되어 있었다는 것을 훔볼트의 측정을 통해 알 수 있었다고 말했다(Agassiz 1869, 14-15).

49 Friis 1959, 176.

50 같은 책, 177; Terra 1959, 786. 당시 제퍼슨의 테이블은 온통 루이지애나와 텍사스에 관한 정보들로 덮여 있었다고 한다.

51 Friis 1959, 176.

52 Peale 1983-2000, vol.2 pt.2 683.

53 같은 책, 725.

54 Friis 1959, 176.

55 같은 책, 181.

56 Terra 1959, 789; Rebok 2006, 131; Rebok 2014, 48-50.

57 Terra 1959, 789.

58 Rebok 2006, 126.

59 Humboldt 1993, 307.

60 Friis 1959, 178-9; Humboldt 2004, 484-94; 497-509.

61 Jefferson to Caspar Wistar, 7 June 1804, Library of Congress.

62 Madisson 1986-2007, vol.7 421.

63 Terra 1959, 789; 801.

64 같은 책, 796.

65 Humboldt 1814-29, vol.3 2.

66 Humboldt 1982, 211.

67 같은 책, 208.

68 같은 책, 106.

69 같은 책, 232.

70 Humboldt 1814-29, vol.3 79.

71 같은 책, 120.

72 Humboldt 2000, 208-9.

73 Humboldt 2011, 115; Humboldt 1814-29, vol.7 201.

74 Humboldt 2003, vol.1 87.

75 Humboldt 1814-29, vol.7 161; Humboldt 2011, 95; Humboldt 1811, vol.3 105.

76 Humboldt 2000, 238.

77 Humboldt 2003, vol.2 253-7.

78 Humboldt 2000, 238.

79 Humboldt 1811, vol.3 454.
80 Humboldt 1814-29, vol.7 236.
81 Jefferson 2004-13, vol.12 442.
82 Wulf 2011, 113-20; Jefferson 2004-13, vol.28 464-5;vol.29, 128-9; vol.30 202; Thomson 2012, 171-2.
83 Jefferson 2004-13, vol.26 62;241; vol.27 7.
84 같은 책, vol.32, 124.
85 Jefferson 2004-13, vol.29 522.
86 Jefferson 2004-13, vol.7 248. 토지 소유자와 도덕에 대한 제퍼슨의 입장에 대해서는 Jefferson 1982, 165 참조.
87 Jefferson 2004-13, vol.8 682.
88 1776년 6월 13일 이전에 제퍼슨이 만든 버지니아 주 헌법 초안(Jefferson 2004-13, vol.1 337ff).
89 *National Gazette*, 2 March 1792.
90 Humboldt 1814-29, vol.3 15.
91 Humboldt 2009, 134; Humboldt 1807, 171; Humboldt 2012, 142ff; Humboldt 1814-29, vol.7 260ff.
92 Humboldt 1814-29, vol.1 127; vol.3 3.
93 Wulf 2011, 41.
94 Jefferson 2004-13, vol.14 492.
95 Humboldt 2011, 144; Humboldt 1814-29, vol.7 263.
96 Humboldt 1993, 199-200.
97 Humboldt 1982, 255.
98 같은 책, 145.
99 Humboldt 1814-29, vol.4 126-7; Humboldt 2003, vol.1 87.
100 Humboldt 1814-29, vol.4 128.
101 Humboldt 2003, vol.1 87.
102 Jefferson 1982, 143.
103 Humboldt 1814-29, vol.4 474; Humboldt 1845-52, vol.1 351; 355; Humboldt 1845-50, vol.1 381-5; Humboldt 1814, 15.
104 Humboldt 1845-52, vol.1 355; Humboldt 1845-50, vol.1 385.
105 Humboldt 1845-52, vol.1 3; Humboldt 1845-50, vol.1 4.

9. 유럽

1 Terra 1959, 796.
2 Humboldt 2009, 86; Wulf 2008, 195; Biermann 1987, 104.
3 Bruhns 1873, vol.1 324.
4 Humboldt 1993, 310.
5 Biermann 1987, 104.
6 Stott 2012, 189.

7 나폴레옹 치하의 파리에 대해서는 다음을 참조. Horne 2004, 162ff; Marrinan 2009, 298; Scott 1816; Dibdin 1821, vol.2 76-9.
8 Southey 1965, vol.2 162.
9 Scott 1816, 98-9.
10 같은 책, 116.
11 Dibdin 1821, vol.2 76.
12 Scott 1816 68;125.
13 같은 책, 84.
14 Humboldt 2009, 136; Humboldt 1807, 176.
15 Voght 1959-65, vol.3 116; Bruhns 1873, vol.2 6.
16 Goethe 1982-96, vol.4 511; Schiller 1943-2003, vol.40 246.
17 Geier 2010, 237; Gersdorff 2013, 108ff.
18 W. Humboldt & C. Humboldt 1910-16, vol.2, 232.
19 같은 책, 231.
20 같은 책, 226.
21 같은 책, 232.
22 같은 책, 182.
23 같은 책, 249.
24 Biermann 1987, 178.
25 Beck 1959-61, vol.2 1.
26 Humboldt 1993, 15.
27 Biermann 1987, 179.
28 같은 책, 178.
29 Humboldt 2004, 516.
30 Biermann 1987, 179.
31 Bruhns 1873, vol.1 350.
32 Biermann 1987, 179; Bruhns 1873, vol.1 398; Schneppen 2002, 10.
33 Arana 2013, 57; Heiman 1959, 221-4.
34 Lynch 2006, 22ff; Arana 2013, 53ff.
35 O'Leary 1969, 30.
36 Arana 2013, 58; Heiman 1959, 224.
37 Minguet 1986, 743.
38 같은 책, 749-50.
39 Arana 2013, 59.
40 Beck 1959, 30-31.
41 Humboldt 1982, 11.
42 Beck 1969, 266.
43 Humboldt 1982, 65.
44 Humboldt 1814-29, vol.3 196.
45 Humboldt 1982, 65.
46 같은 책, 255.

47 Beck, 1969, 266.
48 Minguet 1986, 749.
49 Humboldt 1973, 142.
50 Voght 1959-67, vol.3 95.
51 Biermann and Schwarz, 2001b.
52 같은 책.
53 W. Humboldt & C. Humboldt 1910-16, vol.2 252.
54 같은 책, 183.
55 같은 책, 274.
56 같은 책, 238.
57 같은 책, 250;252.
58 같은 책, 231.
59 Terra 1958, 562ff.
60 Bruhns 1873, vol.1 345-7; Biermann 1987, 171-2.
61 Terra 1955, 219; Podach 1959, 209.
62 Bruhns 1873, vol.1 351.
63 같은 책; Humboldt 1973, 157.
64 W. Humboldt & C. Humboldt 1910-16, vol.2 298; Bruhns 1873, vol.1 352.
65 Gersdorff 2013, 93ff.
66 Werner 2004, 115ff.
67 O'Leary 1915, 86; Arana 2013, 61ff.
68 Beck 1969, 266.
69 Rippy and Brann 1947, 702.
70 Rodríguez 2011, 67; Werner 2004, 116-17.
71 Recke 1815, vol.3 271ff.
72 Banks 2007, vol.5 452.
73 Heiman 1959, 229.
74 Arana 2013, 65ff.
75 Rippy and Brann 1947, 703.

10. 베를린

1 Bruhns 1873, vol.1 354.
2 Biermann und Schwarz 1999a, 183.
3 Humboldt 2009, 259; Goethe and Humboldt 1909, 298.
4 Bruhns 1873, vol.1 355.
5 Merseburger 2009, 76; W. Humboldt & C. Humboldt 1910-16, vol.3 418.
6 Bruhns 1873, vol.1 354.
7 Terra 1955, 244.
8 Bruhns 1873, vol.1 355.
9 Werner 2004, 117.

10 Bruhns 1873, vol.1 356.
11 같은 책; Biermann and Schwarz 1999a, 187.
12 Werner 2004, 79.
13 Bruhn 1873, vol.1 358.
14 Fiedler and Leitner 2000, 251.
15 Biermann 1990, 179-80.
16 Humboldt 2009, 64.
17 Bruhns 1873, vol.1 347.
18 Humboldt 2009, 64.
19 Humboldt 1814-29, vol.1 xlv.
20 Humboldt 1807, 7.
21 Humboldt 2009, 71-2; Humboldt 1807, 16-21.
22 Humboldt 2009, 72-3; Humboldt 1807, 23-4.
23 Humboldt 2009, 72-3; Humboldt 1807, 9.
24 독일의 지질학자 알프레드 베게너Alfred Wegener는 1912년에 판구조론을 제시했는데, 그것이 확인된 것은 1950년대와 1960년대 들어서였다.
25 Humboldt 2009, 79; Humboldt 1807, 40.
26 Humboldt 1845-52, vol.2 86; Humboldt 1845-50, vol.2 89.
27 Humboldt 2009, 69; Humboldt 1807, 13.
28 Humboldt 2009, 79; Humboldt 1807, 41.
29 Humboldt 1807, v. 훔볼트는 프랑스어판과 독일어판에 각기 다른 서문을 썼다.
30 Richards 2002, 114-203.
31 같은 책, 151.
32 Richards 2002, 134.
33 Werner 2000, 8.
34 Humboldt 1807, v.
35 Richards 2002, 138;129ff.
36 Humboldt 2006, 29.
37 1805년 2월 1일 훔볼트가 셸링에게 쓴 편지(Werner 2000, 6.).
38 1810년 1월 3일 훔볼트가 괴테에게 쓴 편지(Goethe and Humboldt 1909, 304). 또한 Humboldt 1876, 407 참조.
39 Goethe 2002, 222.
40 Geier 2010, 266.
41 같은 책, 254.
42 Humboldt 2009, 78
43 Fiedler and Leitner 2000, 38-69.
44 Bruhns 1873, vol.1 357.
45 Humboldt 2014, 30; 38; 108; 121; 126; Humboldt 1849a, vol.1 3; 20; 189; 216; 224; Humboldt 1808, 4; 5; 33-4; 140; 298; 316.
46 Humboldt 1849a, vol.1 231; Humboldt 2014, 129; Humboldt 1808, 329-30.
47 Humboldt 2009, 80.

48 Humboldt 1849a, vol.1 208; Humboldt 2014, 117; Humboldt 1808, 284.
49 Humboldt 1849a, vol.2 7-8; Humboldt 2014, 157-8; Humboldt 1808, 163ff.
50 Humboldt 1808, vii; Humboldt 1849a, vol.1 viii; Humboldt 2014, 25.
51 Humboldt 1849a, vol.1 207; Humboldt 2014, 117; Humboldt 1808, 282.
52 Beck 1959-61, vol.2 16.
53 Humboldt 2014, 25-6; Humboldt 1849a, vol.1 ix; Humboldt 1808, viii.
54 Humboldt 1849a, vol.1 ix; Humboldt 2014, 25; Humboldt 1808, viii.
55 Goethe 1968-76, vol.3 505.
56 Clark and Lubrich 2012b, 29.
57 Thoreau 1958, 310. 소로는 『메인의 숲』과 『소요*Excursions*』에서 이를 언급했다.
58 Emerson 1959-72, vol.3, 213; Harding 1967, 143; Walls 2009, 251ff.
59 Darwin, vol.1 247.
60 쥘 베른과 훔볼트에 대해서는 다음을 참조. Schifko 2010; Clark and Lubrich 2012, 24-5;170-75;191;204-5;214-23.
61 베른, 『그랜트 선장의 아이들』.
62 Clark and Lubrich 2012, 174; 191-2.
63 Biermann and Schwarz 2001b.
64 W. Humboldt & C. Humboldt 1910-16, vol.4 188.
65 Biermann 1987, 113.

11. 파리

1 Goethe and Humboldt 1909, 305; Bruhns 1873, vol.1 360.
2 Humboldt 2009, 81;94;115.
3 Humboldt and Bonpland 2004, 57; Fiedler and Leitner 2000, 251.
4 『코르딜레라스 산맥과 아메리카 원주민의 기념비적 업적들』은 1810년부터 1813년까지 7번에 나누어 출판되었다.
5 Goethe and Humboldt 1909, 304; Goethe 1998-2007, vol.4 pt.1 111.
6 Goethe Diary 1998-2007, vol.4 pt.1 111.
7 Goethe Diary 1998-2007, vol.4 pt.2 111-12.
8 Humboldt 2004, 111; Biermann 1987, 196.
9 Terra 1959, 795.
10 Jefferson 2004-13, vol.1 24; 266; vol.3 108; 553; 623; vol.4 353-4; vol.7 29; Terra 1959, 789.
11 Banks 2007, vol.5 63ff; vol.6 27-8; 164-5; 171.
12 Beck 1959, 37; Bruhns 1873, vol.2 6; Voght 1959-65, vol.3 95.
13 Beck 1959, 206.
14 Arago 1857, 12ff.
15 Biermann and Schwarz 2001b.
16 Bruhns 1873, vol.2 58.
17 Arago 1907, 224; 290.

18 W. Humboldt & C. Humboldt 1910-16, vol.6 30.
19 같은 책, vol.3 70.
20 Geier 2010, 272.
21 W. Humboldt & C. Humboldt 1910-16, vol.6 64; vol.4 188; vol.6 43-4.
22 같은 책, vol.3 433.
23 Goethe 1876, 353.
24 *Journal of American Geological and Statistical Society*, 1859, vol.1 235.
25 Podach 1959, 198;201-2.
26 Beck 1959-61, vol.2 2.
27 Serres 1995, 431.
28 Krätz 1999a, 113.
29 Beck 1959-61, vol.2 16.
30 Daudet 1912, 295-365; Krätz 1999a, 113.
31 George Monge의 비밀보고서(4 March 1808); Podach 1959, 200.
32 Podach 1959, 200ff.
33 Beck 1959, 207.
34 Bruhns 1873, vol.2 89.
35 Humboldt 2004, 516.
36 Päßler 2009, 12.
37 Beck 1959, 69.
38 Voght 1959-65, vol.3 95.
39 Krätz 1999a, 116-17; Clark and Lubrich 2012, 10-14.
40 Beck 1959, 42.
41 같은 책, 3.
42 Clark and Lubrich 2012, 199.
43 같은 책.
44 Beck 1959, 208.
45 W. Humboldt & C. Humboldt 1910-16, vol.5 135.
46 Laube 1875, 334.
47 Beck 1959, 268.
48 Bruhns 1873, vol.2 58.
49 Varnhagen 1987, vol.2 139
50 Beck 1969, 250-51
51 같은 책, 259.
52 Horne 2004, 195.
53 Marrinan 2009, 284.
54 Horne 2004, 202.
55 Scott 1816, 71.
56 Haydon 1950, 212.
57 같은 책.
58 Geier 2010, 248; Päßler 2009, 25.

59 1813년 8월 26일(Terra 1959, 798.)
60 W. Humboldt & C. Humboldt 1910-16, vol.4 384.
61 Bruhns 1873, vol.2 52.
62 Podach 1959, 206.
63 Podach 1959, 201-2; Jefferson 2004-13, vol.9 392.
64 Scott 1816, 328ff.
65 Ewing 2007, 275.
66 Ayrton 1831, 9-32.
67 Holmes 1998, 71.
68 Holmes 2008, 288.
69 같은 책, 276.
70 Goethe & Humboldt 1909, 305

12. 혁명과 자연: 시몬 볼리바르와 훔볼트

1 Clark and Lubrich 2012, 67-8.
2 *Semanario*. Caldas 1942, vol.2 21-162.
3 Minguet 1986, 749.
4 Minguet 1986, 749-50; Beck 1959, 30-31; Beck 1969, 266; Rippy and Brann 1947, 702; Lynch 2006, 28-32.
5 Bolívar 2003, 87.
6 같은 책, 146.
7 1819년 2월 15일 볼리바르의 앙고스투라 의회 연설(같은 책, 53).
8 O'Leary 1879-88, vol.2 146. 전원 생활에 대한 예찬에 대해서는 71쪽 참조. 또한 (Arana 2013, 292) 참조.
9 Bolívar 2003, 210.
10 O'Leary 1915, 86; Arana 2013, 61.
11 Bolívar, Manifesto to the Nations of the World, 20 September 1813(Bolívar 2003, 121). 볼리바르는 1810년 혁명에 대한 국제적 지원을 얻어 내기 위한 외교 목적으로 런던을 방문하기 위해 잠깐 유럽으로 돌아왔다.
12 스페인의 약화와 혁명에 대해서는 Langley 1996, 166ff 참조
13 Langley 1996, 179ff.
14 Arana 2013, 109; Lynch 2006, 59ff.
15 Arana 2013, 108.
16 *Royal Military Chronicle*, vol.4, June 1812, 181.
17 Arana 2013, 126.
18 1814년 4월 28일(Jefferson 2004-13, vol.7, 327).
19 1811년 4월 11일(Jefferson 2004-13, vol.3, 554).
20 Arana 2013, 128ff.
21 Slatta and De Grummond 2003, 22. 훔볼트의 리오마그달레나 지도를 식물학자인 호세 무티스, 지도제작자인 카를로스 프란시스코와 호세 이그나시오 폼보 등 몇 사람이 복제했

었다(Humboldt 2003, vol.2 42ff).

22 1812년 12월 24일 테네리페 주민들에게 볼리바르가 한 연설(Arana 2013, 132).

23 같은 책, 138.

24 Arana 2013, 139.

25 1819년 12월 22일(Lecuna 1951, vol.1 215).

26 Arana 2013, 184;222.

27 Bolívar 2003, 206.

28 O'Leary 1969, 30.

29 Arana 2013, 243.

30 O'Leary 1969, 30.

31 Arana 2013, 244.

32 같은 책, 140ff.

33 Bolívar 2003, 114; Langley 1996, 187ff.; Lynch 2006, 73.

34 1813년 8월 8일(Lynch 2006, 76).

35 Arana 2013, 151.

36 같은 책, 165; Lynch 2006, 82ff; Langley 1996, 188ff.

37 Arana 2013, 165.

38 Jefferson 2004-13, vol.4 354.

39 Arana 2013, 170-71; Langley 1996, 191.

40 Bolívar 2003, 154.

41 1815년 9월 1일 'Warning Against Unauthorized Military Expedition Against the Dominions of Spain'.

42 Adams 1856, vol.10 14.

43 Jefferson 2004-13, vol.7 29.

44 Jefferson 2004-13, vol.3, 560;566;vol.7 14.

45 1815년 11월 18일 윈필드 스캇Winfield Scott이 제임스 먼로에게 편지를 썼고, 먼로는 이를 제퍼슨에게 건넸다(같은 책, vol.9 392).

46 Terra 1959, 789;794.

47 1808년에 프랑스어로 처음 출판되었으며, 곧바로 1809년에 독일어, 1811년에 영어로 출판되었다.

48 Jefferson 2004-13, vol.1 24; 266; vol.3 108; 553; 623; vol.4 353-4; vol.7 29.

49 같은 책, vol.7 30; Terra 1959, 794.

50 1817년 5월 14일 제퍼슨이 라파예트에게(Library of Congress).

51 Jefferson 2004-13, vol.9 444.

52 1815년 9월 6일 볼리바르는 소위 '자메이카에서 띄우는 편지'에서 훔볼트의 책을 언급했다(Bolívar 2003, 12). 볼리바르의 도서관에 대해서는 Bolívar 1929, vol.7 156 참조.

53 존 블랙John Black이 쓴 역자 서문(Humboldt 1811, vol.1 v).

54 Jefferson 2004-13, vol.3 108.

55 Humboldt 1811, vol.1 196.

56 같은 책, 178.

57 같은 책, vol.3 456.

58 같은 책, 455.
59 Humboldt 1814-29, vol.3 3.
60 Humboldt 2003, vol.1 55.
61 Humboldt 1811, vol.3 390.
62 Bolívar 2003, 12.
63 같은 책, 20.
64 Bolívar 2003, 154
65 Humboldt 1814-29, vol.3 79.
66 Bolívar 2003, 20.
67 Humboldt 1811, vol.3 101.
68 Bolívar 2003, 20.
69 같은 책, 13.
70 Langley 1996, 194-7.
71 1819년 2월 15일 볼리바르의 앙고스투라 의회 연설(Bolívar 2003, 34).
72 1816년 6월 2일(Bolívar 2003, 177).
73 1819년 2월 15일 볼리바르의 앙고스투라 의회 연설(Bolívar 2003, 51).
74 Langley 1996, 195; Lynch 2006, 151-3.
75 Minguet 1986, 751. Humboldt 1814-29, vol.6 839; Humboldt 2011, 147.
76 Langley 1996, 196-200; Arana 2013, 194ff
77 Arana 2013, 208-10.
78 같은 책, 3; 227.
79 Lynch 2006, 119ff.
80 Bolívar 2003, 38-9; 53.
81 같은 책, 53.
82 같은 책.
83 같은 책, 31.
84 Arana 2013, 230-32; Lynch 2006, 127-9.
85 Arana 2013, 220; Lynch 2006, 122-4.
86 Arana 2013, 230-32; Lynch 2006, 127-8.
87 Arana 2013, 233-5; Lynch 2006, 129-30.
88 Arana 2013, 235.
89 Arana 2013, 284-8; Lynch 2006, 170-71.
90 O'Leary 1879-88, vol.2 146.
91 Clark and Lubrich 2012, 67-8; 이 시가 처음 알려진 것은 1822년 10월 13일이며, 1833년에 처음으로 출판되었다(Lynch 2006, 320 note14).
92 「침보라소에서의 섬망」 중(Clark and Lubrich 2012, 68).
93 「침보라소에서의 섬망」 중(Clark and Lubrich 2012, 68).
94 Bolívar 2003, 53.
95 Arana 2013, 293.
96 같은 책.
97 Arana 2013, 288.

98 Lecuna 1951, vol.1 289.

99 Rippy and Brann 1947, 701.

100 Pratt 1992, 141.

101 1824년 5월 21일 볼리바르가 올라네타Pedro Olañeta에게 한 말.

102 Bolívar 2003, 101.

103 1830년 1월 20일, 보고다 선언(Bolívar 2003, 101).

104 Arana 2013, 268.

105 Bolívar 2003, 147.

106 Beck 1969, 266.

107 Minguet 1986, 750.

108 같은 책.

109 Jefferson 1982; Cohen 1995, 72-9; Thomson 2008, 54-72. 이를 주장한 프랑스 과학자로는 뷔퐁, 라이날Abbé Raynal, 파우Cornélius de Pauw 등이 있다.

110 Martin 1952, 157.

111 Thomson 2012, 12.

112 Jefferson 1982, 50-52; 53.

113 1824년 12월 제퍼슨과 다니엘 웹스터의 대화(Webster 1903, vol.1 371).

114 Thomson 2012, 10-11.

115 Jefferson 2004-13, vol.6 340; Wulf 2011, 67-70.

116 Jefferson to Bernard Germain de Lacépède, 14 July 1808, Library of Congress.

117 Humboldt 1814-29, vol.3 70-71; Humboldt 1845-52, vol.2 64; Humboldt 1845-50, vol.2 66.

118 1801년 9월 21일 형 빌헬름에게 쓴 편지(Humboldt 1880, 30; Humboldt 2000, 341).

119 Humboldt 1811, vol.3 48. 볼리바르가 가지고 있던 이 책에 대해서는 Bolívar 1929, vol.7 156 참조.

120 *Morning Chronicle*, 4 September 1818 and 14 November 1817.

121 Rippy and Brann 1947, 701.

122 Bolívar, 2003, 103.

13. 런던

1 Humboldt 1863, 208.

2 Bruhns 1873, vol.1 327; 350; Humboldt 2009, 63.

3 Goethe, *Faust* I, Outside the Town Wall, Act 1, Scene 5, line 1102ff. 영문판은 Luke 2008, 35를 참조했음.

4 Humboldt 1811, vol.1 98.

5 같은 책, 104; 123.

6 W. Humboldt & C. Humboldt 1910-16, vol.4 345; 351ff; 354-5.

7 같은 책, vol.6 22.

8 같은 책, vol.4 350; vol.6 20.

9 1817년 12월 31일(Rush 1833, 55).

10 W. Humboldt & C. Humboldt 1910-16, vol.6 30.
11 같은 책, vol.5 135.
12 같은 책, vol.6 46.
13 Hughes-Hallet 2001, 136.
14 W. Humboldt & C. Humboldt 1910-16, vol.4 348.
15 Rush 1833, 81; Moritz 1965, 33.
16 Rush 1833, 77.
17 Humboldt to Robert Brown, November 1817, British Library.
18 Holmes 2008, 190.
19 1789년 허셜의 *Catalogue of a Second Thousand Nebulae* (Holmes 2008, 192).
20 Humboldt 1845-52, vol.2 74; Humboldt 1845-50, vol.2 87.
21 Jardine 1999, 83.
22 1817년 11월 훔볼트가 마담 아라고Arago에게(Bibliothèque de l'Institut de France, MS 2115, f.213-14).
23 훔볼트는 1815년 4월 6일에 왕립협회의 외국인 회원이 되었다. 훔볼트는 죽기 전까지 18개의 영국 과학 학회나 협회의 회원 자격을 유지했다.
24 Théodoridès 1966, 46.
25 Bruhns 1873, vol.2 198.
26 *Edinburgh Review*, vol.103, January 1856, 57.
27 *New York Times*, 15 September 1874.
28 Humboldt 2003, vol.1 11.
29 *Edinburgh Review*, vol.25, June 1815, 87.
30 *Quarterly Review*, vol.15, July 1816, 442; vol.14, January 1816, 368ff.
31 *Quarterly Review*, vol.18, October 1817, 136.
32 Shelley 1998, 146. 프랑켄슈타인은 또한 동물전기나 블루멘바흐의 형성충동과 같이 훔볼트가 그의 책에서 다루었던 아이디어들에 경도되어 있었다.
33 Lord Byron, *Don Juan*, Canto IV, cxii.
34 Southey 1965, vol.2 149.
35 같은 책, 230.
36 같은 책, 230.
37 Wordsworth 1967-93, vol.2 216. 워즈워스와 지질학에 대해서는 Wyatt 1995 참조.
38 Humboldt 1814-29, vol.4 473.
39 비교를 위해 훔볼트의 원문과 워즈워스의 원문을 싣는다(옮긴이).
(훔볼트) They answer with a smile, as relating a fact of which a stranger, a white man only, could be ignorant that at the period of the great waters, their fathers went to that height in boats.
(워즈워스) There would the Indian answer with a smile
Aimed at the White Man's ignorance the while
Of the GREAT WATERS telling how they rose
. . .
O'er which his Fathers urged, to ridge and steep

Else unapproachable, their buoyant way;
And carved, on mural cliff's undreaded side
Sun, moon, and stars, and beast of chase and prey.

40 William Wordsworth, 'The River Duddon' (1820).
41 Wiegand 2002, 107. 콜리지는 그의 노트북에 『식물지리학에 관한 고찰』과 『신변기』에 대한 참고문헌을 기록했다(Coleridge 1958-2002, vol.4 notes 4857; 4863; 4864; 5247).
42 Coleridge 1990, vol.2 259. 훔볼트는 1805년 9월 18일에 로마를 떠났고, 콜리지는 그해 12월에 도착했다(Holmes 1998, 52-3).
43 Bate 1991, 49.
44 Coleridge 2000, vol.2 536. 콜리지, 셸링, 칸트에 대해서는 다음을 참조. Harman, 312ff; Kipperman 1998, 409ff; Robinson 1869, vol.1 305; 381; 388.
45 Richards 2002, 125.
46 콜리지는 결국 『파우스트』의 번역을 끝내지 못했으나, 1821년에 (비록 익명이지만) I권을 출판했다(Burwick and McKusick 2007, xvi; Robinson 1869, vol.1 395).
47 Goethe's *Faust* I, Scene 1, Night, lines 447-8 (영어판 Luke 2008, 17). 콜리지와 상호연결 개념에 대해서는 Levere 1990, 297 참조.
48 Wiegand 2002, 106; Coleridge 1958-2002, vol.4 notes 4857; 4863; 4864; 5247.
49 Kipperman 1998, 424; Levere 1981, 62.
50 Cunningham and Jardine 1990, 4.
51 William Wordsworth, 'A Poet's Epitaph' (1798).
52 Goethe's Faust I, Scene 1, Night, line 674 (영어판 Luke 2008, 23).
53 Coleridge 1949, 493.
54 William Wordsworth, 'The Prelude', Book XII.
55 Levere 1981, 61.
56 William Wordsworth, 'The Excursion' (1814).
57 *Edinburgh Review*, vol.36, October 1821, 264.
58 같은 책, 265.
59 W. Humboldt & C. Humboldt 1910-16, vol.6 334.

14. 다람쥐 쳇바퀴: 원심병

1 훔볼트는 1814년 6월, 1817년 11월, 1818년 9월에 런던을 방문했다. 1818년 방문에 대해서는 다음을 참조. W. Humboldt & C. Humboldt 1910-16, vol.6 320; 323; 'Fashionable Arrivals', *Morning Post*, 25 September 1818; Théodoridès 1966, 43-4.
2 Beck 1959-61, vol.2 47.
3 같은 책.
4 W. Humboldt & C. Humboldt 1910-16, vol.6 336.
5 *Morning Chronicle*, 28 September 1818.
6 Daudet 1912, 329.
7 *The Times*, 20 October 1818.
8 같은 책; Biermann and Schwarz 2001a.

9 *The Times*, 20 October 1818.
10 1818년 10월 18일(Beck 1959-61, vol.2 47).
11 같은 책, 48; *The Times*, 31 October 1818.
12 Daudet 1912, 346; 355; Beck 1959-61, vol.2 51.
13 Eichhorn 1959, 186; 205ff.
14 Beck 1959-61, vol.2 50.
15 Bell 2010, 239.
16 같은 책, 22; 239; Schulz 1960, 595.
17 Bell 2010, 22.
18 Schneppen 2002, 12.
19 'Instrucciones a que de orden del excelentísimo señor presidente habrá de arreglar su conducta el E.S. Francisco Zea en la misión que se le ha conferido por el gobierno de Colombia para ante los del continente de Europa y de los Estados unidos de America,' Bogotá, 24 December 1819, Archivo General de la Nación, Colombia, Ministerio de Relaciones Exteriores, Delegaciones—Transferencia 2, 242, 315r-320v.
20 Bell 2010, 22.
21 Schulz 1960, 589; 595; Schneppen 2002, 12; Bell 2010, 25.
22 Bell 2010, 33.
23 Humboldt 2004, 79.
24 Schneppen 2002, 12.
25 같은 책, 17.
26 같은 책, 18-21; O'Leary 1879-88, vol.12 237.
27 Bruhns 1873, vol.1 333.
28 Biermann 1987, 198.
29 같은 책.
30 O'Leary 1879-88, vol.12 237; W. Humboldt & C. Humboldt 1910-16, vol.7 218.
31 1824년 9월 2일(같은 책).
32 데이비는 1817년 4월 19일에 훔볼트와 식사를 같이 했다(Humboldt 2004, 146). 배비지와 허셸은 1819년에 만났다(Babbage 1994, 145).
33 Babbage 1994, 147.
34 Buckland 1894, 37.
35 Lyell 1881, vol.1 122-4.
36 같은 책, 146.
37 같은 책, 126.
38 Körber 1959, 301.
39 Humboldt 1845-52, vol.1 312; Humboldt 1845-50, vol.1 340.
40 Lyell 1881, vol.1 270; Lyell 1830, vol.1 122.
41 Lyell 1881, vol.1 262.
42 Körber 1959, 299ff.
43 Lyell 1830, vol.1 122; Wilson 1972, 284ff.
44 Lyell 1881, vol.1 269.

45 같은 책, 270.
46 W. Humboldt & C. Humboldt 1910-16, vol.3 131; Beck 1959, 201.
47 Minguet 1986, 749.
48 볼리바르에게 소개한 과학자는 부시뇨Jean-Baptiste Boussingault다(Podach 1959, 208-9).
49 Jefferson 2004-13, vol.4 352. 훔볼트가 소개한 식물학자는 다 세라José Corrêa da Serra였다. 훔볼트는 또한 1825년에 이탈리아인 비두아Carlo de Vidua도 제퍼슨에게 소개했다.
50 Terra 1955, 265.
51 Gallatin 1836, 1.
52 1823년 8월 28일(Lyell 1881 vol.1 142).
53 훔볼트는 이 말을 1820년에 방크로프트George Bancroft에게 했다(Terra 1955, 266). 또한 Lyell 1881, vol.1 128 참조.
54 1818년(Bruhns 1873, vol.2 38). 이 당시의 파리에서의 과학에 대해서는 Päßler 2009, 30와 Terra 1955, 251 참조.
55 Lyell 1881, vol.1 127.
56 같은 책.
57 1822년 훔볼트의 외모에 대해서는 Podach(1959, 208-9) 참조.
58 Bruhns 1873, vol.2 95.
59 Humboldt 1880, 112. 당시 훔볼트의 재정 상황에 대해서는 Eichorn(1959, 206) 참조.
60 Leask 2001, 225.
61 Humboldt 1977. 30.
62 Humboldt 2009, 178.
63 Royal Society London Journal Book, vol.XLV 73ff; Royal Society London Dining Club, vol.21; Humboldt 1907, 22-4.
64 Humboldt 1907, 23.
65 Humboldt 1907, 28; 캐닝은 1827년 4월 10일에 수상이 되었고, 훔볼트와의 저녁 식사는 4월 23일이었다.
66 Théodoridès 1966, 46.
67 Buchanan 2002, 22ff; Pudney 1974, 16ff; Brunel 1870, 24ff.
68 Brunel 1870, 25-6.
69 같은 책, 26.
70 Humboldt 1907, 24ff; Pudney 1974, 16-17; Pückler Muskau 1833, 177.
71 Humboldt 1907, 25.
72 Darwin 1958, 28.

15. 베를린으로 돌아가다

1 Humboldt 1860, 15.
2 Humboldt 2013, 18-19.
3 Bruhns 1873, vol.1 212, 프로이센 왕실에서의 훔볼트에 대해서는 Bruhns, vol.2 104-5 참조.
4 Humboldt 2009, 181.
5 Granville 1829, vol.1 332.

6 Briggs 2000, 195.
7 Bruhns 1873, vol.2 126; Humboldt 2007, 63; Hamel et al. 2003, 49-57.
8 Humboldt 2011, 20.
9 Bruhns 1873, vol.2 107.
10 Humboldt 1907, 28; Canning 1909, vol.2 392-4.
11 Canning 1887, vol.2 321.
12 Davies 1997, 762.
13 Biermann 2004, 8.
14 같은 책.
15 1843년 봉플랑에게 보낸 편지(Humboldt 2004, 110).
16 Lynch 2006, 213-15; Arana 2013, 353-5.
17 Arana 2013, 374.
18 Acosta de Samper 1901, 211.
19 Humboldt 2004, 291; 445; 572; Beck 1959, 235.
20 Bruhns 1873, vol.2 49.
21 Bruhns 1873, vol.2 125. 훔볼트는 코스모스에서 '지식이 힘knowledge is power'이라는 유사한 표현을 썼다(Humboldt 1845-52, vol.1 37; Humboldt 1845-50, vol.1 36).
22 Humboldt 2009, 159-60; Humboldt 2004, 21-3; 12; Clark and Lubrich 2012, 80; W. Humboldt & C. Humboldt 1910-16, vol.7 326.
23 W. Humboldt & C. Humboldt 1910-16, vol.7 325.
24 Clark and Lubrich 2012, 80.
25 Humboldt 2011, 20.
26 같은 책.
27 같은 책.
28 Humboldt 2011, 20-21.
29 Beck 1959, 3.
30 Humboldt 2004, 23.
31 Staatsbibliothek zu Berlin NL AH, gr. Kasten 12, Nr. 16 and gr. Kasten 13, Nr. 29.
32 *Spenersche Zeitung*, 8 December 1827(Bruhns 1873, vol.2 116).
33 *Vossische Zeitung*, 7 December 1827(같은 책 119).
34 같은 책, 120.
35 Humboldt 2004, 24.
36 W. Humboldt & C. Humboldt 1910-16, vol.7 325.
37 *Spenersche Zeitung*, 8 December 1827(Humboldt 2004, 16).
38 Humboldt 1863, vol.1 117-18.
39 Engelmann 1969, 16-18
40 1828년 9월 18일 German Association of Naturalists and Physicians 개막 연설(Bruhns 1873, vol.2 134).
41 1828년 6월 29일 아라고에게 보낸 편지(Humboldt 1907, 40).
42 Humboldt 1977, 34; 40.
43 Goethe 1968-76, vol.4 257; Humboldt 2011, 21; Humboldt 2004, 21.

44 Goethe 1968-76, vol.3 505.

45 Bratranek 1876, 317; Goethe 1968-76, vol.2 559; Goethe 1998-2007, vol.3 pt.1 298; vol.4 pt.1 100; 111; vol.5 pt.1 381; Goethe 1876, 315; Goethe 1982-96, vol.7 235; 250; 526.

46 Goethe and Eckermann 1999, 608.

47 같은 책, 609.

48 Pieper 2006, 76-81; Hölder 1994, 63-73.

49 Humboldt 1849a, vol.2 222; Humboldt 2014, 247; Humboldt 1849b, vol.2 263; Pieper 2006, 77ff.

50 Humboldt 1849a, vol.2 222-3; Humboldt 2014, 248; Humboldt 1849b, vol.2 263-4.

51 Humboldt 1845-52, vol.1 285; Humboldt 1845-50, vol.1 311; Humboldt 2009, 67; Humboldt 1807, 9.

52 Goethe 1968-76, vol.4 350.

53 같은 책, vol.4 454.

54 Goethe 1982-96, vol.8 38.

55 Humboldt 2009, 207.

56 Biermann 1987, 116.

57 W. Humboldt 1903-36, vol.7 pt.1 53; vol.4 27.

58 같은 책, vol.7 pt.1 45.

59 Humboldt 2009, 62.

60 같은 책, 67ff; Beck 1983, 21ff.

61 Humboldt 2009, 76.

62 같은 책.

63 같은 책, 88.

64 같은 책, 78-9.

16. 러시아

1 Beck 1983, 35.

2 Humboldt 2009, 138; Rose 1837-42, vol.1 386ff.

3 Humboldt 2009, 138.

4 같은 책.

5 같은 책, 86.

6 Beck 1983, 76.

7 Humboldt 2009, 132; 138.

8 Humboldt 2009, 91; 100; Beck 1983, 27.

9 W. Humboldt & C. Humboldt 1910-16, vol.7 342. 카롤리네의 죽음에 대해서는 Gall 2011, 379-80 참조.

10 Humboldt 2009, 86; 119.

11 같은 책, 93.

12 Suckow 1999, 162.

13 Humboldt 2009, 185; 204-5; 220. 훔볼트는 이후 미국 노스캐롤라이나와 캘리포니아에

금, 백금, 다이아몬드가 있을 거라고 예측했는데, 이것 역시 들어맞았다.

14 Humboldt 1832, 5.

15 Beck 1959, 103.

16 Rose 1837-42, vol.1 356ff; Beck 1983, 81ff; Humboldt 2009, 220.

17 Beck 1959-61, vol.2 117.

18 Beck 1983, 82.

19 1829년 9월 15일에 쓴 편지(Humboldt 2009, 185).

20 Humboldt 2011, 142-3.

21 같은 책, 148.

22 Beck 1983, 71ff.

23 같은 책, 132; 138; 146.

24 Rose 1837-42, vol.1 487.

25 Humboldt 1844, vol.1 2.

26 Humboldt 2009, 153.

27 같은 책, 154.

28 Beck 1959, 108.

29 Rose 1837-42, vol.1 494-6.

30 Humboldt 2009, 154; Rose 1837-42, 494-8; Beck 1983, 96ff.

31 Humboldt 2009, 161; 163; Suckow 1999, 163.

32 Rose 1837-42, vol.1 499; Humboldt 2009, 161.

33 같은 책, 177.

34 Rose 1837-42, vol.1 500.

35 같은 책.

36 같은 책, 502; Humboldt 2009, 162.

37 Rose 1837-42, vol.1 502.

38 1829년 8월 4일 빌헬름에게 보낸 편지(2009, 162).

39 Rose 1837-42, vol.1 523.

40 같은 책, 580.

41 같은 책, 589.

42 Beck 1983, 122.

43 Humboldt 2009, 178.

44 Rose 1837-42, vol.1 575; 590.

45 같은 책, 577. 벨루하에 대해서는 같은 책, 559; 595 참조.

46 같은 책, 594.

47 같은 책, 597.

48 Humboldt 2009, 181.

49 Rose 1837-42, vol.1 600-606; Humboldt 2009, 170.

50 Humboldt 2009, 170.

51 1829년 8월 13일 빌헬름에게 보낸 편지(같은 책, 172).

52 Beck 1983, 120ff; Humboldt 2009, 181; 188.

53 같은 책, 128.

54 Humboldt 2009, 184.

55 같은 책, 191; Humboldt 1849a vol.2 300; Humboldt 2014, 283; Humboldt 1849b, vol.2 363.

56 Humboldt 2009, 188.

57 같은 책, 158; 175.

58 같은 책, 200.

59 Rose 1837-42, vol.2 306ff; Beck 1983, 147ff.

60 1829년 11월 28일 상트페테르부르크 과학아카데미에서의 연설(Humboldt 2009, 283-4).

61 Humboldt 1832, 50.

62 1829년 10월 14일 빌헬름에게 쓴 편지(Humboldt 2009, 196).

63 키르키스 족의 말젖에 대해서는 같은 책, 188 참조. 칼미크의 합창단에 대해서는 Rose 1837-42, vol.2 344 참조. 산양과 볼가 강의 뱀에 대해서는 Humboldt 2009, 181; 199 참조. 시베리아 음식에 대해서는 같은 책, 93 참조. 온도계에 대해서는 Beck 1983, 113; 133 참조.

64 Humboldt 2009, 136.

65 Humboldt 1832, 27.

66 Humboldt 1844, vol.1 27.

67 같은 책, 26; 337; vol.2 214; Humboldt 1832, 27.

68 Humboldt 1844, vol.2 214.

69 Bruhns 1873, vol.1 380; Suckow 1999, 163.

70 Humboldt 2009, 204.

71 Bruhns 1873, vol.1 384-6; Humboldt 2009, 219-20.

72 Bruhns 1873, vol.1 385.

73 Humboldt 2009, 251.

74 같은 책, 219.

75 같은 책, 233.

76 Humboldt 1845-52, vol.1 167; Humboldt 1845-50, vol.1 185.

77 1836년 4월 훔볼트가 왕립협회에 보낸 편지에 대한 6월 9일의 보고서(Abstracts of the Papers Printed in the Philosophical Transactions of the Royal Society of London, vol.3, 1830-37, 420).

78 Biermann und Schwarz 1999a, 187.

79 Abstracts of the Papers Printed in the Philosophical Transactions of the Royal Society of London, vol.3, 1830-37, 423; O'Hara 1983, 49-50.

80 Humboldt 1845-52, vol.1 178; Humboldt 1845-50, vol.1 197.

81 1829년 11월 28일 상트페테르부르크 과학아카데미에서의 연설(Humboldt 2009, 277). 기후 연구에 대해서는 같은 책, 281 참조.

82 같은 책, 215; Beck 1983, 159.

83 Humboldt 2009, 237.

84 같은 책, 257.

85 같은 책.

86 Bratranek 1876, 384.

17. 진화와 자연: 찰스 다윈과 훔볼트

1 Darwin 2001, 18.
2 같은 책, 17-18; Darwin 1985-2014 vol.1 201.
3 Thomson 1995, 124ff.
4 Darwin 1985-2014 vol.1 Appendix IV 558-66.
5 Darwin 1958, 77.
6 1874년 8월 다윈이 가드너D.T Gardner에게(*New York Times*, 15 September 1874).
7 Darwin 2001, 19; Darwin 1985-2014. vol.1 201.
8 Darwin 2001, 18.
9 같은 책, 19; Darwin 1985-2014 vol.1 201.
10 Darwin 2001, 20. Darwin 1985-2014 vol.1 201-2
11 Darwin 2001, 20.
12 같은 책, 14.
13 Darwin 1958, 46.
14 같은 책, 56ff.
15 같은 책, 50; 62.
16 Darwin 1958, 67-8.
17 같은 책, 64ff; 68; Browne 2003a, 123; 131; Thomson 2009, 94; 102; Darwin 1985-2014 vol.1 110.
18 Darwin 1985-2014 vol.1 120.
19 같은 책, vol.1 122; 123; 124; Darwin 1958, 68-70.
20 Darwin 1985-2014 vol.1 122.
21 같은 책, 122.
22 같은 책, 123.
23 같은 책, 125.
24 같은 책, 127; Browne 2003a, 135; Thomson 2009, 131.
25 Darwin 1985-2014 vol.1 128-9.
26 같은 책, 133; Darwin 1958, 71-2; Darwin 2001, 3; Browne 2003a, 152ff.
27 Browne 2003a, 7.
28 Darwin 1985-2014 vol.1 134-5.
29 Darwin 2001, 21; Darwin 1985-2014 vol.1 202.
30 Darwin 1985-2014 vol.1 Appendix III 549.
31 Browne 2003a, 144-9; Thomson 2009, 139ff.
32 Darwin 1958, 73ff; Darwin 1985-2014 vol.1, 203; Thomson 1995, 155.
33 Darwin 2001, 8; Browne 2003a, 169; Darwin 1985-2014 vol.1 144; Thomson 1995, 115; 123; 128.
34 Darwin 2001, 23ff.
35 Darwin 1985-2014 vol.1 232.
36 Darwin 2001, 24.
37 Darwin 1985-2014 vol.1 205 n.1.
38 Darwin 2001, 23.

39 같은 책, 34; 55; 67; 70.
40 같은 책, 204; 233.
41 Darwin 1958, 77.
42 Thomson 2009, 148; Browne 2003a, 185; Darwin 1958, 77; 81; 101.
43 Darwin 1985-2014 vol.1 206; Darwin 1958, 81.
44 Darwin 1985-2014 vol.1 260.
45 같은 책, 204.
46 같은 책, 237.
47 같은 책, vol.1 344.
48 Browne 2003a, 191ff.
49 Darwin 1985-2014 vol.1 202.
50 Browne 2003a, 193; 222.
51 Thomson 2009, 142-3.
52 Browne 2003a, 225.
53 Thomson 1995, 156
54 Browne 2003a, 230.
55 Darwin 1985-2014 vol.1 247; 258.
56 Darwin 2001, 48.
57 Humboldt 1814-29, vol.6 69.
58 Darwin 2001, 288.
59 Humboldt 1814-29, vol.3 321.
60 Darwin 2001, 292.
61 Humboldt 1814-29, vol.6 8.
62 Darwin 1997, 228-9.
63 Darwin 1985-2014 vol.1 345.
64 같은 책, vol.12 328.
65 Darwin 2001, 353.
66 Darwin 1985-2014 vol.1 491.
67 같은 책, 490; 501; 503.
68 같은 책, 503.
69 같은 책, 491.
70 Darwin 2001, 443.
71 같은 책, 447.
72 Darwin 1985-2014 vol.1 506.
73 같은 책, 504.
74 같은 책, 507.
75 같은 책, 499.
76 Darwin 1958, 76.
77 Darwin 1985-2014 vol.2 14; 16; 18; Browne 2003a, 417.
78 Darwin 1985-2014 vol.2 240.
79 같은 책, vol.2 241.

80 같은 책, 425-6.

81 *Journal Geographical Society*, 1839, vol.9 505.

82 Darwin 1985-2014 vol.2 230.

83 같은 책, vol.3 9.

84 같은 책, vol.2 69.

85 같은 책, vol.2 47; 51-2; Thomson 2009, 205.

86 다윈은 1837년 늦은 봄에 종 변이에 대해 심각하게 생각하기 시작했다(Thomson 2009, 182ff; Darwin, Notebook B, Transmutation of species 1837-38, CUL MS.DAR.121).

87 Thomson 2009, 180ff.

88 Lamarck's *Système des animaux sans vertèbres* (1801)와 *Philosophie zoologique* (1809).

89 퀴비에와 생띨레르Étienne Geoffroy Saint-Hilaire 간의 논쟁(Päßler 2009, 139ff). 이 논쟁에서의 훔볼트의 발언에 대해서는 Beck 1959, 123 참조.

90 Humboldt 1849a, vol.2 112; Humboldt 2014, 201; Humboldt 1849b, vol.2 135. 훔볼트는 이미 그의 저서 『식물지리학에 관한 고찰』에서 어떻게 식물들의 우연적인 변이가 지속적인 것으로 전환될 수 있는지에 대해 논의했다(Humboldt 2009, 68).

91 Humboldt 1849a, vol.2 20; Humboldt 2014, 163; Humboldt 1849b, vol.2 25; Humboldt 1808, 185.

92 Darwin 1985-2014 vol.3 140.

93 Humboldt 1814-29, vol.3 491-5. 다윈은 자신이 가지고 있던 책에 이 구절을 하이라이트 해놓았다.

94 Humboldt 1849a, vol.2 112; Humboldt 2014, 201; Humboldt 1849b, vol.2 136.

95 Humboldt 1849a, vol.2 19; Humboldt 2014, 162-3; Humboldt 1849b, vol.2 24.

96 Darwin 1985-2014 vol.3 79.

97 Darwin 1958, 120; Thomson 2009, 214.

98 Darwin 1958, 120.

99 Humboldt 1849a, vol.2 114; Humboldt 2014, 202; Humboldt 1849b, 138.

100 Humboldt 1814-1829, vol.4 421-2.

101 같은 책, 426.

102 Harman 2009, 226.

103 다윈이 가지고 있던 『신변기』의 vol.4 505-6.

104 Darwin 1859, 489.

18. 훔볼트의 코스모스

1 Humboldt 1860, 15.

2 같은 책, 19.

3 Humboldt 2009, 204; Humboldt 1994, 82.

4 Humboldt 1860, 18; Humboldt 1845-52, vol.1 56; Humbold 1845-50, vol.1 61-2.

5 Schwarz 2000.

6 Beck 1959, 346; 알제의 소설가에 대해서는 Laube 1875, 334 참조.

7 Humboldt 2009, 204; 249.

8 Humboldt gr. Kasten 8, envelope including no.6–11a, Staatsbibliothek zu Berlin—Preußischer Kulturbesitz, Nachl. Alexander von Humboldt (Humboldt Manuscript Collection)
9 Humboldt gr. Kasten 12, no.112; 124.
10 Humboldt gr. Kasten 12, envelope including no.32–47,
11 Humboldt kl. Kasten 3b no.121.
12 Humboldt kl. Kasten 3b no.125.
13 1832년 5월 Friedrich Adolf Trendelenburg(Beck 1959, 128).
14 Humboldt 1979, 85.
15 Humboldt 2009, 146.
16 Beck 1969, 253.
17 같은 책.
18 Hallé 1896, 100.
19 Clark and Lubrich 2012, 82.
20 Clark and Lubrich 2012, 89.
21 Hallé 1896, 100.
22 Beck 1959, 134; 141; Humboldt 1997, 201; Humboldt 2004, 581.
23 Biermann and Schwarz 1999a, 188.
24 Humboldt 1860, 27.
25 Geier 2010, 298ff.
26 Bruhns 1873, vol.2 183.
27 같은 책.
28 Humboldt 2006, 35–6.
29 Humboldt 2009, 269; Humboldt 2006, 103; Biermann 1987, 206.
30 Humboldt 1979, 52.
31 Beck 1959, 206.
32 Humboldt 1979, 52.
33 Humboldt 2009, 180.
34 Engelmann 1969, 11.
35 Humboldt 2009, 186.
36 Humboldt 1982, 67.
37 Humboldt 2013, 181.
38 Beck 1969, 265.
39 Humboldt 2013, 145; 147; 174; 175; 182; 202; 231; 277; 405; 532; 533; 536.
40 Humboldt 1860, 97; 106–7; 130.
41 Humboldt 2009, 256.
42 같은 책, 349.
43 같은 책, 204.
44 같은 책, 238.
45 같은 책, 204.
46 같은 책, 248. 이 천문대는 1835년에 슁켈Karl Friedrich Schinkel에 의해 세워졌다.
47 Théodoridès 1966, 50.

48 Darwin 1958, 107.
49 Murchison 1875, vol.1 360.
50 Litchfield 1915, vol.2 67.
51 Beck 1959, 262.
52 Litchfield 1915, vol.2 67.
53 Darwin 1985-2014, vol.3 140.
54 Darwin 1958, 107.
55 Darwin 1985-2014, vol.3 79.
56 같은 책, vol.3 345.
57 Thomson 2009, .219-20.
58 Darwin 1985-2014, vol.2 444-5.
59 Humboldt 1845-52, vol.1 23; Humboldt 1845-50, vol.1 23.
60 Humboldt 1845-52, vol.3 Notes 14 iii; vol.1 34; Humboldt 1845-50, vol.3 14; 28; vol.1 33.
61 Humboldt 1845-52, vol.1 22; Humboldt 1845-50, vol.1 22. '천이'와 '지속적 갱신'에 대해서는 Humboldt 1845-52, vol.1, 22; 34; Humboldt 1845-50 vol.1 22; 33 참조.
62 Humboldt 1998, 195; Haeckel 2002, 253.
63 Darwin 1985-2014, vol.3 140.
64 Hooker 1918, vol.1 179.
65 같은 책, 180.
66 Humboldt 1861, 8.
67 Hooker 1918, vol.1 185.
68 Darwin 1985-2004, vol.3 148.
69 같은 책, 149.
70 Fiedler and Leitner 2000, 390; Biermann und Schwarz 1999b, 205; Humboldt 2009, 283.
71 Humboldt 2013, 366. 영역은 Fiedler and Leitner 2000, 382ff 참조.
72 Humboldt 1845-52, vol.1 21; 182; Humboldt 1845-50, vol.1 21; 200
73 Humboldt 1845-52, vol.1 21; Humboldt 1845-50, vol.1 21.
74 Humboldt 1845-52, vol.1 5; 34; Humboldt 1845-50, vol.1 5; 33.
75 Humboldt 1845-52, vol.1 34; Humboldt 1845-50, vol.1 32.
76 Humboldt 1845-52, vol.1 279; Humboldt 1845-50, vol.1 304.
77 Goethe 1876, 407.
78 W. Humboldt & C. Humboldt 1910-16, vol.5 315. 선교사 비판에 대해서는 Humboldt 1982, 329ff 참조. 프러시안 교회 비판에 대해서는 Werner 2000, 34 참조.
79 Humboldt 1845-52, vol.1 21; Humboldt 1845-50, vol.1 21.
80 *North British Review*, 1845(Humboldt 2009, 290).
81 같은 책, 292; 329.
82 Humboldt 1860, 138.
83 Berlioz 1878, 126.
84 Berlioz 1854, 1.
85 Darwin 1985-2014, vol.3 217.

86 같은 책, 249.
87 Humboldt 2006, 76-7.
88 Darwin 1985-2014, vol.3 255; 257.
89 같은 책, 259.
90 같은 책, 261.
91 같은 책, 346.
92 같은 책, vol.5 184; Humboldt 2009, 292.
93 Humboldt 2009, 327.
94 같은 책, 329.
95 Humboldt 1845-52, vol.2 3; Humboldt 1845-50, vol.2 3.
96 Humboldt 1845-52, vol.2 3; Humboldt 1845-50, vol.2 3.
97 Goethe 1876, 407.
98 Humboldt 1845-52, vol.1 73; Humboldt 1845-50, vol.1 86.
99 Humboldt 1860, 70.
100 Humboldt 2009, 359.
101 같은 책, 368.
102 Walls 2009, 256-60; Sachs 2006, 109-11; Clark and Lubrich 2012, 19-20.
103 Poe 1848, 8.
104 Whitman 1860, 414-15; Humboldt 2004, 61; Walls 2009, 279-83; Clark and Lubrich 2012, 20.
105 '코스모스kosmos'라는 단어는 휘트먼의 유명한 자기 확인self-identification의 다양한 버전들 중 바뀌지 않는 유일한 것이다. 그것은 1판에서는 'Walt Whitman, an American, one of the roughs, a kosmos'였고, 마지막에는 'Walt Whitman, a kosmos, of Manhattan the son'이 되었다.

19. 시, 과학, 자연: 헨리 데이비드 소로와 훔볼트

1 Thoreau 1910, 118.
2 같은 책, 52ff; 84.
3 같은 책, 247, 375.
4 같은 책, 149-50.
5 Channing 1873, 250.
6 같은 책, 17.
7 1852년 6월 16일(Thoreau Journal 1981-2002, vol.5 112).
8 Harding 1989, 33.
9 Richard County Gazette, 15 August 1877(Harding 1989, 49).
10 같은 책, 77.
11 Richardson 1986, 12-13.
12 Sims 2014, 90.
13 Thoreau 1958, 66.
14 Thoreau 1981-2002, vol.1 447.

15 Thoreau 1958, 161.

16 같은 책, 65.

17 Thoreau 1981-2002, vol.2 159.

18 Richardson 1986, 15-16; Sims 2014, 33; 47-50.

19 Richardson 1986, 16.

20 같은 책, 138.

21 Thoreau 1910, 119.

22 Thoreau 1981-2002, vol.2 145.

23 Channing 1873, 25; Harding 1989, 208.

24 Caroline Sturgis Tappan about Thoreau, American National Biography; Channing 1873, 311.

25 Channing 1873, 312.

26 Harding 1989, 154.

27 Harding 1989, 98.

28 Hawthorne 1987, vol.17 279.

29 Harding 1989, 181.

30 Borst 1992, 199.

31 Harding 1989, 136.

32 Harding 1989, 155. 소로와 동물들에 대해서는 같은 책, 150-51과 Thoreau Walden 1910, 170; 173 참조.

33 Thoreau 1910, 287.

34 월든 호숫가에서의 소로에 대해서는 같은 책, 147; 303 참조.

35 같은 책, 21.

36 같은 책, 327.

37 Harbert Petrulionis 2012, 6-7.

38 Harding 1989, 174; Channing 183, 18.7

39 Shanley 1957, 27.

40 Harbert Petrulionis 2012, 7. 혹평에 대해서는 Borst 1992, 151; 159 참조.

41 Thoreau 1853, 305.

42 Thoreau 1981-2002, vol.3 26; Walls 1995, 116-17.

43 Walls 1995, 116.

44 Myerson 1979, 43.

45 Thoreau 1981-2002, vol.3 485.

46 Borst 1992, 138.

47 Thoreau 1981-2002, vol.2 242.

48 Thoreau Walden 1910, 328ff.

49 같은 책, 268; 352.

50 Walls 1995, 61ff.

51 Emerson 1971-2013, vol.1 39.

52 같은 책, vol.3 31.

53 Richardson 1986, 73.

54 J. A. Saxon, 'Prophecy,—Transcendentalism,—Progress', *The Dial*, vol.2, 1841, 90.

55 Dean 2007, 82ff; Walls 1995, 116-17; Thoreau 1958, 250; Thoreau 1981-2002, vol.4 133.

56 Thoreau 1981-2002, vol.6 20.

57 같은 책, vol.5 126; Channing 1873, 247.

58 보스턴 대학교의 생물학 교수인 리처드 프리맥Richard Primack은 소로의 기후 변화에 대한 연구를 활용하여 하버드의 동료들과 같이 작업했다. 프리맥 연구팀은 소로의 꼼꼼한 기록을 이용하여 월든 호수의 기후가 변화하여 이제 예전보다 10일 이상 더 일찍 꽃이 핀다는 사실을 발견했다(Andrea Wulf, 'A Man for all Seasons', *New York Times*, 19 April 2013).

59 Thoreau 1981-2002, vol.4 17.

60 같은 책, vol.3 144-5.

61 Channing 1873, 40.

62 Sattelmeyer 1988, 206-7; 216; Walls 1995, 120-21; Walls 2009, 262-8.

63 Thoreau 1906, 105.

64 Thoreau 1981-2002, vol.3 52; 67-8; vol.7 119. 소로의 글에는 훔볼트가 종종 언급되는데, 다음 자료를 참조. *Thoreau's Fact Book in the Harry Elkins Widener Collection in the Harvard College Library. The Facsimile of Thoreau's Manuscript, ed*. Kenneth Walter Cameron, Hartford: Transcendental Books, 1966, vol.3, 1987, 193; 589; *Thoreau's Literary Notebook in the Library of Congress*, ed. Kenneth Walter Cameron, Hartford: Transcendental Books, 1964, 362; Sattelmeyer 1988, 206-7, 216.

65 같은 책, vol.6 90.

66 같은 책, vol.3 52.

67 같은 책, vol.4 182.

68 Myerson 1979, 52.

69 Thoreau 1906, 133.

70 Thoreau 1910, 393-4.

71 Thoreau 1981-2002, vol.3 356.

72 같은 책, vol.8 98.

73 Thoreau 1910, 423.

74 Thoreau 1981-2002, vol.4 222.

75 같은 책.

76 Humboldt 1845-52, vol.2 72; Humboldt 1845-50, vol.2 74.

77 Humboldt 1845-52, vol.1 21; Humboldt 1845-50, vol.1 21.

78 Humboldt 1845-52, vol.2 87; Humboldt 1845-50, vol.2 90.

79 Thoreau 1981-2002, vol.3 331; vol.5 233.

80 Henry David Thoreau, *The Writings of Henry David Thoreau: A Week on the Concord and Merrimack Rivers*, Boston: Houghton Mifflin, 1906, vol.1 347.

81 Sattelmeyer 1988, 63; Walls 2009, 264.

82 Thoreau 1981-2002, vol.4 356.

83 Sattelmeyer 1992, 429ff; Shanley 1957, 30ff.

84 Thoreau 1981-2002, vol.4 50.

85 같은 책, 468.

86 Thoreau 1981-2002, vol.2 494; Howarth 1974, 308ff.
87 Thoreau 1981-2002, vol.3, 253; 255.
88 Thoreau 1910, 173.
89 Thoreau 1906, vol.9 157; Walls 1995, 130; Walls 2009, 264.
90 Thoreau 1958, 310.
91 Thoreau 1981-2002, vol.7 268.
92 같은 책, vol.5 56.
93 같은 책, vol.3 143; vol.5 219.
94 같은 책,vol.4 296.
95 Emerson 1939, vol.4 389.
96 Thoreau 1981-2002, vol.6 30.
97 같은 책, vol.3 377.
98 같은 책, 360ff.
99 소로는 1850년 이후에는 시를 거의 쓰지 않았다(Howarth 1974, 23).
100 Thoreau 1981-2002, vol.6 105.
101 같은 책, vol.3 330-31.
102 같은 책, vol.5 378.
103 Thoreau 1906, vol.8 88.
104 Thoreau 1910, 172.
105 같은 책, 175.
106 같은 책, 182.
107 Thoreau 1981-2002, vol.2 382ff; vol.4 230; vol.7 268; vol.8 25ff.
108 Shanley 1957, 204; Thoreau 1910, 402-9.
109 Thoreau 1910, 404-5. 소로와 괴테의 '원형'에 대해서는 Richardson 1986, 8 참조.
110 Shanley 1957, 204.
111 Thoreau 1910, 407.
112 Thoreau 1981-2002, vol.4 230.
113 같은 책, vol.7 266; Thoreau 1910, 408.
114 Thoreau 1910, 399.
115 같은 책, 408.
116 Walls 2011-12, 2ff.
117 Thoreau 1981-2002, vol.5 112. 객관적 관찰과 주관적 관찰에 대해서는 다음을 참조. Thoreau 1981-2002, vol.8 98; Walls 2009, 266.
118 Thoreau 1981-2002, vol.7 140.

20. 노아의 홍수 이후 가장 위대한 인물

1 Varnhagen 1862, vol.4 259.
2 Beck 1959, 177.
3 Humboldt 1860, 97.
4 같은 책, 106; Humboldt 1977, 87; Humboldt 2006, 90.

5 Mommsen 2000, 82ff; 왕의 연설에 대한 훔볼트의 평가는 Humboldt 2006, 96 참조.

6 1848년 3월 베를린에서의 혁명에 대해서는 같은 책, 276ff; Varnhagen 1862, vol.4 315-31 참조.

7 같은 책, 334.

8 같은 책, 336. 장례 행렬 중의 훔볼트에 대해서는 Bruhns 1873, vol.2 341; Humboldt 2013, 23 참조.

9 Humboldt 2009, 318.

10 Beck 1959, 129; Bruhns 1873, vol.2 102; Leitner 2008, 227.

11 Lyell 1881, vol.1 128.

12 Biermann and Schwarz 2001b.

13 Assing 1860, 66.

14 Beck 1959, 183.

15 Humboldt 1861, 29.

16 같은 책, 96; Beck 1959, 215.

17 Beck 1959, 238.

18 Humboldt 2013, 403.

19 Lautemann and Schlenke 1980, 221ff.

20 Humboldt 2009, 367; Leitner 2008, 232; Humboldt 1861, 28; Humboldt 1977, 100; Humboldt 2006, 146.

21 Humboldt 2004, 265.

22 같은 책, 252; 268; 529-30.

23 Humboldt 2009, xi.

24 Beck 1969, 264.

25 Humboldt 1845-52, vol.3 i; Humboldt 1845-50, vol.3 3.

26 Humboldt 1997, 124; Humboldt 2009, 497.

27 Humboldt 2009, 484.

28 같은 책, 338; 345; 355.

29 Humboldt 1845-52, vol.3 8; Humboldt1845-50, vol.3 9; Fiedler and Leitner 2000, 391.

30 Beck 1969, 265.

31 1856년 Bayard Taylor (Taylor 1860, 455).

32 Beck 1959, 201; Humboldt 1982, 104; Biermann and Schwarz 1999a, 189; 196

33 Humboldt 1982, 67.

34 Terra 1955, 336.

35 Beck 1959, 202ff.

36 같은 책, 205.

37 *London Journal for Botany*, vol.6, 1847, 604-7 (Hooker 1918, vol.1 218).

38 Humboldt 2013, 72; Humboldt 2006, 175; Finkelstein 2000, 187ff; Humboldt 2013, 72-3.

39 Humboldt 1844, vol.1 611.

40 Werner 2013, 101ff; 121l 250ff.

41 같은 책, 102.

42 같은 책.
43 Beck 1959, 201.
44 Humboldt 1979, 52.
45 Humboldt 2004, 347; Humboldt 2009, 349; 558.
46 Humboldt 1997, 101; Taylor 1860, 471; Humboldt 1860, 311.
47 Schneppen 2002, 21ff; 1857년 6월 7일 봉플랑의 편지(Humboldt 2004, 136).
48 같은 책, 110; 114-15; 120.
49 Humboldt 1843, 131; 133.
50 Bruhns 1873, vol.2 391.
51 *New Englander*, May 1860 (Sachs 2006, 96).
52 Terra 1955, 355.
53 Lieber 1882, 87.
54 Oppitz 1969, 277-429; Humboldt 2007, 236; Humboldt 1860, 243.
55 Beck 1959, 194.
56 Werner 2004, 219.
57 Terra 1955, 333.
58 Beck 1959, 265.
59 Humboldt 982, 99.
60 Humboldt 2011, 193.
61 Humboldt 1861, 12; Humboldt 2004, 528.
62 Madison 1986-2007, 378; Humboldt 2004, 544-6; 372-3; Humboldt 1849a vol.2 320ff; Humboldt 2014, 292; Humboldt 1849b, vol.2 390ff.
63 Lieber 1882, 294.
64 1856년 10월 7일 모스가 훔볼트에게 보낸 편지(Humboldt 2004, 406-7).
65 Engelmann 1969, 8; Taylor 1860, 470.
66 Beck 1959, 296.
67 Lyell 1881, vol.2 224-5.
68 Taylor 1860, 458; Humboldt 1861, 96; Humboldt 1907, 310.
69 Humboldt 2004, 540.
70 같은 책, 540.
71 Eichhorn 1959, 186-207; Biermann and Schwarz 2000, 9-12; Humboldt 2009, 334.
72 Humboldt 2013, 200.
73 Humboldt 2004, 572.
74 Biermann 1990, 57.
75 Beck 1969, 267; Humboldt 2004, 444.
76 Humboldt 1860, 264; Beck 1959, 194.
77 Humboldt 2004, 262; 268; 291; 333; 552.
78 *Berlinische Nachrichten von Staats- und gelehrten Sachen* (25 July 1856). 또한 다음을 참조. Humboldt 2004, 388; Walls 2009, 201-9.
79 Taylor 1860, 461.
80 Humboldt 2004, 393; 444.

81 Humboldt 2009, 398; 416; Humboldt 2006, 199.
82 Humboldt 2004, 393.
83 Biermann and Schwarz 1997, 80.
84 Humboldt 1860, 279; 281.
85 Humboldt 2009, 601.
86 Taylor 1860, 467.
87 Humboldt 1858, vol.4. 훔볼트는 IV권을 1부와 2부로 나누어 썼다. 1부 244페이지는 1854년에 인쇄되었는데, IV권 전체는 1857년이 되어서야 공식적으로 출판되었다(Fiedler and Leitner 2000, 391).
88 1850년경 『코스모스』 I권과 II권은 이미 7판과 8판이 판매되고 있었지만, III권 이후는 여전히 1판에 머물러 있었다(Fiedler and Leitner 2000, 409-10).
89 Humboldt 1862, vol.5; Werner 2004, 182ff.
90 1857년 6월(Beck 1959, 267-8).
91 1820년 훔볼트의 논문 'Sur la inférieure des neiges perpétuelles dans les montagnes de l'Himalaya et les regions équatoriales'.
92 Humboldt 2004, 435.
93 Humboldt 1860, 307.
94 Humboldt 1861, 137; Humboldt 2004, 347.
95 Hamel et al. 2003, 249; Taylor 1860, 473.
96 Irving 1864, vol.4 256.
97 Humboldt 2009, 41; Fiedler and Leitner 2000, 391.
98 Taylor 1860, 477-8.
99 Beck 1959, 424; 426; Taylor 1860, 479.
100 미국과 유럽의 보도에 대해서는 다음의 주석들을 참조. 다른 나라들의 보도를 예로 들면 다음과 같은 것들이 있다. *Estrella de Panama*, 15 June 1859; *El Comercio*, Lima, 28 June 1859; *Graham Town Journal*, South Africa, 23 July 1859.
101 Hamel et al. 2003, 248.
102 *Morning Post*, 9 May 1859.
103 Darwin 1985-2014, vol.7 295.
104 *The Times*, 9 May 1859; *Morning Post*, 9 May 1859; *Daily News*, 9 May 1859; *Standard*, 9 May 1859.
105 Kelly 1989, 48ff; Avery 1993, 12ff; 17; 26; 33-6; Sachs 2006, 99ff; Baron 2005, 11ff.
106 Baron 2005, 11ff; Avery 1993, 17; 26.
107 *New York Times*, 17 March 1863.
108 Bierman and Schwarz 1999a, 196; Bierman and Schwarz 1999b, 471; Taylor 1860, 479.
109 다음의 신문들이 모두 1859년 5월 19일에 보도. *North American and United States Gazette, Daily Cleveland Herald, Boston Daily Advertiser, Milwaukee Daily Sentinel, New York Times*.
110 Avery 1993, 39.
111 *Boston Daily Advertiser*, 26 May 1859.
112 *Daily Cleveland Herald*, 19 May 1859; *Boston Daily Advertiser*, 19 May 1859; *Milwaukee*

Daily Sentinel, 19 May 1859; *North American and United States Gazette*, 19 May 1859.

113 *Boston Daily Advertiser*, 19 May 1859.

114 Darwin 1911, vol.2 403.

115 다윈이 가지고 있던 『신변기』 III권 마지막 페이지.

116 Humboldt 1997, 201.

117 휘트만의 시에 미친 훔볼트의 영향에 대해서는 Walls 2009, 279-83; Clark and Lubrich 2012, 20. 베른의 소설에 미친 영향에 대해서는 Schifko 2010. 다른 예술가와 작가에게 끼친 영향에 대해서는 Clark and Lubrich 2012, 4-5; 246; 264-5; 282-3 참조.

118 Taylor 1860, xi.

21. 인간과 자연: 조지 퍼킨스 마시와 훔볼트

1 Marsh 1888, vol.1 410.

2 *Journal of the American Geographical and Statistical Society*, vol.1 no.8, October 1859, 225-46.

3 Marsh to Spencer Fullerton Baird, 26 August 1859, George Perkins Marsh Collection, Special Collections, University of Vermont Library.

4 Marsh 1888, vol.1 405-6; 417; Lowenthal 2003, 154ff.

5 Lowenthal 2003, 199.

6 Marsh to Caroline Marsh, 26 July 1859, 같은 책.

7 Marsh to Spencer Fullerton Baird, 26 August 1859, George Perkins Marsh Collection, Special Collections, University of Vermont Library.

8 Lowenthal 2003, 64; 마시는 1849년판 독일어 『자연관』과 독일어 『코스모스』 몇 권과 훔볼트의 전기 및 여타 훔볼트에 대한 책들을 가지고 있었다. 그는 또한 『신변기』를 읽었다 (Marsh 1892 333-4; Marsh 1864, 91; 176).

9 1846년 4월 22일 스미소니언 협회The Smithsonian Institution 설립 법안에 관한 마시의 하원 연설(Marsh 1846).

10 같은 책; Marsh 1888, vol.1 90-1; 100; 103; Lowenthal 2003, 90.

11 Marsh 1888, vol.1 161.

12 Lowenthal 2003, 49.

13 Marsh 1888, vol.1 128.

14 Marsh 1888, vol.1 123; 127; 400.

15 Marsh 2001, 83.

16 마시의 어린 시절과 독서 습관에 대해서는 다음을 참조. Lowenthal 2003, 11ff; 18-19; 374; Marsh 1888, vol.1 38; 103.

17 Lowenthal 2003, 19.

18 Marsh to Asa Gray, 9 May 1849, George Perkins Marsh Collection, Special Collections, University of Vermont Library.

19 Marsh 1888, vol.1 40; Lowenthal 2003, 35.

20 Marsh 1888, vol.1 406.

21 Lowenthal 2003, 35; 41-2.

22 Marsh 1888, vol.1 64.

23 Lowenthal 2003, 167.
24 Lowenthal 2003, 106.
25 Marsh 1888, vol.1 133ff; Lowenthal 2003, 105.
26 Lowenthal 2003, 106-7, 117; Marsh 1888, vol.1 136.
27 Lowenthal 2003, 107.
28 Lowenthal 2003, 46; 377ff; Caroline Marsh Journal, NY Public Library, 151; 153.
29 Lowenthal 2003, 381ff.
30 같은 책, 378.
31 같은 책.
32 같은 책, 47; 92; 378.
33 Marsh to Spencer Fullerton Baird, 6 July 1859, George Perkins Marsh Collection, Special Collections, University of Vermont Library.
34 Marsh 1888, vol.1, 219.
35 같은 책, vol.1 205; 208; 211ff.
36 같은 책, 213.
37 같은 책, 215.
38 같은 책.
39 같은 책, 206.
40 Humboldt 1849a, vol.2 11; Humboldt 2014, 158; Humboldt 1849b, vol.2 13.
41 Humboldt 2009, 73.
42 Humboldt 2003, vol.1 44. 훔볼트가 쿠바와 멕시코에서 숲이 황폐화되는 것에 대해 한 언급은 Humboldt 2011, 115; Humboldt 1811, vol.3 251-2 참조.
43 Marsh 1888, vol.1 223.
44 같은 책, 226.
45 같은 책, 172.
46 Spencer Fullerton Baird to Marsh, 9 February 1851; 9 August 1849 and 10 March 1851, George Perkins Marsh Collection, Special Collections, University of Vermont Library.
47 Marsh 1856, 160; Lowenthal 2003, 130-31.
48 Marsh 1888, vol.1 227-32; 238; Lowenthal 2003, 127-9.
49 Marsh 1888, vol.1 215; Marsh, 'The Study of Nature', *Christian Examiner*, 1860, Marsh 2001, 86.
50 Marsh 1857, 11.
51 Marsh 1864, 36.
52 같은 책, 234.
53 Johnson 1999, 361; 531.
54 Marsh 1888, vol.1 420-22.
55 *Chicago Daily Tribune*, 26 January 1858, 7 February 1866.
56 Marsh 1857, 12-15; Marsh 1864, 107-8.
57 Marsh 1864, 106; 251-7.
58 같은 책, 278.
59 같은 책, 277-8.

60 마시의 경제적 형편에 대해서는 다음을 참조. Marsh 1888, vol.1 362; Lowenthal 2003, 155ff; 199.

61 Marsh to Francis Lieber, 3 June 1859, George Perkins Marsh Collection, Special Collections, University of Vermont Library.

62 Lowenthal 2003, 219.

63 Benedict 1888, vol.1 20-21.

64 Lowenthal 2003, 219. 마시 부부는 1861년 6월 7일에 토리노에 도착했다.

65 Lowenthal 2003, 238ff.

66 Caroline Marsh Journal, NY Public Library, 71.

67 Lowenthal 2003, 252; Caroline Marsh Journal, NY Public Library, 43; 94; 99; 107.

68 Caroline Marsh Journal, NY Public Library, 128; 148.

69 Marsh to Spencer Fullerton Baird, 21 November 1864, George Perkins Marsh Collection, Special Collections, University of Vermont Library.

70 같은 자료.

71 Caroline Marsh Journal, NY Public Library, 143-4; 148; 151.

72 같은 자료 157.

73 같은 자료 154; 217; Lowenthal 2003, 270-73; Marsh to Charles Eliot Norton, 17 October 1863, George Perkins Marsh Collection, Special Collections, University of Vermont Library.

74 Caroline Marsh Journal, NY Public Library, 151.

75 Lowenthal 2003, 272.

76 Marsh to Charles Eliot Norton, 17 October 1863, George Perkins Marsh Collection, Special Collections, University of Vermont Library.

77 Marsh 1864, xxviii.

78 마시가 훔볼트를 참조한 곳으로는 Marsh 1864, 13-14; 68; 75; 91; 128; 145; 175ff.

79 모자와 비버에 대해서는 Marsh 1864, 76-7. 새와 곤충에 대해서는 같은 책 34; 39; 79ff. 늑대에 대해서는 같은 책, 76. 보스턴의 수로교에 대해서는 같은 책, 92 참조.

80 같은 책, 36.

81 같은 책, 64ff; 77ff; 96ff.

82 같은 책, 322; 324.

83 같은 책, 43.

84 Marsh 1888, vol.1 174; 280; Marsh 1864, 9; 19.

85 Marsh 2001, 36-7; Lowenthal 2003, x; Marsh 1864, xxiv.

86 Marsh 1864, 198.

87 같은 책, 91-2; 110.

88 같은 책, 46.

89 훔볼트는 자신의 책을 매디슨에게 보냈다(Madison 1986-2007 vol.4 48; Terra 1959, 799).

90 Madison 2009, vol.1, 260-83; Wulf 2011, 204ff.

91 Bolívar 2009, 258.

92 Bolívar 2003, 199-200.

93 Humboldt 1849a, vol.2 268; Humboldt 2014, 268; Humboldt 1849b, vol.2 319;

Humboldt 2003, vol.2 126-30.

94 Thoreau 1906, 224.

95 Thoreau 1906, vol.12 387.

96 *Christian Examiner*, 1860(Marsh 2001, 82).

97 『인간과 자연』에서 훔볼트를 언급한 곳으로는 다음을 참조. Marsh 1864, 13-14; 68; 75; 91; 128; 145; 175ff.

98 같은 책, 187.

99 같은 책, 52.

100 같은 책, 201-2.

101 같은 책, 280.

102 같은 책, 43.

103 같은 책, xvi.

104 Lowenthal 2003, 304; Miller 2001, 392; Wolfe 1946, 83.

105 Lowenthal 2003, xi.

106 Marsh 1868. 『인간과 자연』이 전 세계에 끼친 영향에 대해서는 Lowenthal 2003, 303-5 참조.

107 Mumford 1931, 78.

108 Marsh 1861, 637.

22. 미술, 생태계, 자연: 에른스트 헤켈과 훔볼트

1 Haeckel 1921b, 63; 66.

2 Haeckel 1921b, 64.

3 같은 책.

4 Humboldt 1845-52, vol.2 74; 85; 87; Humboldt 1845-50, vol.2 76; 87; 90; Haeckel 1921a, 9.

5 헤켈의 어린 시절에 훔볼트가 끼친 영향에 대해서는 다음을 참조. Haeckel 2002, 46; 110; 123-4; Haeckel 1924, ix; Richards 2009, 20ff; Di Gregorio 2004, 31-5; Krauße 1995, 352-3. 예나에 있는 헤켈 하우스의 서가에는 여전히 훔볼트의 책이 꽂혀 있다.

6 Haeckel 1921a, 9.

7 Richards 2009, 83. 헤켈이 한 운동에 대해서는 Haeckel 1921a, 194 참조.

8 Haeckel 1921a, 19; 54; 63-4; 132.

9 같은 책, 54.

10 같은 책, 49.

11 Haeckel 1924, xi; Richards 2009, 39; Di Gregorio 2004, 44.

12 Richards 2009, 40; Haeckel 1924, xii.

13 1853년 6월 1일 부모님에게(Haeckel 1921a, 59).

14 같은 책, 100.

15 1852년 12월 25일(같은 책, 26).

16 같은 책, 27.

17 Haeckel 1927, 62-3.

18 같은 책, 12.
19 Haeckel 1921a, 101.
20 같은 책, 102.
21 같은 책, 194.
22 Haeckel 1924, xv.
23 Haeckel 1927, 67; 72-3; Haeckel 1924, xv.
24 Haeckel 1927, 67.
25 1858년 9월 14일(Richards 2009, 51).
26 Haeckel 1921a, 6.
27 Haeckel 1921b, 30-31; 37ff; 67.
28 같은 책, 63ff.
29 같은 책, 69, 79-80.
30 Uschmann 1983, 46.
31 Haeckel 1921b, 86.
32 같은 책.
33 Haeckel 1921b, 134.
34 같은 책, 118.
35 같은 책, 124; 138.
36 같은 책, 122-3.
37 같은 책, 160.
38 같은 책, 155.
39 같은 책, 160.
40 같은 책, 165-6.
41 Haeckel 1921a, 26.
42 Haeckel 1899-1904, preface.
43 Koop 1941, 45.
44 헤켈은 1862년에 부교수에 해당하는 Professor extraordinarius가 되었고, 1865년에 교수 Professor ordinarius가 되었다(Richards 2009, 91; 115-16).
45 Haeckel 1927, 100.
46 Haeckel 2002, 110; Di Gregorio 2004, 77-80.
47 Darwin 1985-2014, vol.12 482.
48 같은 책.
49 Browne 2006, 84-117.
50 Haeckel 2002, 253-4.
51 Darwin 1985-2014, vol.12 485.
52 Koop 1941, 93.
53 Haeckel 1927, 330-2; Haeckel 1924, xxiv.
54 Richards 2009, 106.
55 Darwin 1985-2014, vol.12 483.
56 같은 책, vol.13, 475.
57 같은 책.

58 같은 책, vol.14 294.

59 Haeckel 1866, vol.1 7; Richards 2009, 164.

60 Browne 2003b, 105. 헤켈에 대한 헉슬리의 조언에 대해서는 Richards 2009, 165 참조.

61 Uschmann 1983, 103.

62 arwin 1985-2014, vol.15 506.

63 Haeckel 1866, vol.1 8 주석; vol.2 235-6; 286ff. 또한 1869년 1월 12일 헤켈의 예나에서의 첫 강의를 참조(Haeckel 1879, 17; Worster 1977, 192).

64 Haeckel 1866, vol.1 11; vol.2 286. 훔볼트의 자료는 다음을 참조. Humboldt 1849a, vol.1 272; Humboldt 2014, 147; Humboldt 1849b, vol.1 337.

65 Haeckel 1866, vol.2 287; vol.1 8 주석; vol.2 235-6; Haeckel 1879, 17.

66 Uschmann 1983, 90.

67 Darwin 1985-2014 vol.14 353; Haeckel 1923, 29; Bölsche 1909, 179.

68 Richards 2009, 174.

69 Haeckel 1924, xix; Haeckel 1923, 29; Bölsche 1909, 179.

70 Haeckel 1901, 56.

71 세 명의 조수는 Richard Greeff, Hermann Fol, Nikolai Miklucho(Richards 2009, 176).

72 Haeckel 1923, 42ff.

73 Haeckel 1867, 319.

74 Di Gregorio 2004, 438; Richards 2009, 346.

75 Haeckel 2002, 124.

76 Haeckel 1901, 75; 76.

77 *Kosmos. Zeitschrift für einheitliche Weltanschauung auf Grund der Entwicklungslehre, in Verbindung mit Charles Darwin/Ernst Haeckel*, Leipzig, 1877-86; Di Gregorio 2004, 395-8.

78 Breidbach 2006, 20ff; 51; 57; 101ff; 133; Richards 2009, 75.

79 Breidbach 2006, 25ff; 229; Kockerbeck 1986, 114; Richards 2009, 406ff; Di Gregorio 2004, 518.

80 Haeckel 2002, 123-4.

81 Haeckel 1899-1904, preface and Supplement Issue; 51.

82 Watson 2010, 356-81.

83 Kockerbeck 1986, 116; Haeckel 1899, 395.

84 Kockerbeck 1986, 115.

85 Kockerbeck 1986, 59ff.

86 Émile Gallé, Le Décor Symbolique, 17 May 1900, *Mémoires de l'Académie de Stanislaus, Nancy*, 1899-1900, vol.7 35.

87 Clifford and Turner 2000, 224.

88 Weingarden 2000, 325; 331; Bergdoll 2007, 23.

89 Krauße 1995, 363; Breidbach and Eibl-Eibesfeld 1998, 15; Cooney Frelinghuysen 2000, 410.

90 Richards 2009, 407ff.

91 Proctor 2006, 407-8.

92 Breidbach and Eibl-Eibesfeld 1988, 15.
93 Bergdoll 2007, 25.
94 Kockerbeck 1986, 59.
95 Breidbach 2006, 246; Richards 2009, 2.
96 같은 책, 10.
97 Haeckel 1899, 389
98 같은 책, 463.
99 같은 책, 392ff.
100 같은 책, 396.

23. 자연 보존과 자연: 존 뮤어와 훔볼트

1 Worster 2008, 120.
2 같은 책, 109-10.
3 Muir to Jeanne Carr, 13 September 1865, Online collection of John Muir Papers.
4 Muir Journal 1867-8, ibid., endpapers; for route, 2.
5 Muir 1913, 3.
6 Gisel 2008, 3; Worster 2008, 37ff.
7 Gifford 1996, 87.
8 Worster 2008, 73.
9 Holmes 1999, 129ff; Worster 2008, 79-80.
10 Worster 2008, 87.
11 같은 책, 94ff.
12 Muir to Jeanne Carr, 13 September 1865, Online collection of John Muir Papers.
13 Muir 1924, vol.1 124.
14 같은 책, 120.
15 Gisel 2008, 44.
16 Holmes 1999, 135ff.
17 Muir 1924, vol.1 153.
18 Muir to Merrills and Moores, 4 March 1867, Online collection of John Muir Papers.
19 Muir 1924, vol.1 154ff.
20 Muir to Merrills and Moores, 4 March 1867, Online collection of John Muir Papers.
21 Gifford 1996, 87.
22 Muir Journal 1867-8, Online collection of John Muir Papers, 2.
23 같은 자료, 22; 24.
24 같은 자료, 17.
25 같은 자료, 32-3.
26 Muir Journal 1867-8, Online collection of John Muir Papers. 154. 또한 뮤어가 소장하던 『신변기』 vol.2 288과 371 참조.
27 Muir Journal 1867-8, Online collection of John Muir Papers. 154; Muir 1916, 139.
28 Muir to David Gilrye Muir, 13 December 1867, Online collection of John Muir Papers.

29 Holmes 1999, 190; Worster 2008, 147-8.

30 Muir to Jeanne Carr, 26 July 1868, Online collection of John Muir Papers.

31 Muir to Jeanne Carr, 26 July 1868, Online collection of John Muir Papers.

32 Atlantic Monthly, January 1898, 17.

33 Muir to Catherine Merrill et al., 19 July 1868; Muir to David Gilrye Muir, 14 July 1868; Muir to Jeanne Carr, 26 July 1868, Online collection of John Muir Papers; Gifford 1996, 96ff.

34 Muir 1912, 5.

35 Muir, 'The Treasures of the Yosemite', *Century*, vol.40, 1890.

36 Muir 1912, 11.

37 Muir 1911, 314.

38 뮤어가 소장하던 『신변기』 vol.2, 306.

39 Muir to Margaret Muir Reid, 13 January 1869, Online collection of John Muir Papers.

40 Muir to Catherine Merrill et al., 19 July 1868, Online collection of John Muir Papers.

41 이 중요한 문장은 뮤어의 저작 곳곳에 나타난다. Muir 1911, 211; Muir Journal 'Sierra', summer 1869 (1887), Holt-Atherton Special Collections; Muir Journal 'Sierra', summer 1869 (1910), Holt-Atherton Special Collections.

42 Muir Journal 'Sierra', summer 1869 (1887), Holt-Atherton Special Collections.

43 Muir 1911, 321-2.

44 1868년에서 1874년 사이에, 뮤어는 요세미티에서 40개월을 지냈다(Gisel 2008, 93).

45 Muir to Jeanne Carr, 29 July 1870, Online collection of John Muir Papers.

46 Muir 1911, 212.

47 Muir, 'Yosemite Glaciers', *New York Tribune*, 5 December 1871; Muir, 'Living Glaciers of California', *Overland Monthly*, December 1872 and Gifford 1996, 143ff.

48 Muir to Jeanne Carr, 11 December 1871, Online collection of John Muir Papers.

49 Muir to J.B. McChesney, 8-9 June 1871, ibid.

50 Muir to Joseph Le Conte, 27 April 1872, ibid. 뮤어는 또한 식물 분포를 다룬 훔볼트 책의 페이지를 하이라이트 해두었다(무어가 소장하던 『자연관』 317쪽과 『신변기』 vol.1 116쪽 참조.

51 Muir to Jeanne Carr, 16 March 1872, Online collection of John Muir Papers.

52 Gifford 1996, 874.

53 Muir to Emerson, 26 March 1872, Online collection of John Muir Papers.

54 같은 자료.

55 Muir to Emily Pelton, 16 February 1872, ibid.

56 Muir to Emily Pelton, 2 April 1872, Online collection of John Muir Papers.; Gisel 2008, 93; 105-6.

57 Nash 1982, 106.

58 Muir to Daniel Muir, 21 June 1870, Online collection of John Muir Papers.

59 Gifford 1996, 131-6; Jeanne Carr to Muir, 1 May 1871; Muir to Emerson, 8 May 1871; Muir to Emerson, 6 July 1871; Muir to Emerson, 26 March 1872, Online collection of John Muir Papers.

60 Gifford 1996, 133.

61 Muir to Jeanne Carr, undated but this referred to Emerson's letter to Muir of 5 February 1872, Online collection of John Muir Papers.

62 Emerson to Muir, 5 February 1872, ibid.

63 뮤어는 자신이 소장한 『월든』 146쪽, 150쪽, 152쪽의 외로움에 대한 소로의 주석에 밑줄을 그어 놓았다.

64 Muir to Jeanne Carr, autumn 1870, Online collection of John Muir Papers.

65 Muir 1911, 79; 135.

66 같은 책, 90; 113.

67 Muir to Ralph Waldo Emerson, 26 March 1872, Online collection of John Muir Papers.

68 Muir 1911, 48; 98.

69 같은 책, 326.

70 Holmes 1999, 197.

71 같은 책.

72 Muir 1911, 82; 205.

73 Muir to Daniel Muir, 17 April 1869, Online collection of John Muir Papers.

74 뮤어가 소장하던 『신변기』 vol.2 362쪽(Holt-Atherton Special Collections).

75 뮤어가 소장하던 『자연관』 21쪽(Holt-Atherton Special Collections).

76 Muir to Jeanne Carr, 26 July 1868, Online collection of John Muir Papers.

77 Johnson 1999, 515.

78 Richardson 2007, 131; Johnson 1999, 535.

79 Nash 1982, 147.

80 Muir to Jeanne Carr, 7 October 1874, Online collection of John Muir Papers.

81 Wolfe 1946, 83.

82 뮤어가 소장하던 소로의 『메인의 숲』 160쪽과 122-3쪽, 155쪽, 158쪽(Holt-Atherton Special Collections).

83 Muir 1911, 211.

84 Gifford 1996, 875; 889; 891; 895.

85 Anderson 1915, 119.

86 Muir to Jeanne Carr, autumn 1870, Online collection of John Muir Papers.

87 Muir to Strentzels, 28 January 1879, Online collection of John Muir Papers.

88 Muir to Sarah Galloway, 12 January 1877, ibid; Worster 2008, 238.

89 Worster 2008, 238ff.

90 Muir to Millicent Shin, 18 April 1883, Online collection of John Muir Papers.

91 Worster 2008, 324-5.

92 Worster 2008, 312ff; Nash 1982, 131ff.

93 Muir 1920.

94 Muir, 'The Treasures of the Yosemite' and 'Features of the Proposed Yosemite National Park', *Century*, vols. 40 and 41, 1890.

95 Muir, 'The Treasures of the Yosemite', *Century*, vol.40, 1890.

96 Nash 1982, 132.

97 Muir 1901, 365.

98 Nash 1982, 132.

99 Kimes and Kimes 1986, 1-162.

100 Theodore Roosevelt to Muir, 14 March 1903, Online collection of John Muir Papers.

101 Theodore Roosevelt to Muir, 19 May 1903, ibid.

102 Muir to Charles Sprague Sargent, 3 January1898, ibid.

103 Nash 1982, 161-81; Muir, 'The Hetch Hetchy Valley', *Sierra Club Bulletin*, vol.6, no.4, January 1908.

104 *New York Times*, 4 September 1913.

105 Nash 1982, 180.

106 Branch 2001, 15.

107 Muir, 26-9 June 1903, Muir Journal 'World Tour', pt.1, 1903, Online collection of John Muir Papers.

108 Helen S. Wright to Muir, 8 May 1878, ibid.

109 Branch 2001, 10.

110 같은 책, 7-9.

111 같은 책, 31.

112 같은 책, 32.

113 1913년의 무어(Wolfe 1979, 439).

에필로그

1 Nichols 2006, 411.

2 IPCC, Fifth Assessment Synthesis Report, 1 November 2014, 7.

3 http://www.neh.gov/about/awards/jefferson-lecture/wendell-e-berry-lecture.

4 Humboldt 2000, 216.

5 같은 책, 216.

6 Goethe and Eckermann 1999, 183.

참고문헌

알렉산더 폰 훔볼트의 서신집 및 저작

Alexander von Humboldt und August Böckh. Briefwechsel, ed. Romy Werther and Eberhard Knobloch, Berlin: Akademie Verlag, 2011

Alexander von Humboldt et Aimé Bonpland. Correspondance 1805-1858, ed. Nicolas Hossard, Paris: L'Harmattan, 2004

Alexander von Humboldt und Cotta. Briefwechsel, ed. Ulrike Leitner, Berlin: Akademie Verlag, 2009

Alexander von Humboldt. Johann Franz Encke. Briefwechsel, ed. Ingo Schwarz, Oliver Schwarz and Eberhard Knobloch, Berlin: Akademie Verlag, 2013

Alexander von Humboldt. Friedrich Wilhelm IV. Briefwechsel, ed. Ulrike Leitner, Berlin: Akademie Verlag, 2013

Alexander von Humboldt. Familie Mendelssohn. Briefwechsel, ed. Sebastian Panwitz and Ingo Schwarz, Berlin: Akademie Verlag, 2011

Alexander von Humboldt und Carl Ritter. Briefwechsel, ed. Ulrich Päßler, Berlin: Akademie Verlag, 2010

Alexander von Humboldt. Samuel Heinrich Spiker. Briefwechsel, ed. Ingo Schwarz, Berlin: Akademie Verlag, 2007

Alexander von Humboldt und die Vereinigten Staaten von Amerika. Briefwechsel, ed. Ingo Schwarz, Berlin: Akademie Verlag, 2004

'Alexander von Humboldt's Correspondence with Jefferson, Madison, and Gallatin', ed.

Helmut de Terra, *Proceedings of the American Philosophical Society*, vol.103, 1959

Ansichten der Natur mit wissenschaftlichen Erläuterungen, Tübingen: J.G. Cotta'schen Buchhandlung, 1808

Ansichten der Natur mit wissenschaftlichen Erläuterungen, third and extended edition, Stuttgart und Tübingen: J.G. Cotta'schen Buchhandlung, 1849

Aphorismen aus der chemischen Physiologie der Pflanzen, Leipzig: Voss und Compagnie, 1794

Aspects of Nature, in Different Lands and Different Climates, with Scientific Elucidations, trans. Elizabeth J.L. Sabine, London: Longman, Brown, Green and John Murray, 1849

Briefe Alexander's von Humboldt an seinen Bruder Wilhelm, ed. Familie von Humboldt, Stuttgart: J.G. Cotta'schen Buchhandlung, 1880

Briefe aus Amerika 1799-1804, ed. Ulrike Moheit, Berlin: Akademie Verlag, 1993

Briefe aus Russland 1829, ed. Eberhard Knobloch, Ingo Schwarz and Chritian Suckow, Berlin: Akademie Verlag, 2009

Alexander von Humboldt und Emil du Bois-Reymond, ed. Ingo Schwarz and Klaus Wenig, Berlin: Akademie Verlag, 1997

Briefwechsel und Gespräche Alexander von Humboldt's mit einem jungen Freunde, aus den Jahren 1848 bis 1856, Berlin: Verlag Franz von Duncker, 1861

Briefwechsel zwischen Alexander von Humboldt und Carl Friedrich Gauß, ed. Kurt-R. Biermann, Berlin: Akademie Verlag, 1977

Briefwechsel zwischen Alexander von Humboldt und P.G. Lejeune Dirichlet, ed. Kurt-R. Biermann, Berlin: Akademie Verlag, 1982

Briefwechsel zwischen Alexander von Humboldt und Heinrich Christian Schumacher, ed. Kurt-R. Biermann, Berlin: Akademie Verlag, 1979

Central-Asien. Untersuchungen über die Gebirgsketten und die vergleichende Klimatologie, Berlin: Carl J. Klemann, 1844

Correspondance d'Alexandre de Humboldt avec François Arago (1809-1853), ed. Théodore Jules Ernest Hamy, Paris: Guilmoto, 1907

Cosmos: Sketch of a Physical Description of the Universe, trans. Elizabeth J.L. Sabine, London: Longman, Brown, Green and Longmans, and John Murray, 1845-52 (vols.1-3)

Cosmos: A Sketch of a Physical Description of the Universe, trans. E.C. Otte, London: George Bell & Sons, 1878 (vols.1-3)

Die Jugendbriefe Alexander von Humboldts 1787-1799, ed. Ilse Jahn and Fritz G. Lange, Berlin: Akademie Verlag, 1973

Die Kosmos-Vorträge 1827/28, ed. Jürgen Hamel and Klaus-Harro Tiemann, Frankfurt: Insel Verlag, 2004

Essay on the Geography of Plants (AH and Aimé Bonpland), ed. Stephen T. Jackson, Chicago and London: Chicago University Press, 2009

Florae Fribergensis specimen, Berlin: Heinrich August Rottmann, 1793

Fragmente einer Geologie und Klimatologie Asiens, Berlin: J.A. List, 1832

Ideen zu einer Geographie der Pflanzen nebst einem Naturgemälde der Tropenländer (AH and Aimé Bonpland), Tübingen: G. Cotta and Paris: F. Schoell, 1807

Kosmos. Entwurf einer physischen Weltbeschreibung, Stuttgart and Tübingen: J.G. Cotta'schen Buchhandlungen, 1845-50 (vols.1-3)
Lateinamerika am Vorabend der Unabhängigkeitsrevolution: eine Anthologie von Impressionen und Urteilen aus seinen Reisetagebüchern, ed. Margot Faak, Berlin: Akademie-Verlag, 1982
Letters of Alexander von Humboldt to Varnhagen von Ense, ed. Ludmilla Assing, London: Trübner & Co., 1860
Mineralogische Beobachtungen über einige Basalte am Rhein, Braunschweig: Schulbuchhandlung, 1790
Personal Narrative of Travels to the Equinoctial Regions of the New Continent during the years 1799-1804, trans. Helen Maria Williams, London: Longman, Hurst, Rees, Orme, Brown and John Murray, 1814-29
Personal Narrative of Travels to the Equinoctial Regions of the New Continent during the years 1799-1804, trans. Thomasina Ross, London: George Bell & Sons, 1907 (vols.1-3)
Pittoreske Ansichten der Cordilleren und Monumente americanischer Völker, Tübingen: J.G. Cotta'schen Buchhandlungen, 1810
Political Essay on the Island of Cuba. A Critical Edition, ed. Vera M. Kutzinski and Ottmar Ette, Chicago and London: Chicago University Press, 2011
Political Essay on the Kingdom of New Spain, trans. John Black, London and Edinburgh: Longman, Hurst, Rees, Orme and Brown; and H. Colburn: and W. Blackwood, and Brown and Crombie, Edinburgh, 1811
Reise auf dem Río Magdalena, durch die Anden und Mexico, ed. Margot Faak, Berlin: Akademie Verlag, 2003
Reise durch Venezuela. Auswahl aus den Amerikanischen Reisetagebüchern, ed. Margot Faak, Berlin: Akademie Verlag, 2000
Researches concerning the Institutions & Monuments of the Ancient Inhabitants of America with Descriptions & Views of some of the most Striking Scenes in the Cordilleras!, trans. Helen Maria Williams, London: Longman, Hurst, Rees, Orme, Brown, John Murray and H. Colburn, 1814
Über die unterirdischen Gasarten und die Mittel, ihren Nachteil zu vermindern. Ein Beytrag zur Physik der praktischen Bergbaukunde, Braunschweig: Vieweg, 1799
Versuch über die gereizte Muskel- und Nervenfaser, Berlin: Heinrich August Rottmann, 1797
Views of Nature, trans. E.C. Otte and H.G. Bohn, London: George Bell & Sons, 1896
Views of Nature, ed. Stephen T. Jackson and Laura Dassow Walls, trans. Mark W. Person, Chicago and London: Chicago University Press, 2014
Vues des Cordillères et monumens des peuples indigènes de l'Amérique, Paris: F. Schoell, 1810-13
A selection of Humboldt's books online: http://www.avhumboldt.de/?page_id=469

기타

Acosta de Samper, Soledad, *Biografía del General Joaquín Acosta*, Bogotá: Librería Colombiana Camacho Roldán & Tamayo, 1901

Adams, John, *The Works of John Adams*, ed. Charles Francis Adams, Boston: Little, Brown and Co., vol.10, 1856

Adler, Jeremy, 'Goethe's Use of Chemical Theory in his Elective Affinities', in Andrew Cunningham and Nicholas Jardine (eds.), *Romanticism and the Sciences*, Cambridge: Cambridge University Press, 1990

Agassiz, Louis, *Address Delivered on the Centennial Anniversary of the Birth of Alexander von Humboldt*, Boston: Boston Society of Natural History, 1869

Anderson, Melville B., 'The Conversation of John Muir', *American Museum Journal*, vol.xv, 1915

Andress, Reinhard, 'Alexander von Humboldt und Carlos Montúfar als Reisegefährten: ein Vergleich ihrer Tagebücher zum Chimborazo-Aufstieg', *HiN* XII, vol.22, 2011

Andress, Reinhard and Silvia Navia, 'Das Tagebuch von Carlos Montúfar: Faksimile und neue Transkription', *HiN* XIII, vol.24, 2012

Arago, François, *Biographies of Distinguished Scientific Men*, London: Longman, 1857

Arana, Marie, *Bolívar. American Liberator*, New York and London: Simon & Schuster, 2013

Armstrong, Patrick, 'Charles Darwin's Image of the World: The Influence of Alexander
von Humboldt on the Victorian Naturalist', in Anne Buttimer et al. (ed.), *Text and Image. Social Construction of Regional Knowledges*, Leipzig: Institut für Länderkunde, 1999

Assing, Ludmilla, *Briefe von Alexander von Humboldt an Varnhagen von Ense aus den Jahren 1827-1858*, New York: Verlag von L. Hauser, 1860

Avery, Kevin, J., *The Heart of the Andes: Church's Great Picture*, New York: Metropolitan Museum of Art, 1993

Ayrton, John, *The Life of Sir Humphry Davy*, London: Henry Colburn and Richard Bentley, 1831

Babbage, Charles, *Passages from the Life of a Philosopher*, ed. Martin Campbell-Kelly, London: William Pickering, 1994

Baily, Edward, *Charles Lyell*, London and New York: Nelson, 1962

Banks, Joseph, *The Letters of Sir Joseph Banks. A Selection, 1768-1820*, ed. Neil Chambers, London: Imperial College Press, 2000

_____, *Scientific Correspondence of Sir Joseph Banks*, ed. Neil Chambers, London: Pickering & Chatto, 2007

Baron, Frank, 'From Alexander von Humboldt to Frederic Edwin Church: Voyages of Scientific Exploration and Artistic Creativity', *HiN* VI, vol.10, 2005

Bartram, John, *The Correspondence of John Bartram, 1734-1777*, ed. Edmund Berkeley and Dorothy Smith Berkeley, Florida: University of Florida Press, 1992

Bate, Jonathan, *Romantic Ecology. Wordsworth and the Environmental Tradition*, London: Routledge, 1991

Bear, James A. (ed.), *Jefferson at Monticello: Recollections of a Monticello Slave and of a Monticello Overseer, Charlottesville*: University of Virginia Press, 1967

Beck, Hanno, *Gespräche Alexander von Humboldts*, Berlin: Akademie Verlag, 1959

_____, *Alexander von Humboldt*, Wiesbaden: Franz Steiner Verlag, 1959-61

_____, 'Hinweise auf Gespräche Alexander von Humboldts', in Heinrich von Pfeiffer (ed.),

Alexander von Humboldt. Werk und Weltgeltung, München: Pieper, 1969
_____, *Alexander von Humboldts Reise durchs Baltikum nach Russland und Sibirien, 1829*, Stuttgart and Vienna: Edition Erdmann, 1983
Beinecke Rare Books & Manuscripts Library, *Goethe*. The Scientist, Exhibition at Beinecke Rare Books & Manuscripts Library, New Haven and London: Yale University Press, 1999
Bell, Stephen, *A Life in the Shadow: Aimé Bonpland's Life in Southern South America, 1817-1858*, Stanford: Stanford University Press, 2010
Benedict, George Grenville, *Vermont in the Civil War*, Burlington: Free Press Association, 1888
Bergdoll, Barry, 'Of Crystals, Cells, and Strata: Natural History and Debates on the Form of a New Architecture in the Nineteenth Century', *Architectural History*, vol. 50, 2007
Berghaus, Heinrich, *The Physical Atlas. A Series of Maps Illustrating the Geographical Distribution of Natural Phenomena*, Edinburgh: John Johnstone, 1845
Berlioz, Hector, *Les Soirées de l'orchestre*, Paris: Michel Lévy, 1854
_____, *Mémoires de H. Berlioz, comprenant ses voyages en Italie, en Allemagne, en Russie et en Angleterre 1803-1865*, Paris: Calmann Lévy, 1878
Biermann, Kurt-R., *Miscellanea Humboldtiana*, Berlin: Akademie-Verlag, 1990a
_____, *Alexander von Humboldt*, Leipzig: Teubner, 1990b
_____, 'Ein "politisch schiefer Kopf" und der "letzte Mumienkasten". Humboldt und Metternich', *HiN* V, vol.9, 2004
Biermann Kurt-R. (ed.), *Alexander von Humboldt. Aus Meinem Leben. Autobiographische Bekenntnisse*, Munich: C.H. Beck, 1987
Biermann, Kurt-R., Ilse Jahn and Fritz Lange, *Alexander von Humboldt. Chronologische Übersicht über wichtige Daten seines Lebens*, Berlin: Akademie-Verlag, 1983
Biermann, Kurt-R. and Ingo Schwarz, ' "Der unheilvollste Tag meines Lebens." Der Forschungsreisende Alexander von Humboldt in Stunden der Gefahr', *Mitteilungen der Humboldt-Gesellschaft für Wissenschaft, Kunst und Bildung*, 1997
_____, '"Moralische Sandwüste und blühende Kartoffelfelder". Humboldt—Ein Weltbürger in Berlin', in Frank Holl (ed.), *Alexander von Humboldt. Netzwerke des Wissens*, Ostfildern: Hatje-Cantz, 1999a
_____, '"Werk meines Lebens". Alexander von Humboldts Kosmos', in Frank Holl (ed.), *Alexander von Humboldt. Netzwerke des Wissens*, Ostfildern: Hatje-Cantz, 1999b
_____, '"Gestört durch den Unfug eldender Strolche". Die Skandalösen Vorkommnisse beim Leichenbegräbnis Alexander von Humboldts im Mai 1859', *Mitteilungen des Vereins für die Geschichte Berlins*, vol.95, 1999c
_____, 'Geboren mit einem silbernem Löffel im Munde—gestorben in Schuldknechtschaft. Die Wirtschaftlichen Verhältnisse Alexander von Humboldts', *Mitteilungen des Vereins für die Geschichte Berlins*, vol.96, 2000
_____, 'Der Aachener Kongreß und das Scheitern der Indischen Reisepläne Alexander von Humboldts', *HiN* II, vol.2, 2001a
_____, '"Sibirien beginnt in der Hasenheide". Alexander von Humboldt's Neigung zur Moquerie', *HiN* II, vol.2, 2001b

_____, 'Indianische Reisebegleiter. Alexander von Humboldt in Amerika', *HiN* VIII, vol.14, 2007

Binet, René, *Esquisses Décoratives*, Paris: Librairie Centrale des Beaux-Arts, c.1905

Bolívar, Simón, *Cartas del Libertador*, ed. Vicente Lecuna, Caracas: 1929

_____, *Selected Writings of Bolívar*, ed. Vicente Lecuna, New York: Colonial Press, 1951

_____, *El Libertador. Writings of Simón Bolívar*, ed. David Bushnell, trans. Frederick H. Fornhoff, Oxford: Oxford University Press, 2003

_____, *Doctrina del Libertador*, ed. Manuel Pérez Vila, Caracas: Fundación Bibliotheca Ayacucho, 2009

Bölsche, Wilhelm, *Ernst Haeckel: Ein Lebensbild*, Berlin: Georg Bondi, 1909

_____, *Alexander von Humboldt's Kosmos*, Berlin: Deutsche Bibliothek, 1913

Borst, Raymond R. (ed.), *The Thoreau Log: A Documentary Life of Henry David Thoreau, 1817-1862*, New York: G.K. Hall and Oxford: Maxwell Macmillan International, 1992

Botting, Douglas, *Humboldt and the Cosmos*, London: Sphere Books, 1973

Boyle, Nicholas, *Goethe. The Poet and the Age. The Poetry of Desire. 1749-1790*, I, Oxford: Clarendon Press, 1992

_____, *Goethe. The Poet and the Age. Revolution and Renunciation. 1790-1803*, II, Oxford: Clarendon Press, 2000

Branch, Michael P. (ed.), *John Muir's Last Journey. South to the Amazon and East to Africa*, Washington and Covelo: Island Press, 2001

Breidbach, Olaf, *Visions of Nature. The Art and Science of Ernst Haeckel*, Munich and London: Prestel, 2006

Breidbach, Olaf and Irenäus Eibl-Eibesfeld, *Art Forms in Nature. The Prints of Ernst Haeckel*, Munich: Prestel, 1998

Briggs, Asa, *The Age of Improvement, 1783-1867*, London: Longman, 2000.

Browne, Janet, *Charles Darwin. Voyaging*, London: Pimlico, 2003a

_____, *Charles Darwin. The Power of Place*, London: Pimlico, 2003b

_____, *Darwin's Origin of Species. A Biography*, London: Atlantic Books, 2006

Bruhns, Karl (ed.), *Life of Alexander von Humboldt*, London: Longmans, Green and Co., 1873

Brunel, Isambard, *The Life of Isambard Kingdom Brunel. Civil Engineer*, London: Longmans, Green and Co., 1870

Buchanan, R. Angus, Brunel. *The Life and Times of Isambard Kingdom Brunel*, London: Hambledon and London, 2002

Buckland, Wilhelm, *Life and Correspondence of William Buckland*, ed. Mrs Gordon (Elizabeth Oke Buckland), London: John Murray, 1894

Buell, Lawrence, *The Environmental Imagination: Thoreau, Nature Writing, and the Formation of American Culture*, Cambridge, Mass. and London: Belknap Press of Harvard University Press, 1995

Burwick, Frederick and James C. McKusick (eds.), *Faustus. From the German of Goethe*, trans. Samuel Taylor Coleridge, Oxford: Oxford University Press, 2007

Busey, Samuel Clagett, *Pictures of the City of Washington in the Past*, Washington DC: W.

Ballantyne & Sons, 1898
Buttimer, Anne, 'Beyond Humboldtian Science and Goethe's Way of Science: Challenges of Alexander von Humboldt's Geography', *Erdkunde*, vol.55, 2001
Caldas, Francisco José de, *Semanario del Nuevo Reino de Granada*, Bogotá: Ministerio de Educación de Colombia, 1942
Canning, George, *Some Official Correspondence of George Canning*, ed. Edward J. Stapelton, London: Longmans, Green and Co., 1887
_____, *George Canning and his Friends*, ed. Captain Josceline Bagot, London: John Murray, 1909
Cannon, Susan Faye, *Science in Culture: The Early Victorian Period*, New York: Dawson, 1978
Cawood, John, 'The Magnetic Crusade: Science and Politics in Early Victorian Britain', *Isis*, vol.70, 1979
Channing, William Ellery, *Thoreau. The Poet-Naturalist*, Boston: Roberts Bros., 1873
Chinard, Gilbert, 'The American Philosophical Society and the Early History of Forestry in America', *Proceedings of the American Philosophical Society*, vol.89, 1945
Clark, Christopher, *Iron Kingdom: The Rise and Downfall of Prussia, 1600-1947*, London: Penguin, 2007
Clark, Rex and Oliver Lubrich (eds.), *Transatlantic Echoes. Alexander von Humboldt in World Literature*, New York and Oxford: Berghahn Books, 2012a
_____, *Cosmos and Colonialism. Alexander von Humboldt in Cultural Criticism*, New York and Oxford: Berghahn Books, 2012b
Clifford, Helen and Eric Turner, 'Modern Metal', in Paul Greenhalgh (ed.), *Art Nouveau, 1890-1914*, London: V&A Publications, 2000
Cohen, I. Bernard, *Science and the Founding Fathers: Science in the Political Thought of Thomas Jefferson, Benjamin Franklin, John Adams, and James Madison*, New York and London: W.W. Norton, 1995
Coleridge, Samuel Taylor, *The Philosophical Lectures of Samuel Taylor Coleridge*, ed. Kathleen H. Coburn, London: Pilot Press, 1949
_____, *The Notebooks of Samuel Taylor Coleridge, ed. Kathleen Coburn*, Princeton: Princeton University Press, 1958-2002.
_____, *Table Talk*, ed. Carl Woodring, London: Routledge, 1990
_____, *Lectures 1818-1819 on the History of Philosophy*, ed. J.R. de J. Jackson, Princeton: Princeton University Press, 2000
Cooney Frelinghuysen, Alice, 'Louis Comfort Tifffany and New York', in Paul Greenhalgh (ed.), *Art Nouveau, 1890-1914*, London: V&A Publications, 2000
Cunningham, Andrew and Nicholas Jardine (eds.), *Romanticism and the Sciences*, Cambridge: Cambridge University Press, 1990
Cushman, Gregory T., 'Humboldtian Science, Creole Meteorology, and the Discovery of Human-Caused Climate Change in South America', *Osiris*, vol.26, 2011
Darwin, Charles, *On the Origin of Species by Means of Natural Selection*, London: John Murray, 1859

_____, *Life and Letters of Charles Darwin*, ed. Francis Darwin, New York and London: D. Appleton & Co., 1911

_____, *The Autobiography of Charles Darwin 1809-1882*, ed. Nora Barlow, London: Collins, 1958

_____, 'Darwin's Notebooks on the Transmutation of Species, Part iv', ed. Gavin de Beer, *Bulletin of the British Museum*, vol.2, 1960

_____, *Correspondence of Charles Darwin, The*, ed. Frederick Burkhardt and Sydney Schmith, Cambridge: Cambridge University Press, 1985-2014

_____, *Beagle Diary*, ed. Richard Darwin Keynes, Cambridge: Cambridge University Press, 2001

_____, *The Voyage of the Beagle*, Hertfordshire: Wordsworth Editions, 1997

Darwin, Erasmus, *The Botanic Garden. Part II: Containing Loves of the Plants. A Poem. With Philosophical Notes*, first published in 1789, London: J. Johnson, 1791

Daudet, Ernest, *La Police politique. Chronique des temps de la Restauration d'après les rapports des agents secrets et les papiers du Cabinet noir, 1815-1820*, Paris: Librairie Plon, 1912

Davies, Norman, *Europe. A History*, London: Pimlico, 1997

Dean, Bradley P., 'Natural History, Romanticism, and Thoreau', in Michael Lewis (ed.), *American Wilderness. A New History*, Oxford: Oxford University Press, 2007

Di Gregorio, Mario A., *From Here to Eternity: Ernst Haeckel and Scientific Faith*, Göttingen: Vandenhoeck & Ruprecht, 2004

_____ (ed.), *Charles Darwin's Marginalia*, New York and London: Garland, 1990

Dibdin, Thomas Frognall, *A Bibliographical, Antiquarian, and Picturesque Tour in France and Germany*, London: W. Bulmer and W. Nicol, 1821

Dove, Alfred, *Die Forsters und die Humboldts*, Leipzig: Dunder & Humplot, 1881

Eber, Ron, '"Wealth and Beauty". John Muir and Forest Conservation', in Sally M. Miller and Daryl Morrison (eds.), *John Muir. Family, Friends and Adventurers*, Albuquerque: University of New Mexico Press, 2005

Egerton, Frank N., *Roots of Ecology. Antiquity to Haeckel, Berkeley*: University of California Press, 2012

Ehrlich, Willi, *Goethes Wohnhaus am Frauenplan in Weimar*, Weimar: Nationale Forschungs- und Gedenkstätten der Klassik, 1983

Eichhorn, Johannes, *Die wirtschaftlichen Verhältnisse Alexander von Humboldts, Gedenkschrift zur 100. Wiederkehr seines Todestages*, Berlin: Akademie Verlag, 1959

Elden, Stuart and Eduardo Mendieta (eds.), *Kant's Physische Geographie: Reading Kant's Geography*, New York: SUNY Press, 2011

Emerson, Ralph Waldo, *The Letters of Ralph Waldo Emerson*, ed. Ralph L. Rusk, New York: Columbia University Press, 1939

_____, *The Early Lectures of Ralph Waldo Emerson*, ed. Stephen E. Whicher and Robert E. Spiller, Cambridge: Harvard University Press, 1959-72

_____, *The Journals and Miscellaneous Notebooks of Ralph Waldo Emerson*, ed. William H. Gilman, Alfred R. Ferguson, George P. Clark and Merrell R. Davis, Cambridge: Harvard

University Press, 1960–92

_____, *The Collected Works of Ralph Waldo Emerson*, ed. Alfred R. Ferguson et al., Cambridge: Harvard University Press, 1971–2013

Engelmann, Gerhard, 'Alexander von Humboldt in Potsdam', *Veröffentlichungen des Bezirksheimatmuseums Potsdam*, no.19, 1969

Ette, Ottmar et al., *Alexander von Humboldt: Aufbruch in die Moderne*, Berlin: Akademie Verlag, 2001

Evelyn, John, Sylva, *Or a Discourse of Forest-trees, and the Propagation of Timber in His Majesties Dominions*, London: Royal Society, 1670

Fiedler, Horst and Ulrike Leitner, *Alexander von Humboldts Schriften. Bibliographie der selbständig erschienen Werke*, Berlin: Akademie Verlag, 2000

Finkelstein, Gabriel, ' "Conquerors of the Künlün"? The Schagintweit Mission to High Asia, 1854–57', *History of Science*, vol.38, 2000

Fleming, James R., *Historical Perspectives on Climate Change*, Oxford: Oxford University Press, 1998

Fontane, Theodor, *Theodor Fontanes Briefe*, ed. Walter Keitel, Munich: Hanser Verlag, vol.3, 1980

Foster, Augustus, *Jeffersonian America: Notes by Sir Augustus Foster*, San Marino: Huntington Library, 1954

Fox, Robert, *The Culture of Science in France, 1700–1900*, Surrey: Variorum, 1992

Franklin, Benjamin, *The Papers of Benjamin Franklin*, ed. Leonard W. Labaree et al., New Haven and London: Yale University Press, 1956–2008

Friedenthal, Richard, *Goethe. Sein Leben und seine Zeit*, Munich and Zurich: Piper, 2003

Friis, Herman R., 'Alexander von Humboldts Besuch in den Vereinigten Staaten von America', in Joachim H. Schulze (ed.), *Alexander von Humboldt. Studien zu seiner universalen Geisteshaltung*, Berlin: Verlag Walter de Gruyter & Co., 1959

Froncek, Thomas (ed.), *An Illustrated History: The City of Washington*, New York: Alfred A. Knopf, 1977

Gall, Lothar, *Wilhelm von Humboldt: Ein Preuße von Welt*, Berlin: Propyläen, 2011

Gallatin, Albert, *A Synopsis of the Indian Tribes*, Cambridge: Cambridge University Press, 1836

Geier, Manfred, *Die Brüder Humboldt. Eine Biographie*, Hamburg: Rowohlt Taschenbuch Verlag, 2010

Gersdorff, Dagmar von, *Caroline von Humboldt. Eine Biographie*, Berlin: Insel Verlag, 2013

Gifford, Terry (ed.), *John Muir. His Life and Letters and Other Writings*, London: Baton Wicks, 1996

Gisel, Bonnie J., *Nature's Beloved Son. Rediscovering John Muir's Botanical Legacy*, Berkeley: Heyday Books, 2008

Glogau, Heinrich, *Akademische Festrede zur Feier des Hundertjährigen Geburtstages Alexander's von Humboldt, 14 September 1869*, Frankfurt: Verlag von F.B. Auffarth, 1969

Goethe, Johann Wolfgang von, *Goethe's Briefwechsel mit den Gebrüdern von Humboldt*, ed. F. Th. Bratranek, Leipzig: Brockhaus, 1876

_____, *Goethes Briefwechsel mit Wilhelm und Alexander v. Humboldt*, ed. Ludwig Geiger, Berlin: H. Bondy, 1909

_____, *Goethe Begegnungen und Gespräche,* ed. Ernst Grumach and Renate Grumach, Berlin and New York: Walter de Gruyter, 1965-2000

_____, Italienische Reise, in Herbert v. Einem and Erich Trunz (eds.), *Goethes Werke*, Hamburger Ausgabe, Hamburg: Christian Wegener Verlag, 1967

_____, *Goethes Briefe, Hamburger Ausgabe in 4 Bänden*, ed. Karl Robert Mandelkrow, Hamburg: Christian Wegener Verlag, 1968-76

_____, *Briefe an Goethe, Gesamtausgabe in Regestform*, ed. Karl Heinz Hahn, Weimar: Böhlau, 1980-2000

_____, *Goethes Leben von Tag zu Tag: Eine Dokumentarische Chronik*, ed. Robert Steiger, Zürich and Munich: Artemis Verlag, 1982-96

_____, *Schriften zur Morphologie*, ed. Dorothea Kuhn, Frankfurt: Deutscher Klassiker Verlag, 1987

_____, *Schriften zur Allgemeinen Naturlehre, Geologie und Mineralogie*, ed. Wolf von Engelhardt and Manfred Wenzel, Frankfurt: Deutscher Klassiker Verlag, 1989

_____, *Johann Wolfgang Goethe: Tag- und Jahreshefte*, ed. Irmtraut Schmid, Frankfurt: Deutscher Klassiker Verlag, 1994

_____, *Johann Wolfgang Goethe: Tagebücher*, ed. Jochen Golz, Stuttgart and Weimar: J.B. Metzler, 1998-2007

_____, *Johannn Peter Eckermann, Gespräche mit Goethe in den Letzten Jahren seines Lebens*, ed. Christoph Michel, Frankfurt: Deutscher Klassiker Verlag, 1999

_____, *Die Wahlverwandschaften*, Frankfurt: Insel Verlag, 2002

_____, *Faust. Part One*, trans. David Luke, Oxford: Oxford University Press, 2008

Gould, Stephen Jay, 'Humboldt and Darwin: The Tension and Harmony of Art and Science', in Franklin Kelly (ed.), *Frederic Edwin Church*, Washington, National Gallery of Art: Smithsonian Institution Press, 1989

Granville, A.B., *St. Petersburgh: A Journal of Travels to and from that Capital. Through Flanders, the Rhenich provinces, Prussia, Russia, Poland, Silesia, Saxony, the Federated States of Germany, and France*, London: H. Colburn, 1829

Greenhalgh, Paul (ed.), *Art Nouveau, 1890-1914*, London: V&A Publications, 2000

Grove, Richard, *Green Imperialism: Colonial Expansion, Tropical Island Edens and the Origins of Environmentalism, 1600-1860*, Cambridge: Cambridge University Press, 1995

Haeckel, Ernst, *Die Radiolarien (Rhizopoda radiaria). Eine Monographie. Mit einem Atlas*, Berlin: Georg Reimer, 1862

_____, *Generelle Morphologie der Organismen*, Berlin: Georg Reimer, 1866

_____, 'Eine zoologische Excursion nach den Canarischen Inseln', *Jenaische Zeitschrift fuer Medicin und Naturwissenschaft*, 1867

_____, 'Über Entwicklungsgang und Aufgabe der Zoologie', in Ernst Haeckel, *Gesammelte Populäre Vorträge aus dem Gebiete der Entwickelungslehre*, Zweites Heft, Bonn: Verlag Emil Strauß, 1879

_____, *Bericht über die Feier des sechzigsten Geburtstages von Ernst Haeckel am 17. Februar 1894 in Jena*, Jena: Hofbuchdruckerei, 1894

_____, *Die Welträthsel. Gemeinverständliche Studien über monistische Philosophie*, Bonn: Verlag Emil Strauß, 1899

_____, *Kunstformen der Natur*, Leipzig and Vienna: Verlag des Bibliographischen Instituts, 1899-1904

_____, *Aus Insulinde. Malayische Reisebriefe*, Bonn: Verlag Emil Strauß, 1901

_____, *Entwicklungsgeschichte einer Jugend. Briefe an die Eltern, 1852-1856, Leipzig: K.F.* Koehler, 1921a

_____, *Italienfahrt. Briefe an die Braut, 1859-1860*, ed. Heinrich Schmidt, Leipzig: K.F. Koehler, 1921b

_____, *Berg- und Seefahrten*, Leipzig: K.F. Koehler, 1923

_____, 'Eine Autobiographische Skizze', in Ernst Haeckel, *Gemeinverständliche Werke*, ed. Heinrich Schmidt, Leipzig: Alfred Kröner Verlag, 1924, vol.1

_____, *Himmelhoch jauchzend. Erinnerungen und Briefe der Liebe*, ed. Heinrich Schmidt, Dresden: Reissner, 1927

_____, *Ernst Haeckel-Wilhelm Bölsche. Briefwechsel 1887-1919*, ed. Rosemarie Nöthlich, Berlin: Verlag für Wissenschaft und Bildung, 2002

Hallé, Charles, *Life and Letters of Sir Charles Hallé; Being an Autobiography (1819-1860) with Correspondence and Diaries*, ed. C.E. Hallé and Marie Hallé, London: Smith, Elder & Co., 1896

Hamel, Jürgen, Eberhard Knobloch and Herbert Pieper (eds.), *Alexander von Humboldt in Berlin. Sein Einfluß auf die Entwicklung der Wissenschaften*, Augsburg: Erwin Rauner Verlag, 2003

Harbert Petrulionis, Sandra (ed.), *Thoreau in His Own Time: A Biographical Chronicle of his Life, Drawn from Recollections, Interviews, and Memoirs by Family, Friends, and Associates*, Iowa City: University of Iowa Press, 2012

Harding, Walter, *Emerson's Library*, Charlottesville: University of Virginia Press, 1967

_____ (ed.), *Thoreau as Seen by his Contemporaries*, New York: Dover Publications and London: Constable, 1989

Harman, Peter M., *The Culture of Nature in Britain, 1680-1860*, New Haven and London: Yale University Press, 2009

Hatch, Peter, *A Rich Spot of Earth. Thomas Jefferson's Revolutionary Garden at Monticello*, New Haven and London: Yale University Press, 2012

Hawthorne, Nathaniel, *The Letters, 1853-1856*, ed. Thomas Woodson et al., Columbus, Ohio: Ohio State University Press, vol.17, 1987

Haydon, Benjamin Robert, *The Autobiography and Journals of Benjamin Robert Haydon*, ed. Malcolm Elwin, London: Macdonald, 1950

_____, *The Diary of Benjamin Robert Haydon*, ed. Willard Bissell Pope, Cambridge: Harvard University Press, 1960-63

Heiman, Hanns, 'Humboldt and Bolívar', in Joachim Schultze (ed.), *Alexander von Humboldt:*

Studien zu seiner Universalen Geisteshaltung, Berlin: Walter de Gruyter, 1959

Heinz, Ulrich von, 'Die Brüder Wilhelm und Alexander von Humboldt', in Jürgen Hamel, Eberhard Knobloch and Herbert Pieper (eds.), *Alexander von Humboldt in Berlin. Sein Einfluß auf die Entwicklung der Wissenschaften*, Augsburg: Erwin Rauner Verlag, 2003

Helferich, Gerhard, *Humboldt's Cosmos*, NY: Gotham Books, 2005

Herbert, Sandra, 'Darwin, Malthus, and Selection', *Journal of the History of Biology*, vol.4, 1971

Hölder, Helmut, 'Ansätze großtektonischer Theorien des 20. Jahrhunderts bei Alexander von Humboldt', in Christian Suckow et al. (ed.), *Studia Fribergensia, Vorträge des Alexander-von-Humboldt Kolloquiums in Freiberg*, Berlin: Akademie Verlag, 1994

Holl, Frank, 'Alexander von Humboldt. Wie der Klimawandel entdeckt wurde', *Die Gazette*, vol.16, 2007-8

_____, *Alexander von Humboldt. Mein Vielbewegtes Leben. Der Forscher über sich und seine Werke*, Frankfurt: Eichborn, 2009

_____, (ed.), *Alexander von Humboldt. Netzwerke des Wissens*, Ostfildern: Hatje-Cantz, 1999

Holmes, Richard, *Coleridge. Darker Reflections*, London: HarperCollins, 1998

_____, *The Age of Wonder. How the Romantic Generation Discovered the Beauty and Terror of Science*, London: Harper Press, 2008

Holmes, Steven J., *The Young John Muir. An Environmental Biography*, Madison: University of Wisconsin Press, 1999

Hooker, Joseph Dalton, *Life and Letters of Sir Joseph Dalton Hooker*, ed. Leonard Huxley, London: John Murray, 1918

Horne, Alistair, *Seven Ages of Paris*, New York: Vintage Books, 2004

Howarth, William L., *The Literary Manuscripts of Henry David Thoreau*, Columbus: Ohio State University Press, 1974

_____, *The Book of Concord. Thoreau's Life as a Writer*, London and New York: Penguin Books, 1983

Hughes-Hallet, Penelope, *The Immortal Dinner. A Famous Evening of Genius and Laughter in Literary London 1817*, London: Penguin Books, 2001

Humboldt, Wilhelm von, *Wilhelm von Humboldts Gesammelte Schriften*, Berlin: Königlich Preussischen Akademie der Wissenschaften and B. Behr's Verlag, 1903-36

Humboldt, Wilhelm von, and Caroline von Humboldt, *Wilhelm und Caroline von Humboldt in ihren Briefen*, ed. Familie von Humboldt, Berlin: Mittler und Sohn, 1910-16

Hunt, Gaillard (ed.), *The First Forty Years of Washington Society, Portrayed by the Family Letters of Mrs Samuel Harrison Smith*, New York: C. Scribner's Sons, 1906

Hunter, Christie, S. and G.B. Airy, 'Report upon a Letter Addressed by M. Le Baron de Humboldt to His Royal Highness the President of the Royal Society, and Communicated by His Royal Highness to the Council', *Abstracts of the Papers Printed in the Philosophical Transactions of the Royal Society of London*, vol.3, 1830-37

Huth, Hans, 'The American and Nature', *Journal of the Warburg and Courtauld Institutes*, vol.13, 1950

Hyman, Anthony, *Charles Babbage: Pioneer of the Computer*, Oxford: Oxford University Press, 1982

Irving, Pierre M. (ed.), *The Life and Letters of Washington Irving*, London: Richard Bentley, 1864

Jackson, Donald (ed.), *Letters of the Lewis and Clark Expedition, with Related Documents, 1783–1854*, Urbana and Chicago: University of Illinois Press, 1978

Jahn, Ilse, *Dem Leben auf der Spur. Die biologischen Forschungen Humboldts*, Leipzig: Urania, 1969

_____, '"Vater einer großen Nachkommenschaft von Forschungsreisenden . . ."—Ehrungen Alexander von Humboldts im Jahre 1869', *HiN* V, vol.8, 2004

Jardine, Lisa, *Ingenious Pursuit. Building the Scientific Revolution*, London: Little, Brown, 1999

Jardine, N., J.A. Secord, and E.C. Spary (eds.), *The Cultures of Natural History*, Cambridge: Cambridge University Press, 1995

Jefferson, Thomas, *Thomas Jefferson's Garden Book, 1766–1824*, ed. Edwin M. Betts, Philadelphia: American Philosophical Society, 1944

_____, *The Papers of Thomas Jefferson*, ed. Julian P. Boyd et al., Princeton and Oxford: Princeton University Press, 1950–2009

_____, *Notes on the State of Virginia*, ed. William Peden, New York and London: W.W. Norton, 1982

_____, *The Family Letters of Thomas Jefferson*, ed. Edwin M. Betts and James Adam Bear, Charlottesville: University of Virginia Press, 1986

_____, *Jefferson's Memorandum Books: Accounts, with Legal Records and Miscellany, 1767–1826*, ed. James A. Bear and Lucia C. Stanton, Princeton: Princeton University Press, 1997

_____, *The Papers of Thomas Jefferson: Retirement Series*, ed. Jeff Looney et al., Princeton and Oxford: Princeton University Press, 2004–13

Jeffrey, Lloyd N., 'Wordsworth and Science', *South Central Bulletin*, vol.27, 1967

Jessen, Hans (ed.), *Die Deutsche Revolution 1848/49 in Augenzeugenberichten, Düsseldorf:* Karl Ruach, 1968

Johnson, Paul, *A History of the American People*, New York: Harper Perennial, 1999

Judd, Richard W., 'A "Wonderfull Order and Ballance": Natural History and the Beginnings of Conservation in America, 1730–1830', *Environmental History*, vol.11, 2006

Kahle, Günter (ed.), *Simón Bolívar in zeitgenössischen deutschen Berichten 1811–1831*, Berlin: Reimer, 1983

Kant, Immanuel, *Kritik der Urteilskraft, in Immanuel Kant, Werke in sechs Bänden*, ed. William Weischedel, Wiesbaden: Insel Verlag, vol.5, 1957

Kaufmann, Walter (trans.), *Goethe's Faust*, New York: Doubleday, 1961

Kelly, Franklin, 'A Passion for Landscape: The Paintings of Frederic Edwin Church', in Franklin Kelly (ed.), *Frederic Edwin Church*, Washington, National Gallery of Art: Smithsonian Institution Press, 1989

Kennedy, Keith E., ' "Affectionately Yours, John Muir". The Correspondence between John Muir and his Parents, Brothers, and Sisters', in Sally M. Miller (ed.), *John Muir. Life and Work*, Albuquerque: University of New Mexico Press, 1996

Kimes, William and Maymie Kimes, *John Muir: A Reading Bibliography*, Fresno: Panorama West Books, 1986

King-Hele, Desmond, *Erasmus Darwin and the Romantic Poets*, London: Macmillan, 1986

Kipperman, Mark, 'Coleridge, Shelley, Davy, and Science's Millennium', *Criticism*, vol.40, 1998

Klauss, Jochen, *Goethes Wohnhaus in Weimar: Ein Rundgang in Geschichten*, Weimar: Klassikerstätten zu Weimar, 1991

Klencke, Herman, *Alexander von Humboldt's Leben und Wirken, Reisen und Wissen*, Leipzig: Verlag von Otto Spamer, 1870

Knobloch, Eberhard, 'Gedanken zu Humboldts Kosmos', *HiN* V, vol.9, 2004

_____, 'Alexander von Humboldts Weltbild', *HiN* X, vol.19, 2009

Köchy, Kristian, 'Das Ganze der Natur Alexander von Humboldt und das romantische Forschungsprogramm', *HiN* III, vol.5, 2005

Kockerbeck, Christoph, *Ernst Haeckels 'Kunstformen der Natur' und ihr Einfluß auf die deutsche bildende Kunst der Jahrhundertwende. Studie zum Verhältnis von Kunst und Naturwissenschaften im Wilhelminischen Zeitalter*, Frankfurt: Lang, 1986

Koop, Rudolph (ed.), *Haeckel und Allmers. Die Geschichte einer Freundschaft in Briefen der Freunde*, Bremen: Forschungsgemeinschaft für den Raum Weser-Ems, 1941

Körber, Hans-Günther, Über Alexander von Humboldts Arbeiten zur *Meteorologie und Klimatologie*, Berlin: Akademie Verlag, 1959

Kortum, Gerhard, ' "Die Strömung war schon 300 Jahre vor mir allen Fischerjungen von Chili bis Payta bekannt". Der Humboldtstrom', in Frank Holl (ed.), *Alexander von Humboldt. Netzwerke des Wissens*, Ostfildern: Hatje-Cantz, 1999

Krätz, Otto, ' "Dieser Mann vereinigt in sich eine ganze Akademie". Humboldt in Paris', in Frank Holl (ed.), *Alexander von Humboldt. Netzwerke des Wissens*, Ostfildern: Hatje-Cantz, 1999a

_____, 'Alexander von Humboldt. Mythos, Denkmal oder Klischee?', in Frank Holl (ed.), *Alexander von Humboldt. Netzwerke des Wissens*, Ostfildern: Hatje-Cantz, 1999b

Kraußе, Erika, 'Ernst Haeckel: "Promorphologie und evolutionistische ästhetische Theorie"— Konzept und Wirkung', in Eve-Marie Engels (ed.), *Die Rezeption von Evolutionstheorien im 19. Jahrhundert*, Frankfurt: Suhrkamp, 1995

Krumpel, Heinz, 'Identität und Differenz. Goethes Faust und Alexander von Humboldt', *HiN* VIII, vol.14, 2007

Kutzinski, Vera M., *Alexander von Humboldt's Transatlantic Personae*, London: Routledge, 2012

Kutzinski, Vera M., Ottmar Ette and Laura Dassow Walls (eds.), *Alexander von Humboldt and the Americas*, Berlin: Verlag Walter Frey, 2012

Langley, Lester D., *The Americas in the Age of Revolution, 1750-1850*, New Haven and London: Yale University Press, 1996

Laube, Heinrich, *Erinnerungen. 1810-1840*, Vienna: Wilhelm Braumüller, 1875

Lautemann, Wolfgang and Manfred Schlenke (ed.), *Geschichte in Quellen. Das bürgerliche Zeitalter 1815-1914*, Munich: Oldenbourg Schulbuchverlag, 1980

Leitner, Ulrike, 'Die englischen Übersetzungen Humboldtscher Werke', in Hanno Beck et al. (ed.), *Natur, Mathematik und Geschichte: Beiträge zur Alexander-von-Humboldt-Forschung und zur Mathematikhistoriographie*, Leipzig: Barth, 1997

_____, 'Alexander von Humboldts Schriften—Anregungen und Reflexionen Goethes', *Das Allgemeine und das Einzelne-Johann Wolfgang von Goethe und Alexander von Humboldt im Gespräch, Acta Historica Leopoldina*, vol. 38, 2003

_____, '"Da ich mitten in dem Gewölk sitze, das elektrisch geladen ist . . ." Alexander von Humboldts Äußerungen zum politischen Geschehen in seinen Briefen an Cotta', in Hartmut Hecht et al., *Kosmos und Zahl. Beiträge zur Mathematik- und Astronomiegeschichte, zu Alexander von Humboldt und Leibniz*, Stuttgart: Franz Steiner Verlag, 2008

Leitzmann, Albert, *Georg und Therese Forster und die Brüder Humboldt. Urkunden und Umrisse*, Bonn: Röhrscheid, 1936

Levere, Trevor H., *Poetry Realized in Nature. Samuel Tayler Coleridge and Early Nineteenth-Century Science*, Cambridge: Cambridge University Press, 1981

_____, 'Coleridge and the Sciences', in Andrew Cunningham and Nicholas Jardine (eds.), *Romanticism and the Sciences*, Cambridge: Cambridge University Press, 1990

Lewis, Michael (ed.), *American Wilderness. A New History*, Oxford: Oxford University Press, 2007

Lieber, Francis, *The Life and Letters of Francis Lieber*, ed. Thomas Sergant Perry, Boston: James R. Osgood & Co., 1882

Litchfield, Henrietta (ed.), *Emma Darwin. A Century of Family Letters, 1792-1896*, New York: D. Appleton and Company, 1915

Lowenthal, David, *George Perkins Marsh. Prophet of Conservation*, Seattle and London: University of Washington Press, 2003

Lyell, Charles, *Principles of Geology*, London: John Murray, 1830 (1832, second edition)

_____, *Life, Letters and Journals of Sir C. Lyell*, ed. Katharine Murray Lyell, London: John Murray, 1881

Lynch, John, *Simón Bolívar. A Life*, New Haven and London: Yale University Press, 2007

MacGregor, Arthur, *Sir Hans Sloane. Collector, Scientist, Antiquary, Founding Father of the British Museum*, London: British Museum Press, 1994

McKusick, James C., 'Coleridge and the Economy of Nature', *Studies in Romanticism*, vol.35, 1996

Madison, James, *The Papers of James Madison: Presidential Series*, ed. Robert A. Rutland et al., Charlottesville: University of Virginia Press, 1984-2004

_____, *The Papers of James Madison: Secretary of State Series*, ed. Robert J. Brugger et al., Charlottesville: University of Virginia Press, 1986-2007

_____, *The Papers of James Madison: Retirement Series*, ed. David B. Mattern et al., Charlottesville: University of Virginia Press, 2009

Marrinan, Michael, *Romantic Paris. Histories of a Cultural Landscape, 1800-1850*, Stanford: Stanford University Press, 2009

Marsh, George Perkins, *The Camel. His Organization Habits and Uses*, Boston: Gould and Lincoln, 1856

_____, *Report on the Artificial Propagation of Fish*, Burlington: Free Press Print, 1857

_____, *Lectures on the English Language*, New York: Charles Scribner, 1861

_____, *Life and Letters of George Perkins Marsh*, ed. Caroline Crane Marsh, New York: Charles Scribner's and Sons, 1888

_____, *Catalogue of the Library of George Perkins Marsh*, Burlington: University of Vermont, 1892

_____, *So Great A Vision: The Conservation Writings of George Perkins Marsh*, ed. Stephen C. Trombulak, Hanover: University Press of New England, 2001

_____, *Man and Nature; or, Physical Geography as Modified by Human Action,* 1864, facsimile of first edition, ed. David Lowenthal, Seattle and London: University of Washington Press, 2003

Merseburger, Peter, *Mythos Weimar. Zwischen Geist und Macht*, Munich: Deutscher Taschenbuch Verlag, 2009

Meyer-Abich, Adolph, *Alexander von Humboldt*, Bonn: Inter Nationes, 1969

Miller, Char, *Gifford Pinchot and the Making of Modern Environmentalism*, Washington: Island Press, 2001

Miller, Sally M. (ed.), *John Muir. Life and Work*, Albuquerque: University of New Mexico Press, 1996

_____, *John Muir in Historical Perspective*, New York: Peter Lang, 1999

Minguet, Charles, 'Las relaciones entre Alexander von Humboldt y Simón de Bolívar', in Alberto Filippi (ed.), *Bolívar y Europa en las crónicas, el pensamiento político y la historiografía*, Caracas: Ediciones de la Presidencia de la República, vol.1, 1986

Mommsen, Wolfgang J., 1848. *Die Ungewollte Revolution*, Frankfurt: Fischer Verlag, 2000

Moreno Yánez, Segundo E. (ed.), *Humboldt y la Emancipación de Hispanoamérica*, Quito: Edipuce, 2011

Morgan, S.R., 'Schelling and the Origins of his Naturphilosophie', in Andrew Cunningham and Nicholas Jardine (eds.), *Romanticism and the Sciences*, Cambridge: Cambridge University Press, 1990

Moritz, Carl Philip, *Carl Philip Moritz. Journeys of a German in England in 1782*, ed. Reginald Nettel, London: Jonathan Cape, 1965

Mueller, Conrad, *Alexander von Humboldt und das preussische Königshaus. Briefe aus dem Jahre 1835-1857*, Leipzig: K.F. Koehler, 1928

Muir, John, Manuscript Journal: 'The "thousand mile walk" from Kentucky to Florida and Cuba, September 1867-February 1868', online collection of John Muir journals. Holt-Atherton Special Collections, University of the Pacific, Stockton, California. ©1984 Muir-Hanna Trust

_____, Manuscript 'Sierra Journal', vol.1: Summer 1869, notebook, circa 1887, John Muir Papers, Series 3, Box 1: Notebooks. Holt-Atherton Special Collections, University of the Pacific, Stockton, California. ©1984 Muir-Hanna Trust

_____, 'Sierra Journal', vol.1: Summer 1869, typescript, circa 1910, John Muir Papers, Series 3, Box 1: Notebooks. Holt-Atherton Special Collections, University of the Pacific, Stockton, California. © 1984 Muir-Hanna Trust

_____, Manuscript Journal, 'World Tour', pt.1, June-July 1903, online collection of John Muir journals. Holt-Atherton Special Collections, University of the Pacific, Stockton, California. © 1984 Muir-Hanna Trust

_____, 'The Wild Parks and Forest Reservations of the West', *Atlantic Monthly*, vol.81, January 1898

_____, *Our National Parks*, Boston and New York: Houghton Mifflin Company, 1901

_____, *My First Summer in the Sierra*, Boston and New York: Houghton Mifflin Company, 1911

_____, *The Yosemite*, New York: Century Co., 1912

_____, *The Story of my Boyhood and Youth*, Boston and New York: Houghton Mifflin Company, 1913

_____, *A Thousand-Mile Walk to the Gulf*, ed. William Frederic Badè, Boston and New York: Houghton Mifflin Company, 1916

_____, *Life and Letters of John Muir*, ed. William Frederic Badè, Boston and New York: Houghton Mifflin Company, 1924

Mumford, Lewis, *The Brown Decades. A Study of the Arts in America, 1865-1895*, New York: Harcourt, Brace and Company, 1931

Murchison, Roderick Impey, 'Address to the Royal Geographical Society of London, 23 May 1859', *Proceedings of the Royal Geographical Society of London*, vol.3, 1858-9

_____, *Life of Sir Roderick I. Murchison*, ed. Archibald Geikie, London: John Murray, 1875

Myers, A.C., *Narratives of Early Pennsylvania, West Jersey, and Delaware, 1630-1707*, New York: Charles Scribner's and Sons, 1912

Myerson, Joel, 'Emerson's Thoreau: A New Edition from Manuscript', *Studies in American Renaissance*, 1979

Nash, Roderick, *Wilderness and the American Mind*, New Haven and London: Yale University Press, 1982

Nelken, Halina, *Alexander von Humboldt. Bildnisse und Künstler. Eine dokumentierte Ikonographie*, Berlin: Dietrich Reimer Verlag, 1980

Nichols, Sandra, 'Why Was Humboldt Forgotten in the United States?', *Geographical Review*, vol. 96, 2006

Nicolai, Friedrich, *Beschreibung der Königlichen Residenzstädte Berlin und Potsdam und aller daselbst befindlicher Merkwürdigkeiten*, Berlin: Buchhändler unter der Stechbahn, 1769

Nollendorf, Cora Lee, 'Alexander von Humboldt Centennial Celebrations in the United States: Controversies Concerning his Work', *Monatshefte*, vol.80, 1988

North, Douglass C., *Growth and Welfare in the American Past*, Englewood Cliffs: Prentice-Hall International, 1974

Norton, Paul F., 'Thomas Jefferson and the Planning of the National Capital', in William Howard Adams (ed.), *Jefferson and the Arts: An Extended View*, Washington, DC: National

Gallery of Art, 1976
O'Hara, James Gabriel, 'Gauss and the Royal Society: The Reception of his Ideas on Magnetism in Britain (1832-1842)', *Notes and Records of the Royal Society of London*, vol.38, 1983
O'Leary, Daniel F., *Memorias del General O'Leary*, Caracas: Imprenta de El Monitor, 1879-88
_____, *Bolívar y la emancipación de Sur-America*, Madrid: Sociedad Española de Librería, 1915
_____, *The 'Detached Recollections' of General D.F. O'Leary*, ed. R.A. Humphreys, London: Published for the Institute of Latin American Studies, Athlone Press, 1969
Oppitz, Ulrich-Dieter, 'Der Name der Brüder Humboldt in aller Welt', in Heinrich von Pfeiffer (ed.), *Alexander von Humboldt. Werk und Weltgeltung*, München: Pieper, 1969
Osten, Manfred, 'Der See von Valencia oder Alexander von Humboldt als Pionier der Umweltbewegung', in Irina Podterga (ed.), *Schnittpunkt Slavistik. Ost und West im Wissenschaftlichem Dialog*, Bonn: University Press, vol.1, 2012
Päßler, Ulrich, *Ein 'Diplomat aus den Wäldern des Orinoko'. Alexander von Humboldt als Mittler zwischen Preußen und Frankreich*, Stuttgart: Steiner Verlag, 2009
Patterson, Elizabeth C., 'Mary Somerville', *The British Journal for the History of Science*, 1969, vol.4
_____, 'The Case of Mary Somerville: An Aspect of Nineteenth-Century Science', *Proceedings of the American Philosophical Society*, 1975, vol.118
Peale, Charles Willson, *The Selected Papers of Charles Willson Peale and His Family*, ed. Lillian B. Miller, New Haven and London: Yale University Press, 1983-2000
Pfeiffer, Heinrich von (ed.), *Alexander von Humboldt. Werk und Weltgeltung*, München: Pieper, 1969
Phillips, Denise, 'Building Humboldt's Legacy: The Humboldt Memorials of 1869 in Germany', *Northeastern Naturalist*, vol.8, 2001
Pieper, Herbert, 'Alexander von Humboldt: Die Geognosie der Vulkane', *HiN* VII, vol.13, 2006
Plumer, William, *William Plumer's Memorandum of Proceedings in the United States Senate 1803-07*, ed. Everett Somerville Brown, New York: Macmillan Company, 1923
Podach, Erich Friedrich, 'Alexander von Humboldt in Paris: Urkunden und Begebnisse', in Joachim Schultze (ed.), *Alexander von Humboldt: Studien zu seiner universalen Geisteshaltung*, Berlin: Walter de Gruyter, 1959
Poe, Edgar Allan, Eureka. *A Prose Poem*, New York: Putnam, 1848
Porter, Roy (ed.), *Cambridge History of Science. Eighteenth-Century Science*, Cambridge: Cambridge University Press, vol.4, 2003
Pratt, Marie Louise, *Imperial Eyes. Travel Writing and Transculturation*, London: Routledge, 1992
Proctor, Robert, 'Architecture from the Cell-Soul: Rene Binet and Ernst Haeckel', *Journal of Architecture*, vol.11, 2006
Pückler Muskau, Hermann Prince of, *Tour in England, Ireland and France, in the Years 1826, 1827, 1828 and 1829*, Philadelphia: Carey, Lea and Blanchard, 1833
Pudney, John, *Brunel and his World*, London: Thames and Hudson, 1974

Puig-Samper, Miguel-Ángel and Sandra Rebok, 'Charles Darwin and Alexander von Humboldt: An Exchange of Looks between Famous Naturalists', HiN XI, vol.21, 2010

Rebok, Sandra, 'Two Exponents of the Enlightenment: Transatlantic Communication by Thomas Jefferson and Alexander von Humboldt', *Southern Quarterly*, vol.43, no.4, 2006

_____, *Humboldt and Jefferson: A Transatlantic Friendship of the Enlightenment*, Charlottesville: University of Virginia Press, 2014

Recke, Elisa von der, *Tagebuch einer Reise durch einen Theil Deutschlands und durch Italien in den Jahren 1804 bis 1806*, ed. Carl August Böttiger, Berlin: In der Nicolaischen Buchhandlung, 1815

Reill, Peter Hanns, 'The Legacy of the "Scientific Revolution". Science and the Enlightenment', in Roy Porter (ed.), *Cambridge History of Science. Eighteenth-Century Science*, Cambridge: Cambridge University Press, vol.4, 2003

Richards, Robert J., *The Romantic Conception of Life: Science and Philosophy in the Age of Goethe*, Chicago and London: Chicago University Press, 2002

_____, *The Tragic Sense of Life: Ernst Haeckel and the Struggle over Evolutionary Thought*, Chicago and London: University of Chicago Press, 2009

Richardson, Heather Cox, *West from Appomattox. The Reconstruction of America after the Civil War*, New Haven and London: Yale University Press, 2007

Richardson, Robert D., *Henry Thoreau. A Life of the Mind*, Berkeley: University of California Press, 1986

Rippy, Fred J. and E.R. Brann, 'Alexander von Humboldt and Simón Bolívar', American *Historical Review*, vol.52, 1947

Robinson, Henry Crabb, *Diary, Reminiscences, and Correspondence of Henry Crabb Robinson*, ed. Thomas Sadler, London: Macmillan and Co., 1869

Rodríguez, José Ángel, 'Alexander von Humboldt y la Independencia de Venezuela', in Segundo E. Moreno Yánez (ed.), *Humboldt y la Emancipación de Hispanoamérica*, Quito: Edipuce, 2011

Roe, Shirley A., 'The Life Sciences', in Roy Porter (ed.), *Cambridge History of Science. Eighteenth-Century Science*, Cambridge: Cambridge University Press, vol.4, 2003

Rose, Gustav, *Mineralogisch-Geognostische Reise nach dem Ural, dem Altai und dem Kaspischen Meere*, Berlin: Verlag der Sanderschen Buchhandlung, 1837-42

Rossi, William (ed.), *Walden; and, Resistance to Civil Government: Authoritative Texts, Thoreau's Journal, Reviews and Essays in Criticism*, New York and London: Norton, 1992

Roussanova, Elena, 'Hermann Trautschold und die Ehrung, Alexander von Humboldts in Russland', *HiN* XIV, vol.27, 2013

Rudwick, Martin J.S., *The New Science of Geology: Studies in the Earth Sciences in the Age of Revolution*, Aldershot: Ashgate Variorum, 2004

Rupke, Nicolaas A., *Alexander von Humboldt. A Metabiography*, Chicago: Chicago University Press, 2005

Rush, Richard, *Memoranda of a Residence at the Court of London*, Philadelphia: Key and Biddle, 1833

Sachs, Aaron, 'The Ultimate "Other": Post-Colonialism and Alexander von Humboldt's Ecological Relationship with Nature', *History and Theory*, vol.42, 2003

_____, *The Humboldt Current. Nineteenth-Century Exploration and the Roots of American Environmentalism*, New York: Viking, 2006

Safranski, Rüdiger, *Goethe und Schiller. Geschichte einer Freundschaft*, Frankfurt: Fischer Verlag, 2011

Sarton, George, 'Aimé Bonpland', *Isis*, vol.34, 1943

Sattelmeyer, Robert, *Thoreau's Reading: A Study in Intellectual History with Bibliographical Catalogue*, Princeton: Princeton University Press, 1988

_____, 'The Remaking of Walden', in William Rossi (ed.), *Walden; and, Resistance to Civil Government: Authoritative Texts, Thoreau's Journal, Reviews and Essays in Criticism*, New York and London: Norton, 1992

Schama, Simon, *Landscape and Memory*, London: Fontana Press, 1996

Schifko, Georg, 'Jules Vernes literarische Thematisierung der Kanarischen Inseln als Hommage an Alexander von Humboldt', *HiN* XI, vol.21, 2010

Schiller, Friedrich, *Schillers Leben. Verfasst aus Erinnerungen der Familie, seinen eignen Briefen und den Nachrichten seines Freundes Körner*, ed. Christian Gottfried Körner and Caroline von Wohlzogen, Stuttgart and Tübingen: J.G. Cotta'schen Buchhandlung, 1830

_____, *Schillers Werke: Nationalausgabe. Briefwechsel*, ed. Julius Petersen and Gerhard Fricke, Weimar: Böhlaus, 1943-2003

Schiller, Friedrich, and Johann Wolfgang von Goethe, *Briefwechsel zwischen Schiller und Goethe in den Jahren 1794-1805*, Stuttgart and Augsburg: J.G. Cotta'scher Verlag, 1856

Schiller, Friedrich and Christian Gottfried Körner, *Schillers Briefwechsel mit Körner*, Berlin: Veit und Comp, 1847

Schneppen, Heinz, 'Aimé Bonpland: Humboldts Vergessener Gefährte?', *Berliner Manuskripte zur Alexander-von-Humboldt-Forschung*, no.14, 2002

Schulz, Wilhelm, 'Aimé Bonpland: Alexander von Humboldt's Begleiter auf der Amerikareise, 1799-1804: Sein Leben und Wirken, besonders nach 1817 in Argentinien', *Abhandlungen der Mathematisch-Naturwissenschaftlichen Klasse der Akademie der Wissenschaften und der Literatur*, no.9, 1960

Schwarz, Ingo, ' "Es ist meine Art, einen und denselben Gegenstand zu verfolgen, bis ich ihn aufgeklärt habe". Äußerungen Alexander von Humboldts über sich selbst', *HiN* I, vol.1, 2000

Scott, John, *A Visit to Paris in 1814*, London: Longman, Hurst, Rees, Orme and Brown, 1816

Seeberger, Max, '"Geographische Längen und Breiten bestimmen, Berge messen." Humboldts Wissenschaftliche Instrumente und Seine Messungen in den Tropen Amerikas', in Frank Holl (ed.), *Alexander von Humboldt. Netzwerke des Wissens*, Ostfildern: Hatje-Cantz, 1999

Serres, Michael (ed.), *A History of Scientific Thought: Elements of a History of Science*, Oxford: Blackwell, 1995

Shanley, J. Lyndon, *The Making of Walden, with the Text of the First Version*, Chicago: University of Chicago Press, 1957

Shelley, Mary, *Frankenstein, or, The Modern Prometheus*, Oxford: Oxford University Press, 1998

Sims, Michael, *The Adventures of Henry Thoreau. A Young Man's Unlikely Path to Walden Pond*, New York and London: Bloomsbury, 2014

Slatta, Richard W. and Jane Lucas De Grummond, *Simón Bolívar's Quest for Glory*, College Station: Texas A&M University Press, 2003

Southey, Robert, *New Letters of Robert Southey*, ed. Kenneth Curry, New York and London: Columbia University Press, 1965

Staël, Anne-Louise-Germaine de, *Deutschland*, Reutlingen: Mäcekn'schen Buchhandlung, 1815

Stephenson, R.H., *Goethe's Conception of Knowledge and Science*, Edinburgh: Edinburgh University Press, 1995

Stott, Rebecca, *Darwin's Ghosts. In Search of the First Evolutionists*, London: Bloomsbury, 2012

Suckow, Christian, '"Dieses Jahr ist mir das wichtigste meines unruhigen Lebens geworden". Alexander von Humboldts Russisch-Sibirische Reise im Jahre 1829', in Frank Holl (ed.), *Alexander von Humboldt. Netzwerke des Wissens*, Ostfildern: Hatje-Cantz, 1999

_____, 'Alexander von Humboldt und Russland', in Ottmar Ette et al., *Alexander von Humboldt: Aufbruch in die Moderne*, Berlin: Akademie Verlag, 2001

Suckow, Christian et al. (ed.), *Studia Fribergensia, Vorträge des Alexander-von-Humboldt Kolloquiums in Freiberg*, Berlin: Akademie Verlag, 1994

Taylor, Bayard, *The Life, Travels and Books of Alexander von Humboldt*, New York: Rudd & Carleton, 1860

Terra, Helmut de, *Humboldt. The Life and Times of Alexander von Humboldt*, New York: Knopf, 1955

Théodoridès, Jean, 'Humboldt and England', *British Journal for the History of Science*, vol.3, 1966

Thiemer-Sachse, Ursula, '"Wir verbrachten mehr als 24 Stunden, ohne etwas anderes als Schokolade und Limonande zu uns zu nehmen". Hinweise in Alexander von Humboldts Tagebuchaufzeichnungen zu Fragen der Verpflegung auf der Forschungsreise durch Spanisch-Amerika', *HiN* XIV, vol.27, 2013

Thomas, Keith, *Man and the Natural World. Changing Attitudes in England 1500-1800*, London, Penguin Books, 1984

Thomson, Keith, *HMS Beagle. The Story of Darwin's Ship*, New York and London: W.W. Norton, 1995

_____, *A Passion for Nature: Thomas Jefferson and Natural History*, Monticello: Thomas Jefferson Foundation, 2008

_____, *The Young Charles Darwin*, New Haven and London: Yale University Press, 2009

_____, *Jefferson's Shadow. The Story of his Science*, New Haven and London: Yale University Press, 2012

Thoreau, Henry David, *The Writings of Henry David Thoreau: Journal*, ed. Bradford Torrey, Boston: Houghton Mifflin, 1906

_____, *The Writings of Henry David Thoreau: The Maine Woods*, Boston: Houghton Mifflin, 1906, vol.3

_____, *The Writings of Henry David Thoreau: Excursion and Poems*, Boston: Houghton Mifflin, 1906, vol.5

_____, *The Writings of Henry David Thoreau: Familiar Letters*, ed. F.B. Sanborn, Boston: Houghton Mifflin, 1906, vol.6

_____, *Walden*, New York: Thomas Y. Crowell & Co., 1910

_____, *The Correspondence of Henry David Thoreau*, ed. Walter Harding and Carl Bode, Washington Square: New York University Press, 1958

_____, *The Writings of Henry D. Thoreau: Journal*, ed. Robert Sattelmeyer et al., Princeton, N.J.: Princeton University Press, 1981-2002

Tocqueville, Alexis de, *Memoir, Letters, and Remains of Alexis de Tocqueville*, Cambridge and London: Macmillan and Co., 1861

Turner, John, 'Wordsworth and Science', *Critical Survey*, vol.2, 1990

Uschmann, Georg (ed.), *Ernst Haeckel. Biographie in Briefen*, Leipzig: Urania, 1983

Varnhagen, K.A. von Ense, *Die Tagebücher von K.A. Varnhagen von Ense*, Leipzig: Brockhaus, vol.4, 1862

_____, *Denkwürdigkeiten des Eigenen Lebens*, ed. Konrad Feilchenfeldt, Frankfurt: Deutscher Klassiker Verlag, 1987

Voght, Casper, *Caspar Voght und sein Hamburger Freundeskreis. Briefe aus einem tätigen Leben*, ed. Kurt Detlev Möller and Annelise Marie Tecke, Hamburg: Veröffentlichungen des Vereins für Hamburgische Geschichte, 1959-67

Walls, Laura Dassow, *Seeing New Worlds. Henry David Thoreau and Nineteenth-Century Natural Science*, Madison: University of Wisconsin Press, 1995

_____, 'Rediscovering Humboldt's Environmental Revolution', *Environmental History*, vol.10, 2005

_____, *The Passage to Cosmos. Alexander von Humboldt and the Shaping of America*, Chicago and London: University of Chicago Press, 2009

_____, 'Henry David Thoreau: Writing the Cosmos', *Concord Saunterer. A Journal of Thoreau Studies*, vol.19/20, 2011-12

Watson, Peter, *The German Genius. Europe's Third Renaissance, the Second Scientific Revolution, and the Twentieth Century*, London and New York: Simon & Schuster, 2010

Webster, Daniel, *The Writings and Speeches of Daniel Webster*, Boston: Little, Brown, 1903

Weigel, Engelhard, 'Wald und Klima: Ein Mythos aus dem 19. Jahrhundert', *HiN* V, vol.9, 2004

Weingarden, Laura S., 'Louis Sullivan and the Spirit of Nature', in Paul Greenhalgh (ed.), *Art Nouveau, 1890-1914*, London: V&A Publications, 2000

Werner, Petra, 'Übereinstimmung oder Gegensatz? Zum Widersprüchlichen Verhältnis zwischen A.v.Humboldt und F.W.J. Schelling', *Berliner Manuskripte zur Alexander-von-Humboldt Forschung*, vol.15, 2000

_____, *Himmel und Erde. Alexander von Humboldt und sein Kosmos*, Berlin: Akademie Verlag, 2004

_____, 'Zum Verhältnis Charles Darwins zu Alexander v. Humboldt und Christian Gottfried

Ehrenberg', *HiN* X, vol.18, 2009
_____, *Naturwahrheit und ästhetische Umsetzung: Alexander von Humboldt im Briefwechsel mit bildenden Künstlern*, Berlin: Akademie Verlag, 2013
White, Jerry, *London in the Eighteenth Century. A Great and Monstrous Thing*, London: The Bodley Head, 2012
Whitman, Walt, *Leaves of Grass*, Boston: Thayer and Eldridge, 1860
Wiegand, Dometa, 'Alexander von Humboldt and Samuel Taylor Coleridge: The Intersection of Science and Poetry', *Coleridge Bulletin*, 2002
Wiley, Michael, *Romantic Geography. Wordsworth and Anglo-European Spaces*, London: Palgrave Macmillan, 1998
Wilson, Alexander, *Life and Letters of Alexander Wilson*, ed. Clark Hunter, Philadelphia: American Philosophical Society, 1983
Wilson, Jason (ed.), *Alexander von Humboldt. Personal Narrative. Abridged and Translated*, London: Penguin Books, 1995
Wilson, Leonard G., *Charles Lyell: The Years to 1841. The Revolution in Geology*, New Haven and London: Yale University Press, 1972
Wolfe, Linnie Marsh, *Son of Wilderness. The Life of John Muir*, New York: Alfred A. Knopf, 1946
_____, *John of the Mountains: The Unpublished Journals of John Muir*, Madison: University of Wisconsin Press, 1979
Wood, David F., *An Observant Eye. The Thoreau Collection at the Concord Museum*, Concord: Concord Museum, 2006
Wordsworth, William and Dorothy Wordsworth, *The Letters of William and Dorothy: The Middle Years*, ed. Ernest de Selincourt, Oxford: Clarendon Press, 1967-93
Worster, Donald, *Nature's Economy. The Roots of Ecology*, San Francisco: Sierra Club Books, 1977
_____, *A Passion for Nature. The Life of John Muir*, Oxford: Oxford University Press, 2008
Wu, Duncan, *Wordsworth's Reading, 1800-1815*, Cambridge: Cambridge University Press, 1995
Wulf, Andrea, *Brother Gardeners. Botany, Empire and the Birth of an Obsession*, London: William Heinemann, 2008
_____, *Founding Gardeners. How the Revolutionary Generation Created an American Eden*, London: William Heinemann, 2011
Wyatt, John, *Wordsworth and the Geologists*, Cambridge: Cambridge University Press, 1995
Young, Sterling James, *The Washington Community 1800-1828*, New York and London: A Harvest/HBJ Book, 1966
Zeuske, Michael, *Símon Bólivar, Befreier Südamerikas: Geschichte und Mythos*, Berlin: Rotbuch Verlag, 2011

찾아보기

자연의 발명

1판 1쇄 펴냄 | 2016년 7월 11일
2판 1쇄 펴냄 | 2021년 7월 10일

지은이 | 안드레아 울프
옮긴이 | 양병찬
발행인 | 김병준
디자인 | 정계수(표지) · 박애영(본문)
마케팅 | 정현우
발행처 | 생각의힘

등록 | 2011. 10. 27. 제406-2011-000127호
주소 | 서울시 마포구 양화로7안길 10, 2층
전화 | 02-6925-4185(편집), 02-6925-4188(영업)
팩스 | 02-6925-4182
전자우편 | tpbook1@tpbook.co.kr
홈페이지 | www.tpbook.co.kr

ISBN 979-11-90955-19-5 03900